Hernandes Dias Lopes

LUCAS
Jesus, o homem perfeito

© 2017 por Hernandes Dias Lopes

1ª edição: junho de 2017
5ª reimpressão: março de 2021

REVISÃO
Andréa Filatro
Raquel Fleischner

DIAGRAMAÇÃO
Catia Soderi

CAPA
Claudio Souto (layout)
Equipe Hagnos (adaptação)

EDITOR
Aldo Menezes

COORDENADOR DE PRODUÇÃO
Mauro Terrengui

IMPRESSÃO E ACABAMENTO
Imprensa da Fé

As opiniões, as interpretações e os conceitos emitidos nesta obra são de responsabilidade do autor e não refletem necessariamente o ponto de vista da Hagnos.

Todos os direitos desta edição reservados à
EDITORA HAGNOS LTDA.
Av. Jacinto Júlio, 27
04815-160 — São Paulo, SP
Tel.: (11) 5668-5668

E-mail: hagnos@hagnos.com.br
Home page: www.hagnos.com.br

Dados Internacionais de Catalogação na Publicação (CIP)
Angélica Ilacqua CRB-8/7057

Lopes, Hernandes Dias

Lucas: Jesus, o homem perfeito / Hernandes Dias Lopes. — São Paulo: Hagnos, 2017. (Comentários Expositivos Hagnos)

ISBN 978-85-7742-206-7

Bibliografia

1. Jesus Cristo 2. Bíblia NT : Lucas I. Título

17-0526　　　　　　　　　　　　　　　　　　　　　　　　　　CDD-232.901

Índices para catálogo sistemático:
1. Jesus Cristo: História: Lucas 232.901

Editora associada à:

Dedicatória

DEDICO ESTE LIVRO ao reverendo Augustus Nicodemus Lopes, homem erudito e piedoso, pastor de almas e servo do Altíssimo, amigo precioso e fiel expositor das Escrituras.

Sumário

Prefácio	11
Introdução ao Evangelho de Lucas	15
1. O prefácio de Lucas *(Lc 1.1-4)*	29
2. O nascimento do precursor de Jesus *(Lc 1.5-25)*	35
3. O nascimento do Filho de Deus *(Lc 1.26-45)*	47
4. O tempo de celebrar chegou *(Lc 1.46-80)*	57
5. Deus desceu até nós *(Lc 2.1-52)*	67
6. O pregador e a pregação *(Lc 3.1-20)*	81
7. O batismo e a genealogia de Jesus *(Lc 3.21-38)*	101
8. A tentação de Jesus *(Lc 4.1-11)*	111

9. A autorrevelação de Jesus   **125**
(Lc 4.14-30)

10. Um poderoso ministério de libertação, cura e pregação   **131**
(Lc 4.31-44)

11. Pescadores de homens   **139**
(Lc 5.1-11)

12. Nunca perca a esperança   **147**
(Lc 5.12-16)

13. Um poderoso milagre de Jesus   **153**
(Lc 5.17-26)

14. A mensagem libertadora do evangelho   **159**
(Lc 5.27–6.1-5)

15. Um grande milagre diante de uma grande oposição   **167**
(Lc 6.6-11)

16. A escolha dos apóstolos   **173**
(Lc 6.12-16)

17. Jesus prega aos ouvidos e aos olhos   **181**
(Lc 6.17-49)

18. Uma grande fé e um grande milagre   **197**
(Lc 7.1-10)

19. A caravana da vida e a caravana da morte   **205**
(Lc 7.11-17)

20. Os conflitos de um homem de Deus 211
(Lc 7.18-35)

21. A mulher pecadora diante do Salvador 219
(Lc 7.36-50)

22. A suprema importância da palavra de Deus 227
(Lc 8.1-21)

23. O poder de Jesus sobre a natureza 245
(Lc 8.22-25)

24. O poder de Jesus sobre os demônios: o gadareno 255
(Lc 8.26-34)

25. O poder de Jesus sobre a enfermidade 265
(Lc 8.43-48)

26. O poder de Jesus sobre a morte 275
(Lc 8.40-42, 49-56)

27. Uma cruzada evangelística 285
(Lc 9.1-17)

28. A identidade de Jesus e o preço do discipulado 291
(Lc 9.18-45)

29. As faces de espiritualidade 305
(Lc 9.28-45)

30. Atitudes perigosas 319
(Lc 9.46-62)

31. Evangelização, uma obra de consequências eternas   329
(Lc 10.1-24)

32. Amor ao próximo, evidência da vida eterna   337
(Lc 10.25-37)

33. Uma coisa só é necessária   347
(Lc 10.38-42)

34. A suprema importância da oração   353
(Lc 11.1-13)

35. O poder de Jesus sobre os demônios: o demônio mudo   359
(Lc 11.14-28)

36. Não desperdice as oportunidades   367
(Lc 11.29-36)

37. Arrancando a máscara da hipocrisia   373
(Lc 11.37-54)

38. O fermento da hipocrisia   379
(Lc 12.1-12)

39. Cuidado com a avareza   387
(Lc 12.13-21)

40. Cuidado com a ansiedade   395
(Lc 12.22-34)

41. Necessidades imperativas da vida cristã   407
(Lc 12.35-59)

42. Uma solene convocação ao arrependimento 413
(Lc 13.1-9)

43. A cura de uma mulher encurvada 423
(Lc 13.10-17)

44. O avanço vitorioso do reino de Deus 429
(Lc 13.18-35)

45. Lições de Jesus na casa de um fariseu 439
(Lc 14.1-35)

46. O pródigo amor de Deus que procura o perdido 455
(Lc 15.1-32)

47. Como lidar com as riquezas terrenas 473
(Lc 16.1-18)

48. Contrastes na vida, na morte e na eternidade 483
(Lc 16.19-31)

49. Advertências solenes 493
(Lc 17.1-37)

50. Deus responde à oração 507
(Lc 18.1-14)

51. As crianças são bem-vindas ao reino de Deus 517
(Lc 18.15-17)

52. O perigo das riquezas 525
(Lc 18.18-30)

53. Jesus a caminho de Jerusalém   535
(Lc 18.31-43)

54. O encontro da salvação   545
(Lc 19.1-10)

55. Jerusalém, o rei está chegando   557
(Lc 19.11-48)

56. O dia das perguntas em Jerusalém   571
(Lc 20–21.1-4)

57. Os sinais e a preparação para a segunda vinda de Cristo   587
(Lc 21.5-38)

58. A paixão de Jesus   605
(Lc 22.1-38)

59. Getsêmani, a agonia à sombra da cruz   625
(Lc 22.39-46)

60. A prisão, a negação e o processo   637
(Lc 22.47-71)

61. O julgamento civil de Jesus   659
(Lc 23.1-25)

62. A via dolorosa, o calvário, a morte e o sepultamento de Jesus 673
(Lc 23.26-56)

63. Jesus ressuscitou e voltou ao céu   693
(Lc 24.1-53)

Prefácio

O Evangelho de Lucas é o maior dos Evangelhos e o mais longo livro do Novo Testamento. É o Evangelho mais completo, pois trata da infância, juventude, vida, ministério, morte, ressurreição e ascensão de Jesus. Considerado o mais belo livro escrito na história, é um reservatório inesgotável do qual jorram copiosamente as riquezas da graça para todos os povos. Flui desse manancial a salvação para todas as nações. É uma mina de recursos inexauríveis que tem enriquecido a muitos ao longo dos séculos.

Percorrer as páginas do Evangelho de Lucas é assentar-se aos pés de Jesus e aprender com o Mestre dos mestres.

Ele não é um alfaiate do efêmero, mas o escultor do eterno. De seus lábios saem doçura, de suas mãos fluem poder, de seu coração jorra misericórdia a judeus e gentios, homens e mulheres, ricos e pobres, religiosos e publicanos, atormentados e doentes.

Lucas mostra Jesus como o Homem perfeito. Seu nascimento foi um milagre, sua vida foi um portento, sua morte foi um sacrifício, sua ressurreição foi um brado de triunfo. Sua ascensão foi a evidência pública de sua obra completa. Jesus foi um homem de oração, revestido com o poder do Espírito Santo para pregar, curar e libertar.

Lucas, mais do que qualquer outro evangelista, mostra o cuidado de Jesus com as pessoas marginalizadas. Aqueles que eram considerados escória da sociedade, repudiados pelos moralistas e odiados pelos arrogantes fariseus, são acolhidos e amados por Jesus.

Lucas, mais do que qualquer outro evangelista, outrossim, evidencia o caráter universal da salvação. A salvação é endereçada não apenas aos judeus, mas também, e sobretudo, aos gentios. Não apenas aos religiosos, mas também àqueles que eram rechaçados por eles.

Lucas, o Evangelho das parábolas, abre diante dos filhos do reino o mapa das riquezas eternas, ao mesmo tempo que oculta essas riquezas daqueles cujos olhos permanecem imersos num caudal de trevas.

Foi com entusiasmo que escrevi esta obra, e é com expectativa que espero que você a leia. Se o seu coração arder, como o meu, pelas verdades aqui expostas, sentir-me-ei recompensado. Se você colocar seus olhos no Messias, no Filho do homem, no Filho de Deus, e encontrar nele refúgio para sua alma, então valeram a pena as centenas de horas empregadas para escrever este livro. Minha oração é

Prefácio

que Deus ilumine seus olhos, toque seu coração, inflame sua alma e leve você a Jesus, o Salvador, que é Cristo, o Senhor. Nele há esperança. Nele há copiosa redenção. Nele você encontra o manancial da vida, da vida eterna!

Hernandes Dias Lopes

Introdução

Introdução ao Evangelho de Lucas

ROBERT GUNDRY DIZ que o Evangelho de Lucas não é apenas o mais volumoso dos evangelhos sinóticos, mas também o livro mais volumoso de todo o Novo Testamento.[1] Anthony Lee Ash tem razão ao dizer que Lucas é geralmente encarado como uma obra-prima literária entre os livros do Novo Testamento. Aqui encontramos a língua grega mais refinada do Novo Testamento.[2] Lucas é o melhor relato que temos sobre a vida de Jesus registrado nas Escrituras. Charles Childers acrescenta que o Evangelho de Lucas tem sido chamado de "o mais belo livro do mundo" e, juntamente com Atos dos Apóstolos, é considerado "o mais ambicioso empreendimento literário da igreja na antiguidade".[3] Van Oosterzee chega a dizer que Lucas, o terceiro Evangelho, é a coroa dos Evangelhos sinóticos.[4]

Lucas é singular quanto ao seu conteúdo e estilo. Mateus apresenta Jesus como Rei; Marcos apresenta-o como Servo; Lucas apresenta Jesus como Homem perfeito; e João apresenta-o como Filho de Deus.

O autor

Há robustas evidências internas e externas da autoria lucana deste Evangelho. Os pais da igreja aceitaram-no como tendo sido escrito por Lucas. Lucas era o único gentio escritor do Novo Testamento, aliás o único autor gentio da Bíblia. Merrill Tenney, citando Plummer, diz que Lucas é o mais versátil de todos os escritores do Novo Testamento.[5]

Seu nome é citado diretamente apenas três vezes no Novo Testamento. É apresentado como médico, cooperador e companheiro: 1) *Saúda-vos Lucas, o médico amado...* (Cl 4.14); 2) *Marcos, Aristarco, Demas e Lucas, meus cooperadores* (Fm 24); 3) *Somente Lucas está comigo...* (2Tm 4.11).

Lucas era historiador, médico e cooperador de Paulo na obra missionária. Uniu-se a ele em Trôade (At 16.10; 20.5). Estava com Paulo quando este foi preso em Jerusalém (At 21.17). Acompanhou Paulo na prisão em Cesareia e em Roma (At 28.16; Cl 4.14; Fm 24). Estava com Paulo na segunda viagem missionária (2Tm 4.11).

Warren Wiersbe afirma que Lucas escreveu com a mentalidade de um historiador meticuloso e com o coração de um médico amoroso.[6] Robertson comenta que Lucas escreveu os seus livros com uma mente aberta, e não como um entusiasta crédulo.[7]

Introdução ao Evangelho de Lucas

O Evangelho de Lucas e o Livro de Atos forçosamente saíram da pena de um mesmo autor, porquanto começam ambos com uma dedicatória a Teófilo.[8] É evidente que Lucas escreveu Atos como uma sequência lógica deste Evangelho (At 1.1-3). E, embora não mencione seu próprio nome nessas duas obras, em quatro passagens de Atos, Lucas emprega o pronome "nós", evidenciando que ele estava presente com Paulo (At 16.10-17; 20.5-16; 21.1-18; 27-1-28.16). Foi durante esse tempo que Lucas permaneceu com Paulo, como seu médico pessoal (Cl 4.14), é que ele, certamente, encontrou tempo para pesquisar detalhadamente acerca dos assuntos registrados neste Evangelho.

A referência mais antiga à autoria de Lucas encontra-se no Cânone Muratoriano (170-180 d.C.). Em uma passagem datada no final do segundo século, Irineu refere-se à autoria desse Evangelho nos seguintes termos: "Lucas, também companheiro de Paulo, escreveu em um livro o Evangelho assim como lhe fora pregado". Um documento do final do segundo século, conhecido como Prólogo do Evangelho, registra: "Lucas era um sírio, natural de Antioquia, médico de profissão, discípulo dos apóstolos e seguidor de Paulo até o seu martírio. Ele serviu ao Senhor sem distração, sem esposa e sem filhos. E morreu com a idade de 84 anos, em Tebas, capital da Beócia, cheio do Espírito Santo".[9] Outras referências primárias sobre Lucas como o autor do Evangelho foram feitas por Tertuliano (207 d.C.), Orígenes (254 d.C.), Eusébio (303 d.C.) e Jerônimo (398 d.C.).[10]

O destinatário

Lucas remete tanto o Evangelho que leva seu nome como o livro de Atos à mesma pessoa, um homem chamado

Teófilo. Muito provavelmente, Teófilo, cujo nome significa "amigo de Deus", era um grego de alta posição social, ou mesmo um romano, convertido a Cristo, que estava sendo instruído na verdade, uma vez que o termo traduzido por "instruído", em Lucas 1.4, vem do mesmo termo grego "catecúmeno" (Gl 6.6).[11]

As "*recognitiones* clementinas", de meados do século segundo, relatam que, após a pregação de Pedro, Teófilo, detentor da posição máxima entre todos os cidadãos proeminentes de Antioquia, teria cedido o grande pórtico de sua casa para as reuniões de culto a Deus.[12]

Fritz Rienecker é de opinião que a dedicatória feita por Lucas a Teófilo não significava mera questão de honra. Até o surgimento da imprensa, a edição de um livro era algo muito dispendioso. Por essa razão, os autores costumavam dedicar suas obras a uma personalidade abastada que, caso aceitasse a dedicatória, era considerada, por assim dizer, o padrinho do livro.[13] Concordo, entretanto, com Anthony Lee Ash quando ele diz que o fato de ter sido dedicado a uma só pessoa não impedia que o trabalho pudesse ser aplicado a uma audiência mais ampla.[14] Carlos Osvaldo Pinto é categórico: "O público-alvo de Lucas era predominantemente gentio".[15]

A data e o local

Não podemos ser dogmáticos quanto à data em que os livros Lucas e Atos foram escritos. Anthony Ash chega a dizer que é impossível determinar, com certeza, quando Lucas os escreveu.[16] H. H. Halley acredita que Lucas escreveu seu Evangelho cerca do ano 60 d.C., quando Paulo estava preso em Cesareia.[17] Carlos Osvaldo Pinto é da mesma opinião. Escreve ele: "A data mais provável para o Evangelho é por volta de 58-59 d.C., antes que Paulo e Lucas partissem para

Introdução ao Evangelho de Lucas

Roma".[18] Outros pensam que a data mais provável é cerca de 63 d.C. Em defesa dessa data está o fato de que Atos termina com a primeira prisão de Paulo em Roma, portanto antes de seu martírio. Se Lucas soubesse da soltura de Paulo ou de seu martírio, provavelmente o teria mencionado. Também não há nenhuma menção em Atos das viagens de Paulo depois de sua soltura da primeira prisão, nem mesmo dos fatos registrados nas epístolas pastorais (Timóteo e Tito). Ainda Lucas não faz nenhuma referência à destruição de Roma, fato que ocorreu em julho do ano 64 d.C. Se Lucas tivesse escrito depois desse período, muito provavelmente teria mencionado essa tragédia. Por conseguinte, a conclusão é que o livro Lucas-Atos foi escrito antes desses acontecimentos retromencionados.

Como companheiro de Paulo, Lucas provavelmente aproveitou os dois anos em que este ficou preso em Cesareia, sob a égide dos governadores romanos Félix e Festo (At 23-26), para viajar pela Palestina e entrevistar muitos informantes que foram testemunhas oculares.[19]

F. F. Bruce é da opinião que a data exata de Lucas-Atos deve permanecer indefinida e que é uma questão sem importância em comparação com a autoria e o caráter histórico da obra.[20]

Embora alguns estudiosos tenham apontado Antioquia da Síria, Roma, Éfeso ou Corinto como os lugares prováveis de onde Lucas escreveu, prefiro ficar com a opinião de Champlin, que diz: "O lugar de sua composição tem de ser deixado na área das conjecturas, porquanto não temos nenhuma evidência positiva a esse respeito".[21]

A linguagem

Leon Morris diz que, linguisticamente, o Evangelho de Lucas se divide em três seções. O Prefácio (1.1-4) é escrito num bom estilo clássico. No restante do capítulo 1 e no capítulo 2, Lucas abandona completamente esse estilo e escreve com um sabor nitidamente hebraico. A partir do capítulo 3, o Evangelho está escrito num tipo de grego helenístico que relembra fortemente a Septuaginta, versão grega do Antigo Testamento hebraico. Lucas usa 266 palavras, além dos nomes próprios, que não são achados em outras partes do Novo Testamento.[22]

A estrutura

O Evangelho de Lucas e os Atos dos Apóstolos formam uma unidade integrada, razão pela qual o andamento de ambos os escritos exibe marcante semelhança. Fritz Rienecker diz que o conteúdo do Evangelho pode ser sintetizado em três nomes: Nazaré, Cafarnaum e Jerusalém. Do mesmo modo, o conteúdo de Atos dos Apóstolos pode ser resumido em três nomes: Jerusalém, Antioquia e Roma. Em Cafarnaum, manifesta-se o que foi gerado no silêncio de Nazaré. Em Jerusalém, completa-se o que foi preparado em Cafarnaum. O mesmo ocorre em Atos dos Apóstolos. Em Antioquia, vemos em flor a semeadura que germinou no Pentecoste em Jerusalém. Em Roma, constatamos que a nova aliança se desprendeu cabalmente do velho solo e foi transplantada para o novo solo, sob o qual desde então produz seus frutos.[23]

Spence diz que há dois registros de Lucas que lhe são peculiares: os capítulos 1 e 2, tratando do nascimento e infância de Jesus, e os capítulos 9.51 a 19.27, tratando da jornada de Jesus para Jerusalém. O conteúdo dessas passagens é tratado quase exclusivamente por Lucas.[24]

As características especiais

A ênfase de Lucas é apresentar Jesus como homem perfeito. Por isso, ele recua sua genealogia a Adão. Também é

Introdução ao Evangelho de Lucas

o único evangelista que descreve os detalhes da concepção miraculosa de João Batista e Jesus. Depois de acurada investigação, Lucas detalha a infância de Jesus e seu crescimento em sabedoria, estatura e graça diante de Deus e dos homens. Lucas também deixa claro o universalismo do ministério de Jesus, ênfase quase ausente nos demais Evangelhos. O universalismo de Lucas inclui os gentios, os párias da sociedade, as mulheres, os samaritanos, os publicanos, os enfermos e os rejeitados da sociedade.

Destacamos aqui algumas particularidades de Lucas.

Em primeiro lugar, é o *Evangelho da universalidade da salvação*. Lucas situa o mundo secular (3.1,2) e faz a genealogia de Jesus remontar a Adão (3.38), o progenitor da raça humana, não parando em Abraão, o pai da nação judaica. A característica mais proeminente de Lucas é que o seu Evangelho é universal (2.32; 4.25-27; 24.46,47). Caem todas as barreiras: o reino dos céus está aberto aos samaritanos (9.51-56; 10.30-37; 17.11-19). Lucas refere-se aos gentios no cântico de Simeão (2.32) e menciona que Jesus falou com aprovação acerca dos não israelitas, como a viúva de Sarepta e Naamã (4.25-27). Conta acerca da cura do escravo de um centurião (7.2-10) e menciona as pessoas que vinham de todas as direções da bússola para assentar-se no reino de Deus (13.39), bem como da grande comissão para pregar o evangelho em todas as nações (24.47).[25] Lucas está interessado nos pobres (2.24; 7.22; 16.19-31). Jesus é o amigo dos pecadores (7.36-50): o filho pródigo (15.11-32), Zaqueu (19.1-10), o ladrão arrependido (23.43). Robertson está correto em dizer que, se Marcos é o Evangelho para os romanos e Mateus para os judeus, o Evangelho de Lucas é para o mundo gentílico.[26]

Em segundo lugar, é o *Evangelho da atenção especial às pessoas marginalizadas*. Gordon Fee diz que Lucas mostra de forma enfática que o Messias de Deus veio até seu povo, Israel, com a prometida inclusão dos gentios; Jesus veio para salvar os perdidos, incluindo todos os tipos de pessoas marginalizadas que para a religião tradicional estariam fora dos limites.[27] As mulheres, os doentes, os impuros, os pobres, os publicanos ricos e os gentios merecem especial atenção neste Evangelho. Aproximavam-se de Jesus os publicanos e pecadores para ouvi-lo (15.1). Jesus foi hospedar-se na casa de Zaqueu, considerado pelos circunstantes como um pecador (19.7). Levi fez uma festa para recepcionar aqueles que eram considerados pelos fariseus *publicanos e pecadores* (5.30). Uma mulher pecadora ungiu os pés de Jesus (7.37-50). As viúvas receberam especial atenção de Lucas. Das doze viúvas mencionadas na Bíblia, Lucas cita três (2.36-40; 7.11-15; 21.1-4).

Em terceiro lugar, é o *Evangelho das crianças*. O exemplo mais óbvio de solicitude de Lucas para com as crianças é o das narrativas da infância de João Batista e Jesus. Lucas é quem nos dá a maior parte das nossas informações acerca daqueles dias iniciais. Dá-nos, ainda, a descrição acerca do "filho único" ou da "filha única" das pessoas sobre as quais escreve (7.12; 8.42; 9.38).[28]

Em quarto lugar, é o *Evangelho das mulheres*. No primeiro século, as mulheres eram marginalizadas, mas Lucas as vê como objeto do amor de Deus e escreve acerca de muitas delas, como Isabel, Maria, a profetisa Ana, a viúva de Naim, a pecadora que ungiu os pés de Jesus na casa do fariseu, Marta e Maria e as mulheres que sustentaram o seu ministério. Lucas faz 43 referências a mulheres neste Evangelho.

Em quinto lugar, é o *Evangelho dos pobres*. Jesus veio pregar o evangelho aos pobres (4.18). Profere uma bem-aventurança aos pobres (6.20) e por contraste um ai aos ricos

(6.24), ao passo que Mateus fala sobre os *pobres de espírito* (Mt 5.3). Pregar as boas-novas aos pobres é característica do ministério de Jesus (7.22). Os pastores aos quais o anjo anunciou o nascimento de Jesus pertenciam a uma classe pobre. A própria família de Jesus era pobre (2.24 cf. Lv 12.8). Lucas preocupa-se com os interesses dos pobres (1.53; 6.30; 14.11-13; 16.19-31). Por outro lado, Lucas menciona um *ai* endereçado aos ricos (6.24) e conta que Deus manda os ricos embora, vazios (1.53). Há parábolas que advertem os ricos, tais como a do rico tolo (12.16), do administrador infiel (16.1) e do rico e Lázaro (16.19-31). Há advertências para os ricos nas histórias do jovem rico (18.18-27), de Zaqueu (19.1-10) e da oferta da viúva pobre (21.1-4).[29]

Em sexto lugar, é o *Evangelho da oração*. Lucas falou mais sobre oração do que qualquer outro evangelista. Por descrever Jesus como o Homem perfeito, é o Evangelho que enfatiza a vida de oração de Jesus (3.21; 5.15-17; 6.12,13; 9.18,28; 11.1; 22.31,32; 22.39,40; 23.34). Sete destas orações de Jesus constam somente em Lucas e mostram Jesus orando antes de cada grande crise de sua vida. Somente este Evangelho registra que Jesus orou por Pedro (22.31,32). Jesus orou por seus inimigos (23.34) e por si mesmo (22.41,42). Os discípulos aprenderam a orar com Jesus, e a igreja primitiva aprendeu a orar com os discípulos.

Em sétimo lugar, é o *Evangelho do louvor*. Lucas é um evangelho cantante. Registra alguns dos grandes hinos da fé cristã: o *Magnificat* (1.46-55), o *Benedictus* (1.68-79), o *Gloria in excelsis* (2.14) e o *Nunc Dimittis* (2.29-32). O verbo "regozijar-se" e o substantivo "alegria" acham-se frequentemente neste Evangelho (1.14,44,47; 10.21), bem como risos (6.21) e festejos (15.23,32). Há alegria quando o perdido é encontrado (15.6,7,9-10). Há alegria na

LUCAS — Jesus, o homem perfeito

recepção que Zaqueu fez para Jesus (19.6). Este Evangelho termina como começou, com regozijo (24.52).[30]

Em oitavo lugar, é o *Evangelho do Espírito Santo*. O propósito de Deus não se encerra na cruz, mas continua na obra do Espírito Santo. O Espírito Santo é destacado neste Evangelho desde o princípio. João é cheio do Espírito desde o ventre (1.15). O Espírito Santo cobre Maria com sua sombra (1.35). Quando Jesus foi batizado, o Espírito Santo veio sobre ele (3.22). O mesmo Espírito o conduziu ao deserto por ocasião da tentação (4.1). Jesus regressou à Galileia no poder do Espírito Santo (4.14). Quando pregou na sinagoga de Nazaré, afirmou que o Espírito Santo estava sobre ele (4.18). Jesus exultou no Espírito (10.21), e os discípulos seriam ensinados pelo Espírito em sua jornada missionária (12.12). A blasfêmia contra o Espírito é o mais grave pecado (12.10). O Pai dá o Espírito àqueles que o pedem (11.13). Jesus envia a promessa do Pai e reveste seus discípulos com o poder do Espírito (24.49). O Espírito Santo vem sobre Isabel, sobre Maria, sobre Jesus e sobre os discípulos (1.15,35; 2.25-27; 3.22; 4.14,18; 11.13; 12.10,12; 24.49). Lucas fala mais sobre o Espírito Santo do que qualquer outro evangelista, formando um vínculo de continuidade tanto no ministério de Jesus quanto na vida da igreja primitiva.[31]

Em nono lugar, é o *Evangelho das parábolas*. Lucas contém muitas parábolas exclusivas. Das 37 parábolas sinóticas, 14 aparecem somente em Lucas: os dois devedores (7.41-43); o bom samaritano (10.25-37); o amigo importuno (11.5-8); o rico insensato (12.16-21); a figueira infrutífera (13.6-9); os lugares no banquete (14.7-11); o construtor de torre e o rei indo para a guerra (14.28-32); a dracma perdida (15.8-10); o filho pródigo (15.11-32); o administrador injusto (16.1-8); o rico e Lázaro (16.19-31); a recompensa do servo (17.7-10); o juiz injusto (18.1-8); e o fariseu e o publicano (18.9-14).[32]

A relevância para os nossos dias

Que luz este Evangelho lança sobre os problemas atuais? Hendriksen oferece-nos quatro respostas.[33]

Em primeiro lugar, *este Evangelho é um livro de doutrina que nos mostra em quem devemos crer.* Lucas foi escrito para direcionar nossa confiança exclusivamente a Jesus Cristo, o Filho de Deus. Lucas fala sobre seu nascimento, sua vida, seus ensinos, seus milagres, sua morte, sua ressurreição e sua ascensão. Mostra ainda que todos aqueles que reconhecem seus pecados e põem sua fé em Jesus encontram nele perdão dos pecados e vida eterna (8.12,50; 18.13).

Em segundo lugar, *este Evangelho é um livro de ética que nos diz como viver.* Lucas realça o tríplice dever: da humildade (9.46-48; 22.24-30), da honra (10.38-11.3) e do serviço (10.25-37). Num mundo marcado por distinções de classes e barreiras raciais, nacionais, sociais e sexuais, Jesus insistiu em que, por meio da aplicação de um amor abnegado e sacrificial para com todos, essas barreiras fossem derrubadas (4.25-27; 7.9,36-50; 8.3).

Em terceiro lugar, *este Evangelho é um livro de conforto que nos ensina por que devemos regozijar-nos.* A alegria canta através de toda a senda deste livro. O livro começa com cinco cânticos e termina com "grande alegria" e louvores contínuos a Deus (24.52,53). No coração e centro do livro (10.20,21; 15.7,10), o próprio Deus se regozija.

Em quarto lugar, *este Evangelho é um livro de profecia que nos informa o que devemos esperar.* A profecia de Isaías 53 cumpriu-se em Cristo, o Redentor prometido (22.37;

23.34,50-53). Proclama as glórias da vida porvir (12.43,44) e as honras que receberão aqueles que herdam a vida eterna (12.37).

NOTAS

[1] GUNDRY, Robert H. *Panorama do Novo Testamento.* São Paulo: Vida Nova, 1978, p. 106.

[2] ASH, Anthony Lee. *O Evangelho segundo Lucas.* São Paulo: Vida Cristã, 1980, p. 7.

[3] CHILDERS, Charles L. "O Evangelho segundo Lucas." In: *Comentário bíblico Beacon.* Vol. 6. Rio de Janeiro: CPAD, 2015, p. 349.

[4] OOSTERZEE, J. J. Van. "The Gospel According Luke." In: *Lange's commentary on the holy scripture.* Vol. 8. Grand Rapids, MI: Zondervan Publishing House, 1980, p. 4.

[5] TENNEY, Merrill C. *Enciclopédia da Bíblia.* Vol. 3. São Paulo: Cultura Cristã, 2008, p. 1015.

[6] WIERSBE, Warren W. *Comentário bíblico expositivo.* Vol. 5. Santo André: Geográfica, 2006, p. 219.

[7] ROBERTSON, A. T. *Comentário de Lucas à luz do Novo Testamento Grego.* Rio de Janeiro: CPAD, 2013, p. 17.

[8] GUNDRY, Robert H. *Panorama do Novo Testamento*, p. 101.

[9] RIENECKER, Fritz. *Evangelho de Lucas.* Curitiba: Esperança, 2005, p. 11.

[10] NEALE, David A. *Novo comentário bíblico Beacon Lucas 1-9.* Rio de Janeiro: Central Gospel, 2015, p. 33,34.

[11] WIERSBE, Warren W. *Comentário bíblico expositivo.* Vol. 5, p. 219.

[12] RIENECKER, Fritz. *Evangelho de Lucas*, p. 12.

[13] RIENECKER, Fritz. *Evangelho de Lucas*, p. 12,13.

[14] ASH, Anthony Lee. *O Evangelho segundo Lucas*, p. 24.

Introdução ao Evangelho de Lucas

[15] PINTO, Carlos Osvaldo Cardoso. *Foco e desenvolvimento no Novo Testamento*. Vol. 2. São Paulo: Hagnos, 2014, p. 122.

[16] ASH, Anthony Lee. *O Evangelho segundo Lucas*, p. 9.

[17] HALLEY, H. H. *Manual bíblico*. Vol. 2. São Paulo: Vida Nova, 1978, p. 427.

[18] PINTO, Carlos Osvaldo Cardoso. *Foco e desenvolvimento no Novo Testamento*, p. 121.

[19] RICHARDS, Lawrence O. *Comentário histórico-cultural do Novo Testamento*. Rio de Janeiro, RJ: CPAD, 2012, p. 133.

[20] BRUCE, F. F. *Commentary on the book of Acts*. Grand Rapids, MI.: Eerdmans 1964, p. 23.

[21] CHAMPLIN, Russell Norman. *O Novo Testamento interpretado versículo por versículo*. São Paulo: Hagnos, 2014, p. 3.

[22] MORRIS, Leon. *Lucas: introdução e comentário*. São Paulo, SP: Vida Nova, 2011, p. 25.

[23] RIENECKER, Fritz. *Evangelho de Lucas*, p. 15.

[24] SPENCE, H. D. M. *"St. Luke." In the pulpit commentary*. Vol. 16. Grand Rapids, MI: Eerdmans, 1980, p. 13.

[25] MORRIS, Leon L. *Lucas: introdução e comentário*, p. 34,35.

[26] ROBERTSON, A. T. *Comentário de Lucas à luz do Novo Testamento Grego*, p. 20.

[27] FEE, Gordon; STUART, Douglas. *Como ler a Bíblia livro por livro*. São Paulo: Vida Nova, 2013, p. 338,339.

[28] MORRIS, Leon L. *Lucas: introdução e comentário*, p. 40.

[29] MORRIS, Leon L. *Lucas: introdução e comentário*, p. 40,41.

[30] MORRIS, Leon L. *Lucas: introdução e comentário*, p. 45.

[31] MORRIS, Leon L. *Lucas: introdução e comentário*, p. 44,45.

[32] WILLCOCK, J. *The Preacher's Complete Homiletic Commentary on the Gospel According St Luke*. Grand Rapids, MI: Baker Books, 1996, p. 4.

[33] HENDRIKSEN, William. *Lucas*. Vol. 1. São Paulo, SP: Cultura Cristã, 2003, p. 74-76.

Capítulo 1

O prefácio de Lucas

(Lc 1.1-4)

LUCAS É O ÚNICO ESCRITOR gentio do Novo Testamento. Provavelmente, natural de Antioquia da Síria, converteu-se a Cristo por intermédio do ministério de Paulo. Não foi testemunha ocular dos acontecimentos registrados no Evangelho que leva seu nome. Não presenciou o nascimento, a vida, a morte e a ressurreição de Cristo. Mas foi um pesquisador zeloso, um entrevistador perspicaz e um cooperador daqueles que presenciaram os fatos auspiciosos do ministério de Cristo.

A evidência insofismável do Evangelho escrito por Lucas é que o Cristo da profecia não é outro senão o Jesus histórico. Não há nenhuma distância entre o

Cristo da profecia e o Jesus que nasceu em Belém, viveu em Nazaré e morreu em Jerusalém.

O prefácio de Lucas é um dos mais requintados textos da literatura bíblica. William Barclay diz que este prefácio é o melhor que se tem escrito em grego em todo o Novo Testamento.[1] As primeiras palavras de um livro são importantes; e Lucas escolheu-as cuidadosamente.[2] Lucas se apresenta como historiador[3] e fala sobre sua motivação em escrever este Evangelho, quais recursos usou para escrevê-lo e qual foi seu propósito ao enviar essa obra a Teófilo. A introdução de Lucas convida os leitores a considerarem a história de sua narrativa, a autenticidade de suas fontes e o propósito de sua escrita.[4]

Quem é o destinatário do Evangelho de Lucas? Há aqueles que defendem a tese de que Teófilo, a quem Lucas endereça tanto o evangelho como Atos, era um símbolo, e não uma pessoa real. Outros pensam que ele foi um rico proprietário de escravos e que o próprio Lucas tenha sido seu escravo alforriado. Alguns acreditam que ele foi o patrocinador literário de Lucas. O que sabemos, entretanto, é que Teófilo que era um homem temente a Deus, um catecúmeno que estava sendo instruído na palavra.

David Stern diz que o uso do termo "excelentíssimo" para Teófilo mostra, provavelmente, que ele era uma pessoa pertencente à classe alta grega.[5] Rienecker observa que essa forma honorífica de trato era usada para dirigir-se a pessoas com uma posição oficial ou social mais alta de quem fala.[6] William Hendriksen sugere que ele poderia ter ocupado um elevado cargo no governo romano, uma vez que o epíteto "excelentíssimo" tem o mesmo significado de Atos 23.26, 24.3 e 26.25, usado para os procuradores romanos Félix e Festo.[7] Aprendemos com esse tratamento que Lucas deu a Teófilo que "a religião cristã não destrói a cortesia nem justifica a rudeza".[8]

Ao examinarmos a passagem em apreço, destacamos alguns pontos.

Em primeiro lugar, *a fé cristã é universal em seu escopo e verificável em seus efeitos* (1.1). Lucas admite que não está escrevendo algo inédito. Também mostra que a fé cristã não é um mito, mas uma realidade factual. Deixa claro que outros escritores já se lançaram nesse trabalho, que outros obreiros já lavraram nesse campo. A vida, o ministério, a morte e a ressurreição de Jesus foram matérias consideradas por outros escritores. Lucas está aqui subindo nos ombros de gigantes, para enxergar mais longe e ter um discernimento mais apurado dos fatos.

Em segundo lugar, *a fé cristã não é um conjunto de fábulas inventadas pelos homens, mas fatos testemunhados pelos servos da palavra* (1.2). Houve escritores que precederam Lucas no registro dos fatos relacionados à pessoa e à obra de Cristo. Muito provavelmente os Evangelhos de Marcos e Mateus estejam entre eles. Esses escritores não eram místicos comentando fábulas, mas testemunhas oculares, ministros da palavra, que relataram coordenadamente os fatos ocorridos entre eles.

Em terceiro lugar, *a fé cristã foi revelada por Deus e registrada por homens santos de Deus* (1.3). Lucas, mesmo sabendo que aqueles que escreveram antes dele tiveram fontes testemunhais confiáveis, porque registraram aquilo que ouviram de testemunhas oculares e de ministros da palavra, resolve, pessoalmente, lançar-se numa nova empreitada, ou seja, fazer uma meticulosa pesquisa desses fatos auspiciosos, desde sua origem. Assim, Lucas torna-se um historiógrafo da história de Jesus. Na

LUCAS — Jesus, o homem perfeito

expressão "desde sua origem" (*anothen* = de cima para baixo), Lucas parece comparar-se com um peregrino que tenta avançar até a nascente do rio para depois percorrer todo o curso posterior.[9]

As fontes que Lucas usa para escrever seu Evangelho são tanto testemunhais como documentais.[10] Lucas é o único evangelista que registra os primeiros anos da vida de Jesus, como a concepção, o nascimento e a infância. É o único evangelista que narra o episódio da visitação do anjo Gabriel a Zacarias em Jerusalém e a Maria em Nazaré.

Lucas escreve sobre a salvação preparada e realizada por Deus não apenas para Israel, mas também para todos os povos, desde os tempos mais remotos. Nas palavras de David Neale, o Antigo Testamento é o fundamento da teologia de Lucas; e o Deus que age na história é o centro dessa teologia.[11] Fritz Rienecker tem razão ao dizer que "Lucas deseja dar notícia do maior acontecimento da história mundial, do tema que abarca céu e terra, tempo e eternidade, passado e futuro, o Deus eterno e seu Filho eterno".[12]

Lucas 1.3 lança luz sobre a inspiração das Escrituras como nenhuma outra passagem consegue fazê-lo, destaca William Barclay.[13] Lucas mostra algumas verdades sublimes aqui.

A inspiração divina não anula a ação humana. Lucas lançou-se numa pesquisa meticulosa, na qual examinou registros escritos, entrevistou testemunhas oculares, ouviu ministros da palavra, comparou fatos e tirou conclusões claras. No entanto, o mais importante é que todo esse processo foi assistido pelo Espírito Santo. Nas palavras de William Hendriksen, a inspiração, ainda que certamente plenária, é orgânica. O Espírito Santo usa evangelistas de diferentes formações e habilidades e equipa cada um para sua tarefa específica.[14]

A inspiração divina não anula a investigação humana. Deus não ditou palavra por palavra a Lucas, anulando sua personalidade. Ao contrário, usou seu conhecimento, sua técnica de pesquisa, apoiando todos os passos da investigação com a inspiração divina, a fim de que o registro fosse infalível e inerrante.

A inspiração divina não anula a meticulosidade humana. Lucas investigou tudo e desde a sua origem. Usou uma metodologia rigorosa, recorrendo a técnicas precisas, para trazer à luz a plena verdade sobre Jesus. Lucas escreveu este Evangelho depois de acurada investigação de todos os pontos. Não deixou nada de fora. Não passou por alto de nada daquilo que era relevante para compor essa obra colossal. É bem verdade que a expressão "tudo" não quer dizer tudo o que Jesus fez e ensinou, pois se tudo tivesse sido registrado nem em todo o mundo caberiam os livros que seriam escritos (Jo 21.25).

A inspiração divina não anula o registro escrito. Lucas foi assistido pelo Espírito Santo para escrever um Evangelho canônico, o terceiro Evangelho sinótico, que trata da perfeita humanidade de Cristo. É uma investigação em ordem. Lucas não apenas escreve o que pesquisa, mas escreve tudo desde o começo, fazendo uma abordagem cronológica dos fatos. Seu Evangelho é o mais abrangente sobre a vida e o ministério de Jesus. Concordo com Hendriksen quando ele diz: "A religião cristã não é uma questão de mitos astuciosamente engendrados (2Pe 1.16), mas fundamenta-se sobre fatos históricos concretos".[15]

Em quarto lugar, *a fé cristã precisa ser abraçada com plena certeza* (1.4). Teófilo já estava sendo instruído na verdade.

Lucas — Jesus, o homem perfeito

O propósito de Lucas em enviar este livro era proporcionar-lhe plena certeza nas verdades que ele já havia abraçado e nas quais estava sendo instruído.

Concluo com as palavras de Leon Morris quando diz que "o impacto principal do prólogo de Lucas é que o cristianismo é verdadeiro; e é capaz de ser confirmado mediante a investigação daquilo que aconteceu".[16]

Notas

[1] BARCLAY, William. *Lucas*. Buenos Aires: La Aurora, 1973, p. 13.

[2] NEALE, David A. *Novo Comentário bíblico Beacon Lucas 1-9*, p. 62.

[3] MacDONALD, William. *Believer's Bible commentary*. Nashville, TN: Thomas Nelson Publishers, 1989, p. 1368.

[4] NEALE, David A. *Novo comentário bíblico Beacon Lucas 1-9*, p. 61.

[5] STERN, David H. *Comentário judaico do Novo Testamento*. São Paulo, SP: Atos, 2008, p. 129.

[6] RIENECKER, Fritz; ROGERS, Cleon. *Chave linguística do Novo Testamento Grego*. São Paulo, SP: Vida Nova, 1985, p. 102.

[7] HENDRIKSEN, William. *Lucas*. Vol. 1, p. 89.

[8] HENDRIKSEN, William. *Lucas*. Vol. 1, p. 91.

[9] RIENECKER, Fritz. *Evangelho de Lucas*, p. 17.

[10] ASH, Anthony Lee. *O Evangelho segundo Lucas*, p. 23.

[11] NEALE, David A. *Novo Comentário bíblico Beacon Lucas 1-9*, p. 63.

[12] RIENECKER, Fritz. *Evangelho de Lucas*, p. 16.

[13] BARCLAY, William. *Lucas*, p. 14.

[14] HENDRIKSEN, William. *Lucas*. Vol. 1, p. 58.

[15] HENDRIKSEN, William. *Lucas*. Vol. 1, p. 91.

Capítulo 2

O nascimento do precursor de Jesus
(Lc 1.5-25)

A PROFECIA HAVIA CESSADO há mais de quatrocentos anos. O povo não recebia nenhuma palavra profética de Deus desde que o profeta Malaquias prometera a vinda do precursor do Messias, na força e no poder de Elias (Ml 4.5,6). Nesse tempo, alguns líderes religiosos estavam rendidos a uma tradição morta, e outros haviam se capitulado à sedução do lucro e transformado a casa de Deus num covil de salteadores. Herodes, o Grande, era um rei tirano, amante do poder, que não hesitava em matar qualquer concorrente do trono. É nesse tempo de obscurantismo espiritual que Deus invade a história com sua intervenção soberana e traz à lume a esperança para o seu povo.

[16] Morris, Leon L. *Lucas: introdução e comentário*, p. 65.

Antes de avançarmos no assunto, vale a pena fazer uma retrospectiva. Todo descendente direto de Arão era automaticamente sacerdote. Durante o reinado de Davi, os sacerdotes foram organizados e divididos em 24 grupos (1Cr 24.1-6). Essas divisões foram reafirmadas por Salomão, filho de Davi (2Cr 8.14). A oitava divisão, a de Zacarias, era a divisão de Abias (1Cr 24.10).

Somente quatro divisões regressaram de Babilônia (Ed 2.36-39). Essas quatro, porém, foram redivididas em 24 e lhes foram dados nomes antigos. Cada divisão cumpria deveres no templo duas vezes ao ano, e a cada vez o período de serviço era de uma semana.[1] Como destaca Leon Morris, havia muitos sacerdotes, mas um só templo, por isso esses turnos de trabalho eram necessários para que todos os sacerdotes pudessem ter o privilégio de queimar incenso no templo.[2] Somente nas festas da Páscoa, Pentecoste e Tabernáculos é que todos os sacerdotes serviam juntos. Os sacerdotes que amavam seu trabalho aguardavam ansiosamente seu turno, que acontecia duas vezes por ano.

Era um grande privilégio um sacerdote casar-se com uma mulher de linhagem sacerdotal. Zacarias teve o privilégio de casar-se com Isabel, uma descendente da família de Arão. Foi no exercício do seu turno de trabalho que o anjo Gabriel falou com Zacarias.

À guisa de introdução, destacamos aqui três fatos.

O anjo visita Zacarias e Maria. O anjo Gabriel vai a Judeia e a Galileia, levando uma mensagem do céu a um velho sacerdote e a uma jovem virgem.

O anjo parece chegar atrasado num caso e adiantado no outro. Na perspectiva humana, Gabriel chegou atrasado à vida de Zacarias e sua mulher, pois eles já eram avançados em idade e Isabel ainda era estéril. De igual modo, parece que o anjo chegou adiantado à vida de Maria, pois ela era ainda jovem, virgem e noiva de um carpinteiro. Na perspectiva divina, entretanto, o anjo chegou na plenitude dos tempos, quando todo o cenário estava pronto e quando todas as profecias estavam cumpridas (Gl 4.4).

O anjo fala sobre dois nascimentos: do precursor e do Messias. O anjo Gabriel menciona dois nascimentos: o nascimento do arauto precursor e o nascimento do Messias prometido. Ambos são fruto de um milagre. João Batista nasce de uma mãe estéril. Jesus nasce de uma jovem virgem. João Batista nasce de pais já amortecidos. Jesus nasce pela operação sobrenatural do Espírito Santo.

Seus pais eram extraordinariamente piedosos (1.5-7)

Em primeiro lugar, *quando viveram* (1.5). Lucas define a época em que o sacerdote Zacarias viveu, ou seja, nos dias de Herodes. Esse é o Herodes, o Grande, idumeu que governou a Judeia de 37 a 4 a.C. Ele adotou a religião judaica e dependia de Roma para governar. Foi notório por suas grandes obras, como o porto de Cesareia, a fortaleza de Massada e a ampliação do templo de Jerusalém. Também foi um governante astuto, cruel e perverso. Matou vários membros da própria família, como sua mulher Mariana, sua sogra Alexandra e seus três filhos Alexandre, Aristóbulo e Antípatro, e mandou matar as crianças de Belém de 2 anos para baixo, intentando com isso eliminar o menino Jesus, que tinha nascido para ser rei dos judeus. O próprio imperador César Augusto disse acerca dele: "Eu preferiria ser um porco a ser um filho de Herodes".[3] Hendriksen diz que Lucas contrasta um monstro diabólico, um tirano terrível com um sacerdote piedoso.[4]

Lawrence Richards é oportuno quando mostra a necessidade de fazermos uma distinção entre a aristocracia sacerdotal e os sacerdotes da ordem. A aristocracia era limitada a várias famílias sacerdotais, que dominavam os ofícios na hierarquia e controlavam as finanças e rituais do templo. Já os sacerdotes da ordem moravam fora de Jerusalém, e a tarefa deles era oficiar nos sacrifícios e nas cerimônias que ocorriam diariamente no templo.[5]

Em segundo lugar, *como viveram* (1.6). No verso anterior, Lucas dá a linhagem do casal Zacarias e Isabel e, agora, mostra como eles viveram. Ambos eram justos diante de Deus, vivendo irrepreensivelmente em todos os preceitos e mandamentos do Senhor. John Charles Ryle diz que não importa se o anjo está tratando aqui da justiça imputada (justificação) ou da justiça realizada no íntimo dos crentes pela operação do Espírito Santo (santificação), pois não existe nenhum "justo" que não seja santificado e nenhum "santo" que não seja justificado.[6] O ministério deles era de uma linhagem legítima, e a vida deles era um exemplo no meio de uma geração corrompida. Eles viviam o que pregavam. Pregavam aos ouvidos e também aos olhos.

Em terceiro lugar, *como sofreram* (1.7). A vida com Deus não é uma estufa espiritual nem nos blinda das aflições. Fritz Rienecker diz, com razão, que não ter filhos naquela época era um grande infortúnio para um casal em idade avançada, e até mesmo era percebido como extremo sofrimento, um sinal do desfavor divino e uma vergonha perante as pessoas.[7] A esterilidade era normalmente considerada sinal de reprovação e juízo de Deus[8] e motivo legítimo para reivindicar o divórcio.[9] O pesadelo da esterilidade era tão grande que Raquel disse a Jacó, seu marido: *Dá-me filhos, senão morrerei* (Gn 30.1). Isabel, ao

O nascimento do precursor de Jesus

ficar grávida, disse: *Assim me fez o Senhor, contemplando-me, para anular o meu opróbrio perante os homens* (1.25). Outros nascimentos milagrosos semelhantes são encontrados nas Escrituras, como o nascimento de Isaque (Gn 18.1-5; 21.1-7), Sansão (Jz 13.1-25) e Samuel (1Sm 1.1-2.10). O impossível acontece mais uma vez, trazendo à lume um grande milagre. Estou de pleno acordo com o que escreveu Hendriksen: "A extrema incapacidade do homem é a oportunidade de Deus".[10]

Seu nascimento é extraordinariamente anunciado (1.8-14)

Em primeiro lugar, *um exercício espiritual* (1.8-10). Em virtude de não haver deveres sagrados em número suficiente para todos os sacerdotes, lançavam-se sortes para ver quem cumpriria cada função. Oferecer o incenso era considerado um grande privilégio. Um sacerdote não podia oferecer o incenso mais de uma vez na sua vida inteira, e alguns sacerdotes nunca receberam o privilégio.[11] O dia de o sacerdote Zacarias entrar no lugar santo para queimar incenso chegou, e chegou por sorteio. Portanto, esse era o momento mais importante da sua vida inteira. A parte mais solene de toda a liturgia era o ato da queima de incenso, que era oferecido duas vezes ao dia: de manhã e à tarde. É nesse cenário que sua vida é radicalmente mudada. É nessa geografia sagrada que os céus visitam a terra. É nesse ambiente de culto, regado de oração, que Deus envia seu mensageiro para falar com Zacarias. Rienecker diz que "a hora da oração é a hora da revelação de Deus".[12]

Em segundo lugar, *uma visita angelical* (1.11,12). Hendriksen tem razão ao dizer que a aparição repentina de um anjo santo, com um resplendor deslumbrante, faz tremer alguém que é débil e pecador.[13] O medo caiu sobre Zacarias.

A mensagem da vinda do Messias trouxe temor às pessoas que receberam a visitação angelical: Zacarias temeu (1.12), Maria temeu (1.29,30), José temeu (Mt 1.20), os pastores temeram (2.10). Harold Willmington sintetiza a relação dos anjos com Jesus no Novo Testamento: 1) foram criados por ele e para ele (Cl 1.16); 2) adoraram-no (Hb 1.6); 3) predisseram seu nascimento (1.31); 4) anunciaram seu nascimento (2.9-13); 5) protegeram-no de Herodes (Mt 2.13); 6) ministraram para ele no deserto (Mt 4.11); 7) ministraram para ele no jardim do Getsêmani (22.43); 8) tiraram a pedra da entrada do seu túmulo (Mt 28.2); 9) anunciaram sua ressurreição (Mt 28.6); 10) estiveram presentes em sua ascensão e predisseram sua segunda vinda (At 1.10,11); 11) acompanharão sua segunda vinda (2Ts 1.7,8).[14]

A ordem mais repetida em toda a Bíblia é: "Não temas". Deus está nos dizendo: "Pare de sentir-se amedrontado; anime-se".[15] Zacarias orou por longos anos para ter um filho, bem como pela redenção de Israel. Agora, julgava que essa era uma causa perdida. Todos os recursos humanos já haviam se esgotado. Quando tudo parecia impossível, porém, Deus reverteu a situação, e Zacarias não apenas teve um filho, mas o maior entre os nascidos de mulher, aquele que apresentou pessoalmente o Redentor de Israel (Mt 11.11).

Em terceiro lugar, *um filho excepcional* (1.13,14). O nascimento de João Batista está envolvido no sobrenatural. Seu nascimento é anunciado por um anjo. Três coisas acerca de João Batista são dignas de destaque.

Ele é fruto de um milagre (1.7). Isabel, sua mãe, era estéril. Seu ventre era um deserto. Ela não podia conceber. Além disso, ela e seu marido já eram avançados em idade.

Ele é fruto de oração (1.13). As orações antigas ainda encontram eco nos ouvidos de Deus, pois a sua demora em responder às nossas orações não é uma negação. O nascimento do precursor do Messias acontece em resposta às antigas orações de Zacarias. Concordo com John Charles Ryle quando ele diz: "Não nos cumpre determinar a época ou a maneira como nossos pedidos devem ser respondidos".[16] Vale destacar que ao lhes dar um filho, Deus não lhes deu um sacerdote, mas um profeta, o profeta que preparou o caminho do Senhor.

Ele será motivo de alegria (1.14). João Batista será motivo de alegria, pois ele veio para preparar o caminho do Filho de Deus, o Salvador do mundo.

Sua missão é divinamente especificada (1.15-17)

Destacamos cinco verdades aqui.

Em primeiro lugar, *um homem grande aos olhos de Deus* (1.15). O padrão de grandeza do mundo, entre os homens, não corresponde ao padrão de grandeza do céu, entre os anjos. João Batista foi grande aos olhos do Senhor ao revelar sua profunda humildade. A insígnia da verdadeira grandeza é a humildade.[17] João não era o noivo, mas o amigo do noivo. Ele não era o Messias, mas preparou o caminho para o Messias. Ele não era a luz, mas testificou acerca da verdadeira luz. Ele não era o Cordeiro, mas apontou para Jesus e disse: *Eis o cordeiro de Deus que tira o pecado do mundo* (Jo 1.29). O próprio Jesus deixou claro que ninguém, entre os nascidos de mulher, foi maior do que ele (Mt 11.11).

Em segundo lugar, *um homem consagrado a Deus* (1.15). João Batista foi um nazireu, consagrado a Deus desde o ventre materno (Nm 6.1-12). A única outra pessoa descrita dessa forma na Bíblia é Sansão (Jz 13-16). O contraste entre os dois homens, um fisicamente forte e o outro um gigante espiritual, nos lembra que o que faz a diferença não são os símbolos exteriores da religião, mas nosso compromisso pessoal e interior com Deus. Sansão viveu com os símbolos de compromisso; João viveu a realidade que os símbolos deveriam representar.[18] João se alegrou em Jesus antes mesmo de nascer. Seu lema de vida era exaltar a Jesus. Ele disse: *Convém que ele cresça e que eu diminua* (Jo 3.30).

Em terceiro lugar, *um homem cheio do Espírito Santo* (1.15). João Batista não foi um homem cheio de vinho, mas cheio do Espírito Santo desde o ventre materno. Não derivou sua força de uma formação moral robusta nem de uma personalidade forte, mas do Espírito Santo. Sua vida foi um exemplo, e seu ministério produziu profundo impacto nos corações. Estou de pleno acordo com o que escreveu John Charles Ryle: "Não há maior erro do que supor que as crianças, por sua tenra idade, não podem estar sujeitas à operação do Espírito Santo. O modo pelo qual ele opera no coração de uma criança é misterioso e incompreensível; assim também é toda a sua obra nos filhos dos homens".[19]

Em quarto lugar, *um homem usado por Deus* (1.16). O ministério de João Batista provocou uma verdadeira revolução espiritual. Ele conclamou o povo, os líderes religiosos e os políticos ao arrependimento. Ele colocou o machado na raiz das árvores. Aterrou os vales, nivelou os montes, endireitou os caminhos tortos e aplainou as veredas fora do lugar.

Em quinto lugar, *um homem ousado em Deus* (1.17). João Batista veio no poder de Elias (Ml 4.5,6), o profeta que confrontou, em nome de Deus, a nação de Israel, o rei Acabe e os profetas de Baal. Ele não era Elias literalmente (Jo 1.21), mas era Elias figuradamente (Mt 11.13,14; 17.12;

Mc 9.12,13). A mesma ousadia de Elias, João demonstrou ao confrontar os líderes e o povo, chamando-os ao arrependimento. O ministério de João produziu um avivamento nas relações harmoniosas dentro do lar. Malaquias, na antiga dispensação, denunciou os casamentos mistos (2.11) e o divórcio (2.14) como fatores desagregadores da família. João, no começo da nova dispensação, concentra seu trabalho na conversão dos pais aos filhos e dos filhos aos pais (1.17; Ml 4.6), preparando, assim, um povo para o Senhor. Concordo com Hendriksen quando ele diz: "Entra o amor de Deus. Desaparece o abismo entre as gerações".[20]

A incredulidade de seu pai é denunciada (1.18-23)

Dois fatos são aqui destacados.

Em primeiro lugar, *Zacarias, em vez de crer na palavra de Deus, acentua as impossibilidades humanas* (1.18,19). Diante da majestosa aparição de Gabriel, o anjo que assiste diante de Deus, Zacarias acentua as impossibilidades humanas, em vez de crer na mensagem enviada da parte de Deus. Ele se recusou, sem rodeios, a crer no anjo. É como se Zacarias dissesse ao anjo: "Não creio em ti, porque pessoas de minha idade não podem ter filhos". Ele já havia esquecido de suas orações, embora essas orações não estivessem sido esquecidas aos olhos de Deus. Será que Zacarias já havia se esquecido do que Deus fizera por Abraão e Sara (Gn 18.9-15; Rm 4.18-25)? As palavras de Zacarias *Eu sou velho* contrastam com as palavras do anjo: *Eu sou Gabriel, que assisto diante de Deus.* Fica aqui o alerta: Que jamais coloquemos em dúvida o fato de que, quando Deus diz uma coisa, irá cumpri-la fielmente!

Em segundo lugar, *o juízo divino vem misturado com sua misericórdia* (1.20-23). Porque não creu, Zacarias não pôde falar. Porque fez um mau uso da língua, essa língua teve de ficar silenciosa. Zacarias foi condenado ao silêncio. John Charles Ryle alerta: "Duvidar que Deus pode fazer alguma coisa que ele diz que fará é negar de forma prática sua onipotência. Duvidar que Deus não cumprirá completamente alguma de suas promessas é fazê-lo mentiroso".[21]

Zacarias fica mudo, mas não mudo para sempre. O juízo veio temperado com a misericórdia. Quando o menino, fruto do milagre, nasceu, a língua de Zacarias ficou desimpedida e ele voltou a falar, para dar glória ao nome de Deus (1.64). Rienecker é oportuno quando escreve: "A mudez de Zacarias explicita igualmente o aspecto salvífico, pois, quando a voz do que clama no deserto é anunciada, o sacerdócio do Antigo Testamento emudece. Cala-se a bênção levita quando vem a descendência em que serão benditas todas as nações da terra".[22]

O opróbrio de sua mãe é removido (1.24,25)

A palavra profética se cumpriu. Isabel ficou grávida e ocultou sua gravidez por cinco meses. Os motivos não são mencionados nem devemos especular a respeito, pois onde a palavra de Deus não tem voz, nós não devemos ter ouvidos.

Isabel, porém, reconhece que sua gravidez é um milagre de Deus para anular sua vergonha diante dos homens. Naquele tempo, a esterilidade era um vexame e um sinal do juízo divino. Certamente, sendo ela e seu marido pessoas piedosas, muitos questionamentos eram feitos, muitas suspeitas eram levantadas e muitos juízos velados eram lançados sobre o casal.

NOTAS

[1] HENDRIKSEN, William. *Lucas*. Vol. 1, p. 98.

[2] MORRIS, Leon L. *Lucas, introdução e comentário*, p. 66.

[3] CHAMPLIN, Russell Norman. *O Novo Testamento interpretado versículo por versículo*, p. 12.

[4] HENDRIKSEN, William. *Lucas*. Vol. 1, p. 97.

[5] RICHARDS, Lawrence O. *Comentário histórico-cultural do Novo Testamento*, p. 134.

[6] RYLE, John Charles. *Meditações no Evangelho de Lucas*. São José dos Campos: Fiel, 2013, p. 8.

[7] RIENECKER, Fritz. *Evangelho de Lucas*, p. 20.

[8] STERN, David H. *Comentário judaico do Novo Testamento*, p. 130.

[9] BARCLAY, William. *Lucas*, p. 16.

[10] HENDRIKSEN, William. *Lucas*. Vol. 1, p. 114.

[11] MORRIS, Leon. *Lucas: introdução e comentário*, p. 66.

[12] RIENECKER, Fritz. *Evangelho de Lucas*, p. 21.

[13] HENDRIKSEN, William. *Lucas*. Vol. 1, p. 102,103.

[14] WILLMINGTON, Harold L. *Guia Willmington para a Bíblia*. Rio de Janeiro, RJ: Central Gospel, p. 352.

[15] HENDRIKSEN, William. *Lucas*. Vol. 1, p. 103.

[16] RYLE, John Charles. *Meditações no Evangelho de Lucas*, p. 11.

[17] HENDRIKSEN, William. *Lucas*. Vol. 1, p. 115.

[18] RICHARDS, Lawrence O. *Comentário histórico-cultural do Novo Testamento*, p. 135.

[19] RYLE, John Charles. *Meditações no Evangelho de Lucas*, p. 12.

[20] HENDRIKSEN, William. *Lucas*. Vol. 1, p. 115.

[21] RYLE, John Charles. *Meditações no Evangelho de Lucas*, p. 14.

[22] RIENECKER, Fritz. *Evangelho de Lucas*, p. 24.

Capítulo 3

O nascimento do Filho de Deus
(Lc 1.26-45)

O NASCIMENTO DE JESUS foi profetizado desde o jardim do Éden (Gn 3.15). Os patriarcas apontaram para esse dia. Os profetas descreveram esse momento. Todo o Antigo Testamento foi uma preparação para esse glorioso acontecimento. Através dos gregos, Deus deu ao mundo uma língua universal. Através dos romanos, Deus deu ao mundo uma lei universal. Através dos judeus, Deus deu ao mundo uma revelação sobrenatural. Agora, na plenitude dos tempos, Deus enviou o anjo Gabriel para comunicar o raiar desse glorioso dia.

John Charles Ryle diz que temos nestes versículos o anúncio do acontecimento mais maravilhoso que já ocorreu neste mundo: a encarnação e o nascimento de nosso Senhor Jesus Cristo.[1]

O anjo Gabriel já anunciara o filho tardio do idoso casal de sacerdotes; agora anuncia o filho primogênito de uma virgem. O nascido tardio é cheio do Espírito Santo no ventre materno; o segundo é gerado e nascido pela sobrepujante atuação de Deus na virgem pelo poder do Espírito Santo.[2]

O mensageiro (1.26)

O mesmo anjo Gabriel que há seis meses visitara Zacarias na Judeia agora é enviado por Deus a Maria, em Nazaré, na Galileia. Esse anjo que assiste diante de Deus é mensageiro de Deus para comunicar o evento mais auspicioso e esperado da história, o nascimento do Messias, o Salvador do mundo. Gabriel só aparece na Bíblia aqui em Daniel 8.16 e 9.21.

A virgem (1.27)

O anjo não é enviado a Roma, a sede do poder político. Não é enviado a Jerusalém, a sede do poder religioso. Não é enviado ao palácio, para falar aos poderosos ou aos ricos daquela época. Mas é enviado a uma jovem pobre, noiva de um homem pobre, numa cidade pobre, marcada pelo desprezo. A cidade natal de Maria é Nazaré, com uma população de apenas algumas centenas de pessoas. Nazaré era tão obscura que nunca é mencionada no Antigo Testamento nem na lista de Josefo das 56 cidades da Galileia. Nazaré tampouco é mencionada no Talmude, que lista 63 cidades.[3]

Hendriksen diz, com razão, que o ventre que guardará o maior de todos os tesouros não é o de uma princesa, mas de uma virgem comprometida a casar-se com o carpinteiro da aldeia de Nazaré, um pequeno vilarejo da Galileia, considerado por alguns com desdém (Jo 1.46).[4]

O noivado naquela época era a promessa solene de casamento, um compromisso que durava um ano, durante o qual a jovem desposada continuava a viver na casa de seu pai, e era tão sério como o matrimônio. Só podia ser dissolvido pelo divórcio. Se um homem morresse no interregno desse compromisso, a jovem era considerada uma virgem viúva. Estamos entrando aqui numa das doutrinas mais sublimes e misteriosas do cristianismo, o nascimento virginal.[5]

Larry Richards diz que a palavra hebraica *almah,* encontrada em Isaías 7.14, pode ser traduzida "jovem não casada", mas essa palavra foi traduzida para o grego como *parthenos,* que só pode significar virgem (Mt 1.20). A "jovem não casada" da profecia devia ser interpretada como uma mulher não casada e virgem. Portanto, a concepção virginal é um dos maiores milagres das Escrituras, pois, se fosse possível criar um feto usando apenas o óvulo de uma mulher, essa criança seria uma filha, e não um filho. Apenas um homem pode dar o cromossomo que, junto com o da mulher, torna possível o nascimento de um filho. Este cromossomo, com os outros que formaram a pessoa teantrópica de Jesus (totalmente Deus e totalmente homem), foi dado pelo Espírito Santo.[6]

A mensagem (1.28-35)

Maria é uma das personagens mais emblemáticas da Bíblia. Ao longo da história, dois extremos podem ser vistos a seu respeito: aqueles que a colocam numa posição acima do que as Escrituras revelam, chamando-a de mãe de Deus, imaculada, intercessora, corredentora e rainha do céu; e aqueles que não dão a ela o reconhecimento necessário que a palavra de Deus menciona. Não podemos ir além nem ficar aquém das Escrituras. Devemos cingir-nos ao que a Palavra de Deus diz a seu respeito. Destacamos aqui alguns pontos nesse sentido.

Em primeiro lugar, *a saudação do anjo* (1.28). Ao saudar Maria, Gabriel faz três afirmações: Ela deve se alegrar. Ela é muito favorecida. Ela tem o Senhor a seu favor. Deus olhou do céu e encontrou nessa jovem a pessoa certa para ser a mãe do Salvador: sua piedade, sua humildade e sua coragem. Embora jovem, Maria conhecia a Deus. Embora humilde, Maria é escolhida para carregar em seu ventre o Filho do Altíssimo, o Messias, o Rei dos reis, o Criador do universo, o Salvador do mundo.

Em segundo lugar, *o temor de Maria* (1.29). O temor de Maria não é de incredulidade como Zacarias, mas de êxtase diante da grandeza da revelação. Ela não duvida; quer apenas compreender o propósito divino.

Em terceiro lugar, *a explicação do anjo* (1.30,31). Gabriel explica para Maria que ela não precisa ter medo, porque achou graça diante de Deus. Diz que ela vai conceber, mesmo virgem; que ela vai dar à luz um filho, mesmo apenas noiva; que ela vai dar o nome de Jesus a seu filho, pois ele será o Salvador do seu povo.

Concordo com Leon Morris quando ele diz que é um total mal-entendido traduzir as palavras "Achaste graça diante de Deus" por "Ave Maria, cheia de graça" e passar a entendê-las no sentido de que Maria haveria de ser uma fonte de graça para outras pessoas. Gabriel está simplesmente dizendo que o favor de Deus repousa sobre ela.[7] Lucas deixa claro, também, neste Evangelho que fazer parte de sua família espiritual é uma honra ainda maior do que fazer parte de sua família terrena (11.28; Mc 3.35).

O nascimento do Filho de Deus

Em quarto lugar, *a pessoa divino-humana de Jesus* (1.31-38). O anjo Gabriel passa a detalhar para Maria as características singulares de seu filho.

Ele é o Salvador do seu povo (1.31). Seu nome será Jesus, pois ele será o Salvador do seu povo (Mt 1.21). Esse é o mesmo nome "Josué", aquele que introduziu o povo de Israel na terra prometida. Aqui em Lucas é Maria quem vai dar o nome ao filho. Em Mateus 2.21, é José. Isso expressa uma harmonia perfeita, como também ocorre no caso de Zacarias e Isabel (1.60,63).[8]

Ele é incomparavelmente grande (1.32). João Batista seria grande diante do Senhor (1.15), mas Jesus é grande de forma incomparável (1.32), pois ele é o próprio Deus feito carne (Jo 1.14). Deus de Deus, Luz de luz, coigual, coeterno e consubstancial com Deus Pai. Ele é a exata expressão do ser de Deus e o resplendor da glória. Nele habitou toda a plenitude da divindade.

Rienecker diz que é uma estranha magnitude essa que começa em um estábulo, acaba em uma cruz e no meio--tempo é carregada de sofrimento, opróbrio e tristeza.[9] Hendriksen, na mesma linha de pensamento, ressalta que a grandeza do Filho do Altíssimo é ainda mais notável porque está para ser combinada com a humildade e disposição do Excelso em sacrificar-se pela salvação dos pecadores.[10] O apóstolo Paulo declara que Jesus, sendo Deus, não julgou como usurpação o ser igual a Deus, antes se esvaziou, assumindo a forma de servo, e se humilhou até a morte, e morte de cruz, pelo que Deus Pai o exaltou sobremaneira e lhe deu o nome que está acima de todo nome (Fp 2.6-11).

Ele é o Filho do Altíssimo (1.32). Ele é igual ao Pai em todas as coisas. Como Deus, Jesus não teve mãe; como homem, ele não teve pai. Ele é eterno e preexiste ao universo. Ele é o Criador de todas as coisas, visíveis e invisíveis. Antes de Maria, sua mãe, existir, ele já existia eternamente com Deus (Jo 1.1) e tinha glória excelsa junto com o Pai (Jo 17.5). Ele foi gerado no ventre de Maria não por concepção humana, mas por obra sobrenatural do Espírito Santo.

Ele é o Rei eterno (1.32,33). O filho de Maria não é apenas o Filho do Altíssimo, mas é também o Rei cujo reinado é eterno e não tem fim. Seu reino não é terreno ou político, mas espiritual, um reinado da graça e da verdade estabelecida no coração de todos aqueles que têm o Deus de Jacó como refúgio. Esse reino é de *justiça e paz e alegria no Espírito Santo* (Rm 14.17). A manifestação externa final desse reino será "o novo céu e a nova terra" e todas as bênçãos que acompanham este universo gloriosamente renovado.[11] Todos os reinos do mundo cairão, mas o seu reino jamais findará.

Ele é Santo em seu ser (1.35). Ele é o único ser humano que entrou no mundo sem herdar o pecado original. Ele é semente da mulher, e não semente do homem (Gn 3.15). É essencialmente santo, pois não herdou o pecado da raça nem cometeu pecado algum. Jesus não compartilhou da natureza humana pecaminosa. Não conheceu pecado (2Co 5.21), não cometeu pecado (1Pe 2.22), e nele não existe pecado (1Jo 3.5).

Ele é gerado pelo Espírito Santo (1.35). A concepção de Jesus foi obra sobrenatural do Espírito Santo, e não resultado de uma relação entre José e Maria. O Espírito Santo desceu sobre Maria. O poder do Altíssimo a envolveu com sua sombra. Por isso, Jesus foi chamado Filho de Deus. Seu corpo foi preparado para ele pelo Espírito Santo (Hb 10.5).

A confirmação (1.36-38)

Vejamos aqui três verdades.

Em primeiro lugar, *um milagre já está a caminho* (1.36). O anjo encoraja Maria, dando-lhe um exemplo da maneira milagrosa como Deus opera seus propósitos. Outra criança nasceria de forma milagrosa, e sua mãe, Isabel, mesmo idosa e estéril, já estava grávida de seis meses.

Em segundo lugar, *uma promessa confiável* (1.37). O que é impossível para o homem é possível para Deus. As impossibilidades humanas não colocam em risco as infinitas possibilidades de Deus. As promessas de Deus são fiéis e verdadeiras. Ele pode fazer tudo quanto quer fazer (Gn 18.14; Sl 115.3; Jr 32.17; Dn 4.35; Mt 19.26; Mc 10.27; Lc 18.27; Ef 3.20). Portanto, ele podia dar um filho a Zacarias e Isabel, ainda quando ambos já houvessem perdido a esperança de ter um. E, consequentemente, também podia cumprir a promessa feita a Maria sem nenhuma participação de José.[12] Isabel é idosa e estéril, e Maria é jovem e virgem. Dois problemas completamente diferentes, que, ainda assim, não seriam impedimentos para o cumprimento da história da salvação.[13] A promessa de que a virgem conceberia e daria à luz a um filho (Is 7.14) estava se cumprindo, e cumprindo-se em Maria. No nascimento do filho de Maria, a promessa de uma nação a Abraão cumprir-se-ia plenamente.

Em terceiro lugar, *uma submissão imediata* (1.38). Maria não discute com o anjo nem duvida da mensagem. Coloca-se completa e imediatamente à disposição de Deus, como serva de Deus, para fazer tudo quanto a palavra de Deus havia determinado. Leon Morris destaca que a submissão de Maria trazia em seu bojo a disposição de enfrentar todos os riscos dessa obediência. Maria ainda não estava casada com José. Como ele reagiria? O que sua família iria dizer? O que as pessoas comentariam? A pena para infidelidade nesse período de noivado era o apedrejamento (Dt 22.22,23). A Bíblia diz que José pensou em divorciar-se dela (Mt 1.19).[14] John Charles Ryle tem razão ao dizer que, a longo prazo, a obediência de Maria traria consigo grande honra; todavia, no presente, representava um risco enorme para sua reputação e grande prova para a sua fé.[15]

A visita (1.39-45)

Rienecker, citando Lutero, diz que teria sido justo que se encomendasse para Maria uma carruagem dourada, acompanhando-a 4 mil cavalos e alardeando diante da carruagem: "Aqui viaja a mulher de todas as mulheres!" No entanto, houve somente silêncio acerca de tudo isso. A pobre mocinha vai a pé por um caminho acidentado e longo, de mais de 130 quilômetros, e não obstante é a mãe do Filho de Deus. Não seria de admirar se todas as montanhas tivessem saltado e dançado de alegria.[16] O tema principal desta seção é alegria, e há três pessoas alegrando-se no Senhor: Isabel, João e Maria.

Em primeiro lugar, *Maria saúda Isabel* (1.39,40). Maria deixa sua aldeia e vai às montanhas da Judeia, na cidade de Ain Karem, há mais de 100 quilômetros de Nazaré, para visitar Isabel, sua parenta, que está grávida de seis meses. Para chegar lá, era necessária uma árdua e perigosa viagem, pois bandidos e salteadores eram uma ameaça constante aos viajantes que passavam por ali. Maria, desconsiderando todos os riscos, vai ao encontro de Isabel. Essas duas mulheres estão ligadas intimamente à história do Messias. Maria saúda a Isabel. A mãe do Salvador cumprimenta a mãe do precursor. A narrativa destaca a primazia de Cristo no encontro dessas duas parentas. Ele foi a causa do regozijo no útero de Isabel!

Em segundo lugar, *João Batista saúda Jesus* (1.41,44). João conheceu Jesus ainda no ventre de sua mãe. Maria mesmo, nos primeiros dias de gravidez, já tem em seu ventre Jesus, aquele que é conhecido como o Senhor de Isabel (1.43) e a alegria de João Batista (1.44). Mesmo antes de seu nascimento, João alegrou-se em Jesus Cristo e fez o mesmo durante seu ministério aqui na terra (Jo 3.29,30).[17]

Em terceiro lugar, *Isabel saúda Maria* (1.42-45). Isabel bendiz Maria entre as mulheres e bendiz o fruto do seu ventre. Isabel não exalta Maria acima das mulheres, mas a chama de bendita entre as mulheres. Maria não é exaltada além do que ela é, nem é tratada aquém do que ela representa. Isabel destaca três verdades sobre Maria: Ela é bendita entre as mulheres (1.42). Ela é a mãe do Salvador (1.43). Ela é bem-aventurada pela sua confiança na palavra de Deus (1.45). A saudação de Isabel, entretanto, enfatiza mais o fruto do ventre de Maria do que Maria em si. Ele é o Salvador. Nele há grande alegria! Isabel, João Batista e Maria estão exultando de alegria e o motivo dessa alegria é Jesus. John Charles Ryle registra: "A alegria compartilhada se multiplica. A tristeza se expande ao ser ocultada; a alegria, ao ser repartida".[18]

Rienecker destaca o fato de Isabel saudar Maria com total ausência de inveja. Afinal, ela que também é abençoada consegue alegrar-se com aquela que foi abençoada com graça maior! Cheia de bendita submissão, concede honra a Maria, como se a mãe de um rei tivesse chegado a um de seus mais ínfimos súditos. No reino de Deus, é regra que sempre o maior vai ao menor. O Senhor do céu vem ao grão de pó e habita com ele.[19]

NOTAS

[1] RYLE, John Charles. *Meditações no Evangelho de Lucas*, p. 15.

[2] RIENECKER, Fritz. *Evangelho de Lucas*, p. 25.

[3] NEALE, David A. *Novo Comentário bíblico Beacon Lucas 1-9*, p. 75.

[4] HENDRIKSEN, William. *Lucas*. Vol. 1, p. 122.

[5] BARCLAY, William. *Lucas*, p. 17.

[6] RICHARDS, Larry. *Todos os milagres da Bíblia*. São Paulo: Hagnos, 2011, p. 179.

[7] MORRIS, Leon L. *Lucas: introdução e comentário*, p. 70.

[8] HENDRIKSEN, William. *Lucas*. Vol. 1, p. 126.

[9] RIENECKER, Fritz. *Evangelho de Lucas*, p. 28.

[10] HENDRIKSEN, William. *Lucas*. Vol. 1, p. 127.

[11] HENDRIKSEN, William. *Lucas*. Vol. 1, p. 127.

[12] HENDRIKSEN, William. *Lucas*. Vol. 1, p. 131.

[13] NEALE, David A. *Novo Comentário bíblico Beacon Lucas 1-9*, p. 77.

[14] MORRIS, Leon L. *Lucas: introdução e comentário*, p. 71.

[15] RYLE, John Charles. *Meditações no Evangelho de Lucas*, p. 19.

[16] RIENECKER, Fritz. *Evangelho de Lucas*, p. 32.

[17] WIERSBE, Warren W. *Comentário bíblico expositivo*. Vol. 5, p. 222.

[18] RYLE. John Charles. *Meditações no Evangelho de Lucas*, p. 20.

[19] RIENECKER, Fritz. *Evangelho de Lucas*, p. 33.

Capítulo 4

O tempo de celebrar chegou
(Lc 1.46-80)

O LOUVOR DE MARIA dá início aos cânticos de exaltação do Novo Testamento. Em Lucas 1 e 2, há quatro deles: *Magnificat*, o cântico de Maria (1.46-55); *Benedictus*, o cântico de Zacarias (1.68-79); *Gloria in excelsis*, o cântico dos anjos (2.14); e *Nunc domittis*, o cântico de Simeão (2.29-32).

O *Magnificat* (1.46-56)
O cântico de Maria é um material especial de Lucas e o primeiro de quatro cânticos no Evangelho. Está estruturado como os hinos de louvor do saltério, com uma introdução (1.46,47), uma estrutura (1.48-53) e uma conclusão (1.54-56).[1]

O cântico de Maria está saturado das Escrituras. O coração da jovem virgem está transbordando da palavra de Deus. Warren Wiersbe diz que ela guardou a palavra de Deus no seu coração e a transformou em cântico.[2] Rienecker afirma corretamente que o cântico de Maria está dividido em três estrofes: 1) Maria exalta a misericórdia de Deus (1.46-50); 2) Maria exalta a onipotência de Deus (1.51-53); 3) Maria exalta a fidelidade de Deus para com Israel (1.54,55).[3]

Maria reconhece que Deus está no controle da história e engrandece-o por seus atributos e suas obras. William Barclay, citando Stanley Jones, diz que o *Magnificat* é o documento mais revolucionário do mundo, pois nos fala de três revoluções de Deus: 1) a revolução moral – ele dispersou os que no coração alimentam pensamentos soberbos (1.51); 2) a revolução social e política – ele derrubou do seu trono os poderosos e exaltou os humildes (1.52); 3) a revolução econômica – ele encheu de bens os famintos e despediu vazios os ricos (1.53).[4] Leon Morris diz que, nessa revolução, a última palavra não está com os soberbos, nem com os poderosos, nem com os ricos. Na verdade, mediante o seu Messias, Deus está prestes a derrubar todos eles.[5]

Destacamos aqui quatro pontos.

Em primeiro lugar, *Maria destaca a soberana intervenção de Deus na história* (1.46-49). Para Maria, Deus é poderoso e santo (1.49), misericordioso (1.50), justo e fiel (1.51-55). O fato de este Deus poderoso escolher uma pobre jovem, desposada com um carpinteiro desconhecido da pequena e mal falada Nazaré, é uma prova de que Deus é livre e soberano para agir, e ele age por meios estranhos e não convencionais. Ele não vem num palácio. Não envia seu anjo aos nobres de Jerusalém nem à classe sacerdotal, mas a uma jovem em Nazaré. A palavra que Maria usa para "poderoso"

O tempo de celebrar chegou

é *déspota*, aquele que não se relaciona de forma dependente com nada e com ninguém. Deus não precisa fazer acordo com ninguém. Ele é livre e soberano para agir como quer, onde quer, com quem quer.

Em segundo lugar, *Maria destaca o poder de Deus para invadir a história e virar a mesa, invertendo os valores do mundo* (1.51-53). Deus entra na história não pelos palácios dos governantes. Ele não pede que o poder judiciário lhe dê cobertura. Simplesmente entra na história e faz as mais profundas inversões que se podem imaginar, deixando todo mundo com gosto de surpresa e espanto na boca. Ele traz uma verdadeira revolução política, econômica, social, moral e espiritual. Nas palavras de John Charles Ryle, Maria lembrou-se de como Deus derrubou a Faraó, aos cananeus, aos filisteus, a Senaqueribe, a Hamã e a Belsazar. Lembrou-se de como ele exaltou José, Moisés, Davi, Ester e Daniel e como nunca permitiu que o seu povo escolhido fosse totalmente destruído.[6]

Em terceiro lugar, *Maria destaca sua profunda necessidade de Deus* (1.46-49). Ela reconhece sua necessidade de salvação e chama Deus de *meu Salvador* (1.46,47). Reconhece que o sentido da vida é exaltar e glorificar a Deus e alegrar-se nele (1.46). Reconhece que *agora* todas as gerações a considerarão bem-aventurada porque o Poderoso fez grandes coisas em sua vida (1.48,49). Antes, ela era apenas uma jovem desconhecida; agora, seu nome seria uma referência para o mundo inteiro, e não por seus méritos, mas por causa dos grandes feitos de Deus.

Em quarto lugar, *Maria destaca o que Deus fez por ela e por nós.* Deus a salvou (1.47). Deus a escolheu para ser mãe do Messias (1.48). Deus usou seu poder em favor dela (1.49). Depois de mencionar o que Deus fez por ela, Maria mostra o que Deus fez pelo seu povo. Todos nós recebemos sua misericórdia e seu socorro. Ela cita dois grupos que receberam a misericórdia de Deus: os humildes (1.52) e os famintos (1.53).[7]

O regozijo pelo nascimento do precursor (1.57-66)

Em primeiro lugar, *uma alegria compartilhada* (1.57,58). A idade avançada de Zacarias e a esterilidade de Isabel não impediram que João nascesse. Seu nascimento trouxe alegria àquela família, alegria que foi compartilhada por vizinhos e parentes.

Em segundo lugar, *uma mudez curada* (1.59-64). No oitavo dia, quando a criança foi levada para o rito da circuncisão, queriam dar-lhe o nome de Zacarias. Sua mãe protestou e disse que o menino deveria se chamar João. Redarguiram dizendo que ninguém na família tinha esse nome. Então, perguntaram por acenos a Zacarias, que estava mudo, que nome o menino deveria receber. Este escreveu numa tabuinha: João deve ser o nome. À medida que todos se maravilhavam, a língua de Zacarias foi desimpedida e ele voltou a falar, louvando a Deus. Sua mudez foi curada.

A circuncisão de João no oitavo dia é digno de nota, pois o ato marcava a iniciação oficial do menino na aliança que Deus fez com Abraão e marcava João para sempre como membro do povo escolhido.[8]

Em terceiro lugar, *uma reverência percebida* (1.65,66). O nascimento milagroso de João e a cura milagrosa de seu pai trouxeram temor a toda a região montanhosa da Judeia. Todos perguntavam, maravilhados: "Que virá a ser, pois, este menino?" Eles sabiam que João havia vindo ao mundo num tempo especial, para um propósito especial. João não apenas foi cheio do Espírito Santo desde o ventre materno

(1.15) e alegrou-se em Jesus antes de nascer (1.44), mas também sentiu a mão do Senhor com ele desde sua mais tenra infância (1.66). John Charles Ryle diz corretamente que a mão do Senhor estava com João para santificar e renovar o seu coração, para ensiná-lo e prepará-lo para o seu ministério, para fortalecê-lo em toda a sua obra como precursor do Cordeiro de Deus.[9] João jamais realizou um milagre pessoalmente, mas foi introduzido no mundo por meio de um milagre e andou diante dos olhos do povo como um milagre.[11]

O *Benedictus* (1.67-79)

David Neale diz que, assim como o cântico de Maria, o cântico de Zacarias tem uma introdução (1.68), uma estrutura (1.69-79) e uma conclusão (1.80).[11] Zacarias é qualificado pela plenitude do Espírito Santo a cantar, e seu cântico é uma profecia acerca da salvação providenciada por Deus (1.67). Este cântico é mais religioso do que político. São palavras de profecia, palavras que expressam a revelação de Deus.[12] Este cântico está dividido em quatro estrofes: 1) ações de graças pelo Messias (1.68-70); 2) a grande libertação (1.71-75); 3) a posição de João (1.76,77); 4) a salvação messiânica (1.78,79).[13] Este cântico é a última profecia da antiga dispensação e a primeira da nova. Warren Wiersbe diz, corretamente, que o cântico de Zacarias apresenta quatro belos retratos do significado da vinda de Jesus Cristo ao mundo, como vemos a seguir.[14]

A porta da prisão é aberta (1.68). O termo "redimir" significa "libertar mediante o pagamento de um resgate". Pode significar ainda a soltura de um prisioneiro ou a libertação de um escravo. Jesus veio ao mundo para trazer libertação aos cativos (4.18) e salvação àqueles que eram prisioneiros do pecado, do diabo e da morte. Não podemos libertar-nos a nós mesmos. O preço da nossa redenção só poderia ser pago por Cristo (Ef 1.7; 1Pe 1.18-21).

A batalha é vencida (1.69-75). Aqui temos a descrição de um exército prestes a ser levado cativo, mas chegam reforços e o inimigo é derrotado. Na imagem anterior, os cativos são libertos, porém, aqui o inimigo é derrotado, para que não faça mais prisioneiros. É a vitória retumbante e total para o povo de Deus (Cl 1.12-14).

O cancelamento de uma dívida (1.76,77). O termo "redimir" significa "cancelar, desconsiderar uma dívida". Todos estamos em dívida com Deus, pois transgredimos sua lei e violamos sua justiça. Além disso, todos estamos espiritualmente falidos e não temos condições de pagar nossa dívida. Mas Jesus veio para pagar essa dívida por nós (Jo 1.29; Cl 2.14).

O raiar de um novo dia (1.78,79). Quando Jesus chegou, o povo se encontrava em densas trevas, em meio à escuridão, à aflição e à morte, mas ele trouxe luz, vida e paz.

Zacarias bendiz a Deus por duas razões eloquentes.

Em primeiro lugar, *pela obra da salvação que ele trouxe através do Messias* (1.68-75). O cântico de Zacarias não está focado em privilégios pessoais, mas no plano glorioso de Deus em salvar o seu povo. Destacamos aqui alguns pontos nesse sentido.

Deus visitou e redimiu o seu povo (1.68). Ao enviar o seu Filho unigênito, Deus desceu até nós. Desceu não para condenar, mas para salvar. Desceu não para julgar, mas para redimir.

Deus trouxe plena e poderosa salvação ao seu povo (1.69). Salvação perfeita, completa e eterna. Salvação do pecado, do diabo e da morte.

Deus cumpriu sua aliança e suas promessas ao seu povo (1.70-75). A salvação não foi uma obra realizada de última hora.

O tempo de celebrar chegou

Havia uma promessa anterior e uma aliança firmada com nossos pais. Tudo foi planejado. Tudo foi feito dentro da agenda do céu. Tudo foi preparado para que, na plenitude dos tempos, Jesus descesse até nós, cheio de graça e de verdade.

Em segundo lugar, *pela obra preparatória da salvação feita por João Batista* (1.76-79). Zacarias entende que o plano eterno de Deus, ratificado ao longo da história da redenção, agora está prestes a vir à plena luz, por meio da obra preparatória de João, o precursor do Messias. Sobre o ministério de João, destacamos alguns pontos.

O ministério de João era preparar o caminho do Senhor (1.76). João veio para aterrar os vales, nivelar os montes, endireitar os caminhos tortos e aplainar os caminhos escabrosos. Veio para chamar o povo ao arrependimento e conduzi-lo ao Salvador.

O ministério de João era instruir o povo sobre a salvação (1.77). O povo precisa conhecer a salvação de Deus e o que Deus fez para redimi-lo de seus pecados. A salvação não é uma conquista do homem nem o perdão dos pecados é um mérito das obras.

O ministério de João era apontar para o sol nascente das alturas (1.78,79). A vinda de Jesus ao mundo é a manifestação mais eloquente da entranhável misericórdia de Deus pelo seu povo. Ele enviou seu Filho, o Sol nascente das alturas, para dissipar nossas trevas, tirar-nos da sombra da morte e dirigir os nossos pés pelo caminho da paz. Na noite em que Jesus nasceu, nascia o Sol da justiça!

A vida de João, o precursor do Salvador (1.80)

A vida de João é resumida num único versículo. Ele era cheio do Espírito desde o ventre (1.15) e crescia e se fortalecia em espírito (1.80). Mesmo tendo honra tão excelsa, viveu no deserto, longe dos holofotes. Não percorreu os corredores do palácio de Herodes nem se assentou nas cadeiras do sinédrio. Não vestiu roupas caras nem se alimentou de finas iguarias. No deserto da Judeia, entre vales e montes, suportou o calor escaldante do dia e os ventos gelados da noite. Assim viveu o maior homem entre os nascidos de mulher, até se manifestar a Israel e dar início ao seu ministério.

Concordo com William Hendriksen quando disse: "Os que planejam exercer influência sobre as multidões primeiro devem preparar-se ficando sozinhos com Deus".[15] O deserto tem sido ao longo dos séculos a escola superior do Espírito Santo, na qual treina os seus líderes mais importantes. Abraão, Moisés e Elias foram treinados na escola do deserto. João Batista é matriculado na escola do deserto. Porque Deus estava com ele, as multidões se desabalaram das cidades ao seu encontro no deserto e a partir do deserto um grande despertamento espiritual foi iniciado em Israel.

Notas

[1] NEALE, David A. *Novo Comentário bíblico Beacon Lucas 1-9*, p. 85.

[2] WIERSBE, Warren W. *Comentário bíblico expositivo*. Vol. 5, p. 223.

[3] RIENECKER, Fritz. *Evangelho de Lucas*, p. 35.

[4] BARCLAY, William. *Lucas*, p. 20,21.

O tempo de celebrar chegou

[5] MORRIS, Leon L. *Lucas: introdução e comentário*, p. 74.
[6] RYLE, John Charles. *Meditações no Evangelho de Lucas*, p. 23.
[7] WIERSBE, Warren W. *Comentário bíblico expositivo*. Vol. 5, p. 223.
[8] RICHARDS, Lawrence O. *Comentário histórico-cultural do Novo Testamento*, p. 135.
[9] RYLE, John Charles. *Meditações no Evangelho de Lucas*, p. 26.
[10] RIENECKER, Fritz. *Evangelho de Lucas*, p. 41.
[11] NEALE, David A. *Novo Comentário bíblico Beacon Lucas 1-9*, p. 90.
[12] MORRIS, Leon L. *Lucas: introdução e comentário*, p. 77.
[13] MORRIS, Leon L. *Lucas: introdução e comentário*, p. 76.
[14] WIERSBE, Warren W. *Comentário bíblico expositivo*. Vol. 5, p. 224.
[15] HENDRIKSEN, William. *Lucas*. Vol. 1, p. 185.

Capítulo 5

Deus desceu até nós
(Lc 2.1-52)

Quando Jesus, o Rei dos reis, nasceu, César Augusto era o imperador de Roma. Quem era esse homem? Seu nome original era Caio Otávio. Ele foi imperador no período de 27 a.C. a 14 d.C. Era sobrinho neto do grande imperador Júlio César. Seu tio-avô tinha grande estima por ele e concedeu-lhe muitas honras. Quando Júlio César foi assassinado em 44 a.C., Otávio descobriu que, no testamento deixado pelo imperador, ele havia sido constituído como seu filho e herdeiro. Então, imediatamente mudou seu nome para Caio Júlio César.

Uma irmã de Otávio casou-se com Antonio, herdeiro do trono, mas este abandonou a esposa por causa de sua paixão por Cleópatra, rainha do Egito. A paixão de Antônio por Cleópatra o fez descuidar-se dos interesses de Roma. Por essa causa, Otávio e os romanos se voltaram contra ele. Na batalha naval de Actium, em 31 a.C., Antonio foi derrotado e ambos, ele e Cleópatra, pouco depois cometeram suicídio.

No ano 27 a.C., o senado romano conferiu a Otávio, agora Caio Júlio César, o título de Augusto. Dali para frente, ele passou a ser conhecido como César Augusto ou Augusto César. Embora tenha sido implacável na sua ascensão ao poder, teve um governo moderado, demonstrando grande habilidade administrativa, promovendo as artes, fomentando a literatura e propiciando ao império um longo período de prosperidade e paz.

O nascimento (2.1-7)

O nascimento de Jesus, segundo Warren Wiersbe, levou José e Maria de Nazaré a Belém (2.1-7), trouxe os anjos do céu à terra (2.8-14) e levou os pastores dos campos a Belém (12.15-20).[1] Destacamos aqui alguns pontos.

Em primeiro lugar, *um decreto publicado* (2.1-3). O que havia sido planejado na eternidade chegara à hora de acontecer. A plenitude dos tempos havia chegado. O eterno entraria no tempo e Deus desceria até nós. Lucas identifica o tempo do nascimento de Jesus. Isso aconteceu quando o imperador César Augusto convocou a população do império para um recenseamento. Josefo fala sobre esse tempo, quando "o povo judaico inteiro" fez um juramento de lealdade a César.[2] William Barclay diz que no Império Romano se realizavam recenseamentos periódicos com dupla finalidade: impor as contribuições e descobrir aqueles que podiam cumprir o serviço militar obrigatório.[3] O termo grego *apographesthai,* traduzido por "alistar-se", significa o registro do nome de cada cidadão, de sua idade e posição social, do nome da esposa e dos filhos, do patrimônio e da renda no cadastro oficial, com o objetivo de calcular os impostos.[4]

Esse recenseamento se deu quando Quirino era governador da Síria. Por ser José da família de Davi, ele precisou ir a Belém para se alistar. Deus moveu todo o império para que a profecia se cumprisse, pois, morando José e Maria em Nazaré da Galileia, eles precisariam viajar para Belém, na Judeia, onde Jesus haveria de nascer. César Augusto era o imperador, mas Deus é quem estava no comando da história. O Messias deveria ser a semente da mulher (Gn 3.15), da tribo da Judá (Gn 49.10), da família de Davi (2Sm 7.1-17), nascido de uma virgem (Is 7.14), e teria de nascer em Belém (Mq 5.2). Isso prova que a nossa história é a história de Deus, o rolo aberto da profecia.[5]

Em segundo lugar, *uma viagem necessária* (2.4,5). José saiu de Nazaré para as montanhas de Judeia, e Maria foi com ele, numa jornada de mais de 120 quilômetros. A viagem deve ter sido muito difícil para Maria, que estava no nono mês de gravidez. Ela precisou enfrentar o calor do dia, a poeira da estrada, a carência de água, a irregularidade da alimentação e a precariedade dos abrigos noturnos.[6] Por que José a levou também? Numa perspectiva humana, para poupá-la das calúnias e das más línguas de Nazaré e, na perspectiva divina, para cumprir a profecia. O Messias teria de nascer em Belém (Mq 5.2), a cidade de Davi, a casa do pão (Jo 6.35). Halley situa bem Belém quando escreve:

> O lugar onde Jesus nasceu era um centro de evocações históricas. Era a cidade de Davi. Ali estava sepultada Raquel, mulher de Jacó. Fora o domicílio de Rute. Vinte e quatro quilômetros ao sul estava Hebrom, lugar da residência de Abraão, Isaque e Jacó. Dezesseis ao noroeste estava

Gibeão, onde Josué fizera o sol deter-se. Nove quilômetros ao oeste ficava Socó, onde Davi matara Golias. Dez quilômetros ao norte ficava Jerusalém, onde Abraão pagara o dízimo a Melquizedeque, capital de Davi e Salomão, sede do trono de Davi durante quatrocentos anos, cenário do ministério de Isaías e Jeremias, centro de onde por longas eras se desenvolveu o esforço de Deus de se revelar à humanidade.[7]

Em terceiro lugar, *uma manjedoura disponível* (2.6,7). A cidade de Belém estava abarrotada de peregrinos. Não havia sequer uma pensão ou abrigo para acolher o casal nazareno. Os apelos e as preces diante da condição de Maria não foram atendidos. A cidade estava indisponível para Jesus nascer. Não havia para eles lugar na hospedaria. Hendriksen, comentando o fato de não haver lugar para eles na estalagem, escreve:

> Não foi porque o hospedeiro fosse cruel ou não hospitaleiro, mas porque a estalagem já estava cheia. Assim também há corações que nunca recebem a Cristo, e isso não porque o odeiam definitivamente, mas simplesmente porque esses corações já estão ocupados por pensamentos de riquezas, honras, prestígio, prazeres, negócios etc., que não têm lugar para Jesus, nem tempo para refletir sobre sua vontade, nem desejos de deixar seu caminho para fazer o que lhe agrada.[8]

Kenneth Bailey diz que há duas possibilidades para definir o lugar onde Jesus nasceu: a casa de um camponês ou uma manjedoura.[9] No Oriente Médio, a casa do camponês é composta por um cômodo que tem um nível mais baixo em uma extremidade, onde são recolhidos de noite o jumento e a vaca da família. A outra possibilidade seria uma manjedoura. Sou inclinado a pensar que essa é a possibilidade mais plausível. José e Maria encontraram uma gruta onde os pastores guardavam os seus rebanhos. Ali, numa manjedoura, um lugar onde os animais comiam, Jesus nasceu e foi enfaixado em panos. Essas circunstâncias, segundo Leon Morris, significam: solidão, obscuridade, pobreza e rejeição.[10] Rienecker é contundente quando escreve: "Com a manjedoura, Israel, o povo eleito de Deus, deu as boas-vindas ao Messias. E com a cruz despediu-se dele da forma mais infame".[11] Jesus nasceu não num palácio, mas numa estrebaria. Porque era o Cordeiro de Deus, a manjedoura era um lugar apropriado. Porque Jesus se fez pobre e nasceu numa manjedoura, o Natal é um golpe no orgulho dos poderosos.

Leon Morris está certo ao dizer que foi a combinação de um decreto do imperador em Roma e das línguas mexeriqueiras de Nazaré que levou Maria a Belém, exatamente no tempo certo para cumprir a profecia (Mq 5.2). Deus opera através de todos os tipos de pessoas para levar a efeito seus propósitos.[12]

Rienecker diz que a Igreja Católica Romana crê que a expressão *primogênito* (2.7) significa o mesmo que "filho único", isto é, que Maria não teve outros filhos. Porém, a expressão "primogênito" (*prototókos*) deve ser usada de forma conscientemente contrária a "filho único" (*monogenés*).[13] Hendriksen esclarece que a explicação natural é certamente esta: depois que Maria deu à luz Jesus, ela continuou a gerar filhos. Os próprios nomes dos irmãos de Jesus são mencionados (Mt 13.55). O fato de que ele tinha irmãos é também claro (Mt 12.46,47; 13.56; Mc 3.31,32; Lc 8.19,20; Jo 2.12; 7.3,5,10; At 1.14).[14] É claro que o fato de Maria ter tido um relacionamento conjugal normal com José depois do nascimento de Jesus e ter tido outros filhos não é uma desonra para ela (Gn 2.24; 1Co 7.5), pois o casamento é digno de honra, o relacionamento sexual no casamento é legítimo e ter filhos é uma bênção!

A proclamação (2.8-20)

Destacamos aqui alguns pontos.

Em primeiro lugar, *a quem é dada a mensagem* (2.8,9). Os pastores são os primeiros a serem informados da grande efeméride. Pastores não desfrutavam de boa reputação naqueles dias. Não eram considerados fidedignos e não lhes era permitido dar testemunho nos tribunais. Pertenciam a uma classe desprezada.[15] Os fariseus os caracterizavam como ladrões e enganadores, igualados aos publicanos e pecadores. Os pastores eram considerados plebe que desconhece a lei. Eram privados da honra dos direitos civis.[16] Mas Deus vira a mesa e fere a soberba dos grandes da terra, enviando o anjo para dar a melhor e maior notícia do mundo, de primeira mão, não aos reis, nem mesmo aos escribas e sacerdotes, mas aos pastores.

William Barclay diz que, para assegurar a provisão de cordeiros perfeitos para os sacrifícios do templo, as autoridades do templo tinham seus próprios rebanhos, que pastavam próximos a Belém. É muito provável que esses pastores estivessem a cargo desses rebanhos. É espantoso pensar que os pastores que cuidavam dos cordeiros do templo fossem os primeiros a ver o Cordeiro de Deus que tira o pecado do mundo.[17]

Em segundo lugar, *o conteúdo da mensagem* (2.10-12). O anjo desceu e a glória de Deus brilhou ao redor dos pastores. Eles ficaram envoltos por um mar de luminosidade, diante do qual as estrelas empalideceram e a noite se transformou em dia. Sempre que a glória do céu irrompe no meio da escuridão da terra, temor e pavor são a primeira reação do ser humano mortal e pecador.[18]

A mensagem do anjo era uma boa nova de grande alegria para eles e para todo o povo. O conteúdo da mensagem é

Deus desceu até nós

o nascimento de uma criança que está envolta em faixas, deitada numa manjedoura. Naquela época, esse herdeiro do trono de Davi possuía uma estrebaria como salão real, uma manjedoura como trono, feno e palha como lugar de repouso e duas pessoas desabrigadas como séquito.[19]

Essa criança, entretanto, é o Salvador, o Cristo, o Senhor. Ele veio para salvar o seu povo. É o Messias prometido, o Senhor dos senhores e o Rei dos reis. Warren Wiersbe diz que Deus não enviou um soldado, um juiz ou um reformador, mas o Salvador.[20] Rienecker, citando Lutero, diz que a boa nova não era para os anjos, mas para os homens. Os anjos não precisam do Redentor e os demônios não o querem. Ele veio por nossa causa; nós, pecadores, é que precisamos dele.[21]

Em terceiro lugar, *a celebração angelical* (2.13,14). Os céus cobriram-se de anjos, as nuvens transformaram-se em partituras musicais e uma música excelsa ecoou das alturas, o *Gloria in Excelsis*. O nascimento do Salvador trouxe glória a Deus no céu e paz na terra entre os homens. De acordo com Leon Morris, os anjos estão dizendo que Deus trará paz para os homens sobre os quais repousa seu favor. A ênfase é dada a Deus, não aos homens. São aqueles que Deus escolhe, e não aqueles que escolhem a Deus, sobre os quais os anjos falam. Essa paz, é lógico, significa a paz entre Deus e os homens, a cura da alienação causada pela maldade humana.[22] Neste hino angelical, a glória e paz correspondem, nas alturas e na terra, a Deus e aos homens a quem ele quer bem.[23]

Em quarto lugar, *a visita dos pastores* (2.15-18). Quando os anjos se ausentaram, os pastores foram imediata e apressadamente a Belém ver os acontecimentos. Ao chegarem, encontraram Maria e José e a criança deitada na manjedoura. Eles viram e divulgaram o que lhes havia sido dito acerca do menino. Aqueles que ouviram o testemunho dos pastores se admiraram. É impossível ouvir falar sobre Jesus sem verificar quem ele é. É impossível ter um encontro com Jesus sem divulgar essa boa nova a outras pessoas.

Em quinto lugar, *a ponderação de Maria* (2.19). Maria, ainda extasiada, sem alcançar todas as implicações daquele nascimento milagroso, guardava todas essas palavras, meditando-as no coração. Maria não se exalta, mas se curva maravilhada com o glorioso propósito de Deus.

Em sexto lugar, *a exultação dos pastores* (2.20). Os pastores que viram a glória do Senhor brilhando ao redor deles (2.9), que escutaram a mensagem do anjo (2.11), que ouviram o coro da milícia celestial (2.14), que viram Jesus (2.16,17) e que divulgaram o nascimento de Jesus (2.17), voltam glorificando e louvando a Deus (2.20).

A circuncisão (2.21)

Para cumprir plenamente a lei, Jesus foi circuncidado ao oitavo dia. Esse era o selo da aliança (Gn 17.9-12). Ele nasceu sob a lei para resgatar os que estavam sob a lei (Gl 4.4,5). Cumpriu a lei (Mt 5.17) para nos resgatar da maldição da lei (Gl 3.13).

A apresentação (2.22-24)

Mais um passo é dado no cumprimento da lei. Jesus é levado para ser apresentado ao Senhor, como prescrevia a lei (Lv 12.6-8). Eles também tiveram de "consagrar" o menino, uma vez que ele era o primogênito de Maria (Êx 13.1-12). O sacrifício humilde oferecido por José e Maria indica que eles eram pobres demais para oferecerem um cordeiro (2Co 8.9).

Leon Morris enfatiza que duas cerimônias bem separadas estão envolvidas aqui: a apresentação do menino e a purificação da mãe. A lei levítica estipulava que, depois do nascimento de um filho, uma mulher ficaria impura durante os sete dias até a circuncisão do menino, e que, por mais 33 dias, devia manter-se afastada de todas as coisas sagradas. Na ocasião, devia sacrificar um cordeiro e uma pomba, ou um pombo (Lv 12.6-13). A oferta de Maria, portanto, foi a dos pobres.[24]

O *Nunc Dimittis* – o cântico de Simeão (2.25-35)

O cântico de Simeão é o cumprimento da salvação preparada por Deus desde a eternidade. Aquilo que foi proclamado aos ouvidos agora pode ser visto pelos olhos. Rienecker diz que aquilo que Maria indicara no *Magnificat,* que Zacarias deixara transparecer no *Benedictus,* que o *Gloria in excelsis,* o louvor dos anjos, já proclamara – isso agora é expresso de modo completamente nítido e irrestrito no *Nunc Dimittis* de Simeão, isto é, "Agora, despede a teu servo... porque os meus olhos já viram a tua salvação, a qual preparaste diante de todos os povos, gentios e judeus".[25] Vejamos alguns pontos aqui.

Em primeiro lugar, *Simeão esperava Jesus* (2.25-27). Simeão era homem justo e piedoso. Ele esperava a consolação de Israel. O Espírito Santo estava sobre ele e lhe revelara que ele não morreria sem antes ver o Cristo do Senhor. Movido pelo Espírito, Simeão foi ao templo no exato momento em que Jesus foi apresentado por seus pais.

Em segundo lugar, *Simeão vê a Jesus* (2.28-32). Simeão toma Jesus em seus braços. Ele louva a Deus e diz que estava pronto, agora, para morrer em paz, pois vira o cumprimento da palavra de Deus. Reconheceu que o menino que tinha nos braços era o Salvador que veio trazer a salvação de Deus a todos os povos, para ser luz para revelação aos gentios e glória para o povo de Israel.

Em terceiro lugar, *Simeão abençoa os pais de Jesus* (2.33-35). Simeão abençoa Maria e José e diz a Maria que seu filho será o motivo pelo qual muitos cairão, muitos serão levantados e ainda será alvo de contradição, pois ao mesmo tempo está destinado tanto para ruína como para levantamento de muitos em Israel (1.34). Concordo com Rienecker quando ele diz que até o dia de hoje a humanidade se divide e continuará a dividir-se diante de Jesus. Enquanto alguns enaltecem o evangelho, o poder de Deus para a salvação de todos os que nele creem, para outros o Cristo crucificado é estorvo, escândalo, tolice e absurdo.[26]

Simeão também diz a Maria que a alma de seu filho será traspassada por uma espada, para que se manifestem os pensamentos de muitos corações, como a traição de Judas, a autoconfiança de Pedro, a hipocrisia dos fariseus, a covardia de Pilatos e a volubilidade do povo de Israel que oscilou entre o "hosana" e o "crucifica-o". Essa espada, *rhomphaia*, era a espada longa, semelhante a uma lança. A palavra aparece na Septuaginta em referência à espada de Golias (1Sm 17.51).[27] O privilégio de Maria de ser mãe de Jesus é marcado, assim, por uma dor indizível, a dor de contemplar seu filho pregado na cruz. Assim, Simeão passa a tratar do custo que Maria pagará. A espada que traspassará a alma de Maria é a morte de Jesus. O sofrimento dele não a deixará incólume. As palavras finais de Simeão apontam, outrossim, para a função revelatória da obra de Jesus.[28]

A profetisa Ana dá testemunho de Jesus (2.36-38)

Lucas registra a breve história da profetisa Ana, filha de Fanuel, da tribo de Aser, viúva já avançada em idade, que

Deus desceu até nós

não deixava o templo, orando a Deus, noite e dia, em jejuns e orações. Ela também contemplou o Salvador e deu graças a Deus, falando a respeito de Jesus a todos os que esperavam a redenção de Jerusalém.

O crescimento de Jesus (2.39,40)

Cumpridas todas as ordenanças exigidas pela lei, José e Maria voltaram com o menino Jesus para a Galileia, à sua cidade de Nazaré. Lucas não registra o tempo que Jesus passou com seus pais no Egito, em virtude da perseguição de Herodes, o Grande.

Jesus nasceu de maneira sobrenatural, mas cresceu e se formou de maneira natural. Lucas diz que Jesus crescia e se fortalecia, enchendo-se de sabedoria; e a graça do Senhor estava sobre ele (1.40). Jesus passou a ser conhecido como *Jesus, o nazareno* (At 2.22). Seus seguidores também passaram a ser chamados de *nazarenos* (At 24.5). Seus inimigos usaram esse nome com desprezo, e Pilatos incluiu essa denominação na placa colocada no topo da cruz (Jo 19.19). Jesus não se envergonhou de usar esse nome, mesmo depois de exaltado à destra de Deus Pai (At 22.8).

A sabedoria de Jesus (2.41-52)

Entre os versículos 40 e 41, o narrador nota uma lacuna de um período de 12 anos. A vida de Jesus desde a infância até a adolescência é um mistério. Entre os evangelhos canônicos, somente Lucas reserva essa breve história da pré-adolescência de Jesus. Além dos "evangelhos tardios e apócrifos" de uma infância fantasiosa, os leitores são privados de informações sobre os trinta anos da vida de Jesus.[29] Vejamos alguns pontos a seguir.

Em primeiro lugar, *Jesus vai a Jerusalém* (2.41,42). Os pais de Jesus iam a Jerusalém anualmente para a Festa da Páscoa. Quando Jesus completou 12 anos, subiu com eles para Jerusalém, segundo o costume das festas. Era nessa idade que um menino judeu podia tornar-se um "filho da lei". Todos os judeus tinham a obrigação de frequentar o templo três vezes ao ano: na Páscoa, no Pentecoste e nos Tabernáculos (Êx 23.14-17). As mulheres não tinham essa obrigação, embora algumas fizessem anualmente a peregrinação. Era o costume de José e Maria subirem a Jerusalém na festa que comemorava a libertação de Israel.[30]

Em segundo lugar, *Jesus fica em Jerusalém* (2.43-45). Quando a festa terminou, José e Maria voltaram com as caravanas para Nazaré, mas Jesus permaneceu em Jerusalém. Depois de um dia de caminhada, eles perceberam que Jesus não estava entre os parentes e conhecidos. Então, voltaram, aflitos, a Jerusalém à sua procura.

Em terceiro lugar, *Jesus entre os doutores em Jerusalém* (2.46-48). Três dias depois, José e Maria o acharam no templo, assentado entre os doutores, ouvindo-os e interrogando-os. Sua inteligência e suas respostas eram motivo de admiração de todos os que o ouviam. Ao encontrá-lo, Maria sente-se aliviada, mas pergunta a Jesus por que o filho tinha feito isso com eles, uma vez que ela e José estavam aflitos à sua procura. Warren Wiersbe diz que, no texto original, esse mesmo termo é usado para descrever a preocupação de Paulo com os perdidos de Israel, *dor no coração* (Rm 9.2).[31]

Em quarto lugar, *Jesus fala a seus pais em Jerusalém* (2.49,50). Jesus, pela primeira vez, esclarece para seus pais a sua origem e a sua missão. Eles deveriam saber que ele cumpria uma agenda na casa do Pai. Eles, porém, não entenderam nem alcançaram suas palavras. Jesus não usa a expressão "nosso pai", mas "meu

Pai". Nenhum dos homens da velha aliança, por mais forte que fosse sua fé, por mais fervorosa que fosse sua devoção a Deus, ousou chamar Deus de seu Pai pessoal (2.49; 4.34).[32]

Em quinto lugar, *Jesus se submete a seus pais* (2.51). Jesus desce então para Nazaré com seus pais, sendo-lhes submisso. Maria, porém, mais uma vez pondera essas coisas e as guarda no coração. Ela sai do templo não apenas alegre por ter reencontrado seu filho, mas "meditando". A palavra "meu Pai" tornou a tirar-lhe o filho, que julgava recém-encontrado. Ainda que seus pés agora deixem para trás o templo e caminhem para Nazaré, ela sente que o coração de seu filho continua no alto junto do Pai, em quem sua mente está inabalavelmente concentrada.[33]

Em sexto lugar, *Jesus revela sua perfeita humanidade* (2.52). Jesus cresceu como um menino comum. Seu crescimento físico, intelectual, moral e espiritual era perfeito.[34] Seu desenvolvimento foi horizontal e vertical, tanto diante dos homens como diante de Deus.

NOTAS

[1] WIERSBE, Warren W. *Comentário bíblico expositivo*. Vol. 5, p. 226,227.

[2] *Antiguidades* xvii.42.

[3] BARCLAY, William. *Lucas*, p. 25.

[4] RIENECKER, Fritz. *Evangelho de Lucas*, p. 49.

[5] WIERSBE, Warren W. *Comentário bíblico expositivo*. Vol. 5, p. 225.

[6] RIENECKER, Fritz. *Evangelho de Lucas*, 2005, p. 50.

[7] HALLEY, H. H. *Manual bíblico*, p. 427.

[8] HENDRIKSEN, William. *Lucas*. Vol. 1, p. 205.

[9] BAILEY, Kenneth. *A poesia e o camponês*. São Paulo, SP: Vida Nova, 1985, p. 19.

[10] MORRIS, Leon L. *Lucas: introdução e comentário*, p. 81.

[11] RIENECKER, Fritz. *Evangelho de Lucas*, p. 51.

[12] MORRIS, Leon L. *Lucas: introdução e comentário*, p. 81.

[13] RIENECKER, Fritz. *Evangelho de Lucas*, p. 50.

[14] HENDRIKSEN, William. *Lucas*. Vol. 1, p. 201.

[15] MORRIS, Leon L. *Lucas: introdução e comentário*, p. 81.

[16] RIENECKER, Fritz. *Evangelho de Lucas*, p. 52.

[17] BARCLAY, William. *Lucas*, p. 27.

[18] RIENECKER, Fritz. *Evangelho de Lucas*, p. 53,54.

[19] RIENECKER, Fritz. *Evangelho de Lucas*, p. 58.

[20] WIERSBE, Warren W. *Comentário bíblico expositivo*. Vol. 5, p. 226.

[21] RIENECKER, Fritz. *Evangelho de Lucas*, p. 55.

[22] MORRIS, Leon L. *Lucas: introdução e comentário*, p. 82.

[23] ROBERTSON, A. T. *Comentário Lucas à luz do Novo Testamento Grego*, p. 51.

[24] MORRIS, Leon L. *Lucas: introdução e comentário*, p. 83.

[25] RIENECKER, Fritz. *Evangelho de Lucas*, p. 69.

[26] RIENECKER, Fritz. *Evangelho de Lucas*, p. 70.

[27] ROBERTSON, A. T. *Comentário Lucas à luz do Novo Testamento Grego*, p. 56.

[28] MORRIS, Leon L. *Lucas: introdução e comentário*, p. 85,86.

[29] NEALE, David A. *Novo Comentário bíblico Beacon Lucas 1-9*, p. 110.

[30] MORRIS, Leon L. *Lucas: introdução e comentário*, p. 87.

[31] WIERSBE, Warren W. *Comentário bíblico expositivo*. Vol. 5, p. 230.

[32] RIENECKER, Fritz. *Evangelho de Lucas*, p. 74.

[33] RIENECKER, Fritz. *Evangelho de Lucas*, p. 76.

[34] ROBERTSON, A. T. *Comentário Lucas à luz do Novo Testamento Grego*, p. 62.

Capítulo 6

O pregador e a pregação
(Lc 3.1-20)

LUCAS FAZ UM RECOMEÇO em seu evangelho. Os eventos narrados em Lucas 1 e 2 trataram da infância de João e de Jesus. Doravante, Lucas vai tratar do ministério de João e de Jesus. Não se tem informação sobre o nosso Senhor Jesus, desde os seus 12 anos de vida até a sua entrada no 30º ano. Há muitas especulações sobre onde Jesus esteve e o que ele fez nesse tempo. Porém, onde as Escrituras não têm voz, não devemos ter ouvidos.

João Batista é a dobradiça entre o Antigo e o Novo Testamento. Ele fecha as cortinas da antiga aliança e abre os portais da nova. Ele é o precursor do Messias. No texto em apreço, Lucas faz um registro detalhado de sua vida e de sua lida. Fala sobre o pregador e a pregação. Alguns pontos merecem destaque.

O tempo em que Deus levanta o pregador (3.1,2)

Antes de entrar na exposição do texto em apreço, é mister fazer uma retrospectiva. O Antigo Testamento encerra com a mensagem de Malaquias, por volta do quarto século antes de Cristo. Nesse tempo, Israel era governado pelos persas. O império medo-persa foi dominado pelo império grego-macedônio.

Felipe da Macedônia tinha o sonho de helenizar o mundo, mas morreu sem cumprir seu desejo. Seu filho, Alexandre Magno, conhecido como Alexandre, o Grande, começa a reinar com 20 anos de idade. Reinou por treze anos e fez o mundo curvar-se diante de sua bravura. Espalhou a cultura grega pelo seu vasto império. Morreu precocemente aos 33 anos de idade. Seu reino foi dividido entre quatro grandes generais.

Israel ficou sob o domínio dos ptolomeus e selêucidas, respectivamente. O templo de Jerusalém foi profanado no governo seleucense, quando Antíoco Epifânio sacrificou uma porca no altar do templo. Isso provocou uma revolta dos judeus, que se tornou conhecida como a Guerra dos Macabeus. Matatias e seus filhos se rebelaram contra essa profanação do templo, e Judas, filho de Matatias, tornou-se o grande herói dessa peleja. Israel ficou livre nesse tempo sob o governo dessa família dos hasmoneus.

Mais tarde, no ano 63 a.C., Pompeu conquistou Jerusalém e os romanos passaram a dominar Israel. Antípater, da família edomita, foi nomeado rei em Israel. Depois de sua morte, seu filho Herodes, o Grande, reinou em seu lugar. Quando João Batista e Jesus nasceram, Herodes, o Grande, governava em Israel.

Lucas, comprometido em oferecer uma exposição detalhada acerca da vida e do ministério de Jesus, e por ser um exímio historiador, cita sete personagens para descrever o tempo de maldade e corrupção moral em que João começou a pregar. Cinco deles eram autoridades políticas e dois eram autoridades religiosas. A aparição de João Batista é o momento em que a história muda, e muda profundamente. David Neale diz que os líderes políticos citados por Lucas fornecem um sólido contexto histórico para o início do ministério de João. Ao ensaiar o contexto político global e regional (1.5; 2.1,2), Lucas mostra que as mensagens de João e as de Jesus transcendem a esfera da religião e da política locais de Jerusalém.[1]

Ao citar esses sete nomes, ele revela a iniquidade em que o mundo estava mergulhado quando o evangelho foi pregado. John Charles Ryle diz que essa triste lista está cheia de instruções. Parece que a terra estava entregue nas mãos dos perversos (Jó 9.24). Se assim eram os dirigentes, como deveria ser o povo? Tal era o estado das coisas quando o precursor de Jesus recebeu a ordem de iniciar sua pregação. Jamais devemos nos desesperar acerca das circunstâncias, pois, mesmo quando tudo parece perdido, Deus prepara um poderoso livramento. No exato momento em que o reino de Satanás parece estar triunfando, a "pedra cortada sem auxílio de mãos" poderá estar no ponto de esmagá-lo completamente. Geralmente, o momento mais escuro da noite é aquele que precede o raiar do dia.[2]

Concordo com David Neale quando ele diz que Lucas parece mostrar que os poderes políticos do momento não são um palco central na história da salvação. Eles estão presentes, têm influência óbvia, mas estão subordinados ao poder e ao plano de Deus.[3] Vamos destacar alguns pontos nesse sentido.

Em primeiro lugar, *o cenário do império é descrito* (3.1). Lucas começa colocando a aparição de João Batista no cenário mundial, o cenário do Império Romano. Tibério César (14 a 37 d.C.) era filho adotivo e o sucessor de César Augusto (31 a.C. a 14 d.C.). Assumiu o governo por volta do ano 14 d.C. Consequentemente, o ano 15º do seu reinado é 29 d.C.[4] A expressão César Tibério aqui em Lucas 3 e o nome César Augusto em Lucas 2 lembram que naquele tempo a Palestina não era um Estado soberano, mas pertencia ao Império Romano. Tibério César é aquele de quem o Salvador afirmou: *Dai a César o que é de César.* Era sua efígie que Jesus constatou na moeda que lhe fora mostrada (20.24).[5]

Em segundo lugar, *o cenário da província é descrito* (3.1). Os dados seguintes se relacionam com a organização política da Palestina. Herodes, o Grande, foi um grande administrador. Ele ampliou e embelezou o templo de Jerusalém. Construiu o porto de Cesareia, abrindo o caminho para o comércio internacional e facilitando as viagens dos missionários para o mundo. Construiu a fortaleza de Massada e muitos palácios e fortalezas. Porém, Herodes era um homem inseguro e violento. O medo de perder o trono o atormentou durante toda a vida. Ele se casou dez vezes. Teve muitos filhos. Quando se casou com Mariana, mulher da nobreza, mandou matar todos os nobres de sua família, com medo de perder o trono. A pedido da sogra, nomeou Aristóbulo, seu sobrinho, com apenas 17 anos de idade, como sumo sacerdote de Jerusalém. Mais tarde, ao ver que este conquistava a simpatia do povo, mandou matá-lo. Sua sogra, com medo, fugiu para o Egito. Mas Herodes enviou seus emissários atrás dela para matá-la. César Augusto o chamou a Roma por causa de suas atrocidades. Antes de ir, porém, Herodes mandou matar sua mulher Mariana, com medo de que ela

O pregador e a pregação

conspirasse contra ele em sua ausência. Mais tarde, enviou dois de seus filhos a Roma para estudarem. Sua irmã Salomé insinuou que eles voltariam mais preparados para assumir o trono. Herodes não hesitou. Mandou estrangular seus dois filhos. Antes de morrer, fez sua irmã Salomé jurar que mataria pelo menos um nobre de cada família de Jerusalém, porque queria choro em seu funeral. Esse foi o homem que ficou alarmado quando soube, pelos magos, que um menino havia nascido em Belém da Judeia para ser rei de Israel.

Depois que Herodes, o Grande, morreu por volta do ano 4 a.C., seu reino foi dividido entre quatro de seus filhos. O título tetrarca significa literalmente governador de uma quarta parte. Assim, ele: 1) deu a Galileia e a Pereia a Herodes Antipas, que reinou do ano 4 a.C. a 39 a.C. Jesus viveu seus dias na Galileia sob o governo desse Herodes; 2) deu a Itureia e Traconites a Herodes Filipe; 3) deu Abilene, que fica ao norte das demais regiões mencionadas, a Lisânias; 4) deu a Judeia, a Samaria e Edom a Arquelau. Este foi um péssimo rei. Os judeus ao final pediram aos romanos que o tirassem do cargo. Roma, preocupada com os constantes problemas na Judeia, instalou ali um procurador ou governador romano. Assim foi que os romanos começaram a governar diretamente sobre a Judeia. Nesse momento, era governador Pilatos, que esteve no poder desde 25 d.C. até 37 d.C. Anthony Ash diz que Pilatos foi o quinto na série de oficiais romanos a administrarem o território.[6]

Fritz Rienecker observa que essa catastrófica situação estatal e política em que o povo eleito de Deus se encontrava sob o poderio odioso dos herodianos e à mercê da escravidão do domínio dos romanos, fez que se manifestasse, como nunca antes, uma esperança política pelo Messias, um grito de libertação e redenção da ímpia servidão.[7]

Em terceiro lugar, *o cenário religioso é descrito* (3.2). Depois de aclarar a situação mundial e política da Palestina, Lucas relata a situação religiosa e coloca a aparição de João no momento em que Anás e Caifás eram sumos sacerdotes. Por que Lucas menciona dois sumos sacerdotes, se a lei só permitia um? O sumo sacerdote era ao mesmo tempo o cabeça civil e religioso da comunidade. Era um cargo hereditário.

Barclay diz que, com a chegada dos romanos, esse posto era objeto de todo tipo de intrigas. O resultado foi que, entre os anos 37 a.C. a 26 d.C., houve mais de 28 sumos sacerdotes em Jerusalém. Anás foi sumo sacerdote entre os anos 7 a 14 d.C. e acabou deposto pelo governador romano Grato. Foi sucedido por nada menos que quatro de seus filhos. Caifás, o sumo sacerdote reinante, era seu genro. Apesar de deposto, Anás era considerado autoridade pelo povo e ainda detinha o poder.[8] Corroborando esse pensamento, vale a pena destacar que, quando Jesus foi preso, foi trazido primeiramente a Anás (Jo 18.13).

Rienecker tem razão ao dizer que essa coexistência de dois sumos sacerdotes foi o começo da dissolução deste cargo tão importante no Antigo Testamento. A decadência de Israel havia, pois, avançado da realidade política até o coração do povo eleito de Israel.[9]

A palavra que Deus dá ao pregador (3.2)

Após a descrição dos poderes da presente época (1.5; 2.1-7; 3.1,2), João aparece na narrativa, toma a iniciativa e revela o plano de Deus. Embora César ainda reine no mundo histórico de Lucas, Deus permanece definitiva e plenamente no controle do drama mundial.[10]

Israel já estava amargando quatrocentos anos de silêncio profético. O templo estava erigido e ampliado. Os sacerdotes realizavam os sacrifícios. Multidões vinham para as festas. Os escribas e fariseus eram zelosos das tradições, mas a palavra de Deus estava ausente. Não havia mais profeta entre eles. A política estava vivendo o máximo da degradação. A religião estava rendida à apostasia por um lado e à hipocrisia pelo outro. Os liberais saduceus dominavam o templo, e os hipócritas fariseus colocavam fardos e mais fardos sobre os ombros esfolados das pessoas. A economia estava combalida. A cobrança abusiva de impostos e a extorsão predominavam nas mãos dos publicanos. É nesse deserto espiritual que Deus levantou João, o último profeta da antiga aliança. Rienecker escreve: "Nas trevas do afastamento de Deus e da decadência moral, do desconsolo e da desesperança, precisamente nos aspectos políticos e religiosos, aparece João Batista".[11] Matthew Henry diz que a expressão "veio a palavra de Deus a João" é a mesma que foi usada em relação aos profetas do Antigo Testamento, ou melhor, mais do que um profeta, e nele reviveu a profecia que há muito tinha sido interrompida.[12]

Dois fatos nos chamam a atenção.

Em primeiro lugar, *a maneira incomum*. A palavra de Deus não veio a Tibério em Roma nem a Herodes em Israel. A palavra não veio ao templo sobre os sumos sacerdotes. A palavra de Deus veio a João, um homem estranho, com roupas estranhas e um cardápio estranho. A palavra de Deus que veio a João trazia em seu bojo tanto o juízo como a graça; tanto feria o pecador com a espada da lei como o sarava com o bálsamo do evangelho; tanto humilhava o pecador por causa de sua ruína como o restaurava para uma nova vida. Não podemos falar aos homens, se primeiro não ouvirmos a voz de Deus. Se Deus não falar a nós, não devemos falar aos homens. O pregador é aquele que recebe a palavra e a transmite com integridade e poder.

Em segundo lugar, *o local incomum*. A palavra de Deus não veio no palácio nem no templo, mas no deserto, e para o deserto as multidões se desabalaram. Onde a palavra de Deus é proclamada, no poder do Espírito Santo, as pessoas fluirão para ouvir. Não é o lugar que faz o homem, mas o homem que faz o lugar. Nem sempre Deus trabalha pelas vias oficiais. Deus vira a mesa. Deus não se ajusta aos esquemas humanos. Fritz Rienecker diz que João chama as multidões para fora do templo e para fora de Jerusalém, rumo ao deserto. É preciso que se comece algo radicalmente novo.[13]

O ministério dinâmico do pregador (3.3)

João não ficou preso entre quatro paredes. Ele percorreu toda a região da Judeia. Ele andou. Ele saiu. Ele foi para fora dos portões. Jesus, igualmente, não ficou limitado a um templo. Ele percorreu cidades e povoados. Os apóstolos andaram pelo mundo e plantaram igrejas nos mais longínquos rincões do mundo. Hoje, nós nos ajuntamos confortavelmente dentro dos nossos templos e não cruzamos nem sequer a rua para falar de Jesus.

Leon Morris destaca o fato de que, diferentemente de Mateus e Marcos, Lucas nada diz acerca da aparência e dos hábitos dietéticos de João. Vai diretamente à mensagem do profeta.[14]

A eficácia da pregação (3.3-14)

Depois de quatrocentos anos de silêncio profético, a voz de João Batista ecoou como uma trombeta. Sua pregação foi poderosa e eficaz. Vários pontos devem ser aqui destacados.

Em primeiro lugar, *o conteúdo da pregação* (3.3). Leon Morris diz que todos os evangelhos deixam claro que o ministério de João Batista preparava o caminho para o de

Jesus e que era caracterizado por um chamado ao arrependimento. Só Lucas, no entanto, nos conta como João respondeu às perguntas das pessoas quanto à maneira de o arrependimento afetar suas vocações específicas.[15]

Vemos neste texto a íntima relação que há entre o arrependimento verdadeiro e o perdão. Sem arrependimento, jamais uma única alma foi salva. É preciso que reconheçamos os nossos pecados, choremos por causa deles, os abandonemos e deles nos enojemos.[16] João pregou não para agradar as pessoas, mas para as levar ao arrependimento. O batismo é a evidência do arrependimento. Àqueles que se arrependem é prometido o perdão, a remissão de pecados. Não há perdão sem arrependimento. Não há salvação sem arrependimento. Ninguém pode esperar em Cristo, se primeiro não se desesperar de si mesmo. Ninguém pode confiar em Cristo sem primeiro descrer de seus próprios méritos. O arrependimento é a manchete do reino de Deus. Itamir Neves diz que, infelizmente, hoje é anunciado mais o evangelho de adesão (aquele em que se vai a Cristo e se permanece como está, esperando as bênçãos de Deus) do que o evangelho da conversão (aquele em que se é chamado por Cristo e uma verdadeira transformação é experimentada).[17]

Em segundo lugar, *o fundamento da pregação* (3.4). João não pregou o que ele quis, o que ele inventou, o que os escribas e fariseus disseram. Ele não pregou uma corrente de pensamento positivo e nem mesmo uma linha doutrinária formulada pelos doutores da época. Ele pregou a palavra. Ele voltou a atenção do povo para as Escrituras. Ele recorre ao profeta Isaías e aí fundamenta sua mensagem. Nós não criamos a mensagem; nós a transmitimos. Não somos a fonte da mensagem; apenas seus instrumentos. Rienecker tem razão ao destacar que os evangelistas Mateus, Marcos,

Lucas e João constatam que no surgimento de João Batista se cumpriram as palavras dos profetas Isaías e Malaquias. Ele precede o Senhor, para lhe preparar o caminho.[18]

Em terceiro lugar, *a transformação operada pela pregação* (3.4-6).

Em todos os quatro evangelhos, Isaías 40.3 é aplicado a João Batista, mas somente Lucas acrescenta os versículos 4 e 5. Todos os quatro entendem que João se considerava apenas uma voz, como se o homem inteiro fosse um sermão. Lucas, porém, acrescenta a parte do aterro dos vales.[19] A pregação de João produziu profundas mudanças. Os montes foram nivelados, os vales aterrados, os caminhos tortos endireitados e as veredas escabrosas aplainadas. João era o engenheiro de trânsito do reino. Ele veio para preparar o caminho do Senhor. Antes de os reis chegarem às províncias distantes do império, enviavam seus engenheiros para preparar o caminho. Montes e vales precisam virar planície. Caminhos tortos e fora do lugar precisam ser endireitados e aplanados. O verdadeiro arrependimento remove os montes da soberba, aterra os vales do desespero, endireita os caminhos tortos do pecado e da hipocrisia e coloca no lugar todas as áreas da vida que estão fora do propósito de Deus.

Em quarto lugar, *a abrangência da pregação* (3.7,12,14). Mateus menciona os fariseus e os saduceus como os ouvintes de João, mas Lucas menciona as multidões. João pregou para as multidões. Pregou para os escribas e fariseus. Pregou para Herodes. Pregou para os publicanos. Pregou para os soldados. Pregou para todas as classes sociais. Não importa o *status*, não importa a profissão, todos precisam igualmente do evangelho. O evangelho não é seletivo. A igreja não é seletiva. Pobres e ricos, militares e civis, religiosos e funcionários públicos, patrões e empregados – todos são pecadores. Todos precisam se arrepender. Todos carecem da graça.

Quem eram os publicanos? Morris diz que os romanos coletavam os impostos por meio de aluguel dos direitos da taxação a quem pagava mais. O vencedor da concorrência pública pagaria a Roma o montante que oferecera, mas coletaria mais do que isso para pagar suas despesas e lhe obter seu lucro legítimo. Era, porém, uma forte tentação cobrar mais imposto do que era rigorosamente necessário e embolsar a diferença. João convence, pela pregação, esses publicanos de que essa prática era errada.[20]

Em quinto lugar, *o alerta da pregação* (3.7-9). John Charles Ryle diz que o alerta da pregação de João é notado em alguns aspectos de sua mensagem.[21] Primeiro, João viu a podridão e a hipocrisia da profissão de fé que as multidões que o cercavam estavam fazendo e usou a linguagem adequada para descrever o caso: *Raça de víboras...* Havia uma disparidade brutal entre a palavra de arrependimento que eles traziam nos lábios e as atitudes perversas que carregavam no coração.

Segundo, João Batista fala sobre o perigo do inferno para os seus ouvintes. Mostra que existe uma ira vindoura. Anuncia que o machado já está posto na raiz das árvores. A mensagem de João era: arrepender-se e viver, ou não se arrepender e morrer.

Terceiro, João Batista demonstra a inutilidade de um arrependimento sem demonstração de frutos. Ele diz: *Produzi frutos dignos de arrependimento*. Não é arrependimento e novamente arrependimento, mas arrependimento e frutos dignos de arrependimento. Ele mostra que a árvore sem frutos vai ser lançada no fogo. Dizer que nos entristecemos pelo nosso pecado não passa de hipocrisia, a não ser que demonstremos essa tristeza de forma prática.

Quarto, João Batista rejeitou a ideia de que, se você está ligado a uma pessoa santa, isso o salvará: ... *e não comeceis a dizer entre vós mesmos: temos por pai Abraão...* Milhares de pessoas viveram e morreram na cega ilusão de que, por terem sido unidas a pessoas piedosas por meio de laços de sangue ou por estarem incluídas no rol de membros de uma igreja, poderiam ter esperança de que seriam salvas. Nada nos adiantará no último dia o fato de havermos sido membros desta ou daquela igreja. Rienecker corrobora esse pensamento quando diz: "Da mesma forma como João Batista, Jesus também disse aos judeus que insistiam em sua origem genealógica de Abraão, que seu pai não era Abraão, mas o diabo (Jo 8.44). Também aquilo que Paulo escreveu em Romanos 9-11 é igualmente uma nítida refutação desta alegação: Temos por pai Abraão".[22] Matthew Henry acrescenta: "De que nos adianta sermos filhos de pais tementes a Deus, se não lhe formos tementes? De que nos serve estar no seio da igreja, se não tivermos o vínculo do concerto?"[23]

A mensagem de João Batista é grave e urgente. A pregação do evangelho não é uma panaceia para acalmar os corações sobre os sentimentos e circunstâncias. O evangelho fala sobre uma ira vindoura, um fogo eterno, uma condenação inexorável para aqueles que se tornam rebeldes.

Em sexto lugar, *a resposta à pregação* (3.10-14). O apelo não partiu do pregador para os ouvintes, mas dos ouvintes para o pregador. As multidões, os publicanos e os soldados perguntaram a João o que deviam fazer, como deveriam agir. João, de modo claro e prático, indicou a cada grupo quais ações demonstrariam o fruto de seu arrependimento.[24] A solidariedade, a honestidade e a urbanidade não são

O pregador e a pregação

o arrependimento em si, mas evidência dele. Não salvam, mas testemunham da salvação. A conversão demonstra-se com evidências práticas. Cada um precisa demonstrar a mudança do coração, da mente, das ações, das reações, dos sentimentos. Onde não há mudança, não há arrependimento; e onde não há arrependimento, não há salvação. Concordo com John Charles Ryle quando ele declara que João Batista não quis dizer que, ao agir assim, as pessoas expiariam os seus pecados e teriam paz com Deus. Ele quis mostrar que, agindo dessa forma, as pessoas provariam estar sinceramente arrependidas.

Vale destacar que João não proibiu os publicanos de exercerem seu trabalho, apenas os orientou a serem íntegros na cobrança dos impostos e tributos. Não aconselhou os soldados a deixarem seu posto, apenas os exortou a renunciarem aos pecados de sua profissão. Rienecker coloca esse pensamento nas seguintes palavras: "O povo não deve estar envolvido com a usura, mas com a doação. Não é o negócio financeiro que torna o publicano culpado, mas a ladroagem. Aos que se encontram no serviço militar, não lhe são tiradas as armas, mas são impedidos da gananciosa extorsão e de atos de cruel violência".[25] Os soldados eram tentados a obter dinheiro por meio de chantagem. Eram pagos para não delatar os ricos. Demóstenes retrata um bajulador ou chantagista como alguém que desliza pelo mercado como um escorpião, com seu ferrão venenoso já preparado, espreitando quem poderá surpreender com desgraça e ruína, e de quem poderá extorquir dinheiro com mais facilidade, ameaçando-o com um ato perigoso nas suas consequências.[26]

Nessa mesma trilha de pensamento, Leon Morris escreve: "João não conclama qualquer destes grupos a deixar seu emprego. Pelo contrário, quer que ajam com retidão no serviço".[27]

93

A postura do pregador (3.15-20)

João Batista não era um eco, mas uma voz; não era um caniço agitado pelo vento, mas um mensageiro fiel. Cinco fatos merecem aqui destaque.

Em primeiro lugar, *a identidade do pregador* (3.15,16). João Batista sabe que não é o Messias. Ele não quer ocupar o lugar do noivo. Não se sente mais importante do que é. Seu princípio é: "Convém que ele cresça e que eu diminua". Sua postura é: "Eu não sou digno de desatar as correias de suas sandálias". Seu papel é apresentar Jesus e sair de cena. Ele é a voz, e não a mensagem. Ele testifica da luz, mas não é a luz. Ele aponta para o Cordeiro, mas é não o Cordeiro. Ele testemunha da vida, mas não é a vida. Hoje muitos pregadores arrastam a glória para si mesmos. Querem os holofotes. Buscam reconhecimento. Querem prestígio. Colocam-se no pedestal. Ryle diz que um pregador fiel sempre exaltará a Jesus e jamais permitirá que atribuam a si ou ao seu ofício qualquer honra que pertence a seu divino mestre. Esse afirmará como Paulo: *Porque não pregamos a nós mesmos, mas a Cristo Jesus como Senhor e a nós mesmos como vossos servos, por amor de Jesus* (2Co 4.5).[28]

Em segundo lugar, *a limitação do pregador* (3.16). João Batista confessa a limitação do seu ministério. Ele pode batizar com água, mas só Jesus batiza com o Espírito Santo e com fogo. Ele pode administrar os sacramentos, mas só Jesus pode conferir as bênçãos do sacramento. Ele pode usar o símbolo, mas só Jesus pode conceder o simbolizado. Ele pode apontar para o Salvador, mas só o Salvador pode dar salvação. Ele pode pregar sobre remissão de pecados, mas só Jesus pode perdoar pecados. Ele pode ser amigo do noivo, mas só Jesus, o noivo, pode nos tornar noiva. John Charles Ryle é oportuno quando escreve:

> Os homens, ao serem ordenados ao ministério, podem ministrar as ordenanças externas do Cristianismo em oração esperançosa de que Deus abençoará esses meios que ele mesmo determinou. Porém, os ministros não podem saber o que realmente está no coração das pessoas a quem ministram. Podem pregar-lhes fielmente o evangelho, mas não podem fazer com que o recebam. Podem aplicar-lhes a água do batismo, mas não podem lavar-lhes a natureza pecaminosa. Podem entregar-lhes o pão e o vinho da Ceia do Senhor; todavia, não podem capacitá-los a apropriar-se do corpo e do sangue de Jesus pela fé. Podem ir até certo ponto, mas não além disso.[29]

João Batista fala sobre o batismo com o Espírito e com fogo. Muitos estudiosos pensam que João está se referindo a dois batismos opostos, um de graça e outro de juízo. Entendo, porém, que o batismo com o Espírito e o batismo com fogo são análogos e complementares. A mesma pessoa é batizada com ambos. João não fala: "Ele vos batizará com Espírito ou com fogo, mas com Espírito e com fogo". A água toca a superfície, mas o fogo penetra na substância das coisas.[30] O fogo ilumina, aquece, purifica e alastra. Nas palavras de Rienecker, o fogo é uma imagem do juízo, mas do juízo misericordioso que purifica e limpa, como o fogo do ourives.[31]

Em terceiro lugar, *o confronto do pregador* (3.17,18). João Batista olha para o futuro e vê a mudança profunda que Jesus fará em sua igreja na consumação dos séculos. Ryle diz que a igreja visível é hoje um corpo misto. Crentes e incrédulos, santos e ímpios, convertidos e descrentes acham-se misturados em cada assembleia, sentando-se geralmente lado a lado. Ao homem não é possível separá-los. A falsa profissão de fé geralmente assemelha-lhe muito à verdadeira. O trigo e o joio permanecerão juntos até que o Senhor volte. Porém, haverá uma separação no último dia. Os justos serão levados para a bem-aventurança, e os ímpios serão lançados no fogo eterno.[32]

João Batista não buscou agradar seu auditório com palavras de bajulação. Feriu-os com a espada da verdade. Mostrou a urgência de voltar para Deus em arrependimento. Mostrou a tragédia da impenitência. O evangelho que ele pregou não era uma coletânea de promessas de sucesso no mundo, mas uma mensagem clara de exortação que exige renúncias claras para escapar do fogo inextinguível.

Em quarto lugar, *a coragem do pregador* (3.19,20). João Batista, à semelhança de Elias, confronta o rei e denuncia seu pecado de adultério e incesto, bem como suas muitas maldades. Fritz Rienecker diz, acertadamente, que, entre todos os filhos dos dez matrimônios que Herodes, o Grande, contraiu, Herodes Antipas era o que mais se assemelhava ao pai no que diz respeito à ganância de poder, luxúria e imoralidade.[33] Herodes Antipas sentiu-se ameaçado politicamente pela popularidade de João a ponto de prendê-lo e executá-lo. Flávio Josefo fala sobre a preocupação de Herodes com o fato de João ser capaz de incitar uma "agitação cívica", como uma razão suficiente para eliminá-lo. Nos anos iniciais do primeiro século, os pregadores populares que reuniam multidões representavam para as autoridades reinantes problemas políticos e desafios à frágil paz romana.[34]

João Batista não faz da pregação uma plataforma de boas relações com os grandes deste mundo para lhes buscar o favor. Ele é firme e contundente. Não prega para agradar o pecador, mas para confrontar o pecado. O rei Herodes Antipas estava vivendo uma relação de adultério, pois, apesar de ser casado com a filha de Aretas IV, rei de Nabateia, envolveu-se com Herodias, mulher de seu meio-irmão

Filipe. Herodias exigiu que Herodes se divorciasse de sua esposa nebateia e se casasse com ela, o que ele fez. João Batista não o poupa. Denuncia seu pecado. Destampa a caixa de horror de suas maldades e fala ao rei sobre o juízo vindouro. William Barclay descreve esse imbróglio familiar nos seguintes termos:

> Herodes Antipas era filho de Herodes, o Grande, e de uma mulher chamada Maltake. Herodias era filha de Aristóbulo, que também era filho de Herodes, o Grande, e de Mariana. Como já foi demonstrado, Herodes, o Grande, havia dividido seu reino entre Arquelau, Herodes Antipas e Herodes Filipe. Tinha outro filho, também chamado de Herodes, que era filho de Mariana, filha do sumo sacerdote. Este Herodes não teve parte do reino de seu pai e vivia em Roma. Casou-se com Herodias. Este Herodes era meio-tio de sua mulher Herodias, porque ela era filha de Aristóbulo, que também era filho de Herodes, o Grande, com outra mulher. Herodes Antipas, em uma de suas visitas a Roma, a seduziu e se casou com ela, mesmo ela sendo sua cunhada, por estar casada com seu irmão e também sobrinha, por ser filha de seu outro meio-irmão. Todo esse procedimento causou comoção na opinião pública, já que era contrário à lei e inapropriado sob qualquer ponto de vista.[35]

Em quinto lugar, *o sofrimento do pregador* (3.20). O galardão dos servos de Deus geralmente não é recebido neste mundo. O mundo que perseguiu a Cristo não hesitará em perseguir aos servos de Cristo. O resultado do confronto de João Batista a Herodes é que ele foi preso na masmorra da fortaleza de Maqueros, às margens do mar Morto, e finalmente decapitado para gratificar o ressentimento de Herodias (Mt 14.5-12; Mc 6.17-29).

João Batista prefere viver preso, mas com a consciência livre, a viver em liberdade, mas prisioneiro da covardia. Ele sofre por ser fiel. É preso por não negociar princípios. Sofre o martírio por não fazer concessão ao pecado. João Batista viveu no deserto. Vestiu pele de camelo. Alimentou-se de mel e gafanhoto silvestre. Não frequentou palácios nem assentou ao redor de mesas nobres. Seu ministério foi curto, mas sua influência foi permanente. Mesmo sofrendo morte tão desumana, injusta e violenta, Jesus diz que, entre os nascidos de mulher, ninguém foi maior do que ele. Mesmo sendo executado pelos homens, foi enaltecido por Deus. Precisamos ter plena consciência de que, sofrendo as maiores agruras aqui, Deus enxugará dos nossos olhos toda a lágrima. Nas palavras de John Charles Ryle: "O céu indeniza a todos!"[36]

NOTAS

[1] NEALE, David A. *Novo comentário bíblico Beacon Lucas 1-9*, p. 118.

[2] RYLE, John Charles. *Meditações no Evangelho de Lucas*, p. 45.

[3] NEALE, David A. *Novo comentário bíblico Beacon Lucas 1-9*, p. 119.

[4] BARCLAY, William. *Lucas*, p. 35.

[5] RIENECKER, Fritz. *Evangelho de Lucas*, p. 79.

[6] ASH, Anthony Lee. *O Evangelho segundo Lucas*, p. 70.

[7] RIENECKER, Fritz. *Evangelho de Lucas*, p. 81.

[8] BARCLAY, William. *Lucas*, p. 36.

[9] RIENECKER, Fritz. *Evangelho de Lucas*, p. 81.

[10] NEALE, David A. *Novo comentário bíblico Beacon Lucas 1-9*, p. 119.

[11] RIENECKER, Fritz. *Evangelho de Lucas*, p. 81.

O *pregador e a pregação*

[12] HENRY, Matthew. *Comentário bíblico Novo Testamento Mateus a João.* Rio de Janeiro, RJ: CPAD, 2010, p. 539.

[13] RIENECKER, Fritz. *Evangelho de Lucas,* p. 85.

[14] MORRIS, Leon L. *Lucas: introdução e comentário,* p. 91.

[15] MORRIS, Leon L. *Lucas: introdução e comentário,* p. 89.

[16] RYLE, John Charles. *Meditações no Evangelho de Lucas,* p. 46,47.

[17] SOUZA, Itamir Neves; McGEE, John Vernon. *Através da Bíblia.* São Paulo, SP: Rádio Transmundial, 2008, p. 78.

[18] RIENECKER, Fritz. *Evangelho de Lucas,* p. 86.

[19] MORRIS, Leon L. *Lucas: introdução e comentário,* p. 91.

[20] MORRIS, Leon L. *Lucas: introdução e comentário,* p. 92.

[21] RYLE, John Charles. *Meditações no Evangelho de Lucas,* p. 48,49.

[22] RIENECKER, Fritz. *Evangelho de Lucas,* p. 87.

[23] HENRY, Matthew. *Comentário bíblico Novo Testamento Mateus a João,* p. 541.

[24] SOUZA, Itamir Neves; McGEE, John Vernon. *Através da Bíblia,* p. 78.

[25] RIENECKER, Fritz. *Evangelho de Lucas,* p. 89.

[26] VINCENT, Marvin R. *Words studies in the New Testament.* Grand Rapids, MI: Eerdmans, 1946, p. 1285.

[27] MORRIS, Leon. *Lucas: introdução e comentário,* p. 93.

[28] RYLE, John Charles. *Meditações no Evangelho de Lucas,* p. 51.

[29] RYLE, John Charles. *Meditações no Evangelho de Lucas,* p. 52.

[30] RIENECKER, Fritz. *Evangelho de Lucas,* p. 91.

[31] RIENECKER, Fritz. *Evangelho de Lucas,* p. 91.

[32] RYLE, John Charles. *Meditações no Evangelho de Lucas,* p. 52.

[33] RIENECKER, Fritz. *Evangelho de Lucas,* p. 81.

[34] NEALE, David A. *Novo comentário bíblico Beacon Lucas 1-9,* p. 118.

[35] BARCLAY, William. *Lucas,* p. 39.

[36] RYLE, John Charles. *Meditações no Evangelho de Lucas,* p. 53.

Capítulo 7

O batismo e a genealogia de Jesus
(Lc 3.21-38)

ANJOS E PROFETAS anunciaram o nascimento de João e de Jesus nos primeiros dois capítulos de Lucas. Porém, a posição de Jesus como o Filho de Deus é anunciada por uma voz do céu em seu batismo. Os anúncios do nascimento são proféticos, mas a voz do céu é supraprofética – é a voz do próprio Deus.[1] O batismo de Jesus encerra importantes verdades que vamos destacar aqui.

O batismo de Jesus revela como ele honrou o batismo

O batismo não pode ser algo de pouca importância, pois Jesus mesmo foi batizado e mais tarde, depois de sua ressurreição, o estabeleceu como ordenança na igreja. John Charles Ryle diz que, lamentavelmente, alguns o idolatram, outros o subestimam e outros ainda o desonram. Alguns o limitam e há aqueles que conferem às águas batismais um poder mágico. O batismo é um sacramento, um meio de graça, um símbolo visível de uma graça invisível.

O batismo de Jesus revela sua identificação com os pecadores

Jesus veio de Nazaré da Galileia, cidade rejeitada pelos judeus. Sua origem é o primeiro choque. Ele não vem da Judeia nem da aristocracia religiosa de Jerusalém.

Lucas 3.21,22, diferentemente de Mateus 3.13 e Marcos 1.9, não afirma explicitamente que João batizou Jesus. Apenas diz que ele foi batizado depois que os demais da multidão o foram. Mattew Henry observa: "Cristo deseja ser batizado por último, entre as pessoas comuns, depois deles; assim ele se humilhou e se aniquilou, como um dos últimos, ou melhor, menor que os últimos".[2] Fritz Rienecker destaca, entretanto, que a auto-humilhação de Jesus é imediatamente recompensada pela glorificação divina: "Tu és o meu Filho amado, em ti me comprazo".[3]

O batismo de João era batismo de arrependimento para remissão de pecados (3.3). Por que Jesus foi batizado se ele não tinha pecado pessoal?[4] Ele foi batizado por causa da natureza do seu ministério. Ele se identificou com os pecadores que viera salvar.[5] Jesus esclarece esse ponto em Mateus 3.15. Ele foi batizado para cumprir toda a justiça. Ele se fez pecado por nós para que nós fôssemos feitos justiça de Deus (2Co 5.21). O Senhor fez cair sobre ele a iniquidade de todos nós (Is 53.6). Jesus veio ao mundo como nosso representante e fiador. Ele se fez carne e habitou entre nós. Ele se fez pecado por nós, maldição por nós. Ele tomou

O batismo e a genealogia de Jesus

sobre si as nossas enfermidades e carregou sobre o seu corpo, no madeiro, os nossos pecados (1Pe 2.24). Ele não foi batizado por pecados pessoais, pois não os tinha, mas pelos nossos pecados imputados a ele. Jesus foi batizado a fim de expressar sua identificação com o povo.

Matthew Henry diz corretamente que Jesus não confessou seus pecados, como os outros, porque ele não tinha nenhum pecado para confessar; mas ele orou, como os outros, para que pudesse, assim, conservar a comunhão com o seu Pai.[6]

O batismo de Jesus revela o momento da sua decisão

Devemos a Lucas a informação de que Jesus tinha 30 anos quando iniciou o seu ministério. Era com esta idade que os levitas começavam seu serviço (Nm 4.47), e esta era evidentemente considerada a idade em que um homem era plenamente maduro.[7] Durante trinta anos, Jesus provavelmente viveu como carpinteiro na cidade de Nazaré. Desde a infância, entretanto, tinha consciência da sua missão. Aos 12 anos, já alertara José e Maria acerca da sua missão. Mas agora era tempo de agir, era tempo de iniciar o seu ministério. Seu batismo foi o selo dessa decisão.

A epifania pessoal: "Tu és o meu Filho amado, em ti me comprazo" introduz uma nova informação na narrativa de Lucas. David Neale diz que os leitores de Lucas já sabem da identidade de Jesus como o Filho do Altíssimo (1.32,76), o Filho de Deus (1.35) e o Salvador da casa de Davi (1.69; 2.11). Nós já sabemos sobre o batismo (3.3,7). E o Espírito Santo tem sido uma força ativa no decorrer da narrativa (1.15,35,41,67; 2.25,26; 3.16). Todas essas características já estão presentes na narrativa antes que Lucas narre o batismo de Jesus.[8]

O batismo de Jesus revela a estreita conexão entre batismo e oração

Embora todos os evangelistas tenham registrado o batismo de Jesus, somente Lucas nos informa que, ao ser batizado, Jesus estava orando (3.21). Lucas destaca como nenhum outro evangelista a vida intensa de oração de Jesus (3.21; 5.16; 6.12; 9.18,28,29; 10.21,22; 11.1; 22.31,32,41,44,45; 23.34,46). Sete dessas ocasiões são registradas apenas por Lucas e mostram Jesus orando antes de cada momento decisivo do seu ministério. Esse destaque à oração faz que Lucas seja chamado por alguns comentaristas de "o evangelho da oração".[9] No caso de Jesus, ele orou para ter comunhão com seu Pai e para receber a revelação de seu amor e a confirmação de seu ministério. Nós, porém, devemos nos aproximar para receber o batismo, não apenas demonstrando arrependimento de nossos pecados, mas também demonstrando desejo de ter comunhão com Deus. O batismo marca não apenas a entrada do batizando na igreja visível, mas também o começo de um novo relacionamento com Deus.

A oração é a vida da igreja, porque era a vida de Jesus. As pessoas que oram como Jesus são aquelas que levam a igreja ao crescimento. Quando Jesus orou, os céus se abriram, o Espírito Santo desceu e o Pai falou. A coisa mais importante na oração é a comunicação entre o Pai e o filho. Quando o filho não tem prazer em conversar com o Pai, isso fere o coração do Pai. Quando oramos, o Espírito nos dá confirmação de que somos filhos de Deus.

Por que o céu se abriu? É porque Jesus estava orando! Quando Jesus orou, o Espírito desceu. Quando Deus deu o Espírito Santo à igreja? Quando a igreja estava orando! Onde há oração, há demonstração do Espírito Santo. A água vem sobre o sedento. O Espírito é derramado sobre uma igreja que ora. Não há avivamento sem oração. É a oração que abre o céu. É a oração que promove o derramamento do Espírito Santo.

O batismo de Jesus revela o momento de sua aprovação

Quando Jesus saiu da água, o céu se abriu, o Pai falou, e o Espírito Santo desceu. Ali estava a Trindade aprovando o seu ministério. O Pai afirma sua filiação e declara que em Jesus e na sua obra ele tem todo o seu prazer. A pomba deu o sinal do término do julgamento após o dilúvio na época de Noé. A pomba agora dá o sinal da vinda do Espírito Santo sobre Jesus, abrindo-nos o portal da graça. Somente Lucas diz que o Espírito Santo desceu sobre Jesus em forma corpórea como pomba (3.22), dando mais substância à experiência da presença do Espírito Santo.[10]

A Trindade é gloriosamente revelada neste texto. Quando o Filho se identifica com o seu povo no batismo, o céu se abre, o Espírito Santo desce e o Pai fala. O Pai fala do céu; Jesus, o Filho, é batizado na terra; e o Espírito Santo media a presença de Deus. John Charles Ryle diz que as três pessoas da Divindade estão igualmente envolvidas na obra de resgatar nossa alma do inferno. Os inimigos da nossa alma são poderosos, mas os Amigos da nossa alma são mais poderosos ainda.[11]

O Concílio de Niceia em 325 d.C. declarou que o Pai e o Filho são coiguais, coeternos e consubstanciais. Eles sempre tiveram plena comunhão na eternidade (Jo 17.5). Agora, no conselho da redenção, na eternidade, no pacto da redenção, o Pai envia o Filho. O Filho se dispõe a fazer-se carne, a se despojar da sua glória, a assumir um corpo humano. Jesus nasce pobre, num lar pobre, de uma mãe pobre, numa cidade pobre, para identificar-se com homens pobres.

O Pai declara o seu amor pelo Filho, autentificando o seu ministério. A palavra "amado" não somente indica afeição, mas também traz a ideia de singularidade. *O Pai ama o Filho e todas as coisas tem confiado em suas mãos* (Jo 3.35). Nem todo filho amado é o deleite do pai. Davi amava Absalão e foi capaz de chorar na sua morte amargamente, mas Absalão não era o deleite do Pai. Jesus era o deleite do Pai, não apenas o Amado do Pai. De acordo com o adjetivo verbal *agapetós* usado aqui, esse amor é profundamente estabelecido, bem como continuamente ativo.

Em Lucas e no Evangelho de Marcos, as palavras foram ditas a Cristo; no texto de Mateus, as palavras falavam sobre ele: "Este é o meu Filho amado". Em Mateus, é um acontecimento público. Em Marcos e Lucas, parece ser uma epifania pessoal. O significado, porém, é o mesmo. A voz do céu aponta a completa aprovação do Pai à missão de Cristo como mediador e substituto: *Tu és o meu Filho amado, em ti me comprazo* (3.22). Jesus é Filho amado do Pai (Sl 2) e o prazer do Pai (Is 40). Com sua encarnação, seu sacrifício e sua substituição, o Pai ficou plenamente satisfeito. Nele, o Pai considera as exigências da sua santa lei completamente satisfeitas. Por meio dele, o Pai está pronto a receber misericordiosamente pobres pecadores para nunca mais lembrar-se dos pecados deles.[12]

O batismo de Jesus revela o momento de sua capacitação

Enquanto Jesus orava, o céu se abriu e o Espírito Santo desceu sobre ele. Ele foi cheio do Espírito Santo. Quando oramos, Deus nos dá poder para cumprir nossa missão. Deus colocou sobre Jesus o Espírito Santo. Ali Jesus foi capacitado a enfrentar o diabo e vencê-lo. Ali Jesus foi cheio do Espírito Santo e passou quarenta dias orando e

O batismo e a genealogia de Jesus

jejuando. Jesus enfrentou o diabo no deserto. Jesus luta contra Satanás na casa de Satanás, mas o Espírito Santo está sobre ele, e ele triunfa.

Como homem, Jesus precisou ser revestido com o poder do Espírito Santo. Ele foi batizado com esse poder no Jordão. Foi guiado pelo Espírito Santo ao deserto. Retornou à Galileia no poder do Espírito Santo. Agiu no poder do Espírito na sinagoga. E foi _ungido pelo Espírito para fazer o bem e curar todos os oprimidos do diabo_ (At 10.38).

A genealogia de Jesus revela quão frágil e passageira é a vida humana

A genealogia apresentada por Lucas é diferente daquela apresentada por Mateus. A genealogia de Mateus começa com Abraão e vai até Jesus. O propósito de Mateus é estabelecer uma imediata conexão de Jesus com o Antigo Testamento e Israel. Mateus começa com Abraão para enfatizar que Jesus é judeu. Lucas, de forma reversa, volta a Adão, com a intenção de enfatizar a identificação de Jesus com toda a raça humana.[13]

No Evangelho de Mateus, encontramos a genealogia de José, legalmente o pai de Jesus; em Lucas, a genealogia de Maria, a linhagem real de Jesus.[14] Maria veio da descendência de Davi. Era de descendência real. Por isso, Jesus herda o trono de Davi e é chamado filho de Davi. A genealogia em Lucas vai até Adão para mostrar que Jesus é Filho do homem. Itamir Neves diz que Jesus é Filho do homem e Salvador do mundo. A sua descendência não para em Abraão, mas segue até Adão, o primeiro homem, para evidenciar que a salvação é universal, e não apenas para os judeus. Adão foi criado filho de Deus, porém caiu dessa posição quando pecou. No entanto, quando o filho do homem veio ao mundo, veio para levar o ser humano de volta à comunhão com Deus.[15]

Fritz Rienecker diz que a natureza humana de Jesus é evidenciada por essa genealogia. Ele tinha de ser necessariamente tão Filho do homem quanto verdadeiro Filho de Deus. Nele era preciso que se manifestasse a união da Divindade com a natureza humana em forma pessoal.[16]

A respeito da genealogia de Jesus, Leon Morris escreve:

> Que a genealogia registrada demonstra ser Jesus um homem verdadeiro, não um semi-deus como aqueles na mitologia grega e romana. Que remonta até Davi indica um elemento essencial nas suas qualificações messiânicas. Que remonta até Adão ressalta seu parentesco não somente com Israel, mas também com o Criador de tudo. Era o Filho de Deus.[17]

Em termos gerais, a lista de Lucas tem 76 nomes; a de Mateus, 42. Os nomes em Lucas estão listados em ordem crescente; em Mateus, em ordem decrescente. O propósito da genealogia de Lucas é conectar o ministério de Jesus às gerações mais amplas de Adão, o pai de toda a humanidade, em vez de apenas aos filhos de Abraão.[18] Ryle diz que todas as pessoas listadas tiveram alegrias e tristezas, esperanças e temores, preocupações e problemas, planos e sistemas, como qualquer um de nós. Mas todos passaram e se foram deste mundo para o lugar que lhes coube. E assim será conosco. Também estamos passando e logo teremos ido embora. Que bendigamos eternamente a Deus, porque, num mundo de morte, temos a bênção de nos voltarmos para o Salvador vivo.[19]

NOTAS

[1] NEALE, David A. *Novo comentário bíblico Beacon Lucas 1-9*, p. 132.

[2] HENRY, Matthew. *Comentário bíblico Novo Testamento Mateus a João*, p. 544.

[3] RIENECKER, Fritz. *Evangelho de Lucas*, p. 94.

[4] João 4.46; 2Coríntios 5.21; Hebreus 4.15; 1João 3.5.

[5] MORRIS, Leon L. *Lucas: introdução e comentário*, p. 95.

[6] HENRY, Matthew. *Comentário bíblico Novo Testamento Mateus a João*, p. 544.

[7] MORRIS, Leon L. *Lucas: introdução e comentário*, p. 97.

[8] NEALE, David A. *Novo comentário bíblico Beacon Lucas 1-9*, p. 133.

[9] NEVES, Itamir. *Comentário bíblico de Lucas*. São Paulo, SP: Rádio Transmundial, 2013, p. 55.

[10] LIEFELD, Walter L. "Luke." In: *The Expositor's Bible Commentary*. Vol. 8. Grand Rapids, MI: Zondervan, 1984, p. 859.

[11] RYLE, John Charles. *Meditações no Evangelho de Lucas*, p. 55.

[12] RYLE, John Charles. *Meditações no Evangelho de Lucas*, p. 55.

[13] LIEFELD, Walter L. "Luke." In: *The expositor's Bible commentary*. Vol. 8, p. 861.

[14] MORRIS, Leon L. *Lucas: introdução e comentário*, p. 96.

[15] NEVES, Itamir. *Comentário bíblico de Lucas*, p. 56.

[16] RIENECKER, Fritz. *Evangelho de Lucas*, p. 96.

[17] MORRIS, Leon L. *Lucas: introdução e comentário*, p. 97.

[18] NEALE, David A. *Novo comentário bíblico Beacon Lucas 1-9*, p. 137.

[19] RYLE, John Charles. *Meditações no Evangelho de Lucas*, p. 56.

Capítulo 8

A tentação de Jesus
(Lc 4.1-11)

DEPOIS DE FALAR sobre o batismo e a genealogia de Jesus, Lucas registra a sua tentação no deserto. Não há nenhum intervalo entre a voz do céu e o rugido do leão, entre a glória do batismo e a dureza da tentação, entre o amor do Pai e a investida do diabo. Jesus acabou de sair do Jordão, cheio do Espírito, e foi conduzido pelo Espírito ao deserto. Jesus seguiu repentinamente do sorriso aprovador do Pai para a carranca do maligno. Saiu da água do batismo para o fogo da tentação. A tentação não foi um acidente, mas uma agenda. Não houve nenhuma transição entre o céu aberto do Jordão e a escuridão medonha do deserto. A vida cristã não é uma apólice de seguro contra os perigos. Concordo com John Charles Ryle quando ele diz: "Entre um grande privilégio e uma intensa provação, existe apenas um passo".[1]

A tentação de Jesus estava no plano eterno de Deus. No Jordão, o Pai testificou a seu respeito e ficou provado que ele era o Filho de Deus, mas, no deserto, ele foi tentado para provar que era o homem perfeito. No Jordão, ele se identificou com a humanidade a quem veio salvar. Mas, no deserto, ele provou que podia salvar a humanidade, porque ali triunfou sobre o diabo.

Destacamos, aqui, algumas verdades importantes.

O Espírito Santo guia Jesus ao deserto (4.1)

Jesus foi concebido pelo Espírito Santo (1.35), recebeu o Espírito Santo no rio Jordão por ocasião de seu batismo (3.22) e, agora, cheio do Espírito Santo, é conduzido pelo mesmo Espírito ao deserto (4.1). Não foi o diabo quem arrastou Jesus para o deserto; foi o Espírito Santo quem levou (Mt 4.1) e impeliu (Mc 1.12) Jesus para o deserto.

O mesmo Espírito que desceu sobre Jesus como uma pomba agora o impele para o deserto, com o impulso de um leão, na força das asas de uma águia, para ser tentado. O propósito dessa batalha espiritual era para que Jesus não apenas tivesse a natureza humana, mas também a experiência humana.[2] O propósito era que ele fosse não apenas o nosso modelo, mas o nosso refúgio e consolador. O autor aos Hebreus esclarece:

> Por isso mesmo, convinha que, em todas as coisas, se tornasse semelhante aos irmãos, para ser misericordioso e fiel sumo sacerdote nas coisas referentes a Deus e para fazer propiciação pelos pecados do povo. Pois, naquilo que ele mesmo sofreu, tendo sido tentado, é poderoso para socorrer os que são tentados [...] foi ele tentado em todas

as coisas, à nossa semelhança, mas sem pecado. Acheguemo-nos, portanto, confiadamente, junto ao trono da graça, a fim de recebermos misericórdia e acharmos graça para socorro em ocasião oportuna (Hb 2.17,18; 4.15,16).

É importante observar que a iniciativa da tentação foi do próprio Deus. Não é propriamente Satanás quem está atacando Jesus; é Jesus quem está invadindo o seu território. Jesus é quem está empurrando as portas do inferno. Jesus está atacando o dono da casa (Mc 3.27). Satanás é perturbado em seu covil e não fica sem reagir. Mas, nessa reação, ele é fragorosamente derrotado.

Essa tentação não foi arranjada por Satanás, mas apontada pelo próprio Espírito de Deus. Jesus não foi guiado ao deserto por uma força maligna; ele foi conduzido pelo Espírito Santo. Se o diabo pudesse ter escapado daquele combate, certamente o faria. Ali no deserto foi lavrada sua derrota. A iniciativa dessa tentação, portanto, não foi de Satanás, mas do Espírito Santo. A tentação de Jesus fazia parte do plano e propósito de Deus, visto que antes de iniciar seu ministério Jesus precisava apresentar as credenciais de um vencedor.

A tentação de Jesus não procedia de dentro dele, da sua mente, mas totalmente de fora, da insuflação de Satanás. Jesus em tudo foi semelhante a nós, exceto no pecado. Nós somos tentados por nossa cobiça (Tg 1.14). Quando Satanás sussurra em nossos ouvidos uma tentação, um desejo interior nos aguça a dar ouvidos a essa tentação. A cobiça, dessa forma, nos seduz e nos leva a cair na tentação. Com Cristo não aconteceu assim, pois o incentivo interior ao mal, ou o desejo de cooperar com a voz tentadora, não existia. A tentação de Jesus não procedia de Deus, porque ele a ninguém tenta, nem procedia de dentro dele, porque

Jesus não tinha pecado. O Espírito Santo conduziu Jesus ao deserto para ser tentado porque o deserto da prova seria transformado no campo da vitória.

Nós não devemos procurar a tentação, pensando que ela é o propósito de Deus para nós; antes, devemos orar: *Não nos deixes cair em tentação* (Mt 6.13). Todos os evangelhos mostram que Jesus não procurou a tentação, mas foi conduzido a ela pelo Espírito. Jesus não foi compelido contra sua vontade; ele foi conduzido pelo Espírito porque esta era a vontade do Pai. Deus tem um único Filho sem pecado, mas nenhum filho sem tentação.

O primeiro Adão, sem a direção do Espírito, foi derrotado pelo diabo num jardim; o segundo Adão, guiado pelo Espírito, venceu o diabo num deserto. O deserto é um lugar hostil. Ali Jesus orou e jejuou quarenta dias. Ali Jesus teve fome. Ali Jesus estava cercado pelas feras. Ali a doce voz do Pai vinda do céu foi substituída pelo bafo do inimigo, pondo em dúvida sua filiação. Rienecker diz com razão: "Se o último Adão tivesse sucumbido ao teste como o primeiro, não haveria Getsêmani, nem Calvário, nem Páscoa, nem Pentecostes. Nosso destino seria o inferno eterno".[3]

O diabo tenta Jesus no deserto (4.2-12)

O diabo não é uma ideia subjetiva nem uma energia negativa. É um anjo caído, um ser perverso, maligno, assassino, ladrão e mentiroso. É a antiga serpente, o dragão vermelho, o leão que ruge, o deus deste século, o príncipe da potestade do ar, o espírito que atua nos filhos da desobediência. Ele age sem trégua. Não descansa nem tira férias. O diabo é tentador. Investiu com todas as suas armas contra o Filho de Deus para derrotá-lo. Destacamos aqui alguns pontos nesse sentido.

A tentação de Jesus

Em primeiro lugar, *a ocasião da tentação*. Jesus saiu do Jordão para o deserto, da água do batismo para a tentação, do deleite do Pai para a fúria do inimigo, da plenitude do Espírito para o fogo da prova. Não houve nenhum intervalo entre a voz do Pai vinda do céu e a voz do diabo vinda do deserto.

Em segundo lugar, *o lugar da tentação*. Jesus foi tentado no deserto, lugar de solidão e prova. O deserto é extremamente quente durante o dia e extremamente frio durante a noite. Mesmo cercado por feras e num lugar tão hostil e desfavorável, Jesus triunfou sobre o diabo. Mateus descreve os ataques do diabo em ordem cronológica; Lucas observa uma sequência gradativa dos locais: o deserto, a montanha, a cidade santa.[4]

Em terceiro lugar, *a circunstância da tentação*. Jesus passou quarenta dias no deserto jejuando. Mesmo estando cheio do Espírito e sendo guiado pelo Espírito, ele foi tentado. Mesmo jejuando, o diabo não se afastou dele. Mesmo ouvindo a voz do Pai dizendo que ele era seu Filho e seu deleite, o diabo o tentou. O fato de sermos filhos de Deus cheios do Espírito Santo e de estarmos na prática da oração e do jejum não nos isenta da tentação.

Em quarto lugar, *as sutilezas da tentação*. O diabo tentou Jesus não depois dos quarenta dias de jejum, mas durante os quarenta dias de jejum. Mesmo quando estamos envolvidos nas práticas devocionais mais piedosas, o diabo tenta nos distrair e nos desviar. O diabo tentou Jesus quando ele estava numa imensa batalha de oração e jejum para dar início ao seu ministério. Seu corpo estava extenuado pela fome. A solidão era ruidosa. As feras o cercavam. O ambiente era absolutamente desfavorável.

O diabo é persistente (4.13). Ele tentou Jesus de diversas formas. Ele muda de tática, pois tem muitos estratagemas.

Ele o deixou até tempo oportuno. Ele voltou, tentando-o através da multidão e até dos discípulos. Não ensarilhe as armas. Não há momento mais perigoso do que depois de uma grande vitória. Aquele que pensa estar em pé, veja que não caia. O diabo tentou Jesus de várias formas, mas perdeu em todas as suas investidas. Mesmo sendo derrotado no deserto, não desistiu. Mudou de tática, mas não recolheu suas armas.

Em quinto lugar, *as áreas da tentação*. A ordem de Lucas é geográfica (deserto, monte, Jerusalém), enquanto a de Mateus é de situações críticas (fome, temor nervoso e ambição).[5] O diabo tentou Jesus em diferentes áreas. Seu arsenal é variado. Destacamos, aqui, as três áreas em que o diabo tentou Jesus.

Tentação física, a necessidade (4.2-4). A fome é uma realidade dolorosa depois de um longo período de jejum. Jesus estava no deserto havia quarenta dias sem nada comer. Seu corpo latejava de fraqueza e clamava por pão após quarenta dias de jejum. Foi nessa hora que o diabo se aproximou, colocando em xeque sua filiação. Foi nesse momento que o diabo sugeriu que Jesus abandonasse a dependência do Pai e tomasse o destino de sua vida nas próprias mãos. Foi nesse momento que o diabo sugeriu a Jesus fazer um milagre de transformação para proveito próprio. Foi nessa hora que o diabo propôs a Jesus resolver o problema social dos pobres fora do projeto de Deus. Porém, Jesus enfrentou todos esses ataques do diabo brandindo a espada do Espírito, a palavra de Deus: "Está escrito: Não só de pão viverá o homem".

Tentação política, a ambição (4.5-8). O diabo percebe que Jesus está preocupado é com o reino de Deus, por isso o levou a um monte muito alto (Mt 4.8) e lhe mostrou todos os reinos do mundo, prometendo dar-lhe toda a autoridade e glória desses reinos. O diabo queria fazer de Jesus um novo César. O poder de Roma estaria em suas mãos. Seu povo oprimido quebraria o jugo da escravidão e reinaria com ele. Jerusalém, e não Roma, seria a sede do seu governo. O diabo diz para Jesus: "Há um suspiro lá no vale por libertação política. Atenda o povo". O diabo oferece a Jesus um reino de glória sem cruz.

O diabo, na verdade, é um estelionatário. Usando a arma da mentira, diz para Jesus que essa autoridade havia sido entregue a ele e que ele poderia dá-la a quem quissesse. O diabo oferece o que não tem, promete o que não pode cumprir.

O diabo reinvindica adoração aberta, pois sem rodeios exige que Jesus se prostre e o adore. Aqui, o diabo propõe a Jesus a glória sem a cruz, a exaltação sem a renúncia, o sucesso sem a obediência a Deus. O diabo quer que o Criador se dobre diante da criatura. Não sugere a Jesus apenas desconfiar de Deus, mas apostatar de Deus. Jesus, mais uma vez, cita as Escrituras para desbancar a arrogante exigência do diabo: ... *ao Senhor, teu Deus, adorarás e só a ele darás culto.*

Tentação religiosa, a presunção (4.9-12). Percebendo o diabo que Jesus estava citando as Escrituras e manejando a espada do Espírito contra ele, levou-o a Jerusalém e colocou-o sobre o pináculo do templo, sugestionando-o a saltar. O diabo traveste-se de religioso e cita o Salmo 91 para Jesus. Cita-o, porém, omitindo parte do texto e torcendo a sua correta interpretação. O diabo usa a Bíblia para tentar, e não para edificar. Cita-a para produzir nos corações presunção arrogante, e não fé. A palavra de Deus na boca do diabo não é palavra de Deus, é palavra do diabo. O diabo é um péssimo exegeta e um falso intérprete das Escrituras. O diabo omitiu a parte do texto que diz "em todos os teus caminhos". Deus não promete guardar-nos em todos os caminhos, mas em todos "os seus caminhos". Deus não é parceiro da nossa loucura. Deus não premia a desobediência.

Na primeira tentação, o diabo queria levar Jesus a desconfiar de Deus. Agora, quer levar Jesus a uma confiança falsa na proteção de Deus. O diabo sempre torce a palavra de Deus. É assim que surgem tantas seitas e heresias com gente de Bíblia na mão, mas guiada pelo diabo. O diabo queria que Jesus realizasse um milagre para se exibir. Isso não é fé; é presunção. As pessoas gostam de coisas sensacionais. Estão ávidas pelo sobrenatural. O diabo quer nos levar a pecar confiados na graça de Deus. Jesus, porém, triunfa sobre ele, voltando-se mais uma vez para a Palavra e dizendo: *Dito está: Não tentarás o Senhor, teu Deus.* O diabo foi vencido, e aquele que venceu é poderoso para socorrer os que são tentados (Hb 2.18). Rienecker tem razão ao dizer: "Nós podemos confiar que Deus socorre em qualquer situação, mas jamais podemos prescrever-lhe a intervenção".[6]

Na obra *Os irmãos Karamazov,* de Dostoievski, o inquisidor geral argumenta que Cristo poderia ter resolvido todos os problemas da humanidade se ele simplesmente tivesse cedido aos testes do diabo. Milagres, mistério e autoridade – é isso que as pessoas vis e ignorantes exigem, argumenta o diabo. Dê-lhes um pão miraculoso para acalmar o estômago, um mistério para acalmar a mente confusa e um pouco de autoridade para aliviar as dolorosas responsabilidades da liberdade. Preencha essas necessidades, ele argumenta, e os homens irão alegremente trocar a liberdade pela tirania.[7] Cristo resistiu aos argumentos do inquisidor, triunfou sobre o diabo e nos ensinou o caminho da vitória.

Jesus vence o diabo no deserto (4.1-4,8,9,12)

O primeiro Adão caiu nas malhas da tentação do diabo no jardim do Éden e precipitou toda a raça humana num estado de pecado e miséria; o segundo Adão venceu o diabo no deserto e abriu para nós um caminho de vitória. Que armas Jesus usou para vencer o diabo no deserto?

Em primeiro lugar, *a plenitude do Espírito Santo* (4.1). Ninguém pode vencer o diabo em seus ardis e tentações fiado no braço da carne. Para triunfar nessa batalha, precisamos de armas espirituais. Jesus, mesmo sendo o Filho de Deus, não abdicou do poder do Espírito Santo. Ele estava cheio do Espírito e foi guiado pelo Espírito.

Em segundo lugar, *a consciência de sua identidade* (4.3,9). Na primeira tentação, o diabo quis que Jesus abandonasse sua dependência de Deus e, na terceira tentação, sugeriu que Jesus demonstrasse uma confiança arrogante em Deus. Em ambas as tentações, o diabo pôs em dúvida a filiação de Jesus. Mas Jesus, que já havia escutado a voz do Pai no Jordão: *Tu és o meu Filho amado, em ti me comprazo*, não deu guarida à insinuação do diabo.

Em terceiro lugar, *o jejum* (4.2). Mateus, Marcos e Lucas mencionam a tentação de Jesus no deserto. Mateus fala que ele estava jejuando e Lucas diz que ele nada comeu nesses dias. Nenhum dos evangelistas, porém, se refere à oração. Prossupomos, entretanto, que, se Jesus estava jejuando, esse jejum deve ter sido acompanhado de oração. A oração e o jejum são armas espirituais poderosas em Deus para desfazer fortalezas espirituais e anular sofismas.

Em quarto lugar, *a palavra de Deus* (4.4,8,12). A palavra de Deus foi a arma usada por Jesus para rebater as três tentações do diabo. Ela é a espada do Espírito, uma arma não apenas de defesa, mas também de ataque.

Jesus vence o diabo, apesar das circunstâncias adversas

Destacamos cinco fatores hostis que Jesus enfrentou nessa tentação.

Em primeiro lugar, *o deserto*. O deserto para onde Jesus foi enviado era desconfortável, severo e hostil. Era o deserto de Jericó, um lugar ermo, cheio de montanhas e cavernas, de areias e cascalhos escaldantes ao dia e frio gélido à noite. O deserto era um lugar de desolação e solidão. Os grandes homens caíram não em lugares ou momentos públicos, mas na arena da solidão e nos bastidores dos lugares secretos. O deserto é o lugar das maiores provas e também das maiores vitórias. O deserto é o campo de treinamento de Deus.

Em segundo lugar, *a permanência no deserto durante quarenta dias.* Quarenta é o número da provação. Quarenta dias durou o dilúvio (Gn 7.12), o jejum de Moisés no Sinai (Êx 34.28) e a caminhada de Elias até o Horebe (1Rs 19.8). Quarenta anos Israel permaneceu no deserto (Sl 95.10). Quarenta dias Jesus foi tentado pelo diabo no deserto (4.2). O texto de Lucas evidencia que Jesus foi tentado durante os quarenta dias, o tempo todo. Foi uma tentação sem pausa, sem trégua. O adversário usou todo o seu arsenal, todas as suas armas, todos os seus estratagemas, para afastar Jesus da sua missão. Jesus não foi tentado dentro do templo nem em seu batismo, mas no deserto, onde estava cansado, sozinho, com fome e esgotado fisicamente. O diabo sempre procura nos atacar quando estamos vulneráveis, quando estamos passando por estresse físico ou emocional.

Em terceiro lugar, *a solidão.* Jesus saiu de um lugar público, cercado por uma multidão, onde viu o céu aberto, experimentou o revestimento do Espírito Santo e ouviu a doce voz do Pai confirmando sua filiação e afeição, e foi compelido a ir para um lugar solitário, onde lhe faltaram a doce companhia de um amigo, a palavra encorajadora de alguém na hora da tentação. Jesus sempre teve fome de comunhão com seus discípulos. Ele os designou para estarem com ele (Mc 3.14). Jesus sempre viveu no meio da multidão. Ele tinha cheiro de gente. Mas, agora, está sozinho, mergulhado na mais profunda solidão.

Em quarto lugar, *a fome*. Jesus jejuou durante quarenta dias (4.2; Mt 4.2). Suas forças físicas estavam esgotadas. Seu corpo estava debilitado. Seu estômago estava vazio. A fome fazia latejar todo o seu corpo. Os efeitos físicos provocados por um jejum prolongado de quarenta dias são indescritíveis. O corpo inteiro entra em profunda agonia.

Em quinto lugar, *as feras*. O evangelista Marcos informa que Jesus estava com as feras (Mc 1.13). Aquele deserto era um lugar onde viviam hienas, lobos, serpentes, chacais, panteras e leões. A região onde Jesus jejuou e foi tentado era um lugar perigoso, um ambiente completamente oposto ao paraíso, onde o primeiro Adão foi tentado. Feras perigosas agravavam ainda mais aquele tempo de prova. O reino animal conspirava contra ele. Adão e Eva caíram num jardim, onde todas as suas necessidades eram supridas e todos os animais eram dóceis. Jesus triunfou sobre o diabo num deserto, onde todas as suas necessidades não eram supridas e todos os animais eram feras.

Jesus torna-se exemplo para nós ao vencer a tentação no deserto

Por que o Espírito Santo impeliu Jesus ao deserto para ser tentado? Qual era o propósito? O Espírito impeliu Jesus ao deserto, onde Deus o colocou à prova, não para ver se ele estava pronto, mas para mostrar que ele estava pronto para realizar sua missão. O propósito da tentação, vista pelo ângulo de Deus, não é nos fazer cair, mas nos fortalecer; não visa nossa ruína, mas nosso bem. Quais são os propósitos da tentação de Jesus?

Em primeiro lugar, *Jesus foi tentado para provar sua perfeita humanidade.* Porque Jesus era perfeitamente homem, ele foi realmente tentado. Suas tentações foram reais. Ele se tornou semelhante a nós em todas as coisas, exceto no pecado (Hb 2.17). Ele foi tentado em todas as coisas, à nossa semelhança, mas sem pecado (Hb 4.15). Jesus não foi tentado para nos revelar a possibilidade de pecar, mas para nos provar sua vitória sobre o diabo e o pecado.

Em segundo lugar, *Jesus foi tentado para ser o nosso exemplo.* Jesus nos socorre em nossas fraquezas porque sabe o que passamos e também porque triunfou sobre as mesmas tentações que nos assediam. Assim, ele pode compadecer-se de nós.

Em terceiro lugar, *Jesus foi tentado para derrotar o diabo.* Lutamos contra um inimigo derrotado. Jesus já triunfou sobre ele. A. T. Robertson diz que "o inimigo usou todas as suas armas, e em tudo foi derrotado".[8] Jesus é o Rei vitorioso sobre a natureza, o diabo, as enfermidades e a morte. Porque Jesus venceu o diabo, podemos cantar enquanto lutamos.

Lições práticas sobre a tentação de Jesus no deserto

Podemos tirar algumas lições práticas, a partir do estudo desta passagem.

Todo cristão deve esperar tempos de prova. Deus nos prova, Satanás nos tenta. Satanás busca nos destruir, Deus busca nos edificar. Concordo com Leon Morris quando ele diz: "Nesta vida, não há isenção de tentação. Não havia para Jesus, e não há para nós".[9]

Todo cristão deve estar atento aos diversos métodos do diabo. Satanás usou diversos estratagemas para tentar Jesus.

Devemos ficar atentos às ciladas do diabo. Ele conhece os nossos pontos vulneráveis e também os nossos pontos fortes. E explora ambos.

Todo cristão deve acautelar acerca da perseverança do diabo. Ele tentou Jesus durante quarenta dias. Mesmo depois de derrotado em todas as investidas, voltou com outras armas em outras ocasiões.

Todo cristão precisa estar preparado para os dias de provas. Jesus estava cheio do Espírito e foi guiado pelo Espírito. Ele se deleitava no amor do Pai. Ele tinha comunhão com o Pai pela oração e jejum, mas tudo isso não o isentou da tentação.

Todo cristão deve buscar em Jesus exemplo e socorro na hora das tentações. Jesus foi tentado em todas as coisas, à nossa semelhança, por isso ele pode nos entender e nos socorrer.

Todo cristão precisa compreender que Deus não nos permite ser provados além das nossas forças. Temos uma gloriosa promessa em relação às tentações de toda sorte: *Não vos sobreveio tentação que não fosse humana; mas Deus é fiel e não permitirá que sejais tentados além das vossas forças; pelo contrário, juntamente com a tentação, vos proverá livramento, de sorte que a possais suportar* (1Co 10.13).

Todo cristão precisa resistir ao diabo. Devemos também seguir a orientação de Jesus: *Vigiai e orai para que não entreis em tentação* (Mt 26.41). De semelhante modo, Tiago nos exorta: *Resisti ao diabo, e ele fugirá de vós* (Tg 4.7). Vale aqui o alerta de Andrew Bonar, citado por Warren Wiersbe: "Permaneçamos tão alertas depois da vitória quanto antes da batalha".[10]

NOTAS

[1] RYLE, John Charles. *Meditações no Evangelho de Lucas*, p. 56.

[2] SIMPSON, J. R. *The pulpit commentary Mark and Luke*. Vol. 16. Grand Rapids, MI: Eedrmans, 1980, p. 12.

[3] RIENECKER, Fritz. *Evangelho de Lucas*, p. 97.

[4] RIENECKER, Fritz. *Evangelho de Lucas*, p. 102.

[5] ROBERTSON, A. T. *Comentário Lucas à luz do Novo Testamento Grego*, p. 82.

[6] RIENECKER, Fritz. *Evangelho de Lucas*, p. 105.

[7] NEALE, David A. *Novo comentário bíblico Beacon Lucas 1-9*, p. 150,151.

[8] ROBERTSON, A. T. *Comentário Lucas à luz do Novo Testamento Grego*, p. 84.

[9] MORRIS, Leon L. *Lucas: introdução e comentário*, p. 100.

[10] WIERSBE, Warren W. *Comentário bíblico expositivo*. Vol. 5, p. 236.

Capítulo 9

A autorrevelação de Jesus
(Lc 4.14-30)

O MESMO ESPÍRITO que gerou Jesus no ventre de Maria (1.35), desceu sobre ele no rio Jordão por ocasião de seu batismo (3.22), guiou-o ao deserto para ser tentado pelo diabo e triunfar sobre ele (4.1), agora, reveste-o de poder para dar início ao seu ministério na Galileia (4.14). Ou seja, o mesmo Espírito que havia conduzido o Senhor ao isolamento, para longe das pessoas (4.1), leva-o agora à cena pública, às pessoas (4.14,15).[1]

A Galileia era uma região densamente povoada, composta por 204 vilas e povoados, ao norte da Palestina, de 75 quilômetros de comprimento por 40 quilômetros de largura. O nome significa "círculo" e provém do hebraico *Galil.*

Chamava-se assim, porque estava rodeada por nações que não eram judias. Precisamente por isso era chamada "Galileia dos gentios", exposta a novas influências.[2]

Cinco verdades são destacadas no texto em apreço.

A exaltação popular a Jesus (4.14,15)

A volta de Jesus do deserto para Nazaré tem tríplice aspecto: um aspecto geográfico (ele voltou para a Galileia), um aspecto sobrenatural (no poder do Espírito) e um aspecto público (e a sua fama correu por toda a circunvizinhança).[3]

Jesus não inicia seu ministério na Judeia, centro nevrálgico da religião de Israel. Não dá o pontapé inicial em seu ministério de ensino, cura e libertação na geografia sagrada da Judeia, onde estavam o templo, os escribas e os sacerdotes. Mas volta sua atenção para a desprezada Galileia, região mais estigmatizada da Palestina, pela forte influência gentílica que recebia.

Jesus ensinava nas sinagogas da Galileia (4.15). As sinagogas eram o verdadeiro centro da vida religiosa da Palestina. Havia só um templo, mas a lei dizia que, onde houvesse dez famílias judias, aí devia existir uma sinagoga. Na sinagoga, não havia sacrifícios como no templo. Era um lugar de instrução e adoração.[4] A aceitação de Jesus foi entusiasmada: *Sua fama correu por toda a circunvizinhança* (4.14), *sendo glorificado por todos* (4.15).

A tradição familiar de Jesus (4.16)

Agora Jesus chega a Nazaré, a cidade na qual fora criado e onde, provavelmente, trabalhou como carpinteiro. Num sábado, ele foi à sinagoga, segundo o seu costume, e levantou-se para ler. Há muitas referências à presença de Jesus nos cultos, mas somente esta (4.16) nos conta que se tratava de um hábito seu.[5]

A sinagoga surgiu no cativeiro babilônico e consolidou-se depois dele. O povo de Israel estava privado do templo, de suas festas e de seus sacrifícios. Então, eles passaram a reunir-se nas sinagogas, com o propósito de adorar a Deus e estudar sua Palavra. Jesus tinha o costume de ir à sinagoga regularmente. Congregar com o povo de Deus, adorar a Deus e estudar a palavra de Deus eram seu deleite.

A missão singular de Jesus (4.17-21)

Jesus recebe o livro do profeta Isaías e ele mesmo abre o livro no exato lugar onde estava definida a sua missão. Mais uma vez, é ressaltado que o Espírito Santo está sobre ele e o ungiu para cumprir essa sublime missão. Ao terminar a leitura, Jesus afirmou categoricamente que essa profecia de Isaías estava se cumprindo nele (4.21). Aqui ele se autoproclama o Messias de Deus. A missão de Jesus abrange cinco áreas.

Em primeiro lugar, *evangelizar os pobres* (4.18). A evangelização é a proclamação das boas novas de salvação, e os pobres não são apenas os desprovidos de bens materiais, mas os pobres que, não importando sua condição social, reconhecem sua total falência espiritual e desesperadamente se apegam à rica graça de Deus, a fim de serem salvos.

Em segundo lugar, *proclamar libertação aos cativos* (4.18). O ser humano, não importa sua condição política, econômica e social, é prisioneiro da carne, do mundo e do diabo. Ele não pode libertar a si mesmo; precisa ser liberto. Não pode desvencilhar-se de suas próprias amarras; precisa ser colocado em liberdade. Jesus é o libertador. Aqueles que o conhecem verdadeiramente são livres.

Em terceiro lugar, *restaurar a vista aos cegos* (4.18). Jesus não apenas curou cegos, dando-lhes visão para verem as maravilhas da criação, mas também abriu os olhos dos cegos espirituais, para verem as maravilhas da graça de Deus. Ele é a luz do mundo (Jo 8.12). O diabo cegou o entendimento dos incrédulos (2Co 4.4), mas Jesus é a luz que ilumina a todo o homem (Jo 1.9). O homem natural não consegue ver as maravilhas da lei de Deus nem se deleitar em seus preceitos. Só Jesus pode tirar as vendas dos olhos e arrancar o homem do império das trevas.

Em quarto lugar, *libertar os oprimidos* (4.18). Os judeus eram súditos de Roma. Estavam oprimidos política e economicamente. Mas Jesus veio para libertar os oprimidos do diabo. Nenhuma religião pode arrancar do coração humano essa opressão. Nenhum rito sagrado pode aliviar o homem desse peso esmagador. Nenhum esforço humano pode atenuar essa situação.

Em quinto lugar, *apregoar o ano aceitável do Senhor* (4.19). O ano do jubileu era o tempo oportuno, quando as dívidas eram canceladas e as terras eram devolvidas aos donos originais. Esse ano do jubileu era uma demonstração da graça de Deus que, por meio de Cristo, trouxe aos pecadores o perdão de seus pecados e a vida eterna.

A interpretação chocante de Jesus (4.22-27)

A exposição feita por Jesus causou grande admiração em seus ouvintes: *Todos lhe davam testemunho, e se maravilhavam das palavras de graça que lhe saíam dos lábios* (4.22). A perplexidade deles estava no fato de Jesus ser um indivíduo conhecido da cidade de Nazaré, filho de José e, ainda assim, estar revestido com tanto poder e graça.

Se a exposição de Jesus lhes causou grande admiração, a aplicação feita por ele provocou-lhes ódio consumado. Jesus cita dois provérbios: "Médico, cura-te a ti mesmo" e "Nenhum

A autorrevelação de Jesus

profeta é bem recebido na sua própria terra". Depois de citar os provérbios, Jesus volta-se para as Escrituras e cita o ministério de Elias e Eliseu, evidenciando que Elias foi enviado para socorrer uma pobre viúva gentílica, enquanto havia viúvas necessitadas em Israel, e Eliseu curou da lepra um general gentio, enquanto havia outros leprosos em Israel. Jesus deixa claro que o propósito soberano de Deus na aplicação da salvação transcendia o povo de Israel. O evangelho estava destinado também aos gentios. O pensamento arraigado dos judeus de que o evangelho era apenas para eles e de que os gentios tinham sido criados para serem o combustível do fogo do inferno foi confrontado firmemente por Jesus no início do seu ministério. Concordo com John Charles Ryle quando ele diz: "De todas as doutrinas da Bíblia, nenhuma é tão ofensiva ao homem quanto a da soberania de Deus na aplicação da salvação".[6]

A rejeição veemente a Jesus (4.28-30)

Lucas 4.22 diz que *todos lhe davam bom testemunho* na sinagoga de Nazaré, mas a aplicação feita por Jesus mudou-se radicalmente. Agora, *todos na sinagoga, ouvindo estas coisas, se encheram de ira* (4.28). A hostilidade deles não ficou apenas no campo do sentimento. Eles expulsaram Jesus de Nazaré e o levaram até ao cume do monte para o precipitarem de lá para baixo (4.29). Jesus, porém, retirou-se e foi morar em Cafarnaum. William Hendriksen registra esses fatos com as seguintes palavras:

> O povo de Nazaré está furioso. Imaginar que fossem piores que as viúvas fenícias e leprosos sírios! Sua ira não conhecia limites. A casa de oração e adoração se transformou numa casa de loucos. Precipitaram-se sobre o orador. Levam-no para fora da cidade. Arrastam-no até à colina sobre a qual a cidade estava construída, para precipitá-lo de ponta-cabeça nas rochas abaixo.[7]

Ainda hoje, muitos ouvintes rejeitam veementemente a palavra de Deus. A verdade de Deus não amacia o ego humano; golpeia-o. A palavra de Deus não reforça suas crendices; reprova-as. A palavra de Deus não limita o amor de Deus a um povo exclusivo; proclama-o a todos os povos.

NOTAS

[1] RIENECKER, Fritz. *Evangelho de Lucas*, p. 110.

[2] BARCLAY, William. *Lucas*, p. 48.

[3] NEALE, David A. *Novo comentário bíblico Beacon Lucas 1-9*, p. 154.

[4] BARCLAY, William. *Lucas*, p. 48.

[5] MORRIS, Leon L. *Lucas: introdução e comentário*, p. 100.

[6] RYLE, John Charles. *Meditações no Evangelho de Lucas*, p. 62.

[7] HENDRIKSEN, William. *Lucas*. Vol. 1, p. 350.

Capítulo 10

Um poderoso ministério de libertação, cura e pregação
(Lc 4.31-44)

Expulso de Nazaré, Jesus desce para Cafarnaum e ali fixa sua residência (Mt 4.13). Em Cafarnaum, Jesus montou sua "base de operações".[1] O nome Cafarnaum significa "aldeia de Naum". A cidade estava localizada no litoral oeste do mar da Galileia. Era uma aldeia pesqueira, palco dos grandes ensinamentos de Jesus e de seus portentosos milagres.

Em harmonia com seu costume, Jesus vai à sinagoga e ensina no sábado (4.31). Liberta um endemoniado (4.35), cura a sogra de Pedro (4.39), cura outros enfermos e liberta outros cativos (4.40,41), depois busca um lugar solitário para estar com o Pai (4.42) e deixa claro que anunciar o evangelho do reino era a razão precípua de sua vinda ao mundo (4.43). Sete verdades devem ser destacadas no texto em tela.

Uma recepção calorosa (4.31,32)

Em contraste com Nazaré, que rejeitou maciçamente a mensagem de Jesus (4.28), em Cafarnaum muitos se maravilhavam de sua doutrina, porque a sua palavra era com autoridade (4.32). A mesma mensagem que enternece uns endurece outros. A mesma palavra que é acolhida com avidez por uns é rejeitada com veemência por outros. A palavra de Deus nunca é neutra. Sempre exige uma resposta e sempre provoca uma reação, às vezes diametralmente oposta.

Um confronto vitorioso (4.33-35)

William Barclay diz que, no mundo antigo, acreditava-se que o ar estava densamente povoado por espíritos malignos, os quais aguardavam ocasião oportuna para entrar nas pessoas. A crença comum da época é que as próprias enfermidades eram causadas por esses demônios, e que havia demônios de mudez, surdez, loucura, mentira e prostituição.[2] Essa crença é ainda defendida hoje por alguns, porém não tem amparo nas Escrituras. Não concordamos, também, com aqueles que veem a possessão demoníaca como uma farsa ou a restringem apenas à demência ou à loucura. Na possessão, uma entidade espiritual maligna assume o controle do indivíduo possesso e fala e age por meio dele.

David Neale diz que ser testado pelo diabo na primeira parte do capítulo 4 prepara o pano de fundo para a luta de Jesus contra as forças demoníacas nos vilarejos da Galileia.[3] Anthony Ash explica que os demônios são seres espirituais malignos que podem habitar corpos físicos com diversos resultados catastróficos.[4] Nos capítulos vindouros, Lucas registra quatro histórias de indivíduos possuídos por demônios (4.33-37; 8.26-39; 9.37-43; 11.14-23).

A Bíblia diz pouca coisa acerca da possessão demoníaca antes ou depois da encarnação, mas relata muitas coisas que aconteceram durante o ministério de Jesus. Nas Escrituras, portanto, este fenômeno faz parte do conflito entre Jesus e o maligno.[5]

Os demônios não respeitam lugares sagrados. Mesmo tendo Jesus como o expositor da Palavra, ali na sinagoga de Cafarnaum, havia um homem possesso de um espírito imundo. Esse demônio não ficou camuflado, escondido pelo anonimato, mas bradou em alta voz: *Ah! Que temos nós contigo, Jesus Nazareno? Vieste para perder-nos? Bem sei quem és: o Santo de Deus!* (4.34). Os demônios sabem quem é Jesus. São mais ortodoxos do que os teólogos liberais que negam sua divindade. Hendriksen tem razão ao dizer que, quando os radicais negam a divindade de Cristo, mostram menos discernimento que os demônios.[6] Mas é preciso deixar claro, como disse John Charles Ryle, que o conhecimento dos demônios é destituído de fé, esperança e amor. Aqueles que o possuíam eram miseráveis criaturas pecaminosas, cheias de intenso ódio contra Deus e o homem.[7] John Charles Ryle ainda faz um alerta: "O conhecimento que temos sobre o pecado nos faz odiá-lo? Nosso conhecimento a respeito de Cristo nos leva a amá-lo e a confiar nele? Nosso conhecimento da vontade de Deus nos motiva a esforçar-nos para obedecê-la?"[8]

As declarações dos espíritos malignos na sinagoga de Cafarnaum eram mais um desafio do reino das trevas contra aquele que é a luz do mundo (4.34). Jesus, porém, longe de intimidar-se com essa investida do demônio imundo, repreendeu-o, e o homem possesso ficou livre. Jesus comprova que tem todo poder e toda autoridade sobre os demônios.

David Neale destaca o fato de que a ausência de procedimentos mágicos no método de Jesus para a libertação do homem possesso é um afastamento dos relatos de exorcismos praticados na época. A eficácia de sua autoridade como libertador depende de sua identidade como Filho de Deus, e não de métodos populares.[9]

Barclay diz, nessa mesma linha de pensamento, que a autoridade de Jesus não era uma autoridade delegada, mas encarnada.[10] Diante dele se dobra todo joelho no céu, na terra e debaixo da terra. Anjos, homens e demônios precisam se curvar diante de Jesus, o Filho de Deus.

Uma autoridade reconhecida (4.36,37)

A libertação de um homem possesso dentro da sinagoga de Cafarnaum provocou grande admiração dos presentes, que reconheceram publicamente a autoridade de Jesus sobre as forças do mal. O resultado é que a fama de Jesus correu por todos os lugares da circunvizinhança. Ninguém pode resistir ao Todo-poderoso Deus que se fez carne. Ninguém pode desafiar a Jesus e prevalecer. Seu poder é infinito. Sua autoridade é absoluta. Sua fama é colossal.

Uma cura notória (4.38,39)

Jesus deixa a sinagoga, um ambiente de culto, e vai para uma casa, um ambiente familiar. Se na sinagoga ele demonstrou autoridade sobre os demônios; na casa de Simão, demonstra autoridade sobre a enfermidade.

Pedro era um homem casado, e sua sogra morava com ele e sua esposa. A sogra de Pedro estava prostrada com uma febre muito alta. Mateus e Marcos também registram

Um poderoso ministério de libertação, cura e pregação

esse episódio, mas somente Lucas, que era médico, diz que a febre era muito alta. Em favor dela, as pessoas rogaram a Jesus. O Mestre, inclinando-se para ela, repreendeu a febre, que cedeu imediatamente.

O fato de Jesus ter repreendido a febre leva alguns estudiosos a pensarem que a causa da febre tenha sido um espírito maligno, ou que a doença seja uma entidade. Concordo, entretanto, com William Hendriksen quando ele diz que a sugestão de que a palavra "repreendeu" implica um objeto "pessoal", isto é, que foi Satanás ou um de seus servos quem causou a febre, é sem fundamento. Concordo com Robertson quando ele diz que não devemos julgar que Lucas quis dizer que Jesus tivesse tomado aqui a posição de um exorcista e estivesse repreendendo uma personalidade maligna. Jesus mandou que a febre deixasse sua sogra, da mesma maneira que falou ao vento e às ondas (8.24).[11] Portanto, tudo o que podemos inferir com segurança é que o poder de Cristo sobre a doença é tão grande que basta uma palavra sua, para que esta cesse imediatamente.[12] A cura foi imediata, pois logo ela se levantou e passou a servi-los.

John Charles Ryle tem razão quando diz: "Jesus é o verdadeiro antídoto e remédio para todos os enganos de Satanás que arruínam a alma do homem. Cristo é o Médico ao qual todos os filhos de Adão devem recorrer se desejam ficar curados. Em Cristo há vida, saúde e libertação".[13]

Uma ação misericordiosa (4.40,41)

Esse foi um dia intenso na agenda de Jesus. A noite já estava chegando. Era o pôr do sol, com o encerramento de todas as restrições do sábado, quando enfermos de diferentes moléstias foram levados a Jesus. Impondo as mãos sobre cada enfermo, Jesus curou a todos.

Rienecker destaca o fato de Jesus impor as mãos sobre cada doente, curando-o. Ele se dedicou de forma especial a cada um. Não realizava curas em massa. Jesus falou diante de milhares, mas seu alvo era a salvação da alma pessoal. Ainda hoje Jesus é assim. Seu olhar vê o todo e pousa sobre cada um dos seus. Ele se dedica a cada alma individualmente como se estivesse exclusivamente à disposição dela. Ele está disponível para cada um e também para todos. Ao impor as mãos, Jesus visa estabelecer um laço pessoal com o enfermo, pois não quer meramente curá-lo, mas o conduzir de volta para Deus.[14]

Além de curar os enfermos, Jesus também libertou muitos endemoniados (4.41). Embora os demônios confessassem Jesus como o Filho de Deus, este não aceitava o testemunho deles.

Um retiro estratégico (4.42)

Diante do assédio das multidões para receber curas e milagres, Jesus se retirou para um lugar solitário. Ele precisava estar a sós com o Pai. Sua intimidade com o Pai, por intermédio da oração, era seu maior deleite e sua fonte de poder (5.16,17). Jesus mantinha em perfeito equilíbrio o dar e o receber, pois ele vivia por intermédio do Pai (Jo 6.57).

Concordo com John Charles Ryle quando ele diz que vivemos em uma época caracterizada por urgência e pressa. Negligenciar, portanto, o hábito de retirar-nos ocasionalmente dos afazeres cotidianos é a provável causa de muita inconsistência e afastamento que trazem escândalo à causa de Cristo. Quanto mais trabalho tivermos para realizar, tanto mais devemos imitar nosso Senhor.[15] O sucesso do ministério público é alimentado no lugar secreto da oração.

Só podemos nos levantar diante das pessoas em público, se primeiro nos prostrarmos diante de Deus em secreto.

Uma proclamação prioritária (4.43,44)

As multidões procuraram a Jesus e rogaram que ele não as deixasse. Ele, porém, esclareceu que precisava ir a outras cidades para anunciar o evangelho do reino, uma vez que para isso é que havia sido enviado. Deixando, assim, a Galileia, Jesus foi pregar nas sinagogas da Judeia (4.44).

Durante toda a história da igreja, a pregação tem sido o principal instrumento de Deus para vivificar os pecadores e edificar os santos. John Charles Ryle tem razão ao dizer: "A situação das igrejas sempre corresponderá à do púlpito".[16] Rienecker afirma que, na agenda de Jesus, a proclamação sempre estava em primeiro plano. Os milagres e sinais são subordinados à proclamação.[17]

O reino de Deus era a essência da mensagem de Jesus. O reino de Deus é uma sociedade sobre a terra na qual a vontade de Deus se cumpre perfeitamente como no céu. Corroborando essa ideia, Hendriksen diz que o reino de Deus denota o reinado, o governo ou a soberania de Deus, reconhecida no coração e ativa na vida de seu povo, efetuando sua completa salvação, sua constituição como igreja e, finalmente, um universo redimido.[18] Para Jesus, o reino de Deus tinha um tríplice aspecto: 1) o reino passado, pois Abraão, Isaque e Jacó estavam no reino e haviam vivido séculos atrás (13.28); 2) o reino presente – o próprio Jesus disse: *O reino de Deus está dentro de vós* (17.21); 3) o reino futuro – cuja consumação ainda está por vir (13.29; 21.31).[19]

NOTAS

[1] WIERSBE, Warren W. *Comentário bíblico expositivo.* Vol. 5, p. 237.

[2] BARCLAY, William. *Lucas*, p. 52.

[3] NEALE, David A. *Novo comentário bíblico Beacon Lucas 1-9*, p. 158.

[4] ASH, Anthony Lee. *O Evangelho segundo Lucas*, p. 95.

[5] MORRIS, Leon L. *Lucas: introdução e comentário*, p. 104.

[6] HENDRIKSEN, William. *Lucas.* Vol. 1, p. 359.

[7] RYLE, John Charles. *Meditações no Evangelho de Lucas*, p. 64.

[8] RYLE, John Charles. *Meditações no Evangelho de Lucas*, p. 64.

[9] NEALE, David A. *Novo comentário bíblico Beacon Lucas 1-9*, p. 159.

[10] BARCLAY, William. *Lucas*, p. 54.

[11] ROBERTSON, A. T. *Comentário Lucas à luz do Novo Testamento Grego*, p. 96.

[12] HENDRIKSEN, William. *Lucas.* Vol. 1, p. 363.

[13] RYLE, John Charles. *Meditações no Evangelho de Lucas*, p. 65.

[14] RIENECKER, Fritz. *Evangelho de Lucas*, p. 125.

[15] RYLE, John Charles. *Meditações no Evangelho de Lucas*, p. 66.

[16] RYLE, John Charles. *Meditações no Evangelho de Lucas*, p. 66.

[17] RIENECKER, Fritz. *Evangelho de Lucas*, p. 128.

[18] HENDRIKSEN, William. *Lucas.* Vol. 1, p. 369.

[19] BARCLAY, William. *Lucas*, p. 57.

Capítulo 11

Pescadores de homens
(Lc 5.1-11)

Pedro foi um rude pescador, transformado por Jesus no grande líder dos discípulos tanto antes de sua queda como depois de sua restauração. Ele foi o grande instrumento de Deus para abrir a porta do evangelho tanto para judeus como para gentios. Jesus o tirou de trás das redes e fez dele um pescador de homens e um pastor de ovelhas.

O texto destaca o ensino de Jesus, a pesca maravilhosa e o chamado de Pedro para ser pescador de homens. William Hendriksen diz que, neste episódio, podemos contemplar cinco aspectos da grandeza de Jesus: 1) sua sabedoria prática (5.1-3); 2) seu penetrante conhecimento (5.4,5); 3) sua profunda generosidade (5.6,7); 4) sua inefável majestade (5.8-10a); 5) seu profundo senso missionário (5.10b,11).[1] Destacamos alguns pontos importantes a seguir.

Uma multidão ávida (5.1-3)

Um dos episódios mais marcantes no chamado de Pedro deu-se às margens do mar da Galileia, cerca de 220 metros abaixo do nível do mar Mediterrâneo. William Barclay diz que, na época de Jesus, havia nove cidades ao redor de suas margens, nenhuma delas com menos de quinze mil habitantes.[2]

Pedro, André, Tiago e João, como sócios e empresários da pesca, haviam trabalhado a noite toda sem nenhum sucesso (Lc 5.1,2). Voltavam do labor noturno exaustos e de redes vazias. Não tinham nada para oferecer aos seus clientes. O saldo era negativo. O déficit no orçamento era certo. Ao mesmo tempo que eles lavam as redes, a multidão aperta Jesus, ávida de ouvir seus ensinos. Às margens desse lago de águas doces, também chamado de lago de Genesaré ou mar da Galileia, de 23 quilômetros de comprimento por 14 quilômetros de largura, encurralado do lado ocidental pelas montanhas da Galileia e do lado oriental pelas montanhas de Golan, Jesus entra no barco de Pedro ancorado na praia e ordena a afastá-lo um pouco da praia. Jesus fez do barco um púlpito, da praia um templo, e da água espelhada um amplificador de som. Dali ele ensina a grande multidão, que bebia a largos sorvos seus benditos ensinamentos. Jesus fez do barco de Pedro o seu púlpito para lançar a rede do evangelho. Warren Wiersbe, citando J. Vernon McGee, diz que "todo púlpito é um barco de pesca".[3]

A pergunta que se deve fazer é por que Jesus entrou no barco de Pedro, e não em outro barco? Por que Jesus se dirige a Pedro e não a outro companheiro de pescaria para afastar o barco? Por que Jesus concentra sua atenção nesse rude pescador?

Uma ordem expressa (5.4,5)

Depois de Jesus despedir a multidão, ele se dirige a Pedro, e não aos seus companheiros, dando-lhe uma ordem expressa: *Faze-te ao largo e lançai as vossas redes para pescar* (Lc 5.4). A ordem é a Pedro, mas as redes são de todos. A ordem é a Pedro, mas a parceria da pescaria era de todos. Havia naquele episódio um propósito específico de trabalhar na vida de Pedro. O experiente e perito pescador responde a Jesus, dizendo que pescar era sua especialidade. Ele conhecia tudo acerca daquele mar. Conhecia cada metro quadrado daquele lago. Ali era seu território mais conhecido e mais explorado. Era o campo de onde tirava o seu sustento. Pedro garante a Jesus que o mar não estava para peixe, que todo o esforço havia sido em vão. Dominado por um realismo profundo, manifesta sua opinião de que qualquer outro esforço seria inútil. Pedro apresenta diante de Jesus sua lógica fria, sua experiência madura, sua certeza experimental.

Ao mesmo tempo, porém, que expressa sua convicção de total impossibilidade de êxito, movido por uma fé robusta, diz: *... Mestre, mas sob a tua palavra eu lançarei as redes* (Lc 5.5). Pedro oscila entre a realidade desanimadora da experiência frustrante e a fé vitoriosa; entre a improbabilidade do esforço humano e a manifestação do poder de Jesus. Ao mesmo tempo que diz que a pescaria já havia sido feita sem nenhum resultado, dispõe-se a agir novamente sob a ordem de Jesus. O mesmo Pedro que já estava lavando as redes para guardá-las até o dia seguinte, toma-as de novo e volta para o mar, debaixo da ordem expressa de

Jesus. Pedro é esse homem que, como um pêndulo, vai de um extremo ao outro.

A palavra que Pedro usa para "Mestre", e que só aparece aqui em Lucas, é *epistátes,* que significa "chefe, superior". A autoridade superior dá uma ordem ao subordinado. Aqui Jesus não "pede", como aconteceu no versículo 3b, mas ordena. A resposta de Pedro é a obediência, pois o Mestre tem debaixo de seu controle até os peixes do mar.[4]

Um milagre notório (5.6,7)

Os Evangelhos descrevem em detalhes apenas 35 dos muitos milagres de Jesus.[5] Este é um deles. Quando as redes foram lançadas no nome de Jesus, um milagre aconteceu. Um cardume de peixes começou a pular dentro das redes. Eles nunca tinham visto isso antes. Era algo extraordinário. O barco em que estavam não conseguiu comportar a quantidade de peixes. As redes se romperam pejadas de peixes. Eles fizeram sinal para que o outro barco viesse a seu encontro para salvar o resultado da pescaria milagrosa. Para quem não tinha conseguido nada na última empreitada, eles agora alcançavam um resultado dantes nunca visto.

Uma convicção tomou conta da alma de Pedro. Aquele resultado extraordinário não era um incidente qualquer. Ele não estava apenas vivendo um dia de sorte em seu empreendimento. Algo milagroso estava acontecendo. Um poder sobrenatural estava em ação. Ele não estava diante de um homem comum. Certamente o Jesus que acabara de ensinar à multidão agora era avalizado por sua ação miraculosa. Pedro estava diante do próprio Deus feito carne. Mais do que impactado com o milagre, Pedro estava agora impactado com o milagroso. Ao reconhecer a majestade de

Jesus, ele olhava para si mesmo não como um perito pescador, mas como um grande pecador.[5] Essa convicção esmagou seu coração. Aprecio as palavras de Fritz Rienecker a respeito: "Enquanto Simão arrasta os peixes em suas redes, ele próprio cai na rede do Redentor! Simão foi pessoalmente capturado pelo Redentor".[7]

Um impacto poderoso (5.8,9)

Pedro, então, deixa o mar, o barco, as redes, os peixes, os sócios e corre ao encontro de Jesus, prostrando-se aos seus pés e clamando: *Senhor, retira-te de mim, porque sou pecador* (Lc 5.8). Pedro é o primeiro dos penitentes em Lucas. Ele reconhece que Jesus é Deus e que ele próprio não passa de um mísero pecador, que não tem direito de estar ao lado de Jesus. Pedro sabe que Jesus é mais do que um rabi, é mais do que um grande homem, é mais do que alguém que tem poder para fazer milagres. Pedro sabe que Jesus é santo, mas ele mesmo é indigno. Sabe que Jesus é exaltado, mas ele mesmo é vil. Sabe que com seus pecados não pode estar face a face com aquele que é santo e sublime.

Jesus não se afasta de Pedro, porém o atrai ainda mais para si. Diz para ele não temer. O mesmo Jesus que ordenara a Pedro lançar as redes ao mar, agora, pesca Pedro com a rede de sua graça. O mesmo Jesus que manifestara seu poder na pesca maravilhosa, agora, vai, através de Pedro, fazer a mais gloriosa das pescarias, a pescaria de homens.

Rienecker está correto ao dizer que Jesus não sentencia nem condena o pecador que reconhece seu pecado e sua culpa, mas o agracia e o atrai para seu coração de Redentor. Como o coração de Pedro deve ter ficado feliz quando foi alçado das profundezas da consciência de pecado para as alturas do perdão de pecados.[8]

Uma comissão gloriosa (5.10,11)

Jesus, em vez de ir embora, convoca Pedro para um novo desafio, uma nova empreitada, dizendo: *Não temas; doravante serás pescador de homens* (Lc 5.10). Pedro não era um pescador de homens nem se tornou um deles por si mesmo. Foi Jesus quem fez de Pedro um pescador de homens. Leon Morris diz que o tempo é contínuo, pois está em mira uma prática habitual. E Pedro já não se ocupará com peixes, mas, sim, com homens.[9]

É Jesus quem capacita o homem a ser um instrumento eficaz para levar outros homens aos seus pés. Pedro deveria usar toda a sua experiência de pescador para outro "negócio". Pescar homens é o mais importante, o mais urgente, o mais sublime trabalho que se pode fazer na terra. Esse trabalho tem consequências eternas. Nem todo o ouro do mundo poderia comprar a salvação de um homem. A partir desse momento, o dinheiro não deveria ser mais o vetor a governar as motivações de Pedro, mas a salvação de homens. Pedro deveria investir seu tempo, sua inteligência e seu esforço na salvação de pessoas.

Pedro foi transformado em pescador de homens. Sua empresa pesqueira fechou. Seus barcos foram arrastados para a praia, e suas redes foram aposentadas. Um novo empreendimento foi iniciado. Uma nova frente de trabalho foi aberta. Um novo negócio foi inaugurado. Embora os outros sócios também tenham abandonado seus barcos e suas redes para seguirem a Jesus, a palavra é endereçada a Pedro: Eu farei de você um pescador de homens! E de fato, Pedro será preparado para ser um pescador de homens, a lançar a rede do evangelho e levar multidões a Cristo.

Pedro se tornará um grande pregador, um grande líder que, cheio do Espírito Santo, será poderosamente usado

Pescadores de homens

para abalar as estruturas do inferno e arrancar da potestade de Satanás milhares de vidas e transportá-las para o reino da luz. Pedro é o homem usado por Deus para abrir a porta do evangelho tanto para os judeus como para os gentios. Mais tarde, Jesus coloca, também, nas mãos de Pedro o cajado de um pastor para apascentar os cordeiros e pastorear suas ovelhas (Jo 21.15-17).

Pedro não apenas é salvo por Jesus, mas também transformado em discípulo e apóstolo de Jesus. Ele não foi apenas escolhido apóstolo, mas também o líder de seus pares. Pedro tornou-se um dos apóstolos mais próximos de Jesus. Juntamente com Tiago e João, formou o grupo dos discípulos que desfrutou de maior intimidade com Jesus. Somente os três entraram na casa de Jairo quando Jesus ressuscitou sua filha. Somente os três subiram o monte da transfiguração e viram Jesus sendo transfigurado conversando com Moisés e Elias acerca de sua partida para Jerusalém. Somente os três desfrutaram do momento mais crucial da vida de Jesus, no Jardim do Getsêmani, quando este confessou que sua alma estava profundamente triste até a morte. Pedro, Tiago e João viram como ninguém o poder de Jesus sobre a morte na casa de Jairo, a glória antecipada de Jesus no monte e sua agonia indizível no Getsêmani.

É bem verdade que, dessas três ocasiões, Pedro teve uma postura repreensível em duas delas. No monte da Transfiguração, sem saber o que falava, Pedro equiparou Jesus a Moisés e Elias, representantes da lei e dos profetas respectivamente. Ali no topo daquela montanha banhada de luz aurifulgente, Pedro não discerniu a centralidade da pessoa de Jesus nem a centralidade de sua obra. No Getsêmani, mesmo depois de prometer a Jesus fidelidade irrestrita, Pedro dorme na hora da batalha mais renhida da humanidade, quando Jesus orou, chorou e suou sangue.

Jesus ainda hoje nos convoca e nos capacita a sermos pescadores de homens.

Notas

[1] HENDRIKSEN, William. *Lucas*. Vol. 1, p. 378-384.

[2] BARCLAY, William. *Lucas*, p. 58.

[3] WIERSBE, Warren W. *Comentário bíblico expositivo*. Vol. 5, p. 239.

[4] RIENECKER, Fritz. *Evangelho de Lucas*, p. 131.

[5] RICHARDS, Larry. *Todos os milagres da Bíblia*, p. 190.

[6] RICHARDS, Larry. *Todos os milagres da Bíblia*, p. 209.

[7] RIENECKER, Fritz. *Evangelho de Lucas*, p. 131,132.

[8] RIENECKER, Fritz. *Evangelho de Lucas*, p. 133.

[9] MORRIS, Leon L. *Lucas: introdução e comentário*, p. 108.

Capítulo 12

Nunca perca a esperança
(Lc 5.12-16)

O TEXTO EM APREÇO é registrado pelos três evangelhos sinóticos. Trata-se de uma das curas mais esplêndidas de Jesus. O tempo e o lugar são indefinidos. Aqui encontramos um problema humanamente insolúvel, uma causa perdida. Um homem tomado de lepra é curado. Esse milagre nos ensina que jamais devemos perder a esperança. Por maior que seja nosso problema, por mais grave que seja a circunstância, por mais tenebrosos que sejam nossos sentimentos, Jesus pode reverter a situação. Esta passagem encerra várias lições importantes, que ora vamos destacar.

O doente (5.12)

A lepra era a doença mais temida daquele tempo. Em Israel, várias doenças de pele eram classificadas como lepra, inclusive aquilo que chamamos hoje de hanseníase.[1] Os infectados pela lepra eram isolados e ficavam de quarentena (Lv 13-14). As pessoas com lepra eram consideradas mortas (Nm 12.12). A lepra tinha implicações sociais e religiosas. O leproso devia usar roupas esfarrapadas e viver fora do acampamento e, quando chegasse perto dos outros, deveria gritar: "Imundo, imundo". Esse isolamento rebaixava o infeliz sofredor à desclassificação social: *Viverá separado, fora do acampamento* (Lv 13.46).[2]

Jesus estava numa das cidades da Galileia quando um homem coberto de lepra, no estágio mais avançado de sua doença, sai do leprosário, rompe o isolamento e se aproxima de Jesus. Seu caso era perdido. Sua doença já havia tomado todo o seu corpo. Só Lucas, que era médico, traz a informação do estado adiantado de sua doença. O homem estava chagado, com a pele necrosada, cheirando mal. Era uma carcaça humana, uma ferida aberta e malcheirosa. A expressão grega *pleres lepras,* "cheio de lepra", que pode ser traduzida por "coberto de lepra de alto a baixo", é um termo técnico da medicina. A lepra havia atingido o último estágio. Completamente sem esperança, o infeliz estava entregue à morte.[3]

A lepra era uma doença temida e horrível. Desfigurava e era fatal. A lepra é um símbolo do pecado: insensibiliza e deixa marcas; é contagiosa, devastadora, malcheirosa e letal. Leon Morris diz que os efeitos psicológicos da lepra eram tão sérios quanto a devastação física.[4]

Esse homem não vem motivado pela soberba ou altivez; ele se prostra com o rosto em terra. Sabe que nada merece e, portanto, carece de misericórdia. Não faz exigências; antes, suplica com humildade. Sabe que não está diante de um homem comum, mas reconhece que Jesus é o Senhor. Mesmo se sujeitando à sua soberana vontade, confessa sua plena confiança no poder de Jesus para curá-lo de sua enfermidade. Leon Morris destaca o fato de que o homem não pede cura, mas purificação. A lepra era uma enfermidade imunda. Contaminava. Ser curado significava ser purificado.[5]

O médico (5.13)

Jesus não expulsa aquele homem por ser impuro. Não pega em pedras para enxotá-lo por causa de sua doença contagiosa. Jesus não apenas se dispõe a curá-lo, não apenas ordena sua cura, mas também estende a mão para tocá-lo. Barclay diz que as mãos de Jesus se abriram para o homem de quem todos fugiam horrorizados.[6] Jesus não apenas tocou no leproso, mas o abraçou firmemente com as mãos, pois a palavra traduzida por "tocar", aqui, significa *cingir, envolver e abraçar* (Mc 10.13,16).[7] O puro toca o impuro sem ficar contaminado pela impureza. O puro torna o impuro puro e reverte uma situação humanamente irremediável. A cura não foi a crediário, em doses homeopáticas, mas instantânea, imediata e eficaz. A pele do homem foi completamente regenerada. Sua carne ficou sã. Suas cartilagens carcomidas pela doença retornaram ao estado original. Tudo se fez novo no corpo daquele homem já sentenciado à morte.

Interpretando esta passagem, Rienecker diz que o Redentor abraçou a humanidade impura ao inserir-se completamente nela. É o que também faz agora com cada indivíduo. Ele não somente toca nossa impureza pecaminosa com a ponta dos dedos, mas envolve os impuros com o braço de sua compaixão.[8]

A cura (5.13)

Jesus operou nesse homem duas curas distintas. A primeira foi a cura emocional. Quando Jesus o tocou, estava mostrando àquele homem malcheiroso que ele tinha valor e dignidade. Já havia tempo que aquele homem não sabia o que era um toque, um aperto de mão, um abraço. Todos fugiam dele horrorizados. Se ele ousasse sair do isolamento, as pessoas pegavam em pedras para apedrejá-lo. Se teimasse em sair do leprosário, era chamado de maldito. Mas, embora seu corpo fosse um espetáculo horrendo, uma chaga aberta, uma carcaça malcheirosa, Jesus o tocou para curar suas emoções, para sarar sua alma, para restaurar sua dignidade e seu valor. O evangelista Marcos nos informa que Jesus teve compaixão dele (Mc 1.41). Jesus tem poder e compaixão. Poder sem compaixão é tirania; compaixão sem poder é fraqueza. Mas Jesus tem compaixão e poder.

A segunda cura foi física. A lepra era uma doença incurável e com forte componente de segregação. Um leproso não podia viver com a família nem no meio da sociedade. Estava sentenciado à morte. Seu corpo ia apodrecendo lentamente. Aquele homem era um aborto vivo. A despeito de seu estado trágico, Jesus o curou imediatamente, totalmente, definitivamente.

William Hendriksen corrobora essa verdade, nos seguintes termos:

> As curas produzidas por Jesus eram completas e instantâneas. A sogra de Pedro não teve de esperar até o dia seguinte para ser curada de sua febre (4.38,39). O paralítico começa a caminhar imediatamente, carregando seu leito (5.17-26). A mão mirrada é restaurada de uma vez (6.6-11). O endemoninhado, selvagem um momento antes, de uma vez fica completamente são (8.26-39). O mesmo vale para a mulher que tocou a roupa de Jesus (8.43-48). Até mesmo a filha falecida de

Jairo é restaurada à vida num instante, a tal ponto que se levanta e lhe dão de comer (8.40-42,49-56).[9]

O testemunho (5.14)

A cura operada por Jesus foi plenamente eficaz, mas o homem curado precisava ir ao sacerdote, a autoridade sanitária, que dava o diagnóstico da doença e também autorizava o indivíduo curado a retornar ao convívio social. A obra de Jesus em nós não é apenas uma experiência subjetiva; pode ser verificada e atestada objetivamente.

O homem curado devia, também, oferecer o sacrifício determinado por Moisés, para servir de testemunho ao povo. Esse homem não precisaria mais esgueirar-se nas sombras, com medo de ser apedrejado. Jesus o devolveu não apenas à sanidade física, mas também ao convívio de sua família, de sua sinagoga e da sociedade.

O impacto (5.15)

O homem curado não apenas foi ao sacerdote, mas também proclamou a todos sobre esse grande prodígio, inobstante ter sido advertido por Jesus a não contar nada a ninguém (Mc 1.44,45). O resultado foi que a fama de Jesus se tornou ainda mais notória. Como consequência, grandes multidões fluíam aos borbotões para o ouvirem e serem curadas de suas enfermidades. É curioso que Jesus tenha ordenado ao homem calar-se e ele proclamou, enquanto Jesus nos manda falar e nós calamos nossa voz.

O retiro (5.16)

Diante da grande mobilização das multidões para receberem cura das mãos de Jesus, ele deixou os lugares públicos e retirou-se para lugares solitários, a fim de orar. Jesus dava mais importância à oração do que ao sucesso no ministério. Preferia a intimidade com o Pai aos holofotes da fama. Tinha mais deleite na presença do Pai do que no frenesi das multidões. Fritz Rienecker soa o alarme quando escreve: "Tornamo-nos escravos do trabalho e, por consequência, escravos deste mundo quando não oramos, quando não temos horas de solidão com Deus, quando não levamos uma vida de oração como Jesus. Unicamente na oração nós nos destacamos acima deste mundo, elevando-nos acima de nosso miserável eu, unicamente na oração temos Deus".[10]

Notas

[1] WIERSBE, Warren W. *Comentário bíblico expositivo.* Vol. 5, p. 240.

[2] NEALE, David A. *Novo comentário bíblico Beacon Lucas 1-9*, p. 168.

[3] RIENECKER, Fritz. *Evangelho de Lucas*, p. 136.

[4] MORRIS, Leon L. *Lucas: introdução e comentário*, p. 109.

[5] MORRIS, Leon L. *Lucas: introdução e comentário*, p. 109.

[6] BARCLAY, William. *Lucas*, p. 61.

[7] RIENECKER, Fritz. *Evangelho de Lucas*, p. 136.

[8] RIENECKER, Fritz. *Evangelho de Lucas*, p. 137.

[9] HENDRIKSEN, William. *Lucas*. Vol. 1, p. 392.

[10] RIENECKER, Fritz. *Evangelho de Lucas*, p. 138.

Capítulo 13

Um poderoso milagre de Jesus
(Lc 5.17-26)

A CURA DO PARALÍTICO foi registrada pelos três evangelhos sinóticos. Jesus já havia operado o milagre da pesca maravilhosa (5.1-11) e purificado um homem coberto de lepra (5.12-16). Agora, Jesus levanta um paralítico (5.17-26). Tanto a lepra como a paralisia são um retrato horrendo do que representa o pecado. A lepra cauteriza, deforma e contamina; a paralisia aprisiona e imobiliza. Assim é o pecado. Warren Wiersbe diz que, se a lepra ilustra a corrupção e a contaminação do pecado, a paralisia é um retrato da estagnação produzida pelo pecado.[1]

Agora, Jesus está dentro de uma casa, na cidade de Cafarnaum (Mc 2.1), rodeado por uma multidão, que avidamente escuta seus ensinos, e cercado por uma plêiade de autoridades religiosas, que fiscalizam seus passos e medem suas palavras. É nesse contexto que uns homens trazem a Jesus um paralítico para ser curado. Lucas diz que o poder do Senhor estava com Jesus para curar (5.17). A fé desses homens é honrada, os críticos são confrontados, e o paralítico é perdoado e curado.

William Hendriksen, analisando o texto em tela, diz que vemos aqui cinco realidades: 1) prepara-se uma batalha (5.17); 2) lança-se um desafio (5.18-20); 3) faz-se um ataque (5.21); 4) ganha-se uma vitória (5.22-25); 5) celebra-se o triunfo (5.26).[1]

Na análise do texto, destacamos alguns pontos.

Os que levam as pessoas a Jesus (5.18-20)

A fama de Jesus já percorria toda a Galileia. As multidões afluíam sedentas para ouvir sua voz e ver seus prodígios. Assim alguns homens levaram um paralítico até Jesus. Eles sabiam que, se aquele paralítico fosse deixado aos pés de Jesus, seria curado. Então, envidaram todos os esforços para isso. Eles tiveram visão, perseverança, criatividade e fé. Aquele homem não poderia ir a Jesus a não ser que alguém o levasse. Era impotente e ainda estava desanimado.

Hoje também precisamos levar as pessoas a Jesus. Elas não irão por si mesmas. Elas estão presas aos seus pecados, acomodadas em sua letargia.

Os que impedem as pessoas de irem a Jesus (5.17,19,21-24)

Há aqui dois grupos que se interpõem no caminho daqueles que são levados a Jesus.

Em primeiro lugar, *a multidão* (5.19). A multidão fez um cordão de isolamento na porta da casa onde Jesus estava e

Um poderoso milagre de Jesus

não arredou o pé. Mesmo sabendo da urgência do paralítico, a multidão não se comoveu. Não abriu portas; fechou-as. Não facilitou o acesso; dificultou-o. Não ajudou os homens a introduzirem o paralítico à presença de Jesus, mas lhe barrou o acesso.

Em segundo lugar, *os críticos de plantão* (5.17,21-24). Fariseus e mestres da lei brotaram de todas as aldeias da Galileia, da Judeia e de Jerusalém. Esta é a primeira vez que os fariseus aparecem no registro de Lucas e daqui para frente eles farão uma implacável oposição a Jesus. Estavam assentados ouvindo Jesus, e não para aprender com ele, mas para censurá-lo. Vieram não com a mente aberta e com o coração sedento, mas com o intuito de assacar contra Jesus a pesada acusação de blasfêmia. Alguns aspectos merecem destaque nesse episódio.

Uma teologia deficiente (5.21,22). Eles estavam certos em afirmar que só Deus perdoa pecados, mas estavam errados em não reconhecer Jesus como Deus. A cegueira deles impediu-os de ver Deus na face de Cristo. Em vez de se renderem aos pés do Filho de Deus e nele se deleitarem, preferiam atacá-lo e acusá-lo de blasfêmia. Lawrence Richards, citando Cunningham Geikie, assim descreve a reação dos escribas e fariseus:

> Os escribas e fariseus ficaram grandemente alvoroçados; cochichos, ameaçadores meneios de cabeça, olhares tenebrosos, e piedosos gestos de alarme mostravam que todos estavam sentindo-se incomodados, pois, ao declarar o paralítico perdoado, Jesus estava intrometendo-se nas prerrogativas exclusivas de Deus. Aquele que blasfemasse deveria ser condenado à morte por apedrejamento, seu corpo pendurado em uma árvore e depois queimado de forma vergonhosa. "Quem pode perdoar pecados senão um só, ou seja, Deus?"[3]

Uma lógica irresistível (4.23,24). Havia entre os rabinos uma crença de que um homem só poderia ser curado depois de ser perdoado, pois eles pensavam que toda doença fosse devida ao pecado (Jo 9.2). Primeiro vem o perdão, depois a cura. O perdão é subjetivo, mas a cura é objetiva. O perdão só é visto por Deus, mas é impossível que a cura não seja vista pelos homens. Jesus então curou o paralítico como demonstração de seu poder para perdoar, e assim, seus críticos foram apanhados pelas cordas de sua própria crença. Rienecker assim explica essa situação: "A opinião judaica a respeito do pecado e do sofrimento é esta: onde há sofrimento, o pecado é premissa, e onde ainda persiste o sofrimento, o perdão ainda não chegou plenamente".[4] Se Jesus curou o homem da paralisia, logo, o homem está perdoado e, se ele está perdoado, então Jesus acabou de exercer uma obra que é prerrogativa exclusiva de Deus. Logo, ele é Deus!

Aqueles que vão a Jesus (5.18-20)

O homem paralítico foi alvo do amor de seus amigos e da graça de Jesus. Os amigos o levaram e o deixaram aos pés de Jesus, e Jesus o perdoou e o curou. O que os homens podem fazer é levar as pessoas e deixá-las aos pés de Jesus. O que Jesus faz – e só ele pode fazer – é perdoar seus pecados e curá-las. Esse homem estava desanimado e com as emoções amassadas. Jesus o chama de filho e ordena que ele tenha bom ânimo (Mt 9.2).

O milagre na vida daqueles que vão a Jesus (5.24-26)

O milagre operado por Jesus foi público, notório, irrefutável. O homem foi perdoado e curado. O homem atrofiado levantou, andou e voltou para sua casa. Teve cura física. Teve cura emocional. Teve cura espiritual. Teve restauração

Um poderoso milagre de Jesus

familiar. Teve testemunho retumbante. Leon Morris diz que o leito carregara o homem; agora, o homem é quem estava carregando o leito.[5]

NOTAS

[1] WIERSBE, Warren W. _Comentário bíblico expositivo._ Vol. 5, p. 241.
[2] HENDRIKSEN, William. _Lucas._ Vol. 1, p. 396-404.
[3] RICHARDS, Lawrence O. _Comentário histórico-cultural do Novo Testamento,_ p. 150.
[4] RIENECKER, Fritz. _Evangelho de Lucas,_ p. 141.
[5] MORRIS, Leon L. _Lucas: introdução e comentário,_ p. 113.

Capítulo 14

A mensagem libertadora do evangelho
(Lc 5.27–6.1-5)

A RELIGIÃO JUDAICA estava fermentada pelo legalismo. Os líderes colocavam fardos pesados sobre os ombros do povo. Nesse cenário cinzento, Jesus chega com a mensagem libertadora do evangelho. Destacamos aqui cinco pontos importantes.

O evangelho abre as portas da graça para os rejeitados (5.27-30)

Jesus chamou Levi, um publicano, para segui-lo. Este trabalhava na coletoria, arrecadando impostos, cobrando direitos de pedágio e alfândega das mercadorias transportadas pelos viajantes. Neste momento, a Palestina era um país sob a soberania dos romanos.

Os cobradores de impostos estavam a serviço do governo romano, por isso eram vistos pelos judeus como traidores.[1] Sua profissão era odiada pelos judeus, pois os publicanos, além de serem colaboracionistas de Roma, ainda cobravam mais do que o estipulado. Eles ganharam a fama de traidores e inimigos do povo, pois, além de estarem a serviço de Roma, também extorquiam o povo para se enriquecerem. O Talmude considerava os publicanos salteadores.[2] Pelos critérios da religião judaica, Levi jamais seria chamado para ser um discípulo. Jesus, porém, não apenas o chama, mas também faz dele um apóstolo, dando-lhe o nome de Mateus (Mt 9.9). Este foi o homem que escreveu o evangelho endereçado aos judeus.

O chamado de Levi nos enseja três lições.

Em primeiro lugar, *Jesus chama soberanamente* (5.27). Jesus não dá a Levi nem ao povo explicação alguma. Apenas chama. Sua escolha é soberana, e seu chamado é irresistível (Rm 8.30).

Em segundo lugar, *Jesus chama eficazmente* (5.28). Levi não resiste nem adia a sua decisão. Diante do chamado soberano, ele atende com obediência imediata. Levi deixou tudo para trás: seu trabalho, seu lucro, suas vantagens imediatas. Abraçou um novo projeto de vida, para seguir um novo caminho, tendo um novo Senhor.

Em terceiro lugar, *Jesus chama graciosamente* (5.29-32). Aqueles que são chamados pelo evangelho devem chamar outros para a salvação. Foi o que Levi fez! Ele deu um banquete para convidar seus amigos para a festa da salvação. Nessa festa, havia numerosos publicanos e outros que estavam com eles à mesa.

Aqui dois pontos merecem destaque.

O evangelho é para ser compartilhado, e não retido (5.29). Levi não reteve a bênção do evangelho para si. Ele repartiu

a mensagem com seus pares, coletores de impostos, dando-
-lhes a oportunidade de estarem com Jesus. Fica claro que
Levi achava uma alegria emocionante deixar as riquezas por
Cristo.[3] John Charles Ryle tem razão ao dizer: "O homem
convertido não desejará ir para o céu sozinho".[4]

O evangelho é resistido por aqueles que deveriam proclamá-
-lo (5.30). Os fariseus e escribas estão murmurando em vez
de estarem cooperando com o esforço de Levi. A religião
deles era a religião do *apartheid*. Só eles se consideravam
dignos do amor de Deus. Quanto aos demais, julgavam
malditos (Jo 7.49). Concordo com Warren Wiersbe quando ele escreve: "Os escribas e fariseus não hesitavam em
diagnosticar as necessidades dos outros, mas não eram capazes de enxergar suas próprias necessidades".[5]

O evangelho abre as portas da graça para os que se consideram pecadores (5.31,32)

O evangelho não tem boas novas para aqueles que, al-
tivos e soberbos, se consideram sãos e justos aos olhos de
Deus. Quem não se vê como pecador jamais sente necessidade do Salvador. Quem não se considera doente jamais
busca o socorro do médico. Só aqueles que reconhecem
seu estado de carência e miséria podem ser salvos. Quem
proclama suas próprias virtudes e confia em seus próprios
méritos fecha com as próprias mãos a porta da graça. Leon
Morris está certo ao dizer que "o arrependimento não é fácil para os respeitáveis e os justos aos seus próprios olhos".[6]

O evangelho abre as portas da graça para uma vida de jubilosa celebração (5.33-35)

A religião judaica havia transformado a vida num fardo
pesado e os ritos sagrados em instrumentos de tristeza e

opressão. A palavra aramaica para "jejuar" tem o sentido de "estar de luto".[7] Quando jejuavam, os judeus ficavam tristes e tinham a intenção de conseguir algo de Deus: *Por que jejuamos nós, e tu não atentas para isso?* (Is 58.3).

O texto em tela mostra o perigo de a religião se transformar num fardo pesado em vez de ser um instrumento libertador. O jejum é um exercício espiritual legítimo. Deve ser praticado por todos os seguidores daquele que jejuou quarenta dias antes de iniciar seu ministério público. Porém, o jejum dos escribas e fariseus era um ritual para a sua própria exibição, e não uma expressão do sentimento do coração.

A vida cristã é como uma festa de efusiva alegria (5.34). Portanto, a nova ordem trazida por Jesus deixa para trás o legalismo fariseu e inaugura um novo tempo de liberdade e vida plena. A vida que Jesus oferece traz alegria para o triste, cura para o enfermo, libertação para o endemoniado, purificação para o leproso, pão para o faminto e salvação para o perdido. Ao usar essa linguagem, diz Warren Wiersbe, Jesus está dizendo a seus críticos: "Eu vim para fazer da vida uma festa de casamento, e não um funeral".[8]

O evangelho abre as portas da graça para uma vida radicalmente nova (5.36-39)

Depois de usar a figura do doente e do médico, Jesus emprega outras duas figuras: a do remendo novo em tecido velho e a do vinho novo em odres velhos. Que lições o texto ensina?

Em primeiro lugar, *a vida cristã não é um remendo ou uma reforma do que está velho, mas algo totalmente novo* (5.36). Um remendo novo num tecido velho deixa uma fissura ainda maior. O cristianismo não é uma reforma do

A mensagem libertadora do evangelho

judaísmo nem um remendo das práticas judaicas. A vida cristã não é um verniz, uma caiação de uma estrutura rota, mas algo radicalmente novo. O vestido velho era o velho sistema do legalismo farisaico. A salvação pela graça corresponde a vestes alvas, a justiça de Cristo imputada a nós. Estou de pleno acordo com o que diz Morris: "Jesus não está simplesmente remendando o judaísmo. Está ensinando alguma coisa radicalmente nova".[9]

Em segundo lugar, *a vida cristã não pode ser acondicionada numa estrutura velha e arcaica* (5.37-39). Na Palestina, o vinho era guardado em odres de couro. Quando esses odres eram novos, possuíam certa elasticidade, mas à medida que iam envelhecendo ficavam endurecidos e perdiam a elasticidade. O vinho novo ainda está em processo de fermentação. Isso significa que os gases liberados aumentam a pressão. Se o couro for novo, cederá à pressão, mas, se for velho e sem elasticidade, é possível que se rompa e se perca tanto o vinho como o odre. Anthony Ash esclarece esse fato ao dizer que os odres de vinho eram feitos de uma única pele de cabra, da qual se tiravam a carne e o osso sem rasgar a pele. O pescoço da cabra se tornava o pescoço da "garrafa". A pele era macia e flexível e podia expandir-se com a fermentação do vinho novo. Mas uma pele velha se tornava seca e não expandia. Arrebentaria se fosse submetida à pressão do processo de fermentação.[10] O vinho novo do cristianismo não pode ser acondicionado nos odres velhos do judaísmo. O cristianismo requer novos métodos e nova estrutura.

Rienecker está certo ao dizer que as parábolas da *veste* e do *vinho* se completam e contêm dois aspectos: 1) o novo não deve ser misturado ao velho com o fim de melhorar o velho; 2) a libertação e a novidade total somente valem para pessoas novas, verdadeiramente convertidas. Aquelas

LucAs — Jesus, o homem perfeito

que estão enleadas e esclerosadas pelo velho e não o soltam não conseguem, assim como os odres velhos, conter nem segurar o novo vinho ou o novo Espírito.[11]

O evangelho abre as portas da liberdade para os prisioneiros do legalismo (6.1-5)

Deus deu a lei do sábado a Israel no Sinai (Ne 9.13,14) e fez desse dia um sinal entre ele e a nação (Êx 20.8-11; 31.12-17). O sábado é uma lembrança da conclusão da "antiga criação", enquanto o Dia do Senhor lembra a obra consumada do Senhor em sua "nova criação". O sábado refere-se ao descanso depois do trabalho e é relacionado à Lei, enquanto o Dia do Senhor se refere ao descanso antes do trabalho e é relacionado à Graça.[12] O sábado era sombra (Os 2.11), e a realidade é Cristo (Cl 2.16,17).

O sábado foi criado para o homem, e não o homem para o sábado. O sábado, que deveria ser deleitoso para o homem, transformou-se num carrasco do homem. Tornou-se um fardo insuportável, em vez de ser um elemento terapêutico. Fizeram do sábado um fim em si mesmo, e não um instrumento de bênção para o homem.

Nessa mesma linha de pensamento, Rienecker escreve:

> No propósito de Deus, o sábado é uma instituição da misericórdia, que deve servir ao ser humano para o bem, para repouso e restauração (Dt 5.14; Êx 23.12), para bênção e santificação [...]. Deus deseja abençoar, presentear e alegrar por intermédio do sábado. O sábado deve servir para o ser humano como repouso e equilíbrio da alma. Os fariseus, porém, distorciam o benefício de Deus, transformando-o em flagelo.[13]

O sábado deixou de ser um deleite para ser um fardo pesado e uma carga insuportável. Os escribas criaram regras

A mensagem libertadora do evangelho

e mais regras, preceitos e mais preceitos, para oprimir o povo em nome de Deus. Quebrar esses preceitos, que eles mesmos criaram, era para eles um pecado mortal. Por isso, os fariseus censuravam Jesus e seus discípulos.

Esse incidente oportunizou Jesus ensinar quatro lições.

Em primeiro lugar, *os discípulos não estavam fazendo algo ilícito* (6.1,2). A prática de colher espigas nas searas para comer estava rigorosamente em conformidade com a lei de Moisés (Dt 23.24,25). Mas os escribas e fariseus estavam escondendo a verdadeira lei de Deus debaixo da montanha de tradições tolas que eles mesmos tinham fabricado. Os fariseus e escribas haviam acrescentado à lei 39 regras sobre a maneira de guardar o sábado, tornando essa observância um fardo. Warren Wiersbe diz que a observância servil a regras religiosas impedia que os escribas e fariseus percebessem o verdadeiro ministério da Lei bem como a presença do próprio Senhor que lhes dera a Lei.[14]

Em segundo lugar, *o conhecimento da palavra de Deus nos livra do legalismo* (6.3,4). Jesus combate o legalismo com as Escrituras. Cita para os fariseus a experiência de Davi, que comeu com seus homens os pães da proposição, só permitido aos sacerdotes (1Sm 21.1-6). Só os sacerdotes podiam comer esse pão da proposição (Lv 24.9), mas a necessidade humana prevaleceu sobre a lei cerimonial. A necessidade humana é mais importante do que os regulamentos cerimoniais. Warren Wiersbe diz que Deus se preocupa mais em suprir as necessidades humanas do que em resguardar regulamentos religiosos.[15]

Em terceiro lugar, *o homem vale mais do que ritos sagrados* (6.3,4). O sábado foi feito para o bem físico, emocional, mental e espiritual do homem. Foi dado como uma bênção, e não como um peso. Deus não criou o homem por causa do sábado, mas o sábado por causa do homem. Para Jesus, pessoas são mais importantes do que o sistema. A melhor maneira de adorar a Deus é ajudando as pessoas. A melhor maneira de fazer uso das coisas sagradas é colocando-as a serviço dos que padecem necessidade.

Em quarto lugar, *o senhorio de Cristo traz liberdade e não escravidão* (6.5). Jesus é o Senhor do sábado. O legalismo é um caldo mortífero que envenena, asfixia e mata as pessoas, mas o governo de Cristo traz liberdade e alegria.

NOTAS

[1] BARCLAY, William. *Lucas*, p. 66.

[2] MORRIS, Leon L. *Lucas: introdução e comentário*, p. 113.

[3] MORRIS, Leon L. *Lucas: introdução e comentário*, p. 114.

[4] RYLE, John Charles. *Meditações no Evangelho de Lucas*, p. 77.

[5] WIERSBE, Warren W. *Comentário bíblico expositivo*. Vol. 5, p. 242.

[6] MORRIS, Leon L. *Lucas: introdução e comentário*, p. 114.

[7] RIENECKER, Fritz. *Evangelho de Lucas*, p. 144.

[8] WIERSBE, Warren W. *Comentário bíblico expositivo*. Vol. 5, p. 243.

[9] MORRIS, Leon L. *Lucas: Introdução e comentário*, p. 115.

[10] ASH, Anthony Lee. *O Evangelho segundo Lucas*, p. 113.

[11] RIENECKER, Fritz. *Evangelho de Lucas*, p. 146.

[12] WIERSBE, Warren W. *Comentário bíblico expositivo*. Vol. 5, p. 245.

[13] RIENECKER, Fritz. *Evangelho de Lucas*, p. 148.

[14] WIERSBE, Warren W. *Comentário bíblico expositivo*. Vol. 5, p. 246.

[15] WIERSBE, Warren W. *Comentário bíblico expositivo*. Vol. 5, p. 246.

Capítulo 15

Um grande milagre diante de uma grande oposição
(Lc 6.6-11)

A POLÊMICA ACERCA DO SÁBADO estava posta. Jesus não se submetia à tradição criada pelos homens para desfigurar o sábado e torná-lo uma ferramenta de opressão. O texto em tela apresenta mais uma cena de cura no sábado. A oposição, que era velada e indireta, agora ganha contornos de uma conspiração para matar Jesus (Mc 3.6).

À medida que Lucas relata a história, o conflito entre Jesus e seus adversários começa a intensificar-se. Nos versículos 1-5, os fariseus lançaram seu ataque contra os discípulos, mas, nos versículos 6-11, a oposição deles é endereçada diretamente a Jesus. A essa altura, esses inimigos de plantão já viam Jesus como

Lucas — Jesus, o homem perfeito

inimigo. Ele havia arrogado para si o poder de perdoar pecados (5.20,21), comia com publicanos e pecadores (5.30-32) e transgredia as regras sabáticas (6.1-5). Agora, Jesus cura o homem que não estava correndo perigo.[1] Hendriksen vê no texto uma situação tensa (6.6-8), um milagre espantoso (6.9,10) e uma reação furiosa (6.11).[2]

Destacamos três pontos nesse sentido.

Jesus na sinagoga

Jesus não veio quebrar a lei, mas a cumprir (Mt 5.17). Por isso, frequentava as sinagogas aos sábados. Ali as pessoas se reuniam para orar e estudar a lei. Quatro fatos merecem destaque acerca da presença de Jesus nessa sinagoga.

Em primeiro lugar, *Jesus vai à sinagoga para ensinar* (6.6). Jesus é o Mestre dos mestres. Não é um alfaiate do efêmero, mas o escultor do eterno. Ele ensina a palavra de Deus, e não a tradição dos homens. Ele ensina a verdade, e não arranjos jeitosamente preparados para manter as pessoas numa prisão legalista.

Em segundo lugar, *Jesus vai à sinagoga para sondar os pensamentos* (6.8). Os escribas e fariseus, como fiscais da vida alheia, foram à sinagoga não para orar a Deus e nem mesmo para ouvir a palavra de Deus. Foram para observar se Jesus faria uma cura no sábado. Esses espiões da fé só conseguem olhar para os outros, e não para si mesmos. Transformam a verdade em mentira e atacam aqueles que não se enquadram dentro de sua míope cosmovisão. Seus pensamentos foram devassados por Jesus. Aquele que tudo vê, tudo conhece e a todos sonda tirou-lhes a máscara e expôs sua intenção maligna.

Rienecker diz que o Senhor não teme a luta contra seus adversários. Pelo contrário, antecipa-se às acusações deles. O necessitado de cura é convidado a levantar-se e ir para o

Um grande milagre diante de uma grande oposição

centro da sala. Aos inimigos na espreita, Jesus propõe uma pergunta: "É lícito, no sábado, fazer o bem ou o mal? Salvar a vida ou deixá-la perecer?" Deixar de fazer o bem sempre é praticar o mal.[3]

Em terceiro lugar, *Jesus vai à sinagoga para confrontar os críticos* (6.9). Os escribas e fariseus haviam, com seu legalismo, transformado o sábado num fardo, e não num deleite. Jesus, então, confronta-os, perguntando-lhes se era lícito no sábado fazer o bem ou o mal, salvar a vida ou deixá-la perecer. Jesus estava na sinagoga no sábado para fazer o bem e salvar a vida, mas os escribas e fariseus estavam na sinagoga no sábado para fazer o mal e fazer perecer a vida.

Em quarto lugar, *Jesus vai à sinagoga para curar o enfermo* (6.8,10). Os escribas e fariseus estavam preocupados com rituais; Jesus, com a vida de um homem. Eles se importavam com o dia. Jesus, com a prática do bem nesse dia. Na sinagoga havia um homem cuja mão direita estava ressequida, rendido ao complexo de inferioridade e incapacitado de trabalhar. Jesus alivia seu sofrimento, restaura sua autoestima e devolve sua saúde. Warren Wiersbe diz que, no campo, Jesus baseou sua defesa nas Escrituras do Antigo Testamento, mas, na sinagoga, tomou como base a natureza da lei divina do sábado. Deus deu a lei para ajudar as pessoas, não para prejudicá-las. *O sábado foi estabelecido por causa do homem e não o homem por causa do sábado* (Mc 2.27). Qualquer homem ali presente salvaria uma ovelha no sábado, então por que não salvar um homem criado à imagem de Deus? (Mt 12.11,12).[4]

Os escribas e fariseus na sinagoga

Três fatos podem ser destacados sobre os escribas e os fariseus neste texto.

Em primeiro lugar, *eles fiscalizam Jesus* (6.7). Os escribas e fariseus não são adoradores, mas detetives. Não querem ouvir a palavra de Deus, mas impor suas ideias aos outros. Não ouvem os ensinos de Jesus, mas o censuram. Não entram na sinagoga para socorrer os aflitos, mas olham para eles apenas como objetos descartáveis. Os escribas e fariseus estavam na sinagoga para observar Jesus e ajuntar mais provas contra ele.[5] Leon Morris diz que "eles estavam interessados na acusação, e não na cura".[6]

Em segundo lugar, *eles são confrontados por Jesus* (6.9). Jesus desmascara a falsa teologia dos escribas e fariseus. Mostra-lhes que o sábado não foi dado por Deus para encolher a mão de fazer o bem. O sábado é tempo oportuno para a prática do bem e a defesa da vida. Os escribas e fariseus estavam preocupados com o dia; Jesus estava interessado em salvar vidas nesse dia.

Em terceiro lugar, *eles se endurecem contra Jesus* (6.11). O mesmo sol que amolece a cera endurece o barro. Ao serem confrontados por Jesus, em vez de se arrependerem, os escribas e fariseus se encheram de furor. A partir desse milagre, já entraram em contato com os herodianos para tramarem a morte de Jesus (Mc 3.6).

O homem da mão ressequida na sinagoga

A cura desse homem está registrada em Mateus e Marcos, mas somente Lucas, que era médico, informa que a mão ressequida era a direita. Esse homem não podia trabalhar. Destacamos aqui dois fatos.

Em primeiro lugar, *uma deficiência severa* (6.6). Esse homem tinha um defeito físico notório. Sua mão destra estava não apenas inativa, mas também ressequida. Esse homem sofria não apenas fisicamente, mas, também,

Um grande milagre diante de uma grande oposição

emocionalmente. Seu problema era uma causa perdida para a medicina, um problema insolúvel para os homens.

Em segundo lugar, *uma cura extraordinária* (6.8,10). Jesus dá a esse homem três ordens para sarar seus traumas emocionais e curar sua enfermidade.

Levanta-te (6.8). Antes de ser curado, o homem precisava admitir publicamente sua deficiência. Talvez ele vivesse se escondendo, cheio de complexos. Mas Jesus quer que ele assuma quem é para depois receber a cura.

Vem para o meio (6.8). Mais um passo deve ser dado em direção à cura. O homem deve mostrar a todos a sua real situação antes de ser curado por Jesus.

Estende a mão (6.10). Agora a fé precisa ser exercida. Aquilo que ele nunca conseguiu fazer, agora fará em obediência à ordem expressa de Jesus. A fé crê no impossível, toca o intangível e toma posse do impossível! O resultado? *... e a mão lhe foi restaurada* (6.10). Quando se obedece à ordem de Jesus, a fé toma posse do milagre, pois aquele que ordena é o mesmo que dá poder para que a ordem se cumpra. Warren Wiersbe diz corretamente que, quando Deus ordena, ele também capacita.[7]

Notas

[1] HENDRIKSEN, William. *Lucas*. Vol. 1, p. 434.

LUCAS — Jesus, o homem perfeito

[2] HENDRIKSEN, William. *Lucas*. Vol. 1, p. 433-437.

[3] RIENECKER, Fritz. *Evangelho de Lucas*, p. 150.

[4] WIERSBE, Warren W. *Comentário bíblico expositivo*. Vol. 5, p. 246.

[5] WIERSBE, Warren W. *Comentário bíblico expositivo*. Vol. 5, p. 246.

[6] MORRIS, Leon L. *Lucas: introdução e comentário*, p. 117.

[7] WIERSBE, Warren W. *Comentário bíblico expositivo*. Vol. 5, p. 246.

Capítulo 16

A escolha dos apóstolos
(Lc 6.12-16)

A ESCOLHA DOS APÓSTOLOS está registrada nos três evangelhos sinóticos. Mateus destaca a autoridade que Jesus conferiu a eles para expelir os espíritos imundos e curar toda sorte de doenças e enfermidades (Mt 10.1). Marcos, por sua vez, enfatiza a soberania (Mc 3.13) e o propósito de Jesus na escolha: *Designou doze para estarem com ele e para os enviar a pregar e a exercer a autoridade de expelir demônios* (Mc 3.14). A ênfase de Lucas está no fato de Jesus ter se retirado para o monte e ter passado uma noite inteira orando antes de tomar a decisão de escolher os doze apóstolos (6.12).

Jesus tinha muitos discípulos, mas separou doze para serem apóstolos. Discípulo é um aprendiz; apóstolo é um enviado com uma comissão, um embaixador em nome do Rei.[1] Os apóstolos foram chamados entre os discípulos, porque a conversão precede ao ministério. A ordem é: primeiro convertido, depois ordenado.

Jesus só teve doze apóstolos. Os apóstolos foram os instrumentos para receberem a revelação de Deus, inspirados por Deus para o registro das Escrituras. Não há sucessão apostólica. Os apóstolos não tiveram sucessores quando morreram. Um apóstolo precisava ter visto a Cristo ressurreto (1Co 9.1), ter tido comunhão com Cristo (At 1.21-22) e ter sido chamado pelo próprio Cristo (Ef 4.11). Os apóstolos receberam poder especial para realizar milagres como prova de sua credencial (At 2.43; 5.12; 2Co 12.12; Hb 2.1-4).

O apostolado foi restrito aos doze e depois a Paulo, e não foi estendido a mais ninguém. Não há mais apóstolos hoje. A nomeação indiscriminada de apóstolos na igreja contemporânea está em desacordo com o ensino das Escrituras, pois nenhum deles possui as credenciais exigidas para o apostolado.

A decisão de Jesus de escolher os doze apóstolos é uma das decisões mais cruciais da história. Ele não escreveu livros, não ergueu monumentos nem fundou instituições. Ele discipulou pessoas do modo mais eficaz para perpetuar seu ministério. A existência da igreja prova a correção de sua decisão.

Destacamos, aqui, alguns pontos importantes.

A importância da oração na escolha da liderança da igreja (6.12)

Os doze apóstolos ocupam uma posição de suprema importância na história da redenção e na vida da igreja cristã.

A igreja seria edificada sobre o fundamento dos apóstolos (Ef 2.20). Eles seriam os responsáveis imediatos pela expansão do evangelho no mundo inteiro, dando ao mesmo tempo os fundamentos doutrinários da igreja.

Jesus não prescindiu da oração antes de tomar essa magna decisão. Passou uma noite inteira orando, submetendo-se à vontade do Pai, antes de escolher aqueles que deveriam ocupar a posição de liderança da igreja. A atitude de Jesus deve constituir-se em exemplo e inspiração para a igreja na escolha de seus líderes.

A importância da comunhão com Jesus para o desempenho da liderança (6.13)

Lucas diz que, depois de orar, Jesus chamou a si os discípulos e escolheu entre eles doze, aos quais deu o nome de apóstolos. Marcos vai além e diz que Jesus os designou para estarem com ele (Mc 3.14). A principal função da liderança da igreja não é fazer a obra de Deus, mas estar com o Deus da obra. O Senhor da obra é mais importante do que a obra do Senhor. A comunhão com Jesus é mais importante do que fazer a obra de Jesus. A comunhão é a base da missão.

Vida com Deus precede trabalho para Deus. Primeiro temos comunhão com Cristo, depois fazemos a obra de Cristo. Ter comunhão com Jesus é mais importante do que ativismo religioso. Como João, precisamos dizer: *Nós proclamamos o que temos visto e ouvido* (1Jo 1.3). Jesus chama os apóstolos não para ocuparem um cargo ou tomarem parte em uma instituição; ele os chama para si mesmo. A vida precede o ministério. A vida é o próprio ministério. A vida do líder é a vida da sua liderança, enquanto os pecados do líder são os mestres do pecado. A maior necessidade do líder cristão é ter intimidade com Jesus. Quem não anda

LUCAS — Jesus, o homem perfeito

na presença de Jesus não tem credencial para ser líder na igreja de Jesus.

A importância da unidade na diversidade na liderança da igreja (6.14-16)

Jesus não chamou a si um grupo homogêneo, de pessoas iguais com características idênticas. Chamou, ao contrário, pessoas diferentes, de personalidades diferentes, com temperamentos e habilidades diferentes, para compor o colegiado apostólico.

Jesus escolheu pessoas heterogêneas. Os doze apóstolos são um espelho da nova família de Deus. Ela é composta por pessoas diferentes, de lugares diferentes, de profissões diferentes, de ideologias diferentes. São pessoas limitadas, complicadas e imperfeitas que frequentemente discordam sobre muitos assuntos. Havia no grupo de Jesus desde um empregado de Roma (Levi ou Mateus) até um nacionalista que defendia a guerrilha contra Roma (Simão, o zelote). Esse grupo tão heterogêneo aprendeu a viver sob o senhorio de Cristo e tornou-se uma bênção para o mundo.

Quanto mais estudamos a lista dos apóstolos, mais seguros ficamos de que a escolha foi soberana, baseada na graça e não nos méritos. Jesus não escolheu os doze por causa da sua fé, que geralmente falhou. Ele não os escolheu por causa da sua habilidade, pois eles eram muito limitados.

Por trás dos doze, estão os 120 de Atos 1.15, os 3 mil de Atos 2.41 e os 5 mil de Atos 4.4, a multidão para nós incontável de Apocalipse 7.4,9 e, por fim, os povos abençoados na nova terra de Apocalipse 21.3,26. Os doze, portanto, são o cerne de um Israel restaurado e de uma raça humana renovada.[2]

A história desses doze apóstolos apresenta muitas lições preciosas.

Olhemos para Pedro. Pedro, chamado Simão, era um pescador por profissão. Provinha de Betsaida (Jo 1.44), mas morava em Cafarnaum. Era um homem que falava sem pensar. Era inconstante, contraditório e temperamental. No início, não era um bom modelo de firmeza e equilíbrio. Ao contrário, mudava constantemente de um extremo para outro. Ele mudou da confiança para a dúvida (Mt 14.28,30); de uma profissão de fé clara em Jesus Cristo para a negação desse mesmo Cristo (Mt 16.16,22); de uma declaração veemente de lealdade para uma negação vexatória (Mt 26.33-35,69-75; Mc 14.29-31,66-72; Lc 22.33,54-62); de "nunca me lavarás os pés" para *não somente os pés, mas também as mãos e a cabeça* (Jo 13.8,9).[3] Vivia sempre nos limites extremos, ora fazendo grandes declarações: *Tu és o Cristo, o Filho do Deus vivo*; ora repreendendo a Cristo. Pedro fazia promessas ousadas sem poder cumpri-las: *Por ti darei minha vida* e logo depois negou a Cristo. Pedro, o homem que fala sem pensar, que repreende a Cristo, que dorme na batalha, que foge e segue a Cristo de longe, que nega a Cristo. Mas Jesus chama pessoas não por aquilo que elas são, mas por aquilo que elas virão a ser em suas mãos.

Olhemos para Tiago e João. Eles eram explosivos, temperamentais, filhos do trovão. Um dia, pediram para Jesus mandar fogo do céu sobre os samaritanos. Eram também gananciosos e amantes do poder. A mãe deles pediu a Jesus um lugar especial para eles no reino. Tiago foi o primeiro a receber a coroa do martírio (At 12.2). Foi o primeiro a chegar ao céu, enquanto seu irmão, João, foi o último a permanecer na terra. Tiago não escreveu nenhum livro da Bíblia; João escreveu cinco livros: o evangelho, três epístolas e o Apocalipse.

Olhemos para André. Era irmão de Pedro. Foi ele quem levou Pedro a Cristo. Foi ele quem falou para Natanael

LUCAS — Jesus, o homem perfeito

sobre Jesus. Foi ele quem levou o garoto com cinco pães e dois peixinhos a Jesus. Ele sempre trabalhou nos bastidores.

Olhemos para Filipe. Era um homem cético e racional. Quando Jesus perguntou: *Onde compraremos pães para lhes dar a comer?* (Jo 6.5). Ele respondeu: *Não lhes bastariam duzentos denários de pão, para receber cada um o seu pedaço* (Jo 6.7). Ele disse para Jesus: o problema não é ONDE, mas QUANTO. Quando Jesus estava ministrando a aula da saudade, no cenáculo, no último dia, Filipe levanta a mão no fundo da classe e pergunta: *Senhor, mostra-nos o Pai, e isso nos basta* (Jo 14.8).

Olhemos para Bartolomeu. Era um homem preconceituoso. Foi ele quem perguntou: *De Nazaré pode sair alguma coisa boa?* (Jo 1.46).

Olhemos para Mateus. Era empregado do Império Romano, um coletor de impostos. Era publicano, uma classe repudiada pelos judeus. Tornou-se o escritor do evangelho mais conhecido no mundo.

Olhemos para Tomé. Era um homem de coração fechado para crer. Quando Jesus disse: ... *e vós sabeis o caminho para onde eu vou* (Jo 14.4), Tomé respondeu: *Eu não sei para onde vais, como saber o caminho?* (Jo 14.5). Tomé não creu na ressurreição de Cristo e disse, *se eu não vir nas suas mãos o sinal dos cravos, e ali não puser o meu dedo, e não puser minha mão no seu lado, de modo algum acreditarei* (Jo 20.25). Contudo, quando o Senhor ressurreto apareceu para ele, prostrou-se-lhe aos pés em profunda devoção e disse: *Senhor meu e Deus meu!* (Jo 20.28).

Olhemos para Tiago, filho de Alfeu, e Tadeu. Nada sabemos desses dois apóstolos. Eles faziam parte do grupo. Pregaram, expulsaram demônios, mas nada sabemos mais sobre eles. Permaneceram nas sombras do anonimato.

A escolha dos apóstolos

Olhemos para Simão, o zelote. Era membro de uma seita do judaísmo extremamente nacionalista.[4] Os zelotes eram aqueles que defendiam a luta armada contra Roma. Eram do partido de esquerda radical. Simão estava no lado oposto de Mateus. Os zelotes opunham-se ao pagamento de tributos a Roma e promoviam rebeliões contra o governo romano.

Olhemos para Judas Iscariotes. Era natural da vila de Queriot, localizada no sul da Judeia. Judas Iscariotes era o único apóstolo não galileu. Ocupou um cargo de confiança dentro do grupo. Era o tesoureiro e o administrador dos recursos financeiros. Judas, porém, não era convertido. Era ladrão e roubava da bolsa (Jo 12.6). Vendeu Jesus por ganância. Depois de ter recebido as 30 moedas de prata como uma recompensa para entregar a Jesus (Mc 14.10,11), ainda teve chance de arrepender-se, pois Jesus disse aos apóstolos: *Um dentre vós me trairá* (Mt 26.21). Mas ele ainda teve a audácia de perguntar a Jesus: *Porventura, sou eu?* (Mc 14.19). Judas serviu de guia à soldadesca armada que prendeu Jesus no Getsêmani (Mc 14.43-45), traindo o Filho de Deus com um beijo. Judas traiu Jesus e não se arrependeu. Preferiu o suicídio ao arrependimento (Mt 27.3-5; At 1.18).

Todos nós temos limitações, mas Jesus pode transformar um Pedro medroso num ousado pregador, um João explosivo no discípulo do amor, um Tomé cético e incrédulo num homem crente. Ele pode usar gente como você e eu na sua obra.

NOTAS

[1] WIERSBE, Warren W. *Be diligent.* Wheton, Illinois: Victor Books, 1987, p. 34.

[2] POHL, Adolf. *Evangelho de Marcos.* Curitiba, PR: Evangélica Esperança, 1998, p. 134.

[3] HENDRIKSEN, William. *Marcos.* São Paulo: Cultura Cristã, 2003, p. 165.

[4] UNGER, Merrill F. *The new unger's Bible hand book.* Chicago, Illinois: Moody Publishers, 1984, p. 387.

Capítulo 17

Jesus prega aos ouvidos e aos olhos
(Lc 6.17-49)

O TEXTO EM TELA mostra o ministério de cura e ensino de Jesus, que prega aos ouvidos ao ensinar e prega aos olhos ao curar. Jesus fala e faz. Ele tem conhecimento e poder.

Jesus prega aos olhos (6.17-19)

Jesus desce do monte com os apóstolos recém-investidos e encontra numa planície muitos discípulos e grande multidão do povo, procedentes de toda a Judeia, Jerusalém e do litoral de Tiro e Sidom. Essas pessoas estavam ávidas para ouvir Jesus e necessitadas de serem curadas por ele. Todos procuravam tocá-lo, porque dele saía poder. Jesus curou a todos, inclusive aos atormentados por espíritos imundos. Lucas faz uma importante conexão entre a oração e o poder para curar. Porque Jesus passou a noite toda orando, ao descer do monte, dele saía poder.

Jesus prega aos ouvidos (6.20-49)

Enquanto Mateus, mais detalhadamente, fala sobre o *sermão do monte* (Mt 5-7), Lucas trata resumidamente do *sermão da planície* (6.20-49). Esses dois sermões estão estreitamente conectados. Nas palavras de Rienecker, "os dois sermões são o mesmíssimo sermão".[1] Ambos começam com as bem-aventuranças. O mesmo Jesus que pregara aos olhos, curando os enfermos da grande multidão, agora, ensina a seus discípulos o estilo de vida dos súditos do reino. Notem que esse ensino, à semelhança do que registra Mateus (Mt 5.1,2), não é endereçado à grande multidão, mas aos discípulos (6.20). Seis verdades magnas são destacadas aqui.

As bem-aventuranças, a felicidade dos súditos do reino (6.20-23)

As bem-aventuranças revelam o vazio dos valores do mundo, pois exaltam aquilo que o mundo despreza e rejeitam aquilo que o mundo admira.[2] Jesus chama de felizes aqueles que o mundo considera desgraçados e de desgraçados aqueles que o mundo considera felizes. Falar assim é colocar um ponto final em todos os valores do mundo.[3] Robertson, ao comparar as bem-aventuranças relatadas por Lucas e Mateus, diz que é inútil especular por que Lucas fala apenas sobre quatro das oito bem-aventuranças de Mateus, ou por que Mateus não fala dos quatro *ais* de Lucas.[4]

Jesus trata no sermão sobre uma grande felicidade. A palavra grega *macários,* traduzida por "bem-aventurado", significa "feliz, muito feliz". Quem são essas pessoas felizes? Os pobres, os famintos, os que choram e os perseguidos. Esses possuirão o reino de Deus, serão fartos, haverão de rir e receberão grande galardão.

John Charles Ryle tem razão ao dizer que a pobreza aqui mencionada é aquela que vem acompanhada da graça divina. A fome é aquela que resulta de uma fiel aproximação ao Senhor Jesus. As aflições são por causa do evangelho. A perseguição surge por causa do nosso amor ao Filho de Deus. A pobreza, a fome, as aflições e as perseguições aqui mencionadas são as consequências inevitáveis da fé em Cristo.[5] Vamos olhar com mais detalhe essas quatro bem-aventuranças.

Bem-aventurados os pobres (6.20). Estas bem-aventuranças estão em contraposição à justiça farisaica. Os pobres aqui são aqueles que nada apresentam perante Deus, que se consideram miseráveis e carentes de auxílio perante Deus, que não esperam outra ajuda senão unicamente a que vem de Deus. Tornar-se pobre significa experimentar o desmanche do eu orgulhoso e inflado, ser conduzido das alturas das mentiras de nossa própria condição de ricos, saciados e grandes, para baixo, para o vale de nossa verdadeira pobreza e indigência. E mais: significa desmontar todos os falsos fundamentos e escoras aos quais nos apegamos e por meio dos quais tentamos ser algo por nossa própria conta. E fazer até o ponto em que toda a nossa pobreza se torna explícita.[6]

Aqueles que buscam a riqueza e os prazeres do mundo terão nessas coisas toda a sua recompensa. Porém, aqueles que buscam as coisas lá do alto, mesmo privados das riquezas deste mundo, receberão uma recompensa eterna. Nas palavras de William Barclay, "o gozo do céu compensará amplamente as dificuldades da terra".[7] O apóstolo Paulo esclarece este ponto: *Porque a nossa leve e momentânea tribulação produz para nós eterno peso de glória, acima de toda comparação* (2Co 4.17).

Bem-aventurados os famintos (6.21). Esta bem-aventurança, igualmente, expressa o contraste entre os escribas e fariseus. Aqueles que se consideram justos não precisam ter fome de justiça. Assim, o fariseu da parábola se portou diante do publicano, exaltando suas próprias virtudes (18.9-14).

Bem-aventurados os que choram (6.21). Hendriksen diz que o choro a que se faz referência aqui tem como fonte a tragédia do pecado.[8] O Evangelho de Lucas destaca com vívida eloquência exatamente aqueles que desconhecem a dor e as lágrimas do arrependimento (15.2,7). A fome e o choro do "agora" serão revertidos na bem-aventurança eterna.

Bem-aventurados os perseguidos (6.22,23). Aqueles que são perseguidos e hostilizados por causa de Jesus receberão glorioso galardão no céu. Rienecker, citando Tertuliano, diz: "Não é o sofrimento, mas a causa do sofrimento, que faz o mártir".[9]

Os ais aos que ficarão fora do reino (6.24-26)

Os quatro *ais* proferidos por Jesus são endereçados aos ricos, aos fartos, aos que agora riem e aos que são louvados por todos. Os *ais* tratam do reverso das bem-aventuranças.

É claro que Jesus não está condenando aqui a riqueza e a fartura em si. A riqueza não é pecado nem a pobreza é virtude. Há ricos piedosos e pobres ímpios. Há ricos generosos e pobres avarentos. O que Jesus condena são os ricos que só têm dinheiro, que fazem dele o seu deus, a razão de sua segurança e de sua alegria e que não sentem necessidade de Deus.

Jesus não está condenando o contentamento, pois esta é uma virtude espiritual, mas está trazendo um *ai* sobre aqueles que estão cheios de justiça própria e não se sentem carentes da graça de Deus.

Jesus também não está condenando a santa alegria, pois esta é uma ordenança divina, mas sim aquela risada maldosa, que odeia a justiça e escarnece da virtude. Morris diz que há um tipo de risada que é a expressão da superficialidade, e é esta folia sem conteúdo que terá de ceder lugar à lamentação e ao choro.[10]

É óbvio que Jesus não está trazendo um *ai* sobre aqueles que têm um bom testemunho, mas, sim, àqueles que são enaltecidos pelos porta-vozes desta geração decaída.[11] Os falsos profetas recebiam aclamação de todos (Jr 5.31), mas um profeta verdadeiro é por demais incômodo para ser popular.

John Charles Ryle interpreta o texto corretamente quando diz que aqueles sobre os quais Jesus diz *ai de vós* são aqueles que se recusam a acumular tesouros nos céus, porque amam as coisas deste mundo e não desistirão de seus bens, se necessário for, por amor a Cristo. São pessoas que preferem as alegrias e a suposta felicidade deste mundo, em vez de escolherem a paz e a alegria resultantes do crer em Cristo, e não se arriscarão em perder aquelas para ganhar estas. São pessoas que amam o louvor que procede dos homens, mais do que o louvor proveniente de Deus, pessoas que desprezarão a Cristo, em vez de desprezar o mundo.[12]

Fica claro que os valores do reino de Deus estão em total oposição aos pensamentos do mundo. Pobreza, fome, tristeza e perseguição são coisas que os homens se esforçam para evitar. Riqueza, abundância, alegria, divertimento e popularidade são exatamente as coisas que os homens estão sempre lutando para conseguir. Logo, o tipo de vida que o Senhor abençoa é aquele que o mundo detesta. As pessoas sobre as quais nosso Senhor disse *Ai de vós*, são estas que o mundo admira, elogia e segue. Este é um fato terrível que deve nos levar a examinar nosso próprio coração.[13] Na mesma linha de pensamento, Richards escreve: "Se alguém desejar seguir Jesus, os valores da sociedade humana deverão ser rejeitados e substituídos por aqueles que são apropriados aos cidadãos do reino que é governado por Deus".[14]

Warren Wiersbe é oportuno quando diz que os quatro *ais* apresentam uma verdade em comum: quem tira o que deseja da vida paga por isso. Se deseja riqueza imediata, saciedade e popularidade, pode conseguir essas coisas, mas há um preço: isso é tudo o que você vai receber. Jesus não disse que essas coisas são erradas. Disse que encontrar nelas toda a satisfação já é seu próprio julgamento.[15]

O amor transcendental, o padrão exigido aos súditos do reino (6.27-36)

As beatitudes e os ais chegaram ao fim. Os ouvintes têm agora diante de si qual tipo de vida devem viver a fim de provar que levaram a sério as advertências implícitas nos ais e que têm o direito, pela graça, de reivindicar para si as bênçãos.[16]

Jesus passa a falar sobre o amor incondicional e transcendental. O amor é a marca distintiva dos discípulos de Cristo (Jo 13.35). É o maior mandamento e o cumprimento da lei. O amor é o vínculo da perfeição, superior aos mais excelentes dons. O apóstolo Paulo deu essa mesma ênfase em suas epístolas (Rm 12.19-21; 1Ts 5.15; 1Co 6.7). O apóstolo Pedro de igual forma tratou do assunto (1Pe 3.9). O apóstolo João chegou a ser enfático na questão (1Jo 3.16).

Jesus prega aos ouvidos e aos olhos

O texto em tela não fala primariamente sobre ação, mas sobre reação. É amar o inimigo, fazer o bem a quem nos odeia, bendizer quem nos maldiz, orar por quem nos calunia, oferecer a outra face a quem já nos feriu o rosto, dar generosamente a quem nos pede e permitir pacificamente que se levem até os bens inalienáveis. Isso não é apenas reação, mas reação transcendental. Fritz Rienecker lança luz sobre a correta compreensão desse assunto quando diz que o mandamento de amar os inimigos não significa que devemos amar a maldade, ou a impiedade, ou o adultério, ou o roubo, mas sim amar, apesar de tudo, o ladrão, o ímpio e o adúltero em si, não porque são pecadores e denigrem o nome do ser humano por meio de suas atitudes, mas porque são seres humanos e criaturas de Deus.[17]

Jesus fecha a questão, trazendo à lume o que Jerônimo chamou de *breviário da justiça*[18], a regra de ouro: devemos fazer aos outros o que gostaríamos que eles fizessem a nós (6.31). Pagar o bem com o mal é crueldade; pagar o mal com o mal é vingança; pagar o mal com o bem é amor transcendental. Pagar o mal com o mal é o padrão de conduta dos incrédulos, mas pagar o mal com o bem é tornar-se semelhante ao nosso Senhor, que não revidou ultraje com ultraje; antes, intercedeu por seus algozes.

Morris diz corretamente que o coração desse sermão é a necessidade do amor. Jesus aqui não está pedindo o amor *storge,* "afeição natural"; nem o amor éros, "amor romântico"; nem o amor *philia,* "amor amizade"; mas o amor ágape, "amor sacrificial".[19] É uma atitude de benevolência com outra pessoa, não importa o que ela nos faça.[20] A quem devemos amar? Àqueles que nos insultam e nos ferem! Warren Wiersbe diz que neste mundo os pecadores mostram seu ódio nos evitando ou nos rejeitando (6.22), nos insultando

(6.28), abusando fisicamente de nós (6.29) e contendendo conosco (6.30). Como devemos tratar essas pessoas? Devemos amá-las, fazer o bem a elas e orar por elas.[21]

Esse amor transcendental nos leva a considerar três aspectos da ética cristã.

Em primeiro lugar, *a ética cristã é positiva em sua ação* (6.31). O cristianismo não é apenas uma coletânea de proibições negativas, mas, sobretudo, um reservatório de princípios positivos a serem seguidos. Não basta aos filhos do reino não fazerem o mal a seu próximo; eles são instados a fazer o bem. Não é suficiente deixarem de odiar seus inimigos; eles precisam amá-los, servi-los e orar por eles. O ensino de Jesus é claro: *Assim como quereis que os homens vos façam, assim fazei-o vós também a eles* (6.31). Esse princípio abrange a totalidade da vida. Não é suficiente para Cristo que seus seguidores se refreiem de atos que não gostariam que fossem praticados contra eles. Eles devem também ser ativos na prática do bem.[22] Esse princípio é expresso de forma negativa no livro apócrifo de Tobias 4.15: "O que você mesmo detesta, não o faça a ninguém". O grande rabino Hillel declarou, de forma semelhante: "O que lhe é detestável, não faça a seu próximo". A norma aparece também nos escritores gregos e romanos como Platão, Aristóteles e Sêneca. Essas regras todas eram negativas, mas a norma de Cristo é positiva.[23]

Em segundo lugar, *a ética cristã é medida por um padrão superior* (6.32-34). Jesus ressaltou aos seus discípulos a necessidade de possuírem um padrão de conduta para com seu próximo mais elevado do que o dos filhos do mundo.[24] Se amarmos apenas a quem nos ama, se fizermos o bem apenas a quem nos faz o bem, se emprestamos apenas a quem esperamos receber, não teremos recompensa, porque também os pecadores fazem o mesmo. Usar a régua do próximo para medir nossa ética é insuficiente para os filhos do reino. Precisamos nos comparar não com nossos vizinhos, mas com o Pai celestial, que é benigno até para com os ingratos e maus.

Em terceiro lugar, *a ética cristã possui uma motivação santa* (6.35,36). Amando os inimigos, fazendo o bem a eles e orando por eles, receberemos grande galardão e seremos filhos do Altíssimo. Então, seremos semelhantes ao nosso Pai e a nossa vida será um espelho a refletir o seu caráter: *Sede misericordiosos, como também é misericordioso vosso Pai* (6.36).

O julgamento temerário, uma proibição aos súditos do reino (6.37-42)

Quatro pontos devem ser destacados no texto em tela.

Em primeiro lugar, *uma ordem negativa* (6.37). O que Jesus está proibindo aqui não é o exercício do discernimento para distinguir entre luz e trevas, verdade e mentira, certo e errado. O que Jesus proíbe aqui é condenar alguém por violar a nossa sensibilidade moral.[25]

Leon Morris diz corretamente que Jesus não está rejeitando os processos legais. Não está pensando em tribunais e, sim, na prática por demais comum de as pessoas tomarem sobre si o direito de criticar e condenar o próximo. Se somos severos em nossos julgamentos das outras pessoas, geralmente descobrimos que elas nos pagam na mesma moeda. O homem que julga aos outros convida o julgamento de Deus contra si mesmo.[26] Rienecker corrobora essa ideia ao dizer que a proibição de julgar os outros não se refere a todos os tipos de julgamento. Há uma diferença essencial entre um juízo ofensivo e pessoal, e uma avaliação objetiva. Quando os pais avaliam seus filhos, os educadores avaliam os jovens que lhes são confiados, os superiores analisam seus subordinados e vice-versa, os alunos avaliam seus professores, os juízes julgam os réus, isso é algo necessário.[27] Jesus está condenando o espírito de crítica condenatória, o juízo precipitado, aparentando justiça própria, sem misericórdia e sem amor. Em outras palavras, Jesus condena essa inclinação para descobrir e condenar severamente as faltas reais ou imaginárias de outros, enquanto passa por alto as faltas pessoais[28]

Jesus está mais interessado aqui nos motivos que nos levam a julgar o próximo. Qual é o propósito de nosso julgamento? Ajudar o próximo ou prejudicá-lo? Acalmar os ânimos ou jogar mais lenha na fogueira? Restaurar o caído ou apresentar a nós mesmos como melhores em comparação a ele?

Em segundo lugar, *uma ordem positiva* (6.38). O simbolismo presente aqui é o de um mercado de cereais do Oriente Médio, onde a medida é recalcada, sacudida, transbordante e generosa. Anthony Ash diz que a medida era feita com um pedaço de tecido formando uma espécie de saco.[29] Rienecker complementa: "O quadro diz respeito aos grãos derramados num vasilhame, comprimidos para baixo e depois sacudidos de modo que cada parte fique cheia sendo os grãos derramados até transbordarem".[30] O princípio é o da semeadura e da colheita. Colhemos o que semeamos, na proporção que semeamos (Ef 6.8). Se julgarmos os outros, seremos julgados; se perdoarmos, seremos perdoados; mas, se condenarmos, seremos condenados (Mt 18.21-35). Deus dará sem medidas quando amamos sem medida. E Deus tem uma medida maior do que o homem. Se dedicarmos a vida a dar, Deus providenciará para que

Jesus prega aos ouvidos e aos olhos

recebamos; mas, se dedicarmos a vida apenas a receber, Deus providenciará para que percamos. Esse princípio não se aplica apenas à contribuição, mas também às outras áreas da vida.[31]

Em terceiro lugar, *uma cegueira perigosa* (6.39,40). No Evangelho de Mateus, a parábola dos cegos condutores volta-se diversas vezes contra os fariseus ou os líderes do povo (Mt 15.14; 23.16,24). O apóstolo Paulo faz o mesmo alerta (Rm 2.19). Cegas são as pessoas conduzidas, e cegos são também os condutores. Líderes e liderados inevitavelmente cairão no barranco.[32]

Em quarto lugar, *uma visão distorcida* (6.41,42). A trave é uma pesada peça de madeira usada para sustentar os caibros e as vigas do edifício, enquanto o argueiro é um cisco, algo insignificante diante do tamanho da trave. Jesus chama esse pretenso oftalmologista de hipócrita, a mesma palavra que usou reiteradas vezes para os escribas e fariseus, meticulosos em apontar os erros dos outros e complacentes com seus próprios pecados.

A parábola do cisco esclarece como é tolo e impossível alguém, que pessoalmente ostenta muitas deficiências de fé e caráter, tentar corrigir outro que sofre de um mal menor.[33] O que Jesus nos ensina é que devemos ser juízes severos com nós mesmos, mas moderados para com o próximo. Em outras palavras, o empenho de criticar e corrigir outros irmãos sem amor, por causa de pequenos erros, é completamente equivocado quando ignoramos os nossos próprios erros e as nossas piores falhas.

Concordo com Hendriksen quando ele escreve:

> A conclusão a que se chega é que essa passagem se aplica a todos, no sentido em que todos necessitam fazer um autoexame (1Co11.28) para que, sem autoexame e autodisciplina, não procurem descobrir falta nos

demais e queiram corrigi-los. Uma pessoa pode ser muito boa a seus próprios olhos (18.11,12); não obstante, se não for humilde, então, segundo Deus a vê, ela tem uma trave em seu olho, a trave da auto-justificação. Isso o transforma num oftalmologista cego que tenta fazer uma cirurgia no olho de outra pessoa [...] Quando, pela graça soberana de Deus, a trave for removida, o ex-descobridor de faltas estará em condições de ver com suficiente clareza para tirar o cisco do olho de seu irmão, ou seja, poderá restaurar tal pessoa com "espírito de mansidão", cuidando para "não ser também tentado" (Gl 6.1).[34]

A árvore e seus frutos, a boca e o coração (6.43-45)

Jesus usa duas figuras para ilustrar a verdade de que a nossa natureza revela nossas ações e de que as nossas palavras são a radiografia do nosso coração. Vejamos essas duas figuras.

Em primeiro lugar, *os frutos revelam a natura da árvore* (6.43,44). Uma árvore é boa ou má. Se é boa, produz bons frutos; se é má, produz frutos maus. Não se colhem figos de espinheiros nem se vindimam uvas de abrolhos. Uma árvore sempre produzirá frutos segundo a sua natureza. Uma laranjeira produzirá laranjas, uma mangueira produzirá mangas e uma macieira produzirá maçãs. Uma laranjeira não é laranjeira porque produz laranjas; ela produz laranjas porque é laranjeira. É de sua natureza produzir laranjas, e não mangas. Assim também são a conduta, as palavras e ações de um homem. Elas refletem a sua natureza. A conduta é o grande teste do caráter. Nossa conduta é o que os homens falarão a nosso respeito em nosso funeral, mas o nosso caráter é aquilo que os anjos testemunharão a nosso respeito na presença de Deus.

Em segundo lugar, *as palavras revelam o que está no coração*. O coração é como um tesouro bom ou mau. O homem bom tira do bom tesouro o bem; o homem mau tira do mau tesouro o mal. De mesma forma, o homem tira do coração suas palavras, pois a boca fala do que está cheio o coração. Tentar encobrir a sujeira do coração com palavras bonitas é consumada hipocrisia. É o mesmo que tentar encontrar as virtudes mais nobres nos abismos mais profundos da iniquidade. John Charles Ryle diz corretamente que a conversa de um homem revela o estado de seu coração.[35] Nossas palavras desvendam as profundezas da nossa alma. Nossas palavras trazem à luz as camadas abissais do nosso interior. Hendriksen diz: "Se o que está no coração é bom, o excedente que vaza será bom; se o conteúdo do ser interior é ruim, o que vaza pela boca será também ruim".[36]

Os dois fundamentos (6.46-49)

Jesus destaca aqui duas verdades importantes na conclusão do seu sermão.

Em primeiro lugar, *o conflito entre a profissão de fé e a obediência* (6.46). A profissão de fé é ortodoxa e fervorosa. O indivíduo não apenas diz "Senhor!", mas "Senhor, Senhor!" Não obstante, aquele que tem uma confissão tão certa e tão eloquente, não obedece ao Senhor. Há um descompasso entre sua língua e seu coração, entre suas palavras e sua vida, entre sua teologia e sua ética.

Em segundo lugar, *o conflito entre o ouvir e o praticar* (6.47-49). Jesus conclui seu sermão usando a figura do construtor sábio que investiu na fundação de sua casa, cavando, abrindo profunda vala e lançando o alicerce sobre a rocha, e a figura do construtor insensato que construiu sua casa sobre a terra sem alicerces. As duas casas, aos olhos desatentos, eram iguais. A diferença não estava naquilo que era visto pelos homens, mas naquilo que só podia ser visto por Deus.

Sobre ambas as casas aconteceu a mesma coisa: a enchente chegou e arrojou o rio contra elas. A casa construída sobre a rocha não se abalou, por ter sido bem construída; porém, a outra casa logo desabou e foi grande a sua ruína. Ouvir sem obedecer é insensatez. Falar sem praticar é tolice. Não é suficiente conhecer a verdade; é preciso praticar a verdade. Não é suficiente ter boa teologia; é preciso ter uma ética consistente. Não é suficiente ter uma fé ortodoxa; é preciso ter piedade. Não podemos separar o que Deus uniu: teologia e ética, doutrina e vida, ortodoxia e piedade!

Concluo com as palavras de Hendriksen:

> O construtor sábio ou insensato edifica a sua casa – isto é, sua vida – sobre Cristo, a Rocha sólida. Séria e sinceramente empenha-se, em oração, para regular sua vida em harmonia com as palavras de Jesus, reveladas nas Escrituras. O construtor insensato segue seu próprio caminho. A hora da crise, porém, é inevitável. Ninguém pode escapar dela. O resultado é irrevogável. O construtor sábio verá que sua casa sequer se moveu ao ser açoitada pela torrente impetuosa. A casa do construtor insensato imediatamente vem ao chão.[37]

NOTAS

[1] RIENECKER, Fritz. *Evangelho de Lucas*, p. 156.

[2] MORRIS, Leon L. *Lucas: introdução e comentário*, p. 120.

Jesus prega aos ouvidos e aos olhos

[3] BARCLAY, William. *Lucas*, p. 77,78.

[4] ROBERTSON, A. T. *Comentário Lucas à luz do Novo Testamento Grego*, p. 126.

[5] RYLE, John Charles. *Meditações no Evangelho de Lucas*, p. 90.

[6] RIENECKER, Fritz. *Evangelho de Lucas*, p. 156,157.

[7] BARCLAY, William. *Lucas*, p. 78,79.

[8] HENDRIKSEN, William. *Lucas*. Vol. 1, p. 460.

[9] RIENECKER, Fritz. *Evangelho de Lucas*, p. 159.

[10] MORRIS, Leon L. *Lucas: introdução e comentário*, p. 122.

[11] RIENECKER, Fritz. *Evangelho de Lucas*, p. 160.

[12] RYLE, John Charles. *Meditações no Evangelho de Lucas*, p. 90,91.

[13] RYLE, John Charles. *Meditações no Evangelho de Lucas*, p. 91.

[14] RICHARDS, Lawrence O. *Comentário histórico-cultural do Novo Testamento*, p. 151.

[15] WIERSBE, Warren W. *Comentário bíblico expositivo*. Vol. 5, p. 249.

[16] HENDRIKSEN, William. *Lucas*. Vol. 1, p. 468.

[17] RIENECKER, Fritz. *Evangelho de Lucas*, p. 161.

[18] RIENECKER, Fritz. *Evangelho de Lucas*. 2011, p. 163.

[19] MORRIS, Leon L. *Lucas: introdução e comentário*, p. 122.

[20] BARCLAY, William. *Lucas*, p. 80.

[21] WIERSBE, Warren W. *Comentário bíblico expositivo*. Vol. 5, p. 249.

[22] MORRIS, Leon L. *Lucas: introdução e comentário*, p. 124.

[23] HENDRIKSEN, William. *Lucas*. Vol. 1, p. 473.

[24] RYLE, John Charles. *Meditações no Evangelho de Lucas*, p. 93.

[25] RICHARDS, Lawrence O. *Comentário histórico-cultural do Novo Testamento*, p. 152.

[26] MORRIS, Leon L. *Lucas: introdução e comentário*, p. 125.

[27] RIENECKER, Fritz. *Evangelho de Lucas*, p. 165.

[28] HENDRIKSEN, William. *Lucas*. Vol. 1, p. 479,480.

[29] ASH, Anthony Lee. *O Evangelho segundo Lucas*, p. 128.

[30] RIENECKER, Fritz; ROGERS, Cleon. *Chave linguística do Novo Testamento Grego*, p. 115,116.

[31] WIERSBE, Warren W. *Comentário bíblico expositivo*. Vol. 5, p. 250.

[32] RIENECKER, Fritz. *Evangelho de Lucas*, p. 166.

[33] RIENECKER, Fritz. *Evangelho de Lucas*, p. 167.

[34] HENDRIKSEN, William. *Lucas*. Vol. 1, p. 488,489.

[35] RYLE, John Charles. *Meditações no Evangelho de Lucas*, p. 96.

[36] HENDRIKSEN, William. *Lucas*. Vol. 1, p. 490.

[37] HENDRIKSEN, William. *Lucas*. Vol. 1, p. 496.

Capítulo 18

Uma grande fé
e um grande milagre
(Lc 7.1-10)

O SERMÃO DA PLANÍCIE está concluído. O que se segue tem estreita conexão com o que aconteceu: uma conexão geográfica, cronológica e temática.[1] À guisa de introdução, três fatos devem ser destacados.

Jesus está terminando o sermão do monte (7.1). Depois de apresentar a plataforma do reino, com o sermão da planície, Jesus opera grandes obras de forma poderosa, pois pregava tanto aos olhos como aos ouvidos.

Jesus está voltando para Cafarnaum (7.1). Depois que ele foi expulso de Nazaré, fixou residência em Cafarnaum (Mt 9.1). Ali ficava um posto de fiscalização romana, pois essa cidade, situada na parte noroeste do mar da Galileia, estava na rota Damasco-Jerusalém.

Jesus está abrindo a porta do reino para os gentios (7.9). O centurião romano era gentio. Estava destacado em Cafarnaum como um líder da ocupação romana. Mesmo assim, amava o povo judeu, financiou a construção de sua sinagoga e era respeitado pelos líderes religiosos. Lucas, mais do que qualquer outro evangelista, destaca o aspecto universal da salvação e deixa claro que Jesus veio não apenas para trazer salvação aos judeus, mas, de igual modo, aos gentios.

Seguindo esse mesmo raciocínio, David Neale diz que a cura do centurião aprofunda ainda mais o tema da salvação dos gentios na narrativa lucana. Previamente, na canção de Simeão, o ancião descreveu o menino Jesus como *luz para revelação aos gentios* (2.32). João Batista disse que *toda a humanidade verá a salvação de Deus* (3.6). A rejeição de Jesus na sinagoga de Nazaré foi causada por sua referência aos gentios – a viúva de Sarepta em Sidom e Naamã, o sírio (4.25-27). A inclusão dos gentios na salvação de Deus se tornará crescentemente explícita neste Evangelho (8.26-39; 10.13-15,29-37; 13.22-30; 17.11-19). Todas essas histórias são sobre os gentios que responderam positivamente a Jesus.[2]

A passagem em apreço ensina-nos sete lições, que passaremos a destacar.

Um homem com uma grande necessidade (7.2)

O centurião era o capitão de uma corporação de 100 soldados romanos. William Barclay diz que a centúria era a espinha dorsal do exército romano.[3] Esse centurião não permitiu que as demandas de seu trabalho endurecessem seu coração. Ele era amigo do povo a quem dominava, e

Uma grande fé e um grande milagre

amava o servo que estava a seu serviço. Esse servo caiu gravemente enfermo. Estava à morte. Segundo Mateus 8.6, ele estava prostrado de cama com paralisia, sofrendo de modo terrível, gravemente atormentado. A enfermidade levara o servo aos próprios umbrais da morte.[4] Nenhum recurso da medicina da época pôde debelar sua doença. A morte o espreitava. Seu senhor, aflito, tem um problema urgente e sem solução.

O amor desse centurião pelo seu escravo é digno de nota, pois na lei romana um escravo era apenas uma ferramenta viva, sem nenhum direito. Seu dono podia maltratá-lo e matá-lo.[5]

Um homem com uma grande iniciativa (7.3)

O centurião, reconhecendo sua impotência para socorrer o servo à beira da morte, ouve falar de Jesus. Escuta como ele curava os enfermos, purificava os leprosos, dava vista aos cegos, audição aos surdos e voz aos mudos. Uma lâmpada de esperança acendeu em sua alma e ele toma uma iniciativa imediata e urgente. Envia alguns anciãos judeus para pedir que Jesus vá à sua casa curar o servo. Ele não dá uma ordem, pede. Ele não exige, suplica. Reconhece que a única solução para o seu problema é Jesus e, por isso, recorre a ele.

Um homem com uma grande reputação (7.4,5)

Charles Spurgeon diz que há quem se tenha em baixa conta com razão, já que todo mundo concordaria com essa avaliação. Outros há que se acham grande coisa, porém, quanto mais são conhecidos, menos são louvados; quanto mais inclinam a cabeça para o alto, mais o mundo se ri deles com desprezo. São bem poucos, porém, os que apresentam a feliz combinação da personagem do texto em foco. Os anciãos dizem ser o centurião um homem digno. Ele, porém, afirma de si mesmo: *Senhor, eu não sou digno* (7.6).[6]

Os anciãos, pensando que Jesus era governado pelos mesmos preconceitos que os dominavam, suplica a Jesus com insistência para ir à casa do centurião. Argumentam com Jesus acerca da dignidade desse romano. Expõem diante de Jesus dois argumentos eloquentes: ele é amigo do povo judeu e defende a religião judaica. Isso está em contraste com o sentimento comum daquela época, pois os romanos consideravam os judeus uma raça imunda.

Esse centurião, embora fosse um pagão de nascimento e exercesse uma profissão militar odiada pelos judeus, era um homem piedoso, temente a Deus, que desfrutava de boa reputação entre o povo. Morris corrobora dizendo que esse centurião romano era humanitário, rico e piedoso.[7] O império naquela época ainda não hostilizava as religiões dos povos subjugados. William Barclay cita a famosa sentença do historiador Gibbon: "Todas as formas religiosas que existiam no mundo romano eram consideradas igualmente verdadeiras pelas pessoas, falsas pelos filósofos, e muito úteis para os magistrados". Mas este centurião não era um cínico; era um homem sinceramente religioso.[8]

Um homem com uma grande humildade (7.6,7a)

Jesus atende ao pedido do centurião e vai com seus emissários. Porém, ao aproximar-se de sua casa, o centurião envia amigos para dizer a Jesus que ele não era digno que entrasse em sua casa. Os anciãos disseram a Jesus que ele era digno, mas ele mesmo não se sentia digno nem para ir a Jesus nem mesmo para que Jesus entrasse em sua casa. Um homem

Uma grande fé e um grande milagre

humilde não promove sua própria dignidade nem ostenta o *bottom* de suas virtudes. A grandeza da humildade não está em sua ostentação, mas no reconhecimento de sua insignificância. O autoelogio é uma negação da verdadeira humildade. A soberba cobre a cara de vergonha ao ser execrada pela humilhação, mas a humildade é elogiada e enaltecida pelo próprio Filho de Deus. O mesmo Deus que despreza os soberbos dá graça aos humildes, pois aquele que se exaltar será humilhado, mas o que se humilhar será exaltado.

Um homem com uma grande fé (7.7b,8)

O centurião era uma autoridade sobre os soldados de sua centúria e sobre os servos de sua casa. Ele dava ordens, e suas ordens precisavam ser cumpridas. Mas, agora reconhece que Jesus tem uma autoridade maior que a sua. Sabe que Jesus tem toda autoridade sobre a enfermidade que aflige o seu servo. Por isso, ele demonstra uma fé simples, mas vigorosa, uma fé que não exige sinal, que não precisa de provas. O centurião não precisa ver para crer como Tomé. Ele crê para ver. Ele sabe que Jesus pode curar à distância e que uma ordem de Jesus e a realidade são a mesma coisa.

Um homem com um grande elogio (7.9)

A humildade singela e a fé robusta do centurião produziram dois efeitos em Jesus. O primeiro foi surpresa e admiração; o segundo foi um elogio singular. Mesmo entre o povo de Israel, Jesus não identificou fé tão grande. Rienecker destaca: "Ainda que diversos outros aspectos no oficial gentio fossem dignos de elogio, como, por exemplo, o amável cuidado com seu servo, o seu amor por Israel, a modéstia incomum para um romano e a comedida reserva, Jesus elogia, antes de tudo, única e exclusivamente sua grande fé.[9]

LUCAS — Jesus, o homem perfeito

As únicas duas vezes que Jesus destacou a grandeza da fé de alguém foi no caso desse centurião e da mulher sírio-fenícia. Ambos eram gentios. Os evangelhos informam somente duas ocasiões em que o Senhor se admirou: com a grande fé deste gentio em Cafarnaum e com a grande incredulidade dos judeus em Nazaré (Mc 6.6). Leon Morris diz que não se trata aqui de uma crítica a Israel, pois a implicação é que Jesus tinha achado fé ali, mas não uma fé tão grande como aquela do centurião. O que era surpreendente é que este gentio tivesse fé tão grande, fé maior do que aquela que se achava entre os israelitas, o povo de Deus.[10]

Um homem com um grande milagre (7.10)

Os emissários enviados pelo centurião, ao chegarem em sua casa, constataram o milagre da cura do servo. A cura foi imediata e completa. A cura foi em resposta à fé daquele gentio que, mesmo não se sentindo digno de receber Jesus em sua casa, foi achado digno de recebê-lo em seu coração.[11]

NOTAS

[1] HENDRIKSEN, William. *Lucas*. Vol. 1, p. 501.

[2] NEALE, David A. *Novo comentário bíblico Beacon Lucas 1-9*, p. 206.

[3] BARCLAY, William. *Lucas*, p. 85.

[4] HENDRIKSEN, William. *Lucas*. Vol. 1, p. 502.

Uma grande fé e um grande milagre

[5] BARCLAY, William. *Lucas*, p. 86.

[6] SPURGEON, Charles H. *Milagres e parábolas do nosso Senhor.* São Paulo, SP: Hagnos, 2016, p. 437.

[7] MORRIS, Leon L. *Lucas: introdução e comentário*, p. 129.

[8] BARCLAY, William. *Lucas*, p. 86.

[9] RIENECKER, Fritz. *Evangelho de Lucas*, p. 173.

[10] MORRIS, Leon L. *Lucas: introdução e comentário*, p. 131.

[11] RIENECKER, Fritz. *Evangelho de Lucas*, p. 172.

Capítulo 19

A caravana da vida e a caravana da morte
(Lc 7.11-17)

JESUS SOCORRE não apenas o centurião romano, que demonstra uma grande fé, mas também se compadece da viúva de Naim, que no amargo lamento de sua miséria fez desaparecer qualquer vestígio de fé.[1] Naim era uma pequena cidade a aproximadamente 10 quilômetros ao sul de Nazaré ou 34 quilômetros de Cafarnaum, nas proximidades do monte Tabor ao norte e do monte Gilboa a sudeste.[2]

Warren Wiersbe diz que vemos nesse episódio o encontro de dois grupos, a caravana da vida e a caravana da morte; de dois filhos únicos, Jesus, o Unigênito do Pai, vivo, destinado a morrer, e o filho único da viúva, morto, destinado a viver; de dois sofredores, a viúva enlutada e Jesus, o homem de dores; e de dois inimigos, a morte o último inimigo a ser vencido e Jesus aquele que matou a morte e arrancou seu aguilhão.[3]

O texto em tela fala sobre a caravana que saía de Naim, liderada pela morte, o rei dos terrores (7.11), e sobre a caravana que entrava em Naim, liderada por Jesus, o Autor da vida (7.12). Aqui a caravana da morte e a caravana da vida se encontram. Diante do coral da morte, o solo da ressurreição prevalece. A esperança brota do desespero, e o cenário mais doloroso converte-se em cenário de exultante alegria. John Charles Ryle diz que o Príncipe da paz é maior do que o Rei dos terrores e, embora a morte, o último inimigo a ser vencido, seja poderosa, não é tão poderosa quanto o Amigo dos pecadores.[4]

Lawrence Richards diz que este acontecimento tem sido chamado de "milagre supremo".[5] David Neale diz que esse não era o primeiro milagre público de Jesus (5.25; 6.10,18), porém é o mais marcante do ministério de Jesus até esse ponto. É o primeiro milagre de ressurreição operado por Jesus (7.11,12).[6]

Algumas verdades devem ser destacadas no texto em apreço.

Jesus enxerga a nossa dor (7.13)

Este episódio registra três tragédias: 1) A morte de um jovem. Morrer na juventude era considerado uma grande tragédia. 2) A morte de um filho único. Esta tragédia é ainda maior. 3) A morte do filho único de uma viúva. Este é o ponto culminante da tragédia.

A mulher viúva sai para enterrar seu filho único. Deixa para trás sua esperança e tem pela frente apenas a solidão. Aquele esquife carrega não apenas o corpo de seu filho, mas também o seu futuro. O mundo dessa mulher desaba. É nesse momento que Jesus a distingue das demais pessoas que choram. Jesus sabe que a dor que ela está sentindo é diferente e avassaladoramente maior do que a dor de todas as demais pessoas. Jesus ainda hoje vê a nossa dor.

Jesus se compadece de nós em nossa aflição (7.13)

Essa mulher viúva, enlutada, não pede nada, não espera nada. Está apenas mergulhada em sua dor, naufragando nas ondas revoltas de suas lágrimas. Mas Jesus a enxerga na sua dor e se compadece dela. As entranhas de Jesus se movem, e ele inclina seu coração cheio de ternura para ela.

Ainda hoje, Jesus nos vê em nossa aflição e nos consola em nossa dor. Ele sabe o que estamos passando. Conhece nossa realidade e se identifica conosco em nosso sofrimento.

Jesus estanca as nossas lágrimas (7.13)

Não há uma palavra mais insensata num funeral do que esta: "Não chores". Funeral é lugar de choro. A morte traz sofrimento e dor. As lágrimas são esperadas numa hora do luto. Mas o Jesus que ordena, "Não chores", é o mesmo que tem poder para estancar as lágrimas. Seu poder não é apenas para consolar nossa dor, mas também para colocar um ponto final na causa do nosso choro.

Jesus triunfa sobre a morte que nos espreita (7.14)

O solo da ressurreição triunfa sobre o coral da morte. Jesus não se afasta; ele chega mais perto. Jesus toca o esquife. Ele para os que conduziam o enterro e carregavam o morto. Jesus chama o morto e dá uma ordem a ele: "Levanta-te". Aquele que é a ressurreição e a vida tem poder sobre a morte. A morte escuta a sua voz. Quando Jesus chega, a morte precisa bater em retirada. A morte não tem a última palavra quando Jesus ergue sua voz! O mesmo Jesus que ressuscitou esse jovem trará à vida todos os mortos no último dia (Jo 5.28,29).

Jesus nos devolve a esperança (7.15)

A vida entrou no jovem e ele se assentou. O silêncio da morte foi vencido, e o jovem que estivera morto passou a falar. Então, Jesus o restituiu à sua mãe. A esperança voltou a brilhar no coração daquela mãe. O irremediável aconteceu. O impossível tornou-se realidade. A vida desfraldou suas bandeiras. O choro doído foi trocado pela alegria indizível. As vestes mortuárias foram deixadas para trás.

William Hendriksen destaca o maravilhoso poder de Jesus, nestes termos: "Profunda compaixão, infinita sabedoria, ilimitada autoridade, maravilhoso poder! Aleluia! Que grande Salvador!"[7]

Jesus é proclamado publicamente como o Profeta de Deus (7.16,17)

Diante desse milagre extraordinário, o povo relembrou a profecia de Moisés. Deus enviaria um profeta semelhante a Moisés. Este seria o Messias de Deus. As obras de Jesus testificam quem ele é. O poder de Jesus sobre a morte trouxe temor ao povo na terra e promoveu a glória de Deus no céu. Essa notícia gloriosa percorreu não apenas a Galileia, onde a cidade de Naim estava situada, mas chegou também às distantes regiões da Judeia.

NOTAS

[1] RIENECKER, Fritz. *Evangelho de Lucas*, p. 173.

[2] NEALE, David A. *Novo comentário bíblico Beacon Lucas 1-9*, p. 214.

[3] WIERSBE, Warren W. *Comentário bíblico expositivo*. Vol. 5, p. 253.

[4] RYLE, John Charles. *Meditações no Evangelho de Lucas*, p. 103.

[5] RICHARDS, Lawrence O. *Comentário histórico-cultural do Novo Testamento*, p. 155.

[6] NEALE, David A. *Novo comentário bíblico Beacon Lucas 1-9*, p. 215.

[7] HENDRIKSEN, William. *Lucas*. Vol. 1, p. 521.

Capítulo 20

Os conflitos de um homem de Deus
(Lc 7.18-35)

O FILHO DO DESERTO está preso. O ministério de Jesus cresce, enquanto João Batista é esquecido na prisão. Os milagres de Jesus são notórios, enquanto o seu precursor vive na escuridão lôbrega do cárcere. As multidões fluem a Jesus e recebem seus milagres, enquanto João amarga o ostracismo de uma prisão imunda.

João está preso, mas seus discípulos o fazem saber dos milagres operados por Jesus. É nesse contexto que quatro verdades saltam aos nossos olhos, no texto em tela.

A dúvida que atormenta o coração (7.18-20)

Os milagres de Cristo eram públicos e chegavam ao conhecimento de João na prisão. João, homem do deserto, estava encerrado na prisão, na masmorra de Maquerós, nas proximidades do mar Morto. Diante de tantos sinais extraordinários operados por Jesus, talvez João tivesse a expectativa de ser libertado dessa masmorra por uma intervenção sobrenatural. Porém, em virtude de as circunstâncias não mudarem, ele envia dois de seus discípulos a Jesus, para saber se ele era mesmo o Messias, ou se haveria de esperar outro. Quais seriam as possíveis dúvidas de João?

Em primeiro lugar, *como conciliar as maravilhas que Jesus opera com a dolorosa situação que o atinge?* Jesus cura enfermos e ressuscita mortos, mas onde está Jesus que não vem ao encontro do seu profeta para libertá-lo? Esse é, também, o nosso drama. Como conciliar o poder de Jesus com as angústias que sofremos? Como conciliar o poder de Jesus com a inversão de valores da sociedade: Herodes no trono e João Batista na cadeia? Como conciliar o poder de Jesus numa época em que uma jovem fútil, uma mulher adúltera e um rei bêbado podem atentar contra a vida do maior homem, do maior profeta, sem nenhuma intervenção do céu?

Em segundo lugar, *como conciliar o silêncio de Jesus com a urgente necessidade de seu precursor?* Por que Jesus não se pronunciou em defesa de João? Por que não fez um discurso desbancando a prepotência de Herodes? Por que Jesus não se apresentou como advogado de João Batista? Não é fácil conviver com o silêncio de Jesus na hora da aflição. João esperou libertação, mas sua cabeça foi cortada pela lâmina afiada de um soldado romano.

Em terceiro lugar, *como conciliar a não intervenção de Jesus com a mensagem de juízo que ele anunciara sobre o*

Messias? João falou sobre um Messias que traria o juízo de Deus. Um Messias que colocaria o machado na raiz da árvore. Um Messias que recolheria a palha e a jogaria na fornalha acesa. João esperou que Jesus viesse exercer seu juízo, sua vingança, brandindo a espada com uma corte celestial para libertá-lo. Mas o que João escuta é sobre os atos de misericórdia de Jesus. O Messias não se move para libertá-lo. Enquanto Jesus está cuidando dos enfermos, João está mais próximo do martírio.

Em quarto lugar, *a dúvida de João é alimentada não pelo calabouço, mas por expectativas não correspondidas.* João está enfrentando problemas e Jesus continua suas atividades normalmente. O que vale a pena destacar é que João não engoliu suas dúvidas. Ele as expôs. Ele fez perguntas. Ele buscou a Jesus para resolver seus conflitos. Os homens de Deus, às vezes, são assaltados pela dúvida. As pessoas mais santas são susceptíveis às dúvidas mais profundas. Isso aconteceu com outros servos de Deus no passado. Moisés quase desistiu certa ocasião (Nm 11.10-15). Elias pediu para morrer (1Rs 19). Jeremias também teve seu momento de angústia (Jr 20.7-9,14-18). Até o apóstolo Paulo chegou a ponto de desesperar-se da própria vida (2Co 1.8,9).

A confirmação que pacifica a alma (7.21-23)

Duas coisas merecem destaque aqui.

Em primeiro lugar, *o que Jesus não disse.* Jesus não fica zangado diante das nossas dúvidas sinceras. Deus não rejeitou as perguntas de Abraão, Jó e Moisés nem Jesus rejeitou as perguntas de João Batista. Por outro lado, Jesus não livrou João da prisão. Aquele que andou sobre o mar poderia mudar o pensamento de Herodes e ferir de cegueira os soldados. Aquele que expulsou demônios poderia abrir as portas da prisão de Maquerós. Mas Jesus não fez isso. Nenhum plano de batalha. Nenhum grupo de salvamento. Nenhuma espada flamejante. Apenas uma mensagem do reino.

Em segundo lugar, *o que Jesus fez*. Em vez de Jesus responder aos discípulos de João com palavras, responde-lhes com obras e ações poderosas, curando muitos de moléstias, flagelos e espíritos malignos, e dando vista a muitos cegos (7.21). As obras evidenciadas por Jesus não são de juízo, mas de misericórdia. Jesus então diz aos mensageiros para anunciarem a João Batista o que eles estavam vendo e ouvindo: os cegos veem, os coxos andam, os leprosos são purificados, os surdos ouvem, os mortos ressuscitam, e aos pobres é anunciado o evangelho (7.22). Talvez João quisesse ouvir: "Meus exércitos já estão reunidos. Cesareia, a sede do governo romano, está por cair. O juízo já começou". Mas Jesus manda dizer: *A misericórdia de Deus está aqui.*

Três verdades devem ser aqui destacadas.

Jesus dá provas de que ele é o Messias (7.21). Esses sinais seriam operados pelo Messias que havia de vir (Is 29.18,19; 35.4-6; 42.1-7). Não era, portanto, necessário esperar outro Messias, pois o Jesus histórico é o Messias de Deus!

Jesus prega aos ouvidos e aos olhos (7.22). Jesus fala e faz, prega e demonstra, revela conhecimento e também poder. Jesus prega aos ouvidos e aos olhos. A mensagem de Jesus a João tem três ênfases, como vemos a seguir.

Primeiro, a mensagem de Jesus mostra que o reino de Deus abre as portas para que os rejeitados sejam aceitos. Ninguém era mais discriminado na sociedade do que os cegos, os coxos, os leprosos e os surdos. Eles não tinham valor. Eram feridas cancerosas da sociedade. Eram excesso de bagagem à beira da estrada. Mas a estes que a sociedade chamava de escória, Jesus valorizou, restaurou, reciclou, curou, levantou e devolveu a dignidade da vida. Jesus manda dizer a João que o reino que ele está implantando não tem os mesmos valores dos reinos deste mundo.

Segundo, a mensagem de Jesus mostra que no reino de Deus a sepultura não tem força e a morte não tem a última palavra. O problema do homem não é o tipo de morte que enfrenta agora, mas o tipo de ressurreição que terá no futuro. Se Jesus é o nosso Senhor, então a morte não tem mais poder sobre nós. Seu aguilhão foi arrancado. A morte foi vencida.

Terceiro, a mensagem de Jesus mostra que no reino de Deus há uma oferta gratuita de vida eterna. O reino de Deus é para o pobre, que se considera falido espiritualmente, não importa qual seja sua condição social. Enquanto João está pedindo a solução do temporário, Jesus está cuidando do eterno.

Jesus adverte sobre o perigo de não o reconhecer como Messias (7.23). Feliz é aquele que não encontra em Cristo motivo de tropeço. As vicissitudes da vida não podem abalar os fundamentos da nossa fé.

A aprovação que dignifica João Batista (7.24-30)

Jesus envia os mensageiros de volta a João Batista e, então, em vez de fazer uma censura ao seu precursor, enaltece-o diante do povo. Cinco fatos sobre João Batista devem ser aqui destacados.

Em primeiro lugar, *um homem que não se dobra diante das circunstâncias adversas* (7.24). João Batista não era um caniço agitado pelo vento, que se curva diante das adversidades. Era um homem incomum e inabalável. Ele preferiu ir para a prisão com a consciência livre a ficar livre com a consciência prisioneira. Ele preferiu a morte à convivência com o pecado do rei Herodes. O martírio é preferível à apostasia!

Em segundo lugar, *um homem que não se dobra às seduções do poder* (7.25). João Batista era um homem insubornável. Ele não viveu bajulando os poderosos, tecendo-lhes elogios a despeito de seus pecados. Ao contrário, confrontou-os com firmeza granítica e robustez hercúlea. Ele não vendeu sua consciência para alcançar o favor do rei. Não buscou as glórias deste mundo para angariar favores efêmeros, mas cumpriu cabal e fielmente o seu ministério.

Em terceiro lugar, *um homem preparado por Deus para uma grande obra* (7.26,27). João Batista era um grande profeta. Veio ao mundo em cumprimento à profecia. Seu nascimento foi um milagre, sua vida foi um exemplo, seu ministério foi uma obra de preparação para a chegada do Messias, e sua morte foi uma demonstração de indobrável coragem.

Em quarto lugar, *um homem enaltecido pelo Filho de Deus* (7.28). João Batista era um grande homem. Entre todos os grandes homens da antiga dispensação, João Batista foi o maior de todos (Mt 11.11). Muitos profetas apontaram para o Messias que havia de vir, mas foi João Batista quem disse: *Eis o Cordeiro de Deus que tira o pecado do mundo* (Jo 1.29). Foi ele quem preparou o caminho do Senhor (3.3-6). Foi ele quem batizou Jesus para que este desse início ao seu ministério.

Morris diz, com razão, que Jesus não parou aí. Disse que o menor no reino de Deus é maior do que ele. A vinda de Jesus marcava uma linha divisória. Ele veio inaugurar o reino. E o menor daquele reino é maior do que o maior entre os homens. João pertencia à era da promessa. O menor do reino é maior não por causa de quaisquer qualidades que venha a possuir, mas, sim, porque pertence ao tempo do cumprimento. Jesus não está subestimando a importância de João; está colocando a membresia do reino na perspectiva apropriada.[1]

Os conflitos de um homem de Deus

Na mesma linha de pensamento, Warren Wiersbe diz que João foi arauto do Rei, anunciando o reino. Os cristãos de hoje são filhos do reino e amigos do Rei (Jo 15.15).[2]

E quinto lugar, *um homem bem-sucedido em seu ministério* (7.29,30). João não pregou no palácio nem mesmo no templo. Ele pregou no deserto e para o deserto as multidões se desabalaram. A ele acorreram grandes multidões. Até mesmo publicanos e soldados, arrependidos, foram batizados por ele. Apenas os fariseus e os intérpretes da lei, cegos pelo preconceito e cheios de autojustiça, recusaram sua pregação e não foram batizados.

A condenação aos que rejeitam os mensageiros de Deus (7.31-34)

Jesus comparou aquela geração a meninos imaturos, que não se contentavam com coisa alguma. João pregava uma mensagem severa e vivia de forma austera, e eles o rejeitaram, acusando-o de endemoniado (7.31-33). Jesus andava entre o povo, identificando-se com as pessoas comuns e pregando uma mensagem de salvação repleta de graça, e eles acusaram Jesus de glutão, beberrão e amigo dos pecadores. Aquela perversa geração recusou o precursor do Messias e também o Messias. Richards diz que Deus havia enviado dois mensageiros a essa geração: João Batista, o poderoso pregador nos moldes de Elias, e Jesus, cujo ministério foi marcado pela bondade e pelos milagres de cura. No entanto, os "doutores da lei" rejeitaram a ambos (7.18-35).[3] Warren Wiersbe diz que eles não queriam nem o funeral nem o casamento, pois nada lhes agradava.[4]

NOTAS

[1] MORRIS, Leon L. *Lucas: introdução e comentário*, p. 136.

[2] WIERSBE, Warren W. *Comentário bíblico expositivo*. Vol. 5, p. 255.

[3] RICHARDS, Lawrence O. *Comentário histórico-cultural do Novo Testamento*, p. 155.

[4] WIERSBE, Warren W. *Comentário bíblico expositivo*. Vol. 5, p. 255.

Capítulo 21

A mulher pecadora diante do Salvador
(Lc 7.36-50)

IMEDIATAMENTE APÓS a acusação de que Jesus comia com pecadores (7.34), Lucas coloca Jesus à mesa com uma pecadora e um fariseu (7.36-50). A presente história, portanto, é uma espécie de temática "parábola da vida" na narrativa. Esse geralmente é o caso de Jesus nos Evangelhos: ele ensina fazendo.[1]

Jesus não apenas aceitava a hospitalidade de publicanos e pecadores, mas também aceitava convites de fariseus. Ele comia com pecadores e também com fariseus, pois todos igualmente precisavam da palavra de Deus. David Neale diz que o ambiente da mesa aqui é crucial. Simão, o fariseu, encarna os intransigentes fariseus em Lucas (5.21,30; 6.2,7; 7.29). Ele falha em reconhecer a verdadeira piedade quando ela está assentada bem à sua frente. Da perspectiva histórica, o verdadeiro arrependimento (o da mulher pecadora) vem face a face com a falsa piedade (a de Simão); e o desprezo pelo pecador é revelado como o verdadeiro pecado. Lucas demonstra que Jesus encontra a maior impiedade não à mesa com os pecadores, como era acusado, mas à mesa com o fariseu.[2]

Somente em Lucas, Jesus entra na casa de um fariseu para comer. Ele faz isso três vezes (7.39; 11.37; 14.1). Nesse jantar na casa de Simão, acontece um fato que se torna o centro do registro bíblico.

A mulher pecadora arrependida aos pés do Salvador (7.36-38)

Imprevistos acontecem. Simão jamais podia imaginar que uma mulher entraria em sua casa subitamente, sem ser convidada, para esparramar-se aos pés de Jesus. Isso era uma quebra completa de protocolo. Os rabinos judeus não conversavam nem comiam com mulheres em público. Essa mulher não tem nome, mas tem fama, fama de pecadora. Ela não foi convidada para o jantar na casa do fariseu; é uma penetra, uma intrusa. No conceito de Simão, essa mulher era um caso perdido, uma pessoa irrecuperável, indigna de receber atenção. Destacamos aqui alguns pontos a respeito.

Em primeiro lugar, *uma reputação reprovada* (7.37). Essa mulher não é conhecida pelo nome, apenas por seus feitos reprováveis. Sua fama na cidade é de pecadora. Possivelmente ela era uma prostituta. Sua vida era uma tragédia, sua conduta era uma vergonha, e seu desprezo era total.

Em segundo lugar, *uma postura humilde* (7.37,38). Essa mulher pega um vaso de alabastro com unguento, prostra-se

A mulher pecadora diante do Salvador

aos pés de Jesus, chora, unge com unguento e beija seus pés num gesto de humildade e arrependimento.

Em terceiro lugar, *uma atitude extravagante* (7.38). Essa mulher rega os pés de Jesus com suas lágrimas e enxuga-os com os próprios cabelos. Isso é mais do que um gesto de humildade. Naquela cultura, uma mulher soltar os cabelos em público era uma atitude indecorosa. Era no mínimo uma quebra de protocolo, uma falta de etiqueta. Ela, porém, não se importa mais com a opinião das pessoas a seu respeito. Quer apenas demonstrar seu sincero arrependimento e seu profundo amor e gratidão a Jesus. É digno de nota que a mulher não profere sequer uma palavra em todo o episódio. David Neale diz que talvez um silêncio envergonhado entre os convidados servisse de recepção àquele ato, especialmente por causa de sua reputação como mulher de baixa moral. Ela entra em uma casa para a qual não é convidada, interrompe um banquete e, publicamente, comporta-se com intimidade imprópria.[3]

O fariseu ensimesmado censurando o Salvador (7.39-43)

O fariseu não tem coragem de criticar Jesus a viva voz, mas o censura nas recâmaras secretas do seu coração. Ele não apenas reprova Jesus, mas também despreza a mulher pecadora. Jesus mostra a frieza exterior do coração de Simão e sua vida julgadora interior. David Neale diz que Simão, o fariseu, parece ser exatamente como a criança que brinca na praça: egoísta e cega para com os outros.[4] Warren Wiersbe diz que o verdadeiro problema de Simão era a cegueira: ele não conseguia enxergar a si mesmo, nem à mulher, nem ao Senhor Jesus. Assim, era fácil para ele declarar: "Ela é pecadora", mas era impossível dizer: "Eu sou pecado". Jesus provou que, de fato, era um profeta ao ler os pensamentos de Simão e revelar suas necessidades.[5]

Para corrigir sua postura, Jesus conta-lhe uma parábola esclarecedora. Ele fala a respeito de um credor que tinha dois devedores, um dos quais lhe devia 500 denários e outro, 50. Os dois, porém, não puderam pagar o credor, e ele perdoou a ambos (7.41,42). Terminada a parábola, Jesus pergunta ao fariseu: *Qual dos devedores lhe amará mais?* (7.42). O fariseu responde: *Suponho que aquele a quem mais perdoou* (7.43). Jesus comenta: "Você julgou bem". Os pecados da mulher eram conhecidos, enquanto os de Simão estavam ocultos de todos, excetos de Deus. Os dois estavam falidos e não tinham condição de pagar sua dívida com Deus. Simão estava tão espiritualmente falido quanto aquela mulher, mas não tinha consciência disso.[6]

O fariseu não expressava amor por Jesus porque se sentia justo, mas a mulher derramada aos seus pés lhe demonstrava acendrado amor porque se sentia pecadora, carente da graça de Jesus. Jesus veio salvar os pecadores. O médico veio curar os enfermos. Só aqueles que reconhecem seus pecados e sentem tristeza por suas mazelas são perdoados por Jesus!

O Salvador com autoridade perdoando o pecador (7.44-50)

Jesus deixa o fariseu com seus preconceitos e trata da mulher pecadora, abrindo-lhe a porta da graça. Kenneth Bailey diz que a crítica mais danosa de todas é o fato de que Simão presenciou a ação dramática daquela mulher e assim mesmo a chamou de *pecadora* (7.39).[7] Ele não se arrependeu nem aceitou o arrependimento da mulher. Aqui em Lucas, "o arrependimento, o perdão e o amor são, todos, linhas de uma mesma peça de tecido".[8] Cinco fatos devem ser aqui destacados.

Em primeiro lugar, *um grande arrependimento* (7.44-46). O fariseu convidou Jesus para jantar em sua casa, mas não o honrou como hóspede. O fariseu não lhe deu água para lavar os pés, mas a mulher pecadora lavou seus pés com lágrimas e enxugou-os com os próprios cabelos. O fariseu não lhe saudou com ósculo, mas a mulher pecadora não cessava de lhe beijar os pés. O fariseu não ungiu sua cabeça com óleo, mas a mulher pecadora, com bálsamo, ungiu os seus pés. O fariseu, por se sentir justo, não demonstrou grande amor por Jesus, mas a mulher, por sentir-se grande pecadora, demonstrou profundo arrependimento e grande amor.

Em segundo lugar, *um grande perdão* (7.47). Jesus, que sonda os corações, por conhecer o arrependimento da mulher, perdoou-lhe os muitos pecados. O amor de Jesus é incondicional, mas o seu perdão não. O perdão é fruto do arrependimento.

Em terceiro lugar, *um grande amor* (7.47). A quem muito se perdoa, muito se ama. O fariseu não era menos pecador do que a mulher, mas é a mulher quem reconhece seus muitos pecados e demonstra arrependimento; e, por isso, por ter sido muito perdoada, é eloquente a demonstração do seu amor.

Em quarto lugar, *um grande Redentor* (7.48,49). Os convidados à mesa questionam a autoridade de Jesus para perdoar pecados, mas este, com a autoridade que lhe é conferida, perdoa os pecados da mulher e a liberta do seu jugo.

Em quinto lugar, *uma grande salvação* (7.50). Jesus oferece à mulher a salvação mediante a fé e concede a ela a sua paz. Ela entrou naquela casa prisioneira de seus pecados e saiu livre. Ela entrou condenada pelos homens e saiu perdoada por Jesus. Ela entrou cheia de culpa e saiu justificada pelo Filho de Deus. Ela é salva da prisão da culpa de seu passado pecaminoso. Seu passado foi apagado. Seu presente foi transformado. Seu futuro glorioso está garantido. Hendriksen diz que essa paz que Jesus dá à mulher é o sorriso de Deus refletido no coração do pecador redimido, um refúgio na tempestade, um esconderijo na Rocha eterna, um abrigo sob as asas do Onipotente.[9] Kenneth Bailey capta bem o centro nevrálgico da parábola quando diz que, em um mundo de homens e em um banquete de homens, uma mulher desprezada é colocada como exemplo de fé, arrependimento e devoção. Ela é, nesses assuntos, campeã, vencendo um homem fariseu.[10]

Concluo com as palavras de Warren Wiersbe: "Jesus realizou um grande milagre ao curar o servo do centurião. Realizou um milagre ainda maior ao ressuscitar o filho da viúva de Naim. Neste capítulo, porém, realizou o maior milagre de todos ao salvar essa mulher de seus pecados e ao transformá-la numa nova criatura".[11]

Notas

[1] NEALE, David A. *Novo comentário bíblico Beacon Lucas 1-9*, p. 225.

[2] NEALE, David A. *Novo comentário bíblico Beacon Lucas 1-9*, p. 225.

[3] NEALE, David A. *Novo comentário bíblico Beacon Lucas 1-9*, p. 227.

[4] NEALE, David A. *Novo comentário bíblico Beacon Lucas 1-9*, p. 228.

[5] WIERSBE, Warren W. *Comentário bíblico expositivo*. Vol. 5, p. 256.

A mulher pecadora diante do Salvador

[6] WIERSBE, Warren W. *Comentário bíblico expositivo.* Vol. 5, p. 256.

[7] BAILEY, Kenneth. *A poesia e o camponês*, p. 57.

[8] NEALE, David A. *Novo comentário bíblico Beacon Lucas 1-9*, p. 230.

[9] HENDRIKSEN, William. *Lucas.* Vol. 1, p. 549.

[10] BAILEY, Kenneth. *A poesia e o camponês*, p. 60.

[11] WIERSBE, Warren W. *Comentário bíblico expositivo.* Vol. 5, p. 257.

Capítulo 22

A suprema importância da palavra de Deus
(Lc 8.1-21)

O TEXTO EM APREÇO revela-nos a suprema importância da palavra de Deus em diversos aspectos. Quatro verdades são destacadas.

A pregação da Palavra (8.1-3)

Em primeiro lugar, *a dinâmica do pregador* (8.1). Aquele que comissionou seus discípulos a irem por todo o mundo para pregar o evangelho a toda criatura (Mc 16.15) andou com eles, de cidade em cidade e de aldeia em aldeia, pregando e anunciando o evangelho do reino. Ele esgotou sua geografia e praticou aquilo que ordenou à sua igreja. A igreja deve caminhar na esteira do exemplo de Jesus.

Em segundo lugar, *o conteúdo da pregação* (8.1). Jesus não pregou uma mensagem de confrontação política ao poder dominante de Roma nem pregou uma mensagem social, denunciando as injustiças gritantes. Ele não pregou uma mensagem filosófica nem entrou pelo caminho do confronto com a religião do Estado. Ele focou sua atenção em pregar o evangelho do reino. De igual modo, não podemos nos distrair apenas identificando as mensagens falsas. Devemos gastar nosso tempo e nossa energia pregando a mensagem certa, a mensagem do reino, o evangelho da graça.

Em terceiro lugar, *as apoiadoras do pregador* (8.2,3). As mulheres que foram transformadas e libertadas pelo ministério de Jesus acompanham Jesus e seus discípulos para oferecer-lhes suporte financeiro e prestar-lhes assistência com os seus bens. Apesar de possuir o poder, Jesus não operou milagres para prover o seu sustento físico. Por isso, aceitou a ajuda das mulheres.[1] A palavra de Deus ensina que aqueles que recebem bênçãos espirituais devem retribuir com bênçãos materiais (Rm 15.27). O grupo apostólico tinha uma bolsa comum da qual tiravam seu sustento e as ofertas para os pobres (Jo 13.29).

William Barclay destaca a heterogeneidade desse grupo de mulheres. Entre elas estava Maria Madalena, da qual Jesus havia expulsado sete demônios, com um passado obscuro e terrível. Também compunha esse grupo Joana, mulher de Cuza, procurador de Herodes. O rei tinha muitos bens e propriedades. Ser procurador do rei era cuidar de seus interesses financeiros. Não havia funcionário mais importante nem cargo de tanta confiança. Uma mulher de passado sombrio e uma dama da corte engrossavam as fileiras dessas mulheres que apoiavam financeiramente o ministério de Jesus.[2]

John Charles Ryle enfatiza a dedicação das mulheres em seguirem a Jesus nestes termos:

> Gratas pelas misericórdias recebidas das mãos de nosso Senhor, estavam dispostas a suportar muitas coisas por amor a ele. Fortalecidas em seu íntimo pelo restaurador poder do Espírito Santo, foram capazes de apegarem-se a Jesus e não desistiram. E com nobreza seguiram-no até ao fim. Não foi uma mulher quem vendeu o Senhor por trinta peças de prata. Não foram as mulheres que abandonaram o Senhor no jardim do Getsêmani e fugiram. Não foram as mulheres que três vezes negaram a Cristo, na casa do sumo sacerdote. Mas foram elas que lamentaram e choraram quando ele estava sendo levado para a crucificação. Foram as mulheres que permaneceram junto à cruz e as primeiras a visitarem o sepulcro onde se encontrava o corpo do Senhor. Foram elas que testemunharam de primeira mão o Cristo ressurreto. Realmente, grande é o poder da graça de Deus.[3]

Robertson destaca que, nos Evangelhos, não há sequer um exemplo de uma mulher sendo hostil a Cristo. O Evangelho de Lucas é, apropriadamente, chamado de Evangelho do Sexo Feminino (1.39-56; 2.36-38; 7.11-15,37-50; 8.1-3; 10.38-42; 11.27; 13.11-16).[4]

A receptividade da Palavra (8.4-15)

Jesus foi o Mestre por excelência, o maior contador de histórias do mundo. Usava as imagens com perícia invulgar e lançava mão de coisas simples para ensinar lições profundas.

Dois fatos são dignos de destaque aqui.

O método de Jesus é uma janela aberta para uns e uma porta fechada para outros (8.9,10). Por meio de parábolas, Jesus revelou o mistério do reino de Deus. O mistério é aquilo que o homem não pode conhecer à parte da revelação divina.[5] Este mistério é revelado a uns e encoberto a outros. Morris diz que as parábolas tanto revelam como ocultam a verdade. São uma mina de informações para os sinceros, mas um juízo sobre os descuidados.[6] As parábolas eram janelas abertas para a compreensão de uns e portas fechadas para o entendimento de outros. Jesus está se referindo aos fariseus endurecidos e seus seguidores, que eram pessoas de coração impenitente (Mt 13.13,15). Esses ouvintes devem ser confrontados com a responsabilidade de sua própria cegueira e impenitência.

A parábola do semeador revela por que Jesus não se impressionava com as multidões que o seguiam. A maioria daquelas pessoas que seguia a Cristo não produziria frutos dignos de arrependimento. O coração delas era uma espécie de solo pobre.

Vejamos os quatro tipos de solo ou quais são as diferentes atitudes em relação à palavra de Deus.

Em primeiro lugar, *o coração endurecido* (8.4,5,12). Um coração duro é como um solo batido pelo tropel daqueles que vão e vêm. É o coração inquieto e perturbado com a passagem e tropel das coisas do mundo, umas que vão, outras que vêm, outras que atravessam e todas que passam e, neste coração, é pisada a palavra de Deus.

Esse ouvinte é o homem indiferente que a rotina da vida insensibilizou. Essa pessoa conforma-se com o rodar dos carros e a passagem dos homens, e vai vivendo a vida sem abrir sulcos na alma para a bendita semente da verdade. John Mackay diz que, para muitas pessoas, o mais sério de todos os problemas é não perceber nenhum problema. Elas estão satisfeitas consigo mesmas. Agarradas ao hábito, escravas da rotina, orgulhosas de suas crenças ou da ausência delas, consumidas pelo prazer, elas nada levam a sério. O mais leve

A suprema importância da palavra de Deus

pretexto é bastante para que não assistam a uma conferência, ou não leiam um livro, ou não façam nem recebam uma visita que possa prejudicar, de algum modo, o seu prestígio ou conturbar o seu sossego monótono e artificial.[7]

Um coração duro ouve, mas lhe falta compreensão e entendimento espiritual. Ele escuta o sermão, mas não presta atenção. A palavra de Deus não produz nenhum efeito nele maior do que a chuva na pedra. Esses ouvintes são semelhantes àqueles denunciados pelo profeta Ezequiel: *Eis que tu és para eles como quem canta canções de amor, que tem voz suave e tange bem; porque ouvem as tuas palavras, mas não as põem por obra* (Ez 33.32). Há uma multidão de ouvintes que domingo após domingo vai à igreja, mas Satanás rouba a semente de seu coração. Semana após semana eles vivem sem fé, sem temor, sem rendição ao Senhor Jesus. Neste mesmo estado, geralmente eles morrem e são sepultados e se perdem eternamente no inferno. Este é um triste quadro, mas também verdadeiro. Destacamos dois fatos nessa linha.

Um coração duro é onde a semente é pisada (8.5). A semente que é pisada pelos homens nem chega a brotar. A semente que o diabo teme é aquela que os homens pisam.[8] O solo se torna duro quando muitos pés transitam por ele. Aqueles que abrem seu coração para todo tipo de pessoas e influências estão em perigo de desenvolver um coração insensível.[9] Esse coração é como um campo de pousio que precisa ser arado antes de receber a semeadura da Palavra (Jr 4.3; Os 10.12).

Um coração duro é onde a semente é roubada pelo diabo para que o ouvinte não creia nem seja salvo (Lc 8.12). Antonio Vieira diz que todas as criaturas do mundo se armaram contra esta sementeira. Todas as criaturas quantas há no mundo se reduzem a quatro gêneros: criaturas racionais como os homens; criaturas sensitivas como os animais; criaturas vegetativas como os espinhos; e criaturas insensíveis como as pedras. E não há mais. Faltou alguma dessas que se não armassem contra a semeadura? Nenhuma! A natureza insensível a perseguiu nas pedras; a vegetativa nos espinhos; a sensitiva nas aves; a racional nos homens. As pedras secaram-na; os espinhos afogaram-na; as aves comeram-na; os homens pisaram-na.[10] A semeadura atrai imediatamente Satanás. O ouvinte tipo "à beira do caminho" ouve, mas Satanás arrebata a semente do seu coração. Satanás é um opositor da evangelização. Onde o semeador sai a semear, ele sai a roubar a semente. A evangelização é não apenas um campo de semeadura, mas também um campo de batalha espiritual. O diabo cega o entendimento dos incrédulos (2Co 4.4). Como parte do seu ataque cósmico contra Deus, Satanás e seus agentes buscam ativamente destruir a palavra de Deus no coração daqueles que a ouvem, antes mesmo que ela comece a crescer. Sem dúvida, ele também está ativo nos lugares pedregosos e nos espinheiros, combatendo a frutificação da Palavra.

Em segundo lugar, *o cora*ção *superficial* (8.6,13). Este é o solo rochoso. Nele a semente cresce, mas, por falta de umidade, seca. Este solo retrata o coração superficial, que se define por três marcas.

Um coração superficial tem uma resposta imediata, mas irrefletida, à palavra de Deus. Tanto Marcos como Mateus usam, por duas vezes, a palavra "logo" com o sentido de "imediatamente". Essas pessoas agem "no calor do momento". Elas *imediatamente* aceitam a Palavra, e o fazem até mesmo com alegria. Então, *imediatamente* se escandalizam. Sua decisão é baseada na emoção, e não na reflexão. São

A suprema importância da palavra de Deus

os ouvintes emotivos, entusiastas "fogos de palha"; sentem alegria, mas esta é passageira.[11] John Mackay chama esse ouvinte de homem leviano porque ele abraça com alegria o que não entende, apenas pela novidade da ideia, ou para agradar ao que a anunciou.[12]

O terreno pedroso representa as pessoas que vivem e reagem superficialmente. Elas mostram uma promessa inicial que não se confirma. Tanto sua resposta quanto seu abandono são rápidos.

A emoção é um elemento importantíssimo na vida cristã, mas só ela não basta. Ela precisa proceder de um profundo entendimento da verdade e de uma sólida experiência cristã.

Um coração superficial não tem profundidade nem perseverança. Esse ouvinte não tem raiz em si mesmo. Sua fé é temporária. Na verdade sua resposta ao evangelho foi apenas externa. Não houve novo nascimento nem transformação de vida. Houve adesão, mas não conversão; entusiasmo, mas não convicção.

Esse ouvinte parece estar em vantagem em relação às demais pessoas. Sua resposta é imediata, e seu crescimento inicial é algo espantoso. Mas ele não tem profundidade, nem umidade, nem resistência ao calor do sol. A vida que o sol traz gera nele morte.

Esse ouvinte construiu sua vida cristã numa base falsa. Ele não construiu sua fé em Cristo, mas nas vantagens imediatas que lhe foram oferecidas. Não havia umidade, raiz ou suporte para crescimento e frutificação.

Hoje vemos muitas pessoas pregando saúde, prosperidade e sucesso. As pessoas abraçam imediatamente esse evangelho do lucro, das vantagens imediatas, mas elas não perseverarão, porque não têm raiz, não têm umidade, não suportam o sol, não permanecerão na congregação dos justos. Elas se escandalizarão e se desviarão. Muitas das pessoas que gritaram Hosanas quando Jesus entrou em Jerusalém gritaram *crucifica-o* na mesma semana. O apóstolo João diz que esses que se desviam não são dos nossos (1Jo 2.19); os salvos, porém, perseverarão (Jo 10.27,28).

Um coração superficial não avalia os custos do discipulado. Esse ouvinte abraça não o evangelho, mas outro evangelho, o evangelho da conveniência. Ele crê não em Cristo, mas num outro Cristo. Quando, porém, chegam as lutas e as provas, ele se desvia escandalizado porque não havia calculado o custo de seguir a Cristo.

Esses ouvintes se desviaram porque não entenderam que o verdadeiro discipulado implica autonegação, sacrifício, serviço e sofrimento. Eles ignoraram o fato de que o caminho da cruz é o que nos leva para "casa".

Esse ouvinte tem prazer em ouvir sermões nos quais a verdade é exposta. Ele fala com alegria e entusiasmo acerca da doçura do evangelho e da felicidade de ouvi-lo. Ele pode chorar em resposta ao apelo da pregação e falar com intensidade acerca de seus sentimentos. Mas infelizmente não há estabilidade em sua religião. Não há uma obra real do Espírito Santo em seu coração. Seu amor por Deus é como a névoa que cedo passa (Os 6.4). Na verdade, esse ouvinte ainda está totalmente enganado. Não há real obra de conversão. Mesmo com todos seus sentimentos, alegrias, esperanças e desejos, ele está realmente no caminho da destruição.[13]

Em terceiro lugar, *o cora*ção *ocupado* (8.7,14). Esta é a semente que caiu no espinheiro. Os espinhos cresceram junto com a semente, que acabou sufocada por eles. Este é um solo disputado e concorrido. Está ocupado com os espinheiros, por isso a semente não pode frutificar. Destacamos cinco características de um coração ocupado.

Um coração ocupado ouve a palavra de Deus, mas dá atenção a outras coisas (8.7,14). Marcos diz que a semente caiu entre os espinhos (Mc 4.7), e Lucas diz que os espinhos cresceram com a semente (8.7). Esses espinhos representam ervas daninhas espinhosas. Não havia arado que conseguisse arrancar suas raízes de até 30 centímetros de profundidade. Em alguns lugares, esses espinheiros formavam uma cerca viva fechada, no meio da qual alguns pés de cereal até conseguiam crescer, mas ficavam medíocres e não carregavam a espiga.

Essa semente disputou espaço com outras plantas. Ela não recebeu primazia; ao contrário, os espinhos concorreram com ela e a sufocaram (8.7,14). Os espinhos cresceram, mas a Palavra foi sufocada. Esse coração é um campo de batalha disputado. O espírito do mundo o inunda como uma enxurrada e sufoca a semente da Palavra. Uma multiplicidade de interesses toma o lugar de Deus. É a pessoa que não tem tempo para Deus. Há outras coisas mais urgentes que fascinam sua alma. Esse ouvinte não tem uma ordem de prioridade correta, pois são muitas as coisas que tratam de tirar Cristo do lugar principal.

Um coração ocupado é sufocado pela concorrência dos cuidados do mundo (8.14). Esse ouvinte chegou a ouvir a Palavra, mas os cuidados do mundo prevaleceram. O mundo falou mais alto que o evangelho. As glórias do mundo tornaram-se mais fascinantes que as promessas da graça. A concupiscência dos olhos, a concupiscência da carne e a soberba da vida tomaram o lugar de Deus na vida desse ouvinte. Ele pode ser chamado de um crente mundano. Ele quer servir a dois senhores. Ele quer agradar a Deus e ser

LUCAS — Jesus, o homem perfeito

amigo do mundo. Ele quer atravessar o oceano da vida com um pé na canoa do mundo e outro dentro da igreja.

Um coração ocupado é sufocado pela concorrência da fascinação da riqueza (8.14). Esse ouvinte dá mais valor à terra que ao céu, mais importância aos bens materiais do que à graça de Deus. O dinheiro é o seu deus. A fascinação da riqueza fala mais alto que a voz de Deus. O esforço para conseguir uma posição social, por meio de posses e segurança material traz ansiedade tal que sufoca as aspirações por Deus.

Um coração ocupado é sufocado pelos deleites da vida (8.14). Esse ouvinte é amante dos prazeres mais do que amigo de Deus. Ele é amigo do mundo, ama o mundo e conforma-se com o mundo. Os prazeres efêmeros do pecado toldam em seu coração as alegrias perenes da vida cristã.

Um coração ocupado não produz frutos maduros (8.14). Nesse coração, a semente nasce, mas não encontra espaço para crescer. Ela chega até a crescer, mas não produz frutos que chegam à maturidade. Esse coração assemelha-se à igreja de Sardes. Tem nome de que vive, mas está morto!

Em quarto lugar, *o coração frutífero* (8.8,15). Esta é a semente que caiu na boa terra e produziu a cento por um. Retrata aquele que, de bom e reto coração, retém a palavra e frutifica com perseverança. Há dois fatos importantes que destacamos a seguir.

Um coração frutífero ouve e retém a Palavra (8.15). Lucas diz que essas pessoas ouvem com bom e reto coração e retêm a Palavra. Elas não apenas ouvem, mas ouvem com o coração aberto, disposto, com o firme propósito de obedecer. Colocam em prática a mensagem e por isso frutificam. Não diz que acolhem com alegria, mas acolhem e frutificam.

Essa parábola nos ensina a fazer três coisas: ouvir, receber e praticar. Nesses dias tão agitados, poucos são os que

A suprema importância da palavra de Deus

param a fim de ouvir a Palavra. Mais escasso são aqueles que meditam no que ouvem. Só os que ouvem e meditam podem colocar em prática a Palavra e dar frutos.

Essas pessoas são aquelas que verdadeiramente se arrependem do pecado, depositam sua confiança em Cristo, nascem de novo e vivem em santificação e honra. Elas aborrecem e renunciam o pecado. Amam a Cristo e servem-no com fidelidade.

Warren Wiersbe diz que cada um dos três corações infrutíferos é influenciado por um diferente inimigo: no coração endurecido, Satanás mesmo rouba a semente; no coração superficial, os enganos da carne através do falso sentimento religioso impedem a semente de crescer; no coração ocupado, as coisas do mundo impedem a semente de frutificar. Esses são os três grandes inimigos do cristão: o diabo, a carne e o mundo (Ef 2.1-3).[14]

Um coração frutífero produz fruto com perseverança (8.15). O que distingue esse campo dos demais é que nele a semente não apenas nasce e cresce, mas o fruto vinga e cresce. Lucas diz que ele frutifica com perseverança. Jesus está descrevendo aqui o verdadeiro crente, porque fruto, ou seja, uma vida transformada, é a evidência da salvação (2Co 5.17; Gl 5.19-23). A marca do verdadeiro crente é que ele produz fruto. A árvore é conhecida pelo seu fruto. Uma árvore boa produz fruto bom. Estar sem fruto é estar no caminho que leva ao inferno.

A marca dessa pessoa não é apenas fruto por algum tempo, mas perseverança na frutificação. Há uma constância na sua vida cristã. Ela não se desvia por causa das perseguições do mundo nem fica fascinada pelos prazeres do mundo e deleites da vida. Sua riqueza está no céu, e não na terra; seu prazer está em Deus, e não nos deleites da vida.

É importante frisar que o semeador semeia a Palavra. Há muitos semeadores que semeiam doutrinas de homens, e não a Palavra. Semeiam o que os homens querem ouvir, e não o que eles precisam ouvir. Semeiam o que agrada aos ouvidos, e não o que salva a alma. Essa semente pode parecer muito fértil, mas não produz fruto que permanece para a vida eterna.

Outros pregadores pregam palavras de Deus, e não a palavra de Deus. O diabo também pregou palavras de Deus, mas ele usou a Bíblia para tentar. Palavras de Deus na boca do diabo não são a palavra de Deus, mas palavra do diabo. E elas não podem produzir frutos dignos de Deus.

Concluindo, afirmamos que esta parábola deve nos levar a três solenes reflexões.

Primeiro, *não devemos subestimar as forças opositoras à semeadura.* Jesus começou dizendo que precisamos ouvir e terminou dizendo que quem tem ouvidos, ouça (8.8). O diabo, o mundo e a carne se armam para impedir a conversão dos pecadores.

Segundo, *não devemos superestimar as respostas imediatas.* As aparências enganam. Nem toda pessoa que diz "Senhor, Senhor" entrará no reino dos céus. Muitas pessoas vão aderir à fé cristã, mas sem conversão.

Terceiro, *não devemos subestimar o poder da palavra de Deus.* A verdade é tão poderosa que até nos terrenos pedregosos e espinhentos ela nasce e no bom solo produz a cem por um (8.8).

O poder iluminador da Palavra (8.16-18)

Jesus foi o maior de todos os mestres, pela natureza de seu ensino, pela excelência de seus métodos e pela grandeza do seu exemplo. As parábolas eram avenidas de compreensão das verdades do reino para os discípulos e portas cerradas para aqueles que os perseguiam e zombavam. O termo "parábola" é de origem grega. Etimologicamente, significa "a colocação de uma coisa ao lado da outra para fins de comparação".[15]

Vamos examinar a parábola da candeia e extrair suas principais lições. Jesus usa figuras diferentes para ensinar a mesma lição: o coração fértil assemelha-se a uma lâmpada luminosa. É a palavra de Deus que produz brilho na vida das pessoas ao estabelecer sua influência nelas. A Palavra é simbolizada pela semente e também pela lâmpada. Os rabinos estavam escondendo aquela Palavra debaixo de um sistema elaborado de tradições humanas e ações hipócritas. Hoje, muitas pessoas ainda cobrem a Palavra com um vaso ou escondem-na debaixo da cama, símbolos do luxo e do prazer.

Jesus fala sobre essa parábola para esclarecer que a verdade não é para ser escondida. A lâmpada deve voltar a brilhar com todo o seu esplendor. Ela não pode ser colocada debaixo do alqueire, nem dentro de um vaso, nem debaixo da cama, mas no velador. O mistério do reino deve ser revelado e não escondido.

Que implicações esta parábola de Jesus tem para a igreja hoje?

Em primeiro lugar, *nós devemos proclamar a verdade do reino para os outros* (8.16). Não podemos receber o conhecimento da Palavra e guardá-lo apenas para nós mesmos, escondendo essa luz dentro do vaso ou debaixo da cama. Não faz sentido ter uma lâmpada escondida numa casa. A luz da verdade não nos é dada para ser retida, mas para ser proclamada. Precisamos repartir com os outros essa luz. Precisamos compartilhar com os outros os tesouros da graça de Deus. Não podemos enterrar nossos talentos nem esconder nossa luz. Não podemos nos calar nem nos omitir covardemente.

Com a figura da lâmpada, Jesus se distanciou de modo veemente do esoterismo. O reino de Deus não é uma religião de mistério nem uma doutrina fechada, mas uma verdade para sair do esconderijo e alcançar os telhados do mundo.

Um filho do reino precisa ser um embaixador do reino, um anunciador de boas novas, um arauto da verdade, um facho de luz a brilhar diante do mundo. A igreja é o método de Deus para alcançar o mundo. A evangelização dos povos é uma tarefa imperativa, intransferível e impostergável. Precisamos dizer aos famintos que nós encontramos pão e dizer aos perdidos que nós encontramos o Messias. Precisamos pregar a tempo e a fora de tempo e aproveitar as oportunidades.

O propósito da verdade é que ela seja vista. Quando Lutero decidiu enfrentar a Igreja Romana, ele se propôs a combater primeiro as indulgências. Em Wittenberg, havia uma igreja chamada "a igreja de todos os santos", muito ligada à Universidade. Sobre a porta da igreja fixavam-se notícias da Universidade, assim como os temas das discussões acadêmicas. No dia de maior frequência à igreja, o dia de todos os santos, 1º de novembro, que coincidia com o aniversário da igreja, Lutero fixou suas 95 teses sobre a porta no dia anterior, 31 de outubro, a fim de que o maior número de pessoas a pudesse ler. Lutero havia descoberto a verdade e não podia guardá-la apenas para si. Precisamos colocar a lâmpada da verdade no velador, para que todos possam vê-la.

Em segundo lugar, *nós devemos entender que a verdade jamais pode ficar escondida* (8.17). Há algo indestrutível na verdade. Os homens podem resistir a ela e negá-la, mas não podem destruí-la. No começo do século 16, o astrônomo Nicolau Copérnico descobriu que a terra não era o centro do universo. Viu que na realidade ela gira em torno do sol. Por cautela, durante trinta anos, não difundiu seu descobrimento.

A suprema importância da palavra de Deus

Por último, em 1543, quando estava à beira da morte, convenceu um editor atemorizado a publicar sua obra intitulada *As revoluções dos corpos celestes*. Copérnico morreu em seguida, mas outros herdaram a tormenta. Galileu Galilei, no começo do século 17, aderiu à teoria de Copérnico e firmou sua adesão publicamente. Em 1616, a Inquisição o convocou a Roma e condenou suas crenças. Para não morrer, ele se retratou. Mais tarde, com a ascensão de um novo papa, voltou a reafirmar sua crença, mas Urbano VIII o forçou a retratar-se sob pena de tortura e morte. A retratação o livrou da morte, mas não da prisão. A verdade, contudo, não pode ser exilada. Pode-se atacá-la, torcê-la e reprimi-la, mas jamais se pode prevalecer sobre a verdade.[16]

A verdade vai prevalecer sempre. No dia do juízo, aqueles que escaparam da lei, que saíram ilesos dos tribunais ou que praticaram seus pecados longe dos holofotes terão seus pecados anunciados publicamente. A verdade pode demorar a revelar-se, mas ela jamais será sepultada no esquecimento.

Em terceiro lugar, *nós devemos refletir sobre o que ouvimos* (8.18). Jesus enfatizou várias vezes neste capítulo a imperativa necessidade de prestar atenção no que ouvimos (8.8,12-15). Ouvir é a principal avenida através da qual a graça é plantada na alma humana. A fé vem pelo ouvir a palavra de Cristo (Rm 10.17). Somos incluídos em Cristo quando ouvimos a palavra da verdade (Ef 1.13). Pela pregação da palavra, a glória de Deus é manifestada, a fé é alimentada, e o amor é praticado.[17] Muitos ouvem e desprezam. Outros ouvem e esquecem. Há aqueles que ouvem e deliberadamente deixam para depois. Devemos inclinar os nossos ouvidos para atender ao que ouvimos.

Em quarto lugar, *nós devemos fazer uso diligente dos privilégios espirituais* (4.25). William Hendriksen diz que o imobilismo é impossível nas questões espirituais. Uma pessoa ganha ou perde; avança ou retrocede. *Ao que tiver, se lhe dará; e ao que não tiver, até aquilo que julga ter lhe será tirado* (8.18). Obediência implica bênção, mas desobediência desemboca em prejuízo. Cada bênção é garantia de maiores bênçãos por vir (Jo 1.16). Aquele que é iluminado pela verdade e despreza esse privilégio está cometendo um grave pecado e perdendo uma grande oportunidade.

O privilégio de ouvir e praticar a Palavra (8.19-21)

Lucas conclui sua temática sobre a suprema importância de praticar a Palavra trazendo à lume um episódio ocorrido com a família de sangue de Jesus. Warren Wiersbe é enfático quando escreve: "Satanás não se importa muito com o fato de aprendermos verdades bíblicas, desde que não vivamos de acordo com elas. A verdade que permanece na mente é apenas acadêmica e não chegará ao coração se não for praticada pela vontade".[18]

A mãe de Jesus e seus irmãos, preocupados com o seu bem-estar, em virtude da esmagadora demanda de seu ministério, foram ao seu encontro. Alguns de seus amigos já haviam dito que ele estava fora de si (Mc 3.21). Como em tantas ocasiões, havia uma multidão à porta, fazendo uma espécie de cordão de isolamento. Eles não puderam se aproximar. Então, mandaram um recado para Jesus, dizendo que sua mãe e seus irmãos estavam do lado de fora e queriam vê-lo.

Nesse momento, Jesus aproveita o ensejo para concluir seu ensino sobre a supremacia da Palavra, dizendo aos circunstantes: "Minha mãe e meus irmãos são aqueles que ouvem a palavra de Deus e a praticam". Com isso, Jesus não estava desmerecendo sua família de sangue, mas estava, sim, enaltecendo privilégio ainda maior, o privilégio de

A suprema importância da palavra de Deus

ouvir e praticar a palavra de Deus. Mais importante que ter feito parte da família de sangue de Jesus é participar de sua família espiritual e ser membro da família de Deus. Na descrição de Rienecker, "os familiares espirituais lhe estão mais próximos que os parentes de sangue".[19]

Nessa mesma linha de pensamento, Leon Morris diz que Jesus não está repudiando sua família. Ele pensou em sua mãe até mesmo quando estava pendurado na cruz, na agonia de realizar a redenção do mundo (Jo 19.26,27). O que ele quer dizer é que nosso dever diante de Deus precisa tomar a precedência sobre todas as demais coisas.[20]

É oportuno esclarecer que os irmãos de Jesus são mencionados repetidas vezes no Novo Testamento (Mt 12.46; Mc 3.21; Lc 8.10; Jo 2.12; 7.3,5; At 1.14; 1Co 9.5; Gl 1.19; Tg 1.1; Jd 1). Concordo com a firmação de Rienecker de que usar esse contexto para falar de meios-irmãos ou de primos de Jesus a fim de defender a virgindade "perpétua" de Maria é uma arbitrariedade e um boato que surgiu somente no segundo século. O fato de Jesus ser chamado de primogênito (2.7; Mt 1.25) pressupõe outros filhos do casal nascidos posteriormente.[21]

NOTAS

[1] ASH, Anthony Lee. *O Evangelho segundo Lucas*, p. 144.

Lucas — Jesus, o homem perfeito

[2] BARCLAY, William. *Lucas*, p. 97.

[3] RYLE, John Charles. *Meditações no Evangelho de Lucas*, p. 118.

[4] ROBERTSON, A. T. *Comentário Lucas à luz do Novo Testamento Grego*, p. 377.

[5] RIENECKER, Fritz; ROGERS, Cleon. *Chave linguística do Novo Testamento Grego*, p. 72.

[6] MORRIS, Leon L. *Lucas: introdução e comentário*, p. 144.

[7] MACKAY, John. ... *Eu vos digo*. Lisboa: Papelaria Fernandes, 1962, p. 262,263.

[8] VIEIRA, Antonio. *Sermões*. Vol. 1. Lisboa: Lello & Irmãos, 1951, p. 33.

[9] WIERSBE, Warren W. *Be Diligent*, p. 41.

[10] VIEIRA, Antonio. *Sermões*. Vol. 1, p. 3.

[11] CAMARGO, Sátila do Amaral. *Ensinos de Jesus atrás de suas parábolas*. São Paulo, SP: Imprensa Metodista. São Paulo, 1970, p. 30.

[12] MACKAY, John. ... *Eu vos digo*, p. 264.

[13] RYLE, John Charles. *Mark*. Crossway Books, 1993, p. 47,48.

[14] WIERSBE, Warren W. *Be Diligent*, p. 42.

[15] MACKAY, John. ... *Eu vos digo*, p. 47,48.

[16] BARCLAY, William. *Marcos*. Buenos Aires: La Aurora, 1974, p. 115,116.

[17] RYLE, John Charles. *Mark*, p. 52.

[18] WIERSBE, Warren W. *Comentário bíblico expositivo*. Vol. 5, p. 260.

[19] RIENECKER, Fritz. *Evangelho de Lucas*, p. 195.

[20] MORRIS, Leon L. *Lucas: introdução e comentário*, p. 146.

[21] RIENECKER, Fritz. *Evangelho de Lucas*, p. 195.

Capítulo 23

O poder de Jesus
sobre a natureza
(Lc 8.22–25)

AS TEMPESTADES DA VIDA não anulam o cuidado amoroso de Jesus. Não haveria o arco-íris sem a tempestade, nem o dom das lágrimas sem a dor. Só conseguimos enxergar a majestade dos montes quando estamos no vale. Só enxergamos o brilho das estrelas quando a noite está trevosa É das profundezas da nossa angústia que nos erguemos para as maiores conquistas da vida.

Jesus deu uma ordem aos discípulos para entrarem no barco e passarem para a outra margem, para a região de Gadara, onde havia um homem possesso. Enquanto eles atravessavam o mar, Jesus, cansado da faina, dormiu, e uma tempestade terrível os surpreendeu, enchendo d'água o barco. Os discípulos, apavorados, clamaram a Jesus. Ele repreendeu o vento e o mar, e os discípulos ficaram maravilhados.

Aprendemos aqui algumas lições importantes.

Em primeiro lugar, *as tempestades da vida são inesperadas*. O mar da Galileia era famoso por suas tempestades. Os ventos gelados do monte Hermom (2.790 m), algumas vezes, descem com fúria dessas alturas alcantiladas e sopram com violência sobre o mar encurralado pelos montes, provocando terríveis tempestades. As tempestades da vida são também inesperadas; algumas vezes, colhem-nos de surpresa e nos deixam profundamente abalados.

Em segundo lugar, *as tempestades da vida são perigosas*. Mateus diz que o barco era varrido pelas ondas (Mt 8.24). Marcos diz que se levantou grande temporal de vento, e as ondas se arremessavam contra o barco, de modo que a embarcação já estava a encher-se de água (Mc 4.37). Lucas diz que sobreveio uma tempestade de vento no lago, correndo eles o perigo de soçobrar (8.23). As tempestades da vida também são ameaçadoras e perigosas. São verdadeiros abalos sísmicos e terremotos na nossa vida. Muitas vezes, as tempestades chegam de forma tão intensa que abalam as estruturas da nossa vida. Põem no chão aquilo que levamos anos para construir. É um casamento edificado com abnegação e amor que se desfaz pela tempestade da infidelidade conjugal. É um sonho nutrido na alma com tanto desvelo que se transforma num pesadelo. De repente, uma doença incurável abala a família, um acidente trágico ceifa uma vida cheia de vigor, um divórcio traumático deixa o cônjuge ferido e os filhos amargurados.

Em terceiro lugar, *as tempestades da vida são surpreendentes*. Elas podem transformar cenários domésticos em lugares

O poder de Jesus sobre a natureza

ameaçadores. O mar da Galileia era um lugar muito conhecido daqueles discípulos. Alguns deles eram pescadores profissionais e conheciam cada palmo daquele lago. Muitas vezes eles cruzaram aquele mar lançando suas redes. Mas, agora, eles estavam em apuros. O comum tornou-se um monstro indomável. Aquilo que parecia ser administrável tornou-se uma força incontrolável. Muitas vezes, as tempestades mais borrascosas que enfrentamos na vida não vêm de horizontes distantes nem trazem coisas novas, mas apanham aquilo que era ordinário e comum em nossa vida e botam tudo de cabeça para baixo. Muitas vezes, é o cônjuge que foi fiel tantos anos que dá uma guinada e se transforma numa pessoa amarga e agressiva, abandonando o casamento para viver uma aventura com outra pessoa. Outras vezes é o filho obediente que resvala os pés e transforma-se numa pessoa irreverente, dissimulada e insolente com os pais. Ainda hoje, há momentos em que as maiores crises que enfrentamos nos vêm daqueles lugares onde nos sentíamos mais seguros.

As tensões que enfrentamos nas tempestades da vida (8.22,23)

Esse texto nos apresenta algumas tensões que enfrentamos nas tempestades da vida.

Em primeiro lugar, _como conciliar a obediência a Cristo com a tempestade_ (8.22). Os discípulos entraram no barco por ordem expressa de Jesus e, mesmo assim, enfrentaram a tempestade. Eles estavam no centro da vontade de Deus e ainda encararam ventos contrários. Eles estavam onde Jesus os mandou estar, fazendo o que Jesus os mandou fazer, indo para onde Jesus os mandou ir e, mesmo assim, foram surpreendidos por uma terrível borrasca. Jonas enfrentou uma tempestade porque desobedecia a Deus; os discípulos porque obedeciam.

Em segundo lugar, *como conciliar a tempestade com a presença de Jesus* (8.22). O fato de Jesus estar conosco não nos poupa de certas tempestades. Ser cristão não é viver numa redoma de vidro, numa estufa espiritual. O céu não é aqui. Jesus foi a uma festa de casamento e, mesmo ele estando lá, faltou vinho. Um crente que anda com Jesus pode enfrentar e, muitas vezes, realmente enfrenta terríveis tempestades. Jesus passara todo aquele dia ensinando os discípulos as parábolas do reino. Mas agora viria uma lição prática: Jesus sabia da tempestade; ela estava no currículo de Jesus para aquele dia. A tempestade ajudou os discípulos a entenderem que podemos confiar em Jesus nas crises inesperadas da vida.

Em terceiro lugar, *como conciliar a tempestade com o sono de Jesus* (8.23). Talvez o maior drama dos discípulos não tenha sido a tempestade, mas o fato de Jesus estar dormindo durante a tempestade. Na hora do maior aperto dos discípulos, Jesus estava dormindo. Às vezes, temos a sensação de que Deus está dormindo. O Salmo 73 fala sobre o sono de Deus. Aquele que não dormita nem dorme, às vezes, parece não estar atento aos dramas da nossa vida, e isso gera uma grande angústia em nossa alma.

As grandes perguntas feitas nas tempestades da vida (8.24,25).

O texto em tela apresenta-nos uma informação e duas perguntas. Todas elas são instrutivas. Elas nos mostram a estrutura do texto. As lições emanam dessas perguntas. Aqui temos a pedagogia da tempestade. Vejamos.

Em primeiro lugar, *a informação dos discípulos a Jesus* (8.24). Os discípulos, apavorados, informam a Jesus: *Mestre, Mestre, estamos perecendo!* Marcos coloca a mesma situação numa pergunta, em tom de censura: *Mestre, não te importa que pereçamos?* (Mc 4.38). Essa pergunta nasceu do

O poder de Jesus sobre a natureza

ventre de uma grande crise. Seu parto se deu num berço de muito sofrimento. Os discípulos estavam vendo a carranca da morte. O mar embravecido parecia sepultar suas últimas esperanças. Depois de esgotados todos os esforços e baldados todos os expedientes humanos, eles clamaram a Jesus. O que esse grito dos discípulos sinaliza?

Primeiro, esse grito evidencia o medo gerado pela tempestade. A tempestade provoca medo em nós, porque ela é maior do que nós. Em tempos de doença, perigo de morte, desastres naturais, catástrofes, terremotos, guerras, comoção social, tragédias humanas, explode do nosso peito este mesmo grito de medo e dor: *Mestre, não te importa que pereçamos?* Mateus registra: *Senhor, salva-nos! Perecemos!* (Mt 8.25). Lucas diz: *Mestre, Mestre estamos perecendo!* (8.24). Essas palavras expressam mais uma crítica do que um pedido de ajuda. Às vezes, é mais fácil reclamar de Deus do que depositar nossa ansiedade aos seus pés e descansar na sua providência.[1]

Um dos momentos mais comoventes que experimentei na vida foi a visita que fiz ao museu *Yad Vasheim*, na cidade de Jerusalém. Esse museu é um memorial das vítimas do Holocausto. Seis milhões de judeus pereceram nos campos de concentração nazista, nos paredões de fuzilamento e nas câmaras de gás. Um milhão e meio de crianças foram mortas sem nenhuma piedade. No jardim de entrada do museu, há o monumento de uma mulher cuja cabeça é uma boca aberta com dois filhos mortos no colo. Essa mulher retrata o desespero de milhares de mães que ergueram seu grito de dor, sem que o mundo as ouvisse. Representa o sofrimento indescritível daquelas mães que marcharam para a morte e viram seus filhos tenros e indefesos serem vítimas da mais brutal e perversa perseguição de todos os tempos.

Ao entrar no museu, enquanto caminhava por uma passarela escura, ouvi uma voz triste chamando as crianças mortas pelo nome. Vi um milhão e meio de velas acesas, refletidas nos espelhos. Enquanto cruzava aquele corredor de lembranças tão amargas, não pude conter as lágrimas. Lembrei-me do medo, pavor e desespero que tomou conta dos pais naqueles seis anos de barbárie e cruel perseguição. Quantas vezes, nas tempestades avassaladoras da vida, também encharcamos a nossa alma de medo! Os problemas se agigantam, o mar se revolta, as ondas se encapelam, e o vento nos açoita com desmesurado rigor.

Segundo, esse grito evidencia alguma fé. Se os discípulos estivessem completamente sem fé, não teriam apelado a Jesus. Eles não o teriam chamado de Mestre. Não teriam pedido a ele para salvá-los. Naquela noite trevosa, de mar revolto, de ondas assombrosas que chicoteavam o barco e ameaçavam engoli-los, reluz um lampejo de fé. Quantas vezes, nessas horas, também nos voltamos para Deus em forte clamor. Quantas vezes há urgência na nossa voz. Na hora da tempestade, quando os nossos recursos se esgotam e a nossa força se esvai, precisamos clamar ao Senhor.

Terceiro, esse grito evidencia uma fé deficiente. Se os discípulos tivessem uma fé madura, não teriam capitulado ao pânico e ao desespero. A causa do desespero não era a tempestade, mas a falta de fé. O perigo maior que eles enfrentavam não era a fúria do vento ao redor, mas a incredulidade interior. Havia deficiência de fé no conhecimento deles. Mesmo dormindo, Jesus sabia da tempestade e das necessidades dos seus discípulos.

Em segundo lugar, *a pergunta feita por Jesus aos discípulos* (8.25). Jesus perguntou aos discípulos: *Onde está a vossa fé?* Os discípulos falharam no teste prático e revelaram medo

O poder de Jesus sobre a natureza

e não fé, ao dizerem: ... *estamos perecendo* (8.24). Onde o medo prevalece, a fé desaparece. Ficamos com medo porque duvidamos que Jesus esteja no controle. Enchemos nossa alma de pavor porque pensamos que as coisas estão fora de controle. Desesperamo-nos porque julgamos que estamos abandonados à nossa própria sorte. Aqueles discípulos deviam ter fé e não medo, e isso, por quatro razões.

A promessa de Jesus (8.22). Jesus havia empenhado sua palavra a eles: *Passemos para a outra margem do lago*. O destino deles não era o naufrágio, mas a outra margem do lago. Para Jesus, promessa e realidade são a mesma coisa. O que ele fala, ele cumpre. Jesus não promete viagem calma e fácil, mas garante chegada certa e segura.

A presença de Jesus (8.22). É a presença de Jesus que nos livra do temor. Jesus estava dentro do barco com seus discípulos. A presença de Deus nas tempestades é nossa âncora e nosso porto seguro. Os discípulos se entregaram ao medo porque se esqueceram de que Jesus estava com eles. O Rei do céu e da terra estava no mesmo barco e, por isso, o barco não podia afundar. O Criador do vento e do mar está conosco; não precisamos ter medo das tempestades.

A paz de Jesus (8.23). Enquanto a tempestade rugia com toda fúria, Jesus estava dormindo. Será que Jesus sabia que a tempestade viria? É óbvio que sim! Ele sabe todas as coisas, nada o apanha de surpresa. Aquela tempestade estava na agenda de Jesus; fazia parte do currículo de treinamento dos discípulos.[2] Mas, se Jesus sabia da tempestade, por que dormiu? Ele dormiu por duas razões: porque descansava totalmente na providência do Pai e porque sabia que a tempestade seria pedagógica na vida dos seus discípulos.

O poder de Jesus (8.24). Aquele que estava no barco com os discípulos é o Criador do universo As leis da natureza

LUCAS — Jesus, o homem perfeito

estão em suas mãos. A natureza ouve a sua voz e obedece. Lucas insere esse registro da tempestade num contexto que enaltece e destaca o poder de Jesus. Ele está revelando seu poder sobre as leis da natureza, acalmando o mar (8.22-25). Ele revela sua autoridade sobre os demônios (8.26-39). Ele acentua sua autoridade sobre a enfermidade, curando uma mulher hemorrágica que vivia doze anos prisioneira de sua enfermidade (8.43-48). Ele ressuscita a filha de Jairo para provar que até a morte está debaixo da sua absoluta autoridade e poder (8.40-42,49-56).

Jesus repreendeu o vento e o mar, e estes se aquietaram. Agora não é mais Jesus quem está adormecido no rugido da tempestade, mas a tempestade que está adormecida aos pés do Senhor. Ele tem poder para repreender também os problemas que nos atacam, a enfermidade que nos assola, a crise que nos cerca, as aflições que nos oprimem. Jesus repreendeu o mar pela sua fúria e depois repreendeu os discípulos pela sua falta de fé. Muitas vezes, a tempestade mais perigosa não é aquela que levanta os ventos e agita o mar, mas a tempestade do medo e da incredulidade. O nosso maior problema não está ao nosso redor, mas dentro de nós.

Em terceiro lugar, *a pergunta foi feita entre os discípulos* (8.25). As tempestades são pedagógicas. Elas são a escola de Deus para nos ensinar as maiores lições da vida. Aprendemos mais na tempestade do que nos tempos de bonança. Foi através do livramento da tempestade que os discípulos tiveram uma visão mais clara da grandeza singular de Jesus. Eles, que estavam com medo da tempestade, estão agora cheios de temor diante da majestade de Jesus. Eles passaram a ter uma fé real e experimental e não uma fé de segunda-mão.

A intervenção soberana de Jesus, às vezes, acontece quando todos os recursos humanos acabam. O extremo é

O poder de Jesus sobre a natureza

a oportunidade de Deus. As tempestades fazem parte do currículo de Jesus para nos fortalecer na fé. As provas não vêm para nos destruir, mas para tonificar as musculaturas da nossa alma.

Notas

[1] BARTON, Bruce B. et al. *Life Application Bible commentary. Mark.* Wheaton, Illinois: Tyndale House Publishers, 1994, p. 122.

[2] WIERSBE, Warren W. *Be diligent*, p. 45.

Capítulo 24

O poder de Jesus sobre os demônios: o gadareno
(Lc 8.26-34)

ESTE É O PRIMEIRO INCIDENTE transgalileu registrado por Lucas. Ele registra a jornada de Jesus de um *mar* agitado para um *homem* agitado. Humanamente falando, ambos eram *indomáveis,* mas Jesus subjugou a ambos.

Era noite. Depois de uma assombrosa tempestade, Jesus chega num lugar deserto, íngreme e cheio de cavernas. Ele desembarca num cemitério, onde havia corpos expostos, alguns deles já em decomposição. O lugar em si já metia medo nos mais corajosos. Desse lugar sombrio, sai um homem louco, possesso, nu, um espectro humano, um aborto vivo, uma escória da sociedade.

Todos já haviam desistido dele, menos Jesus. Aquela viagem foi proposital. Jesus vai a uma terra gentílica, depois de um dia exaustivo de trabalho, depois de uma terrível tempestade, para salvar um homem possesso.

Satanás roubou tudo de precioso que aquele homem possuíra: família, liberdade, saúde física e mental, dignidade, paz e decência.

Havia dentro dele uma legião de demônios (8.30). Legião era uma corporação de 6 mil soldados romanos. Nada infundia tanto medo e terror como uma legião romana. Era um exército de invasão, crueldade e destruição. A legião romana era composta por infantaria e cavalaria. Numa legião havia flecheiros, estrategistas, combatentes, incendiários e aqueles que lutavam com espadas. Por onde uma legião passava, deixava um rastro de destruição e morte. Uma legião romana era irresistível. Aonde ela chegava, cidades eram assaltadas, dominadas, e seus habitantes eram arrastados como súditos e escravos. Uma legião era a mais poderosa máquina de guerra conhecida nos tempos antigos. As legiões romanas formavam o braço forte com o qual Roma havia subjugado o mundo. Assim era o poder diabólico que dominava aquele pobre ser humano. Havia um poder de destruição descomunal dentro dele, transformando sua vida num verdadeiro inferno.

Warren Wiersbe diz que nós podemos ver neste texto três forças trabalhando: Satanás, a sociedade e Jesus.[1]

O que Satanás faz pelas pessoas?

Na verdade, Satanás não faz nada pelas pessoas; faz contra elas. Vejamos alguns exemplos a seguir.

Em primeiro lugar, *ele domina as pessoas através da possessão* (8.27,29,30). O gadareno estava possesso de demônios.

Havia uma legião de demônios dentro dele. A possessão demoníaca não é um mito, mas uma triste realidade. A possessão não é apenas uma doença mental ou epilepsia. Ainda hoje milhares de pessoas vivem no cabresto de Satanás. Quais eram os sintomas de possessão desse homem? *Ele tinha dentro de si muitos demônios* (8.27). Esse homem não estava no controle de si mesmo. Suas palavras e suas atitudes eram determinadas pelos espíritos imundos que estavam dentro dele (8.29). Ele era um capacho de Satanás, um cavalo dos demônios, um joguete nas mãos de espíritos assassinos.

Ele manifestava uma força sobre-humana (8.29). As pessoas não podiam detê-lo nem as cadeias podiam subjugá-lo. A força destruidora com que despedaçava as correntes não procedia dele, mas dos espíritos malignos que nele moravam.

Ele revelou um conhecimento sobrenatural (8.28). Logo que Jesus desembarcou em Gadara, esse homem possesso correu, cheio de medo, e prostrou-se aos pés de Jesus, dizendo: *Que tenho eu contigo, Jesus, Filho do Deus altíssimo? Rogo-te que não me atormentes.* Ele sabia quem era Jesus. Sabia que Jesus é o Filho do Deus Altíssimo, que tem todo poder para atormentar os demônios e mandá-los para o abismo. Os demônios creem na divindade de Cristo e na sua total autoridade. Eles oram e creem nas penalidades eternas. A fé dos demônios é mais ortodoxa do que a fé dos teólogos liberais.

Em segundo lugar, *ele arrasta as pessoas para a impureza* (8.27). Gadara era uma terra gentílica, onde as pessoas lidavam com animais imundos. O espírito que estava naquele homem era um espírito imundo (8.29). Por isso, levou-o para um lugar impuro, o cemitério, para viver no meio dos sepulcros (8.27). A impureza desse homem era tríplice: os judeus consideravam a terra dos pagãos impura, em seguida o lugar dos túmulos e, por fim, a possessão.

Em terceiro lugar, *ele empurra as pessoas para uma vida sem pudor* (8.27). Esse endemoniado havia muito não se vestia. Ele tinha perdido completamente o senso de dignidade própria. Não respeitava a si nem aos outros. A obcenidade era a marca de sua vida. Ainda hoje, vivemos numa cultura saturada pela influência dos demônios, uma cultura que se esforça para deixar as pessoas nuas.

O que a sociedade pode fazer pelas pessoas?

Consideremos três fatores.

Em primeiro lugar, *a sociedade afastou esse homem do convívio social* (8.27,29). O máximo que a sociedade pôde fazer por esse homem foi tirá-lo de circulação e enviá-lo para o deserto. Arrancaram-no da família e da cidade. Desistiram do seu caso e consideraram-no uma causa perdida. Trataram-no como um caso irrecuperável e descartaram-no como um ser asqueroso.

Em segundo lugar, *a sociedade acorrentou esse homem* (8.29). A prisão foi o melhor remédio que encontraram para deter o homem possesso. Colocaram cadeias em suas mãos. Mas a prisão não pôde detê-lo. Ele arrebentou as cadeias e continuou espalhando terror por onde andava. Embora o sistema carcerário seja um fato necessário, não é a solução do problema. O índice de reincidência no crime daqueles que são apanhados pela lei e lançados num cárcere é de mais de 70%. O máximo que a sociedade pode fazer por pessoas problemáticas é isolá-las, colocá-las sob custódia ou jogá-las numa prisão. As prisões não libertam as pessoas por dentro nem as transformam; ao contrário, tornam-nas ainda mais violentas. Ainda hoje, é mais fácil e mais cômodo lançar na caverna da morte, no presídio e no desprezo aqueles que caem nas garras do pecado e do diabo.

Em terceiro lugar, *a sociedade deu mais valor aos porcos do que a esse homem* (8.37). A sociedade de Gadara não apenas rejeitou aquele homem na sua desventura, mas, também, não o valorizou depois da sua cura e libertação. Eles expulsaram Jesus de sua terra e amaram mais os porcos do que a Deus. Os porcos valiam mais que uma vida.

O que Jesus faz pelas pessoas?

Observemos três coisas fundamentais que Cristo faz.

Em primeiro lugar, *Jesus libertou esse homem da escravidão dos demônios* (8.29-34). Jesus se manifestou para destruir as obras do diabo (1Jo 3.8). Até os demônios estão debaixo da sua autoridade. Mediante a autoridade da palavra de Jesus, a legião de demônios bateu em retirada e o homem escravizado ficou livre. Jesus é o atormentador dos demônios e o libertador dos homens. Aonde ele chega, os demônios tremem e os cativos são libertos. Satanás tentou impedir Jesus de entrar na região de Gadara. Mas, em vez de intimidar-se com a legião de demônios, Jesus é quem espalhou terror no exército adversário.

Em segundo lugar, *Jesus devolveu a esse homem a dignidade da vida* (8.35,36). Três fatos nos chamam a atenção nessa libertação.

O homem estava assentado aos pés de Jesus (8.35). Aquele que vivia perturbado, correndo de dia e de noite, sem descanso para a mente e sem repouso para o corpo, agora está quieto, sereno, assentado aos pés do Salvador. Jesus acalmou o vendaval do mar e também a tempesetade interior desse homem atormentado. Alguns estudiosos entendem que a tempestade que Jesus enfrentara para chegar a Gadara fora provocada por Satanás, visto que a mesma palavra que Jesus empregou para repreender o vento e o mar, ele também empregou para repreender os espíritos imundos. Seria uma tentativa desesperada de Satanás para impedir Jesus de chegar a esse território pagão, onde ele mantinha tantas pessoas sob suas garras assassinas.[2]

O homem estava vestido (8.35). Esse homem havia perdido o pudor e a dignidade. Ele andava nu. Havia muito que não se vestia (8.27). Tinha perdido o respeito próprio e o respeito pelos outros. Estava à margem não só da lei, mas também da decência. Agora que Jesus o transformara, o primeiro expediente foi vestir-se, cuidar do corpo e apresentar-se com dignidade. A prova da conversão é a mudança.

O homem estava em perfeito juízo (8.35). Jesus restituiu àquele homem sua sanidade mental. A diferença entre sanidade e santidade é apenas de uma letra, a letra *T,* um símbolo da cruz de Cristo. Aonde Jesus chega, ele restaura a mente, o corpo e a alma. Aquele homem não era mais violento. Não oferecia mais nenhum perigo à família ou à sociedade. Jesus continua transformando monstros em homens santos, escravos de Satanás em homens livres, párias da sociedade em vasos de honra.

Em terceiro lugar, *Jesus dá a esse homem uma gloriosa missão* (8.38,39). Jesus envia esse homem como missionário para sua casa, para ser uma testemunha em sua terra. Ele espalhava medo e pavor; agora, anunciaria as boas novas de salvação. Antes, era um problema para a família; agora, seria uma bênção. Antes, era um mensageiro de morte; agora, seria um embaixador da vida.

Jesus revela a ele que o testemunho precisa começar em sua própria casa. O nosso primeiro campo missionário deve

O poder de Jesus sobre os demônios: o gadareno

ser o nosso lar. Sua família precisa ver a transformação que Deus operou em sua vida. O que Deus fez por nós tem de ser contado aos outros.

Lucas 8.26-39 registra três pedidos. Os dois primeiros foram prontamente atendidos por Jesus, mas o último foi indeferido.

Jesus atendeu ao pedido dos demônios (8.28,31,32). Os demônios pediram, e pediram encarecidamente. Havia intensidade e urgência no pedido deles. Eles não queriam ser atormentados (8.28) nem enviados para o abismo (8.31) nem para fora do país (Mc 5.10), mas para a manada de porcos que pastava pelos montes (8.32). É intrigante que Jesus tenha atendido prontamente ao pedido dos demônios, e a manada de 2 mil porcos tenha precipitado despenhadeiro abaixo, para dentro do mar, onde os animais se afogaram (8.33; Mc 5.13). Por que Jesus atendeu os demônios? Por cinco razões, pelo menos.

Primeiro, para mostrar o potencial destruidor que agia naquele homem. O gadareno não estava fingindo nem encenando. Seu problema não era apenas uma doença mental. Não se transfere esquizofrenia para uma manada de porcos. Os demônios não são seres mitológicos nem a possessão demoníaca é uma fantasia. O poder que estava agindo dentro daquele homem foi capaz de matar 2 mil porcos.

Segundo, para revelar àquele homem que o poder que o oprimia tinha sido vencido. Assim como a ação do mal não é uma simulação, a libertação também não é apenas um efeito psicológico, mas, um fato real, concreto e perceptível. Jesus diz: *Se o Filho vos libertar, verdadeiramente sereis livres* (Jo 8.32).

Terceiro, para mostrar à população de Gadara que, para Satanás, um porco tem o mesmo valor que um homem. De fato, Satanás tem transformado muitos homens em porcos. Jesus está alertando aquele povo sobre o perigo de ser um escravo do pecado e do diabo.

Quarto, para revelar a escala de valores dos gadarenos. Eles expulsaram Jesus por causa dos porcos. Eles amavam mais os porcos do que a Deus e ao próximo. O dinheiro era o deus deles.

Quinto, para mostrar que os demônios estão debaixo da sua autoridade. Os demônios sabem que Jesus tem poder para expulsá-los e também para mandá-los para o abismo. Alguém mais poderoso do que Satanás havia chegado, e os mesmos demônios que atormentavam o homem agora estão atormentados na presença de Jesus. Os demônios só podem ir para os porcos se Jesus o permitir. Eles estão debaixo do comando e da autoridade de Jesus. Eles não são livres para agir fora da autoridade suprema de Jesus.

Jesus atendeu ao pedido dos gadarenos (8.37). Os gadarenos expulsaram Jesus de sua terra. Eles amavam mais os porcos e o dinheiro do que a Jesus. Essa é a terrível cegueira materialista. Jesus não os constrangeu nem forçou sua permanência na terra deles. Sem nenhum questionamento ou palavra, entrou no barco e deixou a terra de Gadara. Os gadarenos rejeitaram a Jesus, mas Jesus não desistiu deles. Eles expulsaram a Jesus, mas Jesus enviou para o meio deles um missionário (8.38,39).

Jesus indeferiu o pedido do gadareno salvo (8.38,39). O gadareno, agora liberto, curado e salvo, quer, por gratidão, seguir a Jesus, mas o Senhor não lhe permite. O mesmo Jesus que atendera à petição dos demônios e dos incrédulos agora rejeita a petição do salvo. E por quê?

Primeiro, a família precisa ser o nosso primeiro campo missionário. A família dele sabia como ninguém o que havia acontecido e, agora, poderia testificar sua profunda mudança. Não estaremos credenciados a pregar para os de fora se ainda não testemunhamos para os da nossa própria família. Esse homem torna-se uma luz no meio da escuridão. Ele prega não só para sua família, mas também para toda a região de Decápolis (Mc 5.20). Decápolis era uma liga de dez cidades helênicas: Citópolis, Filadélfia, Gerasa, Pela, Damasco, Kanata, Dion, Abila, Gadara e Hippo. Ele não anuncia apenas uma mensagem teórica, mas é um retrato vivo do poder do evangelho, um verdadeiro monumento da graça.

Segundo, porque Jesus sabe o melhor lugar onde devemos estar. Devemos submeter nossas escolhas ao Senhor. Ele sabe o que é melhor para nós. O importante é estar no centro da sua vontade. Esse homem tornou-se um dos primeiros missionários entre os gentios. Jesus saiu de Gadara, mas o homem permaneceu dando um vivo e poderoso testemunho da graça e do poder de Jesus em Gadara.

NOTAS

[1] WIERSBE, Warren W. *Be diligent*, p. 48.
[2] WIERSBE, Warren W. *Be diligent*, p. 49.

Capítulo 25

O poder de Jesus sobre
a enfermidade
(Lc 8.43-48)

Ao ser expulso de Gadara, Jesus foi calorosamente recebido por uma multidão em Cafarnaum, do outro lado do mar. A multidão o comprimia, mas apenas duas pessoas se destacam nesse relato entrelaçado: Jairo e a mulher hemorrágica. Essas duas personagens nos ensinam alguns contrastes: Jairo era um líder da sinagoga; ela era uma mulher anônima; Jairo era um líder religioso; ela era excluída da comunidade religiosa; Jairo era rico; ela perdera todos os seus bens em vão buscando saúde; Jairo tivera a alegria de conviver doze anos com sua filhinha que agora estava à morte; ela sofria há doze anos de uma doença que a impedia de ser mãe; Jairo

Lucas — Jesus, o homem perfeito

fez um pedido público a Jesus; ela se aproximou de Jesus com um toque silencioso e secreto. Jesus atende ambos, mas ela primeiro.

A mulher hemorrágica ensina-nos sobre as marcas de uma fé salvadora: 1) uma fé nascida do desengano (8.43); 2) uma fé resoluta (8.44); 3) uma fé que estabelece contato com Cristo (8.44); 4) uma fé sincera (8.47); 5) uma fé confessada em público (8.47); e 6) uma fé recompensada (8.48). Há três características da fé dessa mulher: fé escondida, fé recompensada e fé revelada.

O toque da fé começa com a consciência de uma grande necessidade (8.43)

Destacamos quatro fatos sobre o sofrimento dessa mulher enferma.

Em primeiro lugar, *um sofrimento prolongado* (8.43). Aquela mulher hemorrágica buscou a cura durante doze anos. Foi um tempo de busca e de esperança frustrada. Foram doze anos de enfraquecimento constante; anos de sombras espessas da alma, de lágrimas copiosas, de noites indormidas, de madrugadas insones, de sofrimento sem trégua. Talvez você também esteja sofrendo há muito tempo, apesar de ter buscado solução em todos os caminhos. A Bíblia diz que a esperança que se adia faz adoecer o coração (Pv 13.12).

Em segundo lugar, *um sofrimento que gera desesperança* (8.43). O Talmude indicava onze formas de cura para a hemorragia. Ela buscou todas. Ela procurou todos os médicos. Aquela mulher gastou tudo o que tinha com vários médicos. Era uma mulher batalhadora e incansável na busca da solução para sua vida. Ela não era passiva nem omissa. Ela não ficou amuada num canto reclamando da vida;

antes, correu atrás da solução. Ela bateu em várias portas, buscando uma saída para o seu problema. Mas, apesar de todos os esforços, perdeu não só o seu dinheiro, mas também progressivamente a sua saúde. Ela ficava cada vez pior. A sua doença era crônica e grave. A medicina não tinha resposta para o seu caso. Os médicos não puderam ajudá-la.

Em terceiro lugar, *um sofrimento que destruía os seus sonhos* (8.43). Aquela mulher perdia sangue diariamente. Ela tinha uma anemia profunda e uma fraqueza constante. O sangue é símbolo da vida. Seu diagnóstico era sombrio; ela parecia morrer pouco a pouco; a vida parecia esvair-se aos borbotões do seu corpo. Ela não apenas estava perdendo a vida, como não podia gerar vida. Seu ventre, em vez de ser um canteiro de vida, tinha se tornado o deserto da morte. A mulher havia chegado à "estação desesperança". Foi então que ela ouviu falar de Jesus.

Em quarto lugar, *um sofrimento que produzia terríveis segregações* (8.43). O fluxo de sangue debilitou aquela mulher física, social e religiosamente.[1] A mulher hemorrágica enfrentou pelo menos três tipos de segregação por causa da sua enfermidade.

A segregação conjugal. Segundo a lei judaica, uma mulher com fluxo de sangue não podia relacionar-se com homem algum. Se ela era solteira, não podia casar-se; se era casada, não podia relacionar-se com o marido. A mulher menstruada era *niddah* (impura) e proibida de ter relações sexuais. Os rabinos ensinavam que, se os maridos teimassem em relacionar-se com elas nesse período, a maldição viria sobre os filhos. O rabino Yoshaayah ensinou que um homem devia se afastar de sua mulher já quando ela estivesse perto de ficar menstruada . O rabino Shimeon bar Yohai, ao comentar Levítico 15.31, afirmou que *ao homem que não se separa da sua mulher perto da menstruação dela, mesmo que tenha filhos como os filhos de Arão, estes morrerão.* Mulheres menstruadas transferiam sua impureza a tudo o que tocavam, inclusive utensílios domésticos e seus conteúdos. Os rabinos decretavam que até o cadáver de uma mulher que morreu durante sua menstruação deveria passar por uma purificação especial com água.[2]

A segregação social. Uma mulher com hemorragia devia viver confinada, na caverna da solidão, no isolamento, sob a triste realidade do ostracismo social. Por doze anos, ela não pudera abraçar nenhum familiar sem lhe causar dano. Ela vivia possuída de vergonha, com a autoestima amassada. Por isso, chegou anonimamente para tocar em Jesus, com medo de ser rejeitada, pois quem a tocasse ficaria cerimonialmente impuro.

A segregação religiosa. Uma mulher com fluxo de sangue era considerada impura e não podia entrar no templo nem na sinagoga para adorar. Não podia participar do culto nem das festas. Estava proibida de participar do culto público, visto que estava em constante condição de impureza ritual (Lv 15.25-33).

O toque da fé acontece quando nos voltamos da nossa desilusão e buscamos a Jesus (8.44)

Destacamos três coisas importantes aqui.

Em primeiro lugar, *os nossos problemas não apenas nos afligem; eles também nos arrastam aos pés de Jesus* (8.44). A mulher hemorrágica, depois de procurar vários médicos, sem encontrar solução para o seu problema, buscou a Jesus. Ela ouvira falar de Jesus e das maravilhas que ele fazia (Mc 5.27). A fé vem pelo ouvir (Rm 10.17). O que ela ouviu produziu tal espírito de fé que dizia para si: *Se tocar tão somente em seu manto, ficarei curada* (Mc 5.28). Ela não somente disse que seria curada se tocasse nas vestes de Jesus, mas de fato ela tocou e foi curada. Por providência divina, às vezes, somos levados a Cristo por causa de um sofrimento, de uma enfermidade, de um casamento rompido, de uma dor que nos aflige. Essa mulher rompeu todas as barreiras e foi tocar nas vestes de Jesus.

Em segundo lugar, *quando os nossos problemas parecem insolúveis, ainda podemos ter esperança* (8.44). A mulher ouviu sobre a fama de Jesus (Mc 5.27). Quando tudo parece estar perdido, com Cristo ainda há uma saída. Ela ouviu sobre a fama de Jesus: que ele dava vista aos cegos e purificava os leprosos; que libertava os cativos e levantava os coxos; que ressuscitava os mortos e devolvia o sentido da vida aos pecadores que se arrependiam. Então, ela buscou Jesus e foi curada. Jesus estava atendendo a uma urgente necessidade: indo à casa de Jairo, um homem importante, para curar sua filha que estava à morte; mas Jesus para a fim de cuidar dessa mulher. Ela pode não ter valor nem prioridade para a multidão, mas para Jesus ela tem todo o valor do mundo.

Em terceiro lugar, *quando nós tocamos as vestes de Jesus com fé, podemos ter a certeza da cura* (8.44). No meio da multidão que comprimia a Jesus, a mulher tocou em suas vestes, e Jesus perguntou: *Quem me tocou?* (8.45). O que houve de tão especial no toque dessa mulher? Larry Richards destaca quatro características do toque dessa mulher na orla da veste de Jesus.[3] Primeiro, foi um toque intencional. Ela não tocou em Jesus acidentalmente; ela pretendia tocá-lo. Segundo, foi um toque proposital. Ela desejava ser curada do mal que a atormentava havia doze anos. Terceiro, foi um toque confiante. Ela foi movida pela fé, pois acreditava que Jesus tinha poder para restaurar sua saúde. Quarto, foi um toque eficaz. Quando ela tocou em Jesus, ficou imediatamente livre do seu mal. Sua cura foi completa e cabal. Ela recebeu três curas distintas: a primeira foi física. O fluxo de sangue foi estancado. A segunda foi emocional. Jesus não a desprezou, mas a chamou de filha (8.48) e lhe disse: *Tem bom ânimo* (Mt 9.22). A terceira, cura espiritual. Jesus lhe assegurou: *A tua fé te salvou* (8.48).

O toque da fé acontece quando o contato pessoal com Jesus é o nosso maior objetivo de vida (8.43-48)

Quatro fatos merecem destaque aqui.

Em primeiro lugar, *muitos comprimem a Cristo, mas poucos o tocam pela fé* (8.45,46). Jesus frequentemente estava no meio da multidão. Ele sempre a atraiu, não obstante a maioria das pessoas que o buscava não tinha um contato pessoal com ele. Muitos seguem a Jesus por curiosidade, mas não auferem nenhum benefício dele. Jesus conhece aqueles que o tocam com fé no meio da multidão.

Agostinho, ao comentar essa passagem, disse que uma multidão o apertava, mas só essa mulher o tocou.[4] Williams Lane argumenta corretamente: "Foi o alcance de sua fé, e não o toque de sua mão, que lhe assegurou a cura que buscava". Não foi o toque da superstição, mas da fé. Pela fé, nós cremos, vivemos, permanecemos firmes, andamos e vencemos. Pela fé, nós temos paz e entramos no descanso de Deus. A multidão vem e a multidão vai, mas só essa mulher toca Jesus e só ela recebe a cura. Aos domingos, a multidão vai à igreja. Aqui e ali, alguém é encontrado chorando por seus pecados, regozijando-se em Cristo pela salvação, e então Jesus pergunta: Quem me tocou?

O poder de Jesus sobre a enfermidade

Muitas pessoas vão à igreja porque estão acostumadas a ir. Acham errado deixar de fazê-lo. Mas estar em contato real com Jesus não é o que esperam acontecer no culto. Elas continuam indo e indo até Jesus voltar, mas só despertarão tarde demais, quando já estiverem diante do tribunal de Deus para prestar contas da sua vida.

Alguns vão para orar, mas não tocam em Jesus pela fé. Outros se assentam ao redor da mesa do Senhor, mas não têm comunhão com Cristo. São batizados, mas não com o Espírito Santo. Comem o pão e bebem o vinho, mas não se alimentam de Cristo. Cantam, oram, ajoelham, ouvem, mas isso é tudo; eles não tocam o Senhor nem voltam para casa em paz.

A mulher hemorrágica não estava apenas no meio da multidão que apertava Jesus; ela tocou em Jesus pela fé e foi curada! Seu toque pode ser descrito de quatro formas, como vemos a seguir.

Ela tocou em Jesus sob grandes dificuldades. Havia uma grande multidão embaraçando seu caminho. Ela se pôs no meio da multidão, apesar de estar enferma, fraca, impura e rejeitada.

Ela tocou em Jesus secretamente. A mulher tocou as vestes de Jesus sem alarde. Vá a Jesus, mesmo que a multidão não o perceba ou que sua família não saiba, pois ele pode libertar você do seu mal.

Ela tocou em Jesus sob um senso de indignidade. Por ser cerimonialmente impura, a mulher estava coberta de vergonha e medo. Conforme o ensinamento judaico, o toque dessa mulher deveria ter tornado Jesus impuro, mas foi Jesus quem a purificou.[5]

Ela tocou em Jesus humildemente. Ela o tocou por trás, silenciosamente. Prostrou-se trêmula aos seus pés. Quando nos humilhamos, Deus nos exalta. Ela não tocou Pedro, João ou Tiago, mas Jesus, e por isso foi liberta do seu mal.

Em segundo lugar, *aqueles que tocam a Jesus pela fé são totalmente curados* (8.47,48). Dois fatos podem ser destacados sobre a cura dessa mulher:

Sua cura foi imediata (8.47). A cura que ela procurou em vão durante doze anos foi realizada num momento. A cura que os médicos não puderam lhe dar foi lhe concedida instantaneamente. Muitas pessoas correm de lugar em lugar, andam de igreja em igreja, por vários anos, buscando paz com Deus, contudo ficam ainda mais desesperadas. Porém, em Cristo, há cura imediata para todas as nossas enfermidades físicas, emocionais e espirituais. Foi assim que Jesus curou aquela mulher.

Sua cura foi completa. Embora seu caso fosse crônico, ela foi completamente curada. Há cura completa para o maior pecador. Ainda que uma pessoa seja rejeitada ou esteja afundada no pântano do pecado, há perdão e cura para ela. Ainda que uma pessoa esteja possessa de demônios, há libertação para ela.

Larry Richards diz que o toque de Jesus salvou essa mulher fisicamente ao restaurar sua saúde; salvou-a socialmente ao restaurar sua convivência com outras pessoas na comunidade; e salvou-a espiritualmente, capacitando-a a participar novamente da adoração a Deus no templo e das festas religiosas de Israel.[6] Hoje você pode tocar nas vestes de Jesus e ver estancada sua hemorragia existencial. Toque nas vestes de Jesus, pois ele pode pôr um fim na sua angústia.

Em terceiro lugar, *aqueles que tocam em Jesus são conhecidos por ele* (8.45-48). Jesus perguntou: *Quem me tocou?* (8.45). Você pode ser uma pessoa estranha para a multidão, mas não para Jesus. Seu nome pode ser apenas "alguém", e

O poder de Jesus sobre a enfermidade

Jesus saberá quem é você. Se você o tocar, haverá duas pessoas que saberão: você e Jesus. Se você tocar em Jesus agora, talvez seus vizinhos possam não ouvir, mas isto será registrado nas cortes do céu. Todos os sinos da Nova Jerusalém irão tocar e todos os anjos irão se regozijar tão logo saibam que você nasceu de novo (15.10).

Lucas registra as palavras de Jesus de forma enfática: *Alguém me tocou, porque senti que de mim saiu poder* (8.46). Talvez muitos não saberão o seu nome, mas ele estará registrado no Livro da Vida. O sangue de Cristo estará sobre você. O Espírito de Deus estará em você. A Bíblia diz que Deus conhece os que são seus (2Tm 2.19). Se você tocar em Jesus, o poder da cura tocará em você, e você será conhecido no céu.

Em quarto lugar, *aqueles que tocam em Jesus devem tornar isso conhecido aos outros* (8.47). Você precisa contar aos outros tudo o que Cristo fez por você. Jesus quer que você torne conhecido aos outros tudo o que ele fez em você e por você. Não se esgueire no meio da multidão secretamente. Não cale a sua voz. Não se acovarde após ter sido curado. Talvez você já conheça o Senhor há anos e ainda não o tenha feito conhecido aos outros. Rompa o silêncio e testemunhe! Vá e conte ao mundo o que Jesus fez por você. Saia do anonimato! Quando as bênçãos descem dos céus, elas devem retornar em forma de ações de graça por parte dos que foram abençoados.

Jesus disse à mulher: *Filha, a tua fé te salvou; vai-te em paz* (8.48). Ela é a única mulher de quem há registro de que Jesus chamou de filha.[7] A bênção com que Jesus despediu a mulher é uma promessa para você agora. Talvez você tenha iniciado esta leitura com medo, angústia e uma "hemorragia existencial". Mas, agora, você pode voltar para casa livre, curado, perdoado, salvo. Vá em paz!

Notas

[1] RICHARDS, Larry. *Todos os milagres da Bíblia*, p. 235.

[2] RICHARDS, Larry. *Todos os milagres da Bíblia*, p. 233, 234.

[3] RICHARDS, Larry. *Todos os milagres da Bíblia*, p. 235.

[4] TRENCHARD, Ernesto. *Una exposición del evangelio según Marcos*. Madrid, ELB, 1971, p. 67.

[5] RIENECKER, Fritz; ROGERS, Cleon. *Chave linguística do Novo Testamento Grego*, p. 76.

[6] RICHARDS, Larry. *Todos os milagres da Bíblia*, p. 235.

[7] MORRIS, Leon L. *Lucas: introdução e comentário*, p. 152.

Capítulo 26

O poder de Jesus sobre a morte
(Lc 8.40-42,49-56)

Todo o contexto deste texto mostra que Jesus é a esperança dos desesperançados. O impossível pode acontecer quando Jesus intervém. Ele acalmou o mar e fez cessar o vento quando os discípulos estavam quase a perecer (8.22-25). Ele libertou de uma legião de demônios um homem enjeitado pela família e pela sociedade e fez dele um missionário (8.26-39). Ele curou uma mulher hemorrágica, depois que todos os recursos da medicina haviam se esgotado (8.43-48). Agora, Jesus ressuscita a filha única de um líder religioso, mostrando que também tem poder sobre a morte (8.40-42,49-56). Vamos destacar algumas lições do texto.

Jairo vai a Jesus levando sua causa desesperadora (8.40-42)

Destacamos três fatos dignos de nota.

Em primeiro lugar, *o desespero de Jairo levou-o a Jesus com um senso de urgência* (8.41,42). Jairo tinha uma causa urgente para levar a Jesus. Sua filhinha estava à morte. Era filha única e tinha 12 anos (8.42). Desta maneira, a linhagem de Jairo estava se extinguindo. Segundo o costume da época, uma menina judia se convertia em mulher aos 12 anos. Essa menina estava precisamente no umbral dessa experiência. Era como uma flor que estava secando antes mesmo de desabrochar plenamente.

Todos os outros recursos para salvar a menina haviam chegado ao fim. Jairo, então, busca a Jesus com um profundo senso de urgência. O sofrimento muitas vezes pavimenta o nosso caminho para Deus. A aflição é frequentemente a voz de Deus. As aflições tornam-se fontes de bênçãos quando elas nos levam a Jesus.

Jairo crê que se Jesus for com ele e impuser as mãos sobre sua filhinha, ela será salva e viverá. Jairo crê na eficácia do toque das mãos de Jesus (Mc 5.23). Ele confia que Jesus é a esperança para a sua urgente necessidade.

Em segundo lugar, *o desespero de Jairo levou-o a transpor barreiras para ir a Jesus* (8.41). Jairo precisou vencer duas barreiras antes de ir a Jesus.

A barreira da sua posição. Jairo era chefe da sinagoga, um líder na comunidade. A sinagoga era o lugar onde os judeus se reuniam para ler o livro da Lei, os Salmos e os profetas, aprendendo e ensinando a seus filhos o caminho do Senhor. Jairo era o responsável pelos serviços religiosos no centro da cidade no sábado e pela escola e tribunal de justiça durante o restante da semana. Ele supervisionava o culto, cuidava dos rolos das Escrituras, distribuía as ofertas

O poder de Jesus sobre a morte

e administrava o edifício onde funcionava a sinagoga. O líder da sinagoga era um dos homens mais importantes e respeitados da comunidade.

A posição religiosa, social e econômica de um homem, entretanto, não o livra do sofrimento. Jairo era um líder rico e influente, mas a enfermidade chegou à sua casa. Seu dinheiro e sua influência não conseguiram manter a morte do lado de fora da sua casa. Os filhos dos ricos também ficam doentes e morrem. A morte vem aos casebres e aos palácios, aos chefes e aos servos, aos ricos e aos pobres. Somente no céu a doença e a morte não podem entrar.

Cônscio da dramática realidade que estava vivendo, Jairo despojou-se de seus predicados e prostrou-se aos pés de Jesus. Muitas vezes, o orgulho pode levar um homem a perder as maiores bênçãos.

A barreira da oposição dos líderes religiosos. A essas alturas, os escribas e fariseus já se mancomunavam com os herodianos para matarem Jesus (Mc 3.6). As sinagogas estavam fechando as portas para o rabi da Galileia. Os líderes religiosos viam-no como uma ameaça à religião judaica. Jairo precisou romper com o medo da crítica ou mesmo da retaliação proveniente dos maiores líderes religiosos da nação.

Em terceiro lugar, *o desespero de Jairo levou-o a prostrar-se aos pés de Jesus* (8.41). Há três fatos marcantes sobre Jairo.

Jairo se humilhou diante de Jesus. Ele se prostrou e reconheceu que estava diante de alguém maior do que ele, do que os líderes judaicos, do que a própria sinagoga. Reconheceu o poder de Jesus, prostrou-se e nada exigiu, mas pediu com humildade. Ele se curvou e não expôs seus predicados nem tentou tirar proveito da sua condição social ou posição religiosa. Não há lugar na terra mais alto do que aos pés de Jesus. Cair aos pés de Jesus é estar de pé.

Aqueles que caem aos seus pés um dia estarão à sua destra. *Jairo clamou com perseverança* (Mc 5.23). Jairo não apenas suplica a Jesus, mas o faz com insistência. Ele persevera na oração. Ele tem uma causa e não está disposto a desistir dela. Não reivindica seus direitos, mas clama por misericórdia. Não estadeia seus méritos, mas se prostra aos pés do Senhor.

Jairo clamou com fé (Mc 5.23). Não há nenhuma dúvida no pedido de Jairo. Ele crê que Jesus tem poder para levantar a sua filha do leito da morte. Ele crê firmemente que Jesus tem a solução para a sua urgente necessidade. A fé de Jairo germinou no solo do sofrimento, foi severamente testada, mas também amavelmente encorajada.[1]

Jesus vai com Jairo, levando esperança para o seu desespero (8.49-56)

Destacamos seis consoladoras verdades nesta passagem.

Em primeiro lugar, *quando Jesus vai conosco podemos ter a certeza de que ele se importa com a nossa dor* (8.49,50). Jesus sempre se importa com as pessoas: ele fez uma viagem pelo mar revolto à região de Gadara para libertar um homem louco e possesso. Agora, ele caminha espremido pela multidão para ir à casa do líder da sinagoga. Mas, no meio do caminho, Jesus para a fim de conversar com uma mulher anônima e libertá-la do seu mal.

As três palavras de Jesus neste episódio é que fazem toda a diferença.

A palavra da fé. Não temas, crê somente (8.50). Era fácil para Jairo crer em Jesus enquanto sua filha estava viva, mas agora a desesperança havia batido à porta do seu coração. Quando as circunstâncias fogem do nosso controle, também somos levados a desistir de crer.

A palavra da esperança. A criança não está morta, mas dorme (8.52). Para o cristão, a morte é um sono passageiro, quando o corpo descansa e o espírito sai do corpo (Tg 2.26), para habitar com o Senhor (2Co 5.8) e estar com Cristo (Fp 1.20-23). Não é a alma que dorme, mas o corpo que aguarda a ressurreição na segunda vinda de Cristo (1Co 15.51-58).

A palavra de poder. Menina, levanta-te (8.54). Toda descrença e dúvida foram vencidas pela palavra de poder de Jesus. A menina levantou-se não apenas da morte, mas também da enfermidade.

Em segundo lugar, *quando Jesus vai conosco, os imprevistos humanos não podem frustrar os propósitos divinos* (8.42,43). Enquanto a mulher hemorrágica recebia graça, o pai da menina moribunda vivia o inferno. Jairo deve ter ficado aflito quando Jesus interrompeu a caminhada à sua casa para atender uma mulher anônima no meio da multidão. Seu caso requeria urgência. Ele não podia esperar. Mas Jesus não estava tratando apenas da mulher enferma, mas também de Jairo. A demora de Jesus é pedagógica.

Em terceiro lugar, *quando Jesus vai conosco não precisamos temer más notícias* (8.49,50). Jairo recebe um recado de sua casa: sua filha já morreu. Agora é tarde, não adianta mais incomodar o mestre. Na visão daqueles amigos, as esperanças haviam se esgotado. Eles pensaram: "Há esperança para os vivos; nenhuma para os mortos". Morris diz que havia aqui uma limitação da fé e do entendimento.[2]

A causa parecia perdida. Jairo estava atordoado e abatido. A última faísca de esperança foi arrancada do seu coração. O mundo desabou sobre a sua cabeça. Uma solidão incomensurável abraçou a sua alma. Mas Jesus, sem acudir às palavras dos mensageiros que vinham da casa de Jairo, não reconheceu a palavra da morte como palavra final, contrapôs-lhe a palavra da fé e disse-lhe: *Não temas, crê somente, e ela será salva* (8.50).

Na hora que os nossos recursos acabam, Jesus nos encoraja a crer somente. As más notícias podem nos abalar, mas não abalam o nosso Senhor. Elas podem pôr um fim aos nossos recursos, mas não aos recursos de Jesus. Jesus disse a Marta: *Se creres, verás a glória de Deus* (Jo 11.40). As nossas causas irremediáveis e perdidas têm solução nas mãos de Jesus. A morte é o rei dos terrores, mas Jesus é mais poderoso do que a morte. As chaves da morte estão em suas mãos (Ap 1.18). A palavra de Jesus ainda deve ecoar em nossos ouvidos: *Não temas, crê somente!*

No meio da crise, a fé tem de se sobrepor às emoções. C. S. Lewis diz que "o grande inimigo da fé não é a razão, mas as nossas emoções". Tanto Marcos como Lucas mencionam o temor sentido por Jairo. Há algo temível na morte. Ela nos infunde pavor (Hb 2.15). Quando Jairo recebeu o recado da morte da sua filha, seu coração quase parou, seu rosto empalideceu, e Jesus viu a desesperança tomando conta do seu coração. Jesus, então, o encoraja a crer, pois a fé ignora os rumores de que a esperança morreu.[3]

Em quarto lugar, *quando Jesus vai conosco,* não precisamos nos impressionar com os sinais da morte (8.52,53). Os que estavam lamentando, aqueles que informaram Jairo, e os próprios pais, sabiam que a criança estava morta. Jesus disse que ela estava apenas dormindo, pois ele fez um prognóstico teológico, e não um diagnóstico físico. Muitos dizem que a morte é o fim. Mas a morte não é permanente. Do ponto de vista de Deus, é um sono para o qual há um despertar. Mas Jesus promete mais do que isso. Embora a menina estivesse morta, sua condição não

O poder de Jesus sobre a morte

era mais permanente do que o sono; ele iria trazê-la de volta à vida. Leon Morris diz que aquilo que é morte para os homens nada mais é do que sono para Jesus (Jo 11.11-14).[4] O culto à morte é declarado sem sentido, e a morte é denunciada. "Ela morreu" é uma palavra à qual Deus não se curva. *Deus não é Deus de mortos, e sim de vivos; porque para ele todos vivem* (20.38).

Os homens continuam divertindo-se, referindo-se à fé religiosa como se fosse uma superstição ou um mito. Mas esse abuso não faz Jesus parar. Ao longo dos séculos, os incrédulos riram e escarneceram, mas Jesus continua operando milagres extraordinários, trazendo esperança àqueles que já capitularam ao vozerio estridente da desesperança.

Nós olhamos para uma situação e dizemos: não tem jeito! Colocamos o selo da desesperança e dizemos: impossível! Então, somos tomados pelo desespero, e a nossa única alternativa é lamentar e chorar. Mas Jesus olha para o mesmo quadro e diz: é só mais um instante, isso é apenas passageiro, ainda não é o fim, eu vou estancar suas lágrimas, vou aliviar sua dor, vou trazer vida nesse cenário de morte!

Em quinto lugar, *quando Jesus vai conosco, a morte não tem a última palavra* (8.54,55). Os mensageiros que foram a Jairo e a multidão que estava em sua casa pensaram que a morte era o fim da linha, uma causa perdida, uma situação irremediável, mas a morte também precisa bater em retirada diante da autoridade de Jesus. Os que estavam na casa riram de Jesus (8.53). Nada sabiam do Deus vivo, por isso, riram o riso da descrença. Mas Jesus entrou na risada e a expulsou (8.54). Diante do coral da morte, ergueu-se o solo da ressurreição: *Tomando-a pela mão, disse: "Menina, levanta-te!" Voltou-lhe o espírito, ela imediatamente se levantou, e ele mandou que lhe dessem de comer* (8.54,55). Assim

Jesus demonstrou a ela não apenas seu poder, mas também sua simpatia e seu amor. Jesus não usou nenhum encantamento nem palavra mágica. Somente com sua palavra de autoridade, sem uma luta ofegante, sem meios nem métodos, ele se impôs à morte. Diante da voz do onipotente Filho de Deus, a morte curva sua fronte altiva, dobra seus joelhos e prostra-se, vencida, perante o Criador.

Para Jesus, não há causa perdida. Ele dá vista aos cegos, levanta os paralíticos, purifica os leprosos, liberta os possessos, cura os enfermos e ressuscita os mortos. Hoje ele dá vida aos que estão mortos em seus delitos e pecados. Ele arranca do império das trevas os escravos do diabo e faz deles embaixadores da vida. Ele arranca um ébrio, um drogado, um criminoso do porão de uma cadeia e faz dele um arauto do céu. Ele apanha uma vida na lama da imoralidade e faz dela um facho de luz. Ele apanha uma família quebrada e faz dela um jardim engrinaldado de harmonia, paz e felicidade.

Em sexto lugar, *quando Jesus vai conosco, o choro da morte é transformado na alegria da vida* (8.56). Aonde Jesus chega, entram a cura, a libertação e a vida. Onde Jesus intervém, o lamento e o desespero são estancados. Diante dele, tudo aquilo que nos assusta é vencido. A morte, com seus horrores, não pode mais ter a palavra final. A morte foi tragada pela vitória. Na presença de Jesus, há plenitude de alegria. Só ele pode acalmar os vendavais da nossa alma, aquietar nosso coração e trazer-nos esperança no meio do desespero.

Marcos registra que imediatamente a menina se levantou e pôs-se a andar (Mc 5.42). Lucas diz que Jesus ordenou que lhe dessem de comer (8.55). A ressurreição restaurou tanto a vida como a saúde. Nenhum resquício de mal, nenhum vestígio de preocupação. O milagre foi completo, a vitória foi retumbante, e a alegria foi indizível.

Jesus é a esperança dos desesperançados. Ele mostrou isso para o homem que não podia ser subjugado (8.26-39), para a mulher que não podia ser curada (8.43-48) e para o pai que recebeu a informação de que não poderia mais ser ajudado (8.49-56).

Coloque a sua causa também aos pés de Jesus, pois ele ainda caminha conosco e tem todo o poder para transformar o cenário de desesperança em celebração de grande alegria.

NOTAS

[1] THOMPSON, J. R. *The Pulpit commentary. Mark & Luke*. Grand Rapids, Michigan: Eerdmans, 1980, p. 226.

[2] MORRIS, Leon L. *Lucas: introdução e comentário*, p. 152.

[3] CHAMPLIN, Russell Norman. *O Novo Testamento interpretado versículo por versículo*. Vol. 1. Guaratinguetá, SP: A Voz Bíblica, s/d, p. 701.

[4] MORRIS, Leon L. *Lucas: introdução e comentário*, p. 153.

Capítulo 27

Uma cruzada evangelística
(Lc 9.1-17)

JESUS CHAMOU OS DOZE apóstolos primeiro para estarem com ele. Agora, envia-os para uma grande cruzada evangelística de casa em casa e de cidade em cidade. Naquela época, só existia uma forma de difundir uma mensagem, e era por meio da pregação. Não havia periódicos; os livros eram escritos à mão, e produzir um exemplar era um custo dispendioso.

Destacamos alguns pontos à luz do texto em tela.

A comissão dos apóstolos (9.1,2)

Na comissão aos doze apóstolos, Jesus concede a eles poder e autoridade. Poder é a capacidade de realizar uma tarefa, e autoridade é o direito de realizá-la; Jesus concedeu ambos aos apóstolos.[1]

A comissão dada aos doze contempla três áreas distintas: a libertação dos endemoniados, a cura dos enfermos e a pregação do evangelho do reino de Deus. John Charles Ryle diz que o púlpito é o lugar onde as maiores vitórias do evangelho têm sido conquistadas.[2]

Jesus demonstra o seu cuidado com o homem todo. Por isso, comissiona os apóstolos a exercerem o ministério de pregação, cura e libertação. Rienecker diz que a tarefa recebida pelos apóstolos não era ir "à frente" do Senhor, mas seguir os rastros dele aqui e acolá. Jesus não os envia para semear, mas para colher, não para começar, mas para continuar o que ele mesmo já começara.[3]

A provisão dos apóstolos (9.3-5)

A obra é urgente e o foco não está no conforto dos enviados, mas nas necessidades das pessoas que precisam ser alcançadas. Os obreiros devem concentrar suas atenções na tarefa em andamento, e não nos preparativos minuciosos.[4] Deviam viajar sem carga, para poderem ir mais rápido e mais longe.[5] Jesus não promete aos evangelistas luxo nem fausto, mas provisão adequada. Ryle diz que o pregador cujas afeições estão centradas no dinheiro, em vestes, diversões e busca de prazeres evidentemente está compreendendo mal a sua vocação.[6]

Os evangelistas são dignos de seu sustento (1Co 9.14,15; 2Co 11.8), mas devem ter sensibilidade cultural. Não devem buscar as casas mais ricas nem as famílias mais aquinhoadas. Devem entrar numa casa e ficar ali até o fim da jornada. A rejeição dos comissionados significa rejeição ao comissionador.

Rienecker sintetiza o texto em apreço, como segue:

Aprendemos desse texto: 1) que o Senhor previu o serviço de proclamação da palavra e do cuidado pastoral em tempo integral; 2) que aqueles que são enviados por ele são equipados com força especial do alto; 3) que o ponto de partida de qualquer trabalho é a casa e a família; 4) que diante do mundo é preciso dar um testemunho decidido; 5) que devemos anunciar um evangelho claro, e não palestras científicas; 6) que se deve impor as mãos sobre os enfermos e orar por eles; 7) que o alvo do anúncio do evangelho deve e precisa ser a conversão dos pecadores a Jesus, o Redentor.[7]

A pregação dos apóstolos (9.6)

Os apóstolos atenderam à comissão de Jesus sem tardança. Saíram e percorrem todas as aldeias. Saíram e pregaram aos ouvidos e aos olhos. Pregaram com palavras e com poder. Pregaram o evangelho e curaram os enfermos.

A confusão do povo (9.7-9)

Diante dessa cruzada evangelística por todas as aldeias, de cidade em cidade, Herodes toma conhecimento do que se passava e fica perplexo. A bandeja em que a cabeça ensanguentada de João Batista lhe fora trazida dava a Herodes uma sensação sinistra.[8] Sua consciência estava perturbada. Ryle diz que o pecado de Herodes o achara. A prisão e a espada silenciaram João Batista, mas não silenciaram a voz do homem interior de Herodes. A verdade divina jamais pode ser presa, silenciada ou aniquilada.[9]

O povo, escravo de um misticismo pagão, pensa confusamente que Jesus é o João Batista ressurreto. Outros acreditam que Jesus é o Elias que apareceu na terra depois de oitocentos anos que fora trasladado. Ainda outros creem que Jesus é um dos antigos profetas que ressuscitou. Herodes, por sua vez, tem certeza de que Jesus não poderia ser João Batista, porque ele mesmo mandou decapitá-lo. Sua perplexidade só aumentava. Doravante, ele demonstra grande desejo de vê-lo pessoalmente. Rienecker tem razão ao dizer que "quem não teme a Deus, teme coisas supersticiosas".[10]

O relatório dos apóstolos (9.10)

Depois dessa grande empreitada evangelística, os doze voltaram e relataram a Jesus tudo o que haviam feito. Certamente estavam entusiasmados ao verem os cativos sendo libertados, os enfermos sendo curados e o evangelho do reino alcançando multidões.

A compaixão de Jesus (9.11)

Jesus demonstra compaixão pelos doze, levando-os consigo a Betsaida para um tempo de descanso e refrigério (9.10b), mas demonstra também compaixão pelas multidões que, exaustas e aflitas, seguiram Jesus para essa região de Betsaida. Sua compaixão é demonstrada pelo fato de Jesus olhar para essa multidão e vê-la como ovelhas sem pastor. Diante desse fato, Jesus dedica-se a falar a elas acerca do reino de Deus e a socorrer aqueles que tinham necessidade de cura. Jesus dedica-se à grande multidão como mestre e médico, ensinando e curando.

A multiplicação (9.12-17)

Este é o único milagre, à parte a ressurreição, narrado em todos os quatro evangelhos. Coroa o auge da atuação de Jesus na Galileia. Morris diz que esse incidente ressaltou a verdade de que Deus em Cristo pode suprir qualquer necessidade.[11] Logo após esse insólito milagre, Jesus já abre a agenda para falar aos seus discípulos sobre sua iminente paixão (9.18-27). O texto em apreço enseja-nos algumas lições.

Uma cruzada evangelística

Em primeiro lugar, *a solução apresentada pelos doze* (9.12). Os discípulos, governados por uma lógica simples, não veem alternativa senão despedir as multidões, uma vez que o lugar era deserto e eles não tinham provisão nem recursos suficientes para atender a tamanha demanda.

Em segundo lugar, *a solução apresentada por Jesus* (9.13). Diante das impossibilidades apresentadas pelos discípulos, Jesus ordena que eles deem comida para a multidão. Eles retrucam dizendo que a provisão que têm é insuficiente e, se era mesmo para alimentar aquele povaréu todo, eles teriam de sair dali para comprar alimento. O que o homem não pode fazer, Jesus faz. Algumas atitudes foram adotadas por Jesus.

Organização é necessária (9.14,15). Uma multidão não pode ser atendida convenientemente sem ordem. A organização é fundamental. Por isso, Jesus ordena aos discípulos para dividir a multidão em grupos de 50, no que é prontamente atendido.

Dar graças pelo que se tem é o caminho para receber o que se não tem (9.16). Jesus não murmura ao saber que a receita é menor do que a despesa. Ele pega o que tem e dá graças. Ele pega o pouco que tem disponível e abençoa.

Os discípulos não podem multiplicar o pão, mas devem reparti-lo (9.16). Não somos provedores; somos mordomos. Aquele que tem pão com fartura e é o Pão da vida nos dá o privilégio e a responsabilidade de distribuir sua provisão para as multidões.

Jesus tem pão com fartura para alimentar os famintos (9.17). A provisão de Jesus é suficiente. Todos comeram e se fartaram. Ele tem pão com fartura. Se as multidões ainda estão famintas, não é por falta de pão.

O desperdício não é aceitável no reino de Deus (9.17). Jesus tem não apenas provisão suficiente, mas com sobra.

Os doze cestos que sobejaram não deveriam, entretanto, ser jogados no lixo, mas recolhidos e reaproveitados. Não há lata de lixo no reino de Deus!

NOTAS

[1] WIERSBE, William W. *Comentário bíblico Beacon*. Vol. 5, p. 265.

[2] RYLE, John Charles. *Meditações no Evangelho de Lucas*, p. 140.

[3] RIENECKER, Fritz. *Evangelho de Lucas*, p. 204.

[4] MORRIS, Leon L. *Lucas: introdução e comentário*, p. 154.

[5] BARCLAY, William. *Lucas*, p. 114.

[6] RYLE, John Charles. *Meditações no Evangelho de Lucas*. 2011, p. 141.

[7] RIENECKER, Fritz. *Evangelho de Lucas*, p. 206.

[8] RIENECKER, Fritz. *Evangelho de Lucas*, p. 207.

[9] RYLE, John Charles. *Meditações no Evangelho de Lucas*, p. 142.

[10] RIENECKER, Fritz. *Evangelho de Lucas*, p. 207.

[11] MORRIS, Leon L. *Lucas: introdução e comentário*, p. 157.

Capítulo 28

A identidade de Jesus e o preço do discipulado
(Lc 9.18-45)

Este texto é uma espécie de linha divisória no Evangelho de Lucas. É uma dobradiça que divide o livro. Até aqui Jesus provou ser o Messias. A partir de agora, ele mostra aos discípulos o propósito de sua vida. Fala-lhes a respeito da cruz e ruma para Jerusalém, onde será crucificado, como um rei caminha para sua coroação.

Destacamos aqui alguns pontos importantes.

A falta de discernimento do povo sobre a pessoa de Jesus (9.18,19)

Jesus estava a caminho de Cesareia de Filipe, nas fraldas do monte Hermom, no extremo norte de Israel (Mt 16.13).

Ele orava quando os seus discípulos se aproximaram. Destacamos aqui alguns pontos.

Em primeiro lugar, *uma pergunta crucial sobre a identidade de Jesus* (9.18). Jesus faz uma enquete com seus discípulos, perguntando-lhes: *Quem dizem as multidões que sou eu?* (9.18). Quem é Jesus? Qual é sua identidade? Quais são seus atributos e suas obras? A vida depende dessa resposta! O povo estava confuso acerca da pessoa mais importante do mundo. Eles pensavam que Jesus era João Batista ou Elias ou um dos antigos profetas ressuscitado (9.19). Eles compararam Jesus apenas a um grande homem ou um grande profeta. Eles não discerniram que ele era o próprio Filho de Deus entre os homens.

Ao longo da história, houve vários debates acerca de quem é Jesus. Os ebionistas acreditavam que Jesus era apenas uma emanação de Deus. Os gnósticos não acreditavam na sua divindade. Os arianos não acreditavam na sua eternidade. Hoje, há aqueles que creem que Jesus é um mediador, mas não o Mediador entre Deus e os homens. Há aqueles que dizem que Jesus é apenas um espírito iluminado, um mestre, mas não o Senhor e Mestre. Há aqueles que ainda escarnecem de Jesus e o colocam apenas como um homem mortal que se casou com Maria Madalena e teve filhos, como ensina o heterodoxo autor do livro *Código da Vinci* de Dan Brown (2003).

Em segundo lugar, *uma confusão total sobre a pessoa de Jesus* (9.19). A multidão tinha acerca de Jesus opiniões equivocadas, e não convicções seguras. Para a multidão, Jesus era João Batista, Elias ou algum dos profetas. Eles criam que Jesus era um grande mensageiro de Deus que havia ressuscitado dentre os mortos (9.19). O povo tinha uma visão distorcida de Jesus, pois o enxergava apenas

A identidade de Jesus e o preço do discipulado

como um grande mensageiro de Deus, e não como o próprio Deus encarnado. Havia muitas opiniões entre o povo sobre Jesus, exceto a verdadeira. Essa realidade perdura ainda hoje. Muitas pessoas ouvem falar de Jesus, até mesmo o confessam, mas não o conhecem como o verdadeiro Deus.

Se você não souber com clareza quem é Jesus, estará perdido na questão mais importante da vida. A vida, a morte e a ressurreição de Cristo, bem como sua obra expiatória, não são assuntos laterais, mas a própria essência do cristianismo. Se você não discerne claramente quem é Jesus, não pode ser considerado um cristão. O cristianismo é muito mais do que um conjunto de doutrinas; é uma Pessoa. O cristianismo tem que ver com a pessoa de Cristo. Ele é o centro, o eixo, a base, o alvo e a fonte de toda a vida cristã. Fora dele não há redenção nem esperança. Ele é a fonte da qual procedem todas as bênçãos.

O discernimento de Pedro sobre a pessoa de Jesus (9.20)

Dois fatos nos chamam a atenção neste texto.

Em primeiro lugar, *Pedro faz uma declaração precisa sobre Jesus* (9.20). Diante da pergunta: *Mas vós, quem dizeis que eu sou?*, Pedro, como porta-voz dos discípulos, respondeu a Jesus: *És o Cristo de Deus* (9.20). Pedro está dizendo que Jesus é o Messias, o Libertador por quem o povo de Deus aguardava havia tanto tempo. Porém, eles não conheciam o real significado do termo "Messias". Destarte, Jesus passou a explicar que envolvia o sofrimento e a morte. Foi uma lição que eles acharam difícil de aprender. Na realidade, ainda não a tinham aprendido, quando Jesus foi crucificado.[1]

O crente é aquele que está desejoso de opor-se à opinião popular e de expressar, de forma clara, uma posição que é contrária à das massas. Essa declaração precisa de Pedro foi feita quando Jesus era pobre e sem honra, majestade, riqueza ou poder. Ela foi feita quando os líderes religiosos e políticos de Israel recusaram receber a Jesus como Messias. Ainda assim Pedro disse: *Tu és o Cristo de Deus*. Sua fé não foi abalada pela pobreza de Jesus nem sua confiança foi atingida pela oposição dos mestres da lei e dos fariseus. Pedro firmemente confessou que o homem a quem seguia era de fato o Messias prometido, o Filho de Deus. Na verdade, o cristianismo não é popular. Teremos de confessar Cristo, mesmo tendo a opinião da maioria contra nós.

O evangelista Mateus nos informa que a resposta de Pedro, afirmando que Jesus era o Cristo, foi uma revelação especial de Deus Pai a ele (Mt 16.17). A declaração de messianidade de Cristo não foi fruto da lucubração ou mesmo da experiência de Pedro, mas da explícita revelação do Pai. Só compreendemos quem é Jesus quando os olhos da nossa alma são abertos por Deus. Sem a obra de Deus em nós, não podemos compreender nem confessar Jesus como o Messias.

Em segundo lugar, *Jesus faz uma declaração precisa sobre o propósito de sua vinda ao mundo* (9.21,22). Depois que os discípulos tiveram os olhos da alma abertos e receberam pleno discernimento acerca da messianidade de Jesus, por revelação de Deus Pai, Jesus iniciou um novo capítulo no seu discipulado e começou a falar-lhes claramente acerca do seu padecimento, prisão, morte e ressurreição. Jesus revela que o seu propósito em vir ao mundo era dar sua vida em resgate do seu povo. Jesus não morre como um mártir que recusa renunciar suas convicções. Ele morre como parte do plano redentivo de Deus (Mc 10.45; Rm 3.21-26). Isso é indicado pelo "é necessário", uma necessidade baseada na vontade soberana de Deus (9.22) em sua oferta de

A identidade de Jesus e o preço do discipulado

redenção. Jesus deixa claro que o sofrimento para ele não era nenhum acidente, mas, sim, uma necessidade imperativa. A cruz era a sua vocação.[2] O evangelista Lucas usa a expressão "é necessário" em diferentes circunstâncias da vida de Jesus, especialmente acerca da necessidade de sua morte (2.49; 4.43; 9.22; 13.33; 17.25; 24.7).

Rienecker diz que o Filho do homem precisa, pelo desígnio e pela vontade de Deus (At 4.28) prenunciados pelos profetas (24.27), sofrer e morrer para a reconciliação e salvação dos pecadores (Hb 9.22). O Senhor cita os anciãos, os sumos sacerdotes e os escribas, os três grupos do Sinédrio, como os executores involuntários e, não obstante, responsáveis, do plano divino.[3]

Por que era necessário Jesus sofrer, morrer e ressuscitar? Será por que havia poderes superiores que o subjugariam? Impossível! Será por que ele queria dar um exemplo de abnegação e autossacrifício? Impossível! Então, por que era necessário Jesus morrer? Sua morte foi necessária para que fosse feita expiação pelo pecado humano. Sem o derramamento do seu sangue, não haveria redenção para o homem. Sem o seu sacrifício vicário, não poderíamos ser reconciliados com Deus. Sua morte nos trouxe vida. A morte de Cristo é a mensagem central da Bíblia. Sem a cruz de Cristo, o cristianismo não passa de mera religião, desprovida de esperança.

O preço para ser um seguidor de Jesus (9.23-27)

Esta passagem é particularmente pesada e solene. Aquele que não se dispõe a carregar a cruz não usará a coroa. A religião que não nos custa nada não tem nenhum valor. A grande tensão deste texto está em encontrar prazer neste mundo à parte de Deus ou encontrar Deus neste mundo e todo o nosso prazer nele.

Jesus sabia que as multidões que o seguiam estavam apenas atrás de milagres e prazeres terrenos, sem disposição para trilhar o caminho da renúncia ou pagar o preço do discipulado.

Jesus não somente abraça o caminho da cruz, mas exige o mesmo de seus seguidores (9.23). Foram várias as tentativas para afastar Jesus da cruz: Satanás o tentou no deserto; a multidão quis fazê-lo rei; e Pedro tentou reprová-lo. Mas Jesus rechaçou todas as propostas com veemência.

Tendo afirmado os requisitos necessários de Deus para o Messias (9.22), Jesus declara, agora, as exigências de Deus para o discípulo. A natureza e o caminho do discípulo são padronizados de acordo com quem Jesus é e para onde ele está indo.

Jesus exige dos seus seguidores espírito de renúncia e sacrifício. Jesus nunca tratou de subornar os homens oferecendo-lhes um caminho fácil. Não lhes ofereceu amenidades; ofereceu-lhes glória.

O discipulado é uma proposta oferecida a todos, indistintamente (9.23). Jesus dirige-se não apenas aos discípulos, mas também à multidão. O discipulado não é apenas para uma elite espiritual, mas para todos quantos quiserem seguir a Cristo.

Jesus chama a si a multidão porque a fervorosa exortação que se segue é de importância para todos; aliás, é para todos uma questão de vida ou morte, de vida eterna em oposição à morte eterna.

Destacamos aqui alguns pontos.

Em primeiro lugar, *o discípulo conhece o preço do discipulado* (9.23). Jesus só tem uma espécie de seguidor: discípulos. Ele ordenou que sua igreja fizesse discípulos, e não admiradores. O discipulado é o mais fascinante projeto de vida. Há alguns aspectos importantes a serem destacados.

O discipulado é um convite pessoal (9.23). Jesus começa com uma chamada condicional: "Se alguém quer". A soberania de Deus não violenta a vontade humana. É preciso existir uma predisposição para seguir a Cristo. Jesus citou quatro tipos de ouvintes: os endurecidos, os superficiais, os ocupados e os receptivos. Muitos querem apenas o *glamour* do evangelho, mas não a cruz. Querem os milagres, mas não a renúncia. Querem prosperidade e saúde, mas não arrependimento. Querem o paraíso na terra, mas não a bem-aventurança no céu.

O discipulado é um convite para uma relação pessoal com Jesus (9.23). Ser discípulo não é ser um admirador de Cristo, mas um seguidor. Um discípulo segue as pegadas de Cristo. Assim como Cristo escolheu o caminho da cruz, o discípulo precisa seguir a Cristo não rumo ao sucesso, mas rumo ao calvário. Não há coroa sem cruz nem céu sem renúncia. Ser discípulo não é abraçar simplesmente uma doutrina, é seguir uma pessoa.

O discipulado é um convite para uma renúncia radical (9.23). Cristo nos chama não para a afirmação do eu, mas para sua renúncia. Precisamos depor as armas, antes de seguir a Cristo. Precisamos abdicar do nosso orgulho, soberba, presunção e autoconfiança, antes de seguirmos as pegadas de Jesus. Entrementes, negar-se a si mesmo não equivale à aniquilação pessoal. Não se trata de anular-se, mas de servir. Envolve mudar o centro de gravidade da visão centrada no "eu" para a completa adesão à vontade de Deus. Trata-se de uma renúncia radical a toda autoidolatria.

O discipulado é um convite para morrer (9.23). Tomar a cruz é abraçar a morte e escolher a vereda do sacrifício. Rienecker diz que "Jesus caracteriza todos os que aderem a ele com a ilustração de uma caravana de carregadores de cruzes".[4] O que significa tomar a cruz? Jesus sabia muito bem o que significava a crucificação. Barclay comenta que, quando Jesus tinha por volta de 11 anos, Judas, o galileu. havia encabeçado uma rebelião contra Roma. Havia atacado o exército real em Séforis, cidade que estava a uns 6 quilômetros de Nazaré. A vingança dos romanos foi rápida. Eles queimaram a cidade integralmente; seus habitantes foram vendidos como escravos; e 2 mil rebeldes foram crucificados ao longo do caminho como uma terrível advertência para outros que quisessem fazer o mesmo.[5] Diferentemente de uma rebelião, tomar a cruz significa para nós enfrentar coisas semelhantes, por nossa fidelidade a Cristo.

A cruz era um instrumento de morte, e morte vergonhosa. *É necessário que o Filho do homem sofra muitas coisas, seja rejeitado...* (9.22). A carta aos Hebreus fala sobre a crucificação de Jesus com termos fortes: *Expondo-o à ignomínia* (Hb 6.6), *o opróbrio de Cristo* (Hb 11.26), *não fazendo caso da ignomínia* (Hb 12.2), *sofreu fora da porta* (Hb 13.12) e *levando o seu vitupério* (Hb 13.13). O que o condenado faz sob coação, o discípulo de Cristo faz de boa vontade. A cruz não é apenas um emblema ou símbolo cristão, mas um instrumento de morte. Lucas fala sobre tomar a cruz dia a dia. Somos entregues à morte todo o dia. Somos levados como ovelhas para o matadouro. Estamos carimbados para morrer.

Essa cruz não é uma doença, um inimigo, uma fraqueza, uma dor, um filho rebelde, um casamento infeliz. Essa cruz se refere à nossa disposição de morrer para nós mesmos, para os prazeres e deleites. É considerar-se morto para o pecado e andar com um atestado de óbito no bolso.

O discipulado é um convite para uma caminhada dinâmica com Cristo (9.23). Seguir a Cristo é algo sublime e

A identidade de Jesus e o preço do discipulado

dinâmico. Esse desafio nos é exigido todos os dias, em nossas escolhas, decisões, propósitos, sonhos e realizações. Seguir a Cristo é imitá-lo. É fazer o que ele faria em nosso lugar. É amar o que ele ama e aborrecer o que ele aborrece. É viver a vida na sua perspectiva.

Em segundo lugar, *o discípulo conhece a necessidade de renúncia* (9.24). O discipulado implica o maior paradoxo da existência humana. Os valores de um discípulo estão invertidos: ganhar é perder, e perder é ganhar. O discípulo vive num mundo de ponta-cabeça. Para ele ser grande, é preciso ser servo de todos. Ser rico é ter a mão aberta para dar. Ser feliz é renunciar os prazeres do mundo. Satanás promete a você glória, mas no fim lhe dá sofrimento. Cristo oferece a você uma cruz, mas no fim lhe oferece uma coroa e o conduz à glória.

Como uma pessoa pode ganhar a vida e ao mesmo tempo perdê-la?

Quando busca a felicidade sem Deus. Vivemos numa sociedade embriagada pelo prazer. As pessoas estão ávidas pelo prazer. Elas fumam, bebem, dançam, compram, vendem, viajam, experimentam drogas e fazem sexo na ânsia de encontrar felicidade. Mas, depois que experimentam todas as taças dos prazeres, percebem que não havia aí o ingrediente da felicidade.

Quando busca a salvação fora de Cristo. Há muitos caminhos que conduzem as pessoas para a religião, mas um só caminho que conduz o homem a Deus. Uma pessoa pode ter fortes experiências e arrebatadoras emoções na busca do sagrado, no afã de encontrar-se com o Eterno, porém quanto mais mergulha nas águas profundas das filosofias e religiões, mais distante fica de Deus e mais perdida fica sua vida.

Quando busca realização em coisas materiais. O mundo gira em torno do dinheiro. Ele é a mola que move o mundo.

É o maior senhor de escravos da atualidade. Muitos se esquecem de Deus na busca do dinheiro e perdem a vida nessa corrida desenfreada. A possessão de todos os tesouros que o mundo contém não compensa a ruína eterna.

O que Jesus quis dizer por perder a vida para, então, ganhá-la?

Para o homem natural, seguir a Cristo é perder a vida. O homem natural não entende as coisas de Deus e as vê como loucura. Ele considera tolo aquele que renuncia às riquezas e aos prazeres desta vida para buscar uma herança eterna.

Para o homem natural, renunciar às coisas do agora em troca da bem-aventurança porvir é perder a vida. A pessoa sem Deus vive sem esperança. Seus olhos estão embaçados para enxergar o futuro. Seus tesouros e seu coração estão aqui. Mas o cristão aspira a uma Pátria superior. Ele aguarda uma herança incorruptível, ele busca uma recompensa eterna.

O discípulo sabe o valor inestimável da vida com Jesus (9.25)

Três fatos devem ser aqui destacados.

Em primeiro lugar, *o dinheiro não pode comprar a bem-aventurança eterna* (9.25). Transigir com os absolutos de Deus, vender a consciência e a própria alma para amealhar riquezas, é uma grande tolice. A vida é curta e o dinheiro perde o seu valor para quem vai para o túmulo. A morte nivela ricos e pobres. Nada trouxemos e nada levaremos do mundo. Passar a vida correndo atrás de um tesouro falaz é loucura. Pôr sua confiança na instabilidade e efemeridade da riqueza é estultícia.

O apostatar-se de Jesus em nenhum lugar é recompensado com a posse do mundo inteiro. O salário muitas vezes será bem mirrado: talvez 30 moedas de prata e uma corda

(Mt 26.15; 27.5). Mas, mesmo que o desertor ganhasse o mundo inteiro, o prejuízo não valeria a pena.

Em segundo lugar, *a salvação da alma vale mais do que as riquezas* (9.25). É melhor ser salvo do que ser rico. A riqueza só pode nos acompanhar até o túmulo, mas a salvação será desfrutada por toda a eternidade. Jesus chamou de louco o homem que negligenciou a salvação da sua alma e pôs sua confiança nos bens materiais. A morte chegou e, com ela, o juízo (12.20).

Em terceiro lugar, *a perda da alma é uma perda irreparável* (9.25). O dinheiro se ganha e se perde. Mesmo depois de perdê-lo, é possível readquiri-lo. Mas, quando se perde a alma, não há como reavê-la. É impossível mudar o destino eterno de uma pessoa. O rico que estava no inferno não teve suas orações ouvidas, nem seu tormento aliviado (16.23-31).

Algumas pessoas vendem a honra, os princípios, a consciência e a até mesmo a alma para alcançar bens, popularidade e prazeres terrenos. Porém, nenhuma quantidade de dinheiro, poder ou *status* pode comprar de volta uma alma perdida. Vender a alma por dinheiro, portanto, é um péssimo negócio. Essa troca é um engodo. A um morto não pertence mais nada; ele é que pertence à morte. No julgamento final, essa conta não fechará.

O discípulo é alguém que não se envergonha de sua relação com Jesus (9.26)

Destacamos dois pontos aqui.

Em primeiro lugar, *o que significa envergonhar-se de Cristo* (9.26). Envergonhar-se de Cristo significa ser tão orgulhoso a ponto de não desejar ter nada com ele. Nós somos culpados de envergonhar-nos de Cristo quando temos medo que as pessoas saibam que o amamos, bem como a sua doutrina, que desejamos viver de acordo com os seus mandamentos e que nos sentimos constrangidos quando nos identificam como membros do seu povo.

Ser cristão nunca foi e jamais será uma posição de popularidade. Todos aqueles que querem viver piedosamente em Cristo serão perseguidos (2Tm 3.12). Contudo, é mil vezes melhor confessar Cristo agora, e ser desprezado pelo povo, do que ser popular agora e ser desonrado por Cristo diante do Pai no dia do julgamento.

Em segundo lugar, *a perda irreparável que sofrerão os que se envergonham de Cristo* (9.26). Aqueles que se envergonham de Cristo agora, Cristo se envergonhará deles na sua segunda vinda. O julgamento mais pesado que as pessoas receberão no dia do juízo é que elas vão receber exatamente aquilo que sempre desejaram. O injusto continuará sendo injusto. Quem se envergonhou de Cristo durante esta vida se apartará dele eternamente.

Jesus conclui dizendo que alguns daqueles circunstantes não morreriam antes de verem a chegada poderosa do reino de Deus (9.27). O verdadeiro sentido dessas palavras tem pelo menos três significados básicos.

Primeiro, há aqueles que pensam que Jesus está se referindo à transfiguração que se seguiria imediatamente. Na verdade, Pedro, Tiago e João viram Jesus ser transfigurado e experimentaram momentaneamente o sabor da glória.

Segundo, há aqueles que pensam que Jesus está tratando da sua ressurreição e ascensão. O reino não podia vir mediante o poder político, mas por meio da cruz e da ressurreição. Jesus foi ressuscitado pelo poder de Deus (2Co 13.4); é agora Filho de Deus em poder (Rm 1.4) e é, ele mesmo, o poder de Deus (1Co 1.24).

Terceiro, há aqueles que pensam que Jesus está falando sobre a descida do Espírito Santo e a expansão da igreja depois do Pentecoste. Os discípulos haviam de ser testemunhas oculares da descida do Espírito e do espantoso crescimento da igreja.

NOTAS

[1] MORRIS, Leon L. *Lucas: introdução e comentário*, p. 160.

[2] MORRIS, Leon. L. *Lucas: introdução e comentário*, p. 160.

[3] RIENECKER, Fritz. *Evangelho de Lucas*, p. 213.

[4] RIENECKER, Fritz. *Evangelho de Lucas*, p. 214.

[5] BARCLAY, William. *Lucas*, p. 120.

Capítulo 29

As faces da espiritualidade
(Lc 9.28-45)

O EPISÓDIO DA TRANSFIGURAÇÃO está registrado nos três evangelhos sinóticos. Traz um tira-gosto do céu, levantando a ponta do véu e mostrando-nos a glória do nosso bendito Salvador. É um penhor de seu retorno com glória celeste, mostrando que a cruz precede a coroa e que o sofrimento precede à glória. Com esse episódio, o Pai tem como propósito encorajar seu Filho, que começava a se dirigir a Jerusalém rumo à cruz; e Jesus tem como propósito encorajar os discípulos, que haviam ficado abalados com a notícia de sua morte.

Warren Wiersbe diz que este foi o maior "congresso bíblico" já realizado na terra! Mesmo se não considerarmos a grande glória envolvida, por certo vemos aqui os palestrantes mais eminentes: Moisés, a Lei; Elias, os profetas; e Jesus, que veio para cumprir a Lei e os profetas. O grande tema é a "partida" de Jesus (o termo grego *exodus*), que se daria em Jerusalém. Moisés havia conduzido Israel para fora da escravidão do Egito, e Elias os havia livrado da escravidão dos falsos deuses; Jesus, contudo, estava prestes a morrer para libertar o seu povo da escravidão do pecado e da morte (G 1.4; Cl 1.13; Hb 2.14,15).[1]

A narrativa da Transfiguração nos ensina que "agora é o tempo de tomar a cruz e compartilhar da humilhação de nosso Senhor. A coroa e o reino de glória ainda estão por vir.[2] O que sucede à Transfiguração revela-nos os dramas da terra, fortemente marcados pela fúria de Satanás e a fraqueza dos discípulos.

O texto em tela nos fala sobre três tipos de espiritualidade. Vejamos essas três faces:

A espiritualidade do monte – êxtase sem entendimento (9.28-36)

Pedro, Tiago e João sobem o monte da Transfiguração com Jesus, mas não alcançam as alturas espirituais da intimidade com Deus. Jesus acabara de falar a respeito da cruz e agora revela a glória. O caminho da glória passa pela cruz.

Que monte era este? A tradição diz que é o monte Tabor, mas outros pensam que se trata do monte Hermom. A geografia não interessa, contudo, já que não se pensa em peregrinações. A fé no Senhor vivo que está presente em todos os lugares faz que os montes sagrados entrem em esquecimento.

A mente dos discípulos estava confusa e o coração deles se fechara. Eles estavam cercados por uma aura de glória

As faces da espiritualidade

e luz, mas um véu lhes embaçava os olhos, tirando-lhes o entendimento. Vejamos alguns pontos importantes.

Em primeiro lugar, _os discípulos andam com Jesus, mas não conhecem a intimidade do Pai_ (9.28,29). Apenas Lucas diz que Jesus subiu o monte com o propósito de orar. A motivação de Jesus era estar com o Pai. A oração era o oxigênio da sua alma. Todo o seu ministério foi regado de intensa e perseverante oração.[3] Jesus está orando, mas em momento algum os discípulos estão orando com ele. Eles não sentem necessidade nem prazer na oração. Não têm sede de Deus. Estão no monte a reboque, por isso não se alimentam da mesma motivação de Jesus.

Em segundo lugar, _os discípulos estão diante da manifestação da glória de Deus, mas, em de vez de orar, eles dormem_ (9.28,29). Jesus foi transfigurado porque orou. Os discípulos não oraram e por isso se tornaram meros espectadores. Porque não oraram, ficaram agarrados ao sono. A falta de oração pesou-lhes as pálpebras e cerrou-lhes o entendimento. Um santo de joelhos enxerga mais longe do que um filósofo na ponta dos pés. As coisas mais santas, as visões mais gloriosas e as palavras mais sublimes não encontraram guarida no coração dos discípulos. As coisas de Deus não lhes davam entusiasmo; elas lhes cansavam os olhos, lhes entediavam os ouvidos e lhes causavam sono.

Em terceiro lugar, _os discípulos experimentam grande êxtase, mas não têm discernimento espiritual_ (9.32-36). Os discípulos contemplaram quatro fatos milagrosos: a transfiguração do rosto de Jesus, a aparição em glória de Moisés e Elias, a nuvem luminosa que os envolveu, e a voz do céu que trovejava em seus ouvidos. Nenhuma assembleia na terra jamais foi tão esplendidamente representada: lá estava o Deus trino, além de Moisés e Elias, o maior legislador e o maior profeta. Lá estavam Pedro, Tiago e João, os apóstolos mais íntimos de Jesus; no entanto, embora envoltos num ambiente de milagres, faltou-lhes discernimento em quatro questões básicas.

Primeiro, eles não discerniram a centralidade da pessoa de Jesus (9.33). Os discípulos estão cheios de emoção, mas vazios de entendimento. Querem construir três tendas, dando a Moisés e a Elias a mesma importância de Jesus. Querem igualar Jesus aos representantes da Lei e dos profetas. Como o restante do povo, eles também estão confusos quanto à verdadeira identidade de Jesus (9.18,19). Não discerniram a divindade de Cristo. Andam com Cristo, mas não dão a glória devida ao seu nome (9.33). Onde Cristo não recebe a preeminência, a espiritualidade está fora de foco. Jesus é maior do que Moisés e Elias. A Lei e os profetas apontavam para ele. Tanto Moisés como Elias, tanto a lei como os profetas, tiveram seu cumprimento em Cristo (Hb 1.1,2; 24.25-27).

O Pai corrigiu a teologia dos discípulos, dizendo-lhes: *Este é o meu Filho, o meu eleito; a ele ouvi* (9.34,35). Jesus não pode ser confundido com os homens, ainda que com os mais ilustres. Ele é Deus. Para ele, deve ser toda devoção. Nossa espiritualidade deve ser cristocêntrica. A presença de Moisés e Elias naquele monte, longe de empalidecer a divindade de Cristo, confirmava que de fato ele era o Messias apontado pela lei e pelos profetas.

Segundo, eles não discerniram a centralidade da missão de Jesus. Moisés e Elias apareceram para falar da iminente partida de Jesus para Jerusalém (9.30,31). A pauta daquela conversa era a cruz. A cruz é o centro do ministério de Cristo. Ele veio para morrer. Sua morte não foi um acidente, mas um decreto do Pai desde a eternidade. Jesus não morreu porque Judas o traiu por dinheiro, porque os sacerdotes o entregaram por inveja, nem porque Pilatos o condenou por covardia. Ele voluntariamente se entregou por suas ovelhas (Jo 10.11), por sua igreja (Ef 5.25).

Toda espiritualidade que desvia o foco da cruz é cega de discernimento espiritual. Satanás tentou desviar Jesus da cruz, suscitando Herodes para matá-lo. Depois, ofereceu-lhe um reino. Mais tarde, levantou uma multidão para fazê-lo rei. Em seguida, provocou Pedro para reprová-lo. Ainda quando estava suspenso na cruz, a voz do inferno vociferou na boca dos insolentes judeus: *Desça da cruz, e creremos nele* (Mt 27.42). Se Jesus descesse da cruz, nós desceríamos ao inferno. A morte de Jesus nos trouxe vida e libertação.

A palavra grega usada para "partida" (9.31) é *exodus*. A morte de Jesus Cristo abriu as portas da nossa prisão e nos trouxe libertação. Moisés tinha liderado o Êxodo no Egito. Jesus iria realizar o êxodo do povo de Deus para a Terra Prometida, nas alturas.[4] Moises e Elias entendiam isso, mas os discípulos estavam sem discernimento sobre essa questão central do cristianismo (9.44,45). Hoje, há igrejas que aboliram dos púlpitos a mensagem da cruz. Pregam sobre prosperidade, curas e milagres. Mas esse não é o evangelho da cruz; é outro evangelho e deve ser anátema!

Terceiro, eles não discerniram a centralidade de seus próprios ministérios (9.33). Eles disseram: "Bom é estarmos aqui". Eles queriam a espiritualidade da fuga, do êxtase, e não do enfrentamento. Queriam as visões arrebatadoras do monte, não os gemidos pungentes do vale. Mas é no vale que o ministério se desenvolve.

É mais cômodo cultivar a espiritualidade do êxtase e do conforto. É mais fácil estar no templo, perto de pessoas coiguais, do que descer ao vale cheio de dor e opressão. Não queremos sair pelas ruas e becos. Não queremos entrar nos hospitais e cruzar os corredores entupidos de gente com esperança morta. Não queremos ver as pessoas encarquilhadas nas salas de quimioterapia. Evitamos olhar para as pessoas marcadas pelo câncer nas antecâmaras da radioterapia. Desviamos das pessoas caídas na sarjeta. Não queremos subir os morros semeados de barracos, onde a pobreza extrema fere a nossa sensibilidade. Não queremos visitar as prisões insalubres nem pôr os pés nos guetos encharcados de violência. Não queremos nos envolver com aqueles que vivem oprimidos pelo diabo nos bolsões da miséria ou encastelados nos luxuosos condomínios fechados. É fácil e cômodo fazer uma tenda no monte e viver uma espiritualidade escapista, fechada entre quatro paredes. Permanecer no monte é fuga, é omissão, é irresponsabilidade. A multidão aflita nos espera no vale!

Quarto, eles não discerniram a essência da adoração (9.34). Eles se encheram de medo, a ponto de caírem de bruços (Mt 17.5,6). A espiritualidade deles é marcada pela fobia do sagrado. Eles não encontram prazer na comunhão com Deus através da oração, por isso revelam medo de Deus. Veem Deus como uma ameaça. Eles se prostram não para adorar, mas para temer. Eles estavam aterrados (Mc 9.6). Pedro, o representante do grupo, não sabia o que dizia (9.33). Deus não é um fantasma cósmico. Ele é o Pai de amor. Jesus não alimentou a patologia espiritual dos discípulos; pelo contrário, mostrou sua improcedência: *Aproximando-se deles, tocou-lhes Jesus, dizendo: Erguei-vos, e não temais* (Mt 17.7). O medo de Deus revela uma espiritualidade rasa e sem discernimento.

A espiritualidade do vale – discussão sem poder (9.37-45)

O monte da Transfiguração forma um vivo contraste com o mundo da miséria, com a geração incrédula no sopé do monte.[5] Não é possível permanecer no alto da montanha quando há batalhas a combater no vale.[6] Os nove discípulos de Jesus estavam no vale cara a cara com o diabo, sem poder espiritual, colhendo um grande fracasso. A razão era a mesma dos três que estavam no monte: em vez de orar, eles estavam discutindo com os escribas (Mc 9.14). Aqui aprendemos várias lições.

Em primeiro lugar, *no vale há gente sofrendo o cativeiro do diabo sem encontrar nos discípulos de Jesus solução para o seu problema* (9.38,39). Aqui está um pai desesperado (Mt 17.15,16). O diabo invadiu sua casa e está arrebentando com sua família. Está destruindo seu único filho (Mc 9.18). Aquele jovem estava possuído por uma casta de demônios, que tornavam sua vida um verdadeiro inferno. No auge do desespero, o pai do jovem correu para os discípulos de Jesus em busca de ajuda, mas eles estavam sem poder. A igreja tem oferecido resposta para uma sociedade desesperançada e aflita? Temos confrontado o poder do mal? Conhecimento apenas não basta; é preciso revestimento de poder. O reino de Deus não consiste em palavras, mas em poder.

Em segundo lugar, *no vale há gente desesperada precisando de ajuda, mas os discípulos estão perdendo tempo, envolvidos numa discussão infrutífera* (9.38-40). Os discípulos estavam envolvidos numa interminável discussão com os escribas, enquanto o diabo estava agindo livremente sem ser confrontado (Mc 9.14). Eles estavam perdendo tempo com os inimigos da obra em vez de fazer a obra (Mc 9.16). A discussão muitas vezes é saudável e necessária. Mas passar o tempo todo discutindo é uma estratégia do diabo para nos manter fora da linha de combate. Há crentes que passam a vida inteira discutindo empolgantes temas na Escola Bíblica Dominical, participando de retiros e congressos,

Lucas — Jesus, o homem perfeito

mas nunca entram em campo para agir. Sabem muito e fazem pouco. Discutem muito e trabalham pouco. Os discípulos estavam discutindo com os opositores da obra (Mc 9.14). Discussão sem ação é paralisia espiritual. O inferno vibra quando a igreja se fecha dentro de quatro paredes, em torno dos seus empolgantes assuntos. O mundo perece enquanto a igreja está discutindo. Há muita discussão, mas pouco poder. Muita verborragia, mas pouca unção. Há multidões sedentas, mas pouca ação da igreja.

Em terceiro lugar, *no vale, enquanto os discípulos discutem, um poder demoníaco permanece sem ser confrontado* (9.38,39). Há dois extremos perigosos que precisamos evitar no trato dessa matéria. Primeiro, subestimar o inimigo. Os liberais, os céticos e incrédulos negam a existência e a ação dos demônios. Para eles, o diabo é uma figura lendária e mitológica. Negar a existência e a ação do diabo é cair nas malhas do mais ardiloso satanismo. Segundo, superestimar o inimigo. Há segmentos chamados evangélicos que falam mais no diabo do que em Jesus. Pregam mais sobre exorcismo do que sobre arrependimento. Vivem caçando demônios, neurotizados pelo chamado movimento de batalha espiritual.

Como era esse poder maligno que estava agindo no vale? *O poder maligno que estava em ação na vida daquele menino era assombrosamente destruidor* (9.39; Mc 9.18,22). A casta de demônios fazia esse jovem rilhar os dentes, convulsionava-o e lançava-o no fogo e na água, para matá-lo. Os sintomas desse jovem apontam para uma epilepsia. Mas não era um caso comum de epilepsia, pois, além de provocar aquela desordem convulsiva, o espírito maligno que estava nele era um espírito surdo-mudo. O espírito imundo o privava de falar e ouvir. A possessão demoníaca é uma

As faces da espiritualidade

realidade dramática que tem afligido muitas pessoas ainda hoje. Os ataques àquele jovem eram tão frequentes e fortes que o menino não queria mais crescer, e seguia definhando. *O poder maligno em curso age com requintes de crueldade* (9.38). Esse jovem era filho único. O coração do Filho único de Deus enchia-se de compaixão por esses filhos únicos, por seus pais e por muitos outros! Ao atacar esse rapaz, o diabo estava destruindo os sonhos de uma família. Onde os demônios agem, há sinais de desespero. Onde eles atacam, a morte mostra sua carranca. Onde eles não são confrontados, a invasão do mal desconhece limites.

A espiritualidade de Jesus (9.29,31,44,51,53)

A Transfiguração foi uma antecipação da glória, um vislumbre e um ensaio de como será o céu (Mt 16.18). A palavra "transfigurar" é *metamorphothe,* de onde vem o termo "metamorfose". O verbo refere-se a uma mudança externa que procede de dentro. Essa não é uma mudança meramente de aparência, mas uma modificação completa para outra forma. Muitas vezes, os discípulos viram Jesus empoeirado, faminto e exausto, além de perseguido, sem pátria e sem proteção. De repente, passa por essa casca de humilhação uma labareda indubitável e inesquecível (2Pe 1.16-18). Por alguns momentos, todo ele estava permeado de luz. Aprendemos aqui algumas verdades fundamentais sobre a espiritualidade de Jesus.

Em primeiro lugar, *a espiritualidade de Jesus é fortemente marcada pela oração* (9.28). Jesus subiu o monte da Transfiguração com o propósito de orar e porque ele orou seu rosto transfigurou e suas vestes resplandeceram de brancura (9.29). A oração é uma via de mão dupla na qual nos deleitamos em Deus e ele tem prazer em nós (Mt 17.5).

Deus tem prazer em manter comunhão com seu povo (Is 62.4,5; Sf 3.17). A essência da oração é comunhão com Deus. O maior anseio de quem ora não são as bênçãos de Deus, mas o Deus das bênçãos. Jesus muitas vezes saía para os lugares solitários a fim de buscar a face do Pai.

Dois fatos são dignos de destaque na transfiguração de Jesus.

O seu rosto transfigurou (9.29). Mateus diz que o seu rosto resplandecia como o sol (Mt 17.2). O nosso corpo precisa ser vazado pela luz do céu. Devemos glorificar a Deus no nosso corpo. A glória de Deus precisa brilhar em nós e resplandecer através de nós.

Suas vestes também resplandeceram de brancura (9.29). Mateus diz que suas vestes resplandeceram como a luz (Mt 17.2). Marcos nos informa que as suas vestes se tornaram resplandecentes e sobremodo brancas, como nenhum lavandeiro na terra as poderia alvejar (Mc 9.3). Para um oriental, roupa e pessoa são uma coisa só. Assim, ele pode descrever vestimentas para caracterizar quem as usa (Ap 1.13; 4.4; 7.9; 10.1; 12.1; 17.4; 19.13). As nossas vestes revelam o nosso íntimo mais do que cobrem o nosso corpo. Elas retratam nosso estado interior e demonstram o nosso senso de valores. As nossas roupas precisam ser também santificadas.

A oração de Jesus no monte ainda nos evidencia outras duas verdades.

Primeiro, na Transfiguração, Jesus foi consolado antecipadamente para enfrentar a cruz (9.30,31). Quando oramos, Deus nos consola antecipadamente para enfrentarmos as situações difíceis. Jesus passaria por momentos amargos: seria preso, açoitado, cuspido, ultrajado, condenado e pregado numa cruz. Mas, pela oração, o Pai o capacitou a beber

As faces da espiritualidade

aquele cálice amargo sem retroceder. Quem não ora desespera-se na hora da aflição. É pela oração que triunfamos.

Segundo, em resposta à oração de Jesus, o Pai confirmou o seu ministério (Mt 17.4,5). Os discípulos, sem discernimento, igualaram Jesus a Moisés e Elias, mas o Pai defendeu Jesus, dizendo-lhes: *Este é o meu Filho amado, o meu eleito, a ele ouvi*. Marcos registra: *E de relance, olhando ao redor, a ninguém mais viram com eles, senão Jesus* (Mc 9.8). O Pai reafirma seu amor ao Filho e autentica sua autoridade, falando de dentro da nuvem luminosa aos discípulos. Aquela era a mesma nuvem que havia guiado Israel quando saía do Egito (Êx 13.21), que apareceu ao povo no deserto (Êx 16.10; 24.15-18), que surgiu a Moisés (Êx 19.9) e que encheu o templo com a glória do Senhor (1Rs 8.10). Vincent Taylor afirma que, no Antigo Testamento, a nuvem *é o veículo da presença de Deus, a habitação de sua glória, da qual ele fala*.

Você não precisa se defender; você precisa orar. Quando você ora, Deus sai em sua defesa. Quando você cuida da sua piedade, Deus cuida da sua reputação. Além de não defender o seu ministério, Jesus não tocou trombetas para propagar suas gloriosas experiências. Sua espiritualidade não era autoglorificante (Mt 17.9). Quem elogia a si mesmo demonstra uma espiritualidade trôpega.

Em segundo lugar, *a espiritualidade de Jesus é marcada pela obediência ao Pai* (9.44,51,53). A obediência absoluta e espontânea à vontade do Pai foi a marca distintiva da vida de Jesus. A cruz não era uma surpresa, mas uma agenda. Ele não morreu como mártir; ele se entregou. Ele foi para a cruz porque o Pai o entregou por amor (Jo 3.16; Rm 5.8; 8.32). A conversa de Moisés e Elias com Jesus foi sobre sua partida para Jerusalém (9.31). Como já afirmamos, a palavra grega usada para "partida" é *exodus*. O êxodo foi a libertação do povo de Israel do cativeiro egípcio. Com o seu êxodo, Jesus nos libertou do cativeiro do pecado. Sua morte nos trouxe libertação e vida. Logo que desceu do monte, Jesus demonstrou com resoluta firmeza que estava indo para a cruz (9.44,51,53). Ele chorou (Hb 7.5) e suou sangue (Lc 22.39-46) para fazer a vontade do Pai. Ele veio para isso (Jo 17.4) e, ao morrer na cruz, declarou isso triunfantemente (Jo 19.30). A verdadeira espiritualidade implica obediência (Mt 7.22,23).

Em terceiro lugar, *a espiritualidade de Jesus é marcada por poder para desbaratar as obras do diabo* (9.41-43). O ministério de Jesus foi comprometido com a libertação dos cativos (4.18; At 10.38). Ao mesmo tempo que ele é o libertador dos seres humanos, é o flagelador dos demônios. Jesus expulsou a casta de demônios do menino endemoniado dizendo: *Sai* [...] *e nunca mais tornes a ele* (Mc 9.25-27). O poder de Jesus é absoluto e irresistível. Os demônios bateram em retirada, o menino foi libertado, devolvido ao seu pai, e todos ficaram maravilhados diante da majestade de Deus (9.43). Para Jesus, não há causa perdida nem vida irrecuperável. Ele veio libertar os cativos!

NOTAS

[1] WIERSBE, Warren W. *Comentário bíblico expositivo*. Vol. 5, p. 269.

[2] RYLE, John Charles. *Meditações no Evangelho de Lucas*, p. 151.

As faces da espiritualidade

[3] Lucas 3.21,22; 4.1-13; 5.15-17; 6.12-16; 9.18-22,28-31; 22.39-46; 23.34-43.

[4] ROBERTSON, A. T. _Comentário Lucas à luz do Novo Testamento Grego_, p. 180.

[5] RIENECKER, Fritz. _Evangelho de Lucas_, p. 221.

[6] WIERSBE, Warren W. _Comentário bíblico expositivo_. Vol. 5, p. 270.

Capítulo 30

Atitudes perigosas
(Lc 9.46-62)

Jesus acabara de falar sobre autossacrifício, e os discípulos começam a discutir sobre autopromoção. Enquanto Jesus fala que está pronto a dar sua vida, os discípulos passam a debater quem entre eles é o maior. Eles estão na contramão do ensino e do espírito de Jesus. Mais uma vez, os discípulos reagem com incompreensão a um ensino sobre o sofrimento.

Jesus aproveita o momento para lançar alguns pilares da ética do reino de Deus, alertando para quatro atitudes perigosas.

A falta de humildade (9.46-48)

Os discípulos discutem entre si quem é o maior entre eles. Eles estão querendo preeminência. Pensam em projeção, grandeza e especial distinção. A ambição deles é a projeção do eu, e não do outro. Destacamos aqui dois pontos.

Em primeiro lugar, *no reino de Deus não há espaço para o amor à proeminência* (9.46). A ambição e o desejo de proeminência dos discípulos soavam mal, sobretudo diante do que Jesus acabara de declarar para eles a respeito de seu sofrimento e morte. O Rei da glória, o Senhor dos senhores, o Criador do universo, dava claro sinal de seu esvaziamento e humilhação, a ponto de entregar voluntariamente sua vida em favor dos pecadores, e os discípulos, cheios de vaidade e soberba, discutem sobre qual deles era o maior. Ryle diz que nenhum ídolo tem recebido tanta adoração quanto o "eu".[1]

Os discípulos estavam pensando acerca do reino de Jesus em termos de um reino terreno e em si mesmos como os principais ministros de Estado. Essa distorção teológica dos discípulos perdurou até mesmo depois da ressurreição de Jesus (At 1.6).

Em relação à ambição, as Escrituras advertem: *A soberba precede a ruína, e a altivez do espírito, a queda* (Pv 16.18). Não foi essa a experiência de Senaqueribe (2Cr 32.14,21), Nabucodonosor (Dn 4.30-33) e Herodes Agripa (At 12.21-23)? A Bíblia diz que aquele que se exalta será humilhado, mas o que se humilha será exaltado.

Em segundo lugar, *no reino de Deus ser o menor é ser grande* (9.47,48). Naquele tempo, as crianças não recebiam atenção dos adultos. Não havia o Estatuto da Criança, e elas eram despercebidas pelos adultos. Jesus, entretanto, valoriza os pequenos e diz que quem receber uma criança, a menor pessoa, a menos importante no conceito da sociedade, recebe a ele, e quem o recebe, recebe o Pai que o enviou.

A criança pequena representa os esquecidos, os não notados ou os excluídos que, por qualquer motivo, parecem não ser levados em consideração por nós. Quem, porém, vai ao encontro do seu menor irmão na comunidade, a partir de Jesus, misteriosamente é presenteado com o próprio Jesus.

Ser grande no reino de Deus é cuidar daqueles que são menos valorizados, daqueles que são mais carentes e mais necessitados. Jesus nos encoraja a demonstrar amor, atenção e cuidado aos mais fracos que nele creem. Jesus ensina essa lição de forma comovente, pois toma uma criança, coloca-a junto de si e diz aos seus discípulos: *Quem receber esta criança em meu nome, a mim me recebe; e quem receber a mim recebe aquele que me enviou; porque aquele que entre vós for o menor de todos, esse é que é grande* (9.48).

A ambição humana não vê outro sinal de grandeza senão coroas, *status*, riquezas e elevada posição na sociedade. Porém, o Filho de Deus declara que o caminho para a grandeza e o reconhecimento divino é devotar-se ao cuidado dos mais tenros e fracos da família de Deus.

A falta de tolerância (9.49,50)

No reino de Deus, a intolerância exclusivista não encontra guarida. A linha de pensamento central ainda é a falta de entendimento dos discípulos. Eles sobem com Jesus para Jerusalém: ele, pronto a sofrer; eles, cheios de ilusões. Seu Senhor e o caminho dele não orientam a atitude deles. Desta vez, isto se mostra na estreiteza deles, na pretensão de serem os únicos representantes de Jesus.

João proíbe um homem que expulsava demônios em nome de Cristo, pelo simples fato de não fazer parte do grupo apostólico e de não estar lutando alinhado com eles. Na teologia de João, somente o grupo deles estava com a

Lucas — Jesus, o homem perfeito

verdade; os outros eram excluídos e desprezados. João pensava que apenas os discípulos tinham o monopólio do poder de Jesus.

O homem estava fazendo uma coisa boa, expulsando demônios; da maneira certa, em nome de Jesus; com resultado positivo, socorrendo uma pessoa necessitada. Mas, mesmo assim, João o proíbe. De igual forma, muitos segmentos religiosos têm a pretensão de serem os únicos que servem a Deus. Pensam e chegam ao disparate de pregarem com altivez como se fossem os únicos seguidores fiéis de Jesus, e batem no peito com arrogância como se fossem os únicos salvos. Muitos, tolamente, creem que Deus é um patrimônio exclusivo da sua denominação. Agem com soberba e desprezam todos quantos não aderem à sua corrente sectária. Esse espírito intolerante e exclusivista está em desacordo com o ensino de Jesus, o Senhor da igreja.

Jesus repreende os discípulos e acentua que quem não é contra ele, é por ele (9.50). A lição que Jesus ensina é clara: não podemos ter a pretensão de julgar os outros nem de nos considerar os únicos seguidores de Cristo, pelo fato de essas pessoas não estarem em nossa companhia. A intolerância e o exclusivismo estreito são o que Jesus está corrigindo aqui. Josué pediu a Moisés para proibir Eldade e Medade, que estavam profetizando no campo. Ele exclama: *Moisés, meu senhor, proíbe-lhos.* Mas Moisés lhe responde: *Tens tu ciúmes por mim? Tomara todo o povo do Senhor fosse profeta, que o Senhor lhes desse o seu Espírito!* (Nm 11.26-29). Não sejamos mais restritivos do que foi Moisés. Não tenhamos uma mente menos aberta do que a de Paulo (Fp 1.14-18).

Obviamente, Jesus não está dizendo que os hereges, os heterodoxos e aqueles que acrescentam ou retiram parte das Escrituras devam ser considerados seus legítimos seguidores.

Jesus não está ensinando aqui o inclusivismo religioso nem dando um voto de aprovação a todas as religiões. Jesus não comunga com o erro doutrinário; antes, o reprova severamente. Jesus não aprova o universalismo nem o ecumenismo. Não há unidade espiritual fora da verdade. Mas Jesus não aceita a intolerância religiosa. Não podemos proibir nem rejeitar os outros pelo simples fato de eles não pertencerem ao nosso grupo. De forma alguma, Jesus está alargando a porta estreita do discipulado. Afinal de contas, esta passagem tem um contrapeso em Mateus 12.30: *Quem não é por mim é contra mim; e quem comigo não ajunta espalha.*

Muitas pessoas idolatram sua denominação e sua estrutura eclesiástica a ponto de não verem nenhum mérito nos outros segmentos que servem a Deus. São aqueles que proíbem os outros por estarem fazendo a obra de Deus (Nm 11.28). Essa intolerância tem sido umas das páginas mais escuras da história humana. Muitos cristãos chegam até mesmo a perseguir uns aos outros, engalfinhando-se em vergonhosas brigas e contendas (1Co 6.7). Concluo essas palavras com a advertência de John Charles Ryle ao alertar para a falta de união entre os crentes como uma das causas do lento progresso do verdadeiro cristianismo. Palavras severas jamais produziram unidade de pensamento. A união jamais foi alcançada por meio da força. Devemos ser gratos se o pecado está recebendo a devida oposição, o evangelho está sendo pregado e o reino de Satanás está sendo derrubado, embora esta obra não esteja sendo realizada exatamente da maneira que gostaríamos (Fp 1.18).[2]

A falta de amor (9.51-56)

A agenda de Moisés e Elias com Jesus no monte da Transfiguração foi sua "partida" (*exodus*) para Jerusalém. A cruz estava no centro daquela conversa no monte tocado pela glória de Deus. Ao descer do monte, Jesus está absolutamente comprometido com a obediência a essa agenda estabelecida na eternidade. A prontidão para obedecer, mesmo que tal obediência passasse pela horrenda cruz, estava escrita em seu semblante (9.51,53). A traição, o julgamento injusto, as cusparadas no rosto, os açoites infames, o escárnio da multidão, os cravos que rasgaram suas mãos e seus pés, tudo estava diante de seus olhos como uma fotografia. No entanto, em momento algum Jesus retrocedeu. Ele caminhou para a cruz como um rei caminha para sua coroação. Nessa caminhada rumo a Jerusalém, Jesus planeja passar por uma aldeia dos samaritanos, mas não é recebido por eles. Dois pontos aqui merecem destaque.

Em primeiro lugar, *a falta de hospitalidade dos samaritanos* (9.51-53). Cientes de que Jesus estava indo para Jerusalém, os samaritanos fecharam-lhe a porta em sua aldeia. O preconceito antigo suplantou a oportunidade presente. O ódio racial impediu-lhes de receber o Salvador do mundo. Eles deixaram de acolher aquele que veio para dar sua vida por eles. Os samaritanos não acolheram Jesus, mas Jesus não desistiu dos samaritanos. Lucas registra a parábola do bom samaritano que resgata o homem ferido (10.33) e conta sobre o samaritano curado da lepra que voltou para agradecer (17.16). As implicações do propósito de Deus para os samaritanos são ampliadas no segundo livro escrito por Lucas (At 1.8; 8.5-8,14-17,25). David Neale diz que a ênfase do Evangelho de Lucas é que a salvação se estende para os judeus marginalizados dentro de Israel e depois para os que estão além das fronteiras de Israel, tanto geográfica quanto étnica.[3]

Em segundo lugar, *a falta de amor dos discípulos* (9.54-56). Tiago e João, os filhos do trovão, pediram para Jesus

Atitudes perigosas

pagar aos samaritanos com a mesma moeda. Eles pedem permissão a Jesus para mandar fogo do céu sobre aqueles que lhes negaram um gesto de cortesia. diante dessa hostilidade dos discípulos, Jesus os repreende mais uma vez, mostrando o propósito de sua vinda ao mundo: *Pois o Filho do homem não veio para destruir as almas dos homens, mas para salvá-las...* (9.56). Em vez de forçar a barra para passarem por aquela aldeia, o texto nos informa: *... e seguiram para outra aldeia* (9.56). Concordo com Ryle quando ele diz que nada pode ser julgado mais contrário à vontade de Cristo do que as perseguições e guerras religiosas que macularam os anais da História da Igreja. Milhares e milhares de pessoas foram mortas por causa de perseguições religiosas em todo o mundo. Muitos foram queimados, enforcados, decapitados ou afogados em nome do evangelho; e aqueles que os assassinaram realmente acreditavam estar prestando um serviço a Deus. Infelizmente, apenas demonstraram sua própria ignorância quanto ao espírito do evangelho e à maneira de pensar de Cristo.[4]

A falta de prioridade (9.57-62)

Enquanto Jesus caminha rumo a Jerusalém, recebe três abordagens de voluntários que querem segui-lo, mas que não haviam entendido bem o preço do discipulado. Kenneth Bailey explica este texto usando como tema a raposa, o funeral e o arado.[5] Vejamos esses casos.

Em primeiro lugar, *aqueles que têm uma motivação errada* (9.57,58). Este proponente anônimo se dispõe a seguir a Jesus para onde quer que ele vá, mas está motivado pelas vantagens que vai receber. Jesus, porém, joga uma pá de cal em seu entusiasmo, mostrando que o Filho do homem não tem onde reclinar a cabeça. Aqueles que querem seguir a

Jesus motivados por vantagens pessoais e terrenas recebem dele uma imediata resistência. Morris diz corretamente que o seguidor de Jesus não deve contar com uma vida de luxo.[6] Bailey diz que os candidatos a discípulos precisam considerar o preço do discipulado e entender que não serão aceitos enquanto não decidirem conscientemente pagar o preço de seguir um líder rejeitado.[7]

Em segundo lugar, *aqueles que têm uma prioridade errada* (9.59,60). Outro, mediante a ordem de Jesus *Segue-me*, colocou à frente do discipulado uma causa mais urgente. Antes de seguir a Jesus, ele queria cuidar de seu pai até sua morte. Isso seria uma espécie de atraso indefinido[8], diz Morris. Depois de sepultar o pai, então, estaria pronto a segui-lo. Mas Jesus deixa claro que pregar o reino é a maior de todas as prioridades. Nenhuma outra agenda pode se interpor entre o discípulo e a pregação do evangelho do reino. Bailey mais uma vez é oportuno quando diz que a lealdade a Jesus e seu reino é mais importante do que a lealdade às normas culturais da sociedade. Em outras palavras, as exigências culturais da comunidade não são desculpas aceitáveis para o fracasso no discipulado.[9]

Em terceiro lugar, *aqueles que têm uma noção de tempo errada* (9.61,62). Este voluntário dispôs-se a seguir a Jesus, mas queria antes despedir-se de sua família. Queria seguir, mas não agora. Mostrou relutância na sua decisão. Jesus, então, lhe respondeu: *Ninguém que, tendo posto a mão no arado, olha para trás é apto para o reino de Deus*. No reino de Deus, não há espaço para distração nem para saudosismo. Bailey diz que o chamado do reino de Deus precisa ter prioridade sobre todas as outras lealdades, pois o discipulado que tenha lealdade dividida é uma força desagregadora na obra do reino, e desta forma é inepto para participar dele.[10]

Atitudes perigosas

NOTAS

[1] RYLE, John Charles. *Meditações no Evangelho de Lucas*, p. 157.

[2] RYLE, John Charles. *Meditações no Evangelho de Lucas*, p. 158.

[3] NEALE, David A. *Novo comentário bíblico Beacon Lucas 9-24*, p. 64.

[4] RYLE, John Charles. *Meditações no Evangelho de Lucas*, p. 161.

[5] BAILEY, Kenneth. *A poesia e o camponês*, p. 62.

[6] MORRIS, Leon L. *Lucas: introdução e comentário*, p. 170.

[7] BAILEY, Kenneth. *A poesia e o camponês*, p. 73.

[8] MORRIS, Leon L. *Lucas: introdução e comentário*, p. 170.

[9] BAILEY, Kenneth. *A poesia e o camponês*, p. 73.

[10] BAILEY, Kenneth. *A poesia e o camponês*, p. 74.

Capítulo 31

Evangelização, uma obra de consequências eternas
(Lc 10.1-24)

DEPOIS DE PÔR À PROVA aqueles que queriam segui-lo por motivações erradas, Jesus comissiona 70 dos seus seguidores para irem à sua frente nas cidades por onde passaria, como seus precursores. Essa era uma missão honrosa, difícil e perigosa. A passagem em apreço, encerra algumas lições importantes.

O importante comissionamento da obra (10.1,2)

Jesus comissiona 70 de seus seguidores para irem à sua frente, abrindo caminho para sua passagem. O número 70 era simbólico para os judeus: era o número de anciãos eleitos para ajudarem Moisés (Nm 11.16,17,24,25), o número de membros do sinédrio e o número das nações do mundo (Gn 10). Essa é mais uma prova da perspectiva universal do Evangelho de Lucas. Duas questões são aqui destacadas.

Em primeiro lugar, *a preparação para a obra* (10.1). Jesus envia os obreiros de dois em dois, pois é melhor serem dois do que um. Quando um cai, o outro o levanta. Envia-os como precursores a cada cidade, para prepararem o caminho por onde Jesus devia passar.

Em segundo lugar, *a oração intercessória pela obra* (10.2). Jesus deixa claro que a obra sempre é maior do que a capacidade dos obreiros. Devemos, portanto, clamar ao Senhor da seara, para mandar obreiros para a sua seara. Há uma colheita a ser feita. Os campos estão maduros, e precisamos de mais obreiros para fazer essa obra importante e urgente.

A perigosa natureza da obra (10.3)

Os obreiros são enviados como ovelhas, mas as cidades para onde eles se dirigem estão cheias de lobos. A seara é grande, os trabalhadores são poucos, e o ambiente é hostil. Os obreiros não devem esperar facilidades. A perseguição é inevitável (2Tm 3.12). Os lobos têm dentes afiados e garras mortais. Rienecker tem razão ao alertar para o fato de que os discípulos não são enviados "aos lobos", mas para "o meio dos lobos".[1]

O chamado de Jesus não é para os covardes. É impossível ser um seguidor daquele que foi crucificado sem enfrentar a hostilidade do mundo e a fúria de Satanás.

A urgência absoluta da obra (10.4)

Os obreiros não devem ocupar-se prioritariamente com a provisão nem se distraírem com agendas paralelas e secundárias. Devem ter censo de urgência. Isso não significa ser insensível ou antissocial; significa que a obra é urgente e não há tempo a perder. Barclay está correto ao dizer que esta não é uma ordem para ser descortês; significa que o homem de Deus não deve deter-se em coisas de pouca importância quando coisas maiores o chamam.[2] A. T. Robertson corrobora dizendo: "O perigo dessas saudações pelo caminho era o excesso de conversas e o atraso. Os assuntos do rei exigiam pressa".[3]

A obra da evangelização nos lares (10.5-7)

Os obreiros são enviados numa missão de paz, com uma mensagem de paz, da parte do Príncipe da paz (10.5,6). O evangelho promove a glória de Deus no céu e produz paz na terra entre os homens. Os lares foram o lugar e a estratégia mais importante no crescimento das igrejas naquele tempo. Ainda hoje, as igrejas crescem quando os lares abrem as portas para os amigos e vizinhos, a fim de se transformarem em embaixadas do reino de Deus na terra. A obra missionária e a expansão da igreja passam por uma missão nas casas (10.5-7) e por uma missão urbana (10.8-11).

Os obreiros, no cumprimento dessa missão de paz, não devem buscar conforto nem demonstrar ostentação (10.7). Devem ser obreiros simples, modestos, a fim de não atraírem atenção para si mesmos. Longe de serem motivados pelo lucro, devem confiar plenamente no sustento de Deus, pois digno é o trabalhador do seu salário. Concordo, entretanto, com Rienecker quando ele escreve: "Assim como os verdadeiros discípulos de Cristo se abstêm de pregar o evangelho por causa de um lucro nefasto (1Pe 5.2; 1Tm 3.3), qual comerciantes (2Co 2.17; 1Tm 6.5), assim também não desprezam as dádivas do amor fraterno para seu necessário sustento".[4] A vida do pregador precisa ser consistente com sua mensagem. Ele não pode falar do céu se está apegado às coisas da terra. Ryle, nessa mesma linha de pensamento, diz que o sermão a respeito das "coisas invisíveis" produzirá pouco resultado quando a vida do pregador prega a importância das "coisas visíveis".[5]

A obra da evangelização nas cidades (10.8-16)

Três verdades merecem destaque aqui.

Em primeiro lugar, *a aceitação do evangelho* (10.8,9). A pregação aos ouvidos precisa ser precedida pela pregação aos olhos. As obras poderosas precedem as palavras de poder. Os milagres da graça abrem portas para a pregação do evangelho da graça. A pregação tem um senso de urgência. O reino de Deus chegou. Está próximo. E não há mais tempo a perder.

Em segundo lugar, *a rejeição do evangelho* (10.10-15). Jesus deixa claro que a rejeição da mensagem e dos mensageiros não significa derrota para os obreiros (10.10,11). Ao contrário, isso acarreta severo juízo àqueles que rejeitam a mensagem. Quanto maior a oportunidade, maior é a responsabilidade. Quem mais ouviu e viu as maravilhas do reino, e as rejeita, mais culpado será no dia do juízo (10.12-15). Ouvir os embaixadores de Cristo é o mesmo que ouvir o próprio Cristo, e desprezar seus representantes é o mesmo que desprezar aquele que os enviou. Morris diz, com razão, que, ao rejeitarem os pregadores, as pessoas não estavam rejeitando um par de pobres itinerantes, mas, sim, o próprio reino de Deus, e isso tem sérias consequências.[6]

Em terceiro lugar, *a autoridade dos obreiros* (10.16). Jesus deixa claro que seus precursores não fazem a obra em seu próprio nome. Eles são enviados por aquele que tem todo poder e toda autoridade no céu e na terra. Eles vão sob o

Evangelização, uma obra de consequências eternas

poder de Jesus e na autoridade de Jesus. Rejeitar o obreiro é rejeitar aquele que o enviou, e rejeitar a Jesus é rejeitar ao próprio Pai, que, por amor, o enviou ao mundo. Por outro lado, receber o obreiro e sua mensagem é receber ao próprio Jesus, o comissionador, o dono e conteúdo da mensagem.

William Barclay assim sintetiza o texto: 1) o pregador não deve estar sobrecarregado com preocupações financeiras; 2) o pregador deve concentrar-se em sua tarefa; 3) o pregador não deve trabalhar por ganância; 4) escutar a Palavra é uma grande responsabilidade; 5) é algo terrível rechaçar o convite do evangelho.[7]

A alegria dos obreiros enviados (10.17-20)

Destacamos aqui três pontos importantes.

Em primeiro lugar, *uma experiência vitoriosa* (10.17). Os obreiros retornam com grande exultação. Além de levarem a paz e pregarem a chegada do reino, eles também viram os demônios batendo em retirada pela autoridade do nome de Jesus. Essa vitória do reino da luz sobre o reino das trevas e essa submissão dos demônios a eles, na autoridade do nome de Jesus, trouxeram grande alegria para os obreiros.

Em segundo lugar, *uma advertência oportuna* (10.18,19). Diante da alegria dos obreiros, Jesus fala que viu pessoalmente Satanás caindo do céu como um relâmpago. E por que Satanás caiu? Por causa da soberba! Nossas alegrias mais profundas podem abrir uma fenda para a entrada do orgulho. E não há orgulho mais sutil e perigoso do que o orgulho espiritual. Depois da advertência, Jesus afirma que, aos obreiros, no cumprimento da missão, é dada autoridade sobre as forças do mal.

Em terceiro lugar, *uma alegria maior* (10.20). A maior glória de uma pessoa não está naquilo que ela faz para Deus, mas naquilo que Deus fez por ela.[8] Nossa alegria é ter o nosso nome escrito no livro da vida. Nossa maior alegria não está no serviço, mas na graça salvadora. Maior alegria do que qualquer ventura ou aventura na terra deve ser o fato de nosso nome estar arrolado no céu. Certa feita perguntaram a Sir James Simpson, o inventor do clorofórmio: "Qual foi a sua maior descoberta?" Ele respondeu: "Minha descoberta mais grandiosa foi quando me dei conta de que Jesus Cristo era o meu Salvador".[9]

A alegria de Jesus, o enviador (10.21-24)

Destacamos aqui três verdades solenes.

Em primeiro lugar, *a soberania de Deus na salvação* (10.21). Esta é a primeira vez que lemos nos Evangelhos que Jesus exulta de alegria. Sua alegria reside não em seus extraordinários milagres, mas na soberania de Deus na salvação. Exulta no fato de Deus ocultar as glórias do evangelho para os sábios e instruídos e revelá-las aos pequeninos. Deus vira a mesa e inverte a pirâmide. Os sábios e os instruídos não entendem; aos pequeninos é revelado. Deus faz isso por causa de sua soberana vontade. Concordo com Rienecker, entretanto, "o evangelho não está abaixo, mas acima da compreensão dos que são sábios e inteligentes a seus próprios olhos".[10]

Em segundo lugar, *a dignidade de Jesus, o revelador do Pai* (10.22). O Pai tudo confiou a Jesus. Só o Pai conhece Jesus plenamente, e só Jesus revela o Pai completamente. Jesus é a exata expressão do Pai. Ele é a exegese do Pai. Só ele pode revelar o Pai.

Em terceiro lugar, *a felicidade dos obreiros* (10.23,24). Jesus felicita seus obreiros porque eles viram o que os patriarcas, sacerdotes, profetas e reis não conseguiram ver. Aqueles viram o Jesus da profecia. Seus obreiros viram o Jesus da História. Aqueles creram no Messias prometido. Eles viram o Emanuel, o Messias entre os homens. O menor do reino de Deus é maior do que o maior santo da antiga aliança!

NOTAS

[1] RIENECKER, Fritz. *Evangelho de Lucas*, p. 231.

[2] BARCLAY, William. *Lucas*, p. 132.

[3] ROBERTSON, A. T. *Comentário Lucas à luz do Novo Testamento Grego*, p. 198.

[4] RIENECKER, Fritz. *Lucas: introdução e comentário*, p. 233.

[5] RYLE, John Charles. *Meditações no Evangelho de Lucas*, p. 167.

[6] MORRIS, Leon L. *Lucas: introdução e comentário*, p. 173.

[7] BARCLAY, William. *Lucas*, p. 132,133.

[8] BARCLAY, William. *Lucas*, p. 134.

[9] BARCLAY, William. *Lucas*, p. 134.

[10] RIENECKER, Fritz. *Evangelho de Lucas*, p. 238.

Capítulo 32

Amor ao próximo, evidência da vida eterna
(Lc 10.25-37)

ESTA É UMA DAS PARÁBOLAS mais belas, mais profundas e mais instigantes contadas por Jesus. Só aparece no registro de Lucas. Muitos abordam essa parábola lançando mão do método alegórico. A vítima torna--se o pecador perdido. O sacerdote e o levita representam a lei e os sacrifícios, ambos incapazes de salvar o pecador. O samaritano é Jesus Cristo, que salva o homem, paga as suas contas e promete voltar. Os dois denários são as duas ordenanças: o batismo e Ceia do Senhor. Essa, entretanto, não é maneira correta de interpretar a passagem.[1]

Outros veem aqui uma recomendação formal do caminho das obras. Porém, essa parábola é um repúdio às obras como meio de salvação. Não é aquilo que fazemos, considerado uma obra meritória, que importa, mas, sim, a atitude de confiarmos em Deus e no que ele fez por nós. Só amam a Deus e ao próximo aqueles que foram transformados pelo amor de Deus. Esse tipo de amor é nossa resposta ao amor que Deus tem por nós, e não a causa de sua aceitação de nós. Jesus não está recomendando um novo sistema de legalismo um pouco diferente do antigo, mas está apontando para o fim de todo o legalismo.[2]

O texto nos mostra, com cores vivas, um doutor da lei que quer apanhar Jesus no contrapé e se torna prisioneiro no cipoal de sua própria armadilha. Jesus virou a mesa, e o escriba que tentou pegar Jesus com as minúcias da lei é capturado pela responsabilidade da graça. O escriba queria manter a discussão em nível complexo e filosófico, mas Jesus o leva para o campo prático do amor e da ação.

Vejamos alguns pontos da passagem.

Uma formação errada (10.25a)

O texto começa dizendo *E eis que certo homem, intérprete da Lei...* (10.25). Esse homem era um doutor da lei, um experimentado professor de teologia, um perito hermeneuta. Apesar de sua formação acadêmica, seu entendimento da lei era equivocado.

Uma motivação errada (10.25b)

O texto prossegue: *... se levantou com o intuito de pôr Jesus à prova...* (10.25). Sua pergunta não era honesta. O homem não queria aprender, mas embaraçar. Queria colocar Jesus numa enrascada para depois se sentir superior.

Amor ao próximo, evidência da vida eterna

Uma teologia errada (10.25c)

O texto levanta a ponta do véu e mostra o equívoco teológico do intérprete da lei, na sua própria pergunta: ... _e disse: Mestre, que farei para herdar a vida eterna?_ (10.25). Na mente desse doutor, a vida eterna era uma conquista das obras, e não uma oferta da graça. Para ele, a salvação era uma questão de merecimento humano, e não uma dádiva divina. Kenneth Bailey diz que, olhando superficialmente, a pergunta é sem sentido. O que pode alguém fazer para herdar algo? Só os herdeiros legais herdam. Israel nada fez para merecer ou para adquirir a herança da terra. Israel não conquistou a terra devido às façanhas que realizou. Ao contrário, a disposição espontânea de Deus foi que deu a Israel a terra como sua herança.[3]

Uma pergunta perscrutadora (10.26)

Jesus não caiu na armadilha do doutor da lei; antes, devolveu-lhe a pergunta. _Então, Jesus lhe perguntou: Que está escrito na Lei? Como interpretas?_ (10.26). Já que o homem era intérprete da lei e queria pôr Jesus à prova acerca da vida eterna, Jesus devolve-lhe a pergunta, remetendo-o à lei, para deixar claro que, pelo padrão da lei, é impossível ao homem ser salvo, uma vez que a lei exige uma perfeita relação do homem com Deus e com o próximo. A lei exige perfeição absoluta e nenhum homem é capaz de atender à demandas da lei.

Uma resposta comprometedora (10.27)

O doutor da lei conhecia a letra da lei, mas não sabia interpretá-la. Sua resposta revela que ele não conhecia o propósito da lei, não conhecia a si mesmo nem conhecia os fundamentos da salvação. Vejamos sua resposta: _A isto ele_ *respondeu: Amarás o Senhor, teu Deus, de todo o teu coração, de toda a tua alma, de todas as tuas forças e de todo o teu entendimento; e: Amarás o teu próximo como a ti mesmo* (10.27). O doutor da lei conhecia as exigências da Lei, mas não sabia interpretá-la. A Lei não foi dada para nos dar a salvação, mas para revelar nossa condenação. A lei é como uma radiografia: mostra nosso pecado, mas não o remove. Seu papel é mostrar nosso pecado, tomar-nos pela mão e nos levar ao Salvador. Timothy Keller, nessa mesma linha de pensamento, diz: "Jesus mostra ao homem a justiça perfeita que a lei exige para que, assim, ele entendesse sua incapacidade de cumpri-la. Jesus queria convencê-lo do pecado".[4] O doutor da lei ainda não conhecia a si mesmo, pois, se o conhecesse, saberia que nenhum filho de Adão é capaz de guardar a lei, uma vez que a lei é perfeita e o homem é pecador. Mais, o doutor da lei não conhecia os fundamentos da salvação, pois se conhecesse saberia que a salvação não é uma conquista das obras, mas uma oferta da graça.

O esclarecimento de Jesus (10.28)

Jesus vira o jogo. O homem que armou uma arapuca para Jesus está preso na sua própria armadilha. A resposta de Jesus é esclarecedora: *Então, Jesus lhe disse: Respondeste corretamente; faze isto e viverás* (10.28). Jesus agora pôs o doutor da lei à prova. Virou a mesa e reverteu a situação. Se o doutor queria saber o que deveria fazer para herdar a vida eterna, ou seja, fugindo da graça, para o caminho das obras, então deveria ser perfeito, ou seja, a obediência plena à lei seria o caminho. Mas quem pode guardar a lei? Quem é apto para cumpri-la? Quem pode alcançar esse padrão de perfeição absoluta?

Amor ao próximo, evidência da vida eterna

O subterfúgio do doutor da lei (10.29)

Percebendo que tinha sido apanhado pelas cordas de sua própria astúcia, o doutor da lei tenta uma evasiva: *Ele, porém, querendo justificar-se, perguntou a Jesus: Quem é o meu próximo?* (10.29). Esse doutor da lei tentou Jesus primeiramente com uma pergunta capciosa e agora tenta se esquivar com uma pergunta evasiva.

A parábola de Jesus (10.30-35)

Jesus conta uma história para colocar os valores desse doutor da lei de cabeça para baixo. Ele reprova a atitude dos religiosos (sacerdote e levita) e exalta a atitude do rejeitado (samaritano), evidenciando que temos de considerar o mundo inteiro como nosso campo de trabalho e toda raça humana como nosso próximo.[5] Nessa parábola, Jesus destaca três filosofias.

Em primeiro lugar, *a exploração, a filosofia dos salteadores* (10.30). A estrada de 27 quilômetros que desce pelo deserto, de Jerusalém para Jericó, tem sido perigosa, durante toda a sua história. Pompeu teve de varrer "fortalezas de bandoleiros" próximas a Jericó. Os cruzados construíram um pequeno forte na metade do caminho, para inibir os ladrões e proteger os peregrinos.[6] Essa estrada era um despenhadeiro, no perigoso deserto rochoso da Judeia, um lugar de montes, vales e cavernas. Era conhecida como "caminho sangrento".[7] Essa região era mal afamada por causa de sua insegurança.[8]

Jerusalém está situada 800 metros acima do nível do mar e Jericó, nas proximidades do mar Morto; é a cidade mais baixa do mundo, está 400 metros abaixo do nível do mar. Por ali, precisavam passar as caravanas que subiam e desciam de Jerusalém. Esse caminho passava pelos desfiladeiros do terrível deserto da Judeia. Viajar sozinho era um convite ao desastre. Foi o que aconteceu. Esse homem que desce de Jerusalém para Jericó caiu nas mãos dos salteadores, que roubaram tudo o que ele tinha, e ainda o machucaram e o deixaram semimorto à beira do caminho. A filosofia dos salteadores é esta: "O que é meu, é meu; mas o que é seu deve ser meu também".

Em segundo lugar, *a indiferença, a filosofia dos religiosos* (10.31,32). O sacerdote e o levita eram homens religiosos, que cuidavam das coisas do templo e do culto ao Senhor. Eram exemplos de piedade. Mas o medo de se tornarem cerimonialmente impuros ou o temor de serem atacados pelos mesmos salteadores levou-os a passarem de largo e a revelarem total indiferença para com o homem ferido. Morris diz que, neste conflito, a pureza cerimonial ganhou a batalha. Eles não somente deixaram de ajudar, mas foram para o outro lado da estrada, abandonando o homem no seu sofrimento e na sua necessidade.[9] A filosofia de vida deles é esta: "O que é meu, é meu; o que é seu, é seu. Cada um por si e Deus por todos".

Em terceiro lugar, *a misericórdia, a filosofia do samaritano* (10.33-35). Jesus mais uma vez combate a postura dos escribas e fariseus, mostrando que aqueles a quem se consideravam justos (sacerdote e levita) são culpados e aqueles a quem se consideravam indignos (samaritano) despontam como os heróis. Esse samaritano, mesmo sendo odiado pelos judeus, para, chega perto, aplica óleo e vinho nas feridas do semimorto, tira-o do lugar de perigo, leva-o a uma hospedaria segura e ainda paga o seu tratamento. Sua filosofia de vida é esta: "O que é seu, é seu; mas o que é meu pode ser seu também".

Warren Wiersbe conclui dizendo que, para os ladrões, o viajante judeu era uma vítima a ser explorada, de modo que o atacaram. Para o sacerdote e o levita, era um incômodo a ser evitado, de modo que o ignoraram. Mas, para o samaritano, era alguém que necessitava de amor e de ajuda, de modo que ele lhe ofereceu cuidado.[10] Concordo com Kenneth Bailey quando escreve:

> Esta passagem faz uma afirmação a respeito da salvação. A salvação acontece para o homem ferido na forma de uma demonstração dispendiosa de amor inesperado. No processo, ela parece fazer uma declaração acerca do Salvador. Cuidadosamente sugerimos que Jesus, o estrangeiro rejeitado, colocou-se no papel do samaritano, que aparece dramaticamente em cena para atar as feridas do sofredor, como único agente da dispendiosa demonstração do amor inesperado de Deus.[11]

A aplicação de Jesus (10.36,37)

Jesus reverte a pergunta inicial do doutor da lei. Este havia perguntado: "Quem é o meu próximo?" Jesus então conta a parábola e pergunta: "Quem foi o próximo?" Assim, Jesus está instigando o doutor da lei a dar uma resposta bem diferente da que este gostaria, fazendo-o elogiar alguém de uma raça profundamente odiada.[12] A pergunta "Quem é o meu próximo?" é reformulada para "De quem preciso me tornar próximo?" E a resposta, então, é: qualquer pessoa que se encontre em necessidade, mesmo um inimigo![13] Kenneth Bailey tem razão ao dizer que dois tipos de pecado e dois tipos de pecadores aparecem na parábola. Os salteadores ferem o homem mediante a violência. O sacerdote e o levita o ferem por negligência. A parábola dá a entender a culpa de todos eles. A oportunidade não aproveitada para se fazer o bem torna-se um mal.[14]

Jesus, agora, encurrala o intérprete da lei, levando-o forçosamente a admitir que o samaritano, aquele a quem ele considerava indigno, foi o próximo do homem semimorto.

Por preconceito, o doutor não usa o nome samaritano, mas diz: "O que usou de misericórdia para com ele". Nas palavras de A. T. Robertson, "o doutor da lei compreendeu, e deu a resposta correta, mas se engasgou com a palavra *samaritano* e se recusou a pronunciá-la".[15]

Jesus, então, fecha a questão e diz a ele: *Vai e procede tu de igual modo* (10.37). William Barclay explica que a resposta de Jesus envolvia três coisas: 1) Devemos ajudar aos demais, ainda que eles tenham a culpa do que lhes sucedeu. 2) Qualquer pessoa, de qualquer nação, que está em necessidade é nosso próximo 3) A ajuda ao próximo deve ser prática. Portanto, o que Jesus disse ao escriba, ele diz também a nós: *Vai tu e faze o mesmo.*[16] Concluo com as palavras de A. T. Robertson: "Esta parábola do bom samaritano tem edificado os hospitais do mundo e, se compreendida e praticada, removerá o preconceito racial, o ódio nacional, o ódio e a inveja entre classes".[17]

Notas

[1] WIERSBE, Warren W. *Comentário bíblico expositivo.* Vol. 5, p. 274.

[2] MORRIS, Leon L. *Lucas: introdução e comentário*, p. 177,178.

[3] BAILEY, Kenneth. *A poesia e o camponês*, p. 78.

[4] KELLER, Timothy. *Ministérios de misericórdia.* São Paulo, SP: Vida Nova, 2016, p. 42.

Amor ao próximo, evidência da vida eterna

[5] RYLE, John Charles. *Meditações no Evangelho de Lucas*, p. 181.

[6] BAILEY, Kenneth. *A poesia e o camponês*, p. 85.

[7] BARCLAY, William. *Lucas*, p. 136.

[8] RIENECKER, Fritz. *Evangelho de Lucas*, p. 242.

[9] MORRIS, Leon L. *Lucas: introdução e comentário*, p. 179.

[10] WIERSBE, Warren W. *Comentário bíblico expositivo.* Vol. 5, p. 276.

[11] BAILEY, Kenneth. *A poesia e o camponês*, p. 102.

[12] KELLER, Timothy. *Ministérios de misericórdia*, p. 123.

[13] BAILEY, Kenneth. *A poesia e o camponês*, p. 102.

[14] BAILEY, Kenneth. *A poesia e o camponês*, p. 102.

[15] ROBERTSON, A. T. *Comentário Lucas à luz do Novo Testamento Grego*, p. 208,209.

[16] BARCLAY, William. *Lucas*, p. 138.

[17] ROBERTSON, A. T. *Comentário Lucas à luz do Novo Testamento Grego*, p. 209.

Capítulo 33

Uma coisa só é necessária
(Lc 10.38-42)

Jesus está a caminho de Jerusalém. Desde que desceu do monte da Transfiguração, estava estampada em seu semblante sua resoluta decisão de ir para a cruz. Ali ele abriria as portas do nosso cativeiro e quebraria as grossas correntes da nossa escravidão. Pela cruz, Jesus promoveria nosso êxodo.

Aquela era uma jornada urgente e dolorosa. Crescia a oposição a Jesus. Ele seria entregue nas mãos dos pecadores. As autoridades judaicas já mancomunavam sua prisão à traição para levá-lo à morte. Entretanto, Jesus marchava para a cruz com resolução inabalável.

É nesse contexto que Jesus chega a Betânia. Ali está uma família a quem

Jesus amava, formada por Marta, Maria e Lázaro (Jo 11.5). Ali estava uma família acolhedora (Jo 12.1-8).

Jesus não viaja só. Estava a caminho com seus discípulos. A recepção na casa de Marta deve ter sido não somente a Jesus, mas também aos discípulos. A demanda é grande. O trabalho de colocar a refeição sobre a mesa é enorme. Marta se desdobra no serviço a Jesus. Maria se concentra em ouvir Jesus. Isso provoca desconforto em Marta. Ela não esconde sua agitação e cobra de Jesus uma postura. Quer que Jesus reprove Maria por sua atitude contemplativa e tome partido a seu favor. Jesus, porém, elogia Maria e reprova Marta, deixando claro que uma só coisa é necessária; Maria escolheu a boa parte e esta não lhe será tirada.

A passagem só é encontrada em Lucas. Ela nos enseja algumas lições.

Maria assenta-se aos pés de Jesus para aprender (Lc 10.38,39)

Tanto Marta como Maria eram amadas por Jesus. Ambas procuravam servi-lo e oferecer a ele o seu melhor. Ambas acreditavam ser Jesus o Messias, o Filho de Deus. Ambas aproveitavam a oportunidade para agradar o seu coração, mas Maria recebe um destaque especial. Maria só aparece três vezes nos Evangelhos. A primeira vez é neste texto: ela está aos pés de Jesus para aprender. A segunda vez é em João 11.32: ela está aos pés de Jesus para chorar. A última vez é em João 12.3: ela está aos pés de Jesus para agradecer.

Duas atitudes de Maria nos chamam a atenção no texto em apreço.

Em primeiro lugar, *Maria está aos pés de Jesus* (10.39). Não há lugar mais seguro e mais apropriado do que aos pés de Jesus. Sempre que Jesus se mostra pronto para

Uma coisa só é necessária

falar-nos, devemos nos mostrar prontos para ouvi-lo. Maria tem plena atenção voltada para Jesus. Está com a mente aberta e com o coração sedento. Concordo com Morris quando ele escreve: "Esperar quietamente no Senhor é mais importante do que as atividades demasiadamente alvoroçadas".[1]

Em segundo lugar, _Maria está aos pés de Jesus com profunda humildade_ (10.39). Quem se assenta aos pés de Jesus demonstra humildade, prontidão, resignação e disposição para obedecer. Maria se deleita em Jesus mais do que no serviço a ele. Ela buscava as primeiras coisas primeiro. Concordo com Warren Wiersbe quando ele escreve: "O que fazemos com Cristo é muito mais importante do que aquilo que fazemos para Cristo".[2]

Marta agita-se de um lado para o outro para servir (Lc 10.40)

Marta tem um temperamento irrequieto, uma personalidade agitada. Todas as vezes em que ela aparece na Bíblia, está fazendo alguma coisa, está servindo à mesa, está em ação, está discutindo.

Algumas coisas aqui nos chamam a atenção.

Em primeiro lugar, _Marta está agitada demais_ (10.40). Seu espírito está irrequieto. Sua mente está aflita. Suas mãos estão rendidas ao trabalho apressado. Servir a Cristo tornou-se um substituto da intimidade com Cristo. Ela colocou o trabalho para Cristo no lugar da comunhão com Cristo. Ela substituiu Cristo pelo serviço a Cristo. Sempre que o trabalho para Cristo nos priva da intimidade com Cristo, estamos fora da prioridade de Cristo. Warren Wiersbe tem razão ao escrever: "A parte mais importante da vida cristã é a que só Deus vê".[3]

Em segundo lugar, *Marta está ocupada demais* (10.40). Marta está ocupada com muitos serviços. Queria oferecer o melhor a Jesus, mas acabou perdendo o foco da prioridade. Os muitos serviços privaram-na de um tempo precioso com Jesus. A agitação dos muitos serviços deixou-a irritada e desassossegada. Querendo dar o seu melhor, ela perdeu o principal: estar aos pés de Jesus para ouvir seus ensinamentos.

Em terceiro lugar, *Marta está equivocada demais* (10.40). Marta censura Jesus por não repreender Maria e censura Maria por não a ajudar. Ela pensa que Maria está errada e que Jesus está sendo complacente com o erro da irmã. Marta espera de Jesus uma atitude firme. Marta quer induzir Jesus a se colocar contra Maria e a seu favor. Porém, o que aconteceu foi exatamente o contrário: Marta esperava que Jesus culpasse Maria por não fazer o que ela fazia, mas o Senhor a culpou por não fazer o que Maria fazia. Rienecker tem razão ao dizer que a diferença entre Marta e Maria é que Marta desejava dar muito ao Senhor e Maria almejava obter muito dele. Em Marta, destaca-se a produtividade; em Maria, a receptividade.[4]

Jesus censura Marta (10.41)

Longe de Jesus dar guarida às palavras de Marta e aprovar suas ações, Jesus a censura e a repreende. Marta sentia ansiedade interior e agitação exterior.[5] Três verdades nos chamam a atenção no texto em tela.

Em primeiro lugar, *ao censurar Marta, Jesus a chama pelo nome* (10.41). O confronto é pessoal, direto e intenso. Jesus chama Marta pelo nome duas vezes. Isso é enfático. Jesus confrontou Marta porque a amava. Ele também nos disciplina e nos corrige porque nos ama (Ap 3.19).

Em segundo lugar, *Jesus censura Marta pela intensidade e extensão de sua ansiedade* (10.41). Marta andava inquieta e se preocupava com muitas coisas. A mente dela era um campo disputado por muitos cuidados. Seu coração era um mar agitado, açoitado por muitos vendavais. Ela corria de um lado para o outro, e não havia sossego em seu coração nem alívio em suas obras.

Em terceiro lugar, *Jesus censura Marta por suas escolhas erradas* (10.41,42). A censura de Marta a Maria visava desencorajar a piedade e a devoção de sua irmã. Mas as muitas preocupações de Marta se mostravam tolas porque uma só coisa era necessária. Assentar-se aos pés de Jesus é o mais importante e a única coisa necessária. O que Marta negligenciou era o necessário. Jesus está aqui contrastando as preocupações e os estardalhaços de Marta sobre "tantas coisas" com "uma só coisa" que é realmente necessária. Morris diz que a vida tem poucas necessidades reais, e, quando necessário, podemos passar sem muitas daquelas às quais dedicamos nosso tempo.[6] James Hastings destaca que, enquanto Marta está preparando uma refeição para Jesus, Maria está se deleitando com outra refeição aos pés de Jesus.[7]

Jesus elogia Maria (10.39,42)

Destacamos aqui três verdades preciosas.

Em primeiro lugar, *Jesus elogia Maria pela sua postura* (10.39). Maria quedava-se assentada aos pés de Jesus para ouvir-lhe os ensinamentos. Ela bebia a largos sorvos da fonte. Ela nutria seu coração com o pão do céu. Ela valorizava mais a presença de Jesus do que o trabalho para Jesus.

Em segundo lugar, *Jesus elogia Maria pela sua sabedoria* (10.42). Jesus afirma para Marta que Maria escolheu a boa parte, a única coisa necessária, que é estar aos seus pés para ouvir seus ensinamentos e ter comunhão com ele.

Em terceiro lugar, *Jesus elogia Maria pela sua escolha duradoura* (10.42). Por ter feito a melhor escolha, por ter optado por aquilo que é necessário, o que Maria escolheu jamais lhe será tirado. Há coisas que escolhemos fazer, mas essas coisas só duram enquanto dura a nossa vida aqui. Mas, quando escolhemos estar aos pés de Jesus para ouvir seus ensinamentos, fazemos uma escolha que transcenderá ao tempo e terá reflexos na eternidade.

Notas

[1] MORRIS, Leon L. *Lucas: introdução e comentário*, p. 181.

[2] WIERSBE, Warren W. *Comentário bíblico expositivo*. Vol. 5, p. 276.

[3] WIERSBE, Warren W. *Comentário bíblico expositivo*. Vol. 5, p. 277.

[4] RIENECKER, Fritz. *Evangelho de Lucas*, p. 246.

[5] ROBERTSON, A. T. *Comentário Lucas à luz do Novo Testamento Grego*, p. 210.

[6] MORRIS, Leon L. *Lucas: introdução e comentário*, p. 181.

[7] HASTINGS, James. *The great texts of the Bible – Luke*. Vol. 10. Grand Rapids, MI: Wm. B. Eerdmans, s/d, p. 230.

Capítulo 34

A suprema importância
da oração
(Lc 11.1-13)

O INÍCIO DO MINISTÉRIO GALILEU de Jesus concentra-se em sua identidade e em seus feitos (4.1-10.42). Agora, de forma mais eloquente, a caracterização de Jesus como um mestre começa a emergir. Os ensinamentos dos capítulos 11 a 19 apresentam os ensinos de Jesus sobre oração, perseverança, demônios, Lei, mordomia, a vinda do reino, relacionamentos familiares, fé e o destino futuro.[1]

O texto em tela traz-nos verdades importantes sobre oração. Warren Wiersbe diz que essas verdades podem ser sintetizadas em quatro temas: primazia, modelo, perseverança e promessas.[2]

A primazia da oração (11.1)

João Batista é mais conhecido nos Evangelhos como um profeta e um pregador. Porém, os discípulos de Jesus fazem referência a ele como um homem de oração, que ensinava seus discípulos a orar. Aqui, os discípulos de Jesus não pedem a ele que os ensine a pregar nem mesmo a realizar milagres, mas que os ensine a orar.

Mas o que motiva os discípulos de Jesus a se matricularem na escola da oração? O exemplo de Jesus como homem de oração! Lucas é o evangelista que, descrevendo Jesus como o homem perfeito, ressalta sua intensa vida de oração (3.21; 5.15-17; 6.12,13; 9.18, 28; 11.1; 22.31,32,39,40; 23.34). Se Jesus Cristo, o homem perfeito e Filho do Altíssimo, não abriu mão de uma vida de oração nos dias de sua carne (Hb 5.7), quanto mais nós, que somos fracos!

Um modelo de oração (11.2-4)

Lucas nos apresenta a oração ensinada por Jesus, de forma mais resumida. Jesus não disse: "Se orardes", mas *Quando orardes*. Ele pressupõe que seus discípulos vão orar. A oração é uma necessidade vital na vida espiritual.

Jesus ainda ensina que nosso relacionamento com Deus é o fundamento de nossa vida de oração, pois devemos nos aproximar de Deus como nosso Pai, para santificar o seu nome e buscar o seu reino. A oração não tem como propósito que a vontade humana prevaleça no céu, mas, sim, que a vontade de Deus seja feita na terra. A oração não é um instrumento para o ser humano, egoisticamente, buscar a realização de seus interesses neste mundo, mas um empenho para que o reino de Deus, ou seja, o seu governo nos corações, seja concretizado através do evangelho na história. Warren Wiersbe tem razão ao dizer que orar é pedir que

A suprema importância da oração

Deus nos use para realizar aquilo que ele deseja, de modo que seu nome seja glorificado, seu reino seja expandido e fortalecido, e sua vontade seja feita.[3]

Jesus também deixa claro que devemos buscar as coisas espirituais antes das coisas materiais. Deus deve vir antes de nós. Os interesses dos céus devem ter prioridade aos interesses da terra. Barclay diz que a oração cobre a vida toda: a necessidade presente, o pecado passado e as tentações futuras.[4]

Primeiro, *a necessidade presente*. Devemos pedir que Deus supra nossas necessidades diárias, e não nossa ganância insaciável.

Segundo, *o pecado passado*. Devemos pedir que Deus nos perdoe os pecados, como perdoamos a todos os que nos devem.

Terceiro, *as tentações futuras*. Devemos pedir proteção moral e espiritual, rogando ao Pai que nos livre das ciladas do diabo, do laço do passarinheiro e dos ardis da tentação do maligno. Concordo com Morris, quando ele diz que o cristão reconhece sua fraqueza, sabedor da facilidade com que cede diante das tentações do mundo, da carne e do diabo. O cristão ora, portanto, para ser liberto de todas elas.[5]

A perseverança na oração (11.5-8)

Jesus conta uma parábola para ensinar por contraste a necessidade de perseverar na oração. Deus não é como esse vizinho indisposto e rabugento que já está deitado com os filhos, com a porta fechada e sem disposição para levantar. Este, mesmo sem nenhuma disposição, em virtude da insistência do amigo, atende ao seu pedido. Deus, porém, não está deitado à meia-noite. Sua porta nunca está fechada para nós. Sua disposição de nos atender e suprir nossas necessidades é constante. Ora, se até um homem indisposto atende a um amigo importuno, quanto mais Deus atenderá e suprirá as necessidades de seus filhos, que perseverantemente batem à porta da sua graça!

Por que Deus exige a perseverança na oração? Para nos ensinar a refletir sobre quais são nossos anseios e compromissos. Jesus reprovou aqueles que se dispuseram a segui-lo sem reflexão. Morris diz que a oração que Deus atende não é uma oração tépida, morna, sem persistência.[6]

Promessas para a oração (11.9-13)

Os tempos verbais desta passagem são importantes. Todos estão no presente contínuo: Pedi [continuem pedindo]... buscai [continuem buscando]... batei [continuem batendo]. Em outras palavras, não procurem Deus apenas quando surgem emergências no meio da noite; mantenham-se constantemente em comunhão com ele.[7] William Hendriksen destaca que a essa tríplice exortação "pedi, buscai e batei" acompanha uma tríplice promessa "dar-se-vos-á, encontra e abrir-se-vos-á". Pedir subentende humildade e uma consciência da necessidade. Buscar é pedir mais agir. Bater é pedir mais agir mais perseverar.[8]

A lição sobre oração encerra com uma ênfase sobre Deus como Pai (11.11-13). Se aqui na terra o pedido dos filhos já exerce grande poder sobre os pais, a oração dos filhos de Deus move o coração do Pai no céu com muito mais intensidade.[9]

Mais uma vez Jesus constrói sua argumentação do menor para o maior: se um pai humano dá o que é melhor para seus filhos, certamente o Pai Celeste dará o Espírito Santo àqueles que lho pedirem.[10] Morris destaca que o bem que Deus faz a seus filhos não é deixado em termos gerais:

A suprema importância da oração

ele dará "o Espírito Santo". Lucas está interessado na obra do Espírito Santo, e aqui vê o dom do Espírito como o sumo bem para o ser humano.[11] John Charles Ryle, falando a respeito do dom do Espírito Santo, escreve:

> O Espírito Santo é inquestionavelmente o maior dom que Deus outorga aos homens. Se temos esse dom, possuímos tudo: vida, luz, esperança e o céu. Se temos esse dom, possuímos o ilimitado amor de Deus, o Pai, o sangue da expiação do Filho de Deus e plena comunhão com todas as pessoas da bendita trindade. Se temos esse dom, possuímos graça e paz no mundo presente e glória e honra, no porvir. Apesar disso, esse grandioso dom é apresentado por nosso Senhor Jesus Cristo como um dom a ser obtido através da oração.[12]

NOTAS

[1] NEALE, David A. *Novo comentário bíblico Beacon Lucas 9-24*, p. 92.

[2] WIERSBE, Warren W. *Comentário bíblico expositivo*. Vol. 5, p. 278.

[3] WIERSBE, Warren W. *Comentário bíblico expositivo*. Vol. 5, p. 279.

[4] BARCLAY, William. *Lucas,* p. 141.

[5] MORRIS, Leon L. *Lucas: introdução e comentário*, p. 184.

[6] MORRIS, Leon L. *Lucas: introdução e comentário*, p. 185.

[7] WIERSBE, Warren W. *Comentário bíblico expositivo*. Vol. 5, p. 279,280.

[8] HENDRIKSEN, William. *Lucas*. Vol. 2. São Paulo: Cultura Cristã, 2003, p. 113,114.

[9] RIENECKER, Fritz. *Evangelho de Lucas*, p. 254.

[10] WIERSBE, Warren W. *Comentário bíblico expositivo*. Vol. 5, p. 280.

[11] MORRIS, Leon L. *Lucas: introdução e comentário*, p. 185.

[12] RYLE, John Charles. *Meditações no Evangelho de Lucas*, p. 191.

Capítulo 35

O poder de Jesus sobre os demônios: o demônio mudo
(Lc 11.14-28)

ESTA PASSAGEM ESTÁ PRESENTE em todos os Evangelhos sinóticos. Lucas é o mais sucinto dos evangelistas. Tanto Mateus como Marcos tratam da blasfêmia contra o Espírito Santo neste episódio em que Jesus confronta seus acusadores. Destacamos alguns pontos para reflexão.

A libertação do endemoniado (11.14)

Jesus estava expelindo um demônio que era mudo. Ao sair o demônio, o homem passou a falar, e as multidões se admiravam. Jesus mais uma vez demonstra seu poder sobre os poderes malignos. Os demônios estão debaixo de sua autoridade. Não podem resistir ao seu poder nem desobedecer às suas ordens.

A acusação dos adversários (11.15,16)

Lucas diz que alguns dentre a multidão fizeram a acusação. Mateus informa que os acusadores foram os fariseus (Mt 12.24), e Marcos aponta que foram os escribas (Mc 3.22). Qual foi o teor da acusação? "Ele expele os demônios pelo poder de Belzebu, o maioral dos demônios" (11.15). Em vez de os líderes religiosos se alegrarem por ter Deus enviado o Redentor, rebelaram-se contra o Cristo de Deus e difamaram sua obra, atribuindo-a a Satanás.

Os escribas, por inveja deliberada e consciente, acusam Jesus de ser aliado e agente de Satanás. Acusam Jesus de estar possesso de Belzebu, o maioral dos demônios. "Belzebu" era um dos nomes do deus filisteu Baal (2Rs 1.1-3) e significa "senhor das moscas".[1] Eles atribuíram as obras de Cristo não ao poder do Espírito Santo, mas à influência de Satanás. A acusação contra Cristo foi a seguinte: Jesus, habitado por Satanás e em parceria com o maligno, estava expulsando demônios, pelo poder derivado desse espírito mau.

A refutação de Jesus (11.17-22)

Jesus refutou o argumento dos escribas contando-lhes a parábola do reino dividido. Jesus mostra quanto o argumento dos escribas era ridículo e absurdo. Satanás estaria destruindo sua própria obra e derrubando seu próprio império. Estaria havendo uma guerra civil no reino do maligno. Nenhum demônio pode ser expulso por outro demônio. O reino satânico sucumbiria se Satanás guerreasse contra si mesmo e lutasse contra seus próprios ajudantes.[2] Se o que os escribas diziam era verdade, o dominador estaria destruindo o próprio domínio; o príncipe, o próprio principado. Primeiro, ele estaria enviando os seus emissários, os demônios, para criar confusão e desordem no coração e

O poder de Jesus sobre os demônios: o demônio mudo

na vida dos seres humanos, destruindo-os pouco a pouco. Depois, como se existisse uma base de ingratidão e loucura suicida, ele estaria suprindo o poder necessário para a derrota vergonhosa e expulsão dos seus próprios servos obedientes. Nenhum reino assim dividido contra si mesmo consegue sobreviver por muito tempo.

O reino de Satanás é um sistema fechado. A aparência pluralista é ilusória. Contra Jesus, Pilatos e Herodes se uniram e se tornaram amigos (23.12). Herodes e Pilatos *com gentios e gente de Israel se uniram contra o servo santo de Deus* (At 4.27). Isso faz sentido: Satanás junta suas forças e não trabalha contra si mesmo. Morris diz que as forças do mal destroem as do bem, e não umas às outras.[3]

A improcedência das acusações contra Jesus tornou-se uma armadilha contra os próprios acusadores, pois Jesus argumenta: *E se eu expulso os demônios por Belzebu, por quem os expulsa vossos filhos? Por isso, eles mesmos serão os vossos juízes* (11.19). Os filhos dos acusadores faziam o que Jesus estava fazendo, expelindo demônios. Se Jesus estava fazendo no poder de Belzebu, eles também estavam. Assim, seus filhos seriam os próprios juízes para condenar sua acusação blasfema e leviana.

Longe de aceitar a perversa e blasfema acusação dos escribas, Jesus mostra a libertação dos cativos pelo dedo de Deus como uma prova irrefutável da triunfal chegada do reino de Deus sobre eles (11.20).

Rienecker diz que, ao expulsar demônios, Jesus não recorria aos meios e artifícios dos exorcistas judaicos, mas os expelia com o *dedo* de Deus (Êx 8.19), isto é, com o poder do Espírito Santo (Mt 12.28). Basta que Jesus levante o dedo, e Satanás solta a sua presa. Esse modo de falar simboliza o reino e a supremacia incondicionais sobre Satanás. Neste caso, porém, o reino de Deus chega já na pessoa de Jesus.[4]

Warren Wiersbe conclui dizendo que a acusação dos escribas e fariseus era ilógica, porque Satanás não poderia lutar contra si mesmo. Era incriminativa, pois eles indiretamente acusavam seus próprios filhos, uma vez que eles também expeliam demônios. E também era um reconhecimento do próprio poder de Cristo, pois, ao expelir demônios, Jesus demonstra que é mais forte do que o valente. Jesus invadiu o território dele, destruiu sua armadura e suas armas e tomou os espólios. Cristo levou cativo o cativeiro (Ef 4.8) e libertou os prisioneiros 4.18).[5]

A explicação de Jesus (11.21,22)

Jesus explica sua vitória sobre Satanás e seus demônios: *Quando o valente, bem armado, guarda a sua própria casa, ficam em segurança todos os seus bens. Sobrevindo, porém, um mais valente do que ele, vence-o, tira-lhe a armadura em que confiava e lhe divide os despojos* (11.21,22). Jesus explica que, em vez de ser aliado de Satanás e agir na força do mal, ele está saqueando sua casa e arrancando dela e de seu reino aqueles que estavam cativos (At 26.18; Cl 1.13). Jesus ensina aqui algumas preciosas lições.

Primeiro, Satanás é o valente. Jesus não nega o poder de Satanás nem subestima a sua ação maligna; antes, afirma que ele é um valente.

Segundo, Satanás tem uma casa. Satanás tem uma organização e seus súditos estão presos e seguros nessa casa e nesse reino.

Terceiro, Jesus tem autoridade sobre Satanás. Jesus é o mais valente. Ele tem poder para amarrar Satanás. Jesus venceu Satanás e rompeu o seu poder. Isso não significa que

Satanás está inativo, mas sob autoridade. Por mais ativo e forte que seja Belzebu, ele não tem poder para impedir os acontecimentos, pois está amarrado. O seu poder está sendo seriamente diminuído pela vinda e obra de Cristo. Jesus venceu Satanás no deserto, triunfou sobre todas as suas investidas. Esmagou sua cabeça na cruz, triunfando sobre suas hostes (Cl 2.15). Satanás é um inimigo limitado e está debaixo da autoridade absoluta de Jesus.

Quarto, Jesus tem poder para libertar os cativos das mãos de Satanás. Jesus não apenas amarra Satanás, mas também arranca de suas mãos os cativos. O poder que está em Jesus não é o poder de Belzebu, mas o poder do Espírito Santo. Satanás está sendo e continuará a ser progressivamente destituído dos seus "bens", ou seja, a alma e o corpo dos seres humanos, e isso não somente por meio de curas e expulsões demoníacas, mas principalmente por meio de um majestoso programa missionário (Jo 12.31,32; Rm 1.16). Os milagres de Cristo, longe de serem provas do domínio de Belzebu, como se o maligno fosse o grande capacitador, são profecias de seu julgamento.

O perigo da neutralidade (11.23)

É impossível ser neutro nessa guerra espiritual. Nessa tensão entre o reino de Deus e a casa de Satanás, não há campo neutro. Rienecker diz que não há um reino intermediário entre o reino de Satanás e o reino de Deus.[6] Ninguém pode ficar em cima do muro. A neutralidade representa uma oposição a Cristo. Warren Wiersbe tem razão ao dizer que há duas forças espirituais agindo no mundo, e devemos escolher uma delas. Satanás espalha e destrói, mas Jesus Cristo ajunta e constrói. Devemos fazer uma escolha e, se optarmos por não escolher um lado, já teremos decidido ficar contra o Senhor.[7]

O homem está no reino de Deus ou na potestade de Deus (At 26.18). Está no reino da luz ou no império das trevas (Cl 1.13). É liberto por Cristo ou está na casa do valente (11.21,22). Com respeito às coisas espirituais, não há neutralidade nem indecisão. O ser humano é escravo de sua liberdade. Ele não pode deixar de decidir. Até a indecisão é uma decisão, a decisão de não decidir. Quem não se decide por Cristo decide-se contra Cristo. Quem com ele não ajunta, espalha.

A grande ameaça (11.24-26)

Jesus trata aqui de um homem que foi libertado de um espírito imundo, mas deixou de comprometer-se com Deus. O demônio que saiu do homem ainda o chama de "minha casa". O demônio saiu, mas o Espírito Santo não entrou. A vida tornou-se melhor, mas a transformação não aconteceu. Então, o demônio que saiu, ao ver a casa vazia, varrida e ornamentada, voltou com outros sete demônios, piores do que ele; esses poderes malignos vêm e habitam naquele homem, e o seu último estado torna-se pior do que o primeiro. A palavra grega *katoichei*, traduzida aqui por "habitar", significa "estabelecer-se", "viver permanentemente".[8]

Hendriksen diz que muitas pessoas pensam que, pelo fato de não fumarem, não beberem, não adulterarem, não fazerem falso juramento, já são por isso cristãos. Mas uma série de zeros não fazem um cristão. Um milhão de negativas não produz sequer um positivo. Uma pessoa com a mente vazia é digna de lástima. Nas questões espirituais, não avançar equivale a retroceder.[9]

A bem-aventurança (11.27,28)

Ficar do lado de Jesus significa muito mais do que dizer as coisas certas como essa mulher que exclamou sobre a bem-aventurança de Maria. O texto diz que, ao ouvir esses ensinamentos de Jesus, uma mulher dentre a multidão, exclama, extasiada: *Bem-aventurada aquela que te concebeu, e os seios que te amamentaram* (11.27). Jesus não a reprova. Ela estava certa. Também Isabel, cheia do Espírito Santo, chamou Maria de bem-aventurada entre as mulheres (1.42). Jesus, entretanto, aproveitou o momento para enfatizar que não basta conhecer a verdade. A verdadeira bem-aventurança é ouvir a verdade e praticá-la: *Antes, bem-aventurados são os que ouvem a palavra de Deus e a guardam* (11.28).

Concordo com Ryle quando ele diz que é mais bem-aventurado ser um crente no Senhor Jesus do que ter sido um de seus familiares nascido segundo a carne. Foi maior honra para Maria ter Jesus habitando em seu coração pela fé do que ter sido a mãe de Jesus e tê-lo amamentado em seu seio.[10]

NOTAS

[1] WIERSBE, Warren W. *Comentário bíblico expositivo.* Vol. 5, p. 280.

[2] RIENECKER, Fritz. *Evangelho de Lucas*, p. 256.

Lucas — Jesus, o homem perfeito

[3] MORRIS, Leon L. *Lucas: introdução e comentário*, p. 187.

[4] RIENECKER, Fritz. *Evangelho de Lucas*, p. 257.

[5] WIERSBE, Warren W. *Comentário bíblico expositivo*. Vol. 5, p. 280.

[6] RIENECKER, Fritz. *Evangelho de Lucas*, p. 257.

[7] WIERSBE, Warren W. *Comentário bíblico expositivo*. Vol. 5, p. 280.

[8] MORRIS, Leon L. *Lucas: introdução e comentário*, p. 188.

[9] HENDRIKSEN, William. *Lucas*. Vol. 2, p. 141.

[10] RYLE, John Charles. *Meditações no Evangelho de Lucas*, p. 198,199.

Capítulo 36

Não desperdice as oportunidades
(Lc 11.29-36)

As MULTIDÕES AINDA FLUEM aos borbotões para ouvir Jesus. Já tinham ouvido muitos ensinamentos e visto muitos milagres, mas a perversidade ainda persistia. Eles queriam sinais. Desejam provas. Buscam evidências. No entanto, eles não estavam vendo por falta de luz, mas por falta de olhos espirituais. Eram cegos.

As multidões estavam perdendo a grande oportunidade de ouvir com os ouvidos da alma e ver com os olhos da fé. O Filho de Deus estava entre eles, que ainda se agarravam à incredulidade. O Messias havia chegado e eles ainda queriam mais sinais. A lei e os profetas apontavam para ele, e ele estava entre o povo. João Batista preparou o caminho de sua chegada e apontou para ele, dizendo: *Eis o Cordeiro de Deus que tira o pecado do mundo* (Jo 1.29), mas os seus não o receberam (Jo 1.11,12).

A expulsão de demônios não era para eles uma legitimação divina suficiente de sua condição de Messias. Eles queriam um sinal do céu. A exigência do sinal, porém, era tão somente um pretexto para justificar sua incredulidade.[1] Jesus já tinha curado enfermos, purificado leprosos e ressuscitado mortos, e eles ainda se mantinham reféns de seu coração endurecido. Até mesmo quando Jesus estava dependurado no madeiro, disseram-lhe: *Desce da cruz e creremos em ti.* O problema deles, entretanto, não era evidência suficiente, mas cegueira incorrigível.

O Mestre usa três ilustrações para mostrar a seriedade das oportunidades espirituais: Jonas (11.29,30,32), Salomão (11.31) e a luz (11.33.36).[2]

Jonas – a morte, o sepultamento e a ressurreição de Jesus nos confrontam (11.29,30,32)

Os escribas e fariseus pediram um sinal para Jesus, para provar que ele era o Messias, mesmo depois de tantas evidências. Eles queriam algo emocionante, excitante, sensacional, um sinal do céu. Jesus lhes deu o sinal de Jonas, que representa a morte, o sepultamento e a ressurreição de Jesus. É a morte e a ressurreição de Jesus que provam que ele é o Messias, o Filho de Deus (Rm 1.4), e foi isso que Pedro pregou a Israel no dia de Pentecoste (At 2.22-36). O testemunho da igreja primitiva girava em torno da ressurreição de Jesus (At 1.22; 3.15; 5.30-32; 13.32,33). Jonas era um milagre vivo, como também o é o nosso Senhor.[3]

Jonas foi um sinal para os ninivitas, assim como o Filho do homem o será para esta geração (11.30). Da mesma

Não desperdice as oportunidades

forma que Jonas passou no ventre do grande peixe três dias e três noites (Jn 1.17), Jesus também passou três dias e três noites no ventre da terra. A evidência mais eloquente de que Jesus era o Messias não foram seus sinais espetaculares nem seus milagres estupendos, mas sua morte, seu sepultamento e sua ressurreição.

Jesus diz que, no dia do juízo, os ninivitas se levantarão para condenar essa geração, pois ouviram a pregação de Jonas e se arrependeram; no entanto, Jesus, sendo maior do que Jonas, não foi ouvido por sua geração, que permaneceu incrédula e perversa. Hendriksen diz que pessoas menos iluminadas obedeceram a uma pregação menos iluminada; porém, pessoas muito mais iluminadas se negaram a obedecer à Luz do mundo.[4]

Salomão – a sabedoria de Jesus nos confronta (11.31)

A ênfase deste versículo não está nas obras de um profeta, mas na sabedoria de um rei. A rainha do sul, a rainha de Sabá, se levantará no juízo para condenar aquela geração, pois fez uma longa viagem desde os confins da terra para ouvir a sabedoria de Salomão (1Rs 10). Sendo Jesus maior do que Salomão, não creram em suas palavras, mesmo estando o mestre entre eles.

Warren Wiersbe destaca que as duas figuras usadas por Jesus abrangiam os gentios. Os ninivitas gentios, ao ouvirem Jonas, se arrependeram e foram poupados. A rainha de Sabá, sendo gentia, ao ouvir as palavras do rei Salomão, maravilhou-se e creu. Se com todos os seus privilégios os judeus não se arrependerem, o povo de Nínive e a rainha de Sabá testemunhariam contra eles no julgamento final. O Senhor deu a Israel inúmeras oportunidades, mas ainda assim eles se recusaram a crer (13.34,35; Jo 12.35-41).[5]

A luz – a palavra de Jesus nos confronta (11.33-36)

A terceira ilustração de Jesus é tirada da vida comum. A palavra de Deus é uma luz que brilha neste mundo (Sl 119.105). Jesus conta a parábola da candeia para mostrar que sua palavra é uma lâmpada acesa que não deve ser colocada em lugar escondido nem debaixo do alqueire, mas no lugar alto, no velador, para que todos vejam. Os líderes religiosos estavam escondendo a luz da verdade atrás do cerimonialismo legalista e colocando-o debaixo do alqueire, símbolo do comércio e do lucro.

Jesus alerta sobre dois perigos aqui.

Em primeiro lugar, *o perigo da luz escondida* (11.33). A palavra de Deus é luz e ilumina. A luz prevalece sobre as trevas, alertando sobre os perigos e apontando com segurança o caminho. A palavra de Deus não pode ser escondida por uma religiosidade legalista, mas deve ser colocada no velador, para que todos sejam iluminados.

Hendriksen diz que o sentido básico do ensino de Jesus é: permita que a Luz ilumine seu próprio coração. A Luz está brilhando; eles, porém, a estão obstruindo. O Pai enviou ao mundo seu Filho para ser Luz, mas essas pessoas estão voltando as costas a esse grande dom.[6] Assim como seria insensato acender uma luz para escondê-la, era mais grave ainda estarem diante de Jesus, a Luz do mundo, e não serem iluminados por ele.

Em segundo lugar, *o perigo dos olhos maus* (11.34-36). Os olhos são a lâmpada do corpo. Portanto, se os nossos olhos forem bons, todo o nosso corpo será luminoso, mas, se forem maus, todo o nosso corpo ficará em trevas. Jesus alerta seus ouvintes para que a luz que há neles não fosse trevas (11.35).[7]

Hendriksen diz que a figura é fácil de entender. Se todo o corpo estiver iluminado, o pé saberá onde pisar, e a mão

Não desperdice as oportunidades

discernirá o que deve pegar. O contrário é o que ocorre quando os olhos estão mergulhados nas trevas. Essa pessoa andará aos tropeços no escuro, sem saber o que fazer. Portanto, se a sua pessoa inteira está cheia de luz espiritual (santidade, sabedoria e alegria espiritual), você está realmente iluminado. Aliás, será tão brilhante como quando a lâmpada está brilhando sobre você com brilho mais forte.[8]

Há dois tipos de escuridão: a da ignorância e a da incredulidade obstinada. O segundo tipo, o que está em pauta aqui, é muitíssimo mais perigoso. Foi esse tipo de escuridão que reinou no coração dos que odiavam Jesus. Uma vez presente, é difícil dele desalojar-se.[9]

Notas

[1] RIENECKER, Fritz. *Evangelho de Lucas*, p. 260.

[2] WIERSBE, Warren W. *Comentário bíblico expositivo.* Vol. 5, p. 281.

[3] WIERSBE, Warren W. *Comentário bíblico expositivo.* Vol. 5, p. 281.

[4] HENDRIKSEN, William. *Lucas.* Vol. 2, p. 137.

[5] WIERSBE, Warren W. *Comentário bíblico expositivo.* Vol. 5, p. 281.

[6] HENDRIKSEN, William. *Lucas.* Vol. 2, p. 139.

[7] HENDRIKSEN, William. *Lucas.* Vol. 2, p. 139.

[8] HENDRIKSEN, William. *Lucas.* Vol. 2, p. 139.

[9] HENDRIKSEN, William. *Lucas.* Vol. 2, p. 142.

Capítulo 37

Arrancando a máscara
da hipocrisia
(Lc 11.37-54)

JESUS É CONVIDADO por um fariseu para ir à sua casa fazer uma refeição. Entrando, Jesus tomou lugar junto à mesa. O fariseu, porém, ficou admirado de Jesus não ter antes lavado as mãos para comer (11.37-41). Jesus aproveita o momento para mostrar a insensatez desse fariseu e condenar os pecados do farisaísmo (11.42-52). A atitude de Jesus, longe de trazer quebrantamento aos ouvintes, endureceu-os ainda mais (11.53,54). Warren Wiersbe diz que Jesus revelou a insensatez dos fariseus (11.37-41), condenou seus pecados (11.42-52) e suscitou sua ira (11.53,54).[1] Rienecker diz que, com este discurso, temos diante de nós o auge da luta entre Jesus e o partido fariseu na Galileia.[2]

Jesus revelou a insensatez dos fariseus (11.37-41)

A insensatez do valorizar mais o exterior do que o interior (11.37-41). Jesus não contrapõe o exterior ao interior das vasilhas, mas mostra o contraste entre a pureza exterior dos utensílios da mesa e a impureza interior dos fariseus.[3] Jesus expõe a hipocrisia dos fariseus que são zelosos na purificação cerimonial e descuidados com a santificação do coração. Denuncia a espiritualidade das aparências farisaicas sem o concurso de uma vida piedosa. Do que vale seguir à risca os rituais cerimoniais sem observar a purificação do coração? Jesus declarou que lavar o corpo enquanto o coração permanece impuro é tão absurdo quanto lavar por fora um prato sujo por dentro.

Jesus condenou os pecados dos fariseus (11.42-52)

Lucas registra aqui vários *ais* contra os fariseus, desmascarando sua espiritualidade desprovida de piedade. Vejamos.

Em primeiro lugar, *o pecado de fazer dos dízimos um salvo-conduto espiritual* (11.42). A lei estabelecia a necessidade de entregar o dízimo da produção de vinho, azeite e cereais (Lv 27.30; Nm 18.21; Dt 14.22). No entanto, para ostentar a rigorosa pontualidade de seu cumprimento da lei, os fariseus haviam expandido esse mandamento também para outras áreas, como os insignificantes produtos da horta não mencionados pela lei. Ao mesmo tempo, deixaram completamente de lado o cerne da lei: julgar com justiça e com amor a Deus. Jesus ordena que a essência da lei seja cumprida e que as coisas secundárias, como o dízimo das ervas da horta, tampouco sejam deixadas de lado.[4]

Jesus não está aqui reprovando a entrega dos dízimos, mas a entrega com a motivação errada. Concordo com Morris quando ele escreve: "A condenação dos fariseus

Arrancando a máscara da hipocrisia

achava-se não no fato de entregarem o dízimo das ervas, mas sim no seu zelo por bagatelas e na sua negligência pelas coisas mais importantes como a justiça e o amor de Deus".[5] Os fariseus queriam fazer do dízimo uma apólice de seguro, um salvo-conduto para negligenciarem o principal da lei, que era a prática da justiça, da misericórdia e da fé (Mt 23.23). A ordem de Jesus é enfática: *Devíeis, porém, fazer estas coisas* [a justiça e o amor de Deus] *sem omitir aquelas* [dar o dízimo].

Em segundo lugar, *o pecado da autoprojeção* (11.43). Os fariseus gostavam dos primeiros lugares nas festas. Lutavam por primazia. Queriam os holofotes. Amavam a autoprojeção. Buscavam acender as luzes da ribalta sobre si mesmos.

Em terceiro lugar, *o pecado da falsa aparência* (11.44). Pouco antes de chegarem as grandes caravanas de pessoas que viajavam para Jerusalém com o fim de assistir às festas, os sepulcros eram caiados. Isso era feito para que ficassem bem visíveis, de modo que ninguém se contaminasse cerimonialmente ao andar inadvertidamente sobre um sepulcro.[6] É fato digno de destaque que a porta de entrada de Jerusalém, o monte das Oliveiras, era onde estava localizado o maior cemitério da cidade.

Os fariseus são denunciados aqui por serem pedra de tropeço, pois eram como sepulturas invisíveis, sobre as quais os homens passam sem saber. Qualquer contato com uma sepultura ou um cadáver deixava a pessoa impura por oito dias (Nm 19.16). Quando as pessoas entravam em contato com os fariseus, saíam piores. Eles não eram abençoadores, mas contaminadores. A aparência deles era falsa. A aparente espiritualidade deles era uma ameaça às pessoas. Rienecker diz que o convívio com esses hipócritas terá por consequência que, em breve, a pessoa será contaminada pelo espírito do orgulho e da hipocrisia deles.[7]

Em quarto lugar, *o pecado do legalismo pesado* (11.45,46). Aqueles que não querem se arrepender sentem-se ofendidos com a repreensão (11.45). Jesus, entretanto, não recua diante da queixa dos intérpretes da lei; ao contrário, traz sobre eles um *ai*. Esses intérpretes da lei sobrecarregavam as pessoas com suas normas e preceitos intérminos, verdadeiros fardos que nem os próprios mestres conseguiam suportar. Mas eles colocavam essa carga pesada sobre as pessoas e não as aliviavam de nada (11.46).

Em quinto lugar, *o pecado da perseguição* (11.47-51). Jesus denuncia os fariseus de seguir as mesmas pegadas de seus pais, que eram assassinos de profetas (11.47,48). Desde Abel até Zacarias, o sangue desses profetas e apóstolos seria cobrado de suas mãos. Warren Wiersbe diz que os escribas eram especialistas em "embalsamar" o passado e em honrar profetas martirizados pela instituição religiosa à qual pertenciam.[8] Hendriksen, nessa mesma linha de pensamento, acrescenta que os pais tinham assassinado os profetas, e esses descendentes estavam reconstruindo ou remodelando seus túmulos. Provavelmente faziam isso para impressionar o povo. Quanta hipocrisia! Entretanto, nunca condenaram o pecado de seus pais de terem matado os profetas. Portanto, cada geração que não recebe de coração a lição da geração anterior aumenta a sua culpa e, portanto, a severidade de seu castigo.[9]

Em sexto lugar, *o pecado da obstrução do conhecimento* (11.52). Jesus diz que os intérpretes da lei tomam a chave do conhecimento e a escondem, não entrando no reino nem deixando que as pessoas entrem. Os escribas eram culpados de privar as pessoas comuns do conhecimento da Palavra

Arrancando a máscara da hipocrisia

de Deus. Em vez de abrir as Escrituras para o povo e explicá-las fielmente, eles impediam as pessoas de entenderem a Palavra. Julgavam-se os únicos conhecedores da verdade. Morris diz que eles transformaram a Bíblia num livro de obscuridade, num monte de enigmas.[10] Assentavam sobre a cadeira de mestres e, do alto de sua falsa sabedoria, fechavam a porta do reino. Concordo com Warren Wiersbe quando ele diz que Jesus é a chave para o entendimento das Escrituras (24.44-48). Quando se remove a chave, não é possível entender o que Deus escreveu.[11]

Jesus suscitou a ira dos fariseus (11.53,54)

Mesmo sendo Jesus o pregador, e mesmo pregando com tamanha contundência e poder, seus ouvintes não se quebrantaram; antes, endureceram-se e se enfureceram. O mesmo sol que amolece a cera endurece o barro. Os escribas e fariseus saem dali não para mudar de vida, mas para tramar contra a vida de Jesus.

NOTAS

[1] WIERSBE, Warren W. *Comentário bíblico expositivo.* Vol. 5, p. 282,283.

[2] RIENECKER, Fritz. *Evangelho de Lucas*, p. 262.

[3] RIENECKER, Fritz. *Evangelho de Lucas*, p. 263.

[4] RIENECKER, Fritz. *Evangelho de Lucas*, p. 264.

[5] MORRIS, Leon L. *Lucas: introdução e comentário*, p. 193.

[6] HENDRIKSEN, William. *Lucas*. Vol. 2, p. 150.

[7] RIENECKER, Fritz. *Evangelho de Lucas*, p. 265.

[8] WIERSBE, Warren W. *Comentário bíblico expositivo*. Vol. 5, p. 283.

[9] HENDRIKSEN, William. *Lucas*. Vol. 2, p. 153,154.

[10] MORRIS, Leon L. *Lucas: introdução e comentário*, p. 195.

[11] WIERSBE, Warren W. *Comentário bíblico expositivo*. Vol. 5, p. 283.

Capítulo 38

O fermento da hipocrisia
(Lc 12.1-12)

JESUS DEIXA DE FALAR aos fariseus e passa a falar dos fariseus para seus discípulos, alertando-os acerca de sua perigosa influência. Aqueles que se tornaram incorrigíveis ainda poderiam influenciar perigosamente os discípulos, através de sua hipocrisia. Destacamos alguns pontos a seguir.

A natureza da hipocrisia (12.1)

Milhares se acotovelam aglomerados para ouvir Jesus. Nesse momento, ele passou a falar especialmente a seus discípulos, alertando-os acerca do fermento dos fariseus, a hipocrisia. O fermento ou levedo é associado ao mal nas Escrituras (Êx 12.15-20; 1Co 5.6-8; Gl

5.9). Assim como o fermento, a hipocrisia começa pequena, mas, de forma rápida e silenciosa, cresce e contamina toda a pessoa, fazendo-a inchar de soberba e orgulho.

O hipócrita é um ator que desempenha um papel no palco. Ele encarna o papel de outra personagem e encena uma realidade diferente de sua vida. O ator imita o outro e faz de conta que é o outro. Warren Wiersbe diz que, na vida cristã, o hipócrita é alguém que tenta parecer mais espiritual do que é de fato.[1] O hipócrita é um fingido, um desonesto que esconde a sua verdadeira personalidade atrás de uma máscara.[2]

Jesus comparou a hipocrisia ao fermento que penetra na massa e a contamina por inteiro. Morris diz que essa penetração é lenta, insidiosa e constante.[3] Um pouco de levedo na massa do pão faz toda a massa inchar e crescer. Assim é a hipocrisia. Ela penetra, contamina e incha a pessoa de soberba.

Os fariseus faziam propaganda de uma espiritualidade que não tinham. A piedade que demonstravam era uma farsa. Havia um abismo entre suas palavras e sua vida, entre seu exterior e seu interior.

A tolice da hipocrisia (12.2,3)

Jesus fundamenta e explica a advertência contra o perigo da hipocrisia farisaica com uma ameaça. O encoberto será revelado; o escondido será exposto.[4] A hipocrisia é uma grande insensatez, pois aquilo que o homem esconde atrás das máscaras acaba por vir à tona. O que é feito atrás dos bastidores acaba por vir à plena luz. Aquilo que é dito às escondidas acaba por ser proclamado dos eirados. O culto sempre será revelado, senão neste mundo, no porvir. A Bíblia diz: *Até as próprias trevas não te serão escuras: as trevas e a luz são a mesma coisa* (Sl 139.12).

A hipocrisia é uma estultícia, pois sua máscara cairá, e o que está escondido no tempo será revelado na eternidade (Ec 12.14; Mt 10.26; Rm 2.16; 1Co 3.13; 4.5; Ap 20.12).

É conhecida a expressão dita por Abraham Lincoln: "Você pode enganar algumas pessoas o tempo todo, e a todas as pessoas por algum tempo, mas não pode enganar todas as pessoas o tempo todo".[5]

A causa da hipocrisia (12.4-7)

Neste parágrafo, Jesus fala cinco vezes a respeito do "medo", deixando claro que uma das principais causas da hipocrisia é o medo dos outros. Quando temos medo do que os outros vão dizer de nós ou fazer contra nós, tentamos impressioná-los, a fim de obter sua aprovação.[6]

Esta é a única vez que Jesus chama seus discípulos de "amigos" em Lucas. Faz isso para alertá-los sobre a causa da hipocrisia, que é o medo dos outros: o medo de não ser aceito, de ser criticado, de ser rejeitado, de ser perseguido. Em vez de temermos os outros que podem nos criticar, perseguir e até matar, devemos temer a Deus. Ele tem o poder de tirar a vida e até lançar a alma das pessoas no inferno. A autoridade de Deus se estende além da morte.

John Charles Ryle pergunta: Qual é o melhor remédio contra o temor dos outros? Como podemos vencer tão poderoso sentimento e destruir as correntes que ele lança ao nosso redor? Não existe outro remédio além daquele que nosso Senhor recomenda nesta passagem. Devemos suplantar o temor dos outros por um princípio mais elevado e poderoso – o temor a Deus.[7]

Inferno aqui é o lugar de tormento eterno. A palavra grega usada aqui é *Geena*. Deriva do hebraico *ge Hinnom*, o "vale do Hinom", um vale adjacente a Jerusalém onde, em dias passados, crianças foram oferecidas em sacrifício a Moloque (Lv 18.21; 1Rs 11.7). O rei Josias pôs fim a tudo isso (2Rs 23.10), mas o vale era considerado maldito (Jr 7.31). Nos tempos do Novo Testamento, o lugar era usado para depositar lixo, e, sem dúvida, um fogo sempre queimava ali. As associações do termo fizeram que ele fosse um símbolo apropriado do tormento perpétuo do inferno.[8] O máximo que as pessoas podem nos fazer é tirar nossa vida. Mas, Deus pode sentenciar as pessoas à perdição eterna.

Não devemos temer nosso futuro, pois, se Deus cuida até dos pássaros e nós valemos mais do que eles, podemos descansar no seu cuidado. Até os 140 mil fios de cabelos de nossa cabeça estão contados.[9]

O antídoto contra a hipocrisia (12.8,9)

Em vez de negarmos nossa fé em Cristo, na terra, para ganharmos o aplauso dos outros, devemos confessar nossa fé em Cristo, diante dos outros, para recebermos aprovação nos céus. O que adianta sermos aprovados pelos outros e reprovados por Jesus? O que adianta ganharmos troféus na terra e sermos rejeitados no céu? O que adianta sermos confessados perante os outros por causa da hipocrisia e sermos desmascarados e reprovados por Jesus perante os santos anjos no céu?

Só aqueles que têm coragem de assumir seu compromisso com Cristo na terra, perante as outras pessoas, terão seus nomes aprovados no céu, perante Cristo. John Charles Ryle nos alerta para o fato de que confessar Cristo nos trará zombaria, desprezo, escárnio, ridículo, inimizade e perseguição. Os ímpios rejeitam a verdade. O mundo que odiou a Cristo odiará os verdadeiros os cristãos. Mas negar a Cristo ou envergonhar-nos de seu evangelho pode

O fermento da hipocrisia

nos proporcionar uma pequena medida de boa opinião dos outros, por alguns anos, mas não nos proporcionará paz verdadeira. No entanto, se ele nos negar no último dia, isto será nossa ruína no inferno durante toda a eternidade. Abandonemos nossos covardes temores. Confessemos a Cristo.[10]

O perigo da hipocrisia (12.10-12)

A hipocrisia pode começar pequena como um pouco de fermento, mas crescer a ponto de levar uma pessoa não apenas a negar sua verdadeira identidade, mas a negar também a identidade de Cristo, associando-o aos demônios (11.15).

A blasfêmia contra o Espírito Santo é a apostasia mais radical. É não apenas a negação de Cristo, mas a associação do Filho de Deus ao arqui-inimigo de Deus. É afirmar que Cristo faz sua obra de libertação não pelo dedo de Deus, mas pelos chifres do diabo (11.20). Fritz Rienecker fala sobre pecados contra o Espírito Santo nos seguintes termos:

A Sagrada Escritura fala de *resistir* (At 7.51), *ofender* (Is 63.10) e *entristecer* (Ef 4.30) o Espírito Santo. Isso é diferente de "blasfêmia contra o Espírito Santo". Qualquer pecado pode ser perdoado por contrição e arrependimento, mas a blasfêmia contra o Espírito não é perdoada. Quem consegue evitar a percepção de que o Espírito de Deus atua em sua vida e em sua pessoa, porém o rejeita conscientemente e o declara propositadamente como antidivino, não consegue encontrar o caminho do arrependimento. Quem chama de satânico o que é divino, o que é a revelação máxima por meio do Espírito Santo, comete esse pecado de blasfêmia que não será perdoado nem aqui nem no futuro.[11]

Hendriksen diz que os amargos inimigos de Jesus estiveram atribuindo a Satanás o que o Espírito Santo fazia por meio de Jesus (Mc 3.22). Além do mais, eles faziam isso

Lucas — Jesus, o homem perfeito

voluntariamente, deliberadamente. Assim, em lugar do arrependimento, puseram o endurecimento; em lugar da confissão, a conspiração. Isso é cometer o pecado para a morte (1Jo 5.16). Assim, a essência do pecado contra o Espírito Santo pode ser condensada em uma só palavra: impenitência.[12]

Leon Morris diz que este pecado sem perdão não diminui a capacidade divina de perdoar, mas este tipo de pecador já não tem a capacidade de arrepender-se e crer.[13]

Jesus conclui sua palavra sobre a hipocrisia dizendo que os seus amigos não precisam temer a perseguição nem ficar perplexos sobre o que dizer nos interrogatórios aos quais serão submetidos, pois, se forem levados aos tribunais, o Espírito Santo lhes ensinará como devem responder (12.11,12). O livro de Atos dos Apóstolos demonstra de forma cabal como essa promessa de Jesus se confirmou. Os sacerdotes, os escribas e fariseus em Jerusalém foram obrigados a presenciar e maravilhar-se diante da alegria de Pedro e João (At 4.13). O discurso de defesa de Estêvão penetrou o coração dos ouvintes (At 7.54). Félix assustou-se diante do Paulo algemado (At 24.25).[14]

Notas

[1] Wiersbe, Warren W. *Comentário bíblico expositivo.* Vol. 5, p. 285.
[2] Hendriksen, William. *Lucas.* Vol. 2, p. 164.

[3] MORRIS, Leon L. *Lucas: introdução e comentário*, p. 196.

[4] RIENECKER, Fritz. *Evangelho de Lucas*, p. 269.

[5] HENDRIKSEN, William. *Lucas*. Vol. 2, p. 173.

[6] WIERSBE, Warren W. *Comentário bíblico expositivo*. Vol. 5, p. 285.

[7] RYLE, John Charles. *Meditações no Evangelho de Lucas*, p. 211.

[8] MORRIS, Leon L. *Lucas: introdução e comentário*, p. 197.

[9] RIENECKER, Fritz. *Evangelho de Lucas*, p. 271.

[10] RYLE, John Charles. *Meditações no Evangelho de Lucas*, p. 213.

[11] RIENECKER, Fritz. *Evangelho de Lucas*, p. 272.

[12] HENDRIKSEN, William. *Lucas*. Vol. 2, p. 171,172,174.

[13] MORRIS, Leon L. *Lucas: introdução e comentário*, p. 199.

[14] RIENECKER, Fritz. *Evangelho de Lucas*, p. 273.

Capítulo 39

Cuidado com a avareza
(Lc 12.13-21)

JESUS DEIXA O ASSUNTO da hipocrisia para tratar de outro grave perigo à vida cristã: o perigo da cobiça e da avareza. As aparências da hipocrisia são substituídas aqui pelo apego às coisas materiais. John Charles Ryle diz que não existe nenhum outro pecado ao qual o coração é mais propenso do que a cobiça. Foi o pecado que arruinou os anjos caídos. Estes não se contentaram com seu primeiro estado; cobiçaram algo melhor. Foi o pecado que contribuiu para que Adão e Eva fossem expulsos do paraíso e para que a morte entrasse no mundo. Este é um pecado que desde a queda tem sido a causa de miséria e infidelidade na terra. Guerras, conflitos, brigas, divisões, disputas, invejas, ódio de todos os tipos, manifestados tanto em público como em particular – todas essas coisas têm a mesma fonte: a cobiça.[1]

Jesus ensina-nos três grandes lições no texto em apreço, que vamos considerar doravante.

A advertência contra a avareza (12.13-15)

Do meio da multidão irrompeu uma voz, a voz de um homem rogando a Jesus para resolver um problema familiar, uma partilha de herança (12.13). Jesus recusa-se a ser juiz das causas terrenas (12.14), mas põe o dedo na ferida e aponta a causa dos conflitos na vida financeira entre as pessoas, o problema da avareza. É como se Jesus estivesse dizendo àqueles dois irmãos em litígio: "Nenhum acordo entre vocês será satisfatório, enquanto vocês forem governados pela ganância". Leon Morris, comentando esta passagem, diz corretamente: "Jesus veio para trazer os homens a Deus, e não trazer bens materiais aos homens".[2] Nessa mesma linha de pensamento, Fritz Rienecker expõe: "Não era incumbência do Senhor nem finalidade de sua vinda ajudar o pedinte a alcançar sua justa herança, mas curá-lo de sua mazela principal".[3]

No versículo 15, Jesus faz uma forte advertência: *Tende cuidado e guardai-vos de toda e qualquer avareza*. Avareza é a sede insaciável de uma quantidade cada vez maior de algo que acreditamos ser necessário para nos fazer sentir verdadeiramente satisfeitos.[4]

Depois da advertência, Jesus passa a uma aplicação de princípios: ... *porque a vida de um homem não consiste na abundância de bens que ele possui.*

A insensatez da avareza (12.16-19)

Fritz Rienecker diz que essa parábola no material exclusivo de Lucas é tão simples que praticamente dispensa explicação.[5]Jesus levanta a ponta do véu e mostra a face enrugada da avareza, contando essa parábola para inculcar a lição sobre a insensatez de confiar nos bens materiais. Anthony Ash diz que o alvo do rico na vida era descanso e gozo, e seu método de alcançar isso, em lugar da fé em Deus, era a fé nos bens.[6]

A parábola retrata um fazendeiro rico com uma colheita excepcional. Essa parábola mostra como um homem que recebe uma bênção faz dela uma maldição. Seu campo produziu abundantemente. Sua colheita foi colossal. Seus armazéns foram construídos e ampliados para acomodar a safra generosa. Mas esse homem não agradeceu a Deus pela colheita nem demonstrou nenhuma generosidade com tanta fartura. Pensou em si, só em si. Seu mundo gira em torno dele mesmo. Seus bens eram apenas para ele. Tudo foi armazenado para seu próprio desfrute e deleite. Toda a trama está construída em torno do eu, meu, minha.

O problema é que esse homem não entendeu algumas coisas essenciais.

Em primeiro lugar, *ele não meditou sobre a brevidade da vida e a inevitabilidade da morte* (12.19,20). Pensou que seu futuro estava em suas mãos e que ele era o capitão de sua alma. Naquela mesma noite da inauguração de seus celeiros abarrotados de provisão para longos anos, sua alma lhe foi requerida, e a morte chegou sem pedir licença para levá-lo. Morris tem razão ao dizer que o homem, cuja vida fica pendurada por um fio, e que pode ser chamado a qualquer momento para prestar contas de si mesmo, é um tolo se depende de coisas materiais.[7]

Em segundo lugar, *ele só pensou na provisão do seu corpo, mas não fez nenhuma provisão para a sua alma* (12.16-19). Coisas materiais não atendem os reclamos da nossa alma. O fazendeiro rico da parábola fez provisão apenas para esta vida e nenhuma para a vida porvir.

Em terceiro lugar, *ele não pensou na possibilidade de ser generoso, mas guardou tudo para si* (12.16-19). Rienecker diz que a princípio esse fazendeiro não fez nada de mau. Diante de todo o mundo, ele se apresenta como um cidadão sábio, laborioso, eficiente e bem-sucedido em sua administração, mas não deixa de ser um tolo para Deus. O fazendeiro diz a si mesmo: Meus produtos, meu armazém, meus bens, minha alma. Igualmente são bem característicos os seis "eu" do fazendeiro: que farei eu – não tenho – onde eu – hei de – eu quero – eu direi.[8]

Em quarto lugar, *ele não pensou na transitoriedade das posses terrenas*. Não trouxemos nada para este mundo nem nada dele levaremos. Viemos nu e voltaremos nu. Não tínhamos nada e nada teremos quando partirmos. Não somos donos de nada; somos apenas mordomos. Não há caminhão de mudança em enterro nem gaveta em caixão.

Em quinto lugar, *ele não pensou sobre a loucura que é viver apenas para esta vida e não se preparar para encontrar com Deus* (12.16-21). Esta vida é breve, os bens materiais não são permanentes, e a morte é certa. Viver aqui irrefletidamente é loucura. Colocar a confiança nas coisas materiais é consumada tolice. Não se preparar para a morte é insensatez. Não estar pronto para encontrar-se com Deus é a maior de todas as loucuras.

A tragédia irremediável da avareza (12.20,21)

O homem que se considerava tão prudente e protegido em armazenar toda a sua colheita para o seu desfrute por longos anos é confrontado com uma voz que ecoa desde o céu, a própria voz de Deus: *Louco, esta noite te pedirão a tua alma; e o que tens preparado, para quem será?* (12.20). Jesus mostra a tragédia irremediável da avareza, e isso por quatro razões.

Em primeiro lugar, *o homem que põe sua confiança nas coisas materiais pensando que nelas terá segurança é louco.* O dinheiro pode nos dar conforto por um tempo, mas não paz permanente. Pode nos dar alimento farto para o corpo, mas não descanso para a alma. Pode nos dar alguma proteção terrena, mas não escape da morte. Pode nos dar prazeres na terra, mas não a bem-aventurança eterna.

Em segundo lugar, *o homem que pensa que é o capitão da sua alma é louco.* O homem, por mais rico que seja, não determina os dias de sua vida nem tem controle sobre a hora de sua morte. O homem, por mais abastado que seja, não tem nas mãos o destino de sua alma. Na hora da morte, sua alma é requerida. O espírito volta para Deus e nesse momento o homem terá de prestar contas ao reto juiz.

Em terceiro lugar, *o homem que pensa que é o dono dos bens que acumula é louco.* O homem plantou, colheu, derrubou, construiu, armazenou e falou à sua alma para desfrutar de tudo por longos anos. Mas, de tudo o que ajuntou, não desfrutou nada e não levou nada. Tudo foi passado para outras mãos.

Em quarto lugar, *o homem que entesoura para si mesmo e não é rico para com Deus é louco* (12.21). O que significa ser rico para com Deus? Significa reconhecer com gratidão que tudo o que temos vem de Deus e nos esforçar para usar o que ele nos dá para o bem de outros e para a sua glória.[9]

Ser rico para com Deus é deixar de confiar na provisão para confiar no provedor. É depositar sua fé em Deus, e não

LUCAS — Jesus, o homem perfeito

nas bênçãos de Deus. A prosperidade tem seus perigos (Pv 30.7-9). A riqueza é capaz de sufocar a palavra de Deus (Mt 13.22), de criar armadilhas e tentações (1Tm 6.6-10) e de dar uma falsa sensação de segurança (1Tm 6.17). Portanto, os que se contentam com as coisas que o dinheiro pode comprar correm o risco de perder aquilo que o dinheiro não pode comprar.[10]

Concluo com as palavras de John Charles Ryle:

> Quando podemos afirmar que um homem é rico para com Deus? Nunca, até que ele seja rico em graça, fé e boas obras, até que se dirija ao Senhor Jesus suplicando que lhe dê o ouro refinado pelo fogo (Ap 3.18). Nunca, enquanto não tiver uma casa feita não por mãos humanas, eterna, nos céus. Nunca, até que seu nome esteja escrito no livro da vida e que ele seja herdeiro de Deus e coerdeiro juntamente com Cristo. Este é o homem verdadeiramente rico! Seu tesouro é incorruptível. Seu banco nunca há de falir. Sua herança não fenece. Os homens não podem impedir que ele a desfrute. A morte não pode arrebatá-la de suas mãos. Todas essas coisas já pertencem àquele que é rico para com Deus – as coisas do presente e as do porvir. E o melhor de tudo, o que ele possui agora não significa nada em comparação ao que possuirá no futuro.[11]

NOTAS

[1] RYLE, John Charles. *Meditações no Evangelho de Lucas*, p. 216.

[2] MORRIS, Leon L. *Lucas: introdução e comentário*, p. 200.

Cuidado com a avareza

[3] RIENECKER, Fritz. *Evangelho de Lucas*, p. 274.

[4] WIERSBE, Warren W. *Comentário bíblico expositivo*. Vol. 5, p. 286.

[5] RIENECKER, Fritz. *Evangelho de Lucas*, p. 275.

[6] ASH, Anthony Lee. *O Evangelho segundo Lucas*, p. 212.

[7] MORRIS, Leon L. *Lucas: introdução e comentário*, p. 201.

[8] RIENECKER, Fritz. *Evangelho de Lucas*, p. 275.

[9] WIERSBE, Warren W. *Comentário bíblico expositivo*. Vol. 5, p. 288.

[10] WIERSBE, Warren W. *Comentário bíblico expositivo*. Vol. 5, p. 287.

[11] RYLE, John Charles. *Meditações no Evangelho de Lucas*, p. 217,218.

Capítulo 40

Cuidado com a ansiedade
(Lc 12.22-34)

Jesus faz uma transição da avareza para a ansiedade. Se a avareza é a ameaça do muito, a ansiedade é a ameaça do pouco. Se na avareza o rico se perdeu por se esquecer de Deus e do próximo ao acumular só para si, na ansiedade os discípulos corriam risco de duvidar do cuidado de Deus para suprir suas necessidades básicas. Warren Wiersbe diz que o fazendeiro se preocupou porque tinha coisas demais; porém, os discípulos se preocuparam por não terem o suficiente.[1] Morris diz que "a avareza não pode obter o suficiente, a preocupação tem medo de que não terá o suficiente".[2]

O texto em apreço ensina-nos algumas lições preciosas.

Uma advertência (12.22)

Jesus conecta a conclusão do tema "avareza", com o início da exortação sobre "ansiedade". Acabara de dizer que é loucura uma pessoa pensar só em si e confiar nos bens para sua segurança. Agora, adverte seus discípulos a não ficarem ansiosos pela vida, quanto ao que haverão de comer ou vestir. Em vez de colocarem seu coração e sua devoção na provisão, eles devem se voltar para o Deus provedor.

Uma explanação (12.23)

Preocupar-se com alimento e com vestes é dedicar atenção ao que é menor, uma vez que a vida e o corpo são mais do que alimento e vestes. Ora, se Deus cuida da vida e do corpo, por que deveríamos ficar ansiosos quanto ao que havemos de comer e vestir?

Uma observação (12.24-28)

A ansiedade é uma falta de observação. É andar pela vida sem reflexão. É fechar os olhos à natureza prenhe das eloquentes evidências do cuidado de Deus. Jesus ordena que seus discípulos observem duas coisas.

Em primeiro lugar, *observar os corvos* (12.24-26). Os corvos, apesar de serem aves impuras, recebem o cuidado de Deus. Não semeiam, não ceifam, não têm dispensa nem celeiros; todavia, Deus os sustenta. No argumento do menor para o maior, Jesus pergunta: Vocês não valem mais do que as aves? Ora, se Deus cuida das aves, cuidará também de vocês!

Em segundo lugar, *observar os lírios* (12.27,28). Jesus deixa as aves impuras para falar sobre as flores mais limpas, os lírios. Eles não fiam nem tecem; contudo, nem Salomão, em toda a sua glória, se vestiu como qualquer deles. Ora se

Cuidado com a ansiedade

Deus veste assim a erva que está no campo, com duração tão curta, quanto mais Deus cuidará dos seus discípulos, homens de pequena fé.

Uma inquietação (12.29,30)

A indagação sobre o suprimento das necessidades básicas pode levar às inquietações. E uma alma inquieta, desassossegada, ansiosa quanto ao futuro e ao suprimento das necessidades, é uma evidência insofismável de incredulidade. Os gentios de todo o mundo, aqueles que não conhecem a Deus, é que se preocupam com essas coisas. Em vez de nos rendermos às inquietações da incredulidade, devemos nos fortalecer no entendimento do caráter bondoso de Deus, que conhece e supre as necessidades de seus filhos.

Uma prioridade (12.31)

O antídoto para as inquietações geradas no ventre da incredulidade é buscar antes de tudo e em primeiro lugar o reino de Deus. Mateus acrescenta ... *e a sua justiça* (Mt 6.33). Quando cuidamos das coisas de Deus, ele cuida das nossas coisas. Quando nos voltamos para Deus em adoração e serviço, ele se volta para nós, suprindo nossas necessidades.

Uma herança (12.32)

O medo é o sentimento mais democrático no coração humano. Em vez de nos rendermos ao temor, preocupados com as coisas materiais, Jesus nos relembra que, embora sejamos um pequenino rebanho, agradou ao Pai dar-nos seu reino. Se já temos o maior e o melhor, por que ficarmos ansiosos quanto ao menor? Se já temos o celestial, por que ficarmos inquietos com o terreno? Se já temos o eterno, por que ficarmos temerosos com o que é temporal?

Um investimento (12.33,34)

Em vez de nos apegarmos aos bens materiais, devemos nos desapegar deles para investir em tesouros mais excelentes, permanentes e eternos. Os tesouros da terra podem ser saqueados pelos ladrões, corroídos pela traça, mas os tesouros do céu não podem ser roubados nem destruídos.

Jesus conclui com uma máxima assaz importante: *Porque onde está o vosso tesouro, aí estará também o vosso coração*. Há uma conexão entre os bens e o coração. Se o nosso tesouro mais precioso estiver aqui na terra, como Jesus demonstrou na parábola do rico insensato (12.16-21), então, ali estará o nosso coração. Mas, se o nosso tesouro estiver no céu, então, provaremos isso buscando em primeiro lugar o seu reino (12.31).

Vamos agora aprofundar um pouco mais a questão da ansiedade, à luz do texto em tela.

O que não é ansiedade

Antes de tratarmos da ansiedade, vamos ver o que ela não é.

Em primeiro lugar, *não* é desprezar as necessidades do corpo. Jesus nos ensinou a orar: *O pão nosso cotidiano dá-nos de dia em dia* (11.3). Mas o mundo adota um conceito reducionista, degradando o homem ao nível dos animais. Parece que o bem-estar físico é o único objetivo da vida.

Em segundo lugar, *não é proibir a previdência quanto ao futuro*. A Bíblia aprova o trabalho previdente da formiga. Também os passarinhos fazem provisão para o futuro, construindo ninhos e alimentando os filhotes. Muitos migram para climas mais quentes antes do inverno. O que Jesus proíbe não é a previdência, mas a preocupação ansiosa. O apóstolo Paulo aconselha: *Não andeis ansiosos de coisa alguma...*

(Fp 4.6). O apóstolo Pedro exorta: *Lançai sobre ele toda a vossa ansiedade, porque ele tem cuidado de vós* (1Pe 5.7).

Em terceiro lugar, *não é estar isento de ganhar a própria vida*. Não podemos esperar o sustento de Deus assentados, de braços cruzados, dizendo preguiçosamente: "Meu Pai Celeste proverá". Deus não premia a preguiça. Temos de trabalhar. Cristo usou o exemplo das aves e das plantas: ambos trabalham. Os pássaros buscam o alimento que Deus proveu na natureza. As plantas extraem do solo e do sol o seu sustento.

Em quarto lugar, *não é estar isento de dificuldades*. Estar livre de ansiedade e estar livre de dificuldades não é a mesma coisa. Embora Deus vista a erva do campo, não impede que ela seja cortada e queimada. Embora Deus nos alimente, ele não nos isenta de aflições e apertos, inclusive financeiros.

O que é ansiedade

Jesus, agora, passa a falar positivamente sobre o que é ansiedade. Vejamos.

Em primeiro lugar, *a ansiedade é destrutiva* (12.22,29). A palavra "ansiedade" (12.22) significa "rasgar". A palavra "inquietação" (12.29) significa "constante suspense".[3] Essas duas palavras eram usadas para descrever um navio surrado pelos ventos fortes e pelas ondas encapeladas de uma tempestade. A "palavra" ansiedade vem de um antigo termo anglo-saxônico que significa "estrangular".[4] Ela puxa em direção oposta. Gera uma esquizofrenia existencial. É conhecida a expressão usada por Corrie Ten Boom: "A ansiedade não esvazia o amanhã do seu sofrimento; ela esvazia o hoje do seu poder".

Ansiedade é ser crucificado entre dois ladrões: 1) o ladrão do remorso em relação ao passado; e 2) o ladrão da preocupação em relação ao futuro. O apóstolo Paulo venceu esses dois ladrões da alegria: *Esquecendo-me das coisas que para trás ficaram... Não andeis ansiosos de coisa alguma...*

Em segundo lugar, *a ansiedade é enganadora* (12.23). A ansiedade nos dá uma visão falsa da vida, de nós mesmos e de Deus. A ansiedade pode nos enganar em quatro áreas vitais da vida.

A ansiedade tem o poder de criar um problema que não existe. Muitas vezes sofremos não por um problema real, mas por um problema fictício, gerado pela nossa mente perturbada. Os discípulos olharam para Jesus andando sobre as águas, vindo para socorrê-los e, cheios de medo, pensaram que era um fantasma.

A ansiedade tem o poder de aumentar os problemas e diminuir nossa capacidade de resolvê-los. Uma pessoa ansiosa olha para uma casa de cupim e pensa que está diante de uma montanha intransponível. As pessoas ansiosas são como os espias de Israel, que só enxergam gigantes de dificuldades à sua frente e veem a si mesmos como gafanhotos. Os soldados de Saul olharam para o gigante Golias e tiveram medo; Davi olhou para o gigante e viu a vitória. Geazi olhou para os inimigos e ficou com medo; Eliseu olhou com outros olhos e viu os exércitos do céu acampados ao seu redor.

A ansiedade tem o poder de tirar os nossos olhos de Deus e colocá-los nas circunstâncias. A ansiedade é um ato de incredulidade, de falta de confiança em Deus. Onde começa a ansiedade termina a fé.

A ansiedade tem o poder de tirar os nossos olhos da eternidade e colocá-los apenas nas coisas temporais. Uma pessoa ansiosa restringe a vida apenas ao corpo e às necessidades físicas. Jesus disse que aqueles que fazem provisão apenas para o corpo, e não para a alma, são loucos. John

Cuidado com a ansiedade

Rockefeller afirmou que o homem mais pobre é aquele que só tem dinheiro.

Em terceiro lugar, *a ansiedade é inútil* (12.25). Côvado aqui não se refere a estatura (45 cm), mas ao ato de prolongar e dilatar a vida. A preocupação, segundo Jesus, ao invés de alongar a vida, pode muito bem encurtá-la. A ansiedade nos mata pouco a pouco. Ela rouba nossas forças, mata nossos sonhos, mina nossa saúde, enfraquece nossa fé, tira nossa confiança em Deus e nos empurra para uma vida menos do que cristã. Os hospitais e as sepulturas estão cheios de pessoas ansiosas. A ansiedade mata! O sentido da palavra ansiedade é estrangular, puxar em direção oposta. Quando estamos ansiosos, teimamos em tomar as rédeas da nossa vida e tirá-las das mãos de Deus. A ansiedade nos leva a perder a alegria do hoje por causa do medo do amanhã. As pessoas se preocupam com exames, emprego, casas, saúde, namoro, empreendimentos, dinheiro, casamento, investimentos, mas os temores jamais se concretizarão. Setenta por cento dos assuntos que nos deixam ansiosos jamais acontecerão. A ansiedade é incompatível, portanto, com o bom senso. É uma perda de tempo. Precisamos viver um dia de cada vez. Devemos planejar o futuro, mas não viver ansiosos por causa dele hoje. Se alguma coisa nos rouba as forças hoje, significa que vamos estar mais fracos amanhã. Significa que sofreremos desnecessariamente se o problema não chegar a acontecer e sofreremos duplamente se ele chegar.

Em quarto lugar, *a ansiedade é cega* (12.23). A ansiedade é uma falsa visão da vida, de si mesmo e de Deus. A ansiedade nos leva a crer que a vida é feita só daquilo que comemos e vestimos. Ficamos tão preocupados com os meios que nos esquecemos do fim da vida, que é glorificar a Deus. A ansiedade não nos deixa ver a obra da providência de Deus na criação. Deus alimenta as aves do céu. Os corvos não semeiam, não colhem, não têm despensa (provisão para uma semana) nem celeiro (provisão para um ano).

Vejamos alguns dos argumentos de Jesus contra a ansiedade.

Do maior para o menor. Se Deus nos deu um corpo com vida e se o nosso corpo é mais do que o alimento e as vestes, ele nos dará alimentos e vestes (12.22,23). Deus é o responsável pela nossa vida e pelo nosso corpo. Se Deus cuida do maior (nosso corpo), não podemos confiar nele para cuidar do menor (nosso alimento e nossas vestes?)

Do menor para o maior. Tomemos as aves e as flores como exemplo (12.24,27). Martinho Lutero disse que Jesus está fazendo das aves nossos professores e mestres. O mais frágil pardal se transforma em teólogo e pregador para o mais sábio dos homens, dizendo: Prefiro estar na cozinha do Senhor. Ele fez todas as coisas. Ele sabe das minhas necessidades e me sustenta. Os lírios se vestem com maior glória que Salomão. Valemos mais do que as aves e do que os lírios. Se Deus alimenta as aves e veste os lírios do campo, não cuidará de seus filhos? O problema não é o pequeno poder de Deus; o problema é a nossa pequena fé (12.28).

Em quinto lugar, *a ansiedade é incrédula* (12.30). A ansiedade nos torna menos do que cristãos. Ela é incompatível com a fé cristã. Ela nos assemelha aos pagãos. A ansiedade não é cristã. Ela é gerada no ventre da incredulidade; é pecado. Quando ficamos ansiosos com respeito ao que comer, ao que vestir e a coisas semelhantes, estamos vivendo num nível inferior aos dos animais e das plantas. Toda a natureza depende de Deus, e Deus jamais falha. Somente as pessoas, quando julgam depender do dinheiro, se preocupam, e o dinheiro sempre falha.

Como podemos encorajar as pessoas a colocarem a sua confiança em Deus com respeito ao céu, se nós não confiamos em Deus nem em relação às coisas da terra? Um crente ansioso é uma contradição. A ansiedade é o oposto da fé. É uma incoerência pregar a fé e viver a ansiedade. Peter Marshall diz que as úlceras não deveriam se tornar o emblema da nossa fé. Mas geralmente se tornam. A ansiedade nos leva a perder o testemunho cristão. Jesus está dizendo que a ansiedade é característica dos gentios e dos pagãos, daqueles que não conhecem a Deus. Mas um filho de Deus tem convicção do amor e do cuidado de Deus (Rm 8.31,32).

Como vencer a ansiedade

Depois de ensinar sobre o que não é e o que é ansiedade, agora Jesus oferece a receita para a vitória sobre a ansiedade. Vejamos.

Em primeiro lugar, *saber que Deus é nosso Pai e conhece todas as nossas necessidades* (12.30). Vencemos a ansiedade quando confiamos em Deus (12.28). A fé é o antídoto para a ansiedade. Deus nos conhece e nos ama. Ele é o nosso Pai e sabe do que temos necessidade. Se pedirmos um pão, ele não nos dará uma pedra; se pedirmos um peixe, ele não nos dará uma cobra. Nele vivemos e nele existimos. Ele é o Deus que nos criou e que nos mantém a vida. Ele nos protege, nos livra, nos guarda e nos sustenta.

O apóstolo Paulo nos ensinou a vencer a ansiedade orando a Deus (Fp 4.6,7). A ansiedade é um pensamento errado e um sentimento errado. Quando olhamos para a vida na perspectiva de Deus, a nossa mente é guardada pela paz de Deus. Quando alimentamos nossos sentimentos com a verdade de que Deus conhece nossas necessidades e as supre, então, a paz de Deus guarda nosso coração. A paz é uma sentinela que guarda a cidadela da nossa alma.

Em segundo lugar, *saber que Deus já se agradou em nos dar o seu reino* (12.32). Devemos saber que Deus já nos deu coisas mais importantes do que bens materiais. Deus já nos deu tudo. Ele nos deu o seu Filho, a salvação e o seu reino. Nós somos ovelhas do seu rebanho, filhos da sua família, servos do seu reino. Se ele já nos deu o maior, não nos daria o menor? O apóstolo Paulo pergunta: *Aquele que não poupou ao seu próprio Filho, porventura, não nos dará graciosamente com ele todas as coisas?* (Rm 8.32).

Em terceiro lugar, *saber que quando cuidamos das coisas de Deus, ele cuida das nossas necessidades* (12.31). Aqui temos uma ordem e uma promessa. A ordem é buscar o governo de Deus, a vontade de Deus, o reinado de Deus em nosso coração em primeiro lugar. Deus, e não nós mesmos, deve ocupar o topo da nossa agenda. Os interesses de Deus, e não os nossos interesses, devem ocupar nossa mente e nosso coração. John Charles Ryle pergunta: Quando podemos dizer que estamos buscando o reino de Deus? Nós o buscamos quando nosso principal objetivo é garantir um lugar entre o número dos salvos, tendo nossos pecados perdoados, nosso coração regenerado e nós mesmos preparados para receber uma parte da herança dos santos na luz. Buscamos o reino de Deus quando dedicamos o primeiro lugar de nossos pensamentos aos interesses desse reino, quando trabalhamos para aumentar o número dos súditos de Deus e quando nos esforçamos para manter a obra de Deus e prover a glória dele no mundo.[5] A promessa é que, quando cuidamos das coisas de Deus, ele cuida das nossas necessidades. *Todas essas coisas vos serão acrescentadas.* Ele faz hora extra em favor dos seus filhos, pois trabalha em favor daqueles que nele confiam.

Cuidado com a ansiedade

Em quarto lugar, *saber que devemos mudar o rumo dos nossos investimentos* (12.33,34). O nosso problema não é a busca do prazer, mas o contentamento com um prazer muito pequeno. Deus deve ser o nosso maior prazer. Nada menos do que Deus e seu reino devem ocupar a nossa mente e o nosso coração. O nosso problema não é fazer investimentos, mas fazer investimentos errados. Somos desafiados a buscar uma riqueza que não perece, a ajuntarmos tesouros no céu, a colocarmos nosso dinheiro, nossos bens e nossa vida a serviço de Deus e do seu reino, em vez de vivermos ansiosos ajuntando tesouros para nós mesmos. No reino de Deus, você tem o que você dá e perde o que você retém. No reino de Deus, há ricos pobres e pobres ricos. A grande questão é onde está o nosso tesouro. Se ele estiver nas coisas, então faremos um investimento errado e viveremos ansiosos. Mas, se o nosso tesouro estiver no céu, no reino de Deus, então, buscaremos esse reino em primeiro lugar e viveremos livres de ansiedade para nos alegrarmos em Deus e nos deleitarmos nele para sempre.

NOTAS

[1] WIERSBE, Warren W. *Comentário bíblico expositivo.* Vol. 5, p. 288.

[2] MORRIS, Leon L. *Lucas: introdução e comentário*, p. 201.

[3] WIERSBE, Warren W. *Comentário bíblico expositivo.* Vol. 5, p. 288.

[4] WIERSBE, Warren W. *Comentário bíblico expositivo.* Vol. 5, p. 288.

[5] RYLE, John Charles. *Meditações no Evangelho de Lucas*, p. 219.

Capítulo 41

Necessidades imperativas da vida cristã
(Lc 12.35-59)

Jesus reforça seu ensino sobre o uso correto dos bens com a lembrança de que as coisas terrenas são temporárias e de que a vinda do Filho do homem é certa.[1] Uma das maneiras mais importantes de uma pessoa se livrar do apego aos bens materiais e ao mesmo tempo da ansiedade é voltar sua atenção para a segunda vinda de Cristo. Jesus desloca a ênfase da preocupação com o presente para a atenção quanto ao futuro.

Warren Wiersbe diz que uma das melhores maneiras de vencer a hipocrisia, a avareza e a preocupação é pensar na volta de Jesus Cristo. Para quem vive voltado para o futuro, é mais difícil cair nas armadilhas deste mundo.[2] Vamos destacar algumas necessidades imperativas da vida cristã.

A necessidade de vigilância (12.35-40)

Três verdades são enfatizadas por Jesus.

Em primeiro lugar, *esteja pronto para a vinda do Senhor* (12.35,36). Jesus conta uma parábola sobre o casamento para ilustrar essa verdade magna. Devemos estar preparados para a vinda do nosso Senhor, com nosso corpo cingido e com nossas lâmpadas acesas.

Em segundo lugar, *alegre ao Senhor na sua vinda* (12.37). Quando Jesus voltar, ao encontrar seus servos fiéis, ele os servirá. O Senhor fica tão contente que inverte os papéis normais e põe seus fiéis sentados à mesa enquanto lhes serve uma refeição.[3] Que grande privilégio!

Em terceiro lugar, *esteja atento ao tempo da vinda do Senhor* (12.38-40). Jesus usa aqui as vigílias da noite na perspectiva judaica e diz que seus servos precisam estar prontos para sua vinda, seja qual for a vigília da noite em que ele vier. A vinda do Senhor será inesperada, como a chegada de um ladrão (12.39). Por isso, os servos precisam estar alertas, pois, na hora em que eles não estiverem apercebidos, Jesus virá (12.40).

A necessidade de fidelidade (12.41-46)

Dois pontos são colocados aqui em relevo.

Em primeiro lugar, *o servo fiel será promovido na vinda do Senhor* (12.41-44). O mordomo que for encontrado fiel na vinda do Senhor será promovido e a ele o Senhor confiará todos os seus bens. Quem for fiel no pouco, a ele será confiado o muito.

Em segundo lugar, *o servo infiel será castigado na vinda do Senhor* (12.45,46). O servo que, aproveitando a

Necessidades imperativas da vida cristã

ausência do seu Senhor, cruelmente espancar os criados e se entregar à comilança e bebedeira, capitulando-se à embriaguez, será castigado e entregue à sorte dos infiéis na segunda vinda de Cristo.

A necessidade de punição (12.47,48)

Jesus enfatiza que privilégios maiores implicam responsabilidades maiores. A ignorância não será inocentada, mas o conhecimento será mais responsabilizado. Aqueles que mais conhecem serão mais responsabilizados. Quem peca contra um maior conhecimento torna seu delito mais grave. O pecado por desconhecimento, embora traga trágicas consequências, é um atenuante que implica uma pena mais branda.

A necessidade de divisão (12.49-53)

Lucas começou seu livro anunciando *paz na terra* (2.14), mas agora Jesus fala que veio lançar fogo sobre a terra (12.49). Na verdade, Jesus concede paz aos que creem nele, confessam o seu nome e são justificados (Rm 5.1), mas essa confissão de fé se transforma numa declaração de guerra contra a família e os amigos.[4]

Jesus destaca aqui três verdades.

Em primeiro lugar, *o fogo do julgamento* (12.49). Jesus veio trazer fogo sobre a terra e estava desejoso de que ela já estivesse a arder. Esse é o fogo do julgamento contra o pecado. É o fogo da santidade de Deus que não suporta aquilo que é impuro.

Em segundo lugar, *o batismo do sacrifício* (12.50). O batismo a que Jesus se refere aqui é sua imersão num caudal de sofrimento vicário. Robertson diz que, enquanto o mundo se acende em chamas (12.49), Cristo é banhado em sangue (12.50).[5] Morris afirma que a sombra da cruz pairava sobre Jesus. Ele sabia que era algo inevitável. Era o propósito da sua vinda.[6] Ele, sendo santo, foi feito pecado. Sendo bendito, fez-se maldição. Sendo imaculado, bebeu sozinho o cálice amargo da ira de Deus contra o nosso pecado. Ele foi traspassado pelas nossas transgressões e moído pelos nossos pecados. Levou sobre si nossos pecados e morreu a nossa morte.

Em terceiro lugar, *a divisão na família* (12.51-53). Jesus veio trazer paz à nossa alma, mas divisão na família. Não que o evangelho seja desagregador; ao contrário. Aqueles que rejeitam o evangelho, porém, rejeitam também os membros da família que abraçam o evangelho. Morris diz que a cruz é um desafio a todos quantos o seguem (9.23; 14.27). Quando os homens não ficam à altura deste desafio, não incomumente se tornam críticos dos que o aceitam. As divisões que assim surgem podem percorrer famílias inteiras (Mq 7.6).[7] Nessa mesma linha de pensamento, Rienecker diz que a exigência de Jesus a respeito da entrega total a ele acenderá uma guerra interior até mesmo na comunhão humana mais íntima, a família, causando uma discórdia capaz de romper os mais estreitos laços quando houver impedimento no seguir a Jesus.[8]

A necessidade de discernimento (12.54-57)

Dois pontos devem ser aqui destacados.

Em primeiro lugar, *o discernimento das coisas secundárias* (12.54,55). Jesus elogia as multidões pela sua capacidade de discernir o tempo. Eles sabiam ler corretamente as nuvens, o vento e a chegada do calor. Eram peritos nas coisas da terra e entendidos nas coisas secundárias. Porém, eram ignorantes nas coisas mais importantes e essenciais, as realidades espirituais. Morris diz que os judeus entendiam os ventos da terra, mas não os ventos de Deus; podiam

Necessidades imperativas da vida cristã

discernir o céu, mas não os lugares celestiais. Sua religiosidade voltada apenas para as coisas externas os impedia de ver o significado da vinda de Jesus.[9]

Em segundo lugar, *a falta de discernimento das coisas essenciais* (12.56,57). Jesus censura as multidões de hipócritas, que sabiam interpretar o aspecto da terra e do céu, mas não sabiam discernir a época em que estavam vivendo nem aquilo que era justo. Eles eram entendidos nas coisas da presente era, mas completamente ignorantes nas coisas do porvir. Sabiam interpretar as leis da meteorologia, mas não discerniam que o Messias de Deus, prometido desde a eternidade, apontado pela lei e pelos profetas, estava entre eles. Ryle diz que os judeus se recusaram a perceber que profecias estavam se cumprindo diante de seus olhos, profecias relacionadas à vinda do Messias, e que o próprio Messias estava entre eles. Os milagres de Cristo eram inumeráveis, inegáveis e notórios. No entanto, os olhos dos judeus continuaram cegos. Eles se recusaram obstinadamente a crer que Jesus era o Cristo. Por conseguinte, ouviram de Jesus a indagação: *Não sabeis discernir esta época...?* (12.56).[10]

A necessidade de diligência (12.58,59)

Jesus conclui seu ensino contando uma parábola para mostrar a necessidade urgente e imperativa de se preparar para o encontro com o juiz de vivos e de mortos. Estamos a caminho da eternidade. Teremos de prestar contas da nossa vida. Nossas palavras, ações, omissões e pensamentos serão julgados naquele grande dia. Compareceremos perante o Tribunal de Deus. Somos devedores à lei de Deus. Pecamos contra a santidade de Deus. Não podemos comparecer a esse tribunal sem estarmos em paz com Deus. Precisamos ser reconciliados com Deus antes daquele grande dia. É consumada loucura deixar para a última hora esse ajuste de contas. Rienecker alerta: "A tempestade da ira de Deus está chegando, e o juiz está às portas".[11]

A única maneira de sermos reconciliados e termos paz com Deus é por meio de Cristo, o Messias de Deus. Ele tomou sobre si o nosso pecado e imputou a nós sua justiça. Ele é a nossa justiça e a nossa paz. Ele, e só ele, pode nos tomar pela mão e nos levar a Deus. Por meio dele, podemos chamar o juiz de Pai, nosso Pai.

Aqueles, porém, que não se prepararem enquanto estão a caminho serão entregues ao meirinho, ou seja, ao flagelador, e acabarão lançados na prisão, onde passarão a eternidade, sem jamais conseguir quitar sua dívida com o reto juiz.

NOTAS

[1] MORRIS, Leon L. *Lucas: introdução e comentário*, p. 204.

[2] WIERSBE, Warren W. *Comentário bíblico expositivo.* Vol. 5, p. 289.

[3] MORRIS, Leon L. *Lucas: introdução e comentário*, p. 204.

[4] RIENECKER, Fritz. *Evangelho de Lucas*, p. 290.

[5] ROBERTSON, A. T. *Comentário Lucas à luz do Novo Testamento Grego*, p. 244.

[6] MORRIS, Leon L. *Lucas: introdução e comentário*, p. 207.

[7] MORRIS, Leon L. *Lucas: introdução e comentário*, p. 207.

[8] RIENECKER, Fritz. *Evangelho de Lucas*, p. 287.

[9] MORRIS, Leon L. *Lucas: introdução e comentário*, p. 208.

[10] RYLE, John Charles. *Meditações no Evangelho de Lucas*, p. 229.

[11] RIENECKER, Fritz. *Evangelho de Lucas*, p. 290.

Capítulo 42

Uma solene convocação
ao arrependimento
(Lc 13.1-9)

O CONTEXTO IMEDIATO mostra que Jesus estava falando sobre o juízo vindouro a que todos serão submetidos (Lc 12.35-40) e sobre a necessidade imperativa de acertarmos nossa vida uns com os outros (Lc 12.57-59), quando algumas pessoas chegaram para lhe informar de uma grande tragédia ocorrida em Jerusalém, quando Pilatos mandou matar galileus no pátio do templo, enquanto eles sacrificavam, e misturou o sangue desses galileus com o sangue de seus sacrifícios.

Essa chacina não é descrita na literatura secular, mas registrada aqui nas Escrituras. As motivações de Pilatos nos são desconhecidas. As motivações das pessoas que narraram esse fato a Jesus também nos são encobertas. Entretanto, podemos pressupor três motivações possíveis.

A primeira delas seria colocar Jesus contra Pilatos. Como Jesus era galileu, portanto, pertencente à jurisdição do tetrarca Herodes Antipas, o propósito desses informantes era que Jesus se posicionasse politicamente diante desse massacre. Assim, esses indivíduos pensavam que Jesus atrairia, de igual forma, a hostilidade de Pilatos. É até mesmo provável que esse triste incidente tenha provocado a ruptura do relacionamento de Herodes e Pilatos, fato que só foi revertido no julgamento de Jesus (Lc 23.12).

A segunda motivação seria alertar Jesus sobre as atrocidades cometidas por Pilatos contra os galileus. Assim, o objeto dessa informação seria proteger Jesus de Pilatos, em vez de empurrá-lo para uma nova crise.

A terceira motivação seria especular sobre a morte dos galileus, como se mais pecadores eles fossem. Essa tendência era muito forte no imaginário do povo (Jo 9.1-12) e ainda hoje o é. Quando acontece uma tragédia e pessoas são esmagadas impiedosamente, não poucos se entregam à especulação, fazendo juízo temerário e julgando que essas pessoas que foram massacradas estariam pagando por seus terríveis pecados.

Diante dessas especulações, Jesus aproveita o ensejo não para se envolver com questões políticas, a fim de condenar Pilatos por sua crueldade, nem para defender os galileus brutalmente assassinados, mas para fazer um alerta aos seus informantes, a fim de examinarem o seu próprio coração e pensarem a respeito de seu estado diante de Deus.[1] Fritz Rienecker diz que Jesus aproveita a notícia do vil assassinato para propor um ameaçador desafio aos impenitentes, que consideram tais episódios como sérias pregações de arrependimento.[2] Kenneth Bailey ressalta que a lição central aqui é arrepender-se ou perecer.[3]

Moisés Ribeiro diz, acertadamente, que os desastres alheios são avisos para nós. Lutero só decidiu tratar da vida espiritual quando viu um colega cair morto ao seu lado, fulminado por um raio. Pensou ele: "E se fosse eu, que conta iria dar a Deus de minha vida?" No versículo 23 deste mesmo capítulo de Lucas, temos alguém preocupado com os outros que pergunta a Jesus: ... *são poucos os que se salvam?* Para melhor pensarmos nos outros, primeiro precisamos tratar da nossa própria garantia. Paulo diz a Timóteo: *Tem cuidado de ti mesmo.*[4]

Por isso, tiraremos do texto em análise, algumas lições.

Diante das tragédias da vida, tendemos a falar mais da morte dos outros do que da nossa própria condição diante de Deus (13.1,2,4)

É mais fácil especular sobre a vida dos outros do que enfrentar a nossa própria realidade. É mais cômodo pensar que a tragédia que desaba sobre a cabeça dos outros é um justo pagamento por seus erros do que enfrentar os nossos próprios pecados. É mais fácil julgar os outros do que julgar a nós mesmos. John Charles Ryle diz que fatos como um assassinato, uma morte repentina, um naufrágio ou um acidente de carro absorverão completamente os pensamentos de muitos e estarão nos lábios de todos com os quais nos encontramos. No entanto, essas mesmas pessoas detestam falar sobre a morte de si próprias e sobre suas esperanças referentes ao mundo do além-túmulo. Assim é a natureza humana em todas as épocas. No que se refere a assuntos espirituais, as pessoas estão mais dispostas a falar sobre a situação dos outros do que sobre a delas mesmas.[5]

Nessa mesma linha de pensamento, Fritz Rienecker registra:

Jesus, que de forma alguma nega a correlação entre pecado e punição, contesta a ideia de que todo o sofrimento seja uma satisfação por delitos específicos. O Senhor recusa o absurdo de pensar que aqueles galileus, em virtude da desgraça que se abateu sobre eles, fossem pecadores maiores que outros galileus. Ao contrário da perspectiva da maioria, que volta o olhar para fora quando ouve notícias de tragédias públicas, Jesus estimula os ouvintes a voltar-se para dentro. Ele exorta com seriedade a considerar a desgraça de alguns como espelho para todos. Toda a Galileia, por ser impenitente, encontrava-se a caminho do juízo.[6]

Duas situações são aqui colocadas.

Em primeiro lugar, *as vítimas de um massacre* (Lc 13.1,2). Não sabemos se os galileus eram revoltosos e sediciosos, uma vez que os galileus eram conhecidos por seu patriotismo feroz e inclinações sediciosas (At 5.37) ou se eram adoradores que se tornaram mártires. O certo é que eles foram massacrados impiedosamente. Foram assassinados enquanto sacrificavam no templo de Jerusalém, e o sangue deles foi misturado com o sangue de seus sacrifícios. Pilatos matou-os, e matou-os com requinte de crueldade e sacrilégio. Não apenas eles foram mortos violentamente, mas sua religião foi profanada frontalmente. A grande pergunta é: essas pessoas assassinadas eram mais pecadoras do que os demais galileus ou habitantes de Jerusalém? O fato de serem vítimas de tamanha crueldade as colocava numa lista de pecadores mais culpados? Aqueles que morrem em massacres são mais pecadores do que aqueles que são poupados dos massacres? Anthony Lee Ash diz corretamente que, sabendo que algumas pessoas interpretavam tais tragédias como justiça retributiva, Jesus afirmou que não havia pecado maior por parte daqueles que tinham passado pelo sofrimento.[7]

Uma solene convocação ao arrependimento

Em segundo lugar, *as vítimas de catástrofes naturais* (Lc 13.4). À informação do massacre promovido por Pilatos, Jesus acrescenta o terrível acidente do desabamento da torre de Siloé, quando 18 pessoas morreram sob os escombros e ruínas daquele desmoronamento. Seriam essas pessoas mais pecadoras aos olhos de Deus? Seriam mais culpadas do que aquelas que escaparam desse acidente?

A resposta que Jesus dá à informação recebida sugere que a motivação das pessoas era suscitar esse assunto. Ainda hoje, diante de guerras sangrentas, terremotos e maremotos que vitimam milhares, e de atos terroristas que ceifam tantas pessoas, o questionamento é ainda feito. Por que alguns morrem e outros escapam? Será que aqueles que perecem são mais pecadores e mais culpados? A resposta de Jesus é categórica: *Não eram, eu vo-lo afirmo; se, porém, não vos arrependerdes, todos igualmente perecereis* (Lc 13.3,5). Matthew Henry é enfático em dizer que o Senhor advertiu seus ouvintes a não fazerem um mau uso destes eventos e similares, e a não aproveitarem oportunidades como estas para censurarem grandes sofredores, como se eles fossem, portanto, considerados grandes pecadores.[8]

Moisés Ribeiro alerta para essa tendência de pensar que a maneira como uma pessoa morre indica as suas boas ou más relações com Deus. Jesus deixa claro que esses galileus sacrificados e os que morreram na torre não sofreram morte trágica por serem maiores pecadores e mais culpados do que os outros. O próprio Jesus, que não cometeu pecado, suportou uma morte atroz.[9]

Concordo com John Charles Ryle quando ele diz que o cristianismo autêntico começa em nosso próprio coração. A pessoa convertida sempre pensará primeiramente a respeito de sua própria vida, coração, pecados e castigo. Ao ouvir acerca de uma morte súbita, dirá a si mesmo: "Eu estaria preparado, se tivesse acontecido a mim?" Diante de um crime terrível ou de um assassinato de um ímpio, perguntará a si mesmo: "Meus pecados estão perdoados? Arrependi-me de todas as minhas transgressões?" Ao ouvir falar de um homem mundano que vive em excesso de pecado, refletirá consigo mesmo: "Quem me tornou diferente? O que me impediu de estar naquela mesma situação, se não a livre graça de Deus?"[10]

Todos nós somos pecadores culpados, independentemente do que nos acontece na vida ou na morte (13.2,4)

O mundo não está dividido entre maiores pecadores e menores pecadores, entre mais culpados e menos culpados. O mundo está povoado por pecadores culpados. Não importa como se vive ou se morre, todos são pecadores e culpados aos olhos de Deus. Não existem uns melhores ou mais merecedores do que outros.

Não podemos julgar uma pessoa pela maneira como ela morre. Aqueles que vivem folgadamente e morrem de forma natural não são menos pecadores do que aqueles que vivem de forma atribulada e morrem de forma trágica.

Não podemos carimbar as pessoas com esses rótulos. Jesus aproveita o momento para tirar nossos olhos da especulação acerca da vida dos outros e concentrar nossa atenção em nós mesmos. Em vez de especular sobre a culpa dos outros, devemos olhar para dentro de nós mesmos e enfrentar os nossos próprios pecados. A Bíblia diz que todos pecaram e destituídos estão da glória de Deus (Rm 3.23). Não há justo nenhum sequer (Rm 3.10). Fomos concebidos em pecado (Sl 51.5). Pecamos por palavras, obras, omissão e pensamentos. Todos precisamos passar pelo arrependimento.

John Charles Ryle diz que a natureza do verdadeiro arrependimento está claramente delineada nas Escrituras. Começa com o reconhecimento do pecado; prossegue criando tristeza pelo pecado; leva-nos à confissão do pecado diante de Deus; manifesta-se diante dos homens através de um completo rompimento com o pecado. Resulta em produzir o hábito de profundo ódio ao pecado.[11]

O arrependimento é o único escape da maior tragédia da vida (13.3,5)

Em vez de Jesus fazer um discurso contra Pilatos ou uma defesa das vítimas do seu massacre, em vez de dar asas às especulações dos possíveis pecados horrendos das vítimas do massacre de Pilatos ou do desmoronamento da torre, Jesus voltou sua atenção para os pecados daqueles que lhe trouxeram as informações, mostrando que, se eles não se arrependessem, pereceriam igualmente.

O pecado é pior do que um massacre e pior do que um desabamento. O massacre ou o colapso de uma torre pode produzir morte física, mas o pecado causa a morte eterna. Sem arrependimento, mesmo vivendo, os homens estão mortos e, sem arrependimento, se morrerem na impiedade, perecerão eternamente. Oh, o pecado é a maior tragédia, e a falta de arrependimento, a causa da maior desventura!

Já nos arrependemos? Já viramos as costas para o pecado e voltamos o rosto para Deus? Já rompemos com a prática do pecado? Já sentimos tristeza por causa dele? Já paramos de julgar os outros, para julgar a nós mesmos? A palavra de Jesus ecoa em nossos ouvidos? Enquanto vivermos nesse corpo, precisaremos nos arrepender e levar nosso arrependimento até à porta do céu!

Aqueles a quem Deus outorga privilégios espirituais, deles Deus espera frutos (13.6,7)

O texto em apreço nos apresenta cinco verdades claras: as vantagens que a figueira possuía, a expectativa do dono em relação a ela, o desapontamento da sua expectativa, a sentença que lhe foi dada e a intercessão do viticultor.[12]

William Barclay diz que não era raro ver na Palestina figueiras e macieiras no meio das vinhas. A terra era tão pouca e pobre que se plantavam árvores em qualquer lugar que elas pudessem crescer.[13] A figueira aqui está em destaque, no meio da vinha, recebendo cuidados especiais.

Da mesma forma que Israel era a videira de Deus, plantada por Deus, cuidada por Deus, assim nós somos a figueira de Deus, plantada e cultivada por ele. Ocupamos uma posição especialmente favorecida. Deus separou Israel dentre as nações. Protegeu, abençoou e deu sua lei, suas promessas, seus milagres e seus profetas. De igual modo, a nós, ele nos deu sua Palavra, o evangelho, o seu Espírito, a sua presença, o seu poder. Ele espera de nós frutos espirituais. Ele não se contenta com folhas. Ele quer frutos.

William Barclay tem razão ao dizer: "A inutilidade é um convite ao desastre".[14] Por que eu vivo? Por que estou aqui? Qual é o propósito da minha vida? A figueira improdutiva por três anos consecutivos evidenciou sua esterilidade. Tornou-se inútil e ainda exauriu o solo nobre da vinha. Esse juízo foi sobre Israel e hoje é sobre as igrejas que, plantadas para frutificar, permanecem estéreis.

Barclay novamente é oportuno ao registrar: "Nada que só extrai pode sobreviver".[15] A figueira estava tirando força e substâncias do solo e em troca não estava produzindo nada. A ordem foi categórica: pode cortá-la! Há um juízo imposto sobre aqueles que são improdutivos. O machado

Uma solene convocação ao arrependimento

do juízo já está ordenado àqueles que deveriam produzir frutos e não o fazem.

Oh, quão perigoso é o estado daqueles que estão na igreja, ouvem a Palavra, recebem os sacramentos, desfrutam da comunhão dos santos e mesmo assim não têm o fruto do Espírito! Muitos já foram cortados. Outros ainda o serão. A sentença ainda ecoará: "Podes cortá-la".

Nós só não perecemos ainda por causa da misericórdia de Deus e da intercessão de Cristo (13.8,9)

Vemos aqui o evangelho da segunda oportunidade. Uma figueira demora normalmente três anos para alcançar a maturidade. Se não dá fruto nesse período, é muito provável que nunca mais produza frutos. Mas a esta figueira se lhe dá uma segunda oportunidade.[16] Entram em cena a benignidade de Deus e a mediação de Cristo.[17] Por causa da intercessão de Cristo, Deus nos trata com misericórdia e não nos julga consoante os nossos pecados. Ele nos dá mais uma chance. Oferece-nos mais uma oportunidade. Pedro e João Marcos poderiam testemunhar como Deus lhes concedeu uma segunda chance!

O Senhor Jesus tem escavado ao nosso redor e colocado adubo. Ele morreu por nós. Ressuscitou para nossa justificação. Enviou seu Espírito. Intercede por nós. Domingo após domingo ele nos alerta pela sua Palavra. Ele tem investido em nossa vida espiritual. É tempo de frutificarmos para Deus e demonstrarmos, pela nossa vida de santidade, o nosso sincero arrependimento.

Não temos o direito de abusar da paciência de Deus (13.9)

Vemos aqui que existe uma oportunidade final.[18] Onde falta arrependimento, o juízo é inevitável. Depois do investimento, se a figueira ainda não der frutos, o machado do juízo decepará seu tronco e arrancará suas raízes. Sua morte será inevitável; sua condenação, inexorável. Sua ruína será total. Qual é a nossa condição? Deus está vendo em nós frutos?

NOTAS

[1] RYLE, John Charles. *Meditações no Evangelho de Lucas*, p. 231.

[2] RIENECKER, Fritz. *Evangelho de Lucas*, p. 289.

[3] BAILEY, Kenneth. *A poesia e o camponês*, p. 31.

[4] RIBEIRO, Moisés Pinto. *O que ensinei através dos Evangelhos*. São Paulo, SP: Cultura Cristã, 1988, p. 168.

[5] RYLE, John Charles. *Meditações no Evangelho de Lucas*, p. 231.

[6] RIENECKER, Fritz. *Evangelho de Lucas*, p. 290.

[7] ASH, Anthony Lee. *O Evangelho segundo Lucas*, p. 221.

[8] HENRY, Matthew. *Comentário bíblico Novo Testamento Mateus a João*, p. 632.

[9] RIBEIRO, Moisés Pinto. *O que ensinei através dos Evangelhos*, p. 169.

[10] RYLE, John Charles. *Meditações no Evangelho de Lucas*, p. 231,232.

[11] RYLE, John Charles. *Meditações no Evangelho de Lucas*, p. 232.

[12] HENRY, Matthew. *Comentário bíblico Novo Testamento Mateus a João*, p. 633,634.

[13] BARCLAY, William. *Lucas*, p. 170,171.

[14] BARCLAY, William. *Lucas*, p. 171.

[15] BARCLAY, William. *Lucas*, p. 171.

[16] BARCLAY, William. *Lucas*, p. 172.

[17] RYLE, John Charles. *Meditações no Evangelho de Lucas*, p. 235.

[18] BARCLAY, William. *Lucas*, p. 172.

Capítulo 43

A cura de uma mulher encurvada
(Lc 13.10-17)

NÃO HÁ NENHUMA CONEXÃO geográfica ou cronológica deste episódio com o que aconteceu anteriormente. Esta é a última vez que Lucas registra Jesus numa sinagoga. E mais uma vez Jesus realiza uma cura no sábado. Novamente ele trava um embate com o sistema farisaico hipócrita e denuncia a falsa interpretação que os fariseus faziam da observância do sábado.

Jesus está ensinando na sinagoga quando entra uma mulher gibosa, encurvada, com a coluna torta, a cabeça presa aos pés, que passara dezoito anos olhando para o chão, atormentada por um espírito de enfermidade. Charles H. Spurgeon diz: "Creio que a enfermidade dessa mulher não era apenas física, mas também espiritual".[1]

O texto mostra que essa mulher estava possessa de um espírito de enfermidade (13.11). Não há consenso se esse era um caso de possessão demoníaca ou se era uma doença colocada na mulher por Satanás, ou mesmo se Satanás estava atormentando essa mulher por causa de sua enfermidade. David Neale vê nessa enfermidade uma indicação de possessão demoníaca, e não de uma enfermidade crônica.[2] Hendriksen diz que, se ela não estava possessa, a expressão "tendo um espírito de enfermidade" parece favorecer a sugestão de que ela realmente estava pelo menos sob a influência demoníaca.[3] Já Rienecker é da opinião que a forma da enfermidade é descrita com tantos detalhes que a possessão deixa de ser provável. Ao chamá-la de *filha de Abraão* (13.16), Jesus descarta a possibilidade de possessão demoníaca.[4] Nessa mesma linha de pensamento, John Charles Ryle diz que isso deve nos levar à conclusão de que essa mulher era uma verdadeira crente.[5] Rienecker prossegue dizendo que a enfermidade é atribuída a um espírito de debilidade (*asthenaias*). Como todo o sofrimento e todas as doenças estão, em última instância, relacionadas com o pecado, com a queda no pecado (At 10.38; 2Co 12.7), Lucas também comunica aqui que Satanás subjugou esta mulher por meio desse espírito causador de fraqueza. Esse fato é um estímulo ainda maior para que Jesus aja e cure. Afinal, ele veio para destruir as obras do diabo (1Jo 3.8).[6]

O fato é que Jesus a chama, livra-a de sua enfermidade (13.12) e impõe as mãos sobre ela (13.13), prática que o Mestre jamais adotou com um endemoniado. A mulher imediatamente se endireitou e passou a dar glória a Deus (13.13). Esse milagre estupendo, esse livramento

A cura de uma mulher encurvada

misericordioso e esse visível sinal da chegada do reino, em vez de produzirem lágrimas de gratidão no dirigente da sinagoga, provocaram indignação (13.14). Jesus, então, confronta o líder e seus seguidores, ensinando mais uma vez o verdadeiro significado do sábado (13.15,16). O resultado final foi o vexame dos adversários de Jesus e a alegria do povo (13.17).

Vamos considerar quatro verdades presentes no texto.

Um milagre majestoso (13.10-13)

Jesus tinha o hábito de ir à sinagoga (4.16). Era seu deleite estar na casa de Deus. A mulher encurvada, a despeito de seu atroz sofrimento, também não deixou de frequentar a sinagoga. A enfermidade não era desculpa para impedi-la de ir à casa de Deus. Apesar de seu sofrimento e enfermidade, ela se dirige onde o dia e a palavra de Deus eram honrados e onde o povo de Deus se reunia.[7] Quantas pessoas, entrementes, se encontram em pleno gozo de saúde física e negligenciam esse privilégio bendito! John Charles Ryle é enfático quando escreve:

> Aquele que não encontra satisfação em conceder a Deus um dia na semana está despreparado para o céu. O próprio céu não é outra coisa senão um eterno dia do Senhor. Se não pudermos passar algumas horas na adoração a Deus, uma vez por semana, é evidente que não poderemos passar uma eternidade em sua adoração no mundo por vir.[8]

Ao entrar naquele lugar de oração e estudo da Palavra, Jesus viu a mulher enferma. Viu como Satanás a manteve presa dezoito anos. Viu como ela andava cabisbaixa, com os olhos no chão, sem poder contemplar as estrelas. Viu como ela vivia sob o peso esmagador da enfermidade, sem perspectiva de alívio e cura. Morris diz que essa doença era conhecida como *Espondilite deformans*; os ossos de sua coluna foram fundidos numa massa rígida.[9] Sua enfermidade lhe trazia dor atroz e vexame público.

O próprio Jesus tomou a iniciativa. Jesus fala à enferma e impõe as mãos sobre ela. Usa a voz e o toque. Dirige-se a dois de seus sentidos: a audição e o tato. A cura é imediata e completa. A mulher imediatamente se endireitou. A prisão de Satanás foi destruída. As algemas foram despedaçadas. Ela saiu da masmorra da doença torturante. A mulher ficou livre tanto de sua aflição física como também de Satanás. Essa filha de Abraão voltou a viver.

Como gratidão pela sua cura, a mulher dava glória a Deus. "Satanás que estava naquela sinagoga, disfarçado na doença dessa mulher, ou atormentando essa mulher, foi desmascarado e derrotado."[10] É oportuno deixar claro, entretanto, que nem toda doença tem procedência maligna ou mesmo é resultado de um pecado específico.

Uma crítica impiedosa (13.14)

O chefe da sinagoga, longe de alegrar-se com a libertação e cura dessa filha de Abraão, encheu-se de ira. Estava mais interessado nos preceitos de sua religião legalista do que na libertação dos cativos e na cura dos enfermos. Amava mais o sistema religioso do que as pessoas que vinham para a adoração. Barclay diz que "o chefe da sinagoga estava mais interessado nos métodos de governo de sua sinagoga do que no culto a Deus e no serviço ao próximo".[11] Para esse chefe da sinagoga, as pessoas representavam apenas uma estatística. Outrossim, ele estava mais interessado em atacar Jesus do que em se alegrar com seus portentosos milagres.

O chefe da sinagoga, por medo, covardia e hipocrisia, não endereça sua indignação diretamente a Jesus, mas aos

A cura de uma mulher encurvada

que estavam presentes na sinagoga, querendo, com isso, atingir Jesus: ... *disse à multidão: Seis dias há em que se deve trabalhar; vinde, pois, nesses dias para serdes curados e não no sábado* (13.14). Warren Wiersbe argumenta que o cativeiro no qual o chefe da sinagoga vivia era pior do que a escravidão da mulher. Sua servidão afetava não apenas o corpo, mas também a mente e o coração. Ele estava tão preso e cego pelas tradições que acabou opondo-se ao Filho de Deus.[12]

Uma resposta corajosa (13.15,16)

Jesus volta-se para o chefe da sinagoga, mas endereça sua fala aos demais presentes que mantinham a mesma visão legalista e farisaica quanto ao sábado, chamando-os de hipócritas. Depois disso, mostra a improcedência de seu argumento, pois os mesmos indivíduos que estavam indignados por Jesus ter curado essa mulher no sábado estavam prontos a desprender da manjedoura o boi ou o jumento para dar-lhes de beber (13.15). Ora, essa filha de Abraão não valia mais do que bois e jumentos? Por que ela não deveria, então, ser imediatamente curada de seu mal? Warren Wiersbe está certo ao escrever: "Satanás condena as pessoas à escravidão, mas a verdadeira liberdade vem somente por meio de Cristo".[13]

Um resultado glorioso (13.17)

O argumento de Jesus foi irresistível, e sua repreensão produziu dois efeitos eficazes. O primeiro deles foi na vida de seus adversários. Eles cobriram a fronte de vergonha e calaram a sua voz. O segundo efeito foi no povo presente na sinagoga. Eles continuavam regozijando-se, e isso não só por causa desse assombroso milagre, mas também por todas as obras gloriosas que o Salvador estava realizando.[14]

NOTAS

[1] SPURGEON, Charles H. *Milagres e parábolas do nosso Senhor*, p. 59.

[2] NEALE, David A. *Novo comentário bíblico Beacon Lucas 9-24*, p. 140.

[3] HENDRIKSEN, William. *Lucas*. Vol. 2, p. 229.

[4] RIENECKER, Fritz. *Evangelho de Lucas*, p. 293.

[5] RYLE, John Charles. *Meditações no Evangelho de Lucas*, p. 236.

[6] RIENECKER, Fritz. *Evangelho de Lucas*, p. 293.

[7] RYLE, John Charles. *Meditações no Evangelho de Lucas*, p. 237.

[8] RYLE, John Charles. *Meditações no Evangelho de Lucas*, p. 237.

[9] MORRIS, Leon L. *Lucas: introdução e comentário*, p. 210.

[10] WIERSBE, Warren W. *Comentário bíblico expositivo*. Vol. 5, p. 292.

[11] BARCLAY, William. *Lucas*, p. 173.

[12] WIERSBE, Warren W. *Comentário bíblico expositivo*. Vol. 5, p. 293.

[13] WIERSBE, Warren W. *Comentário bíblico expositivo*. Vol. 5, p. 293.

[14] HENDRIKSEN, William. *Lucas*. Vol. 2, p. 232.

Capítulo 44

O avanço vitorioso do reino de Deus
(Lc 13.18-35)

A CURA E A LIBERTAÇÃO da mulher encurvada eram uma evidência da chegada do reino de Deus com grande demonstração de poder. Agora, Jesus passa a falar sobre o crescimento do reino, tanto no aspecto externo como no aspecto interno, tanto no seu avanço geográfico como na sua influência moral. Quatro verdades são aqui destacadas.

O crescimento externo e visível do reino de Deus (13.18,19)

Esta parábola aponta para o progresso do reino de Deus no mundo. Dois verdades nos chamam a atenção.

Em primeiro lugar, *o reino de Deus começou de forma humilde e despretensiosa*

(13.18,19). A igreja, agente do reino, começou pequena e fraca em seu berço. A semente da mostarda é um símbolo proverbial daquilo que é pequeno e insignificante. Era a menor semente das hortaliças (Mc 4.31). Foi usada para representar uma fé pequena e fraca (17.6). O reino chegou com um bebê deitado numa manjedoura. Jesus nasceu em uma família pobre, numa cidade pobre, e cresceu como filho de um carpinteiro pobre. Ele não tinha onde reclinar a cabeça. Seus apóstolos eram homens iletrados. O Messias foi entregue nas mãos dos homens, preso, torturado e crucificado entre dois criminosos. Seus próprios discípulos o abandonaram. A mensagem da cruz era escândalo para os judeus e loucura para os gentios. Em todas as coisas do reino, o mundo vê as marcas da fraqueza. Aos olhos do mundo, o começo da igreja reveste-se de consumada fraqueza.

Em segundo lugar, *grandes resultados desenvolvem-se a partir de pequenos começos* (13.19). Grandes rios surgem em pequenas nascentes de água; o carvalho forte e alto cresce a partir de uma pequena noz. A parábola do grão de mostarda é a história dos contrastes entre um começo insignificante e um desfecho surpreendente, entre o oculto hoje e o revelado amanhã. O reino de Deus é como tal semente: seu tamanho atual e sua aparente insignificância não são, de modo algum, indicadores de sua consumação, a qual abrangerá todo o universo.

A igreja cresceu a partir do Pentecoste de forma exponencial. Aos milhares os corações iam se rendendo à mensagem do evangelho. Os corações duros eram quebrados. Doutores e analfabetos capitulavam diante do poder da palavra de Deus. A igreja expandiu-se por toda a Ásia, África e Europa. O Império Romano, com sua força, não pôde deter o crescimento da igreja. As fogueiras não

O avanço vitorioso do reino de Deus

puderam destruir o entusiasmo dos cristãos. As prisões não intimidaram os discípulos de Cristo que, por todas as partes, preferiam morrer a blasfemar. Os cristãos preferiam o martírio à apostasia.

A igreja continua ainda crescendo em todo o mundo. De todos os continentes, aqueles que confessam o Senhor Jesus vão se juntando a essa grande família, a esse imenso rebanho, a essa incontável hoste de santos. Nas palavras do profeta Daniel, o reino de Deus é como uma pedra que quebra todos os outros reinos e enche toda a terra como as águas cobrem o mar (Hc 2.14).

As aves que se aninham nos seus ramos frequentemente são um símbolo das nações da terra (Ez 17.23; 31.6; Dn 4.12).[1] E, de fato, quarenta anos depois da morte e ressurreição de Cristo, o evangelho tinha chegado a todos os grandes centros do mundo romano. Desde aquele tempo, ele continua se expandindo e ganhando pessoas de todas as raças e nações.[2]

A influência interior e invisível do reino de Deus (13.20,21)

Se a parábola da semente da mostarda fala sobre a expansão externa do reino, a parábola do fermento fala sobre sua influência invasiva, secreta e interna. O fermento aqui não é usado no sentido negativo como em outros textos (Êx 12.14-20; 1Co 5.7), mas é usado para referir-se à sua influência rápida, silenciosa e eficaz. Uma vez que a obra da graça se iniciou em um coração, ela jamais permanecerá quieta. Pouco a pouco, influenciará a consciência, as afeições, a mente e a vontade, até que todas as pessoas sejam afetadas pelo seu poder e ocorra uma completa transformação.[3]

Foi pela influência do evangelho que as grandes causas sociais foram promovidas: a libertação da escravidão, a valorização das crianças e das mulheres, o amparo aos idosos, o alívio à pobreza, a valorização do conhecimento, das ciências e das belas artes, a promoção do crescimento econômico e social da sociedade. O evangelho não aliena os seres humanos. Ao contrário, transforma-os e faz deles agentes de transformação.

William Barclay diz que essas duas parábolas encerram quatro lições: 1) o reino de Deus começa de forma pequena, como a menor das sementes; 2) o reino de Deus trabalha sem ser visto, de forma silenciosa, como o fermento age na massa; 3) o reino de Deus trabalha de dentro para fora, pois a massa não pode crescer a não ser que o fermento nela opere esse crescimento; 4) o reino de Deus provém de fora. A massa não tem poder de mudar a si mesma, tampouco o temos nós.[4]

A porta estreita do reino de Deus (13.22-30)

A caminho de Jerusalém, onde consumaria sua obra, Jesus continuava seu ministério de pregação itinerante, passando por cidades e aldeias (13.22). Alguns fatos nos chamam a atenção na passagem em apreço.

Em primeiro lugar, *uma especulação apresentada* (13.23). Enquanto Jesus percorria as cidades da Galileia e Pereia, um homem lhe pergunta: "Senhor, são poucos os que são salvos?" Alguns estudiosos pensam que essa foi uma pergunta honesta. Outros acreditam que estava implícita na pergunta a ideia de que os judeus já estavam salvos e de que não havia esperança de salvação para os gentios.[5] Ainda outros pensam que o homem pressupõe na pergunta que todas as pessoas que não seguissem à risca os preceitos do legalismo judaico estavam excluídas automaticamente da salvação. A especulação ainda hoje ocupa grande interesse na agenda das pessoas.

O avanço vitorioso do reino de Deus

Em segundo lugar, *um esforço a ser travado* (13.24). Em vez de Jesus tratar do assunto de forma teórica, dando guarida à especulação do homem e alimentando sua curiosidade, voltou as baterias para ele, dizendo que, em vez de ficar especulando sobre o número dos salvos, ele deveria se esforçar para ser salvo. A palavra grega para "esforçar" deu origem ao verbo "agonizar". É um esforço que demanda toda a nossa energia. Isso, porém, não significa que a salvação seja, afinal de contas, um produto do esforço humano, e não da graça. Ela é totalmente de graça, a graça que capacita.[6] A pergunta pertinente, portanto, não é "Quantos serão salvos?", mas "Eu já estou salvo?"[7]

Em terceiro lugar, *uma oportunidade a ser aproveitada* (13.25). A porta do reino é estreita, mas é bastante ampla para admitir o principal dos pecadores. A porta do reino é estreita, mas não estará aberta para sempre. O tempo de entrar no reino é agora. Postergar essa decisão é cometer a maior de todas as loucuras. Amanhã pode ser tarde demais.

Em quarto lugar, *uma justificativa infundada* (13.26). A proximidade geográfica e física com Jesus e sua igreja no passado não é garantia de segurança no futuro. Aqueles que estiveram na igreja, ouviram o evangelho e tiveram comunhão com os salvos poderão se perder eternamente se não entrarem pela porta estreita enquanto é tempo.

Em quinto lugar, *uma rejeição proclamada* (13.27,28). Aqueles que, à semelhança das virgens imprudentes, não se prepararam, antes viveram na prática da iniquidade, não entrarão na casa do Senhor (13.25). Ficarão de fora das bodas (Mt 25.11,12), onde haverá choro e ranger de dentes. Ao mesmo tempo, essas pessoas que ficarão de fora do reino de glória, verão os salvos desfrutando da bem-aventurança eterna. Fica claro que, quando o dono da casa fechar a porta, acabará o prazo da graça para o indivíduo.[8] Então, o trono da graça será removido e, em seu lugar, será estabelecido o trono do juízo.[9]

Em sexto lugar, *uma ordem invertida* (13.29,30). Jesus fala sobre aqueles que virão do oriente e do ocidente, do norte e do sul e tomarão lugares à mesa no reino de Deus. Esses são os gentios que vêm de todas as raças, tribos, línguas e nações (Ap 5.9). Sendo eles os últimos, virão a ser primeiros, e os judeus com todos os privilégios que desfrutaram, por terem rejeitado o seu Messias, virão a ser os últimos. A pirâmide está de ponta-cabeça. A ordem está invertida. Jesus está golpeando de morte a presunção dos judeus, especialmente a presunção dos escribas e fariseus!

A coragem e a compaixão do profeta do reino (13.31-35)

O evangelista Lucas diz que naquela mesma hora, alguns fariseus vieram dizer a Jesus para sair da jurisdição do governo de Herodes, porque este queria matá-lo. Esse episódio enseja-nos quatro lições.

Em primeiro lugar, *uma aliança espúria contra Jesus* (13.31,32). Herodes Antipas era um homem astuto, perverso e imoral (3.19). David Neale diz que Herodes era uma figura patética e sem poder, que pensava que podia subverter o propósito divino da marcha de Jesus para Jerusalém.[10]

Certamente, os fariseus não tinham nenhum apreço por Herodes. Entretanto, com o propósito de se oporem a Jesus, os fariseus se uniram a ele e seus seguidores (Mc 3.6). O desejo de Herodes de que Jesus saísse de seu território e acelerasse a viagem para Jerusalém também correspondia ao interesse dos fariseus. Eles pensavam que em Jerusalém, com a atuação do sinédrio, seria mais fácil

O avanço vitorioso do reino de Deus

colocar um fim em sua atuação.[11] Por isso, Jesus os manda de volta a Herodes, com o seguinte recado: *Ide e dizei a essa raposa*. Jesus chama Herodes de "raposa", alguém ardiloso, mas sem dignidade. Chamar Herodes de "essa raposa" era a mesma coisa que dizer que ele não é um grande homem nem um homem direito, sem majestade e sem honra.[12] A expressão, portanto, é de completo desprezo.

Herodes é a única pessoa da qual há registro a quem Jesus tratou com desprezo. Mais tarde, quando Jesus enfrenta seu julgamento, é levado à presença de Herodes. Este queria ver Jesus operando algum milagre, mas Jesus fica em total silêncio e não lhe dirige sequer uma palavra (23.8,9). É desesperadora a situação do homem a quem Jesus não tem sequer uma palavra para dizer. Jesus deixa claro que nem Herodes nem os fariseus mudariam sua agenda. Ele não estava fazendo sua obra na dependência dos poderosos deste mundo, mas cumprindo uma agenda eterna do Pai do céu.

Em segundo lugar, *uma agenda imutável de Jesus* (13.33). Jesus não arredou o pé de sua jornada itinerante. Ao contrário, disse: *Importa caminhar hoje, amanhã e depois...* Nenhuma força na terra tem poder para deter ou frustrar os planos de Deus. Jesus deixa claro que sua morte não se daria na Galileia de Herodes, mas em Jerusalém. A capital era o coração da nação. Era ali que seu destino seria decidido. Era ali que a atitude da nação para com Jesus tomaria seu formato final, e que sua morte ocorreria, realizando o propósito de Deus.[13] Sua morte não seria o triunfo dos maus, mas sua entrega voluntária para a redenção dos pecadores.

Em terceiro lugar, *um lamento profundo de Jesus* (13.34). David Neale diz que o lamento por Jerusalém é a coroação da narrativa sobre a grande exclusão.[14] Esse transbordamento de dor é endereçado a Jerusalém, o símbolo do espírito da nação inteira. A Jerusalém que eles chamavam de santa, Jesus chama de assassina de profetas. A Jerusalém que eles exaltavam, Jesus diz que apedrejava os que a ela foram enviados. A Jerusalém que Jesus quis, tantas vezes, acolher sob suas asas, como uma galinha ajunta os seus pintinhos, essa o expulsou para fora de seus muros e o crucificou no topo do Calvário.

Há ternura na linguagem figurada da galinha e seus pintinhos. Jesus suportaria o fragor da tempestade na cruz para lhes oferecer uma proteção eterna. Entretanto, eles não quiserem. A responsabilidade dos judeus pela sua sorte é atribuída diretamente a eles mesmos com a expressão final "mas vós não o quisestes".[15]

Em quarto lugar, *uma profecia dramática de Jesus* (13.35). A rejeição do reino da graça implica a exclusão do reino da glória. Os judeus, tão arrogantes e soberbos ao rejeitarem a Cristo, o Messias, veriam sua casa ficar deserta. Eles, que rejeitaram o convite da graça encarnado na pessoa de Jesus em sua primeira vinda, só voltariam a vê-lo no julgamento final, em sua gloriosa vinda, quando então seria tarde demais!

Morris tem razão ao dizer que, quando uma nação ou uma pessoa persiste em rejeitar a Cristo, o fim é inevitável. Sua casa ficará deserta. Deus já não habita mais ali: esta é a desgraça final.[16]

NOTAS

[1] MORRIS, Leon L. *Lucas: introdução e comentário*, p. 213,214.

[2] HENDRIKSEN, William. *Lucas*. Vol. 2, p. 234.

[3] RYLE, John Charles. *Meditações no Evangelho de Lucas*, p. 241.

[4] BARCLAY, William. *Lucas*, p. 175,176.

[5] NEALE, David A. *Novo comentário bíblico Beacon Lucas 9-24*, p. 144.

[6] HENDRIKSEN, William. *Lucas*. Vol. 2, p. 238.

[7] WIERSBE, Warren W. *Comentário bíblico expositivo*. Vol. 5, p. 294.

[8] RIENECKER, Fritz. *Evangelho de Lucas*, p. 298.

[9] RYLE, John Charles. *Meditações no Evangelho de Lucas*, p. 243.

[10] NEALE, David A. *Novo comentário bíblico Beacon Lucas 9-24*, p. 147.

[11] RIENECKER, Fritz. *Evangelho de Lucas*, p. 301.

[12] MORRIS, Leon L. *Lucas: introdução e comentário*, p. 214.

[13] MORRIS, Leon L. *Lucas: introdução e comentário*, p. 215.

[14] NEALE, David A. *Novo comentário bíblico Beacon Lucas 9-24*, p. 147.

[15] MORRIS, Leon L. *Lucas: introdução e comentário*, p. 215.

[16] MORRIS, Leon L. *Lucas: introdução e comentário*, p. 215.

Capítulo 45

Lições de Jesus na casa de um fariseu
(Lc 14.1-35)

O CAPÍTULO 14 DE LUCAS registra Jesus na casa de um dos principais fariseus para comer pão. A casa desse líder tornou-se o palco de um grande milagre e de profundos ensinamentos sobre a salvação e o preço do discipulado.

A demonstração da graça, uma cura no sábado (14.1-6)

A cura do homem hidrópico deixa transparecer que o convite para esse jantar pode ter sido um cenário armado para acusar Jesus da quebra do dia do sábado.[1] Destacamos aqui seis fatos.

Em primeiro lugar, *um convite* (14.1a). Embora o texto não deixe claro o convite a Jesus para comer na casa de um dos principais fariseus, isso está implícito, pois Jesus jamais entrou numa casa sem ser convidado. Embora Jesus tenha ao longo deste Evangelho confrontado a espiritualidade adoecida dos fariseus, amava-os e não perdia uma oportunidade para ministrar-lhes ao coração.

Em segundo lugar, *uma observação* (14.1b). Os demais convidados, à mesa, não estavam interessados na refeição, mas em observar Jesus com intenção maliciosa. Até parece que esse encontro fora planejado astuciosamente, por esse fariseu e os intérpretes da lei, a fim de encontrar algum motivo nas palavras ou na conduta de Jesus para incriminá-lo.[2] O convite para a refeição no sábado era uma tentativa velada para apanhar Jesus em alguma transgressão.[3] É claro que os questionadores de Jesus aderem a uma estrita interpretação da observância do sábado. Nas outras quatro curas no sábado, bem como nesta, Jesus argumenta que a compaixão é maior do que outras questões de escrúpulo religioso. Aqueles que resistem à compaixão estão do lado errado do debate, e até do lado errado de Deus.[4]

Em terceiro lugar, *um enfermo* (14.2). Não sabemos se esse homem hidrópico, com barriga d'água, estava diante de Jesus fortuitamente ou se havia sido "plantado" ali pelos escribas e fariseus, como uma armadilha, para acusar Jesus. Ele já havia feito outras curas em dia de sábado e, sempre que isso ocorria, uma tempestade de discussões se formava no horizonte, agravando ainda mais a já conflituosa relação com o rabi da Galileia.

A palavra "hidropisia" só aparece aqui no Novo Testamento. É uma doença na qual alguém tem acúmulo de água internamente e as juntas incham-se devido aos fluídos.[5] Esse acúmulo anormal de líquido não é só por si mesmo algo grave, mas, além disso, é um sinal de uma

Lições de Jesus na casa de um fariseu

enfermidade dos rins, do fígado, do sangue e/ou do coração.[6] Larry Richards complementa dizendo que era uma doença causada pelo acúmulo anormal de líquido seroso em tecidos ou em cavidades do corpo.[7]

Em quarto lugar, *uma pergunta* (14.3). Jesus, conhecendo as intenções maliciosas dos líderes religiosos postados à mesa, armados até os dentes para acusá-lo no caso de alguma cura ao enfermo ali postado, antecipa o problema e sai da posição de acuado para o ataque, perguntando aos seus críticos: "É ou não é lícito curar no sábado?" Em outras palavras, é ou não é lícito fazer o bem no sábado? Esses críticos de plantão, muito provavelmente, usaram o homem doente como isca e nutriam os mais perversos sentimentos sobre Jesus, sem imaginar que essa sua atitude pudesse ser a quebra do sábado. O desamor deles ao doente e a fúria deles a Jesus não eram vistos por eles como uma transgressão da lei, mas curar no sábado, sim. Diante da pergunta contundente de Jesus, guardaram silêncio e nada disseram. Eles, que pensaram em pegar Jesus na rede de sua astúcia, foram apanhados pela armadilha de seu legalismo medonho.

Em quinto lugar, *uma cura* (14.4). Diante do silêncio de seus críticos, sabendo que já estavam derrotados pelo seu silêncio covarde, Jesus cura o homem com barriga d'água e demonstra ao mesmo tempo seu poder e sua compaixão. O sábado foi criado por Deus para o bem do homem, para fazer o bem e não o mal, para trazer alívio e não fardo. Foi criado para que as obras de Deus sejam realizadas na terra, e não para que o legalismo mortífero seja colocado como jugo pesado sobre os homens.

Em sexto lugar, *um confronto* (14.5,6). Depois de curar o enfermo, Jesus ainda os confronta: *Qual de vós, se o filho ou o boi cair num poço, não o tirará logo, mesmo em dia de sábado?* (14.5). Ora, se a lei permitia socorrer um boi que caiu num buraco, por que a lei proibiria socorrer um homem, criado à imagem e semelhança de Deus, caído no fosso da enfermidade? Não valem os homens mais do que os animais? A isto nada puderam responder (14.6). Os acusadores estavam calados, o enfermo estava curado, e a causa de Jesus seguia adiante sobranceira e vitoriosa!

A demonstração da humildade, a plataforma do reino de Deus (14.7-14)

Enquanto Jesus era observado pelos convidados na casa desse fariseu, Jesus também os observa. Ao mesmo tempo que eles censuram Jesus por curar o hidrópico no sábado, estão nutrindo no coração, nesse próprio jantar, uma atitude de soberba. Então, Jesus conta uma parábola para ensinar duas lições centrais.

Em primeiro lugar, *a necessidade imperativa da humildade* (14.7-11). Jesus conta uma parábola para ensinar o princípio exarado no versículo 11: *Pois todo o que se exalta será humilhado; e o que se humilha será exaltado*. A parábola tem que ver com um convite para o casamento. Em vez de o convidado chegar à festa e imediatamente ocupar os primeiros lugares, deve procurar os últimos lugares. Pois é um grande constrangimento ser solicitado para sair de um lugar de honra a fim de dar a vez a outro convidado mais digno. Porém, é uma grande honra estar assentado nos últimos lugares e ser convidado pelo dono da festa a ocupar lugar de maior destaque. Essa parábola mostra que a humildade é a antessala da honra, mas a soberba é a plataforma da vergonha. Quem se humilha é exaltado; quem se exalta é humilhado.

Em segundo lugar, *a necessidade imperativa da motivação certa* (14.12-14). Jesus se dirige agora ao líder fariseu que

Lições de Jesus na casa de um fariseu

o convidara para comer em sua casa, mostrando-lhe que a hospitalidade e a generosidade de um banquete oferecido aos convivas precisam ter a motivação certa. Há muitos que expressam a sua vaidade num banquete, em vez de demonstrar sua generosidade. Ressaltam sua grandeza, em vez de demonstrar sua compaixão. Fazem propaganda de sua riqueza, em vez de revelar sua bondade. Convidam pessoas ricas para receber em troca redobrada recompensa, em vez de expressarem amor aos que não têm com o que retribuir.

É claro que Jesus não está aqui proibindo ninguém de convidar seus pares, seus amigos e sua família para um banquete.[8] O que Jesus está proibindo é a motivação egoísta de só oferecer um banquete àqueles que podem devolver o favor ou só dar para receber em troca a benevolência. Jesus ensina que devemos honrar aqueles que nada podem retribuir-nos nesta vida, para que nossa recompensa seja recebida na ressurreição dos justos (14.14).

O banquete da salvação, a entrada no reino de Deus (14.15-24)

Quando um dos convivas ouviu sobre a bem-aventurança na ressurreição dos justos, expressou com vívido entusiasmo a bem-aventurança daqueles que se assentarão à mesa no banquete do reino (14.15). Sua efusividade, entretanto, estava cheia de engano, pois quem proferiu essas palavras julgava que ele e seus pares, fiados em sua justiça própria, estariam nesse banquete. Jesus, então, corrige seu engano e conta mais uma parábola para falar da festa da salvação.

Em primeiro lugar, *o banquete da salvação é uma festa, e não um funeral* (14.16). Deus preparou um grande banquete no seu reino e convida a todos para cear. A salvação é como um banquete, uma festa que Deus preparou para seus convidados. A vida que Deus oferece é de alegria e celebração. A vida cristã não é um funeral, mas um banquete.[9] O céu é comparado a uma festa das bodas do filho do rei, a qual nunca vai terminar. A vida que Cristo oferece é uma vida superlativa, maiúscula e abundante. Ser cristão não é ser privado das alegrias da vida, mas é usufruí-las na sua plenitude. Um crente triste é uma contradição de termos.

Em segundo lugar, *o banquete da salvação é preparado por Deus e oferecido a todos* (14.16,17). A salvação não é resultado do esforço humano nem da parceria entre Deus e o homem. Todo o banquete foi preparado por Deus. O homem é convidado para o banquete que Deus preparou. O homem não coopera com Deus na salvação. Toda a salvação é obra de Deus. É Deus quem escolhe na eternidade. É Deus quem abre o coração. É Deus quem dá o arrependimento para a vida. É Deus quem regenera. É Deus quem justifica. É Deus quem santifica. É Deus quem glorifica. Tudo provém de Deus. O homem é salvo não por seu próprio esforço, mas, sim, por aceitar o convite da graça.

Jesus elenca três razões eloquentes para os convidados virem ao banquete da salvação.

Porque tudo está preparado (14.17). O banquete da salvação já está pronto. O Pão da Vida já está na mesa. A água da vida já está disponível para todo o que tem sede. As vestes alvas do linho finíssimo da justificação já nos foram dadas para entrarmos no banquete. A salvação é uma obra completa de Deus. O Pai nos elegeu, o Filho nos remiu, e o Espírito nos regenerou. É Deus quem opera em nós o querer e o realizar. Ele nos escolhe, nos chama, nos justifica e nos glorifica.

Porque todos são convidados (14.17,21,23). Não obstante o honroso convite, os primeiros convidados deram desculpas (14.17). Jesus veio para os seus, mas os seus não o

Lições de Jesus na casa de um fariseu

receberam (Jo 1.11). A nação de Israel não reconheceu o tempo da sua oportunidade, por isso rejeitou o Messias. Então, os pobres, os aleijados, os cegos e os coxos foram trazidos (14.21). Havia pressa nesse chamamento feito pelas ruas e becos da cidade. Deus não discrimina nem faz acepção de pessoas (At 10.34; Tg 2.5). Os pobres que nada têm podem vir. Os aleijados com suas deformidades físicas e emocionais podem entrar. Os cegos que não sabem para onde ir são chamados a vir para o banquete, e os coxos que não podem andar são trazidos à sala do banquete. O evangelho é para as pessoas que reconhecem que nada têm. Cristo não veio chamar justos, mas pecadores. Os sãos não precisam de médico e sim os doentes. Somente aqueles que reconhecem sua carência e sua necessidade entram no banquete da salvação. Finalmente, todos os que andavam pelos caminhos e atalhos são constrangidos a vir para o banquete (14.23). Todos aqueles que andavam pelos caminhos e atalhos são obrigados a entrar no banquete, não pelo instrumento da força, mas pela persuasão irresistível da graça. Os que estão errantes e cansados das caminhadas da vida podem encontrar mesa farta no reino de Deus.

Porque ainda há lugar (14.22). Na mesa do Rei, ainda há lugar para os que têm fome do Pão da Vida e para os que têm sede da Água Viva. Enquanto não se completar o número dos convidados, dos eleitos, Jesus não virá. Por isso, o evangelho precisa ser pregado em todo o mundo, só então virá o fim (Mt 24.14). Cristo morreu para comprar com o seu sangue os que procedem de toda tribo, raça, língua e nação (Ap 5.9). Devemos ir até os confins da terra fazendo esse convite. Ainda há lugar! A casa precisa ficar cheia!

Você, que já buscou saciar sua alma com tantas coisas e prazeres, venha a Jesus. Ainda há lugar no banquete! Você, que está com o caráter deformado, venha a Jesus. Ele pode restaurar sua vida. Você, que está cego e precisa ver, venha a Jesus. Ele é a luz do mundo e quem o segue jamais tropeça. Você, que está estagnado, parado, coxo, prisioneiro venha a Jesus, há lugar para você no banquete de Deus!

Jesus, agora, elenca três desculpas apresentadas pelos convidados para não irem ao banquete.

Eu não vou porque tenho coisa melhor para ver (14.18). Ninguém naquele tempo compraria uma terra antes de vê-la. Quando uma pessoa não quer fazer algo, qualquer desculpa serve. Esse convidado tinha tempo para ver sua propriedade, mas não tinha tempo para Deus. Hoje o dinheiro ocupa a maior parte do nosso tempo, do nosso coração, da nossa devoção. Gastamos tanto tempo vendo o que possuímos, o que compramos e o que queremos ter, que não damos prioridade ao convite da salvação. Não havia nenhum pecado em comprar um terreno e em vê-lo, mas quando coisas boas ocupam o lugar de Deus em nossa vida, essas coisas se tornam um ídolo, e os idólatras não poderão entrar no reino de Deus. Esse convidado colocou o amor pelas coisas materiais à frente do gracioso convite.

Eu não vou porque tenho coisa melhor para fazer (14.19). Esse convidado tinha de experimentar seus bois. Ele estava ocupado demais com seus afazeres, seus negócios, seus lucros. Por isso, deu-se por escusado. Esse convidado colocou o trabalho, o emprego, a ocupação e os negócios à frente do convite de Deus. Muitas pessoas preferem as riquezas que perecem ao banquete da salvação. Amam mais o dinheiro do que a Deus. São mais apegadas às coisas da terra do que as do céu.

Eu não vou porque tenho coisa melhor para desfrutar (14.20). O casamento é uma coisa boa. É uma experiência

Lições de Jesus na casa de um fariseu

maravilhosa. Mas rejeitar o convite da salvação por causa do casamento é uma insensatez. Deixar de entrar no reino por causa de um casamento é uma loucura. Esse convidado perdeu as bodas do céu por causa de suas bodas na terra. Perdeu uma bênção eterna por causa de uma bênção temporal. Perdeu uma bênção celestial por causa de uma bênção terrena. Muitos, ainda hoje, trocam a salvação pelo casamento. Trocam o reino de Deus por prazeres. Trocam a vida eterna por compromissos sociais.

Em terceiro lugar, *o banquete da salvação é rejeitado pelos convidados* (14.18-20). O costume daquele tempo determinava que os convidados para um banquete fossem avisados previamente do dia, mas não da hora. Quando tudo estava pronto e colocado à mesa, então o anfitrião enviava seus mensageiros aos convidados chamando-os para a festa. Era um duplo convite. Essas pessoas já tinham prometido comparecer.

Isso mostra quanto Deus honra o pecador com esse importante convite. Somos os convidados de honra do Deus Todo-poderoso para o banquete da salvação. Esse é um convite de honra incomparável. *Ah, todos vós que tendes sede vinde às águas, e vós os que não tendes dinheiro, vinde e comprai sem dinheiro e sem preço, vinho e leite* (Is 55.1).

Os convidados, depois de darem um "sim" ao convite prévio, agora dizem "não" através de desculpas infundadas. Uma desculpa é um invólucro de motivos recheado de mentiras. Todas as desculpas eram infundadas. Ninguém compraria uma terra sem antes a ver. Ninguém compraria bois para o arado sem antes os experimentar. E o jovem casado poderia levar sua esposa ao banquete. O casamento certamente envolve algumas obrigações, mas não cancela outras, especialmente aquelas acerca das quais já recebera notificação. O que temos aqui é uma série de subterfúgios enganosos e pretextos fúteis. São muitíssimas as pessoas que ainda hoje têm apresentado pretextos para negar-se a receber o convite da salvação.

Em quarto lugar, *nem sempre o que afasta os convidados do banquete da salvação são coisas más* (14.18-20). Campo, bois e esposa eram coisas inocentes. Não há nada de errado em comprar um campo, em treinar juntas de bois e em casar-se. Todas essas coisas eram boas em si mesmas. Mas, quando coisas boas nos impedem de atender ao convite da salvação, elas se tornam estorvos para a nossa alma. Não são apenas os vícios degradantes e os pecados escandalosos que mantêm as pessoas longe do reino de Deus, mas também as coisas boas. Jesus disse que aquele que amar mais pais, filhos, bens do que a ele não é digno de ser seu discípulo.

Quando Jesus voltar, as pessoas estarão vivendo como a geração de Noé: comiam, bebiam, casavam e davam-se em casamento (Mt 24.37-39). Que mal há nessas coisas? Nenhum! Mas, quando coisas boas tomam todo o nosso tempo a ponto de não darmos prioridade ao convite da graça, elas se tornam embaraços para a nossa alma. Essas pessoas transformaram uma bênção numa maldição. Fizeram da bênção um ídolo. Tanto o terreno, como as juntas de bois, quanto o casamento são bênçãos de Deus. Mas, quando as bênçãos de Deus tomam o lugar do Deus das bênçãos, aquilo que seria uma bênção se transforma numa maldição.

Em quinto lugar, *o banquete da salvação é oferecido aos que são considerados indignos* (14.21-23). Os convidados não quiseram ir, dando as mais diferentes desculpas. O anfitrião mandou ir à cidade convidar aqueles que não fariam resistência: os pobres, os aleijados, os cegos e coxos. Esses não seriam impedidos pelos bens materiais nem pelos prazeres e compromissos sociais.[10] Os pobres, aleijados, cegos e coxos eram um símbolo dos gentios que estavam vivendo sem esperança e sem Deus no mundo. A porta do evangelho abriu-se para todas as pessoas, para todos os povos. O evangelho é destinado a todas as raças, a todas as culturas, a todas as classes sociais. A igreja torna-se universal, internacional. Judeus e gentios entram juntos no banquete da salvação. Esses convidados precisam ser tomados pela mão e levados à sala do banquete. Eles não podem vir por si mesmos. Alguém os leva, ou eles perecem. Os primeiros convidados que rejeitaram a ir ao banquete jamais participarão das alegrias desta festa!

Em sexto lugar, *enquanto houver um lugar na mesa deste banquete, a ordem é forçar as pessoas a entrar* (14.22,23). O anfitrião manda agora seus mensageiros para os caminhos e as encruzilhadas, forçando as pessoas a entrarem na casa do banquete. Essas pessoas não seriam obrigadas a entrar pela força do braço, mas pela persuasão do amor. Temos a maior de todas as mensagens: ainda há lugar, e Deus convida a todos para entrar no banquete. Devemos argumentar com as pessoas sobre o que elas ganharão se atenderem ao convite e o que perderão se rejeitarem o convite. A palavra "obrigar" não se refere ao emprego da força. O sentido é que andarilhos em tais lugares exigiriam muita insistência para serem convencidos de que sua presença era realmente desejada num banquete. O servo não devia aceitar a resposta NÃO; a casa devia ficar cheia!

Em sétimo lugar, *há mais anseio em Deus em ver o pecador salvo do que o pecador em ser salvo* (14.23). Enquanto havia lugar na sala do banquete, a ordem era buscar mais alguém. Nenhuma cadeira poderia ficar vazia. Deus tem prazer e pressa em salvar. Ele é rico em misericórdia. Ele não tem prazer em que o ímpio pereça. Há festa no céu por um pecador que se arrepende.

Em oitavo lugar, *o banquete da salvação fechará suas portas aos que fecharam o coração ao convite da graça* (14.24). A rejeição da oferta da graça implica a execução inexorável do juízo. Os fariseus e escribas estavam rejeitando a oferta da salvação, bem na frente deles, encarnada na pessoa do Messias, enquanto os desprezados da sociedade bem como os gentios estavam entrando na sala do banquete. Oh, que terrível realidade é recusar a oferta da graça!

É preciso deixar aqui um alerta: aqueles que rejeitam o convite para o banquete da salvação podem perder para sempre a oportunidade (14.24). Os convidados que rejeitaram o convite generoso jamais entrariam no banquete. Há oportunidades que, uma vez perdidas, não podem ser mais recuperadas. O dia para entrar na sala do banquete é HOJE. A hora para entrar na sala do banquete é AGORA.

Deus é gracioso e receberá a todos aqueles que se achegam a ele. Mas aqueles que adiam essa decisão podem perecer para sempre. O propósito de Deus pode ser resistido, mas não pode ser derrubado. É mais tarde do que você imagina! A porta ainda está aberta! Ainda há lugar no banquete da salvação. O que você está esperando?

O discipulado, a renúncia para tomar posse da vida no reino (14.25-33)

A salvação é de graça, mas a graça não é barata. Diz o texto que grandes multidões o acompanhavam, muitas pessoas certamente com motivações erradas e expectativas falsas. Mas Jesus nunca enganou as pessoas sobre o custo do discipulado. O texto em apreço destaca quatro verdades que mostram o preço do discipulado.

Lições de Jesus na casa de um fariseu

Em primeiro lugar, *renúncia aos laços familiares* (14.25,26). O compromisso com Cristo exige primazia absoluta. Nada nem ninguém pode se interpor entre o discípulo e seu Mestre. Quem segue a Cristo precisa, muitas vezes, aborrecer pai, mãe, mulher, filhos, irmãos, irmãs e a própria vida. Colocar os laços familiares à frente do compromisso com Cristo desqualifica o indivíduo a ser um discípulo de Cristo.

Em segundo lugar, *renúncia ao amor-próprio* (14.27). O discípulo de Cristo, na contramão dos ditames da psicologia moderna, não é aquele que busca a afirmação do "eu", mas aquele que, imperativamente, renúncia à própria vida e toma sobre si a cruz, o mais terrível método de execução. Sacrifício, e não autopromoção, é o preço do discipulado. Mas ser discípulo não significa apenas renúncia; é também, e sobretudo, uma atitude de seguir a Cristo. É colocar-se no caminho com ele, ter intimidade com ele, fazer a vontade dele e viver para a glória dele.

Em terceiro lugar, *a avaliação do custo* (14.28-32). Jesus conta duas parábolas para ilustrar o custo do discipulado. A primeira parábola vem da construção civil, e a segunda, da guerra. Nenhum homem deve começar a construir uma torre sem calcular precisamente os custos. Nada é mais humilhante do que deixar uma obra inconclusa por falta de planejamento. Também é um grande desastre um rei entrar numa guerra sem saber exatamente com quem está guerreando e qual é o tamanho do exército que precisa enfrentar. Entrar numa guerra às escuras é entrar numa missão arriscada ou mesmo numa missão suicida. Assim, também, antes de alguém ser um seguidor de Cristo, precisa saber qual é o preço do discipulado, pois certamente a cruz precede a coroa, e o sofrimento precede a glória.

Em quarto lugar, *a renúncia aos bens* (14.33). Depois de falar sobre a renúncia aos relacionamentos e também do cálculo dos custos do discipulado, Jesus conclui dizendo que a renúncia é radical, pois implica a desistência completa dos bens materiais. ... *todo aquele que dentre vós não renunciar a tudo quanto tem não pode ser meu discípulo.* O amor ao dinheiro pode fechar-nos a porta do reino e impedir-nos de seguir a Cristo.

O testemunho no reino de Deus, uma necessidade imperativa (14.34,35)

Ser um discípulo, um seguidor de Jesus, é ser um influenciador. É fazer diferença na família, na escola, no trabalho, na sociedade, no mundo. Duas verdades são aqui destacadas.

Em primeiro lugar, *o sal influencia o meio onde está* (14.34). O sal é bom, pois impede a decomposição e ainda dá sabor. A vida seria impossível sem o sal. Jesus compara a igreja com o sal da terra (Mt 5.13). A presença da igreja no mundo é abençoadora. Impede o avanço da corrupção e ainda aponta o caminho da verdadeira vida.

Em segundo lugar, *o sal que perde o sabor perde toda sua utilidade* (14.35). A única finalidade do sal é salgar. Se ele perder sua salinidade, não serve para mais nada. Não serve para alimento. Não serve para adubo. Não serve nem mesmo para o monturo. Precisa ser jogado fora para ser pisado pelos homens. Warren Wiersbe alerta: "Quando um discípulo perde seu caráter cristão, torna-se imprestável e envergonha o nome de Cristo".[11]

Lições de Jesus na casa de um fariseu

NOTAS

[1] WIERSBE, Warren W. *Comentário bíblico expositivo*. Vol. 5, p. 297.

[2] MORRIS, Leon L. *Lucas: introdução e comentário*, p. 216.

[3] NEALE, David A. *Novo Comentário bíblico do Novo Testamento Lucas 9-24*, p. 151.

[4] NEALE, David A. *Novo Comentário bíblico do Novo Testamento Lucas 9-24*, p. 151.

[5] NEALE, David A. *Novo Comentário bíblico do Novo Testamento Lucas 9-24*, p. 151.

[6] HENDRIKSEN, William. *Lucas*. Vol. 2, p. 254.

[7] RICHARDS, Larry. *Todos os milagres da Bíblia*, p. 263.

[8] RIENECKER, Fritz. *Evangelho de Lucas*, p. 307.

[9] WIERSBE, Warren W. *Comentário bíblico expositivo*. Vol. 5, p. 301.

[10] WIERSBE, Warren W. *Comentário bíblico expositivo*. Vol. 5, p. 300.

[11] WIERSBE, Warren W. *Comentário bíblico expositivo*. Vol. 5, p. 302.

Capítulo 46

O pródigo amor de Deus que procura o perdido
(Lc 15.1-32)

O CAPÍTULO 15 DE LUCAS é um dos textos mais conhecidos e amados da Bíblia.[1] David Neale diz que ele é o centro físico, emocional e teológico do Evangelho de Lucas. Culmina e cristaliza o tema do arrependimento dos pecadores. No coração do capítulo, está o âmago do terceiro Evangelho, a profunda e singularmente fecunda história dos dois filhos perdidos.[2] As três parábolas deste capítulo constituem uma obra-prima do Evangelho de Lucas.[3]

Esta é a primeira vez que *todos* os publicanos e pecadores se aproximam para ouvir Jesus. Os escribas e fariseus murmuram contra Jesus, dizendo: *Este recebe pecadores e come com eles*. A reclamação se deve ao fato de que a mesa é o potente símbolo de inclusão para os marginalizados em Lucas.[4]

Enquanto Jesus atraía pecadores, os fariseus os repeliam.[5] Os fariseus consideravam ultrajante essa acolhida de Jesus aos pecadores.[6] Eles reputavam esse tipo de gente como pessoas indignas do amor de Deus. Os publicanos não eram tidos em alta estima porque não somente ajudavam os romanos odiados na sua administração do território conquistado, mas também enriqueciam às expensas dos seus patrícios. Já os pecadores eram os imorais ou aqueles que seguiam ocupações que os religiosos consideravam incompatíveis com a Lei.[7]

Para corrigir mais uma vez a visão distorcida dos escribas e fariseus, Jesus conta três parábolas que expressam o amor de Deus pelos perdidos e indignos. Ele conclui citando o irmão mais velho que, simbolizando os escribas e fariseus presunçosos, ficou fora da festa, porque não aceitou a ideia de que o indigno pode ser amado e perdoado.

Essas três parábolas abordam um mesmo tema: o pródigo amor de Deus que procura incansavelmente o perdido. Elas falam sobre a ovelha perdida, a moeda perdida e os filhos perdidos. Falam, também, sobre uma progressão: a primeira trata da proporção de cem para um; a segunda, de dez para um; e a terceira, de dois para um. A ovelha se perdeu por descuido, a moeda por acidente e os filhos por rebeldia. Nas três parábolas, há uma mesma ênfase: a alegria de Deus de ver os perdidos sendo encontrados (15.6,9,23,24). Warren Wiersbe destaca que a mensagem deste capítulo pode ser resumida em três palavras: perdido, encontrado e alegria.[8]

Vejamos essas três parábolas.

O pródigo amor de Deus que procura o perdido

Em busca da centésima ovelha (15.1-6)

A ovelha não foi perdida; ela se desgarrou do rebanho. Ela foi atraída por novos horizontes, novas pastagens, novas aventuras, e afastou-se do convívio das outras ovelhas. Certamente não notara o risco de cair no abismo, nem de perder o rumo nos desertos, nem mesmo a possibilidade de ser apanhada por um animal predador. A ovelha é um animal frágil, teimoso, indefeso, míope, que não consegue defender-se. Rienecker diz, com razão, que uma ovelha extraviada é a mais indefesa de todas as criaturas.[9] Para estar segura, precisa do cuidado do pastor e da companhia das outras ovelhas.

Jesus nos conta como a centésima ovelha se desgarrou e se perdeu. O pastor, entretanto, não desistiu dela nem a culpou por sua fuga inconsequente. Antes, deixou as demais em segurança, procurou-a pelas montanhas escarpadas e valados profundos, e encontrou-a em situação desesperadora. Não podendo ela andar, o pastor a tomou no colo. Em vez de sacrificá-la, o pastor alegrou-se em encontrá-la e festejou sua reintegração ao rebanho. É assim que Deus faz conosco. Ele não desiste de nos amar. Ele não abre mão da nossa vida. Ele não abdica do direito que tem de nos tomar para si e nos manter em sua presença.

O mesmo podemos dizer de Jesus que, diferentemente dos fariseus, não nos esmaga nem nos acusa, mas nos restaura. Eles não nos trata conforme nossos pecados, mas consoante suas muitas misericórdias. Vemos nesta parábola algumas atitudes de Jesus.

Em primeiro lugar, *ele nos valoriza*. O pastor poderia ter se contentado com as 99 ovelhas que estavam seguras e desistido da ovelha peralta que rebeldemente se desgarrou. Mas o pastor não desistiu de buscar a ovelha, ainda que fosse uma ovelha rebelde.

LUCAS — Jesus, o homem perfeito

Em segundo lugar, *ele nos procura.* O pastor saiu em busca da ovelha perdida. Ele veio buscar e salvar o perdido. Ele veio para os doentes. Ele veio salvar pecadores. Ele move os céus e a terra para conquistar-nos e atrair-nos para si. Seu amor é eterno, sua compaixão é infinita, e seu prazer é ter-nos na sua presença.

Em terceiro lugar, *ele desce aos mais profundos abismos para nos buscar.* O pastor correu riscos para encontrar a ovelha perdida. Jesus desceu da glória. Fez-se carne. Sofreu, foi perseguido, humilhado, cuspido, pregado na cruz. Ele desceu ao inferno e suportou na sua carne o flagelo dos nossos pecados. Ele bebeu sozinho o cálice da ira de Deus contra o pecado e morreu por nós, para nos resgatar da morte. Ó bendito amor, sublime amor, incomensurável amor!

Em quarto lugar, *ele nos toma nos braços e nos leva para o aprisco.* Jesus evidencia seu imenso amor a ponto de nos carregar no colo. Ele nos toma em seus braços eternos. Ele nos toma pela sua mão direita e nos conduz à glória. Ele não sente nojo da ovelha que caiu no abismo, mas desce os despenhadeiros mais perigosos para arrancar das entranhas da morte a ovelha que se perdeu; ao encontrá-la, toma-a amorosamente nos braços e a leva para o aprisco.

Em quinto lugar, *ele celebra com alegria o nosso resgate.* Com santa ironia, o Senhor confronta os fariseus de dois modos, para vergonha deles: 1) os habitantes do céu alegram-se com a conversão de um pecador, quando para os fariseus isto constitui motivo de reclamação; 2) os anjos de Deus sentem maior júbilo por um pecador que se arrepende do que por 99 justos da categoria dos fariseus.[10] Os 99 justos citados aqui são os fariseus e escribas murmuradores, aqueles que são justos a seus próprios olhos, que não entram no reino pela porta do arrependimento, nem se alegram com a entrada dos pecadores arrependidos.

Enquanto os fariseus murmuram, a Bíblia diz que há festa no céu por um pecador que se arrepende. Os anjos exultam de alegria ao verem uma ovelha ser resgatada das garras da morte. Deus tem prazer na misericórdia e festeja nossa volta para ele. Que bendito evangelho, que graça maravilhosa, que Deus bendito que nos ama com amor eterno apesar de sermos pecadores!

Em busca da décima dracma perdida (15.7-10)

A mensagem central da parábola anterior é a mesma desta e será, também, da parábola seguinte: a restauração do que se perdeu. A ovelha perdeu-se por displicência; o filho perdeu-se por deliberação; e a dracma foi perdida por descuido. Jesus usou um ser racional, o filho pródigo; um ser irracional, a ovelha; e o um objeto inanimado, uma dracma. Que lições podemos aprender com a parábola da dracma?

Em primeiro lugar, *a dracma perdida tinha grande valor.* A mulher que perdeu a décima dracma não se conformou em desistir dela nem se contentou pelo fato de ter ainda em segurança as outras nove. Essa dracma ou moeda perdida era valorosa porque é um símbolo do ser humano que se perdeu. A proprietária da dracma tomou todas as medidas para reavê-la. Você tem grande valor para Deus. Ele não desiste de amar você. Ele mesmo tomou todas as medidas para buscar você.

Em segundo lugar, *medidas práticas foram tomadas para encontrar a dracma perdida.* A mulher não ficou apenas lamentando a perda da dracma; ela tomou medidas práticas para encontrá-la. Primeiro, ela acendeu a candeia. As casas na Palestina não tinham tantas portas e janelas como as de hoje. Não se podia procurar algo perdido sem primeiro iluminar a casa, e foi isso o que a mulher fez. Se quisermos encontrar o que se perdeu, precisamos também de luz: a luz da Palavra. Segundo, ela varreu a casa. Ela tirou muita coisa do lugar e levantou muita poeira, fazendo uma verdadeira faxina em toda a casa. Para buscarmos o que se perdeu, precisamos ter coragem de mexer com muita coisa que está sedimentada em nossa vida; precisamos ainda ter coragem de levantar a poeira do tempo e remover os entulhos escondidos há muito tempo nos cantos escuros da nossa casa. Terceiro, ela procurou diligentemente a dracma até encontrá-la. Notemos duas coisas que essa mulher fez: primeiro, sua procura foi meticulosa; segundo, sua procura foi perseverante. Houve diligência e perseverança. É dessa maneira que devemos procurar aqueles que se perdem e se desviam. Um fato ainda digno de nota é que a dracma se perdeu dentro de casa. Muitos estão, também, perdidos dentro da igreja.

Em terceiro lugar, *houve alegria e celebração quando a dracma foi encontrada.* O Senhor novamente confronta os fariseus com o fato de que seu desejo por compartilhar a alegria pela conversão do pecador é consumado no júbilo dos anjos de Deus.[11] A mulher buscou e encontrou a dracma perdida, usando todo esforço e diligência, mas a celebração dessa descoberta foi coletiva. Ela reuniu suas amigas e vizinhas para comemorar o fruto do seu labor. Devemos, de igual modo, não apenas buscar aqueles que se perderam, mas celebrar com grande e intenso júbilo quando eles são encontrados. O Senhor Jesus conclui a parábola dizendo que a festa não é apenas na terra, mas também, e sobretudo, no céu. Há júbilo diante dos anjos de Deus lá no céu quando um pecador se arrepende. O céu está conectado

O pródigo amor de Deus que procura o perdido

com a terra. As coisas que acontecem aqui refletem lá. Os anjos não evangelizam, pois essa gloriosa missão Deus deu a nós; porém, eles celebram com intenso júbilo os frutos da nossa evangelização. Os anjos não são ministros da reconciliação, mas eles festejam quando um desviado é encontrado e levado de volta à comunhão da igreja.

Em busca dos filhos perdidos (15.11-32)

A última parábola trata de três personagens: o filho mais novo, o filho mais velho e o Pai amoroso. Vamos destacar cada uma dessas personagens e ver as lições que podemos aprender.

O filho mais novo, perdido longe da casa do Pai,
representa os publicanos e pecadores (15.11-24)

A parábola do filho pródigo constitui-se num dos mais belos quadros pintados na tela da nossa mente pelo maior de todos os mestres, Jesus de Nazaré. Essa parábola pode ser sintetizada em cinco estágios da vida do pródigo: a partida (15.11-13), a miséria (15.14-16), a contrição (15.17-19), o retorno (15.20,21) e a aceitação (15.22-24).[12] Essa parábola tem lições preciosas, e a jornada daquele jovem aventureiro pode ser resumida em quatro fases.

Em primeiro lugar, *ele era feliz inconscientemente na casa do Pai*. O filho vivia na casa do Pai, tinha comunhão e conforto. Nada lhe faltava: ele tinha abrigo, pão, roupa, calçado e anel no dedo. Tudo o que pai possuía também lhe pertencia. Ele vivia cercado de bênçãos. Porém, um dia aquele jovem cavou um poço de insatisfação dentro do seu próprio coração e começou a sentir-se infeliz dentro da casa do Pai. Esticou o pescoço, olhou pela janela da cobiça e viu, além do muro, um mundo colorido, atraente, cheio de emoções. Desejou ardentemente conhecer o outro lado. Então, pediu ao pai a sua herança e partiu para grandes e intensas aventuras.

Em segundo lugar, *ele era infeliz inconscientemente no país distante*. O país distante é um símbolo do mundo atraente. Seus prazeres parecem borbulhar por todos os lados. No começo, o jovem, fascinado com as festas, os amigos e os prazeres, mergulhou de cabeça em todas as aventuras. Bebeu todas as taças dos prazeres e sorveu cada gota das alegrias que o mundo podia lhe oferecer. Obcecadamente bateu em todas as portas e conheceu cada proposta sedutora daquele carrossel de aventuras. Enquanto tinha dinheiro, sua mesa estava rodeada de amigos. Enquanto estava sendo explorado, era o centro das atenções. Nessa corrida desenfreada, porém, dissipou todo o seu dinheiro. E logo percebeu que a amizade da taberna se desfaz com a mesma rapidez com que é formada. Sua mesa ficou vazia, seu bolso ficou vazio, seu estômago ficou vazio, e ele mesmo ficou cheio de medo e dor.

Em terceiro lugar, *ele era infelizmente conscientemente cuidando dos porcos*. A terceira fase desse jovem foi muito amarga. A crise chegou. Leon Morris diz que duas desgraças o feriram simultaneamente – esgotaram-se seus recursos e sobreveio àquele país uma grande fome.[13] A fome bateu à sua porta. Ele perdeu tudo. Os amigos fugiram. Os prazeres tornaram-se um dilúvio de sofrimento. O jovem começou a passar necessidades. Foi parar num chiqueiro lodacento, coberto de trapos, com o estômago fuzilado por uma fome estonteante. O diabo é um enganador, o pecado é uma fraude, e o mundo é ilusório. O colorido do mundo não passa de uma ilusão ótica. Ele é cinzento como um deserto sem vida. O pecado não compensa. O seu salário é a morte.

O pródigo amor de Deus que procura o perdido

Em quarto lugar, *ele era feliz conscientemente de volta à casa do Pai*. A última fase do pródigo foi sua volta para a casa do Pai. Quando ele chegou ao fundo do poço, caiu em si, arrependeu-se e tomou a decisão de voltar para o Pai. Reconheceu que não tinha merecimento, mas dependia da misericórdia. Para sua surpresa, descobriu que seu Pai o esperava com mais intensidade do que ele desejava voltar. Seu pai correu, abraçou-o, beijou-o, celebrou sua volta e o restaurou. Hoje, Deus está dizendo a você: Volte, meu filho, volte! A casa já foi preparada. A mesa já está posta. E uma festa que nunca vai acabar marcará sua volta para os braços do Pai.

O que levou o filho pródigo a sair da casa do Pai rumo ao país distante? O que aconteceu com ele para que reconhecesse sua necessidade? Que passos ele tomou para voltar à casa do Pai? O que aconteceu em sua volta? Vamos destacar alguns aspectos da vida do filho mais novo, conhecido como "o filho pródigo".

Insatisfação (15.12). Tudo começou na vida do filho mais novo quando ele se sentiu infeliz na casa do Pai. A companhia do pai e do irmão já não preenchia mais sua vida. Ele queria conhecer e experimentar algo mais. Foi a insatisfação que derrubou Eva no Éden. Foi a insatisfação que levou Lúcifer a tornar-se demônio. A insatisfação é a tola ideia de que do lado de lá do muro existe a felicidade, de que Deus está nos privando de alguma coisa que nós merecemos.

Rebelião (15.13). O filho mais novo pediu sua herança antecipada. Ele tinha direito de um terço da herança, mas essa parte só seria tomada depois da morte do pai. O filho busca mais os seus prazeres do que o Pai. Está mais interessado em curtir a vida do que em agradar ao pai. Prefere o pai morto a adiar seu desejo de experimentar os prazeres do mundo. Ele mata seu pai no coração e sai de casa levando todos os seus haveres. Para onde esse filho vai? Para uma terra distante! Essa terra distante pode ser o seu coração, o seu computador, o seu bairro, a sua cidade, a sua televisão, o mundo onde você tenta se esconder de Deus para curtir os prazeres do pecado. A terra distante é todo lugar onde você pensa que a felicidade estará disponível para você à parte de Deus. A terra distante no início é cheia de encantos. Há amigos e festas. Há alegrias e celebrações. Há encontros e reencontros. Mas, no fim, sobra um gosto amargo na boca, um vazio na alma e uma terrível solidão assolando seu peito.

Dissolução (15.13,14). O filho mais novo deu a si mesmo tudo o que seus olhos desejaram. Ele não se privou de nenhum prazer. Ele bebeu todas as taças do prazer. Ele dissipou seu dinheiro, sua vida, sua saúde e sua honra com amigos e meretrizes. Ele foi fundo na busca do prazer. O mundo tem luzes muito atraentes e convidativas. Porém, o pecado é uma fraude: promete vida e paga com a morte; promete liberdade e escraviza; promete felicidade e deixa um imenso vazio na alma. O diabo é um estelionatário. Ele promete a você uma vida cheia de encantos e joga você no chiqueiro.

Degradação (15.15,16). O passo seguinte da dissolução é a degradação. O jovem ficou só, com fome, andrajoso, na lama, cuidando de porcos no chiqueiro e sendo tratado pior do que os animais, porque nem das alfarrobas podia comer. O mundo degrada. O pecado degrada. Hoje é apenas uma olhadela cheia de sensualidade. Amanhã é uma vida rendida à impureza. Hoje é apenas um cigarro, um trago, uma dose, uma cheirada. Amanhã é uma escravidão cruel. Hoje é apenas uma festa, um *show*, uma madrugada. Amanhã é uma alma vazia, um coração seco, uma vida totalmente longe de Deus.

O pródigo amor de Deus que procura o perdido

Decisão (15.17-19). Quando esse jovem estava no fundo do poço. ele caiu em si. Isso significa que ele estava até então fora de si. O pecado embrutece. O pecado anestesia. O pecado tira o bom senso. Esse jovem se lembra da casa do pai e reconhece seu estado de degradação. Ele se arrepende e admite seu fracasso. Ele põe um ponto final na escalada da sua queda e toma a decisão de voltar para a casa do pai. Em seu arrependimento, não existe exigência, e sim penitência. Ele não se apresenta requerendo nada, mas suplicando misericórdia. Não pensa mais em direitos, mas apenas em servir.

Ação (15.20,21). Há muitas pessoas que apenas decidem, mas não agem. Desejam, mas não se levantam. Você não é o que você sente, mas o que você faz. Agora é tempo de se levantar. É tempo de sair da sua terra distante e correr para os braços do Pai. Muitas pessoas fracassam porque pensam: Um dia vou mudar minha vida. Um dia vou sair desse buraco. Um dia eu vou deixar o vício. Levante-se! Aja!

Perdão (15.22-24). O filho mais novo é surpreendido ao retornar. Ele descobre que, antes de buscar o pai, o pai já o procurava. Antes de encontrar o pai, foi o pai quem o encontrou. Antes de confessar ao pai seu pecado, o pai já o havia abraçado e beijado. O texto grego traz a ideia de que o pai o beijou muito, repetidas vezes.[14] Antes de terminar sua confissão, o pai já havia ordenado que ele seria honrado com roupas novas, recebido com a autoridade de filho, presenteado com um anel no dedo e declarado um homem livre, com sandálias nos pés. O novilho cevado cuidadosamente tratado e preparado para uma ocasião especial de celebração foi imolado. e eles começaram a festejar a volta do filho que estava perdido e morto. Morris diz, com razão, que "na festa em que começaram a regozijar-se o filho mais jovem achou algo do prazer sólido que procurara em vão no país distante".[15]

Deus tem pressa em nos perdoar. Ele se deleita na misericórdia. O filho encontrou os braços do pai abertos, a casa do pai preparada, e uma festa na terra e no céu começou a acontecer por causa da sua volta. Não importa quão longe você tenha ido. Haverá uma festa na sua volta. É tempo de voltar para a casa do pai!

O filho mais velho perdido dentro da casa do Pai representa os escribas e fariseus (15.25-32)

O filho mais velho não gastou sua herança dissolutamente. Não vivia em orgias e farras. Nunca havia envergonhado o pai. Sempre estivera na casa paterna, trabalhando para o pai, mas também estava perdido. Há pessoas perdidas dentro da igreja que nunca foram para uma boate, nunca se drogaram, nunca se prostituíram, mas estão perdidas na casa do pai.

Vejamos um pouco sobre esse filho mais velho perdido dentro da casa do pai.

Em primeiro lugar, *ele vivia na casa do Pai, mas desobedecia aos dois principais mandamentos da Lei de Deus.* Jesus ensinou que os dois principais mandamentos da Lei são amar a Deus sobre todas as coisas e amar o próximo como a si mesmo. Esse filho quebrou esses dois mandamentos: ele nem amou a Deus, representado pelo Pai, nem amou ao seu irmão. Ele não perdoou o Pai por ter recebido o filho pródigo, nem perdoou o irmão pelos seus erros. Há pessoas que estão na igreja, mas não têm amor por Deus nem pelos perdidos. Estão na igreja, mas não amam os irmãos.

Em segundo lugar, *ele vivia na casa do Pai, mas confiava na sua própria justiça.* Ele era veloz para ver o pecado do

O pródigo amor de Deus que procura o perdido

irmão, mas não enxergava os próprios pecados. Era cáustico para condenar o irmão, enquanto via a si mesmo como o padrão da obediência. Os fariseus definiam pecado em termos de ações exteriores, e não de atitudes íntimas. Eles eram orgulhosos de si mesmos.

Em terceiro lugar, *ele vivia na casa do Pai, mas não se sentia livre.* Ele não vivia como livre, mas como escravo. Sua religião era rígida. Ele obedecia por medo ou para receber elogios. Fazia as coisas certas com a motivação errada. Sua obediência não provinha do coração. Ele andava como um escravo (15.29). O verbo usado aqui é *douleo,* que significa "servir como escravo". Ele nunca entendeu o que é ser filho. Nunca usufruiu nem se deleitou no amor do Pai. Ser crente para ele é um peso, um fardo, uma obrigação pesada. Ele vive sufocado, gemendo como um escravo. Está na igreja, mas não tem prazer. Obedece, mas não com alegria. Está na casa do Pai, mas vive como escravo. Está na casa do Pai, mas não tem comunhão com o Pai.

Em quarto lugar, *ele vivia na casa do Pai, mas não desfrutava dos bens do Pai* (15.29-31). Ele viveu a vida toda com o Pai sem festejar com seus amigos. Nunca comeu um cabrito, quando tudo era dele. Ele viveu a vida sem alegria, sem prazer, sem festa. Para muitas pessoas, a vida cristã significa uma tradição pesada, um legalismo enfadonho. Essa era a marca da religião dos fariseus.

Em quinto lugar, *ele vivia na casa do Pai, mas estava com o coração cheio de amargura* (15.29,30). Sua amargura decorre de cinco coisas, comentadas a seguir.

Ele se sente melhor que seu irmão. Ele estava escorado orgulhosamente em sua religiosidade, arrotando uma santarronice discriminatória. Só ele presta; o pai e o irmão estão debaixo de suas acusações mais veementes. Sua mágoa começa a vazar. Para ele, quem erra não tem chance de se recuperar. No seu vocabulário, não existe a palavra perdão. Na sua religião, não existe a oportunidade de restauração.

Ele se sente injustiçado pelo Pai. O filho acusa o pai de ser injusto com ele, só porque perdoou o irmão. Na religião dele, não havia espaço para a misericórdia, o perdão e a restauração. Ele se achava mais merecedor que o outro. Sua religião estava fundamentada no mérito pessoal, e não na graça. É a religião da lei, do legalismo, e não da graça e da fé que opera pelo amor.

Ele se sente indisposto a perdoar (15.30). Ele não se refere ao pródigo como irmão, mas diz ao pai: "Esse teu filho". Quem não ama a seu irmão está nas trevas. Ele vive mergulhado no ressentimento. Vê seu irmão como um rival.

Ele não vê seu próprio pecado. O ódio que ele sente pelo irmão não é menos grave que o pecado de dissolução que o pródigo cometeu fora da casa do Pai. O apóstolo Paulo, quando trata das obras da carne, fala sobre três pecados na área da imoralidade e usa nove pecados na área de mágoa, ressentimentos e ira (Gl 5.19-21). A falta de amor é um pecado tão grave como o pecado da vida imoral e dissoluta.

Ele perdeu a comunhão com o irmão e com o Pai. Quando uma pessoa guarda ressentimento no coração pelo irmão que falhou, perde também a comunhão com o Pai. Ela se recusa a entrar, fica fora da celebração. Mergulha num caudal de amargura. E diz para o Pai: *Esse teu filho.* Mas o Pai o corrige e lhe diz: *Esse teu irmão* (15.30,31).

Em sexto lugar, *ele vivia na casa do Pai, mas se recusou a fazer parte da festa do Pai* (15.32). Esta parábola termina com o filho perdido no mundo voltando para o pai, e o filho que estava na casa paterna deixando de entrar na festa

O pródigo amor de Deus que procura o perdido

do pai. O que estava fora entra para a festa; o que estava dentro fica fora da festa.

O filho mais moço se humilha e é recebido; o filho mais velho é confrontado e não se humilha. Um termina a trajetória na casa do pai, no meio da festa e com o coração feliz; o outro termina a caminhada fora da casa do pai, longe da festa e com o coração amargurado. Warren Wiersbe diz que, neste capítulo, todos se alegram, exceto o filho mais velho.[16]

O Pai amoroso que nunca desiste de amar os perdidos (15.20-32)

A personagem central dessa parábola não é o filho pródigo nem o filho mais velho, mas o pai. Na verdade, essa parábola não deveria ser chamada "a parábola do filho pródigo", mas "a parábola do pai que ama os dois filhos perdidos". Deus está sempre buscando o perdido. Ele não desiste de amar os que caíram, não desiste de esperar os que estão longe, nem desiste de insistir com os que não querem entrar. Concordo com David Neale quando ele escreve: "O amor do pai irradia do centro da história, iluminando todos ao seu redor – o ressentido filho mais velho e o humilhado filho mais novo".[17]

Vejamos algumas características desse pai amoroso.

Em primeiro lugar, *o pai amoroso é o Deus que insiste em procurar o perdido* (15.4,5,8,20). Em todas as três parábolas, há uma procura. O bom pastor procura a ovelha perdida. A mulher busca a moeda perdida. O pai espera o filho perdido. O nosso Deus não desiste de nós. Ele nos ama com amor eterno e nos atrai para si com cordas de amor. Ele nos cerca com seu cuidado e nos disciplina em seu amor. Ele não cansa de nos procurar até nos ter de volta ao lar.

Em segundo lugar, *o pai amoroso é o Deus da segunda oportunidade* (15.20-24,28). O pai corre ao encontro do filho mais novo e sai para conciliar o filho mais velho. Para ambos, ele oferece uma segunda oportunidade de recomeçar a vida.

Em terceiro lugar, *o pai amoroso é o Deus que perdoa e restaura completamente o perdido que se volta para ele* (15.22-24). O filho pródigo não conseguiu nem terminar sua confissão, quando o pai já havia dado ordens para honrá--lo, restaurá-lo e começar a festa de sua restauração. Deus perdoa e esquece. Deus perdoa e lança nossos pecados nas profundezas do mar. Deus perdoa e nunca mais lança em nosso rosto nossos fracassos. Deus perdoa e nos coloca num lugar de honra!

Em quarto lugar, *o pai amoroso é o Deus que celebra e festeja a volta dos perdidos ao lar* (15.23,24,32). A parábola não destaca a alegria do filho que voltou, mas a alegria do pai que o recebeu. Em todas as três parábolas, há comemoração de alegria. Há festa na terra e no céu. Você é muito importante para Deus. Ele ama você a ponto de dar uma festa por sua volta. Hoje, eu convido você! A igreja convida você! As Escrituras convidam você! O Espírito Santo o chama! O Filho de Deus de braços abertos conclama: *Vinde a mim todos vós que estais cansados e sobrecarregados e eu vos aliviarei.* O Pai espera por você!

O pródigo amor de Deus que procura o perdido

Notas

1 Morris, Leon L. *Lucas: introdução e comentário*, p. 223.

2 Neale, David A. *Novo comentário bíblico Beacon Lucas 9-24*, p. 160,169.

3 Rienecker, Fritz. *Evangelho de Lucas*, p. 317.

4 Neale, David A. *Novo comentário bíblico Beacon Lucas 9-24*, p. 165.

5 Wiersbe, Warren W. *Comentário bíblico expositivo.* Vol. 5, p. 303.

6 Hendriksen, William. *Lucas.* Vol. 2, p. 285.

7 Morris, Leon L. *Lucas: introdução e comentário*, p. 223.

8 Wiersbe, Warren W. *Comentário bíblico expositivo.* Vol. 5, p. 303.

9 Rienecker, Fritz. *Evangelho de Lucas*, p. 320.

10 Rienecker, Fritz. *Evangelho de Lucas*, p. 321.

11 Rienecker, Fritz. *Evangelho de Lucas*, p. 322.

12 Rienecker, Fritz. *Evangelho de Lucas*, p. 323.

13 Morris, Leon L. *Lucas: introdução e comentário*, p. 227.

14 Robertson, A. T. *Comentário Lucas à luz do Novo Testamento Grego*, p. 280.

15 Morris, Leon L. *Lucas: introdução e comentário*, p. 229.

16 Wiersbe, Warren W. *Comentário bíblico expositivo.* Vol. 5, p. 308.

17 Neale, David A. *Novo comentário bíblico Beacon Lucas 9-24*, p. 176.

Capítulo 47

Como lidar com as riquezas terrenas
(Lc 16.1-18)

Os CAPÍTULOS 15 e 16 de Lucas formam um par: o primeiro expõe a atitude incorreta para com pessoas; o segundo, a atitude pecaminosa com relação ao uso de riqueza.[1]

O texto em apreço é considerado uma das passagens mais difíceis de interpretar da Bíblia.[2] Por não ter um entendimento correto da parábola, alguns intérpretes chegam a dizer que Jesus elogia a infidelidade do mordomo e nos recomenda a fazer o mesmo. É claro que o "senhor" não elogia a infidelidade do mordomo (16.10-12). Morris, citando T. W. Manson, escreve: "Há um mundo de diferença entre: aplaudo o administrador infiel porque agiu com habilidade e aplaudo o administrador hábil porque agiu com desonestidade".[3] John Charles Ryle, nessa mesma linha de pensamento, diz: "O administrador é um exemplo a ser evitado, e não um modelo a ser seguido".[4]

Destacamos alguns pontos na análise do texto.

A denúncia (16.1)

O rico fazendeiro, que confiou a administração de seus negócios a seu mordomo, é informado de que este, no exercício de seu trabalho, estava defraudando os seus bens. Um mordomo era uma pessoa de irrestrita confiança. Seu principal compromisso era a fidelidade (1Co 4.2). Ele tomava conta de tudo o que era de seu senhor. Mas este mordomo abandona a integridade e claudica na fidelidade e seus maus feitos chegam aos ouvidos de seu senhor.

A demissão (16.2)

O rico fazendeiro não apenas escuta sobre os prejuízos que estava levando com a infidelidade do seu mordomo, mas o chama para uma prestação final de contas, informando-o de que já estava sumariamente demitido e não poderia mais continuar à frente de seus negócios. A irrestrita confiança, não correspondida, desemboca na sua imediata dispensa.

O dilema (16.3)

O mordomo infiel é apanhado pelas cordas de seu pecado. Aquilo que ele fez às ocultas veio à tona. O que ele tramou nos bastidores apareceu à luz do dia. O que foi feito escondido de seu senhor agora chega aos seus ouvidos. Sua demissão é certa, e seu futuro é incerto. Sua mente é um turbilhão. Ele cogita algumas possibilidades para sobreviver após a demissão justa por causa de sua injustiça, como

Como lidar com as riquezas terrenas

trabalhar na terra ou mesmo mendigar. Mas o homem estava sem forças para a primeira opção e tinha vergonha de enfrentar a segunda.

A decisão (16.4-7)

Depois de ponderar várias possibilidades, o homem encontrou uma saída para garantir sua segurança no futuro. Chamou os devedores e deu a eles um desconto generoso em sua dívida. A parábola apenas menciona dois devedores como símbolo do que ele fez com os demais. Ao primeiro, que devia cem cados de azeite, ou seja, 4 mil litros, ele deu um desconto de 50% e baixou a dívida para 50%. Ao segundo, que devia cem coros de trigo, ou seja, 4 mil litros, deu um desconto de 20% e baixou para 80%.[5]

Não há nada no texto que incrimine os devedores ao receberem tão expressivo desconto. Muito provavelmente, eles presumiram que a mudança na nota promissória era legítima. Pensaram que o administrador convencera o proprietário a fazer a redução das contas. A redução da conta – às vezes devido a condições desfavoráveis do clima que afetavam as colheitas – era algo comum. O administrador, portanto, com o livro-caixa agora "em ordem", entrega-o ao proprietário.[6]

O elogio (16.8)

A maioria dos comentaristas bíblicos pensa que o "senhor" aqui é Jesus Cristo. Concordo, entretanto, com Hendriksen quando ele diz que o senhor aqui é o dono das terras.[7] Isso está de acordo com o mesmo uso da palavra nos versículos 3 e 5. Qual é a reação do proprietário ao receber a prestação de contas do mordomo? Ele certamente compreende que os arrendatários e o povo da vila em geral já estão celebrando, elogiando tanto o administrador quanto o proprietário. Se o proprietário voltasse atrás e cancelasse o que fez o seu mordomo, sua reputação cairia a zero. Por isso, ao ver a esperteza do mordomo, elogiou-o.[8] Prestou tributo à sabedoria do ato, mas não à sua moralidade.[9]

Rienecker diz que o princípio de poder aprender coisas boas de maus exemplos não deve ser aqui descartado.[10] Certamente o fazendeiro elogiou não o caráter do mordomo, mas sua ação para se proteger. Elogiou não sua infidelidade, mas sua sagacidade. Elogiou não a maneira como ele lidou com o dinheiro alheio, mas como usou o dinheiro para preparar sua segurança futura. Isso mostra que os filhos do mundo são mais hábeis na sua própria geração do que os filhos da luz. Ou seja, se os filhos da luz usassem a mesma destreza para as coisas certas que os filhos do mundo usam para as coisas erradas, o reino de Deus avançaria com muito mais vigor.

Robertson diz corretamente que o senhor não absolve o mordomo da sua culpa, e a premissa da história é de que ele seria demitido do cargo. A sua prudência consistiu em encontrar um lugar para onde ir depois da demissão Ele continuou sendo o mordomo da injustiça, embora a sua prudência fosse elogiada. A moral da história é que os homens do mundo, em suas tratativas com homens como eles mesmos, são mais prudentes do que os filhos da luz, nos seus relacionamentos uns com os outros.[11]

A recomendação (16.9)

Jesus não está dizendo que devemos ter uma mente mundana em relação aos nossos compromissos financeiros. Não está dando um aval à desonestidade. Mas está ensinando que as riquezas de origem iníqua devem estar a serviço

Como lidar com as riquezas terrenas

do bem, e não do mal. Devem ser distribuídas com generosidade, em vez de serem retidas com avareza. Devem aliviar a fome do próximo, em vez de explorar o próximo. Devem estar a serviço da promoção do evangelho, e não da luxúria egoísta. Robertson enfatiza que, em Mateus 6.24, a riqueza é posta em oposição a Deus, tal qual em Lucas 16.13. Jesus conhece o poder maligno no dinheiro, mas os servos de Deus devem usá-lo para o reino de Deus. O propósito é que aqueles que foram abençoados e auxiliados pelo dinheiro possam receber os seus benfeitores quando eles chegarem ao céu.[12]

Leon Morris diz que os seguidores de Jesus devem usar seu dinheiro para propósitos espirituais tão sabiamente quanto os filhos deste mundo o utilizam para seus alvos materiais.[13] Já Rienecker diz que propriedades terrenas passam; os filhos da luz, no entanto, podem fazer um uso inteligente delas ao levarem a eternidade em conta ao administrá-las.[14] É um fato incontroverso que aquele que passa de largo dos pobres prepara para si acusadores para a eternidade. Quem, porém, doa e ajuda, cria amigos para a eternidade (Mt 25.37-40; 1Tm 6.7,17-19).

Aqueles que usam o dinheiro com propósitos elevados terão lá no céu uma comitiva de recepção dando-lhes as boas-vindas de chegada. Esses recepcionistas celestiais são aquelas pessoas alcançadas pelo evangelho ou mesmo socorridas nas suas aflições por esses fiéis mordomos de Deus. Os *tabernáculos eternos* sobre os quais Jesus fala (16.9) contrastam com as "casas" citadas na parábola (16.4). Trata-se das moradas além desse tempo de vida terrena. A palavra de Deus diz que aquele que ganha alma é sábio (Pv 11.30). O mordomo sábio é aquele que ajunta tesouros no céu e investe em causas de consequências eternas.

A fidelidade (16.10-12)

Estas palavras de Jesus indicam claramente que ele não aprovava e nem sequer justificava a desonestidade e a infidelidade do mordomo da parábola. Concordo com Morris quando ele diz que a fidelidade não é acidental: surge daquilo que uma pessoa é de fio a pavio.[15] Quem não é fiel no pouco não o será no muito. Quem não é fiel nas coisas materiais não o será nas coisas espirituais. Quem não lida com integridade com as coisas da terra não está habilitado a receber a possessão das riquezas do céu. Quem não tem integridade com as riquezas deste mundo não está apto a entrar na posse do reino, preparado desde a fundação do mundo (Mt 25.34).

A fidelidade no trato com o dinheiro não é meritória nem é um substituto da graça. Mas a infidelidade no trato com o dinheiro é uma evidência da desqualificação de uma pessoa para possuir as riquezas espirituais. Concordo com Warren Wiersbe quando ele escreve: "Não é possível ser ortodoxo na teologia e, ao mesmo tempo, ser herético no uso dos recursos financeiros".[16] Quem não consegue ser fiel com o alheio, ou seja, com os bens materiais, que são temporais e não nos pertencem, uma vez que nada trouxemos para este mundo e nada dele levaremos, não pode receber as verdadeiras riquezas, que são espirituais e eternas.

A impossibilidade (16.13)

Jesus chama aqui as riquezas de "senhor". O dinheiro é um grande senhor de escravos, um senhor que exige dedicação exclusiva e devoção absoluta. É impossível servir a Deus e às riquezas ao mesmo tempo. Um escravo não pode viver debaixo de dois jugos nem ter dois senhores. Warren Wiersbe diz que quem escolhe servir ao dinheiro não pode servir a Deus. Quem escolhe servir a Deus não servirá ao dinheiro. Se Deus é nosso Senhor, o dinheiro será nosso servo. Mas, se Deus não é nosso Senhor, nós nos tornaremos servos do dinheiro.[17]

A hipocrisia (16.14,15)

Embora Jesus estivesse falando a seus discípulos (16.1), os fariseus estavam escutando, e não com deleite e humildade, mas de nariz empinado e contrariados. Eles eram avarentos e amantes do dinheiro. Gostavam de disfarçar seu pecado e encarar seu dinheiro como evidência da bênção de Deus sobre suas atividades.[18]

O discurso de Jesus atingiu como flecha a hipocrisia deles. Jesus arranca-lhes a máscara e diz que Deus conhece o coração avarento deles. A religião deles era apenas uma fachada. A espiritualidade deles era uma propaganda enganosa. Pareciam muito piedosos diante dos outros, mas eram reprovados diante de Deus. Jesus, põe de ponta cabeça os valores mesquinhos dos fariseus, dizendo que aquilo que é elevado entre os homens (o que eles avidamente buscavam) é abominação diante de Deus.

A lei (16.16-18)

Jesus conclui seu ensino mostrando aos fariseus que o evangelho não era um ataque à lei, mas uma consumação da lei. A lei e os profetas, ou seja, o Antigo Testamento, vigoraram até João. Este veio como a dobradiça entre a antiga e a nova dispensação. Ele preparou o caminho do Messias, para quem apontou como o Cordeiro de Deus que tira o pecado do mundo. Desde então, vem sendo anunciado o evangelho do reino de Deus, e todo homem se esforça para entrar nele.

A lei cerimonial cumpriu-se com a chegada do reino, porém a lei moral permanece como reguladora da ética do reino. Essa lei é eterna e jamais passará. Nas palavras de John Charles Ryle, "a parte cerimonial da Lei era uma figura de seu próprio evangelho e seria cumprida literalmente. Sua parte moral era uma revelação da eterna mente de Deus e seria perpetuamente ordenada aos crentes".[19] O apóstolo Paulo diz: *A lei é boa, se alguém dela se utiliza de modo legítimo* (1Tm 1.8). E dá seu testemunho: *No tocante ao homem interior, tenho prazer na lei de Deus* (Rm 7.22).

Jesus, então, dá um exemplo do caráter permanente da lei moral, em oposição às tentativas de evasão dos fariseus, citando a questão do divórcio e do novo casamento (16.18). Alguns dos judeus eram bastante liberais em suas ideias acerca do divórcio e de um segundo casamento, enquanto outros eram bastante rígidos. O famoso rabino Hillel, que viveu na metade do primeiro século antes de Cristo, ensinou que um esposo tinha o direito de divorciar-se de sua mulher se ela lhe servisse comida que estivesse ligeiramente queimada; e o rabino Akiba, que viveu no começo do segundo século depois de Cristo, ainda permitia que um esposo se divorciasse de sua esposa se encontrasse uma mulher mais bela.[20] Jesus, na contramão desse pensamento liberal, diz que a lei está em vigor. Portanto, divorciar-se e casar novamente é adultério.

Notas

[1] HENDRIKSEN, William. *Lucas*. Vol. 2, p. 315.
[2] MORRIS, Leon L. *Lucas: introdução e comentário*, p. 231.
[3] MORRIS, Leon L. *Lucas: introdução e comentário*, p. 231.
[4] RYLE, John Charles. *Meditações no Evangelho de Lucas*, p. 267.
[5] HENDRIKSEN, William. *Lucas*. Vol. 2, p. 317.
[6] HENDRIKSEN, William. *Lucas*. Vol. 2, p. 317.
[7] HENDRIKSEN, William. *Lucas*, p. 318.
[8] HENDRIKSEN, William. *Lucas*. Vol. 2, p. 317,318.
[9] MORRIS, Leon L. *Lucas: introdução e comentário*, p. 234.
[10] RIENECKER, Fritz. *Lucas: introdução e comentário*, p. 334.
[11] ROBERTSON, A. T. *Comentário Lucas à luz do Novo Testamento grego*, p. 290.
[12] ROBERTSON, A. T. *Comentário Lucas à luz do Novo Testamento grego*, p. 290, 291.
[13] MORRIS, Leon L. *Lucas: introdução e comentário*, p. 234.
[14] RIENECKER, Fritz. *Evangelho de Lucas*, p. 332.
[15] MORRIS, Leon L. *Lucas: introdução e comentário*, p. 235.
[16] WIERSBE, Warren W. *Comentário bíblico expositivo*. Vol. 5, p. 311.
[17] WIERSBE, Warren W. *Comentário bíblico expositivo*. Vol. 5, p. 311.
[18] MORRIS, Leon L. *Lucas: introdução e comentário*, p. 235.
[19] RYLE, John Charles. *Meditações no Evangelho de Lucas*, p. 271.
[20] HENDRIKSEN, William. *Lucas*. Vol. 2, p. 325.

Capítulo 48

Contrastes na vida, na morte e na eternidade
(Lc 16.19-31)

HÁ UMA COISA NOTÁVEL acerca desta passagem das Escrituras: ela é fácil de entender. Podemos discordar dela, negar sua veracidade, ou desprezar seus ensinamentos, mas só uma coisa não se pode fazer: negar sua clareza.

A verdade básica é que a vida é mais do que simplesmente viver, e a morte é mais do que simplesmente morrer. Há muitas especulações sobre o que acontece depois da morte. Há um profundo mistério acerca da morte, e milhões de pessoas recorrem aos médiuns para tentar falar com os mortos.

Jesus neste texto abre a cortina, levanta a ponta do véu e nos mostra o que vem depois da morte: o seio de Abraão

(16.22) ou o inferno (16.23). Esta parábola fala-nos a respeito de dois homens: o rico e o Lázaro. A parábola está dividida em dois atos. O primeiro deles é o que acontece do lado de cá da sepultura. O segundo deles é o que acontece do lado de lá da sepultura.

O texto aponta três contrastes: 1) contraste na vida; 2) contraste na morte; 3) contraste na eternidade.[1] Na vida, um é rico e o outro pobre; na morte, um é sepultado e o outro, como indigente, talvez não tenha tido um sepultamento digno; na eternidade, um está no céu e o outro no inferno.

Contraste na vida – o que acontece do lado de cá da sepultura (16.19-21)

Duas realidades diametralmente opostas são colocadas aqui. Vejamos.

Em primeiro lugar, *a ostentação egoísta do rico* (16.19). No primeiro ato, tudo na vida deste homem reflete alegria, felicidade e prazer. Ele vive regaladamente em festas e banquetes. Suas roupas são caras e luxuosas: a púrpura era um tecido tingido com um corante muitíssimo caro (obtido do crustáceo só encontrado nos mares profundos); o linho finíssimo era para a roupa de baixo. Juntos, representavam a última palavra em luxo.[2]

Além das vestes cheias de requinte, ele fazia da vida uma festa contínua, pois "todos os dias se regalava esplendidamente".

O rico não é acusado de crimes horrendos. Não é tachado de caluniador, fraudulento, assassino, adúltero, ébrio ou imoral. Tampouco é acusado por ser rico. Seu problema não é possuir dinheiro, mas ser possuído por ele. O problema dele não é a riqueza, mas a riqueza sem Deus. Esse rico não tem tempo para Deus nem para o próximo necessitado à sua porta. Seu deus é o dinheiro. Seu problema não era a riqueza, mas a riqueza sem Deus e sem amor. William Barclay tem razão ao dizer que não foi o que o rico fez que o condenou, mas foi o que o rico não fez que o levou ao inferno.[3]

Em segundo lugar, *a miséria extrema de Lázaro* (16.20,21). Esta é a única personagem que recebe um nome nas parábolas de Jesus. A miséria absoluta de Lázaro pode ser vista em quatro fatos dramáticos apontados no texto: 1) era mendigo; 2) estava com fome; 3) estava coberto de chagas; 4) os cães lambiam suas úlceras.

Contraste na morte – o que acontece no sepultamento (16.22)

O texto não traz nenhuma informação acerca da situação religiosa de um ou de outro. Mas Lázaro era evidentemente um fiel servo de Deus, pois, quando morreu, os anjos o levaram para o seio de Abraão. O rico, por sua vez, por causa de seu estilo de vida, fazia do prazer o seu deus.

As privações do mendigo e a suntuosa abastança do rico por fim terminaram de modo igual. Chegou o momento em que ambos morreram. Rienecker diz que, para Lázaro, a morte trouxe o fim de seu sofrimento terreno, e, para o rico, o fim de sua felicidade na terra.[4]

Lucas contrasta a pobreza extrema de um e a riqueza imensa do outro do lado de cá da sepultura. Um banqueteava todos os dias, e o outro passava fome todos os dias. Um vestia-se de púrpura e linho finíssimo, e o outro, de trapos. Mas há diferenças entre eles que não aparecem nas roupas, nas casas nem na posição social.

A morte chegou para ambos. A morte não respeita idade nem condição social. É o sinal de igualdade na equação da vida. Ricos e pobres vieram do pó, são pó e voltam para o pó. Ricos e pobres não trouxeram nada para este mundo e nada levarão dele. Não há caminhão de mudança em enterro nem gaveta em caixão.

A morte um dia bateu à porta de Lázaro. No seu sepultamento, não houve cortejo fúnebre, nem flores, nem hinos, nem discursos, pois ninguém se importava com ele ou sentiu falta dele. Lázaro desceu à sepultura sem pompa, sem holofotes, sem aplausos humanos. O texto silencia completamente sobre seu funeral. Não sabemos ao certo o que fizeram com o corpo de Lázaro. Do que sabemos acerca dos cães do Oriente, podemos até afirmar que eles foram os seus agentes funerários, o seu cortejo e a sua sepultura. Com um estremecimento de nojo nos afastamos, dizendo: "Que tragédia!" Mas, até aqui vimos apenas um lado da história. Agora, Jesus levanta a ponta do véu e mostra que a vida depois da morte é real. Mostra que a sepultura não é o fim da existência.

Um dia a morte chegou também ao rico e arrancou o copo da alegria de seus dedos cheios de anéis. A doença chegou à sua vida sem mandar telegrama. E ele morreu. Embora o texto nada fale sobre a pompa de seu funeral, ela deve ter manifestado a pujança de sua riqueza. E que funeral! Todos os parentes estavam lá. Muitos amigos de banquetes. A urna mortuária refletia o seu imenso poder econômico. Enfim, o esquife baixou à sepultura. Agora, todos dizem: "Descansou!" Ah, não se esqueça, esse é apenas um lado da história. Há mais, muito mais.

Contraste na eternidade (16.23-31) – o que acontece do lado de lá da sepultura (16.22-31)

Depois da morte, o contraste no destino destes dois homens continuou, mas agora a situação está invertida. Uma vez que uma pessoa tenha morrido, sua condição, seja de bem-aventurança ou de condenação, está fixada para sempre. Não existe uma segunda chance. Vejamos.

Em primeiro lugar, *a bem-aventurança eterna de Lázaro* (16.22). Quando a cortina foi levantada depois da morte de Lázaro, vemos anjos carregando Lázaro para o seio de Abraão, para o céu.

O nome Lázaro significa "Deus é o meu auxílio". Embora desprezado pelos homens e considerado escória da sociedade, no ostracismo social, esquecido, doente, faminto, só rodeado por cães leprentos, ele confiava em Deus. "O rico tinha tudo menos Deus; Lázaro não tinha nada senão a Deus."

No seio de Abraão, havia consolo. Quão cedo Lázaro se esqueceu dos seus andrajos, de sua fome, dos cães, das noites frias, do homem rico que não o assistiu na miséria. Ele foi afinal consolado!

Em segundo lugar, *a desventura intérmina do rico* (16.22b-31). Aquele que viveu aqui sem Deus, depois da morte, abriu os olhos e estava no inferno, um lugar de tormentos. Se isso não bastasse, das chamas do inferno, ainda conseguia ver Lázaro e notar sua felicidade. Enquanto Lázaro repousava no seio de Abraão, o rico não teve repouso nenhum no inferno.

O julgamento não acontece nesta vida. A palavra de Deus diz: *Ao homem está ordenado morrer uma só vez, vindo depois disto o juízo* (Hb 9.27). Primeiro vem a morte, depois o juízo. Quando transgredimos as leis da natureza, sofremos imediatamente as consequências. Quando colocamos a mão no fogo, logo sentimos dor. Mas as leis de Deus podem ser aparentemente transgredidas repetidas vezes sem nenhum castigo. O homem que blasfema não parece sofrer com isso. O homem que rouba parece ter motivos para se vangloriar, pois aparentemente vive melhor do que quando não roubava. Aquele que vive sem freios morais pode deleitar-se com os prazeres efêmeros do pecado. Mas as Escrituras não dizem que toda vez que pecamos Deus envia um anjo com vara de ferro para nos bater. A Bíblia diz que Deus marcou um dia em que vai julgar os homens. e eles não poderão fugir de Deus, mas terão de prestar contas por todas as palavras frívolas, todas as obras injustas, todas as omissões pecaminosas e todos os pensamentos impuros. Será o dia do juízo! Ah, o Dia do juízo!

O homem rico não despertou santo. A morte não transforma um pecador num santo. Quem morre na impiedade passa toda a eternidade na impiedade. O texto em apreço mostra várias imagens aterradoras do inferno.

O inferno é lugar de tormento 16.23). O inferno é descrito aqui como um lugar de tormento, de chamas inextinguíveis, de fogo que não se apaga, de fumaça que sobe pelos séculos dos séculos. O inferno é descrito por Jesus como um lugar onde o bicho jamais deixa de roer. O inferno é lugar de total ausência de comunhão. Lá é uma prisão, um lugar de trevas eternas.

O inferno é um lugar onde não há consolo (16.23-25). O homem ali verá a bem-aventurança sem dela usufruir (16.23), clamará sem ser atendido (16.24), será atormentado sem receber refrigério (16.25).

O inferno é um lugar de onde não se pode sair (16.26) O inferno é definido na Bíblia como uma prisão de algemas eternas (Jd 6,13). Não haverá chance de arrependimento no inferno. Será uma prisão eterna. Será o castigo eterno. Há um abismo intransponível que separa o inferno do céu. Há um caráter de irreversibilidade da sorte de uma pessoa depois da morte.

O inferno é um lugar onde o pedido de socorro não é atendido (16.27). Não há alívio no inferno. Não há pedidos atendidos no inferno. Não há chance de reverter a situação no inferno.

O inferno é um lugar de lembranças das oportunidades perdidas (16.27,28). Se as memórias amargas já atormentam os homens nesta vida, quanto mais os afligirão por toda a eternidade. Ah, quantas oportunidades perdidas! No primeiro minuto de inferno, os ímpios se lembrarão dos avisos solenes de Deus. Não haverá ateus no inferno. Não haverá agnósticos no inferno.

O inferno é um lugar de onde não se pode mais ajudar a família (16.28-30). O tempo de se arrepender é agora. O tempo de evangelizar é agora. O tempo de ajudar alguém é agora. No inferno, os ímpios são inteiramente responsáveis por não terem ouvido as advertências das Escrituras (16.27-31). Alguém ressuscitado dentre os mortos não trará convicção alguma àqueles que recusam as Escrituras. Quão equivocado ele estava! Realmente apareceu ao povo alguém dentre os mortos. E o seu nome era Lázaro (ainda que não o Lázaro da parábola). A história encontra-se em João 11. O resultado foi que todos se converteram? Absolutamente não! O resultado foi que os inimigos de Cristo planejaram a morte de Lázaro que fora ressuscitado (Jo 12.10) e estavam decididos mais do que nunca a destruírem a Cristo (Jo 11.47-50).[5]

O inferno é um lugar de duração eterna (16.26). O que é eternidade? É um conceito que vai para além do entendimento humano. Podemos entender o tempo, mas não a eternidade. Imagine um beija-flor afiando o seu bico de mil em mil anos num grande rochedo. Quando esta pedra estiver totalmente gasta, terá passado um pouco da eternidade.

O profeta Isaías menciona chamas eternas (Is 66.24). O profeta Daniel fala em vergonha eterna (Dn 12.2). João Batista e Jesus se referem a um fogo que não se apaga (Mt 3.12; Mc 9.43). O apóstolo Paulo fala sobre destruição eterna (2Ts 1.9). O apóstolo João diz que os ímpios serão atormentados pelos séculos dos séculos (Ap 14.11). Thomas Brooks afirma que os ímpios viverão no inferno enquanto Deus viver no céu.

Concluímos com as lições solenes da passagem apontada por John Charles Ryle:[6]

1. A posição que um homem ocupa diante dos outros nem sempre é a mesma que ele ocupa diante de Deus. O pobre tinha graça, algo que o rico não possuía. O pobre tinha fé e andava nas pegadas de Abraão, enquanto o rico era egoísta e estava morto nos seus delitos e pecados.

2. A morte vem a todas as pessoas. A morte vem a todas as classes de pessoas. Tanto o sofrimento do pobre quanto a luxúria do rico findaram com a morte. A morte é o sinal de igualdade na equação da vida. Houve um tempo em que ambos morreram.

3. Deus leva os salvos para o seio de Abraão na hora da morte. Lázaro era pobre, mas possuía tudo; o outro era rico, mas não possuía nada. Um morreu e foi para o céu; o outro foi sepultado e foi para o inferno.

4. As pessoas não convertidas descobrirão o valor da alma tarde demais. Enquanto viveu, o rico jamais pensou em sua alma. Estava apenas buscando deleites para o seu corpo e não fez nenhuma provisão para sua alma. Quando estava no inferno, despertou para a realidade da alma, mas já era tarde demais.

Contrastes na vida, na morte e na eternidade

5. Os milagres não ajudam as pessoas que desobedecem à palavra de Deus. O maior dos milagres é insuficiente para ajudar alguém que rejeita a palavra de Deus. A confiança na palavra de Deus é a condição para a salvação (16.31). A pessoa que escuta a palavra de Deus, mas ainda espera por mais evidências para se converter, está enganando a si mesma e poderá acordar no inferno.

Concordo com Rienecker quando ele diz que o testemunho das Escrituras se reveste de tanta relevância e validade que sozinho já é suficiente para produzir uma conversão. Um sinal milagroso que age sobre os sentidos de forma alguma é comparável ao testemunho extraordinário das Escrituras.[7]

Concluo dizendo que a doutrina do inferno não é uma verdade popular. Não agrada aos ouvidos. Choca as pessoas mais sensíveis. O ser humano não gosta de ouvir sobre o inferno. Contudo, pior do que ouvir sobre o inferno é ser lançado nele.

NOTAS

[1] WIERSBE, Warren W. *Comentário bíblico expositivo.* Vol. 5, p. 312,313.

[2] MORRIS, Leon L. *Lucas: introdução e comentário*, p. 237.

[3] BARCLAY, William. *Lucas*, p. 209.

[4] RIENECKER, Fritz. *Evangelho de Lucas*, p. 346.

[5] ROBERTSON, A. T. *Comentário Lucas à luz do Novo Testamento Grego*, p. 297.

[6] RYLE, John Charles. *Meditações no Evangelho de Lucas*, p. 272,273.

[7] RIENECKER, Fritz. *Evangelho de Lucas*, p. 347,348.

Capítulo 49

Advertências solenes
(Lc 17.1-37)

A ESTRUTURA DA NARRATIVA para este capítulo continua sendo a viagem para Jerusalém. Jesus acabara de falar sobre o inferno (16.23,24), mostrando que, uma vez nesse lugar terrível, é impossível escapar (16.26-31). Os discípulos de Jesus, portanto, devem estar atentos e vigilantes para não serem pedra de tropeço na vida daqueles que estão se aproximando de Cristo. Fazer alguém tropeçar, se desviar e perecer eternamente é algo muitíssimo grave (17.1).

Na passagem em apreço, Jesus traz solenes advertências, que passaremos a considerar.

Cuidado com os escândalos! (17.1,2)

Três verdades nos chamam a atenção nesta passagem.

Em primeiro lugar, *a inevitabilidade dos escândalos* (17.1). Vivemos num mundo caído, rendido ao pecado, e, enquanto vivermos aqui, teremos de lidar com tropeços, armadilhas e escândalos. Isso, entretanto, não é uma permissão para pecar, mas um alerta sobre a gravidade e a extensão do pecado. A palavra grega *scandala,* traduzida aqui por "escândalos", significa literalmente a lingueta de um alçapão que o faz fechar-se sobre a vítima.[1] Trata-se de um laço, uma armadilha, um tropeço colocado no caminho de alguém.

Em segundo lugar, *a malignidade dos escândalos* (17.1b). Embora os escândalos sejam inevitáveis, aqueles que são seus agentes estão debaixo de um *ai* do Senhor Jesus. O escândalo não produz apenas tropeço para os pequeninos que vêm a Cristo, mas também uma grande dor ao coração de Cristo. David Neale diz que a exclamação *ai* nunca é usada para os que estão no aprisco em Lucas, somente para os que estão de fora. Ela é usada para os ricos, os bem-alimentados e os falsos profetas (6.24-26). Ela é usada para Corazim (10.13) e para os escribas e fariseus (11.42-52). Também é usada para Judas Iscariotes (22.22).[2] Ser pedra de tropeço na vida de alguém é entrar para esse triste rol.

Em terceiro lugar, *a punição severa dos escândalos* (17.2). É melhor amarrar uma pedra no pescoço e se lançar ao mar e afogar-se aqui e agora do que ser um tropeço a um dos pequeninos que se chegam a Cristo. Concordo com Rienecker quando ele diz que o termo "pequeninos" aqui não se refere a crianças, mas a "iniciantes na fé", em comparação com membros mais antigos do grupo dos discípulos.[3] Essa pedra de moinho era uma pedra pesada, usada para triturar grãos. Era a pedra superior, girada tipicamente por um boi, quando os grãos eram moídos.[4] O que Jesus está dizendo é que uma morte horrível é preferível a causar danos espirituais a uma pessoa que dele se aproxima.

Perdoe, sem jamais cessar! (17.3-6)

Da mesma forma que é um terrível pecado ser uma pedra de tropeço às pessoas que se achegam a Cristo, também é um grave delito não perdoar as pessoas que pecam contra nós. Como podemos perdoar?

Em primeiro lugar, *o perdão exige cautela* (17.3a). Precisamos nos acautelar para não sermos arrogantes até mesmo na maneira de lidar com o perdão. A falta de humildade no trato ou a abordagem errada pode agravar o problema e aprofundar a ferida, em vez de trazer cura e libertação.

Em segundo lugar, *o perdão legitima o confronto* (17.3b). A palavra "repreender" aqui vem do verbo grego *epitimeo* e indica uma forte reprovação ou uma severa advertência.[5] Não podemos confundir o fazer vista grossa ou o ignorar com o perdoar. É claro que Jesus não orienta aqui a condenação judicial, mas uma reprimenda fraterna, uma ajuda com toda longanimidade e amor.[6] O processo deve ser completo: pecado-repreensão-arrependimento-perdão.[7] Jesus disse que, se o nosso irmão pecar contra nós, devemos repreendê-lo; se ele se arrepender, devemos perdoá-lo. O silêncio, portanto, não é sinônimo de perdão. O tempo não atenua a dor nem cura a ferida. O confronto é o caminho da restauração. Não é sensato adiar a solução de um problema interpessoal. Não devemos subestimar o poder da mágoa. A única maneira de estancar esse fluxo venenoso é pelo confronto que desemboca no arrependimento e no perdão.

Em terceiro lugar, *o perdão deve ser ilimitado* (17.4). Jesus disse que, se por sete vezes no dia, alguém pecar contra você, e sete vezes vier ter com você arrependido, você deve perdoá-lo. O perdão que devemos dar é ilimitado, porque o perdão que recebemos de Deus também é ilimitado, e a Bíblia nos ensina a perdoar como Deus em Cristo também nos perdoou (Cl 3.13). Deus nos perdoa completamente, ilimitadamente, eternamente. Aqueles que são filhos de Deus imitam o Pai e perdoam também de forma ilimitada. Warren Wiersbe, citando o poeta George Herbert, diz: "Quem não é capaz de perdoar destrói a ponte sobre a qual ele próprio deve passar".[8]

Em quarto lugar, *o perdão é uma atitude que vai além das forças humanas* (17.5,6). Quando Jesus terminou de falar sobre evitar que outros tropecem por sua causa e sobre o caráter ilimitado do perdão, os discípulos disseram ao Senhor: *Aumenta-nos a fé* (17.5). O perdão não é algo natural. Requer força do alto. Nossa natureza caída clama por retaliação e vingança. Porém, recebemos um novo coração, uma nova mente, uma nova vida. Agora, o Espírito de Deus habita em nós e podemos, pela força do Onipotente, exercitar o perdão. Contudo, esse exercício só é possível quando o próprio Senhor aumenta a nossa fé. O que não podemos fazer por nós, podemos fazê-lo pela força que vem do alto.

A fé é capaz de coisas humanamente impossíveis (17.6). É uma virtude que admite graus. Existe a pequena e a grande fé, a fé vigorosa e a frágil. Uma pequena fé no grande Deus é capaz de desarraigar árvores robustas, cujas raízes estão entrelaçadas e aprofundadas na terra, e lançá-las ao mar. As raízes da amoreira ficavam na terra durante 600 anos, de modo que a remoção dela seria muito difícil. Portanto, o que Jesus está dizendo é que nada é impossível à fé. A fé genuína pode realizar aquilo que a experiência, a razão e a probabilidade negariam.[9] Jesus usa essa ilustração radical para mostrar que, pela fé, podemos fazer coisas humanamente improváveis e impossíveis, como perdoar ilimitadamente.

Faça, mas faça com a motivação certa! (17.7-10)

Quando as pessoas têm uma fé tão robusta assim, podem ser tentadas à soberba espiritual. O orgulho apega-se automaticamente, como um verme roedor, à raiz da obediência da fé.[10] Jesus, então, passa a ensinar sobre a necessidade da humildade, através da parábola do servo inútil.

No fim do serviço do dia, o senhor não convida o escravo a jantar (embora nosso Mestre faça isso e muito mais! 12.37; 22.27). Pelo contrário, chama o servo para servi-lo enquanto ele come. E nem agradece ao escravo por fazer aquilo que lhe foi ordenado (17.9). Aquilo nada mais era do que o seu dever. Assim também acontece com os servos de Deus (17.10). Nosso melhor serviço não nos dá nenhum direito sobre Deus (1Co 9.16). Na melhor das hipóteses, fizemos apenas o que devíamos fazer.[11]

Nessa mesma linha de pensamento, David Neale diz que essa história é uma exortação à humildade cristã e a evitar a arrogância em fazer simplesmente aquilo que se espera que façamos.[12] De acordo com Barclay, essa parábola nos ensina a seguinte lição: não podemos jamais pretender que Deus fique em dívida conosco.[13]

Rienecker interpreta corretamente o texto quando escreve:

> A ideia básica desta parábola é que todo recurso, toda confiança e todo apoio na *realização própria* são condenados. Tudo é pura graça. O juízo de Jesus sobre a obra de seu servo aniquila plena e cabalmente o farisaísmo, apagando de maneira radical qualquer pensamento meritório por parte do ser humano e qualquer compromisso e obrigação de Deus perante o ser humano.[14]

Esta parábola também nos ensina por contraste. Devemos servir ao Senhor que deu sua vida pelos servos, ao Senhor que serve a seus servos e lava os pés dos seus servos, que se fez servo e o menor dos servos, para dar sua vida pelos servos. Devemos servir a Cristo não com a mentalidade de escravo, apenas com o senso de dever, mas com profunda gratidão e amor.

Warren Wiersbe coloca essa verdade assim: "Se um servo comum é fiel em obedecer às ordens de seu senhor que não o recompensa nem o agradece, quanto mais os discípulos de Cristo devem servir a seu Senhor amoroso, que prometeu recompensá-los fartamente".[15] Servir ao Senhor deve ser um deleite, e não uma obrigação pesada. O cristão deve dizer como Davi: *Agrada-me fazer a tua vontade, ó Deus meu...* (Sl 40.8).

Volte para agradecer! (17.11-19)

A caminho de Jerusalém, Jesus ia passando pelo meio de Samaria e da Galileia. Ao entrar numa aldeia, saíram ao seu encontro dez leprosos. Nessa colônia havia judeus e samaritanos. A miséria nivela os homens, e a dor quebra barreiras raciais. De que vale, num leprosário, as diferenças culturais e raciais? Charles Spurgeon diz que "a desgraça faz de estranhos amigos íntimos".[16]

Os leprosos não se aproximaram, mas de longe gritaram: *Mestre, compadece-te de nós* (17.13). Eles não pedem para ser purificados; clamam apenas por compaixão. Jesus, em resposta, apenas ordena que eles vão e se mostrem aos sacerdotes. Isso era o que a lei exigia. Só os sacerdotes, autoridades sanitárias e inspetoras de saúde, podiam diagnosticar a lepra ou declarar uma pessoa curada da lepra. Jesus não tocou neles como fez com o homem tomado de lepra

(5.12-16), nem mesmo declarou que eles estavam limpos. Apenas os enviou aos sacerdotes.

Enquanto os homens caminhavam, o poder da cura de Jesus lhe restaurou a saúde, e eles ficaram limpos. Dos dez leprosos, apenas um voltou, dando glória a Deus em alta voz (17.15). Neste, a cura despertou acordes de gratidão.[17] Este se prostrou com o rosto em terra aos pés de Jesus, agradecendo pelo milagre. Enfaticamente, Lucas registra que este era um samaritano (17.16).

A ausência dos outros nove curados chama a atenção de Jesus, que pergunta: *Não eram dez os que foram curados? Onde estão os nove? Não houve, porventura, quem voltasse para dar glória a Deus, senão este estrangeiro?* (17.17,18). Diz Larry Richards que o texto não explora o motivo dos nove, mas a melhor coisa que tem sido dito sobre eles é que foram ingratos.[18] Àquele samaritano curado e grato, rendido aos seus pés, Jesus diz: *Levanta-te e vai; a tua fé te salvou* (17.19).

Dessa parábola aprendemos algumas lições.

Em primeiro lugar, *o terrível sofrimento causado pela lepra* (17.12,13). A lepra era a mais temida e a mais terrível doença daquela época. A lepra é uma doença contagiosa que separa, insensibiliza, deixa marcas e mata. Um leproso não podia viver junto de sua família, mas devia ser recolhido a uma aldeia de leprosos. Esses dez homens estavam vivendo segregados, cobertos de trapos, vendo o corpo apodrecer e a morte aproximar-se a cada dia.

Em segundo lugar, *o poder de Jesus para curar* (17.14). Jesus não precisou tocá-los nem mesmo declará-los limpos. Apenas os enviou aos sacerdotes, as autoridades sanitárias, e enquanto eles iam foram purificados. Jesus é o mesmo hoje. Ele tem poder para curar os enfermos e salvar os pecadores.

Em terceiro lugar, *a importância da obediência* (17.14). Jesus não realizou nenhum ritual de cura nem lançou mão de algum expediente místico para curar os dez leprosos. Apenas deu uma ordem; eles prontamente obedeceram e foram purificados. A obediência é o caminho da cura.

Em quarto lugar, *o valor inestimável da gratidão* (17.15-18). Somente um dos dez voltou para agradecer a cura. Este que voltou era um samaritano. Ele deu glória a Deus, prostrou-se aos pés de Jesus e rendeu-lhe seu tributo de gratidão. Charles Spurgeon tem razão ao dizer que existem mais pessoas que recebem benefícios do que agradecem por eles. O número dos que suplicam a Deus é bem maior do que o número dos que o louvam.[19] Ryle destaca que a gratidão é uma flor que nunca vicejará de qualquer outro caule, exceto da raiz profunda da humildade.[20] Spurgeon, expondo essa passagem, destaca três verdades solenes: a singularidade da gratidão, as características da verdadeira gratidão e a bênção da gratidão.[21]

Em quinto lugar, *a bênção suprema da salvação* (17.19). Nove homens contentaram-se apenas com a cura física e seguiram seu caminho. Apenas um voltou para agradecer e, ao voltar, recebeu a maior de todas as curas, a cura espiritual. Jesus lhe disse: *Vai, a tua fé te salvou*. A cura é uma bênção temporal, mas a salvação é uma bênção eterna. A palavra grega usada aqui para salvação é *sosoken*, um termo que expressa cura completa.[22]

David Neale ressalta o fato de só o samaritano sair daquele encontro curado pela fé. Os excluídos são convidados a entrar, enquanto os incluídos falham em demonstrar gratidão.[23] Warren Wiersbe é oportuno quando escreve: "Os nove amigos do samaritano foram declarados cerimonialmente puros pelo sacerdote, mas ele foi declarado salvo pelo Filho de Deus".[24]

Esteja preparado: Jesus voltará! (17.20-37)

Jesus é, agora, interrogado pelos fariseus sobre o tempo da chegada do reino de Deus. Eles estavam esperando a chegada de um reino exterior, terreno, visível, um reino no qual os judeus ocupariam um lugar muito proeminente.[25] Essa pergunta dá oportunidade a Jesus de ensinar verdades solenes sobre o reino de Deus e sua segunda vinda. Vejamos.

Em primeiro lugar, *o reino de Deus não vem com exibição externa* (17.20,21). O reino de Deus é diferente de quaisquer reinos com os quais os fariseus tinham familiaridade.[26] Não é uma estrutura governamental com palácios, cortes e casas de leis. Não tem aparato militar nem visível aparência. Por isso, não pode ser identificado geograficamente: Ei-lo aqui ou lá está. O reino de Deus é uma realidade espiritual invisível. Está entre nós e dentro de nós. Ou seja, onde uma pessoa se submete ao governo de Deus, onde um indivíduo se rende ao senhorio de Cristo, aí chegou o reino de Deus.

Em segundo lugar, *a segunda vinda de Cristo será repentina* (17.22-25). Jesus, agora, se volta novamente para seus discípulos, a fim de ensiná-los que, antes de sua gloriosa vinda, ele mesmo precisa padecer muitas coisas e ser rejeitado por aquela geração (17.25). Então, haveria um tempo também em que seus seguidores teriam de passar momentos difíceis, dias de profunda opressão e perseguição. Nesse tempo, eles estariam ansiosos para contemplá-lo. Também nesse tempo de tribulação surgiriam falsos mestres, apontando para falsos cristos (17.23). E, em vez de dar ouvidos a essas falsas mensagens messiânicas, seus discípulos devem estar atentos para o caráter repentino de sua volta. Será como o relâmpago que risca os céus, brilhando de uma extremidade à outra. Nas palavras de Barclay, "a segunda vinda de Cristo é segura, mas se desconhece o momento de sua chegada".[27] Ele virá, e virá inesperada e repentinamente.

Em terceiro lugar, *a segunda vinda de Cristo acontecerá num tempo de descuido espiritual* (17.26-30). Jesus compara a sua volta aos dias de Noé e aos dias de Ló. Duas catástrofes aconteceram: o dilúvio e a subversão das cidades de Sodoma e Gomorra. Essas duas gerações foram alertadas antecipadamente, mas ambas continuaram sua vida sem dar atenção ao alerta de juízo. Os antediluvianos continuaram comendo, bebendo, casando e dando-se em casamento (17.27); já os habitantes de Sodoma continuaram comendo, bebendo, comprando, vendendo, plantando e edificando (17.28). Não há nenhum mal nessas atividades. Todas elas são lícitas. O problema é que essas pessoas só fizeram investimentos na vida terrena e nenhum investimento na vida espiritual. Colocaram as bênçãos de Deus no lugar do Deus das bênçãos. Transformaram as dádivas de Deus na única razão para viver e se esqueceram de Deus. Assim estará o mundo quando Jesus voltar: as pessoas estarão pensando apenas em seus interesses imediatos e terrenos, não fazendo nenhuma provisão para a vida espiritual. O Dia do Senhor as apanhará de surpresa!

Em quarto lugar, *a segunda vinda de Cristo será inescapável* (17.31). Jesus ilustra a realidade da segunda vinda com um fato histórico que brevemente aconteceria: a invasão de Jerusalém no ano 70 d.C. Quando Jerusalém foi invadida pelo general Tito, a cidade ficou devastada, o templo foi arrasado e incendiado, os muros foram quebrados, e o povo que não foi passado ao fio da espada acabou disperso pelo mundo. Nesse dia, era impossível pensar em resgatar algo de valor dentro de casa. O cerco de Roma tornou-se inescapável. Assim também será na segunda vinda de Cristo. Naquele

Advertências solenes

dia, as pessoas devem prestar toda a sua atenção no Filho do homem, e não nos seus bens materiais.[28] Elas não escaparão. Nenhuma caverna conseguirá esconder as pessoas daquele que virá com grande poder e glória. Nem mesmo a morte poderá servir de escape naquele dia (Ap 6.12-17).

Em quinto lugar, *na segunda vinda de Cristo será inútil um falso compromisso* (17.32,33). Jesus ordena: *Lembrai-vos da mulher de Ló* (17.32). A mulher de Ló avançou bastante em sua confissão religiosa. Era a esposa de um homem "justo". Por meio de Ló, ela estava ligada a Abraão, o pai da fé. Juntamente com seu marido, ela fugiu de Sodoma, no dia da destruição. Mas a mulher de Ló deixou seu coração em Sodoma e desobedeceu à ordem do anjo, olhando para trás. Imediatamente ela foi morta e transformou-se numa estátua de sal.[29]

John Charles Ryle, no seu livro *Santidade*[30], diz que aquele olhar para trás da mulher de Ló parecia algo insignificante, mas revelava sua desobediência interior. O mandamento do anjo foi enfático: *Não olhes para trás* (Gn 19.17). A mulher de Ló recusou-se a obedecer a este mandamento. Ao olhar para trás, ela mostrou sua incredulidade soberba. Ela parecia duvidar que Deus fosse realmente destruir Sodoma. Parecia não acreditar que Deus estava falando sério. Os avisos de Deus são solenes e é melhor obedecer-lhes. Aquele olhar parecia ser insignificante, mas revelava o amor secreto que a mulher de Ló tinha pelo mundo. Seu coração estava em Sodoma, embora seu corpo estivesse fora da cidade. Ela havia deixado suas paixões para trás ao fugir de seu lar. Seus olhos voltaram-se para o lugar onde estava o seu tesouro. Este foi o ponto crucial do seu pecado, o amor ao mundo. A amizade do mundo é inimizade contra Deus (Tg 4.4). Na verdade, a mulher de Ló nunca abandonou o mundo. O mundanismo prendia sua alma em Sodoma. Ainda hoje há muitos crentes professos que estão junto do povo de Deus, mas continuam amando o mundo. Jesus, porém, é enfático ao dizer que ganhar a vida amando o mundo é perdê-la. E perder a vida, na perspectiva do mundo, é ganhá-la (17.33).

Em sexto lugar, *na segunda vinda de Cristo haverá apenas dois grupos de pessoas* (17.34-36). Esses dois grupos são formados por aqueles que serão tomados no arrebatamento (1Ts 4.17) e aqueles que serão deixados para o juízo (Mt 13.41,42; 2Ts 1.7-9; Ap 14.17-20). Nem intimidade física (dois na mesma cama) nem sociedade de trabalho (duas mulheres juntas moendo, dois homens no campo) pode impedir essa separação. O mundo hoje está dividido entre ricos e pobres, doutores e iletrados, grandes e pequenos. Mas a verdadeira divisão é outra: os que estão salvos e os que ainda permanecem perdidos, os que estão preparados para se encontrarem com Deus e aqueles que não encontrarão oportunidade de se preparar na última hora. É digno de nota que esse fato ocorra para uns de noite (17.34) e para outros de dia (17.35,36). Quando Jesus voltar, por causa do fuso horário, será dia para uns e noite para outros.

Em sétimo lugar, *na segunda vinda não haverá mais tempo para se preparar* (17.37). Jesus usa aqui, possivelmente, um ditado popular: "Onde estiver o corpo, aí se ajuntarão também os abutres". O que isso significa? Onde estiverem os espiritualmente mortos, ali haverá julgamento.[31] Ali, o juízo final os surpreenderá.[32]

NOTAS

[1] MORRIS, Leon L. *Lucas: introdução e comentário*, p. 240.

[2] NEALE, David A. *Novo comentário bíblico Beacon Lucas 9-24*, p. 192.

[3] RIENECKER, Fritz. *Evangelho de Lucas*, p. 350.

[4] RICHARDS, Lawrence O. *Comentário histórico-cultural do Novo Testamento*, p. 178.

[5] RICHARDS, Lawrence O. *Comentário histórico-cultural do Novo Testamento*, p. 178.

[6] RIENECKER, Fritz. *Evangelho de Lucas*. 351.

[7] RICHARDS, Lawrence O. *Comentário histórico-cultural do Novo Testamento*, p. 178.

[8] WIERSBE, Warren W. *Comentário bíblico expositivo*. Vol. 5, p. 316.

[9] MORRIS, Leon L. *Lucas: introdução e comentário*, p. 241.

[10] RIENECKER, Fritz. *Evangelho de Lucas*, p. 354.

[11] MORRIS, Leon L. *Lucas: introdução e comentário*, p. 241.

[12] NEALE, David A. *Novo comentário bíblico Beacon Lucas 9-24*, p. 194.

[13] BARCLAY, William. *Lucas*, p. 211.

[14] RIENECKER, Fritz. *Evangelho de Lucas*, p. 354.

[15] WIERSBE, Warren W. *Comentário bíblico expositivo*. Vol. 5, p. 316.

[16] SPURGEON, Charles H. *Milagres e parábolas do nosso Senhor*, p. 79.

[17] MORRIS, Leon L. *Lucas: introdução e comentário*, p. 242.

[18] RICHARDS, Larry. *Todos os milagres da Bíblia*, p. 269.

[19] SPURGEON, Charles H. *Milagres e parábolas do nosso Senhor*, p. 80.

[20] RYLE, John Charles. *Meditações no Evangelho de Lucas*, p. 281.

[21] SPURGEON, Charles H. *Milagres e parábolas do nosso Senhor*, p. 80-83.

[22] RICHARDS, Lawrence O. *Comentário histórico-cultural do Novo Testamento*, p. 178.

[23] NEALE, David A. *Novo comentário bíblico Beacon Lucas 9-24*, p. 198.

[24] WIERSBE, Warren W. *Comentário bíblico expositivo*. Vol. 5, p. 318.

[25] HENDRIKSEN, William. *Lucas*. Vol. 2, p. 364.

[26] MORRIS, Leon L. *Lucas: introdução e comentário*, p. 243.

[27] BARCLAY, William. *Lucas*, p. 215.

[28] MORRIS, Leon L. *Lucas: introdução e comentário*, p. 245.

[29] RYLE, John Charles. *Meditações no Evangelho de Lucas*, p. 285.

[30] RYLE, John Charles. *Santidade*. São José dos Campos, SP: Fiel, 2009.

[31] MORRIS, Leon L. *Lucas: introdução e comentário*, p. 246.

[32] HENDRIKSEN, William. *Lucas*. Vol. 2, p. 370.

Capítulo 50

Deus responde à oração
(Lc 18.1-14)

JESUS PASSA DAS AGRURAS que o mundo enfrentará nos dias que antecederão à sua segunda vinda, para a necessidade de orar nessas aperturas da vida. Se a sociedade é comparada a um cadáver em estado de decomposição (17.37), então, a oração é a maneira de respirarmos o ar puro do céu na terra (18.1). John Charles Ryle tem razão ao dizer que o cristianismo autêntico começa e floresce na prática da oração; ou decai com a falta dela.[1]

As duas parábolas de 18.1-14 se relacionam estreitamente. A oração deve ser tanto com perseverança (18.1-8) quanto com humildade (18.9-14).[2]

Quando Deus responde à oração (18.1-8)

No texto em apreço, Jesus dá primeiro a lição, depois conta a parábola. A lição é sobre o dever de orar sempre e nunca esmorecer (18.1). Lucas mais uma vez usa o argumento do menor para o maior. Se um juiz injusto concede o pedido por causa da persistência da requerente, quanto mais o Pai celestial irá responder à persistência de quem o pede? Esse, portanto, é um contraste não só do humano e do divino, mas também do injusto e do santo.[3] Vemos nessa parábola algumas lições importantes.

Em primeiro lugar, *a oração é o antídoto contra o desânimo* (18.1). Mesmo que a oração seja um exercício espiritual que demanda toda a nossa energia, o que nos leva ao esmorecimento não é a oração, mas a falta dela. É quando deixamos de orar que somos suplantados pelo desânimo. É quando falta oração em nossa vida que somos esmagados pelo esmorecimento. Sem oração, perdemos o vigor espiritual. Sem oração, não há poder para o enfrentamento das lutas e perseguições que sobrevêm. Sem oração, perdemos a conexão com as alturas.

Em segundo lugar, *a oração perseverante é um dever* (18.1). Jesus poderia ter falado que oração é um privilégio, e realmente é, pois orar é falar com Deus. A oração é unir a fraqueza humana à onipotência divina. É conectar o altar com o trono. Porém, Jesus afirmou que a oração perseverante é um dever. Deixar de orar é um pecado de omissão. É não apenas deixar de desfrutar de um privilégio, mas é, também, deixar de cumprir um dever. O tema da oração perseverante é uma das ênfases de Lucas (11.1-4; 11.5-8; 11.9-13).

Em terceiro lugar, *a oração não é um pedido de um desconhecido a um magistrado injusto* (18.2-6). A parábola deixa claro o contraste entre a viúva e os escolhidos de Deus. A

Deus responde à oração

viúva é uma mulher desprotegida e indefesa, que não possui mais um protetor natural.[4] Ela não conhece o juiz, não é respeitada por ele nem tem acesso ao tribunal. Jesus não diz que o povo de Deus é como essa viúva. Que contrastes encontramos aqui? A viúva era anônima, desconhecida e desprotegida, mas nós somos filhos de Deus. Nosso nome está arrolado no céu. A viúva não tinha acesso ao juiz; nós temos livre acesso ao trono da graça, por meio de Cristo. A viúva não tinha amigo algum no tribunal; nós temos junto ao Pai Jesus Cristo, o Advogado, o Justo. Ele é o nosso grande Sumo Sacerdote que nos assiste em nossa fraqueza. Ela não tinha nenhuma garantia ou promessa do juiz em atender à sua causa; nós temos as Escrituras com centenas de promessas do cuidado generoso de Deus. A viúva dirigiu-se a um tribunal, mas nós entramos confiadamente no trono da graça (Hb 4.14-16).

Em quarto lugar, *a oração é um pedido dos escolhidos ao Deus justo* (18.7). Jesus faz aqui um claro contraste entre o juiz e Deus. O juiz é arrogante e egoísta. Não teme a Deus nem respeita aos homens. Era desprezível e nem sequer tinha amor pela justiça. Sentimentos de ternura, de igual modo, eram completamente estranhos para ele.[5] Só atendeu a viúva por medo de importunação e para ficar livre dela. Até mesmo ao fazer justiça à viúva, ele o fez por amor a si mesmo, e não por senso de justiça ou amor a ela. Deus, porém, não é assim. Ele é o Pai de misericórdias e o Deus de toda consolação (2Co 1.3). Ele responde à nossa oração porque nos ama. Ele tem pressa em fazer-nos justiça. Deleita-se em ouvir nossa voz e em socorrer-nos em nossas necessidades. David Neale tem razão ao dizer que, se entendermos Deus como um Pai amoroso e não como um juiz severo, nós nos aproximaremos dele confiadamente em oração.[6]

Nós somos os escolhidos de Deus. Se Deus nos escolheu, e escolheu-nos desde a eternidade, se Deus nos atraiu para si, e nos atraiu com cordas de amor, se Deus já começou sua boa obra em nós, e não só começou, mas há de completá-la até o dia final, então, podemos ter plena convicção de que ele ouvirá nossa oração e se apressará em nos fazer justiça.

Em quinto lugar, *a oração não é atendida conforme a agenda dos homens, mas segundo a vontade soberana de Deus* (18.7,8). Mesmo quando os escolhidos de Deus clamam a ele dia e noite, e mesmo sabendo que Deus os defende, nem sempre a oração é atendida imediatamente. A demora de Deus, entretanto, não é prova da insensibilidade, mas evidência de sua sábia e generosa providência. Quando Deus demora, é porque está nos preparando para a realização de sua vontade. A demora de Deus não é um indeferimento ao nosso clamor. Quando ele demora, é porque está preparando algo maior e melhor para a nossa vida.

Em sexto lugar, *o fim dos tempos será marcado pelo declínio da fé, portanto pelo esfriamento da prática da oração* (18.8b). Antes desta parábola, Jesus falou sobre sua segunda vinda e terminou apontando novamente para sua volta. Entre a sua primeira e sua segunda vinda, precisamos orar sempre e nunca esmorecer. Porém, à medida que a história caminha para sua consumação, as pessoas se tornarão mais desatentas às coisas espirituais, como ocorreu com a geração de Noé e Ló (17.26-30). Daí, a pergunta perturbadora de Jesus: ... *contudo, quando vier o Filho do homem, achará, porventura, fé na terra?* (18.8). Warren Wiersbe cita as oito pessoas que foram salvas no dilúvio no tempo de Noé e as três que escaparam de Sodoma, para dizer que não haverá uma grande fé no fim dos tempos.[7] Concordo, entretanto, com William

Deus responde à oração

Hendriksen quando ele diz que essa pergunta é formulada não com o propósito de especulação, mas de autoexame. Que cada um responda por si mesmo.[8]

Quando Deus não responde à oração (18.9-14)

Esta é outra parábola unicamente lucana. Dá continuidade ao tema apresentado na história do juiz iníquo. Como devemos entender a Deus, e como devemos nos relacionar com ele?[9]

Jesus dirige essa parábola, muito provavelmente, a um grupo de fariseus, uma vez que propôs a parábola a alguns que confiavam em si mesmos, por se considerarem justos, e desprezavam os outros (18.9). A parábola do fariseu e do publicano é a história de dois homens, duas orações e dois resultados.[10] Os dois foram ao mesmo templo, em uma mesma hora e com o mesmo propósito: orar. O resultado, porém, foi diferente. Deus ouviu a oração do publicano, mas não respondeu à oração do fariseu. Por quê?

Em primeiro lugar, *porque sua oração foi apenas um discurso retórico para exaltar suas próprias virtudes* (18.11,12). Orar não é proferir fórmulas bonitas, bem colocadas retoricamente, ainda que regadas de lágrimas. Orar não é se exaltar nem proclamar suas próprias virtudes. O fariseu não orou; ele fez um discurso eloquente para se autopromover. Ele não orou; ele tocou trombetas. Ele não orou; ele aplaudiu a si mesmo. Ele não orou; ele fez cócegas no seu próprio ego. Ele não orou; ele fez um solo do hino "Quão grande és tu" diante do espelho. William Barclay diz que o fariseu não foi orar; foi apenas informar a Deus acerca do grande homem que ele era.[11] Não existe nada mais abominável aos olhos de Deus do que o orgulho. É impossível orar sem primeiro calçar as sandálias da humildade.

Soberba e oração não podem habitar no mesmo coração ao mesmo tempo.

Em segundo lugar, *porque sua oração não se dirigia precisamente a Deus* (18.11). Sua oração era voltada para a exaltação de si mesmo e dirigida ao plenário que estava ali concentrado. Deus era apenas uma moldura para realçar os seus feitos notáveis e a perfeição de suas ações. Deus era apenas um trampolim para o fariseu alcançar a notoriedade pública e a admiração do povo. Ele agradece a Deus não as dádivas divinas, mas suas próprias virtudes. A oração do fariseu estava empapuçada de orgulho, recheada de vaidade, entupida de soberba. O fariseu estava tão cheio de si mesmo que não conseguia ver a Deus nem amar o próximo. A oração do fariseu não foi dirigida ao céu, mas às profundezas da sua própria vaidade. Ele não falou com o Deus supremo que está no trono do universo, mas se dirigiu ao seu próprio eu, encastelado na torre de sua soberba insana.

Em terceiro lugar, *porque sua oração estava fora dos princípios de Deus.* A oração do fariseu estava fora dos princípios de Deus em quatro áreas.

Pela sua posição (18.11). Ele orou de pé, em lugar elevado, à vista de todos. Sua oração foi rejeitada não por causa de sua posição física, mas por sua altivez diante de Deus e do próximo. Ele se colocou de pé para melhor destacar a sua pessoa e os seus decantados méritos. Ele orou perto do altar, o lugar do sacerdote. Buscava as luzes do palco e queria que os holofotes estivessem com o seu feixe de luz concentrado nele.

Pelas suas palavras (18.11,12). Engenhosamente, ele escolheu as palavras que melhor enfocaram as suas virtudes e tornaram mais abomináveis e desprezíveis a pessoa dos outros. Avultou o pronome *eu* em igualdade ao nome de

Deus responde à oração

Deus e superior aos demais homens. Considerou-se o melhor de todos os crentes e viu as demais pessoas como ladrões, injustos e adúlteros.

Pelas suas intenções (18.9,10). O fariseu procurou o templo no momento em que havia muita gente. Ele queria plateia. Desejava destaque e evidência. Entrou no templo para orar e não orou, dirigindo-se a Deus como alguém autossuficiente. Ele entrou no santuário sem amor no coração pelo próximo e, por isso, sem amor a Deus.

Pelos seus sentimentos (18.11). Sua oração é uma peça de acusação leviana contra todos os homens e mais particularmente contra o humilde publicano. O fariseu olha para o próximo com desdém e desfere contra ele perversas acusações e caluniosas referências. O fariseu nada pediu. Ele tinha tudo e era tudo. Ele pensava ser quem não era. Ele era um megalomaníaco, uma pessoa adoecida pelo sentimento de autoexaltação.

Em quarto lugar, *porque sua oração não se baseava na misericórdia de Deus, mas na confiança própria* (18.14). A base da sua oração não era a graça de Deus. Ele confiava não em Deus, mas em si mesmo. E orava não para se quebrantar, mas para exaltar-se. Podemos concluir que nenhum orgulhoso que menospreze seu semelhante pode prevalecer na oração. O fariseu entrou no templo cheio de nada e saiu vazio de tudo.

A oração arrogante do fariseu foi rejeitada, mas a oração humilde do publicano foi aceita (18.13,14). E por quê? Primeiro, porque foi uma petição genuína. O publicano se apresenta a Deus como um suplicante necessitado de misericórdia. Segundo, porque foi uma oração pessoal. Ele não falou a respeito de seu próximo, mas de si mesmo. Terceiro, porque foi uma oração humilde. Ele reconheceu seu pecado e o confessou. Quarto, porque foi uma oração que brotou de um coração quebrantado. Ele suplicou misericórdia. Quinto, porque foi uma oração profunda, que brotou do seu coração. Ele batia no peito e dizia: *Ó Deus, sê propício a mim, pecador!*[2]

O texto bíblico conclui dizendo que o publicano, e não o fariseu, desceu para a sua casa justificado diante de Deus, porque todo aquele que se exaltar será humilhado, e todo aquele que se humilhar será exaltado (18.14). Não há espaço para soberba diante de Deus, pois o Senhor declara guerra contra os soberbos. Ninguém pode orar verdadeiramente a não ser que tenha um coração quebrantado. Nenhuma oração prospera diante de Deus a não ser que o coração esteja vazio de vaidade e cheio de amor. Onde há inveja, mágoa ou desprezo pelo próximo, podemos encontrar abundante religiosidade, mas não comunhão com Deus; podemos ver pomposa encenação, mas não oração que chega aos céus.

Notas

[1] RYLE, John Charles. *Meditações no Evangelho de Lucas*, p. 287.

[2] HENDRIKSEN, William. *Lucas*. Vol. 2, p. 376.

[3] NEALE, David A. *Novo comentário bíblico Beacon Lucas 9-24*, p. 206.

[4] RIENECKER, Fritz. *Evangelho de Lucas*, p. 365.

[5] HENDRIKSEN, William. *Lucas*. Vol. 2, p. 377.

Deus responde à oração

[6] RICHARDS, Lawrence O. *Comentário histórico-cultural do Novo Testamento*, p. 181.

[7] WIERSBE, Warren W. *Comentário bíblico expositivo*. Vol. 5, p. 323.

[8] HENDRIKSEN, William. *Lucas*. Vol. 2, p. 380.

[9] RICHARDS, Lawrence O. *Comentário histórico-cultural do Novo Testamento*, p. 181.

[10] HENDRIKSEN, William. *Lucas*. Vol. 2, p. 381-384.

[11] BARCLAY, William. *Lucas*, p. 218.

[12] RYLE, John Charles. *Meditações no Evangelho de Lucas*, p. 291.

Capítulo 51

As crianças são bem-vindas ao reino de Deus
(Lc 18.15-17)

Só COMPREENDEREMOS a beleza desta passagem ao observar quando esse fato aconteceu. Jesus estava indo para Jerusalém. Ele marchava para a cruz. Foi nessa caminhada dramática, dolorosa, que ele encontrou tempo em sua agenda e espaço em seu coração para acolher as crianças, orar por elas e abençoá-las.

Jesus, apesar de caluniado e perseguido pelos escribas e fariseus, era considerado pelo povo um profeta (24.19). Daí a confiança de as crianças serem levadas a ele para que orasse por elas e as abençoasse.[1] O simples fato de Jesus tomar as crianças em seus braços revela a personalidade doce do Senhor Jesus.

Há dois grupos que merecem destaque aqui.

Em primeiro lugar, *os que levam as crianças a Jesus* (18.15). Não somos informados sobre quem levou as crianças. As crianças não vieram; elas foram levadas. Algumas delas eram crianças de colo, outras vieram andando, mas todas foram levadas. Devemos ser facilitadores, e não obstáculos, para as crianças se achegarem a Cristo.

Os pais ou mesmo parentes reconheceram a necessidade de levar as crianças a Cristo. Eles não as consideraram insignificantes nem acharam que elas pudessem ficar longe de Cristo. Esses pais olharam para seus filhos como bênção, e não como fardo; como herança de Deus, e não como um problema (Sl 127.3). Lucas usa a palavra grega *brephos* para descrever essas crianças (18.15). A palavra grega significa "bebê", depois também "criança pequena". Rienecker diz que eram crianças lactentes.[2] As crianças podem e devem ser levadas a Cristo. Na cultura grega e judaica as crianças não recebiam o valor devido, mas no reino de Deus elas não apenas são acolhidas, mas também tratadas como modelo para os demais que ali querem entrar.

Em segundo lugar, *os que impedem as crianças de irem a Cristo* (18.15). Os discípulos de Cristo mais uma vez demonstram dureza de coração e falta de visão. Em vez de serem facilitadores, tornaram-se obstáculos para as crianças irem a Cristo. Eles não achavam que as crianças fossem importantes, mesmo depois de Jesus ter ensinado claramente sobre isso (9.46-48).

Os discípulos repreendiam aqueles que levavam as crianças por acharem que Jesus não devia ser incomodado com questões irrelevantes. O verbo grego usado pelos discípulos indica que eles continuaram repreendendo enquanto as pessoas levavam seus filhos. Eles agiam com preconceito.

As crianças são bem-vindas ao reino de Deus

Ainda hoje podemos impedir as pessoas de levarem as crianças a Cristo por comodismo, por negligência ou por uma falsa compreensão espiritual.

O texto em tela tem quatro grandes lições: um encorajamento, uma reprovação, uma revelação e uma advertência.

Um encorajamento (18.16)

O encorajamento era para os pais das crianças e para as próprias crianças, embora a palavra tenha sido dirigida aos discípulos: _Deixai vir a mim os pequeninos e não os embaraceis, porque dos tais é o reino de Deus_ (18.16). Jesus manda abrir o caminho de acesso a ele para que as crianças possam se aproximar dele. Algumas verdades são enfatizadas aqui.

Em primeiro lugar, _a afeição de Jesus pelas crianças_ (18.16). Não é a primeira vez que Jesus demonstra amor às crianças. Ele diz que receber uma criança em seu nome é o mesmo que receber a ele próprio (9.48).

Em segundo lugar, _a ordem de Jesus para levarem as crianças_ (18.16). Jesus encoraja os pais ou qualquer outra pessoa a levar as crianças a ele. As crianças podem crer em Cristo e são exemplo para aqueles que creem. Levar as crianças a Cristo é a coisa mais importante que podemos fazer por elas. Devemos aprender com esta passagem a grande atenção que as crianças devem receber da igreja de Cristo. Nenhuma igreja pode ser considerada saudável se não acolhe bem as crianças. Jesus, o Senhor da igreja, encontrou tempo para dedicar-se às crianças. Ele demonstrou que o cuidado com as crianças é um ministério de grande valor.

Em terceiro lugar, _o convite de Jesus para as crianças irem a ele_ (18.16). As crianças de colo precisam ser levadas a Cristo, mas outras podiam ir por si mesmas. Elas não deveriam ser vistas como impossibilitadas ou impedidas de irem a Cristo. Na religião judaica somente depois dos 13 anos uma criança podia iniciar-se no estudo da Lei. Mas Jesus revela que as crianças devem ir a ele para receberem seu amor e sua graça.

Uma reprovação (18.15,16)

Lucas registra que Jesus, ao ver a repreensão dos discípulos àqueles que levavam as crianças a Cristo, volta-se para os pequenos, chama-os para perto de si e dá uma ordem expressa, em tom de repreensão aos discípulos: *Deixai vir a mim os pequeninos e não os embaraceis...* O evangelista Marcos vai mais longe em seu registro e diz que Jesus ficou indignado com a atitude dos discípulos (Mc 10.14). Jesus fica indignado quando a igreja fecha a porta às crianças, em vez de abri-la. Jesus fica indignado quando identifica o pecado do preconceito na igreja. Jesus já ficara indignado com seus inimigos, mas agora fica indignado com os discípulos. É a única vez que o desgosto de Jesus se direcionou aos próprios discípulos, quando eles se tornaram estorvo em vez de facilitadores, quando eles levantaram muros em vez de construir pontes.

A indignação de Jesus aconteceu concomitantemente com o seu amor. A razão pela qual ele se indignou com os discípulos foi o seu amor profundo e compassivo para com os pequeninos, e com todos os que os levaram até ele. Uma ordem dupla reverte as medidas deles: Deixai vir a mim os pequeninos e não os embaraceis.

Por que Jesus repreende os discípulos? Primeiro, porque a conduta deles foi errada com aqueles que levavam as crianças. Os pais daquelas crianças as levaram a Jesus porque criam que ele era um profeta que poderia orar por elas e abençoá-las. Elas estavam indo à pessoa certa com a motivação certa, e mesmo assim foram barradas pelos discípulos. Segundo, porque a conduta deles foi errada com o próprio Jesus. A atitude deles fazia que as pessoas concluíssem que Jesus era uma pessoa esnobe, preconceituosa e sofisticada, tal como as autoridades religiosas de Israel. Jesus, entretanto, já havia dado fartas provas de sua compaixão com os necessitados e excluídos. Terceiro, porque a conduta deles era contrária ao ensino de Cristo. O ensino de Jesus é claro: *Em verdade vos digo: Quem não receber o reino de Deus como uma criança de maneira alguma entrará nele* (18.17). Jesus está demonstrando que não há nenhuma virtude em nós que nos recomende ao reino. Se quisermos entrar no reino, precisamos despojar-nos de toda pretensão como uma criança. Quarto, porque a conduta deles era contrária à prática de Cristo. Jesus nunca escorraçou as pessoas. Jamais mandou embora aquele que o busca (Jo 6.37). Ele convida a todos (Mt 11.28). Jesus tomou as crianças em seus braços, impôs sobre elas as mãos, as abençoou (Mc 10.16) e orou por elas (Mt 19.13).

Uma revelação (18.16)

Jesus é enfático quando afirma: ... *porque dos tais é o reino de Deus* (18.16). Isso tem que ver com a natureza do reino de Deus. O que Jesus *não* quis dizer com essa expressão?

Em primeiro lugar, *que as crianças são criaturas inocentes.* O pecado original atingiu toda a raça (Rm 5.12). Somos concebidos em pecado e nos desviamos desde a concepção (Sl 58.3). A inclinação do nosso coração é para o mal, e as crianças não são salvas por serem crianças inocentes. Elas também precisam nascer de novo e crer no Senhor Jesus. À luz do Novo Testamento, as crianças não são anjinhos. Elas são briguentas (1Co 3.1-3), imaturas (1Co 13.11; Hb 5.13), imprudentes (1Co 14.20), volúveis (Ef 4.14) e dependentes (Gl 4.1,2).

Em segundo lugar, *que as crianças estão salvas pelo simples fato de serem crianças*. A salvação não tem que ver com faixa etária. Nenhuma pessoa é salva por ser criança ou por ser idosa, mas por crer no Senhor Jesus. Quando uma criança morre antes da idade da razão, ela vai para o céu não por ser criança, mas porque o Espírito Santo aplica nela a obra da redenção. Nenhuma criança entra no céu pelos seus próprios méritos, mas pelos méritos de Cristo.

Vejamos agora, o que Jesus *quis* dizer, quando declarou que às crianças pertence o reino de Deus.

Primeiro, *as crianças vão a Cristo com total confiança*. Elas creem e confiam. Elas se entregam e descansam. Jesus está dizendo que o reino de Deus não pertence aos que dele se acham "dignos"; ao contrário, é um presente aos que são "tais" como crianças, isto é, insignificantes e dependentes. Não porque merecem recebê-lo, mas porque Deus deseja conceder-lhes (12.32). Os que reivindicam seus méritos não entrarão no reino, pois Deus o entrega àqueles que dele nada podem reivindicar.

Segundo, *as crianças vivem na total dependência*. Assim como as crianças descansam na provisão que os pais lhe oferecem, devemos também descansar na obra de Cristo, na providência do Pai e no poder do Espírito.

Uma advertência (18.17)

Jesus não apenas acolhe as crianças e repreende os discípulos, mas faz delas um exemplo para todos: *Em verdade vos digo: Quem não receber o reino de Deus como uma criança de maneira alguma entrará nele* (18.17).

As crianças são bem-vindas ao reino de Deus

As crianças são modelos em sua humilde e dependência dos outros, receptividade e aceitação de sua condição.[3] Nós entramos no reino de Deus pela fé, como crianças: inaptos para salvar-nos, totalmente dependentes da graça de Deus. Desfrutamos do reino de Deus pela fé, crendo que o Pai nos ama e irá atender às nossas necessidades diárias. Quando uma criança é ferida, o que ela faz? Corre para os braços do pai ou da mãe. Esse é um exemplo para o nosso relacionamento com o Pai celestial. Sim, Deus espera que sejamos como crianças!

NOTAS

[1] GIOIA, Egidio. *Notas e comentários à harmonia dos Evangelhos*. Rio de Janeiro, RJ: Juerp, 1969, p. 269.

[2] RIENECKER, Fritz. *Evangelho de Lucas*, p. 372.

[3] MORRIS, Leon L. *Lucas: introdução e comentário*, p. 250.

Capítulo 52

O perigo das riquezas
(Lc 18.18-30)

DE TODAS AS PESSOAS que se encontraram com Cristo, este homem é o único que saiu pior do que chegou. Ele foi amado por Jesus, mas, mesmo assim, desperdiçou a maior oportunidade da sua vida. A despeito de ter buscado a pessoa certa, de ter abordado o tema certo e de ter recebido a resposta certa, ele tomou a decisão errada.[1] Ele amou mais o dinheiro do que a Deus, mais a terra do que o céu, mais os prazeres transitórios desta vida do que a salvação da sua alma.

As riquezas não satisfazem (18.18)

Destacamos a seguir vários predicados excelentes desse jovem. Buscamos nos outros Evangelhos sinóticos informações para termos uma visão completa de suas virtudes. Apesar disso, seus atributos não conseguem preencher o vazio da sua alma.

Em primeiro lugar, *ele era jovem* (Mt 19.20). Esse jovem estava no alvorecer da vida. Tinha toda a vida pela frente e toda a oportunidade de investir o seu futuro no reino de Deus. Possuía saúde, vigor, força, sonhos.

Em segundo lugar, *ele era riquíssimo* (18.23). Os três Evangelhos sinóticos descrevem esse jovem como uma pessoa muito rica (18.23; Mt 19.22; Mc 10.22). Ele possuía tudo o que este mundo podia lhe oferecer: casa, bens, conforto, luxo, banquetes, festas, joias, propriedades, dinheiro. Era dono de muitas propriedades. Embora jovem, já era muito rico. Certamente era um jovem brilhante, inteligente e capaz. William Hendriksen diz que o problema desse jovem não era possuir muito, mas o muito o possuir.[2]

Em terceiro lugar, *ele era proeminente* (18.18). Lucas diz que ele era um "homem de posição", ou seja, possuía elevado *status* na sociedade. Apesar de ser jovem, já era rico; e, além de ser rico, era também líder famoso e influente na sociedade. Talvez ele fosse um oficial na sinagoga. Tinha reputação e grande prestígio.

Em quarto lugar, *ele era virtuoso* (18.21). Considerava-se um fiel cumpridor da lei. Chegou a dizer a Jesus: *Tudo isso tenho observado, que me falta ainda?* (Mt 19.20). Aquele jovem se olhava no espelho da lei e dava nota máxima para si mesmo. Considerava-se um jovem íntegro. Não vivia em orgias nem saqueava os bens alheios. Vivia de forma honrada dentro dos mais rígidos padrões morais

Em quinto lugar, *ele era insatisfeito com sua vida espiritual* (Mt 19.20). "Que me falta ainda?" Ele tinha tudo para ser feliz, mas seu coração ainda estava vazio. Na verdade,

O perigo das riquezas

Deus pôs a eternidade no coração humano, e nada deste mundo pode preencher esse vazio. Seu dinheiro, sua reputação e sua liderança não preencheram o vazio da sua alma. Ele estava cansado da vida que levava. Nada satisfazia seus anseios. Ser rico não basta; ser honesto não basta; ser religioso não basta. Nossa alma tem sede de Deus.

Em sexto lugar, _ele era uma pessoa sedenta de salvação_ (18.18). Sua pergunta foi enfática: _Bom Mestre, que farei para herdar a vida eterna?_ Ele estava ansioso por algo mais que não havia encontrado no dinheiro. Ele sabia que não possuía a vida eterna, a despeito de viver uma vida correta aos olhos dos outros. Ele não queria enganar a si mesmo. Ele queria ser salvo.

Em sétimo lugar, _ele foi a Jesus, a pessoa certa_ (18.18). Ele buscou a Jesus, o único que pode salvar. Já tinha ouvido falar de Jesus e sabia que ele salvara muitas pessoas. Estava certo de que Jesus era a solução para sua vida, a resposta para seu vazio. Ele não buscou atalhos; buscou a Jesus, o único que pode levar o ser humano ao céu.

Em oitavo lugar, _ele foi a Jesus com pressa_ (Mc 10.17). _E, pondo-se Jesus a caminho, correu um homem ao seu encontro._ Naquela época, pessoas tidas como importantes não corriam em lugares públicos, mas esse jovem correu. Ele tinha pressa. Ele não se importou com a opinião das pessoas, tal era a urgência para salvar a sua alma.

Em nono lugar, _ele foi a Jesus de forma reverente_ (Mc 10.17). ... _e ajoelhando-se, perguntou-lhe: Bom Mestre, que farei para herdar a vida eterna?_ Esse jovem se humilhou caindo de joelhos aos pés de Jesus. Demonstrou ter um coração quebrantado e uma alma sedenta. Não havia dureza de coração nem resistência alguma. Ele se rendeu aos pés do Senhor.

Em décimo lugar, *ele foi amado por Jesus* (Mc 10.21). *E Jesus, fitando-o, o amou* (Mc 10.21). Jesus viu o seu conflito, o seu vazio, a sua necessidade; Jesus viu o seu desespero existencial e se importou com ele e o amou.

As riquezas enganam (18.18-23)

As virtudes do jovem rico eram apenas aparentes. Ele superestimava suas qualidades. Deu a si mesmo nota máxima, mas Jesus tirou sua máscara e revelou que a avaliação que fazia de si, da salvação, do pecado, da lei e do próprio Jesus eram superficiais.

Em primeiro lugar, *ele estava enganado a respeito da salvação* (18.18). Ele viu a salvação como uma questão de mérito e não como um presente da graça de Deus. Ele perguntou: ... *Bom Mestre, que farei de bom para herdar a vida eterna?* (10.17). Seu desejo de ter a vida eterna era sincero, mas ele estava enganado quanto à maneira de alcançá-la. Ele queria obter a salvação por obras, e não pela graça. Todas as religiões do mundo ensinam que o ser humano é salvo pelas suas obras. Na Índia, multidões que desejam a salvação deitam sobre camas de prego ao sol escaldante; balançam-se sobre um fogo baixo; sustentam uma mão erguida até ela se tornar imóvel; fazem longas caminhadas de joelhos. No Brasil, vemos as romarias, nas quais pessoas sobem conventos de joelhos e fazem penitência pensando alcançar com isso o favor de Deus.

Em segundo lugar, *ele estava enganado a respeito de si mesmo* (18.20,21). O jovem rico não tinha consciência de quão pecador era. O pecado é uma rebelião contra o Deus santo. Não é simplesmente uma ação, mas uma atitude interior que exalta o ser humano e desonra a Deus. O jovem rico pensou que suas virtudes externas podiam agradar

O perigo das riquezas

a Deus. Porém, as Escrituras dizem que somos todos como o imundo, e todas as nossas justiças são como trapo da imundícia aos olhos do Deus santo (Is 64.6).

O jovem rico pensou que guardava a lei, mas havia quebrado os dois principais mandamentos da lei de Deus: amar a Deus e ao próximo. Ele era idólatra. Seu deus era o dinheiro. Seu dinheiro era apenas para seu deleite. Sua teologia era baseada em não fazer coisas erradas, em vez de fazer coisas certas. Concordo com Warren Wiersbe quando ele diz que Jesus não cita a lei para ele como um meio de alcançar a salvação, pois o propósito da lei não é salvar. Antes, ele coloca a lei diante do jovem como um espelho para revelar seus pecados (Rm 3.19,20; Gl 2.21; 3.21).[3]

Jesus disse para o jovem rico: ... *uma coisa ainda te falta: vende tudo o que tens, dá-o aos pobres e terás um tesouro nos céus; depois, vem e segue-me* (18.22). O que faltava a ele? O novo nascimento, a conversão, o buscar a Deus em primeiro lugar. Ele queria a vida eterna, mas não renunciou aos seus ídolos.

Em terceiro lugar, *ele estava enganado a respeito da lei de Deus* (18.20,21). Ele mediu sua obediência apenas por ações externas, e não por atitudes internas. Aos olhos de um observador desatento, ele passaria no teste, mas Jesus identificou a cobiça em seu coração. O décimo mandamento da Lei de Deus trata do pecado da cobiça. Este é o mandamento subjetivo da lei. Ele não pode ser apanhado por nenhum tribunal humano. Só Deus consegue diagnosticá-lo. Jesus viu no coração daquele jovem o amor ao dinheiro como a raiz de todos os seus males (1Tm 6.10). O dinheiro era o seu deus; ele confiava nele e o adorava.

Em quarto lugar, *ele estava enganado a respeito de Jesus* (18.18). Ele chama Jesus de *Bom Mestre*, mas não está

Lucas — Jesus, o homem perfeito

pronto para lhe obedecer. Ele pensa que Jesus é apenas um rabi, e não o Deus encarnado. Jesus queria que o jovem se visse como um pecador antes de se ajoelhar diante do Deus santo. Não podemos ser salvos pela observância da lei, pois a lei exige perfeição, e nós somos rendidos ao pecado. A lei é como um espelho; ela mostra a nossa sujeira, mas não remove as manchas. O propósito da lei é levar o pecador a Cristo (Gl 3.24). A lei pode levar o pecador a Cristo, mas não pode fazer o pecador semelhante a Cristo. Somente a graça pode fazer isso.

Em quinto lugar, *ele estava enganado acerca da verdadeira riqueza* (18.23). Depois de perturbar a complacência do jovem com a constatação de que uma coisa lhe faltava, Jesus o desafia com uma série de quatro imperativos: "*Vende* tudo o que tens, *dá-o* aos pobres e terás um tesouro nos céus; depois, *vem* e *segue-me*" (18.23). Esses quatro imperativos são uma única ordem que exige uma só reação. O jovem deve renunciar aquilo que se constitui no objeto de sua afeição antes de poder viver debaixo do senhorio de Deus.

O jovem rico perdeu a riqueza eterna por causa da riqueza temporal. Ele preferiu ir para o inferno a abrir mão do seu dinheiro. Mas que insensatez! Ele não pode levar um centavo para o inferno. O jovem rejeitou a Cristo e a vida eterna. Agarrou-se ao seu dinheiro e com ele pereceu. Saiu triste e pior, por ter rejeitado a verdadeira riqueza, aquela que não perece. O jovem rico se tornou o mais pobre entre os pobres.

As riquezas podem ser um estorvo para a salvação (18.24-30)

Há duas verdades que enfatizamos aqui.

Em primeiro lugar, *os que confiam na riqueza não podem confiar em Deus* (18.24,25). O dinheiro é mais do que uma

O perigo das riquezas

moeda; é um ídolo. A confiança em Deus implica o abandono de todos os ídolos. Quem põe a sua confiança no dinheiro não pode confiar em Deus para a própria salvação. Nosso coração só tem espaço para uma única devoção, e só podemos nos entregar para um único Senhor.

Jesus não está condenando a riqueza, mas a confiança na riqueza. A raiz de todos os males não é o dinheiro, mas o amor ao dinheiro (1Tm 6.10). Há pessoas ricas e piedosas. O dinheiro é um bom servo, mas um péssimo patrão. A questão não é possuir dinheiro, mas ser possuído por ele.

Jesus ilustrou a impossibilidade da salvação daquele que confia no dinheiro: *É mais fácil passar um camelo pelo fundo de uma agulha do que entrar um rico no reino de Deus* (18.25). O camelo era o maior animal da Palestina, e o fundo de uma agulha era o menor orifício conhecido na época. Alguns intérpretes tentam explicar que esse fundo da agulha era uma porta da muralha de Jerusalém pela qual um camelo só podia passar ajoelhado e sem carga. Mas isso altera o centro do ensino de Jesus: a impossibilidade definitiva de salvação para aquele que confia no dinheiro.[4]

Em segundo lugar, *a salvação é uma obra milagrosa de Deus* (18.26,27). Os que ouviram a explicação ficaram aturdidos com a posição radical de Jesus e perguntam: ... *sendo assim, quem pode ser salvo?* (18.26). O Mestre respondeu: *Os impossíveis dos homens são possíveis para Deus* (18.27). A conversão de um pecador é uma obra sobrenatural do Espírito Santo. Ninguém pode salvar-se a si mesmo. Ninguém pode regenerar-se a si mesmo. Somente Deus pode fazer de um amante do dinheiro, um adorador do Deus vivo. Concordo com Leon Morris quando ele escreve: "A salvação, para os ricos ou para os pobres, sempre é um milagre da graça divina. Sempre é uma dádiva de Deus".[5]

LUCAS — Jesus, o homem perfeito

A pobreza rica (18.28-30)

Três fatos nos chamam a atenção acerca dos discípulos.

Em primeiro lugar, *a abnegação* (18.28). E disse Pedro: *Eis que nós deixamos nossa casa e te seguimos*. Seguir a Cristo é o maior projeto da vida. Vale a pena abrir mão de tudo para ganhar a Cristo. Ele é a pérola de grande valor. Alguns intérpretes acusam Pedro de demonstrar aqui um espírito mercantilista ao dizer: *Eis que nós tudo deixamos e te seguimos; que será, pois, de nós?* (Mt 19.27). Para esses intérpretes, a afirmação de Pedro revela uma visão comercial da vida cristã.

Em segundo lugar, *a motivação* (18.29). Não basta deixar tudo por Cristo; é preciso fazê-lo pela motivação certa. Jesus é claro em sua exigência: ... *por causa do reino de Deus* (18.29). Marcos ainda é mais enfático no seu registro: ... *por amor de mim e por amor do evangelho* (Mc 10.29). Precisamos fazer a coisa certa, com a motivação certa. O objetivo da abnegação não é receber recompensa. Não servimos a Deus por aquilo que ele dá, mas por quem ele é (Dn 3.16-18). Muitos hoje pregam um evangelho de barganha com Deus. Você dá para receber de volta. Você oferece algo para Deus a fim de receber uma recompensa maior.

Em terceiro lugar, *a recompensa* (18.30). Jesus garante aos discípulos que todo aquele que o segue não perderá o que realmente é importante, quer nesta vida quer na vida por vir. Jesus fala sobre duas recompensas e duas realidades.

Primeiro, há uma recompensa imediata. Seguir a Cristo é um caminho venturoso. Deus não tira; ele dá. Ele dá generosamente. Quem abre mão de alguma coisa ou de alguém por amor ao reino de Deus recebe já no presente muitas vezes mais.

Segundo, há uma recompensa futura. No mundo por vir, receberemos a vida eterna. Essa vida é superlativa, gloriosa e feliz. Então, receberemos um novo corpo, semelhante ao corpo da glória de Cristo. Reinaremos com ele para sempre.

NOTAS

[1] WIERSBE, Warren W. *Comentário bíblico expositivo.* Vol. 5, p. 324.

[2] HENDRIKSEN, William. *Lucas.* Vol. 2, p. 400.

[3] WIERSBE, Warren W. *Comentário bíblico expositivo.* Vol. 5, p. 324.

[4] HENDRIKSEN, William. *Lucas.* Vol. 2, p. 401,402.

[5] MORRIS, Leon L. *Lucas: introdução e comentário,* p. 252.

Capítulo 53

Jesus a caminho de Jerusalém
(Lc 18.31-43)

ESTA PASSAGEM REGISTRA o último anúncio de Jesus acerca de seu sofrimento e morte, já a caminho de Jerusalém. Duas verdades essenciais são relatadas aqui: a primeira delas, a subida a Jerusalém (18.31-34); e a segunda, a passagem por Jericó (18.35-42).

A subida para Jerusalém, a marcha da salvação (18.31-34)

Esta é a terceira vez que Jesus fala de sua morte e, à medida que ele torna o assunto mais claro, vê os discípulos mais confusos. Quando Jesus falou pela primeira vez a respeito de sua morte, Pedro o reprovou. Quando Jesus falou pela segunda vez sobre seu sofrimento e morte, os discípulos discutiram entre si sobre quem era o maior entre eles. Agora, quando Jesus fala pela terceira vez e com mais detalhes, Tiago e João buscam glórias pessoais, e os outros dez se irritam com eles, porque se sentem traídos (Mc 10.35-45). Nas duas primeiras predições, Jesus havia falado sobre o que haveria de lhe acontecer; agora, ele fala sobre onde as coisas vão acontecer, na santa cidade de Jerusalém (18.31-34). Os discípulos, porém, pareciam cegos para o significado da cruz.

Destacamos quatro verdades sobre a marcha da salvação.

Em primeiro lugar, *a determinação de Jesus* (18.31). A cruz não foi um acidente na vida de Jesus, mas uma agenda. Ele veio ao mundo para morrer. Não há nada de involuntário ou desconhecido na morte de Cristo. Ele jamais foi demovido desse plano, quer pela tentação de Satanás, quer pelo apelo das multidões, quer pela agrura desse caminho. Resolutamente, ele marchou para Jerusalém e para a cruz como um rei caminha para a sua coroação. A cruz foi o trono de onde ele despojou os principados e potestades e glorificou o Pai, dando sua vida em resgate de muitos.

O sofrimento de Cristo foi amplamente preanunciado pelos profetas (18.31). Jesus, por três vezes, alertou os discípulos acerca dessa hora, mas eles nada compreendiam acerca destas coisas (18.34). Para eles, a ideia de um Messias morto não fazia sentido, mesmo com a predição adicional: *... mas, ao terceiro dia, ressuscitará* (18.33).

Em segundo lugar, *a liderança de Jesus* (18.31). Jesus ia adiante dos seus discípulos nessa marcha para Jerusalém (Mc 10.32). Não havia nele nenhum sinal de dúvida ou temor. Quando subimos a estrada da perseguição, do sofrimento e da morte, temos a convicção de que Jesus vai à

Jesus a caminho de Jerusalém

nossa frente. Ele nos lidera nessa jornada. Não precisamos temer os perigos nem mesmo o pavor da morte, pois Jesus foi e vai à nossa frente, abrindo a caminho e tirando o aguilhão da morte.

Em terceiro lugar, *o sofrimento de Jesus* (18.32,33). O evangelista Lucas enumera os vários sofrimentos que Jesus enfrentou nas mãos dos gentios e nas mãos dos líderes de Israel. O sinédrio entregou Jesus a Pilatos, o governador romano. No pretório romano, Jesus foi escarnecido. Tiraram sua túnica e despojaram-no de suas roupas. Zombaram dele, colocando uma coroa de espinhos em sua cabeça. Blasfemavam contra ele, pedindo que profetizasse enquanto cobriam seu corpo de bofetadas. Jesus foi cuspido. Essa era a forma mais humilhante de desprezar uma pessoa. Jesus foi açoitado, surrado, espancado, ferido e traspassado. Esbordoaram sua cabeça. Arrancaram sua carne e esborrifaram seu sangue com açoites crudelíssimos. Jesus foi morto. Judeus e romanos se uniram para matar a Jesus, condenando-o à morte de cruz. Suas mãos foram rasgadas, seus pés foram feridos, e seu lado foi traspassado com uma lança.

Em quarto lugar, *a vitória de Jesus sobre a morte* (18.33). Jesus preanunciou não apenas sua morte, mas também sua ressurreição. Seu plano eterno passava pelo vale da morte, mas a morte não o poderia reter. Ele quebrou o poder da morte, abriu o sepulcro de dentro para fora, matou a morte e conquistou para nós imortalidade. Agora, a morte não tem mais a última palavra. A morte foi vencida. Lucas 18.34 conclui informando-nos que mais uma vez os discípulos não compreenderam a verdade essencial do cristianismo. O sentido dessas palavras sobre a paixão e a ressurreição de Jesus lhes era encoberto.

A passagem por Jericó, um encontro da salvação (18.35-42)

William Hendriksen diz que podemos sintetizar o episódio da cura de Bartimeu em quatro pontos: sua condição miserável (18.35-38); sua dificuldade adicional (18.39a); sua louvável persistência (18.39); a maravilhosa bênção que Jesus lhe outorgou (18.40-43).[1] Antes de entrarmos na exposição do texto, três aspectos preliminares devem ser considerados.

As aparentes contradições do texto. A cura do cego Bartimeu está registrada nos três Evangelhos sinóticos. Porém, existem nuances diferentes nos registros. Mateus cita dois cegos, e não apenas de um (Mt 20.30), e Lucas registra que Jesus estava entrando em Jericó (18.35-43), e não saindo de Jericó como nos informa Marcos (Mc 10.46). Como entender essas aparentes contradições?

Primeiro, nem Marcos nem Lucas afirmam que havia apenas um cego. Eles destacam Bartimeu, talvez por ser o mais conhecido e aquele que se destacava em seu clamor.

Segundo, havia duas cidades de Jericó. No primeiro século havia duas Jericós: a velha Jericó, quase toda em ruínas, e a nova Jericó, cidade bonita construída por Herodes logo ao sul da cidade velha.[2] A cidade antiga estava em ruínas, mas Herodes, o Grande, havia levantado essa nova Jericó, onde ficava seu palácio de inverno, uma bela cidade ornada de palmeiras, jardins floridos, teatro, anfiteatro, residências e piscinas para banhos. Aparentemente, o milagre aconteceu na divisa entre a cidade nova e a velha, enquanto Jesus saía de uma e entrava na outra.[3]

A última oportunidade. A cidade de Jericó, além de ser um posto de fronteira e alfândega (19.2), também era a última oportunidade de abastecimento de provisões e local de reuniões, em que grupos pequenos se organizavam para a

Jesus a caminho de Jerusalém

viagem em conjunto à cidade de Jerusalém. Desta forma, protegidos contra os salteadores de estrada (10.30), os peregrinos partiam deste último oásis no vale do Jordão para o último trecho de uns 25 quilômetros, uma subida íngreme de perto de 1.000 metros de altitude, através do deserto acidentado da Judeia até a cidade do templo.

Jesus estava indo para Jerusalém. Ele marchava resolutamente para o calvário. Era a festa da Páscoa. Naquela mesma semana, Jesus seria preso, julgado, condenado e pregado na cruz. Era a última vez que Jesus passaria por Jericó. Aquela era a última oportunidade de Bartimeu. Se ele não buscasse a Jesus, ficaria para sempre cativo de sua cegueira.

A grande multidão. Por que a numerosa multidão está seguindo Jesus de Jericó rumo a Jerusalém? Aquele era o tempo da festa da Páscoa, a mais importante festa judaica. A Lei estabelecia que todo varão, maior de 12 anos, que vivesse dentro de um raio de 25 quilômetros, estava obrigado a assistir à festa da Páscoa. Certamente muitas pessoas deviam estar acompanhando atentamente a Jesus, impressionadas pelos seus ensinos; outras estariam curiosas acerca desse rabino que desafiava os grandes líderes religiosos da nação. Era no meio dessa multidão mista que Bartimeu se encontrava.

Voltemos, agora, nossa atenção para a exposição do texto. *Algumas verdades devem ser destacadas.*

Em primeiro lugar, *sua condição antes de Cristo* (18.35). Há vários aspectos dramáticos na vida de Bartimeu antes do seu encontro com Cristo, que comentamos a seguir.

Ele vivia numa cidade condenada (18.35). Jericó foi a maior fortaleza derrubada por Josué e seu exército na conquista da terra prometida (Js 6.20,21). Josué fez o povo jurar e dizer: *Maldito diante do Senhor seja o homem que se levantar e reedificar esta cidade de Jericó; com a perda do seu primogênito lhe porá os fundamentos e, à custa do mais novo, as portas* (Js 6.26). Jericó tinha cinco características que faziam dela uma cidade peculiar: 1) era uma cidade sob maldição. Herodes, o Grande, reconstruiu a cidade e a adornou, mas isso não fez dela uma bem-aventurada. Jericó era uma cidade encantadora. Era chamada a cidade das palmeiras e dos sicômoros. Quando o vento batia na copa das árvores, as palmeiras esvoaçavam suas cabeleiras, espalhando sua fragrância e seu encanto. Jericó era a cidade dos prazeres. Ali estava o palácio de inverno do rei Herodes. Ali ficavam as fontes termais. Ali moravam milhares de sacerdotes que trabalhavam no templo de Jerusalém. Jericó era a cidade da diversão. Era a cidade que ficava no lugar mais baixo do planeta, 400 metros abaixo do nível do mar. É a maior depressão da terra. Jericó era uma cidade próxima ao mar Morto. O mar Morto é um lago de sal. Nele não existe vida. Trinta e três por cento da água desse mar são sal. Nada floresce às margens desse grande lago de sal.

Ele era cego e mendigo (18.35). Faltava-lhe luz nos olhos e dinheiro no bolso. Ele estava entregue às trevas e à miséria. Vivia a esmolar à beira da estrada, dependendo totalmente da benevolência dos outros. Um cego não sabe para onde vai, um mendigo não tem para onde ir.

Ele não tinha nome (18.35). Nem Mateus nem Lucas citam o nome desse cego. Marcos diz que seu nome era Bartimeu, que em aramaico significa filho de Timeu (Mc 10.46). Portanto, Bartimeu não é nome próprio, significa apenas filho de Timeu. Este homem não somente era cego e mendigo, mas estava também com sua autoestima achatada. Não tinha saúde, nem dinheiro, nem valor próprio. Certamente carregava não apenas sua capa, mas também seus complexos, seus traumas, suas feridas abertas (Mc 10.50).

Ele estava à margem do caminho (18.35). A multidão ia para a festa da Páscoa, mas ele não podia ir. A multidão celebrava e cantava, mas ele só podia clamar por misericórdia. Ele vivia à margem da vida, da paz, da felicidade.

Em segundo lugar, *seu encontro com Cristo* (18.36-41). Consideremos alguns aspectos do encontro de Bartimeu com Jesus.

Bartimeu buscou a Jesus na hora certa (18.36). Aquela era a última vez que Jesus passaria por Jericó. Era a última vez que Jesus subiria a Jerusalém. Aquela era a última oportunidade daquele homem.

Bartimeu buscou a pessoa certa (18.36-38). Com sua cegueira, Bartimeu enxergou mais do que os sacerdotes, escribas e fariseus. Estes tinham olhos, mas não tinham discernimento. Bartimeu era cego, mas enxergava com os olhos da alma.

Bartimeu chamou Jesus de *Filho de Davi*, seu título messiânico. O fato de esse cego mendigo chamar Jesus de *Filho de Davi* revela que ele reconhecia Jesus como o Messias, enquanto muitos que haviam testemunhado os milagres de Jesus estavam cegos a respeito da sua identidade, recusando-se a abrir seus olhos para a verdade.

Bartimeu buscou a Jesus com perseverança (18.38,39). Bartimeu revelou uma insubornável persistência. Ninguém pôde deter o seu clamor, sua exigência de ser levado a Jesus. Ele estava determinado a dialogar com a única pessoa que podia ajudá-lo. Seu desejo de estar com Cristo não era vago, geral ou nebuloso. Era uma vontade determinada e desesperada. A multidão tentou abafar sua voz, mas ele clamava ainda mais alto: *Filho de Davi, tem misericórdia de mim* (18.39). A multidão foi obstáculo para Zaqueu ver a Jesus e estava sendo obstáculo para Bartimeu falar com Jesus.

Bartimeu não se intimidou nem desistiu de clamar pelo nome de Jesus diante da repreensão da multidão. Ele tinha pressa e determinação. Sabia da sua necessidade e sabia que Jesus era o único que poderia libertá-lo de sua cegueira e dos seus pecados.

Bartimeu buscou a Jesus com humildade (18.38,39). Bartimeu sabia que não merecia favor algum e apelou apenas para a compaixão de Jesus. Ele não pediu justiça, mas misericórdia. Não reivindicou direitos, mas pediu compaixão.

Bartimeu buscou a Jesus com objetividade (18.40,41). Bartimeu sabia exatamente do que necessitava. Quando chegou à presença de Jesus, este lhe fez uma pergunta pessoal: *Que queres que eu te faça?* Ele foi direto ao ponto: *Senhor, que eu torne a ver*. Ele não era cego de nascença. Queria voltar a ver. Antonio Vieira diz que há cegos piores do que Bartimeu. São aqueles que não querem ver. Ao cego de Jericó que não tinha olhos, Cristo o fez ver. Mas aos cegos que têm olhos e não querem ver, estes permaneceram em sua cegueira espiritual. A segunda cegueira pior do que a de Bartimeu é ver uma coisa e enxergar outra bem diferente. Eva viu exatamente o que não devia ver e como devia ver. Viu o que não devia ver, porque o fruto era venenoso. Viu como não devia ver, porque viu apenas aquilo que lhe agradava à vista e ao paladar. O terceiro tipo de cegueira pior do que a cegueira de Bartimeu é a daqueles que enxergam a cegueira dos outros, e não a própria. Os cegos deste tipo são capazes de descobrir um pequeno argueiro no olho do vizinho e não se aperceber de uma trave atravessada nos próprios olhos. São aqueles que investigam pequeninas falhas nos outros para alardeá-las como grandes crimes e pecados, esquecidos dos seus grandes e perniciosos defeitos. Finalmente, existe ainda outro tipo de cegueira pior que a do pobre mendigo de Jericó. É a daqueles que não permitem que os outros vejam. Os acompanhantes de Cristo naquela caminhada eram mais cegos do que aquele cego porque impediam que o clamor e os gritos de angústia daquele infeliz chegassem até Jesus, burocratizando a misericórdia divina. É a cegueira daqueles que, por serem infelizes, não permitem a felicidade dos outros.[4]

Em terceiro lugar, *a sua nova vida com Cristo* (18.42,43). Três fatos merecem destaque aqui.

Bartimeu foi salvo por Cristo (18.42). Aquela era uma caminhada decisiva para Jesus. Ele tinha pressa e determinação. Mas o clamor de um mendigo o fez parar. Jesus disse a Bartimeu: *Recupera a tua vista; a tua fé te salvou* (18.42). Jesus diagnosticou uma doença mais grave e mais urgente do que a cegueira. Não apenas seus olhos estavam em trevas, mas também sua alma. John Charles Ryle diz que "a enfermidade do pecado é mais crônica do que a falta de visão".[5] Bartimeu viu coisas que Anás, Caifás e as hostes de mestres em Israel não viram. Ele viu que Jesus era o Messias esperado, o Todo-poderoso Deus. Estou de acordo com Morris quando ele diz que a expressão "a tua fé te salvou" não significa que foi a fé de Bartimeu que criou a cura, mas, sim, que a fé foi o meio pelo qual ele recebeu a cura.[6]

Bartimeu foi curado por Cristo (18.42,43). Jesus não apenas perdoa pecados e salva a alma, mas também cura e redime o corpo. Bartimeu teve seus olhos abertos. Ele saiu de uma cegueira completa para uma visão completa. Num momento, cegueira total; no seguinte, visão intacta. A cura foi total, imediata e definitiva.

Bartimeu foi guiado por Cristo (18.43). *Imediatamente, tornou a ver e seguia-o glorificando a Deus...* Bartimeu demonstra gratidão e provas de conversão. Ele não queria apenas a bênção, mas, sobretudo, o abençoador. Ele seguiu Jesus para onde? Para Atenas, a capital da filosofia? Para Roma, a capital do poder político? Não, ele seguiu Jesus para Jerusalém, a cidade onde Jesus chorou, suou sangue, foi preso, sentenciado, condenado e pregado na cruz. Ele seguiu não uma estrada atapetada, mas um caminho juncado de espinhos. Não o caminho da glória, mas o caminho da cruz. Bartimeu trilhou o caminho do discipulado.

Jesus passou por Jericó. Ele está passando hoje também pela nossa vida, cruzando as avenidas da nossa existência. Temos duas opções: clamar pelo seu nome ou perder a oportunidade.

Notas

[1] HENDRIKSEN, William. *Lucas*. Vol. 2, p. 411,412.

[2] WIERSBE, Warren W. *Comentário bíblico expositivo*. Vol. 5, p. 325.

[3] RICHARDS, Larry. *Todos os milagres da Bíblia*, p. 270.

[4] VIEIRA, Antonio. *Mensagem de fé para quem não tem fé*. São Paulo, SP: Paulinas, 1981, p. 74-77.

[5] RYLE, John Charles. *Meditações no Evangelho de Lucas*, p. 301.

[6] MORRIS, Leon L. *Lucas: introdução e comentário*, p. 254.

Capítulo 54

O encontro da salvação
(Lc 19.1-10)

A CONEXÃO ENTRE O FINAL do capítulo 18 e o começo do 19 é meridianamente clara. Ambos os relatos se referem a fatos ocorridos em Jericó. No primeiro caso, um homem cego foi curado e salvo por Cristo; no segundo caso, um homem rico foi alcançado pela graça.[1]

Jericó era uma belíssima e rica cidade próxima do rio Jordão e do mar Morto. Adornada por muitas palmeiras e fontes de águas quentes, era a cidade de inverno dos reis e a residência predileta dos sacerdotes. Seu nome significa "lugar de fragrância". Ali foram construídos um teatro e um hipódromo. Suas ruas eram enfeitadas com sicômoros enfileirados.[2] Jesus estava passando por Jericó.

A cidade do lazer, do luxo, do comércio e da riqueza estava agora sendo visitada pelo próprio Filho de Deus. Jesus em Jericó era a visitação de Deus naquela cidade, a oportunidade de Deus para o seu povo.

Jesus estava passando pela última vez por Jericó. Ele estava indo para a cruz. Naquela semana, ele seria morto. Aquele era o dia da oportunidade de Jericó. Era o céu aberto sobre Jericó. Era a salvação oferecida a Jericó. Era o dia mais importante na agenda da cidade de Jericó.

Uma multidão se acotovelava para ver Jesus, mas só dois homens foram salvos: um rico e outro pobre. Um à beira do caminho e o outro empoleirado em uma árvore. Para se encontrar com Cristo, um precisou se levantar, e o outro precisou descer. Um era esquecido, e o outro era odiado. Um era aristocrata e o outro era mendigo, mostrando que Deus não faz acepção de pessoas. Não importa a sua posição política, financeira, a cor da sua pele ou a sua religião, Jesus veio aqui para salvar você. Esta pode ser também a sua última oportunidade. O tempo é agora para o encontro da salvação.

Warren Wiersbe resume a história de Zaqueu em cinco fatos: 1) um homem que se tornou uma criança; 2) um homem que procurava e foi encontrado; 3) um homem pequeno que se tornou grande; 4) um homem pobre que se tornou rico; 5) um anfitrião que se tornou convidado.[3]

Destacamos a seguir alguns pontos importantes nesse episódio.

Obstáculos enfrentados por Zaqueu para se encontrar com Jesus

Zaqueu enfrentou alguns obstáculos para ter um encontro com Jesus.

O encontro da salvação

Em primeiro lugar, *o obstáculo de sua profissão* (19.2). O nome Zaqueu significa "justo, puro", mas esse homem não fazia jus a seu nome.[4] Ele era o chefe dos publicanos. A palavra grega traduzida por "maioral" é *architelones*. Este é o único lugar no Novo Testamento em que se menciona um líder de coletores. Um publicano era um cobrador de impostos, um arrendatário da Receita Federal de Roma. Ele tinha autorização para cobrar os impostos do povo e repassar o dinheiro para os cofres de Roma. Rienecker diz que, desde os tempos de César Augusto, os tributos não eram recolhidos diretamente pelo Estado, mas arrendados por um tempo considerável a quem oferecia mais. O arrendatário da tributação arrendava as alfândegas de determinado distrito por uma soma estabelecida, de sorte que lhe cabia o excedente dos tributos combinados.[5]

Richards Lawrence, nessa mesma linha de pensamento, diz que no sistema romano o direito de cobrar impostos era vendido aos homens que davam lances pelo privilégio. Esses homens então contratavam outros para fazerem o trabalho real e, em cada nível desta operação, o lucro dependia de quanto a população podia ser sobretaxada. Visto que a cobrança de impostos era forçada pelo exército romano, a compra de uma concessão de impostos era, na realidade, uma licença para roubar.[6]

Fica evidente que os publicanos não só cobravam impostos pesados, mas também extorquiam o povo. Um publicano tinha pouco patriotismo e nenhuma religião. Preocupava-se mais com o lucro do que com o próximo. Os publicanos eram considerados ladrões e classificados entre as prostitutas. Eram vistos como inimigos do povo, por quem eram odiados. Rienecker diz que o trabalho dos publicanos era visto como uma traição nacional.[7]

Zaqueu era maioral ou o chefe dos publicanos. Embora seu nome signifique "puro", ele era considerado um homem repugnante pelo povo. Zaqueu era a antítese do seu nome. Seu nome significa justo, mas ele enriquecera por meios fraudulentos. Ele era o cabeça daquele odiado esquema de corrupção. Era um homem inteligente e esperto que usava o trabalho de outros para se fortalecer. Mas, a despeito da sua posição, ele procurou ver a Jesus (19.3). Espiritualmente, era um homem infeliz, necessitado, insatisfeito, perdido e incompleto. Sua vida era marcada por um vazio que nem a fama, nem o dinheiro, nem o sucesso podia preencher. Ele tinha dinheiro, mas não tinha paz. Era rico, mas não feliz. "Melhor é o pouco havendo temor do Senhor, do que grande tesouro onde há inquietação" (Pv 15.16).

Em segundo lugar, *o obstáculo do* status *social* (19.2). Zaqueu era rico. A conversão de Zaqueu ilustra a verdade ensinada por Jesus: *Quão dificilmente entrarão no reino de Deus os que têm riquezas! Porque é mais fácil passar um camelo pelo fundo de uma agulha do que entrar um rico no reino de Deus...* Sendo assim, quem pode ser salvo? Mas ele respondeu: *Os impossíveis dos homens são possíveis para Deus* (18.24-27). Zaqueu não deixou que o dinheiro o impedisse de encontrar-se com Jesus. Ele sabia que o dinheiro não preenchia o vazio do seu coração. Ele sabia que sua alma estava sedenta de algo que o dinheiro não podia comprar. O jovem rico trocou a salvação da sua alma pela sua riqueza. Seu deus era o dinheiro, e o dinheiro o levou à perdição. O problema não é ser rico, mas ser amante do dinheiro. O problema não é possuir dinheiro, mas ser possuído por ele. O problema não é carregar dinheiro no bolso, mas o guardar no coração.

O encontro da salvação

Em terceiro lugar, *o obstáculo da condição física* (19.3b). Zaqueu era um homem de pequena estatura. Para ver o rosto das pessoas, precisava olhar para cima. No meio da multidão, ele não tinha nenhuma chance. Ele devia ter os seus complexos e traumas de adolescência. Certamente sofreu quando era jovem. As pessoas riam dele. As pessoas faziam chacota da sua condição física. Mas Zaqueu não deixou que um problema físico interferisse na sua vida espiritual. Ele queria ver Jesus, por isso subiu num sicômoro, uma árvore de copa aberta, com ramos baixos.[8] Se Zaqueu tivesse a altura dos grandes jogadores de Basquete da NBA ou fosse um descendente de Golias, ou mesmo tivesse uma estatura normal, estaria no meio da multidão. Ele transformou o seu problema num instrumento para aproximá-lo de Jesus. Ele correu. Ele demonstrou pressa para encontrar-se com Jesus.

Em quarto lugar, *o obstáculo do orgulho* (19.4). Zaqueu não se importou com sua condição de homem rico. Deixou de lado seu *status*, seus títulos e sua fama e subiu em uma árvore para ver Jesus. Abriu mão da sua vaidade e do seu orgulho. Embora sendo rico e maioral dos publicanos, não se importou com a opinião da multidão. Ele não deu atenção às críticas, zombarias, chacotas ou escárnios. Queria ver Jesus. Para subir naquela árvore, ele precisou descer do pedestal do seu orgulho. Zaqueu subiu com o desejo de ver Jesus e desceu a toda pressa por causa da palavra de Jesus. Ele desceu do seu pedestal. Desceu da sua condição e abriu seu coração e sua casa para receber Jesus. Zaqueu admitiu diante de todos as falhas do seu caráter. Tirou a máscara, reconheceu a sua doença, confessou o seu pecado.

Em quinto lugar, *o obstáculo da multidão* (19.3). A multidão sempre foi um obstáculo para as pessoas verem Jesus.

A mesma multidão quis calar o cego Bartimeu em Jericó. A multidão apertava Zaqueu e não o deixava ver Jesus. Cuidado com a multidão, que pode ser um estorvo na sua vida. Não deixe que a multidão sufoque o seu grito de socorro nem que ela impeça você de ter um encontro com Cristo. Quantas vezes um indivíduo se sente constrangido de ir ao Salvador por causa de parentes, amigos, opinião pública e do povo. Zaqueu não se intimidou por causa da multidão. Seu desejo de ver Jesus foi maior do que o obstáculo da multidão.

Em sexto lugar, *o obstáculo dos murmuradores* (19.7). Quem são os murmuradores? São aqueles que se enxergam como justos e únicos merecedores da salvação. São aqueles que chegam aos ouvidos de Jesus para dizer: Esse Zaqueu é lalau; ele é sujo, ele é indigno. Os murmuradores são aqueles que acham que são melhores do que os outros.

A determinação de Jesus em salvar Zaqueu

Destacamos aqui alguns pontos.

Em primeiro lugar, *Jesus buscou Zaqueu antes de Zaqueu buscá-lo* (19.5). Jesus viu Zaqueu primeiro. Assim como Jesus viu Mateus na coletoria e Natanael debaixo da figueira, agora Jesus vê Zaqueu empoleirado na árvore. A iniciativa do encontro pessoal foi de Jesus. Ele veio buscar e salvar o perdido. Zaqueu na árvore era como um fruto maduro que Jesus precisava colher. Walter Liefeld diz que o desejo de Zaqueu de ver Jesus foi suplantado pelo desejo de Jesus de vê-lo.[9]

Em segundo lugar, *Jesus mostra a Zaqueu que a sua salvação era uma questão urgente* (19.5). O Mestre lhe disse: *Desce depressa*. É hoje. É agora. Não é possível adiar mais. Aquele era o último dia. Aquela era a última hora. Jesus

O encontro da salvação

nunca mais passaria por Jericó. Jesus tem pressa para salvar você. Hoje é o dia da visitação de Deus à sua vida. Não perca o dia da sua oportunidade. Não endureça o seu coração. Busque o Senhor enquanto se pode achar. A eternidade jaz à porta.

Em terceiro lugar, *Jesus quer ter comunhão com Zaqueu* (19.5). Esta é a única vez que Jesus entra numa casa sem ser convidado. Ele nunca entrou numa casa sem ser chamado e nunca ficou sem ser acolhido. Jesus disse: [...] *me convém ficar em sua casa*, ou seja, "eu preciso ficar em sua casa". Estava na agenda de Cristo salvar Zaqueu, como estava na agenda de Cristo passar em Samaria e salvar a mulher samaritana (Jo 4.1,2). Isso prova o amor de Jesus e o propósito urgente de Jesus em salvar Zaqueu. O prazer de Deus é perdoar os seus pecados. Jesus revela que o seu amor é desprovido de preconceitos. A cidade inteira murmurou ao ver Jesus se hospedando com Zaqueu (19.7). Eles sabiam que Zaqueu era um grande pecador. Mas Jesus é o amigo dos publicanos e pecadores. Ele não veio buscar aqueles que se acham justos e bons. Como médico, ele veio curar os que se consideram doentes.

Em quarto lugar, *Jesus dá a Zaqueu o presente da salvação* (19.9,10). A salvação não é obtida por meio da religião. Jericó era a cidade dos sacerdotes, mas é o negociante mais inescrupuloso da cidade que vai procurar Jesus e ser salvo. A salvação não é obtida mediante uma vida correta. Havia muitas pessoas de caráter ilibado em Jericó, mas Jesus salva o homem mais odiado da cidade. O passado de Zaqueu era repugnante para todos. A salvação não é obtida pelas obras. Jesus ordenou ao jovem rico que vendesse tudo e desse aos pobres, e ele se recusou. Uma pessoa pode distribuir todos os seus bens aos pobres e isso de nada valer. Zaqueu deu a metade dos seus bens e isso foi aceito. Ele não foi salvo porque deu; ele foi salvo porque creu. Não importa quem você é, o que você fez, por onde andou. Agora mesmo, se você se arrepender dos seus pecados, abandoná-los e confiar em Jesus, você pode ser salvo.

Walter Liefeld diz com razão que o versículo 10 bem pode ser considerado o verso-chave deste Evangelho, porque ele expressa o coração do ministério de Jesus como apresentado por Lucas.[10]

As evidências da salvação de Zaqueu

David Neale diz que, em resposta ao ato de arrependimento de Zaqueu, Jesus reitera sua mensagem de salvação aos marginalizados (19.9).[11] Aqui está a mensagem central desse interesse de Jesus pelos perdidos: *Porque o Filho do homem veio buscar e salvar o perdido* (19.10).

Vamos listar aqui três evidências da salvação de Zaqueu.

Em primeiro lugar, *prontidão em obedecer ao chamado de Jesus* (19.6). Zaqueu desceu depressa. Ele obedeceu sem questionar e sem adiar. Recebeu Jesus em sua casa e em seu coração. Abriu seu coração e seu lar para Jesus. Levou Jesus para dentro da sua casa. Abriu sua vida, seu coração, sua consciência e seu cofre e deixou que Jesus entrasse em cada área da sua vida.

Em segundo lugar, *coração aberto para socorrer os necessitados* (19.8). Zaqueu demonstrou profunda mudança em sua vida. Jesus transformou seu coração, sua vida, seu caráter e seu bolso. O primeiro sinal de conversão na vida de Zaqueu foi o amor, a generosidade, a disposição de dar. "Eu resolvo dar." Até então, sua vida era marcada por receber e tomar o que era dos outros. Ele, que sempre tomou, agora quer dar. O eixo da sua vida mudou. Ele, que queria sempre

O encontro da salvação

levar vantagem em tudo, quer ajudar. Ele, que sempre pensava em si mesmo, agora pensa nos outros. Agora não é a ganância, mas o amor que governa a sua vida. Se a nossa religião é verdadeira, ela atinge o nosso bolso, toca a nossa carteira. Quando você abre o coração para a generosidade, destrói o demônio da ganância. Zaqueu não dá para ganhar a salvação. Ele dá porque recebeu a salvação. Quando o nosso coração é atingido pelo amor de Jesus, o bolso, a conta bancária, tudo passa a ser também do Senhor. John Charles Ryle está correto em dizer que, quando um crente rico começa a distribuir sua riqueza e um extorsionário começa a fazer restituições, certamente podemos crer que as coisas velhas já passaram e que tudo se fez novo.[12]

Em terceiro lugar, *prontidão para corrigir as faltas do passado* (19.8). Zaqueu desviou muita coisa de gente inocente. Pisou nos menos favorecidos. Ganhou muita propina pelos cambalachos que fazia para os ricos. Adulterou muitas notas fiscais. Aceitou muitas notas frias, tudo isso para aumentar a própria riqueza. Um dia, porém, sua consciência transbordou, e ele não aguentou mais. Ao encontrar-se com Jesus, ele se dispôs a corrigir as faltas do seu passado. Uma pessoa convertida torna-se honesta. Zaqueu quer agora reparar os erros do passado. Quer restituir às pessoas a quem tinha lesado. Quer limpar o seu nome. Quer uma vida certa. Concordo com A. T. Robertson quando ele escreve: "A restituição é boa prova de uma mudança de mentalidade e intenção".[13] O caráter de Zaqueu é curado por Cristo. Ele abandona a mentira, a esperteza comercial, as vantagens fáceis do enriquecimento ilícito. Agora quer andar na luz. Um idólatra se arrepende e abandona os ídolos. Um maldizente abandona os palavrões. Um mentiroso, a mentira. Um adúltero, o

LUCAS — Jesus, o homem perfeito

adultério. Um homossexual, o homossexualismo. Um viciado abandona as drogas. Um ladrão deixa o roubo e devolve o que não é seu. Um feiticeiro larga a feitiçaria. Não há salvação sem abandono do pecado. *O que encobre as suas transgressões jamais prosperará, mas aquele que as confessa e deixa, alcançará misericórdia* (Pv 28.13). Quando Zaqueu demonstrou seu sincero arrependimento, Jesus lhe disse: *Hoje houve salvação nesta casa. Porque também este é filho de Abraão. Pois o Filho do homem veio buscar e salvar o perdido* (19.10). Concluo com as palavras de Rienecker quando diz que a história de Zaqueu representa a melhor prova de que não é impossível que uma pessoa rica entre no reino de Deus (18.25-27).[14]

NOTAS

[1] HENDRIKSEN, William. *Lucas*. Vol. 2, p. 423.

[2] HENDRIKSEN, William. *Lucas*. Vol. 2, p. 424.

[3] WIERSBE, Warren W. *Comentário bíblico expositivo*. Vol. 5, p. 327.

[4] WIERSBE, Warren W. *Comentário bíblico expositivo*. Vol. 5, p. 327.

[5] RIENECKER, Fritz. *Evangelho de Lucas*, p. 381,382.

[6] RICHARDS, Lawrence O. *Comentário histórico-cultural do Novo Testamento*, p. 182.

[7] RIENECKER, Fritz. *Evangelho de Lucas*, p. 382.

[8] ROBERTSON, A. T. *Comentário Lucas à luz do Novo Testamento grego*, p. 322.

[9] LIEFELD, Walter L. "Luke." In: *Zondervan NIV Bible Commentary*. Vol. 2.

O encontro da salvação

Grand Rapids, MI: Zondervan, 1994, p. 271.

[10] LIEFELD, Walter L. "Luke." In: *Zondervan NIV Bible Commentary*. Vol. 2, p. 272.

[11] NEALE, David A. *Novo comentário bíblico Beacon Lucas 9-24*, p. 221.

[12] RYLE, John Charles. *Meditações no Evangelho de Lucas*, p. 305.

[13] ROBERTSON, A. T. *Comentário Lucas à luz do Novo Testamento grego*, p. 323.

[14] RIENECKER, Fritz. *Evangelho de Lucas*, p. 384.

Capítulo 55

Jerusalém, o rei está chegando
(Lc 19.11-48)

JESUS JÁ HAVIA SAÍDO de Jericó para Jerusalém, acompanhado de um grande séquito. Ele saiu da cidade mais antiga e mais baixa do mundo, Jericó, há quase 400 metros abaixo do nível do mar, para Jerusalém, a cidade de Davi, há 800 metros acima do nível do mar. Era uma estrada íngreme pelo deserto da Judeia, uma escalada de 25 quilômetros. Por já estarem perto de Jerusalém, crescia entre a caravana que o seguia a expectativa de que, com sua entrada em Jerusalém, o reino de Deus se manifestaria imediatamente (19.11).

Era a Páscoa, a maior festa de Israel. Nesse tempo, a população de Jerusalém quintuplicava. A festa era a alegria dos judeus e o terror dos romanos. Durante o evento, a residência oficial do governador e todo o seu aparato militar seriam transferidos de Cesareia para Jerusalém.

O texto em tela destaca dois pontos que merecem ser comentados.

O acerto de contas com o Rei (19.11-27)

Para corrigir o conceito equivocado acerca da natureza do seu reino, pois até mesmo seus discípulos pensavam num reino terreno e político (At 1.6), Jesus conta a parábola das dez minas. Com certa semelhança com a parábola dos talentos (Mt 25.14-30), a parábola fala sobre um homem nobre que se ausenta para tomar posse de um reino e depois voltar. Antes de partir, o nobre entrega uma mina, ou seja, cem dracmas, a dez de seus servos, dando-lhes a ordem de negociar esses valores até sua volta. Na sua volta, ele recompensou os servos fiéis, porém repreendeu severamente o servo negligente, além de ordenar sumariamente a execução dos inimigos. A parábola nos oferece quatro lições.

Em primeiro lugar, *o trabalho dos servos durante a ausência de seu senhor* (19.11-14). O homem chama dez de seus servos e lhes confia dez minas (uma mina era uma moeda grega que valia cem dracmas, sendo a dracma o preço do trabalho de um dia de um operário),[1] dizendo-lhes: *Negociai até que eu volte* (19.13). Este nobre, entretanto, enfrenta a hostilidade de seus concidadãos, que o odiavam. Logo que ele partiu, seus inimigos enviaram após ele uma embaixada, dizendo que *não* queriam se submeter ao seu reinado (19.14). Essa parábola de Jesus tinha uma estreita conexão com um fato histórico muito conhecido de seus ouvintes. No ano 4 a.C., com a morte de Herodes, o Grande, seu filho Arquelau foi a Roma para ser coroado

Jerusalém, o rei está chegando

rei da Judeia pelo imperador César Augusto. Porém, uma embaixada de judeus contrários ao seu governo foi a Roma protestar, dizendo que não queriam que Arquelau reinasse sobre eles. O imperador manteve Arquelau na Judeia, mas não lhe deu o título de rei. Nomeou-o apenas como etnarca.[2] Outras representações foram feitas contra Arquelau, que acabou deposto no ano 6 d.C.[3] Esse homem nobre da parábola é um símbolo de Jesus. Ele inaugurou seu reino de graça e voltará para estabelecer o seu reino de glória. Até sua volta, incumbiu-nos de fazer discípulos de todas as nações e pregar o evangelho a toda criatura.

Em segundo lugar, *a recompensa dos servos fiéis na volta de seu senhor* (19.15-19). A embaixada dos concidadãos contra o nobre não o impediu de tomar posse do reino. Então, ele volta e chama os servos para uma prestação de contas. A título de exemplo, chamou dois servos para se apresentarem. Estes demonstraram sua fidelidade e fizeram um relatório positivo. O primeiro disse que a mina do seu senhor havia rendido dez vezes mais; o segundo, que sua mina havia rendido cinco vezes mais. A ambos, o homem nobre elogiou, confiando ao primeiro autoridade sobre dez cidades, e ao segundo, sobre cinco cidades. A fidelidade deles foi recompensada pelo seu senhor. Aqueles que foram encontrados fiéis no pouco foram colocados no muito. Receberam maiores privilégios e mais amplas responsabilidades. Ryle, aplicando o ensino deste texto, diz que virá o dia em que o Senhor Jesus julgará todo o seu povo e recompensará a cada um segundo suas obras.[4] Hendriksen, por sua vez, diz que, em sua gloriosa vinda, Jesus enaltecerá os servos fiéis e os galardoará em proporção ao grau de fidelidade que tiverem mostrado. Ele lhes dará a oportunidade de prestar serviço ainda maior no novo céu e na nova terra.[5]

Lucas — Jesus, o homem perfeito

Em terceiro lugar, *a punição dos servos infiéis na volta de seu senhor* (19.20-26). O terceiro servo, sendo infiel, se apresentou e fez um relatório negativo. Para encobrir sua preguiça e omissão, disse que temeu a seu senhor e ainda o acusou de ser homem rigoroso e injusto, que tira o que não põe e ceifa o que não semeia. O nobre, sem meias palavras, chamou-o de servo mau. Esse servo infiel lavrou sua condenação pelas suas próprias palavras. Rienecker tem razão ao dizer que aquilo que o servo preguiçoso apresenta em sua defesa abre caminho justamente para sua condenação.[6] Se, de fato, ele fosse coerente com suas palavras, não teria guardado o dinheiro do seu senhor, mas teria, no mínimo, colocado esses valores no banco para render juros. A ordem do homem nobre foi incisa e imediata: *Tirai-lhe a mina e dai-a ao que tem as dez* (19.24). Diante da ponderação de que este já tinha dez minas, o senhor respondeu: *A todo o que tem dar-se-lhe-á; mas o que não tem, até o que tem lhe será tirado* (19.26). *Não há espaço para negligência no reino de Deus. A neutralidade e a omissão são ofensas ao Senhor e prejuízos à sua causa.*

Concordo com Warren Wiersbe quando ele diz que o problema do servo infiel é seu conceito errado de seu senhor. Ele considerava seu senhor um homem severo, exigente e injusto. Não o amava; ao contrário, tinha medo dele. É triste quando um cristão é motivado por um medo servil, e não por uma fé amorosa. Não há nada que distorça e deforme mais a alma do que um conceito baixo ou indigno de Deus.[7]

Em quarto lugar, *a severa punição dos inimigos na volta do senhor* (19.14,27). Aqueles que se opuseram ao homem nobre dizendo: *Não queremos que este reine sobre nós* (19.14), que foram seus inimigos e não quiseram se submeter ao seu

Jerusalém, o rei está chegando

reinado, acabaram punidos severamente. Uma ordem expressa foi dada: *Trazei-os aqui e executai-os na minha presença* (19.27). Isso implica a ausência de qualquer indulgência branda. A aplicação de Jesus não poderia ser mais clara, pois ele estava perto de Jerusalém e, em poucos dias, ouviria a multidão gritar: *Não temos rei, senão César* (Jo 19.15). Em outras palavras: "Não queremos que este reine sobre nós".[8]

A manifestação pública do Rei (19.28-48)

Terminada a parábola, Jesus continua subindo para Jerusalém (19.28). Esta era a hora mais esperada de seu ministério. William Hendriksen diz que a entrada triunfal em Jerusalém foi um evento de máxima importância.[9] Por três vezes ele preanunciou sua entrada em Jerusalém. Cumpria-se uma agenda estabelecida na eternidade. Agora havia chegado o grande momento. Não há nada de improvisação. Nada de surpresa. Ele veio para esta hora.

Seis verdades são destacadas na passagem em tela.

Em primeiro lugar, *a preparação* (19.25-36). A entrada de Jesus em Jerusalém foi externamente despretensiosa. Ele não entrou brandindo uma espada nem acompanhado de um exército. Não veio como um conquistador político, mas como o redentor do seu povo. A entrada de Jesus em Jerusalém foi totalmente diferente daquelas celebradas pelos conquistadores romanos. Quando um general romano retornava a Roma depois da vitória sobre os inimigos, era recebido por grande multidão. O general vitorioso desfilava em carruagem de ouro. Os sacerdotes queimavam incenso em sua honra e o povo gritava seu nome, enquanto seus cativos eram levados às arenas para lutar com animais selvagens. Esta era a entrada triunfal de um romano.[10]

Ao montar um jumentinho, porém, Jesus estava dizendo que sua missão era de paz e que seu reino era espiritual. Estava cumprindo a profecia de Zacarias: *Alegra-te muito, ó filha de Sião; exulta, ó filha de Jerusalém: eis aí te vem o teu rei, justo e salvador, humilde, montado em jumento, num jumentinho, cria de jumenta* (Zc 9.9). Jesus demonstrou onisciência, sabendo onde estava o jumentinho. Demonstrou autoridade, dando ordens para trazer o jumentinho. Demonstrou domínio sobre o reino animal, pois montou um jumentinho que ainda não havia sido amansado. Demonstrou ainda que gênero de Messias ele é. Não o messias terreno dos sonhos de Israel, aquele que promove guerra contra o opressor terreno, mas aquele que veio promover e estabelecer *as coisas que pertencem à paz* (19.42); uma paz duradoura: a reconciliação entre o ser humano e Deus e entre o ser humano e seu semelhante.[11]

Em segundo lugar, *a celebração* (19.37,38). A multidão de discípulos passou, jubilosa, a louvar a Deus em alta voz, por todos os milagres que eles tinham visto, dizendo: *Bendito é o rei que vem em nome do Senhor! Paz no céu e glória nas maiores alturas!* O evangelista Marcos diz que a multidão que subiu com Jesus encontrou a multidão que já estava em Jerusalém, e essas duas multidões clamaram: *Hosana! Bendito o que vem em nome do Senhor! Bendito o reino que vem, o reino de Davi, nosso pai! Hosana, nas maiores alturas!* (Mc 11.9,10). O rei havia chegado, e as multidões se puseram a celebrar!

O tema da celebração da multidão era a paz. Lucas começa seu evangelho anunciando paz na terra (2.14), mas agora o tema é *paz no céu* (19.38). Uma vez que o Messias havia sido rejeitado, não poderia haver paz na terra. Graças à obra de Cristo na cruz, entretanto, os seres humanos

Jerusalém, o rei está chegando

poderiam ser reconciliados com Deus, e então, ter paz com Deus e experimentarem a paz de Deus.

Em terceiro lugar, *a resistência* (19.39,40). Os fariseus que acompanharam toda a trajetória de Jesus, não para se deleitarem em seus ensinos nem para darem glória pelos seus milagres, tentam mais uma cartada, pedindo para Jesus repreender a multidão de discípulos que, jubilosamente, o aclamava como o Rei bendito que vem em nome do Senhor. Em vez de atender ao acintoso pedido dos fariseus, Jesus lhes disse: *Asseguro-vos que, se eles se calarem, as próprias pedras clamarão* (19.40). Os fariseus se recusaram a professar o nome de Jesus e agora querem impedir que outros também o professem. Se os discípulos se calarem, as pedras clamarão. Rienecker diz que essa é uma expressão proverbial que representa uma alusão velada à destruição de Jerusalém, com as pedras da cidade e do templo representando o juízo condenatório de Deus.[12]

Em quarto lugar, *o choro* (19.41-44). A marcha de Jesus levou-o para o centro nervoso da cidade assassina de profetas. Ali estava o templo, o sinédrio, a resistência mais radical ao seu ministério. Quando Jesus viu a cidade, explodiu em lágrimas e chorou copiosamente (19.41). Jesus chorou em três diferentes ocasiões: junto ao túmulo de Lázaro, sobre a impenitente cidade de Jerusalém e no Getsêmani (Hb 5.7). Ali ele não apenas suou sangue, mas também orou com forte clamor e lágrimas.

Veremos mais detidamente agora o choro de Jesus sobre Jerusalém. A palavra grega *eklausen,* usada aqui, é mais do que chorar (19.41). Jesus não apenas verteu lágrimas, mas foi tomado por um forte lamento.[13] Ele irrompeu em prantos.[14] A palavra grega traz a ideia de um choro com soluços e gemidos. Jesus lamentou sobre a cidade. Para todos os lados que Jesus olhava, encontrava motivos para chorar.[15] Quando olhou para trás, viu quanto a nação tinha desperdiçado suas oportunidades e sido ignorante a respeito do tempo da sua visitação. Quando olhou ao redor, viu atividades religiosas que estavam caducas. O templo havia se transformado num covil de salteadores, e os líderes religiosos, por inveja, queriam matá-lo. Havia religiosidade, mas não conhecimento de Deus. Quando ele olhou para frente, chorou ao perceber o terrível julgamento que estava prestes a vir sobre Jerusalém. No ano 70 d.C., Jerusalém foi saqueada e destruída, e o povo foi massacrado e vendido como escravo por todo o mundo.

As lágrimas de Jesus foram tão profundas que ele não pôde contê-las a despeito da ocasião. Enquanto a multidão celebrava, Jesus chorava. Os discípulos haviam trazido o jumentinho. Jesus estava entrando triunfalmente na cidade. Toda a multidão dos discípulos passou, jubilosa, a louvar a Deus em alta voz, por todos os milagres que tinham visto, dizendo: *Bendito é o Rei que vem em nome do Senhor! Paz no céu e glória nas maiores alturas* (19.37,38). No meio da alegre procissão, enquanto as multidões que precediam e sucediam a Jesus colocavam suas roupas na estrada e galhos de árvores (Mt 21.8), os discípulos desfraldavam suas palmas e em coro davam glória a Deus, Jesus parou e chorou. Jesus sabia da superficialidade de todos os louvores que estava recebendo. Ele sabia que a mesma multidão que agora gritava hosanas, em breve, gritaria: Crucifica-o. Ele sabia que a alegre procissão de entrada em Jerusalém se converteria na triste procissão para fora dos muros da cidade, para o Calvário, onde ele seria crucificado.

Jesus não interrompeu a alegria dos seus discípulos como queriam os fariseus (19.39,40). Mas também não

Jerusalém, o rei está chegando

entrou no espírito daquela alegria. Todos celebravam, mas ele chorava. Aquele dilúvio de lágrimas não era por si mesmo, contudo, mas pelos impenitentes da cidade. Jesus não chora por si; ele chora por nós. Mais tarde, enquanto caminhava para a cruz, Jesus disse às mulheres rendidas ao pranto: *Filhas de Jerusalém, não choreis por mim; chorai, antes, por vós mesmas e por vossos filhos!* (23.28). Ele chorou pela cidade que o rejeitaria e o crucificaria, e não pelas dores que iria sofrer.

Jesus lamenta a falta pela qual eles perecem (19.42). Ignorância, terrível ignorância, foi a ruína de Israel. "Ah, se conheceras!" Eles não conheceram o que poderiam ter conhecido, o que deveriam ter conhecido. Jesus chorou sobre Jerusalém porque, embora fosse a cidade dos profetas, dos escribas e dos mestres, ela estava perecendo por não conhecer a Deus. Eles odiaram o verdadeiro conhecimento e não escolheram temer o Senhor. A cidade desprezou a palavra de Deus e se entregou a uma obstinada incredulidade. Eles escolheram morrer em trevas em vez de aceitar a luz do Filho de Deus.

Jesus lamenta a felicidade que eles tinham perdido (19.42). O nome da cidade de Jerusalém significa "a cidade da paz". Mas Jerusalém tinha perdido a sua paz, porque não havia conhecido o Príncipe da Paz.

Jesus lamenta porque viu a grande ruína que desabaria sobre Jerusalém (19.43,44). A invasão de Jerusalém por Tito Vespasiano no ano 70 d.C. foi a tragédia das tragédias. Nada se compara àquela sangrenta e brutal invasão. Milhares de milhares de pessoas morreram de fome, pestilência ou passadas ao fio da espada. Mulheres devoraram as carnes de seus próprios filhos. Não havia escape. A cidade foi cercada. A fome reinava do lado de dentro, e o cerco do inimigo dominava do lado de fora. Os mortos eram lançados para fora dos muros. Quando Tito invadiu a cidade, havia uma multidão de corpos em estado de putrefação do lado de dentro dos muros. William Hendriksen, citando o historiador Flavio Josefo, escreve:

> Enquanto o santuário era queimado, não se mostrou piedade por idade nem respeito por posição. Ao contrário, crianças e idosos, leigos e sacerdotes, igualmente foram massacrados. O imperador ordenou que toda a cidade e o povo fossem arrasados completamente, e que fossem deixadas somente as partes mais altas das torres e a porção do muro que fecha a cidade do lado ocidental. Todo o restante do muro que circunda a cidade foi tão completamente destruído, que os futuros visitantes ao local não conseguiriam acreditar que a cidade fora um dia habitada.[16]

Em quinto lugar, *a acusação* (19.45,46). No Novo Testamento há duas palavras estreitamente relacionadas ao templo. A primeira é *hieron,* que significa "o lugar sagrado". Isso incluía toda a área do templo, que cobria o cume do monte Sião e tinha uns 15 hectares de extensão. Estava rodeado por grandes muralhas. Havia um amplo espaço exterior chamado *pátio dos gentios.* Nele podia entrar qualquer judeu ou gentio. O pátio seguinte era *pátio das mulheres.* As mulheres não podiam ir além desse pátio. Logo vinha o pátio chamado *pátio dos israelitas.* Ali se reunia a congregação nas grandes ocasiões e dali entregavam as oferendas aos sacerdotes. A outra palavra importante é *naos,* que significa *o templo propriamente dito,* o qual se levantava no pátio dos sacerdotes. Toda a área incluindo os diferentes pátios, eram os recintos sagrados (*hieron*). O edifício especial levantado no pátio dos sacerdotes era o templo (*naos*).[17]

Jerusalém, o rei está chegando

Jesus entra no templo, expulsa os que ali vendiam e acusa os mercantilistas da fé: *A minha casa será casa de oração. Mas vós a transformastes em covil de salteadores* (19.46). Jesus mostra com isso o propósito da casa de Deus. Ele faz uma faxina ali, pois a Casa de Deus tinha perdido a sua razão de ser. Os sacerdotes a haviam transformado num mercado. O lucro tinha substituído o relacionamento com Deus. Jesus, então, declara que sua Casa não devia ser um lugar para excluir as pessoas pela barreira do comércio, mas um lugar de oração para todos os povos. Jesus chama a Casa de Deus de "minha casa". Ele é o próprio Deus e tem zelo pela sua casa. Sua Casa precisa cumprir o propósito de aproximar as pessoas de Deus, em vez de afastá-las. William Hendriksen apresenta essa cena da expulsão dos vendilhões do templo com as seguintes palavras:

> Jesus vê que o átrio está sendo profanado. Mais parecia um mercado. Os negócios vão de vento em popa e são também lucrativos. Alguns homens estão vendendo bois e ovelhas. Nessa época do ano, com a Páscoa tão próxima e os peregrinos de todas as partes enchendo os átrios, há muitos compradores. Eles pagam elevados preços por esses animais destinados ao sacrifício. Os mercadores do templo pagavam generosamente aos sacerdotes por essa concessão. Parte desse dinheiro finalmente chega aos cofres do cobiçoso e rico Anás e também do matreiro Caifás. Portanto, é compreensível que os comerciantes e a estirpe sacerdotal fossem sócios nesse negócio. Jesus nota a grande azáfama de todos esses compradores e vendedores e, além disso, o ruído, a sujeira e o mau cheiro de todos aqueles animais. Porventura isso poderia, em algum sentido, ser chamado adoração?[18]

A Casa de Oração tinha sido transformada em um covil de salteadores. O covil dos salteadores é o lugar para onde os ladrões correm quando desejam se esconder. Em vez de as

LUCAS — Jesus, o homem perfeito

pessoas buscarem o templo para romperem com o pecado, elas estavam tentando se esconder da consequência do pecado no templo. O templo estava se transformando num covil, ou seja, num esconderijo de ladrões.

O templo havia perdido o seu propósito e a fé estava sendo mercantilizada. Deus havia sido substituído pelo dinheiro. A oração tinha sido substituída pelo lucro.

Em sexto lugar, *a oposição* (19.47,48). Jesus ensinava diariamente no templo, mas os principais sacerdotes, os escribas e os maiorais do povo, em vez de se arrependerem, endureceram ainda mais o coração. Em vez de obedecerem ao Messias, tramaram sua morte. Só não deram curso ao seu intento maligno porque todo o povo, ao ouvir Jesus, ficava dominado por ele.

NOTAS

[1] HENDRIKSEN, William. *Lucas*. Vol. 2, p. 431.

[2] BARCLAY, William. *Lucas*, p. 230,231.

[3] HENDRIKSEN, William. *Lucas*. Vol. 2, p. 432.

[4] RYLE, John Charles. *Meditações no Evangelho de Lucas*, p. 307.

[5] HENDRIKSEN, William. *Lucas*. Vol. 2, p. 433.

[6] RIENECKER, Fritz. *Evangelho de Lucas*, p. 389.

[7] WIERSBE, Warren W. *Comentário bíblico expositivo*. Vol. 5, p. 329.

[8] WIERSBE, Warren W. *Comentário bíblico expositivo*. Vol. 5, p. 329.

[9] HENDRIKSEN, William. *Lucas*. Vol. 2, p. 447.

[10] WIERSBE, Warren W. *Be Diligent*, p. 109.

[11] HENDRIKSEN, William. *Lucas*. Vol. 2, p. 447.

[12] RIENECKER, Fritz. *Comentário bíblico expositivo*. Vol. 5, p. 394.

[13] RIENECKER, Fritz. *Evangelho de Lucas*, p. 394.

[14] MORRIS, Leon L. *Lucas: introdução e comentário*, p. 263.

[15] WIERSBE, Warren W. *Comentário bíblico expositivo*. Vol. 5, p. 330.

[16] HENDRIKSEN, William. *Lucas*. Vol. 2, p. 456.

[17] William BARCLAY. *Marcos*. 1974, p. 283,284.

[18] HENDRIKSEN, William. *Lucas*. Vol. 2, p. 457.

Capítulo 56

O dia das perguntas em Jerusalém
(Lc 20-21.1-4)

JESUS JÁ HAVIA ALERTADO aos seus discípulos que esperassem conflitos e sofrimentos em sua chegada a Jerusalém (9.22). As tensões desse dia foram imensas. Os líderes religiosos o emparedaram em busca de uma prova contra ele. Fizeram perguntas capciosas e subornaram emissários para tentá-lo com lisonjas.

Vamos agora examinar o que aconteceu com Jesus nesse dia, conhecido como "o dia das perguntas".[1] De acordo com Warren Wiersbe, é interessante observar como Jesus usou de sabedoria, virando a mesa e colocando os líderes na defensiva. Primeiro, ele fez uma pergunta (20.3-8); em seguida, apresentou uma parábola (20.9-16); por fim, citou uma profecia (20.17,18). Em cada uma dessas abordagens, revelou os pecados de Israel como nação.[2]

A autoridade do Messias (11.18,19,27-33)

Destacamos quatro pontos neste texto.

Em primeiro lugar, *uma pergunta maliciosa* (20.1,2). Jesus estava no templo ensinando e evangelizando quando chegaram os principais sacerdotes, os escribas e os anciãos. Esses três grupos compunham o sinédrio, o conselho supremo dos judeus. Esses líderes estavam irritados porque Jesus expulsara os vendilhões do templo e ainda chamara o próprio templo de covil de salteadores (19.45,46). Como reação, eles buscam, sofregamente, um meio de acusá-lo. Querem encontrar uma causa legítima para condená-lo à morte. Certamente, visam extrair de Jesus uma declaração acerca de seu envio celestial, a fim de terem motivos para acusá-lo de blasfêmia.[3] Morris diz que, no mesmíssimo momento em que seus inimigos estavam tramando contra Jesus, ele estava levando as boas novas de Deus ao povo.[4] Os líderes, irritados e inconformados com a atitude de Jesus no templo, perguntam-lhe: *Com que autoridade fazes estas coisas? Ou quem te deu essa autoridade?* (20.1,2). Em outras palavras: "Mostra-nos as tuas credenciais".[5]

Em segundo lugar, *uma contrapergunta corajosa* (20.3,4). Jesus não dá uma resposta aos inimigos, mas retruca: *Também eu vos farei uma pergunta; dizei-me: O batismo de João era dos céus ou dos homens?* (20.4). A pergunta de Jesus não foge do foco. O batismo de João tinha tudo que ver com sua autoridade. João era um profeta de Deus, reconhecido pelo povo, e eles rejeitaram a mensagem de João, o precursor do Messias, que apontou para Jesus e disse: *Eis o Cordeiro de Deus que tira o pecado do mundo* (Jo 1.29). A festa da Páscoa,

O dia das perguntas em Jerusalém

na qual um cordeiro sem defeito deveria ser imolado, já tinha começado. Estava bem ali diante dos olhos deles, Jesus, o Cordeiro de Deus, aquele de quem João havia testemunhado. Se eles respondessem não à pergunta de Jesus, o povo os condenaria. Se respondessem sim, estariam reafirmando a autoridade divina de Jesus.

Em terceiro lugar, *uma farsa dolorosa* (20.5-7). Os principais sacerdotes, escribas e anciãos, encurralados pela pergunta de Jesus, preferiram mentir para não enfrentar a verdade. Abafaram a voz da consciência, taparam os ouvidos à verdade e mergulharam nas sombras espessas da hipocrisia. Warren Wiersbe diz que eles foram dissimulados ao perguntar e desonestos ao evitar responder.[6] Rienecker acentua que foi o medo das pessoas, e não o temor de Deus, que impediu que os inimigos falassem contra a opinião do povo. Nisso se revela sua miserável hipocrisia.[7]

Em quarto lugar, *uma firmeza gloriosa* (20.8). Jesus não entrou numa discussão infrutífera com seus inimigos nem perdeu tempo com suas perguntas de algibeira, mas replicou: *Pois nem eu vos digo com que autoridade faço estas coisas.*

Uma parábola de Jesus sobre o amor rejeitado (20.9-18)

William Barclay diz que esta é uma parábola cujo significado é claro como cristal. A vinha representa a nação de Israel. Os lavradores são os líderes religiosos de Israel. Os mensageiros são os profetas que foram desprezados, perseguidos e mortos. O filho é Jesus. E o castigo é que a posição que Israel havia ocupado seria transferida para a igreja.[8]

Esta parábola contada por Jesus contém algumas lições solenes.

Em primeiro lugar, *o privilégio de Israel, o povo amado de Deus* (20.9). Depois de entrar no templo (19.45), purificar o templo (19.45,46) e discutir a questão da autoridade no templo (20.1,2), a parábola da vinha também gira em torno da relação de Israel com Jesus, pois, de acordo com escritores antigos como Josefo e Tácito, havia por sobre o pórtico do santuário herodiano uma grande videira dourada. O Talmude também aplicava o ramo da videira ao templo de Jerusalém. Portanto, Jesus endereça essa parábola aos representantes do templo.

Israel é a vinha de Deus. Ele chamou esse povo não porque era o mais numeroso, mas por causa do seu amor incondicional. Deus cercou Israel com seu cuidado: libertou, sustentou, guiou e abençoou esse povo. Deus plantou essa vinha. Cercou-a com uma sebe. Construiu nela um lagar. Colocou uma torre (Mc 12.1). Toda a estrutura estava pronta. Nada ficou por fazer. Tudo Deus fez por seu povo. Ele deu a Israel suas boas leis e ordenanças. Enviou-os a uma boa terra. Expulsou as sete nações. Passou por alto os grandes impérios e demonstrou seu profundo amor a esse pequeno povo. Nenhuma família debaixo do céu recebeu tantos privilégios como a família de Abraão (Am 3.2). De igual forma, Deus também tem nos revelado o seu amor, mesmo sendo nós pecadores. Nada merecemos de Deus e, ainda assim, ele nos demonstra sua imensa bondade e misericórdia.

Em segundo lugar, *Deus tem direito de buscar frutos na vida do seu povo* (20.10a). A graça nos responsabiliza. Deus esperava frutos de Israel. Mas Israel se tornou uma videira brava (Is 5.1-7). Servo após servo veio a Israel procurando frutos e foi maltratado e despedido vazio. Profeta após profeta foi enviado a eles, mas eles a uns maltrataram, a outros mataram. Milagre após milagre foi operado entre eles, sem nenhum resultado. Israel só tinha folhas, e não frutos (Mc

O dia das perguntas em Jerusalém

11.12-14). Deus nos escolheu em Cristo para darmos frutos (Jo 15.8).

Em terceiro lugar, *a rejeição contínua e deliberada do amor de Deus* (20.10b-15). Ao longo dos séculos, Deus mandou seus profetas para falar à nação de Israel, mas eles rejeitaram a mensagem, perseguiram e mataram os mensageiros (2Cr 36.16). Quanto mais Deus demonstrava seu amor, mais o povo se afastava e endurecia a sua cerviz. Finalmente, Deus enviou o seu Filho, mas eles não o receberam (Jo 1.11). A parábola agora atinge o seu clímax. Eles estavam prestes a matar o Filho enviado pelo Pai. Os ouvintes de Jesus, ao mesmo tempo que ouviam a parábola, estavam urdindo um plano para matarem o Filho de Deus. Hendriksen pergunta: "É porventura possível ler essa passagem sem recordar imediatamente passagens como João 3.16; Romanos 5.8; Romanos 8.32; e Gálatas 4.4)?"[9]

Em quarto lugar, *o juízo de Deus aos que rejeitam seu amor* (20.16-18). Deus pune os rebeldes e passa a vinha a outros. A oportunidade de Israel cessa e aos gentios é aberta a porta da graça. Israel rejeitou o tempo da sua visitação. Rejeitou aquele que poderia resgatá-lo. A pedra era um conhecido símbolo do Messias (Êx 17.6; Dn 2.34; Zc 4.7; Rm 9.32,33; 1Co 10.4; 1Pe 2.6-8). Jesus anunciou um duplo veredicto: eles não apenas tinham rejeitado o Filho, mas também tinham rejeitado a pedra. Só lhes restava então o julgamento.[10] Se corretamente entendida, essa passagem os ajudaria a reconhecer que o Filho, rejeitado pelas autoridades do templo, viria a ser certamente a "pedra angular" do novo templo de Deus. Com essa guinada de ênfase na metáfora, Jesus olha para além de sua morte, para sua vindicação na ressurreição, a edificação de uma nova "casa para todas as nações".

Em quinto lugar, *o endurecimento em vez do quebrantamento* (20.19). A parábola foi uma centelha na pólvora da oposição a Jesus.[11] Os líderes religiosos interpretaram corretamente a parábola de Jesus, mas não se dispuseram a obedecer a Jesus. Ao contrário, endureceram ainda mais o coração e buscaram uma forma de eliminar Jesus. Apenas conhecimento e convicção não podem nos salvar. É perfeitamente possível saber que estamos errados e, ainda assim, seguirmos obstinadamente agarrados ao nosso pecado e perecermos miseravelmente.

Um plano malfadado para apanhar Jesus em contradição (20.20-26)

Os líderes têm um propósito: matar Jesus! Precisam encontrar o modo certo de fazê-lo. Decidem, então, propor-lhe perguntas embaraçosas, com o fim de apanhá-lo em alguma contradição. Desta maneira, poderiam acusá-lo e levá-lo à morte.

David Neale diz que esses acontecimentos têm o tenebroso contorno de uma conspiração. Jesus já havia se deparado com intenções letais e sinistras anteriormente (4.29; 13.31). Mas a primeira foi o ato de uma multidão; e a segunda, uma tentativa direta de assassinato. Em Jerusalém, porém, a tentativa de matá-lo é uma trama envolvendo uma cilada, um informante e subterfúgios que tentam burlar o escrutínio público.[12] O termo grego usado aqui em Lucas 20.20 para os emissários subornados é *enkatheos,* que significa "espiões". São agentes secretos que vigiam Jesus de perto, fingindo ser honestos, para pegá-lo no contrapé.[13]

Duas foram as tentativas malfadadas dos inimigos de Jesus.

O dia das perguntas em Jerusalém

Em primeiro lugar, _a questão do tributo_ (20.20-26). A pergunta se era lícito ou não pagar tributos a César propicia-nos algumas lições importantes.

As forças opostas se unem para atacar Jesus (20.19). Os escribas pertenciam ao partido dos fariseus, e os principais sacerdotes pertenciam ao partido dos saduceus. Esses dois grupos de conservadores e progressistas, ortodoxos e liberais não eram unidos (At 23.6-9), mas se uniram contra Jesus. O evangelista Marcos acrescenta que os fariseus e os herodianos, que eram inimigos irreconciliáveis, se ajuntaram contra Jesus (Mc 3.6). Estavam em lados opostos, mas, quando se tratou de condenar Jesus, eles se uniram (Mc 12.13). Forças opostas se unem contra a verdade. Os herodianos apoiavam a família de Herodes, que recebera poder de Roma para governar e cobrar impostos. Os fariseus, contudo, consideravam Herodes um usurpador do trono de Davi. Eles se opunham à taxa de impostos que os romanos tinham colocado sobre a Judeia e assim se ressentiam da presença de Roma em sua terra, mas contra Jesus esses inimigos se uniram.

A bajulação é uma arma do inimigo (20.21). A bajulação é uma armadilha camuflada com lisonja. Os inimigos de Jesus, no caso aqui, são espiões contratados que lhe desfiam desabridos elogios, numa linguagem bajuladora, insincera e hipócrita. Jesus, porém, tira a máscara de seus inquiridores e expõe sua hipocrisia.

Uma pergunta maliciosa (20.22). Perguntaram a Jesus: _É lícito pagar tributo a César?_ Eles estavam seguros de que, qualquer que fosse a resposta de Jesus, ele estaria em situação embaraçosa. Se Jesus respondesse sim, o povo estaria contra ele, pois seria visto como alguém que apoia o sistema romano idólatra. Se respondesse não, Roma estaria contra ele, e os herodianos se apressariam em denunciá-lo às autoridades romanas, acusando-o de rebelião (23.2).[14] Se sua resposta fosse sim, ele perderia sua credibilidade junto ao povo; se sua resposta fosse não, seria acusado de insubordinado e rebelde contra Roma.

Uma resposta desconcertante (20.23-26). Jesus responde: *Mostrai-me um denário. De quem é a efígie e a inscrição?* Ao responderem: "De César", Jesus recomenda: *Dai, pois, a César o que é de César e a Deus o que é de Deus.* Jesus não absolutiza o poder de Roma nem isenta o povo do seu compromisso com Deus. Somos cidadãos de dois reinos. Devemos lealdade tanto a um quanto ao outro. Devemos pagar nossos tributos bem como devolver o que é de Deus. O governo humano é estabelecido por Deus para o nosso bem (Rm 13.1; 1Tm 2.1-6; 1Pe 2.13-17). Mesmo quando a pessoa que ocupa o ofício não é digna de respeito, o ofício que ela ocupa deve ser respeitado.[15] Jesus rejeitou a tendência de ver o diabo no Estado tanto como a de divinizá-lo. Demonizar pessoas ou instituições humanas são atitudes injustas. Não é necessário existir um conflito entre o espiritual e o temporal. Em síntese, Jesus diz para os orgulhosos fariseus não se omitirem em seu dever com César e diz para os mundanos herodianos não se omitirem em seu dever com Deus. A armadilha deles falhou, e eles não puderam acusar Jesus nem de sedição nem de se curvar a Roma.

Em segundo lugar, *a questão da ressurreição* (20.27-40). Uma delegação de saduceus espera que uma pergunta teológica possa ter sucesso onde uma armadilha política falhou. Depois que os fariseus, versados nas Escrituras, haviam sido devidamente despachados pelo Senhor, também os saduceus fizeram sua tentativa, propondo-lhe uma pergunta capciosa.[16] É digno de nota que essa é a única menção dos saduceus no Evangelho de Lucas. Eles aparecerão com maior frequência no livro de Atos.

Essa passagem ensina-nos várias lições solenes.

O perigo de os hereges assumirem a liderança religiosa (20.27). Os saduceus formavam a classe aristocrática da religião judaica. Essa aristocracia sacerdotal colaborou com as autoridades romanas e, no processo, ficou rica e orgulhosa da posição secular que conquistou. Contrariamente aos fariseus, que aceitavam tanto a Lei escrita quanto a Lei oral, eles só aceitavam o Pentateuco e negavam as tradições orais, bem como os outros livros do Antigo Testamento. Os saduceus sentiram-se ameaçados pelas ações de Jesus no templo, do qual a manutenção de seu poder e de sua riqueza dependiam. Aqueles que ocupavam as funções mais importantes da religião judaica eram hereges doutrinariamente: negavam a vida depois da morte, a doutrina da ressurreição, a existência da alma, a existência dos anjos e demônios, e o julgamento final (At 23.8). Os saduceus eram os liberais da época. Eram tidos como os intelectuais da época, mas negavam os fundamentos essenciais da fé.

Uma pergunta maliciosa (20.28-33). Os saduceus fazem uma pergunta usando um caso hipotético e absolutamente improvável, ligado à prática do levirato (Dt 25.5-10). O termo "levirato" vem do latim *levir*, que significa "o irmão do marido".[17] Sete irmãos casaram-se com a mesma mulher. Na ressurreição, perguntam, quem vai ser o marido dessa mulher, visto que os sete a desposaram? A pergunta hipotética deles não era sincera. Eles nem acreditavam na doutrina da ressurreição. Estavam propondo um enigma para Jesus, a fim de colocá-lo num beco sem saída.

Uma resposta esclarecedora (20.34-40). Jesus afirmou aquilo que os saduceus negavam: a existência dos anjos, a realidade da vida depois da morte e a esperança da ressurreição futura – e o fez usando uma passagem de Moisés (a única parte do Antigo Testamento que eles aceitavam). É evidente que Jesus poderia ter citado outras passagens para ensinar sobre a ressurreição futura, mas tratou com seus adversários dentro do território deles.[18] A resposta de Jesus sinaliza vários fatos importantes. Para termos uma visão mais ampla da resposta de Jesus, vamos recorrer também aos outros evangelistas.

Primeiro, a heresia é consequência do desconhecimento das Escrituras, bem como do poder de Deus (Mt 22.29; Mc 12.24). Os saduceus pensaram que eram espertos, mas Jesus revelou a ignorância deles em duas coisas: o poder de Deus e a verdade das Escrituras. Se os saduceus conhecessem as Escrituras, saberiam que não existe nada em Deuteronômio 25.5,6 que se aplique à vida futura, e também saberiam que o Antigo Testamento, em várias passagens, ensina a ressurreição do corpo. E, se conhecessem o poder de Deus (Rm 4.17; Hb 11.19), teriam entendido que Deus é capaz de ressuscitar os mortos de tal modo que o casamento não seja mais necessário. Eles laboravam em erro porque não conheciam as Escrituras nem o poder de Deus. Os saduceus eram analfabetos da Bíblia e queriam embaraçar o Mestre dos mestres com perguntas capciosas.

Segundo, a morte coloca um fim no relacionamento conjugal (20.34,35). O casamento é uma relação apenas para esta vida. Não existe casamento eterno. A morte é o fim do relacionamento conjugal. Marido e mulher são uma só carne, mas não são um só espírito. Se fossem, a morte não poderia dissolver a relação conjugal. O ensino mórmon sobre casamento eterno, portanto, está em total desacordo com a palavra de Deus. É uma crassa heresia.

O dia das perguntas em Jerusalém

Na vida futura, não haverá relacionamento conjugal, nem necessidade de procriação para preservação da raça.

Terceiro, a morte não coloca um fim no nosso relacionamento com Deus (20.35-40). Jesus corrige a teologia distorcida dos saduceus que entendiam ser a morte um sinônimo de extinção. Abraão, Isaque e Jacó já estavam mortos, quando Deus se revelou a Moisés na sarça ardente, dizendo: *Eu sou o Deus de Abraão, Isaque e Jacó*. Para Deus os patriarcas estão vivos, pois a morte não interrompeu a relação de Deus com eles, como interrompeu o relacionamento deles com seus respectivos cônjuges. Esse registro revela que Moisés acreditava piamente na vida depois da morte. Os mesmos saduceus que professavam crer em Moisés erravam por não conhecer o ensino de Moisés.

A pergunta de Jesus (20.41-44)

De interrogado, Jesus passa a interrogador (20.41-44). Ele agora parte para o contra-ataque e começa a interrogar os escribas, chegando, assim, ao apogeu da discussão. As perguntas versaram sobre tributo e ressurreição. Mas agora tocam na pessoa de Cristo. Essa é a maior questão: Quem é Jesus? Essa é a maior questão porque se, nós estivermos errados sobre Jesus, estaremos errados sobre a salvação, perdendo, assim, a nossa própria alma.

Jesus é ao mesmo tempo filho de Davi e Senhor de Davi. Ele veio da descendência de Davi segundo a carne (Rm 1.3), mas precede a Davi, é o Senhor de Davi e seu reino jamais terá fim. John Charles Ryle diz que eles não puderam ver a sublime verdade de que o Messias deveria ser Deus e homem, assim como não perceberam que, embora como homem o Messias fosse Filho de Davi, como Deus o Messias era o Senhor de Davi.[19]

O mesmo Jesus que ocultou durante o seu ministério a sua verdadeira identidade, rogando às pessoas que não dissessem ao povo quem ele era, agora a revela com diáfana clareza. Chegara o tempo de cumprir cabalmente sua missão. Ele está indo para a cruz, mas sabe que é o Filho de Davi, o Senhor de Davi, o Messias prometido, cujo reinado não tem fim.

A advertência de Jesus (20.45-47)

Jesus alerta para três fatos, detalhados a seguir.

Em primeiro lugar, *o exibicionismo religioso condenado por Jesus* (20.45,46). Os escribas tentavam demonstrar sua espiritualidade no vestuário, nas palavras e nos gestos. Vestiam-se impecavelmente, faziam longas orações e apreciavam as saudações nas praças, as primeiras cadeiras nas sinagogas e os primeiros lugares nos banquetes. Eles gostavam de aparecer, por isso Jesus adverte: *Guardai-vos dos escribas* (20.46).

Em segundo lugar, *a hipocrisia religiosa desmascarada por Jesus* (20.47a). Depois de mostrar os enganos teológicos dos líderes religiosos, Jesus adverte sobre a hipocrisia. Os escribas, com todo esse aparato de piedade externa, devoravam as casas das viúvas. As viúvas, por serem mulheres, não eram emancipadas perante a lei. Por isso, precisavam do auxílio de um homem para administrar legalmente o inventário do marido falecido. Nessas circunstâncias, os professores da lei, versados no direito, em vez de defenderem a causa das viúvas, roubavam seus bens. Eles quebravam o mandamento mais importante da Lei, que é o amor. Por serem gananciosos, viviam para explorar os fracos, em vez de socorrê-los e ensiná-los. Os escribas tentavam acobertar seus pecados de avareza e exploração fazendo longas orações.

O dia das perguntas em Jerusalém

Em terceiro lugar, *o juízo inevitável proclamado por Jesus* (20.47b). Os escribas sofrerão maior juízo, porque eram os doutores da lei. Eles tinham profundo conhecimento da verdade. Eram mestres. Tinham a cabeça cheia de luz, embora tivessem o coração vazio de amor.

A observância de Jesus (21.1-4)

Este texto destaca três lições importantes.

Em primeiro lugar, *Jesus observa aqueles que vão ao gazofilácio* (21.1). Jesus não apenas está presente no templo, mas observa os adoradores. E observa atentamente como o povo faz suas ofertas. Ele vê o coração e o bolso. Vê quanto cada um entrega e também a motivação com que cada um faz a sua oferta. Nas palavras de John Charles Ryle, "Jesus não leva em conta o total das ofertas que os homens dão; ele considera o grau de renúncia pessoal que está envolvido na contribuição ofertada".[20]

Em segundo lugar, *Jesus não se impressiona com quantidade; ele espera proporcionalidade* (21.2,3). Jesus não despreza o donativo dos ricos, mas não se impressionou com as grandes quantias depositadas por eles no gazofilácio. Ao contrário, Jesus destacou as duas moedas depositadas no gazofilácio pela viúva pobre. O original diz duas *leptas*. Quanto era isso? Duas *leptas* correspondiam 1/16 de um denário, que era o salário corrente por um dia de trabalho de um operário.[21] A questão não é quanto damos, mas quanto retemos. A questão não é a porção que damos, mas a proporção.[22] Jesus qualifica o sacrifício como grande ou pequeno não pela quantia dada, mas pela quantia retida para nós mesmos. O sistema de valores de Jesus inverte completamente conceitos como "o maior é melhor" e "dar com vistas a receber". Os ricos deram a sobra, mas a viúva pobre deu uma oferta sacrificial.

Em terceiro lugar, *o que é desprezível aos olhos humanos é grandioso aos olhos de Deus* (21.3,4). Jesus disse que aquela viúva pobre deu mais do que os ricos, porque de sua pobreza deu tudo o que possuía, todo o seu sustento. Sua confiança estava no provedor, e não na provisão. Deus não vê apenas o que temos em nossas mãos, mas o que trazemos em nosso coração. Na matemática de Deus, o pouco pode ser muito e o muito pode ser pouco. Na matemática de Deus, o que conta não é a quantidade, mas a fidelidade, a prodigalidade do amor. Concluo com as palavras de David Neale:

A doação da viúva ao templo demonstra a economia na qual o reino de Jesus irá operar: o pobre, em vez do rico, será honrado; o impotente governará o poderoso; as mulheres fiéis envergonharão os homens gananciosos; os marginalizados suplantarão a elite religiosa; e as viúvas esquecidas terão o primeiro lugar. Alguém pode facilmente reler o *Magnificat* (1.46-56) e ver o espírito da oferta dessa mulher para o templo. Ali, a humilhação da serva é celebrada (1.48), a queda do soberbo é predita (1.51), a elevação do humilde é anunciada (1.52), a exaltação do faminto e o contrastante vazio do rico são declarados (1.53).[23]

NOTAS

[1] BARCLAY, William. *Lucas*, p. 236.
[2] WIERSBE, Warren W. *Comentário bíblico expositivo*. Vol. 5, p. 332.
[3] RIENECKER, Fritz. *Evangelho de Lucas*, p. 398.
[4] MORRIS, Leon L. *Lucas: introdução e comentário*, p. 265

O dia das perguntas em Jerusalém

[5] HENDRIKSEN, William. *Lucas*. Vol. 2, p. 467.

[6] WIERSBE, Warren W. *Comentário bíblico expositivo*. Vol. 5, p. 333.

[7] RIENECKER, Fritz. *Evangelho de Lucas*, p. 399.

[8] BARCLAY, William. *Lucas*, p. 238,239.

[9] HENDRIKSEN, William. *Lucas*. Vol. 2, p. 472.

[10] WIERSBE, Warren W. *Be diligent*, p. 115,116.

[11] MORRIS, Leon L. *Lucas: introdução e comentário*, p. 269.

[12] NEALE, David A. *Novo comentário bíblico Beacon Lucas 9-24*, p. 241.

[13] NEALE, David A. *Novo comentário bíblico Beacon Lucas 9-24*, p. 241.

[14] RIENECKER, Fritz. *Evangelho de Lucas*, p. 243.

[15] WIERSBE, Warren W. *Be diligent*, p. 117.

[16] RIENECKER, Fritz. *Evangelho de Lucas*, p. 406.

[17] WIERSBE, Warren W. *Comentário bíblico expositivo*. Vol. 5, p. 334.

[18] WIERSBE, Warren W. *Comentário bíblico expositivo*. Vol. 5, p. 335.

[19] RYLE, John Charles. *Meditações no Evangelho de Lucas*, p. 325.

[20] RYLE, John Charles. *Meditações no Evangelho de Lucas*, p. 329.

[21] HENDRIKSEN, William. *Lucas*. Vol. 2, p. 509.

[22] WIERSBE, Warren W. *Comentário bíblico expositivo*. Vol. 5, p. 337.

[23] NEALE, David A. *Novo comentário bíblico Beacon Lucas 9-24*, p. 248.

Capítulo 57

Os sinais e a preparação para a segunda vinda de Cristo
(Lc 21.5-38)

AQUI ESTÁ POSTO o discurso escatológico de Jesus, registrado pelos três Evangelhos sinóticos. Jesus anuncia um fim vindouro do mundo, mas com um intervalo indefinido antes do fim. Ele expressa a certeza do triunfo final, embora tenha destacado dias escuros pela frente. E termina o discurso com um desafio animador aos seus seguidores, no sentido de serem vigilantes e não se deixarem sobrecarregar com os pecados e dificuldades deste mundo.[1]

A segunda vinda de Cristo é a consumação apoteótica da história, um dos temas mais enfatizados em toda a Bíblia. Há cerca de 300 referências sobre a primeira vinda de Cristo nas Escrituras e 8 vezes mais sobre a segunda vinda.

Este é um tema distorcido por uns e desacreditado por outros. Muitos falsos mestres negam que Jesus voltará; outros caem na armadilha de marcar datas. Há aqueles, entretanto, que dizem crer na segunda vinda de Cristo, mas, ao mesmo tempo, vivem como se ele jamais fosse voltar.

Destacamos aqui alguns pontos.

Não ficará pedra sobre pedra (21.5,6)

Algumas pessoas falavam a respeito do templo com vívido entusiasmo e deslumbramento, chamando a atenção para as belas pedras que o ornavam e as muitas dádivas que o cercavam (21.5). Essas dádivas seriam ofertas decorativas, tais como a videira de ouro que Herodes deu, com "cachos de uvas tão grandes como um homem".[2]

O evangelista Marcos diz que esse deslumbramento vem de um dos discípulos de Jesus (Mc 13.1), enquanto Mateus diz que se originava de todos os discípulos (Mt 24.1). Como os discípulos eram galileus, estavam admirados com a magnificência do templo. Na verdade, o templo ampliado e embelezado por Herodes, o Grande, não tinha paralelos em seu tempo quanto à beleza e magnificência de sua arquitetura. Aquele majestoso templo de mármore branco, bordejado de ouro, o terceiro templo de Jerusalém, era um espetáculo maravilhoso, um dos mais belos monumentos arquitetônicos do mundo. No exterior do edifício, não faltava nada que pudesse deixar extasiada a alma ou os olhos.[3] O grande e belo templo era o centro da vida nacional de Israel, o símbolo da relação da nação com Deus. Walter Liefeld diz que era algo impensável o templo ser totalmente destruído, pois estava cercado por uma grande e sólida estrutura. Era o símbolo tanto da religião judaica como do esplendor de Herodes.[4]

Os sinais e a preparação para a segunda vinda de Cristo

O templo de Jerusalém foi idealizado por Davi, construído por Salomão e destruído por Nabucodonosor. Depois, foi reedificado por Esdras, profanado por Antíoco Epifânio e purificado por Judas Macabeu. A seguir, foi ampliado e embelezado por Herodes, o Grande, e destruído pelo general Tito, no ano 70 d.C.

Os discípulos revelam mais do que admiração pela pujança arquitetônica do templo; expressam seu assombro religioso, sua fé na indestrutibilidade da construção. Jesus, porém, que deixa o templo pela última vez (Mc 13.1), prepara seus seguidores para a futura destruição. O mesmo escritor esclarece: A liderança do templo em Jerusalém era irreverente nos rituais (19.45,46), confusa na teologia (20.1-8) e corrompida na ética (20.45-47). Jesus responde: *Vedes estas coisas? Dias virão em que não ficará pedra sobre pedra que não seja derribada* (21.6).

A predição de Jesus de que não ficaria pedra sobre pedra cumpriu-se no ano 70 d.C., literalmente. O templo foi arrasado pelos romanos quarenta anos depois, no terrível cerco de Jerusalém. Devemos aprender com essa solene profecia de Jesus que a verdadeira glória da igreja não consiste em seus prédios de adoração pública, mas na fé e piedade de seus membros. Hendriksen alerta: "Quando a purificação do templo não produziu um arrependimento genuíno, sua destruição deveria vir em seguida".[5]

A profecia acerca da destruição de Jerusalém e da segunda vinda (21.7)

Uma pergunta foi feita a Jesus: *Mestre, quando sucederá isto? E que sinal haverá de quando estas coisas estiverem para se cumprir?* (21.7). Marcos assegura que essa pergunta foi feita por Pedro, Tiago, João e André (Mc 13.3,4).

Os discípulos perguntam quando e que sinal haveria quando todas essas coisas estivessem prestes a acontecer. A resposta de Jesus tem que ver com a destruição de Jerusalém e também com sua segunda vinda, a consumação dos séculos. Jesus fez uma conexão entre o julgamento sobre a nação judaica e o julgamento final. O primeiro era um tipo, uma sombra, do segundo. A destruição do templo é um símbolo do que acontecerá na segunda vinda.

O cumprimento dessa profecia de Jesus acerca da destruição do templo aconteceu quando os judeus se rebelaram contra os romanos no ano 66 d.C., ocasião em que uma sinagoga judaica foi profanada pelos romanos em Cesareia marítima. Então, Roma enviou para lá o general Tito. A rebelião perdurou até o ano 70 d.C., quando Jerusalém foi então cercada, invadida e dominada por Tito, filho do imperador Vespasiano (69-79 d.C.). O templo foi destruído. Alguns historiadores creem que mais de 1 milhão de judeus, que tinham inundado a cidade como refugiados, pereceu. Mesmo que esse número tenha sido superestimado, a invasão romana deu-se na época da Páscoa, quando a cidade estava abarrotada de gente. Israel deixou de existir como unidade política. Flávio Josefo, no seu livro *História da guerra judaica*, diz que, enquanto o santuário ardia em chamas, [...] *não se demonstrava nenhuma piedade ou respeito para com a idade das pessoas. Muito pelo contrário. Crianças e anciãos, leigos e sacerdotes, todos eram massacrados* (VI.271).

Os sinais da segunda vinda de Cristo (21.8-28)

Os sinais da segunda vinda de Cristo podem ser classificados como segue.

Em primeiro lugar, *engano religioso* (21.8). O engano religioso é descrito aqui de duas formas. Primeiro, o

Os sinais e a preparação para a segunda vinda de Cristo

surgimento de muitos falsos cristos, ... *porque muitos virão em meu nome, dizendo: Sou eu.* Segundo, a marcação de datas para a segunda vinda: ... *chegou a hora!* Jesus dá dois alertas: *Vede que não sejais enganados* e *Não os sigais.* Warren Wiersbe diz que Satanás é um falsificador que, há séculos, tem feito que as pessoas se desviem, enganando sua mente e cegando seu coração.[6]

É significativo que o primeiro sinal que Cristo apontou para a sua segunda vinda tenha sido o surgimento de falsos cristos, falsos cristãos e falsos irmãos pregando e promovendo um falso evangelho nos últimos dias. Cristo declarou que um falso cristianismo marcará os últimos dias. Estamos vendo o ressurgimento do antigo gnosticismo, de outro evangelho, de um falso evangelho nestes dias.

A segunda vinda será precedida por um abandono da fé verdadeira. O engano religioso estará em alta. Novas seitas e novas doutrinas se multiplicarão. Haverá falsos profetas, falsas doutrinas e falsos milagres.

Vivemos hoje a explosão da falsa religião. O islamismo domina mais de 1 bilhão de pessoas. O catolicismo romano também tem 1 bilhão de seguidores. O espiritismo kardecista e os cultos afro-brasileiros proliferam. As grandes religiões orientais – budismo, hinduísmo e xintoísmo – mantêm milhões de pessoas num berço de cegueira espiritual.

As seitas orientais e ocidentais têm florescido com grande força. Os desvios teológicos são graves: liberalismo, misticismo, sincretismo. A maioria dos grandes seminários ortodoxos, os quais formaram teólogos e missionários que influenciaram o mundo, hoje está rendida aos liberais. Muitas igrejas históricas já se renderam ao liberalismo teológico e não aceitam mais a inerrância das Escrituras. Há igrejas mortas na Europa, na América e no Brasil, vitimadas por essa apostasia da fé cristã.

O misticismo está tomando conta de muitas igrejas. A verdade é torcida. Há igrejas se transformando numa empresa, o púlpito num balcão, o templo numa praça de barganha, o evangelho num produto de consumo, e os crentes em consumidores.

Em segundo lugar, *guerras e revoluções* (21.9,10). Ao longo da história, tem havido treze anos de guerra para cada ano de paz. Desde 1945, após a segunda guerra mundial, o número de guerras tem aumentado vertiginosamente. A despeito dos inúmeros tratados de paz, os últimos cem anos foram denominados "o século da guerra". Nesse período, já morreram mais de 200 milhões de pessoas nas guerras.

Segundo pesquisa do Reshaping International Order Report, quase 50% de todos os cientistas do mundo estão trabalhando em pesquisas de armas de destruição. Quase 40% dos recursos das nações são investidos na pesquisa e fabricação de armas. Falamos de paz, mas gastamos com a guerra. Gastamos mais de 1 trilhão de dólares por ano em armas e guerras. Poderíamos resolver o problema da fome, do saneamento básico, da saúde pública e da moradia do terceiro mundo com esse dinheiro. O mundo está encharcado de sangue

Na Primeira Guerra Mundial (1914-1918), cerca de 30 milhões de pessoas foram trucidadas. Ninguém podia imaginar que, no mesmo palco dessa barbárie, vinte anos depois explodisse outra guerra mundial. A Segunda Guerra Mundial (1939-1945) ceifou mais 60 milhões de pessoas. Foram gastos mais de 1 trilhão de dólares. Hoje falamos em armas atômicas, nucleares, químicas e biológicas. O terrorismo, com sua barbárie, desafia as nações mais poderosas.

Os sinais e a preparação para a segunda vinda de Cristo

As guerras por motivos religiosos, étnicos e econômicos ainda deixam a terra bêbada de sangue. A cada guerra, erguemos um monumento de paz só para começar outra encarniçada batalha.

Em terceiro lugar, *terremotos, epidemias e fome* (21.11). Essas perturbações na esfera física são prefigurações e representações daquilo que, em uma escala muito mais extensa e em um grau de muito maior intensidade, ocorrerá na esfera da natureza no final da era.[7] Vamos aqui destacar essas três realidades.

Terremotos. Os terremotos sempre existiram, mas alguns deles devem ser vistos como evidência da ira de Deus (Ap 6.12; 8.5; 11.13; 16.18). De acordo com a pesquisa geológica dos Estados Unidos:

a. De 1890 a 1930 – houve apenas 8 terremotos medindo 6.0 na escala Richter.

b. De 1930 a 1960 – Houve 18 terremotos.

c. De 1960 a 1979 – Houve 64 terremotos catastróficos.

d. De 1980 a 1996 – Houve mais de 200 terremotos dramáticos.

O mundo está sendo sacudido por terremotos em vários lugares. Os tufões e maremotos têm sepultado cidades inteiras. Desde o ano 79 d.C., no primeiro século, quando a cidade de Pompeia, na Itália, foi sepultada pelas cinzas do Vesúvio, o mundo está sendo sacudido por terremotos, maremotos, tufões, furacões e tempestades. Em 1755, cerca de 60 mil pessoas morreram por um terrível terremoto em Lisboa. Em 1906, um terremoto avassalador destruiu a cidade de São Francisco, na Califórnia. Em 1920, a província de Kansu, na China, foi arrasada por um terremoto. Em 1923, Tóquio foi devastada por um terremoto. Em 1960, o Chile foi abalado por um terremoto que deixou milhares de vítimas. Em 1970, o Peru foi atingido por um imenso terremoto. Nos últimos anos, vimos o *tsunami* na Ásia invadindo, com ondas gigantes, cidades inteiras. O furacão Katrina deixou a cidade de *New Orleans* debaixo de água. Dezenas de outros tufões, furacões, maremotos e terremotos têm sacudido os alicerces do planeta, destruído cidades e levado milhares de pessoas à morte.

Só no século 20 houve mais terremotos do que em todo o restante da história. A natureza está gemendo e entrando em convulsão. O aquecimento do planeta está levando os polos a um derretimento que pode provocar grandes inundações, conforme matéria da revista *Veja* de junho de 2006.

Apocalipse 6.12-17 fala que as colunas do universo são todas abaladas. O universo entra em colapso. Tudo o que é sólido é balançado. Não há refúgio nem esconderijo para o homem em nenhum lugar do universo. O ser humano desesperado busca fugir de Deus, esconde-se em cavernas e procura a própria morte, mas nada nem ninguém pode oferecer-lhe refúgio. Ele terá de enfrentar a ira de Deus.

Quando Cristo vier, os céus se desfarão em estrepitoso estrondo. Deus redimirá a própria natureza do seu cativeiro. Nesse tempo, a natureza estará harmonizada. Então as tensões vão acabar, e a natureza será totalmente transformada.

Epidemia. A ciência, mesmo com seu espantoso crescimento, é desafiada, todos os dias, com o surgimento de novas pragas nos campos e de novas doenças entre os humanos. Em virtude do crescimento demográfico colossal, bem como da promiscuidade sem fronteiras, essas epidemias avançam mais açodadamente ainda.

Fome. A fome é um subproduto das guerras (2Rs 25.2,3; Ez 6.11). É causada também pelo abuso da natureza ou enviada como um juízo de Deus (1Rs 17.1). Como já

Os sinais e a preparação para a segunda vinda de Cristo

ressaltamos, gastamos hoje mais de 1 trilhão de dólares com armas de destruição. Esse dinheiro resolveria o problema da miséria no mundo. A fome, hoje, mata mais do que a guerra. O presidente americano Eisenhower, em 1953, disse: "O mundo não está gastando apenas o dinheiro nas armas. Ele está despendendo o suor de seus trabalhadores, a inteligência dos seus cientistas e a esperança das suas crianças. Nós gastamos num único avião de guerra 500 mil sacos de trigo e num único míssil casas novas para 800 pessoas".

A fome é um retrato vergonhoso da perversa distribuição de renda. Enquanto uns acumulam, outros passam fome. A fome alcança quase 50% da população mundial. Crianças e velhos, com o rosto cabisbaixo de vergonha e o ventre fuzilado pela fome estonteante, disputam com os cães leprentos os restos apodrecidos das feiras.

Em quarto lugar, *perseguição religiosa* (21.13-19). A perseguição religiosa não é apenas uma tragédia que desaba sobre a igreja, mas um tempo de oportunidade para a igreja dar testemunho de sua fé. Em tais ocasiões, Jesus dá aos seus discípulos boca e sabedoria (12.11,12), eloquência e entendimento. E isso será tão eficaz que inimigo algum terá capacidade de resistir ou contradizer o seu testemunho.[8]

Essa perseguição virá não apenas dos inimigos externos (21.12-15), mas também de dentro da própria família (21.16). Essa perseguição será generalizada: *De todos sereis odiados por causa do meu nome* (21.17). Jesus deixa claro que o motivo da perseguição é o compromisso que seus discípulos têm com o seu nome. O mundo odeia Cristo em nós e, por isso, nos persegue.

Embora essa perseguição aos discípulos seja cruel e possa levar alguns à morte, Deus continua no controle, pois não se perderá um só fio de cabelo da nossa cabeça. Ou seja, o

LUCAS — Jesus, o homem perfeito

mundo não pode fazer dano algum aos servos de Deus a menos que Deus permita ou tenha um propósito para tanto (21.18). Rienecker corrobora dizendo que a expressão proverbial *não se perderá um só fio de cabelo da vossa cabeça* visa declarar que sua vida verdadeira e eterna não sofrerá o menor dano. Ainda que Jesus não garanta a sobrevivência dos discípulos em toda e qualquer circunstância, eles permanecem na terra o tempo que for preciso para o serviço do Senhor. Até mesmo sua morte redunda em salvação e glorificação de Cristo.[9]

Jesus conclui dizendo que não serão salvos os covardes que negam a Cristo na hora do aperto, mas sim aqueles que permanecem inabaláveis apesar da tempestade da perseguição: *É na vossa perseverança que ganhareis a vossa alma* (21.18). Nessa mesma linha de pensamento, Leon Morris diz: "A perseverança até o fim, e não algum momento espalhafatoso, porém isolado de resistência, é o que é necessário".[10]

O cerco de Jerusalém, um símbolo do anticristo (21.20-24)

Este parágrafo só aparece no Evangelho de Lucas, sem nenhum paralelo em Mateus e Marcos, que mencionam, com referência à profecia de Daniel, o horror da devastação. O que Mateus e Marcos chamam de *o abominável da desolação* (Dn 9.27; 12.11), Lucas retrata como o cerco da cidade pelos exércitos romanos.[11] Para Lucas, a própria aparição dos exércitos hostis diante de Jerusalém já representa um sinal funesto pelo qual os discípulos deveriam constatar que não se poderá mais esperar salvação a despeito da mais destemida defesa. Em sua solene entrada em Jerusalém, Jesus já vislumbrara e anunciara o sítio e a destruição da cidade (19.41-44); agora, ao sair do templo, ele prenuncia

Os sinais e a preparação para a segunda vinda de Cristo

o desmantelamento completo do esplendoroso edifício do santuário.[12]

Quarenta anos depois de Jesus proferir essas palavras, o general romano Tito cercou Jerusalém. Seus exércitos acamparam ao redor dos muros de uma cidade abarrotada de peregrinos que vieram para a Páscoa, bem como daqueles que temiam um ataque, julgando que estariam seguros dentro dos muros. Destacamos alguns pontos aqui.

Em primeiro lugar, *uma devastação iminente* (21.20). Quando os exércitos romanos sitiaram Jerusalém, sua devastação estava decretada. O mal estava lavrado, e a tragédia era inevitável.

Em segundo lugar, *uma fuga urgente* (21.21,22). Tendo em vista a destruição de Jerusalém, Jesus alerta que aquele que estava na Judeia devia fugir para os montes e não procurar abrigo dentro dos muros da cidade. Quem estava dentro da cidade de Jerusalém deveria fugir e ficar tão longe quanto possível. Os que trabalhavam nos campos não deveriam entrar na cidade, pois depois do cerco seria impossível fugir. Quando os romanos invadiram Jerusalém no ano 70 d.C., todos os que estavam dentro da cidade pereceram. A única maneira de ter a vida poupada era fugir ou não entrar na cidade (21.21). Com isso, Jesus nos ensina que a prudência para poupar nossa vida é uma atitude recomendável. Vemos essa atitude na vida de Jacó (Gn 32.9-15), do rei Ezequias (2Cr 32.8) e do apóstolo Paulo (At 9.25; 27.31). Aquele seria o momento da vingança que cairia sobre a cidade, para o cumprimento da profecia.

Em terceiro lugar, *um lamento profundo* (21.23). O coração compassivo de Jesus revela um cuidado especial com as mulheres, especialmente as grávidas e as que amamentam (21.23). As grávidas e as mães com bebês em fase de aleitamento estavam em situação mais adversa para fugir do cerco romano. De igual forma, Jesus alerta para o perigo de esse ataque se dar num período de inverno, quando a fuga seria quase impossível (Mc 13.18). Esse seria um momento de grande aflição na terra e de grande ira contra o povo judeu.

Em quarto lugar, *uma tragédia avassaladora* (21.24). Quando Tito entrou na cidade, destruiu seus muros, incendiou o templo e jogou tudo por terra, ele não poupou velhos nem crianças, nem homens nem mulheres, mas promoveu uma chacina sem precedentes. Os restantes foram levados cativos pelo mundo, na maior diáspora de todos os tempos, desde o ano 70 d.C. até 14 de maio de 1948, quando Israel retornou ao seu território como nação. Jesus ainda proclama: ... *até que os tempos dos gentios se completem, Jerusalém será pisada por eles* (21.24b). O que essas palavras significam? Concordo com S. Greijdanus, Lenski e William Hendriksen ao apontarem que o tempo de opressão para Jerusalém durará desde sua destruição até o tempo da parousia. A pretensão, portanto, de que esse tempo se findou em 14 de maio de 1948, quando Israel se tornou um Estado independente, não nos parece plausível, pois ainda hoje somente um de cada cinco judeus vive em Israel. Também essa cidade está dividida entre judeus e árabes e vive em permanente conflito. Finalmente, a imensa maioria dos judeus que moram em Jerusalém não considera Jesus como seu Senhor e Salvador.[13]

A descrição da segunda vinda de Cristo (21.25-28)

Destacamos alguns pontos importantes sobre a segunda vinda de Cristo.

Em primeiro lugar, *será precedida por grandes convulsões cósmicas* (21.25,26). A segunda vinda de Cristo será precedida por grandes convulsões naturais. Tudo aquilo que é firme e sólido no universo estará abalado. As colunas do universo estarão bambas, e o universo inteiro cambaleará. O apóstolo Pedro descreve essa cena assim: *Virá, entretanto, como ladrão, o Dia do Senhor, no qual os céus passarão com estrepitoso estrondo, e os elementos se desfarão abrasados; também a terra e as obras que nela existem serão atingidas* (2Pe 3.10).

Deus encerra as funções dos astros e dá início ao julgamento do mundo. O tempo da ação humana na história passou. É hora do balanço. O firmamento do céu, com os astros fixos nele, que parecia ser eternamente confiável, natural e protetor, estremece, balança, perde a segurança e não funciona mais. Isso atinge e causa pânico em pessoas que tinham nos elementos da criação o seu deus (21.25,26; Ap 6.12-17). Deus vem julgar. O abalo do mundo traz o juiz. Warren Wiersbe diz que esses sinais aterradores serão motivo de pânico para os perdidos, mas trarão esperança aos que creram no Senhor.[14]

Em segundo lugar, *será visível* (21.27). A aparição de Cristo será súbita, gloriosa e poderosa. Ele virá pessoalmente, visivelmente e publicamente. Todo o olho o verá (Ap 1.7). Depois que o telhado do mundo tiver sido abalado e retirado, as pessoas olharão fixamente como que para um buraco negro. *Então, verão o Filho do homem vir numa nuvem, com grande poder e glória* (21.27). Aqui a nuvem não ocultará as coisas como a nuvem em Lucas 9.34; antes, revelará *grande poder e glória* (21.27). Na sua primeira vinda, muitas pessoas não reconheceram Jesus. Mas, na sua segunda vinda, todos o verão. Não será necessário apresentá-lo ou fazê-lo conhecido. Isso será uma forma de juízo para um mundo que não quis ouvi-lo.

Em terceiro lugar, *será gloriosa* (21.27). Não haverá um arrebatamento secreto e só depois uma vinda visível. A vinda de Jesus é única, poderosa e gloriosa. Ele aparecerá no céu, montado em um cavalo branco. Estará acompanhado de um séquito celestial e virá do céu ao soar da trombeta de Deus. Descerá nas nuvens, rodeado por seus santos anjos e pelos remidos. Virá com grande esplendor. Todos os povos que o rejeitaram lamentarão. Aquele será um dia de trevas, e não de luz para eles. Será o dia do juízo, no qual sofrerão penalidade de eterna destruição. As tribos da terra, conscientes de sua perdição, se golpearão no peito, atemorizadas pela exibição da majestade de Cristo em toda a sua glória. O terror dos iníquos é descrito graficamente em Apocalipse 6.15-17.

Em quarto lugar, *será exultante* (21.28). A vinda visível e gloriosa de Cristo infundirá terror nas pessoas (21.26), mas trará grande alegria aos remidos. Será um dia de trevas para os ímpios e um dia de luz para os salvos. Enquanto uns estarão lamentando, outros exultarão. Quando as cortinas do tempo se fecharem e a luz da eternidade começar a lançar seus raios de luz, os remidos devem erguer a cabeça, certos de que sua redenção se aproxima.

A preparação para a segunda vinda de Cristo (21.29-38)

Destacamos quatro pontos para análise a respeito da preparação para a segunda vinda.

Em primeiro lugar, *será precedida por avisos claros* (21.29-33). Esta parábola está presente nos três Evangelhos sinóticos, embora só Lucas acrescente a expressão *e todas as árvores* à referência à figueira. Quando essas coisas começarem a acontecer, devemos saber que está próxima a nossa redenção. A figueira já começou a brotar; as outras árvores

Os sinais e a preparação para a segunda vinda de Cristo

também. Os sinais já estão gritando aos nossos ouvidos. O tempo está próximo, mas a data permanece indeterminada. O livro de Apocalipse nos mostra que Deus não derrama as taças do seu juízo sem antes tocar a trombeta. Os sinais da segunda vinda são trombetas de Deus embocadas para dentro da história. Jesus está avisando que ele vem. Ele prometeu isso: *Eis que venho sem demora* (Ap 22.12). Seus anjos disseram que, assim como ele foi para o céu, ele voltará (At 1.11). A Bíblia diz que Jesus virá em breve. Os sinais da sua vinda indicam que sua segunda vinda está próxima. A palavra de Deus não pode falhar. Passarão o céu e a terra, mas a sua Palavra não passará. Essa Palavra é verdadeira. Prepare-se para encontrar com o Senhor seu Deus.

Concordo com William Hendriksen quanto ao fato de o provável significado da declaração de Jesus ... *certamente esta geração não passará sem que isso aconteça* ser uma referência ao povo judeu, que não cessará de existir até que todas essas coisas profetizadas se concretizem.[15] Na mesma linha de pensamento, Rienecker diz: "A difundida exegese de que *esta geração* deve ser relacionada com o povo judeu é a melhor e mais segura".[16] Já Robertson, citando Plummer, diz que a referência a esta geração que não passará sem que isso aconteça é uma alusão à destruição de Jerusalém, considerada o tipo do fim do mundo, que viria sobre a mesma geração que estava ouvindo esse sermão.[17]

Em segundo lugar, *será precedida de decadência moral* (21.34). Jesus alerta o seu povo dizendo que naqueles dias os homens estarão sobrecarregados de orgia, embriaguez e preocupações do mundo. A vida moral estará em franca decadência. Os valores morais estarão em declínio. Aqueles que mergulham de cabeça nessas práticas serão surpreendidos pela segunda vinda de Cristo, que os apanhará como um laço. É fato que não há nenhum santo tão grande que não possa cair num grande pecado. Acautelemo-nos!

Em terceiro lugar, *será universal em seu escopo* (21.35). Jesus é absolutamente enfático ao dizer que ninguém escapará do esplendor de sua volta. Ela há de sobrevir a todos os que vivem sobre a face de toda a terra. Os palácios, as torres, os castelos, as fortalezas, os esconderijos mais blindados não poderão esconder as pessoas daquele que virá com grande poder e majestade.

Em quarto lugar, *será inesperada* (21.36). A ordem de Jesus é expressa: *Vigiai, pois, a todo tempo, orando* [...] [para que possais] *estar de pé na presença do Filho do homem*. Os cristãos devem vigiar, porque sua vinda será inesperada, e devem orar, porque sua vinda será precedida de grande angústia à qual muitos sucumbirão. É necessário que, naquele grande e glorioso dia, estejamos de pé na presença do Filho do homem.

Quando Jesus voltar, as pessoas estarão desatentas como na geração diluviana (Mt 24.38,39), entregues aos próprios interesses, sem se aperceberem da hora. Elas comiam, bebiam, casavam e davam-se em casamento. Essas coisas não são más; fazem parte da rotina da vida. Mas viver a vida sem se aperceber que Jesus está prestes a voltar é viver desatentamente às portas do juízo. Por não sabermos qual é o dia, devemos viver alertas todos os dias. A palavra de ordem de Jesus é: Vigiai!

Lucas encerra o sermão profético informando onde Jesus passou esses poucos dias e noites finais antes de sua crucificação (21.37,38; Mc 11.19). Ele ensinava todos os dias no templo e, no final do dia, pousava fora dos muros da cidade, no monte das Oliveiras. Por ser a festa da Páscoa, todas as pensões e hospedarias da cidade deviam estar superlotadas.

Os sinais e a preparação para a segunda vinda de Cristo

O povo tinha tanto desejo de ouvir Jesus, que madrugava no templo, chegando mais cedo que o Mestre, com o propósito de garantir seu espaço.

NOTAS

1 MORRIS, Leon L. *Lucas: introdução e comentário*, p. 277.

2 HENDRIKSEN, William. *Lucas*. Vol. 2, p. 518.

3 HENDRIKSEN, William. *Lucas*. Vol. 2, p. 517.

4 LIEFELD, Walter L. "Luke." In: *Zondervan NIV Bible commentary*. Vol. 2, p. 276

5 HENDRIKSEN, William. *Lucas*. Vol. 2, p. 519.

6 WIERSBE, Warren W. *Comentário bíblico expositivo*. Vol. 5, p. 338.

7 HENDRIKSEN, William. *Lucas*. Vol. 2, p. 522.

8 MORRIS, Leon L. *Lucas: introdução e comentário*, p. 278.

9 RIENECKER, Fritz. *Evangelho de Lucas*, p. 418.

10 MORRIS, Leon L. *Lucas: introdução e comentário*, p. 279

11 ASH, Anthony Lee. *O Evangelho segundo Lucas*, p. 293.

12 RIENECKER, Fritz. *Evangelho de Lucas*, p. 419.

13 HENDRIKSEN, William. *Lucas*. Vol. 2, p. 535.

14 WIERSBE, Warren W. *Comentário bíblico expositivo*. Vol. 5, p. 340.

15 HENDRIKSEN, William. *Lucas*. Vol. 2, p. 540.

16 RIENECKER, Fritz. *Evangelho de Lucas*, p. 423.

17 ROBERTSON, A. R. *Comentário Lucas à luz do Novo Testamento grego*, p. 349.

Capítulo 58

A paixão de Jesus
(Lc 22.1-38)

A ORDEM CRONOLÓGICA da paixão de Cristo não é tão precisa em Lucas. Sua narrativa do Getsêmani é menos completa e organizada que nos demais Evangelhos. Sumárias e gerais são suas comunicações sobre o episódio no tribunal de Pilatos. Entretanto, Lucas nos oferece algumas preciosas informações que não constam nos outros Evangelhos. Lucas é o único que cita Pedro e João como aqueles que prepararam a Páscoa (22.8). Só Lucas transmite as comoventes palavras com as quais o Senhor iniciou a ceia (22.15). Somente ele, entre os sinóticos, relata a competição dos discípulos à mesa (22.24), o que provavelmente motivou o lava-pés.

Lucas é o único evangelista que registra o consolo do anjo no Getsêmani e o suor de sangue (22.43,44). Todos os evangelistas relatam a negação de Pedro, mas apenas Lucas fala do olhar do Senhor (22.61). Sem Lucas, não ficaríamos sabendo da primeira acusação dos judeus perante Pilatos (23.2) e do suplício do Senhor perante Herodes (23.5-16). Fazem parte do material exclusivo de Lucas as palavras de Jesus às mulheres que choram (23.27-31), sua primeira palavra na cruz (23.34), sua segunda palavra na cruz (23.43) e sua sétima e última palavra (23.46). Somente Lucas registra o comportamento de José de Arimateia no conselho judaico (23.51). E é peculiar de Lucas a menção das mulheres que estiveram em contato com Jesus durante a paixão (23.27-31, 55,56).[1]

Jesus está vivendo sua última semana em Jerusalém. À medida que ele se aproxima da cruz, diferentes reações podem ser vistas: as autoridades religiosas querem matá-lo, enquanto o povo simpatiza com ele; Judas o trai e Pedro é advertido sobre sua arrogante autoconfiança. Desta maneira, Lucas confronta o leitor com a necessidade de tomar uma posição; ninguém pode ficar neutro diante de Jesus.

O texto aborda vários aspectos apontando para o fato de Jesus já estar vivendo à sombra da cruz. John Charles Ryle chama a atenção para o fato de que somente dois evangelistas narraram o nascimento de Jesus, mas todos eles contaram minuciosamente os fatos de sua morte.[2]

Principais sacerdotes e escribas: uma conspiração planejada (22.1,2)

Duas coisas nos chamam a atenção neste ponto.

Em primeiro lugar, *o cenário já estava montado* (22.1). A entrada triunfal de Jesus em Jerusalém deu-se no período de maior fluxo de gente na cidade santa, a festa dos Pães Asmos, chamada Páscoa. A Páscoa era a alegria dos judeus e o terror dos romanos. Warren Wiersbe diz que a festa tinha forte conotação política e seria a ocasião ideal para algum pretenso messias tentar subverter o domínio romano. Isso explica por que o rei Herodes e o governador Pôncio Pilatos estavam em Jerusalém, e não em Tiberíades e Cesareia, respectivamente. Sua grande preocupação era manter a paz.[3]

A. T. Robertson diz que, a rigor, a Páscoa era no dia 14 de nisã, e os Pães Asmos, de 15 a 21 do mesmo mês.[4] As duas festas corriam juntas e podiam ser consideradas uma única festa.[5] A festa dos Pães Asmos era seguida pelo dia em que acontecia o sacrifício do cordeiro. Então, prolongava-se por sete dias a celebração. A ligação entre a ceia da Páscoa e a Festa dos Pães Asmos é tão grande, que o termo *páscoa*, algumas vezes, cobre ambas (22.1). No tempo de Jesus, a Páscoa e a Festa dos Pães Asmos tinham sido reunidas numa única "Festa da Páscoa" com a duração de sete dias. Nesse evento, a população da cidade quintuplicava. Judeus de todos os recantos do Império Romano subiam a Jerusalém para uma semana inteira de festejos. Era quando o povo judeu celebrava a libertação do Egito. A festa girava em torno do cordeiro que devia ser morto, bem como dos pães asmos que relembravam os amargos sofrimentos do êxodo.

Jesus escolhe esta festa para morrer, pois ele é o Cordeiro de Deus que tira o pecado do mundo (Jo 1.29), o cordeiro pascal que foi imolado por nós (1Co 5.7).

Em segundo lugar, *a trama já estava costurada* (22.2). Os principais sacerdotes e os escribas, os grandes líderes da religião judaica, preocupavam-se em como tirar a vida de Jesus. O evangelista Marcos diz que esses líderes já estavam mancomunados para prenderem Jesus à traição, com o propósito de o matarem depois da festa (Mc 14.1,2). Esse plano não era novo. Já vinha de certo tempo. Eles já tinham escolhido a forma de fazê-lo, à traição. Mas aguardavam uma ocasião oportuna para o matarem e decidiram que deveria ser depois da festa, não porque tivessem escrúpulos, mas porque temiam o povo. Ryle tem razão ao dizer que altas posições no ministério da igreja não protegem aqueles que as ocupam contra a cegueira espiritual e o pecado.[6] Nessa mesma linha de pensamento, Warren Wiersbe afirma: "É incrível que esses homens religiosos tenham cometido o maior crime da história no feriado mais sagrado de Israel".[7]

Vale ainda destacar que a iniciativa de opor-se a Jesus é tomada pelos principais sacerdotes e os escribas. Em todos os Evangelhos, os fariseus eram os principais oponentes de Jesus no decurso de todo o seu ministério, mas o partido sumo-sacerdotal, o partido saduceu, assumiu a liderança no final. Eram eles que detinham o poder político.[8]

Judas, uma traição armada (22.3-6)

Não há consenso acerca dos motivos que levaram Judas a trair Jesus. Alguns dizem que ele traiu Jesus porque era um mercenário. Outros explicam que sua motivação foi a desilusão com a atitude política de Jesus, que abdicou de um reino terreno para implantar um reino espiritual. Outros ainda argumentam que Judas traiu Jesus porque lhe faltou coragem ao ver o perigo ao seu redor.[9] As Escrituras, entretanto, asseguram que foi a ganância que levou Judas a cometer esse terrível pecado (22.5).

Destacamos cinco fatos sobre Judas Iscariotes.

Em primeiro lugar, *Judas, um homem dominado por Satanás* (22.3). Judas, embora apóstolo, nunca foi convertido. Ele era ladrão (Jo 12.6). Suas motivações não eram

A paixão de Jesus

puras. Dominado pela ganância, ele é possuído por Satanás, que doravante governa sua mente, seu coração, suas palavras e suas ações. A. T. Robertson diz que Satanás agora renova o seu ataque contra Jesus, que havia suspenso temporariamente (4.13). Ele retornara, usando Simão Pedro (Mt 16.23). Agora, usa Judas. Evidentemente, Judas abriu a porta do seu coração e permitiu a entrada de Satanás. Então, Satanás assumiu o controle, e Judas se tornou um demônio, como Jesus disse (Jo 6.70). Esta rendição a Satanás, entretanto, de modo algum isenta Judas da sua responsabilidade moral.[10] A vida de Judas é um solene alerta. Quão profundamente uma pessoa pode cair depois de ter feito uma sublime confissão a respeito de Cristo![11] De apóstolo a ladrão. De ladrão a traidor. De traidor a possesso pelo diabo. É importante ressaltar que a possessão de Judas não o fez mudar o tom da voz nem revirar os olhos, mas o levou a vender Jesus por 30 moedas de prata.

Em segundo lugar, *Judas, um entreguista* (22.4). Judas Iscariotes era um dos doze. Andou com Jesus, ouviu Jesus, viu os milagres de Jesus, mas perdeu a maior oportunidade da sua vida. Sabendo da trama dos principais sacerdotes e dos capitães do templo para prenderem e matarem Jesus, procurou-os para entregá-lo.

Em terceiro lugar, *Judas, um avarento* (22.5). Judas entrega Jesus por ganância. Os principais sacerdotes de bom grado deram dinheiro para ele. Compraram sua consciência e sua lealdade. O evangelista Mateus deixa clara a motivação de Judas em procurar os principais sacerdotes: *Que me quereis dar, e eu vo-lo entregarei? E pagaram-lhe trinta moedas de prata* (Mt 26.15). A motivação de Judas em entregar Jesus era o amor ao dinheiro. Ele era ladrão (Jo 12.6). Seu deus era o dinheiro. Ele vendeu sua alma, sua consciência, seu ministério, suas convicções, sua lealdade. Tornou-se um traidor. A recompensa pela traição representou somente um décimo do valor do óleo da unção usado por Maria para ungir Jesus (Mc 14.3,4). O dinheiro recebido por Judas era o preço de um escravo ferido por um boi (Êx 21.32). Por essa insignificante soma de dinheiro, Judas traiu o seu Mestre. Judas constitui-se numa solene advertência contra os perigos do amor ao dinheiro (1Tm 6.10).

Em quarto lugar, *Judas, um dissimulado* (22.21-23). Jesus vai com seus discípulos ao Cenáculo, para comer a Páscoa. E Judas está entre eles. No Cenáculo, Jesus demonstrou seu amor por Judas, lavando seus pés (Jo 13.5), mesmo sabendo que o diabo já tinha posto em seu coração o propósito de traí-lo (Jo 13.2). Judas não se quebranta nem se arrepende. Ao contrário, finge ter plena comunhão com Cristo, ao comer com ele (22.19-21). Jesus pronuncia um *ai* de juízo sobre Judas, que dissimuladamente estava à mesa da comunhão depois de ter recebido dinheiro para traí-lo. Nesse momento, Satanás entra em Judas (Jo 13.27), e ele sai da mesa para unir-se aos inimigos de Cristo a fim de entregá-lo.

Jesus já havia dito que seria traído (9.44; 18.32), mas agora declara especificamente que será traído por um amigo. O traidor não é nomeado; pelo contrário, a ênfase está na participação dele na comunhão como um dos doze (22.19-23). Toda comunhão à mesa é, para o oriental, concessão de paz, fraternidade e confiança. Comunhão à mesa é comunhão de vida. A comunhão à mesa com Jesus tinha o significado de salvação e comunhão com o próprio Deus. Abalados e entristecidos, os discípulos estão confusos. Cada um preocupa-se com a acusação como se fosse contra si: *Então, começaram a indagar entre si quem seria, dentre eles, o que estava para fazer isso* (22.23). Marcos é

A paixão de Jesus

mais enfático: *Porventura sou eu?* (Mc 14.19). A autoconfiança dos discípulos foi abalada.

Em quinto lugar, *Judas, o advertido* (22.21,22). Judas trai a Jesus à surdina, na calada da noite, mas Jesus o desmascara na mesa da comunhão. Jesus acentua sua ingratidão e o fato de estar traindo seu Mestre. Jesus diz: *Todavia, a mão do traidor está comigo à mesa* (22.21). Aqui o supremo bem e o supremo mal encontram-se lado a lado à mesa. O mal parece vitorioso na morte de Jesus, mas o bem é justificado na ressurreição.[12]

Jesus declara que ele sofrerá severa penalidade por atitude tão hostil ao seu amor: ... *ai daquele por intermédio de quem ele está sendo traído!* (22.22). Marcos acrescenta: ... *melhor lhe fora não haver nascido!* (Mc 14.20,21).

Todos os escritores sinóticos registram que essa traição era, de fato, parte do plano divino (22.22; Mt 26.24; Mc 14.21). Lucas sustenta que o mal triunfa somente segundo a permissão divina e que os homens assumem plena responsabilidade por suas más escolhas. Assim, o traidor participa cumprindo o plano de Deus. Ele o faz por livre vontade, não como um robô. A soberania divina não diminui a responsabilidade humana. Somos responsáveis pelos nossos próprios pecados. Judas foi seduzido pelo amor ao dinheiro; Pedro, pela autoconfiança. Morris é meridianamente claro a esse respeito: "O fato de que Deus exerce sua providência sobre o mal que homens maus praticam, enquanto ele leva a efeito o seu propósito, não os torna menos maus. Permanecem sendo homens responsáveis".[13]

Páscoa, uma preparação ordenada (22.7-18)

A Páscoa era a maior festa de Israel. Olhando para o passado, ela remete à libertação do cativeiro egípcio, quando

Lucas — Jesus, o homem perfeito

Deus desbancou as divindades do Egito e tirou de lá seu povo com mão forte e poderosa. Olhando para o futuro, a Páscoa apontava para a cruz, onde Jesus abriria as portas da nossa escravidão e nos declararia livres. A cidade de Jerusalém está em total efervescência. Chegou a Páscoa!

Três fatos nos chamam a atenção:

Em primeiro lugar, *a preparação da Páscoa* (22.7-13). A grande hora havia chegado, a hora marcada na eternidade. A Festa da Páscoa, seguida da Festa dos Pães Asmos, era o tempo histórico do cumprimento desse plano eterno.[14] Jesus manda Pedro e João preparar a Páscoa. O cordeiro, o pão sem levedo, o vinho e as ervas amargas não podiam faltar. O local espaçoso já tinha sido escolhido. Jesus demonstra seu conhecimento sobrenatural acerca do local, do dono e das circunstâncias. Tudo foi encontrado rigorosamente conforme o predito por Jesus.

Em segundo lugar, *o desejo de Jesus de comer a Páscoa* (22.14,15). Jesus coloca-se à mesa com seus discípulos e revela seu desejo intenso de comer com eles a Páscoa antes de seu sofrimento. Jesus sabia que nessa mesma noite seria preso, cuspido, esbordoado, acusado e condenado pelo sinédrio por blasfêmia contra Deus e conspiração contra César. Jesus já havia anunciado seu sofrimento duas vezes (9.22; 17.25). Agora chegara a hora do cumprimento dessas previsões, e Jesus aguardava esse tempo com profundo anseio.[15]

Em terceiro lugar, *a profecia de Jesus sobre a consumação da Páscoa* (22.16-18). A referência ao cumprimento no reino de Deus indica que a Páscoa tinha significado tipológico.[16] Jesus deixa claro para seus discípulos que não comerá mais a Páscoa com eles, até que esta festa se cumpra no reino de Deus, e não mais beberá do fruto da videira, até que venha o reino de Deus. A Páscoa será cumprida na morte

A paixão de Jesus

de Cristo, e a Ceia que será inaugurada apontará para a consumação de todas as coisas!

A instituição da Ceia do Senhor, um pacto selado (22.18-23)

A Páscoa chega ao fim. Não há mais necessidade de sacrificar cordeiros, pois o Cordeiro sem defeito e sem mácula, o Cordeiro de Deus que tira o pecado do mundo, será imolado, para realizar um sacrifício único, perfeito, eficaz e irrepetível. Jesus institui o sacramento da Ceia como memorial de sua morte, até a sua gloriosa volta. A nova aliança é inaugurada. Um novo pacto passa a vigorar. Alguns pontos devem ser destacados aqui.

Em primeiro lugar, *os símbolos do pacto* (22.19,20). Jesus abençoa e parte o pão; toma o cálice e dá graças. Pão e vinho são os símbolos de seu corpo e de seu sangue. Com estes dois elementos, Jesus instituiu a Ceia do Senhor. O sacramento é um símbolo visível de uma graça invisível. Por meio do pão e do vinho, contemplamos o corpo e o sangue de Cristo, e nos apropriamos pela fé de seus benefícios. A linguagem da nova aliança aqui é a única referência à nova aliança nos sinóticos. Foi também adotada por Paulo como uma referência ao evangelho (1Co 11.25; 2Co 3.6). Leon Morris diz, com razão, que o derramamento do sangue indica para nós a morte de Jesus na cruz, em que uma nova aliança é inaugurada. Sua morte iminente substituirá os sacrifícios da lei antiga como novo modo de aproximação de Deus.[17]

Há cinco verdades que destaco a respeito.

Primeiro, a Ceia do Senhor é uma ordenança (22.19). *Fazei isto em memória de mim.*

Segundo, a Ceia do Senhor é uma comemoração (22.19). ... *em memória de mim.* O sacramento da Ceia é para recordarmos quem Jesus foi, o que Jesus fez por nós e quem Jesus representa para nós.[18]

Terceiro, a Ceia do Senhor é um agradecimento (22.19). "E, tomando um pão, tendo dado graças, o partiu...". Jesus não parte o pão, símbolo de sua dolorosa morte, com lamentos e gemidos, mas com ações de graças.

Quarto, a Ceia do Senhor é uma comunhão (22.19). ... *isto é o meu corpo oferecido por vós...* Jesus se refere a uma coletividade. A igreja deve se reunir para celebrar a Ceia. É um ato comunitário.

Quinto, a Ceia do Senhor é uma garantia (22.20). *Semelhantemente, depois de cear, tomou o cálice, dizendo: Este é o cálice da nova aliança no meu sangue derramado em favor de vós.* Jesus inaugura a nova aliança em seu sangue. Somos aceitos não por aquilo que fazemos para Deus, mas por aquilo que ele fez por nós. Pelo sangue, temos livre acesso à presença de Deus.

O significado da Ceia do Senhor tem sido motivo de acirrados debates na história da igreja. Não é unânime o entendimento desses símbolos. Há quatro linhas de interpretação.

A transubstanciação. A Igreja Romana crê que o pão e o vinho se transubstanciam na hora da consagração dos elementos e se transformam em corpo, sangue, nervos, ossos e divindade de Cristo.

A consubstanciação. A Igreja Luterana crê que os elementos não mudam de substância, mas Cristo está presente fisicamente nos elementos e sob os elementos.

O memorial. O reformador Zuínglio entendia que os elementos da Ceia são apenas símbolos e que ela é apenas um memorial para trazer-nos à lembrança o sacrifício de Cristo.

O meio de graça. O calvinismo entende que a Ceia é mais do que um memorial; é também um meio de graça, de tal

A paixão de Jesus

forma que somos edificados pela participação na Ceia, pois Jesus está presente espiritualmente e nos alimentamos espiritualmente dele pela fé.

Em segundo lugar, *o significado do pacto* (22.20). O que Jesus quis dizer quando afirmou: *Este é o cálice da nova aliança no meu sangue derramado em favor de vós?* (22.20). A palavra "aliança" ou "pacto" é comum na religião judaica. A base da religião judaica consistia no fato de Deus ter entrado num pacto com Israel. A aceitação do antigo pacto está registrada em Êxodo 24.3-8. O pacto dependia inteiramente de Israel guardar a Lei. A quebra da Lei implicava a quebra do pacto entre Deus e Israel. Era uma relação totalmente dependente da Lei e da obediência à Lei. Deus era o juiz. E, posto que ninguém podia guardar a Lei, o povo sempre estava em débito. Mas Jesus introduz e ratifica um novo pacto, uma nova classe de relacionamento entre Deus e o ser humano. Esta não depende da Lei, mas do sangue que Jesus derramou. O antigo pacto era ratificado com o sangue de animais, mas o novo pacto é ratificado com o sangue de Cristo.

A nova aliança está firmada no sangue de Jesus, derramado em favor de muitos. Na velha aliança, o ser humano buscava fazer o melhor para Deus e fracassava. Na nova aliança, Deus fez tudo pelo ser humano. Jesus se fez pecado e maldição por nós. Seu corpo foi entregue; seu sangue foi vertido. Ele levou sobre o seu corpo, no madeiro, nossos pecados.

A redenção não é universal. Jesus derramou seu sangue para remir a muitos, e não para remir a todos (Is 53.12; Mt 1.21; 20.28; Mc 10.45; Jo 10.11,14,15,27,28; 17.9; At 20.28; Rm 8.32-35; Ef 5.25-27). Se fosse para remir a todos, ninguém poderia se perder. A morte de Cristo foi vicária, substitutiva. Ele não morreu para possibilitar a salvação do seu povo; ele morreu para efetivá-la (Ap 5.9).

Em terceiro lugar, *a consumação do pacto* (22.18). A Ceia do Senhor aponta para o passado, e ali vemos a cruz de Cristo e seu sacrifício vicário em nosso favor. Mas ela também aponta para o futuro, e ali vemos o céu, a festa das bodas do Cordeiro, quando ele como Anfitrião nos receberá para o grande banquete celestial. A ênfase está na reunião festiva com ele, não na duração ou dificuldade do tempo de espera. O crucificado, agora ressurreto, glorificado e entronizado, será o centro do banquete que Deus vai oferecer (Is 25.6; 65.13; Ap 2.7), e o sem-número de Ceias desembocará na "Ceia das bodas do Cordeiro" (Ap 19.9).[19]

A Ceia do Senhor não é um sacrifício, mas uma cerimônia iminentemente celebrativa. Não é um funeral, mas uma festa. Não é apenas uma lembrança, mas um meio de graça. Não pode ser interrompida ao longo dos anos; deve ser realizada até que Jesus volte!

Mania de grandeza entre os discípulos, um pecado reprovado (22.24-30)

Lucas cria uma irônica justaposição do comportamento dos discípulos e da aproximação da morte de Jesus. Em um versículo, os discípulos perguntam uns aos outros quem entre eles trairia Jesus (22.23) e, no próximo, discutem sobre quem é o maior dentre eles (22.24).[20] Enquanto Jesus estava à sombra da cruz, no seu mais profundo gesto de autossacrifício e humilhação, os discípulos estavam discutindo entre si qual deles parecia ser o maior. O orgulho e o amor à proeminência estão firmemente arraigados no coração até dos homens mais piedosos.[21] William Barclay chega a dizer que uma das coisas mais tristes do relato evangélico é que os discípulos discutiram acerca de seus privilégios mesmo à sombra da cruz.[22] Estando Jesus

A paixão de Jesus

tão perto da cruz, seus discípulos mais íntimos estavam tão longe do espírito dele.[23]

Alguns pontos devem ser aqui destacados.

Em primeiro lugar, *uma discussão inapropriada* (22.24). Esta é a tragédia da situação: quando Jesus está encarando a Cruz com o traidor à mesa, os discípulos estão mais preocupados com sua própria primazia e prestígio.[24]

Em segundo lugar, *uma ordem de valores invertida* (22.25-27). A pirâmide no reino de Deus está invertida; está de ponta-cabeça. Os reis e aqueles que exercem autoridade no mundo são chamados de benfeitores, mas, no reino de Deus, o maior deve ser como o menor e aquele que dirige deve ser como aquele que serve. Lawrence Richards diz que, no primeiro século, *euergetes,* "benfeitor", era um título, em vez de uma descrição. Os governantes antigos, que exploravam cruelmente seus súditos, queriam o nome de Benfeitor sem o custo de verdadeiramente servi-los.[25] No reino de Deus, maior é o que serve. O que Jesus está dizendo é: *No meu reino não é o rei, senão o servo quem recebe este título.*[26] Morris tem razão ao dizer que o lava-pés que João registra foi uma ilustração notável da disposição de Jesus de tomar o lugar daquele que serve. Além do mais, todos os três exemplos da palavra "servir" traduzem *diakonos,* verbo que significa em primeiro lugar o serviço do garçom.[27]

Em terceiro lugar, *uma fidelidade destacada* (22.28). A despeito da fraqueza dos discípulos, eles permaneceram com Jesus no fragor da batalha, no miolo da tempestade e na efervescência da prova. Enquanto os grandes líderes da religião judaica tramavam a morte de Jesus, seus discípulos estavam ao seu lado. Enquanto as autoridades religiosas e políticas se mancomunavam para levá-lo à morte, seus discípulos estavam junto dele em suas tentações.[28]

Em quarto lugar, *uma recompensa oferecida* (22.29,30). Para os discípulos que participam com Cristo de sua humilhação e sofrimento há uma recompensa. Assim como o Pai confiou um reino a Jesus, Jesus confia também esse reino a eles. Jesus levanta a ponta do véu e mostra para seus discípulos a gloriosa recompensa futura: eles se assentarão com ele à mesa no seu reino de glória, além de também se assentarem em tronos para julgar as doze tribos de Israel.

Autoconfiança, a causa do fracasso (22.31-34)

Pedro foi um líder incontestável entre seus pares. Foi líder antes de sua queda e depois de sua restauração. Pedro, porém, estava demasiadamente seguro de si. Era capaz de alçar os voos mais altos, para depois despencar das alturas. Era capaz de fazer os avanços mais audaciosos, para depois dar macha-ré com a mesma velocidade. Era capaz de prometer fidelidade irrestrita, para depois cair nas malhas da covardia mais vergonhosa. Vejamos alguns pontos sobre essa questão.

Em primeiro lugar, *Pedro na peneira de Satanás* (22.31). Embora Satanás tenha requerido peneirar todos os discípulos, Jesus intercede especialmente por Pedro. Jesus usa o plural, *vós*, para falar da peneira de Satanás, mas usa o singular, "por ti", quando se trata da intercessão por Pedro. A frase *peneirá-los como trigo* significa algo como "despedaçar alguém".[29] Leon Morris diz que a metáfora não tem paralelo, mas é óbvio que significa grandes provações.[30] Pelo fato de Pedro ser um líder, Satanás usou seu arsenal mais pesado contra ele. Embora todos os discípulos estivessem em perigo, a intercessão é focada em Pedro. A ameaça aos discípulos procedia do maligno e também deles mesmos. Satanás os atacava por um flanco, mas eles conspiravam

A paixão de Jesus

contra si mesmos, ao abrigar no coração, mesmo à sombra da cruz, sentimentos soberbos. Os discípulos estavam sendo sutilmente atacados por Satanás e nem se apercebiam disso. John Charles Ryle alerta os crentes sobre a personalidade, a atividade e o poder do diabo nessas palavras:

Foi o diabo quem no princípio trouxe o pecado ao mundo, através da tentação de Eva. Satanás é descrito no livro de Jó como aquele que vive a "rodear a terra e a passear por ela"; é aquele que o nosso Senhor chamou de "príncipe deste mundo", assassino e mentiroso. Ele é o leão que ruge, a serpente venenosa e o dragão furioso. Ele é o acusador dos nossos irmãos. Aquele que rouba a semente do evangelho dos corações, semeia o joio no meio do trigo e suscita perseguições, sugerindo falsas doutrinas e suscitando divisões. O mundo é uma armadilha contra o crente. A carne é um fardo. Mas não existe inimigo tão perigoso quanto o diabo, um inimigo incansável, invisível e experiente.[31]

Em segundo lugar, *Pedro na mira da intercessão de Jesus* (22.32). A defesa de Pedro não vem dele mesmo, mas da intercessão de Jesus. Na sua autoconfiança, Pedro coloca os pés no portal da queda, mas Jesus se coloca na brecha em seu favor e intercede por ele. Jesus ora para que sua fé não desfaleça no fragor da tentação. Morris diz, com razão, que Jesus não pediu que Pedro fosse libertado de apuros, mas confia no resultado final e fala sobre a finalidade de sua restauração, o fortalecimento de seus irmãos. Aquele que passou por águas profundas tem a experiência que o capacita a ajudar a outras pessoas.[32] O propósito de Jesus, portanto, é que, depois da vitória, Pedro possa fortalecer seus irmãos. A vitória numa batalha espiritual nunca deve ser usada como trampolim para o autoengrandecimento, mas sempre como uma ferramenta para fortalecer os irmãos. A expressão "quando te converteres" não quer dizer que Pedro ainda não era salvo. Há robustas evidências nos Evangelhos de que, exceto Judas, o filho da perdição, todos os demais apóstolos fossem homens salvos pela graça (Jo 13.10; 15.3; 17.12). Rienecker é oportuno quando escreve: "Ao peneirar os discípulos, Satanás recebe tão somente a palha, ao passo que Deus guarda os próprios grãos. Embora Pedro chegue quase a perder a fé por causa de sua profunda queda, o Senhor apesar disso lhe promete que continuará sendo apóstolo e, depois de se arrepender, fortalecerá seus irmãos".[33]

Em terceiro lugar, *Pedro na armadilha da autoconfiança* (22.33). A despeito do alerta de Jesus, Pedro estava desprovido de discernimento espiritual. Confiante em si mesmo, considerou-se melhor do que seus condiscípulos e prometeu a Jesus lealdade total. Pensou que era mais crente, mais forte e mais confiável que seus pares. Queria ser uma exceção na totalidade apontada por Jesus. Pensou jamais se escandalizar com Cristo. Achou que estava pronto para ir à prisão e até à morte. Jesus, entretanto, revela a Pedro que, naquela mesma noite, sua fraqueza seria demonstrada e suas promessas seriam quebradas. Os outros falharam, mas a falta de Pedro foi maior. Aquele que se sente seguro e se considera diferente de todos os demais cairá ainda mais profundamente. O apóstolo Paulo exorta: *Aquele, pois, que pensa estar em pé, veja que não caia* (1Co 10.12). A palavra de Deus alerta: *O que confia no seu próprio coração é insensato* (Pv 28.26).

Em quarto lugar, *Pedro no palco da negação* (22.34). Diante da arrogante autoconfiança de Pedro, Jesus expõe sua fraqueza extrema e seu completo fracasso. Pedro veria sua valentia carnal se transformar em covardia vergonhosa. Pedro desceria vertiginosamente do topo de sua

A paixão de Jesus

autoconfiança para as profundezas de sua queda. Ele, que afirmara com vívido entusiasmo *És o Cristo de Deus* (9.20), agora dirá àqueles que escarneciam de seu Senhor com juras e praguejamentos: *Eu não conheço esse homem* (Mt 26.70-74).

O confronto inevitável, a batalha à sombra da cruz (22.35-38)

Este é um dos textos mais difíceis de interpretar de Lucas. O que Jesus quis dizer? A. T. Robertson explica que os discípulos deveriam esperar perseguição e amarga hostilidade (Jo 15.18-21). Jesus não quis dizer que os seus discípulos deveriam repelir a força pela força, mas deveriam estar preparados para defender a sua causa dos ataques. Condições diferentes pedem necessidades diferentes.[34]

David Neale interpreta esta passagem dizendo que o significado das palavras de Jesus é que os discípulos deveriam esperar conflitos mais severos. No exato momento em que os discípulos, os novos juízes de Israel, assumem a liderança, eles recebem a promessa de uma vida difícil.[35]

John Charles Ryle ressalta que é mais seguro entender as palavras de Jesus no sentido proverbial. Elas se aplicam a todo o período entre a primeira e a segunda vinda de Cristo. Até que o Senhor retorne, os crentes precisam utilizar com diligência todas as faculdades que Deus lhes outorgou. Eles não devem esperar que milagres aconteçam a fim de que sejam livrados de problemas. Não podem esperar que inimigos sejam vencidos e dificuldades superadas, se não lutarem e não se esforçarem. Porém, esperar que o sucesso resulte de nossa "bolsa" ou "espada" é orgulho e justiça própria.[36]

É claro que estas palavras de Jesus podem ser mal interpretadas hoje como foram então. Os discípulos interpretaram

LUCAS — Jesus, o homem perfeito

literalmente suas palavras. Em nenhum lugar no corpo do ensinamento de Jesus, existe um convite à resistência armada. Logo, a exortação aos discípulos não pode ser vista como uma virada do entendimento geral do pacifismo de Jesus. Quando é preso no jardim, Jesus rejeita a violência como reação à sua prisão (22.51,52).[37]

Naquela quinta-feira à noite, no Getsêmani, Pedro usou sua espada para cortar a orelha de Malco, no que foi imediatamente repreendido por Jesus (22.50,51; Mt 26.51,52; Mc 14.47; Jo 18.10,11). Jesus foi enfático com Pedro: *Porque todos os que lançarem mão da espada à espada morrerão* (Mt 26.52). Fica evidente que Jesus não tinha o propósito de que as suas palavras sobre a espada fossem interpretadas literalmente. Jesus encerra o assunto com ironia e tristeza, dizendo aos discípulos: *Basta!* A fala de Jesus é de exasperação, e não de aprovação. Os discípulos ainda falham em entender a natureza da iminente condenação. Ainda estão preparados para usar a espada literalmente a fim de receberem o reino, mas Jesus os repreende.[38] Jesus vincula a sua paixão com a profecia de Isaías 53 (22.37) em sua identificação com os pecadores.

NOTAS

[1] RIENECKER, Fritz. *Evangelho de Lucas*, p. 426.

[2] RYLE, John Charles. *Meditações no Evangelho de Lucas*, p. 344.

A paixão de Jesus

[3] WIERSBE, Warren W. *Comentário bíblico expositivo.* Vol. 5, p. 342.

[4] ROBERTSON, A. T. *Comentário Lucas à luz do Novo Testamento grego,* p. 353.

[5] MORRIS, Leon L. *Lucas: introdução e comentário,* p. 283,284.

[6] RYLE, John Charles. *Meditações no Evangelho de Lucas,* p. 344,345.

[7] WIERSBE, Warren W. *Comentário bíblico expositivo.* Vol. 5, p. 342.

[8] MORRIS, Leon L. *Lucas: introdução e comentário,* p. 284.

[9] ASH, Anthony Lee. *O Evangelho segundo Lucas,* p. 300.

[10] ROBERTSON, A. T. *Comentário Lucas à luz do Novo Testamento grego,* p. 354.

[11] RYLE, John Charles. *Meditações no Evangelho de Lucas,* p. 345.

[12] NEALE, David A. *Novo comentário bíblico Beacon Lucas 9-24,* p. 266.

[13] MORRIS, Leon L. *Lucas: introdução e comentário,* p. 288.

[14] NEALE, David A. *Novo comentário bíblico Beacon Lucas 9-24,* p. 260.

[15] NEALE, David A. *Novo comentário bíblico Beacon Lucas 9-24,* p. 264.

[16] MORRIS, Leon L. *Lucas: introdução e comentário,* p. 286,287.

[17] MORRIS, Leon L. *Lucas: introdução e comentário,* p. 288.

[18] HASTINGS, James. *The Great texts of the Bible – Luke.* Vol. 10, p. 434.

[19] POHL, Adolf. *Evangelho de Marcos,* p. 404.

[20] NEALE, David A. *Novo comentário bíblico Beacon Lucas 9-24,* p. 266.

[21] RYLE, John Charles. *Meditações no Evangelho de Lucas,* p. 350.

[22] BARCLAY, William. *Lucas,* p. 259.

[23] MORRIS, Leon L. *Lucas: introdução e comentário,* p. 288.

[24] ROBERTSON, A. T. *Comentário Lucas à luz do Novo Testamento Grego,* p. 359.

[25] RICHARDS, Lawrence O. *Comentário histórico-cultural do Novo Testamento,* p. 187.

[26] BARCLAY, William. *Lucas,* p. 259.

[27] MORRIS, Leon L. *Lucas: introdução e comentário,* p. 289.

[28] RYLE, John Charles. *Meditações no Evangelho de Lucas,* p. 352.

[29] BOCK, Darrell L. "Luke 1.1-9.50." In: *Baker Exegetical commentary on the New Testament.* Grand Rapids, MI: Baker Books, 1994, p. 353.

[30] MORRIS, Leon L. *Lucas: introdução e comentário,* p. 290.

[31] RYLE, John Charles. *Meditações no Evangelho de Lucas,* p. 354.

[32] MORRIS, Leon L. *Lucas: introdução e comentário,* p. 290.

[33] RIENECKER, Fritz. *Evangelho de Lucas,* p. 437.

[34] ROBERTSON, A. T. *Comentário Lucas à luz do Novo Testamento Grego,* p. 360.

[35] NEALE, David A. *Novo comentário bíblico Beacon Lucas 9-24,* p. 269.

[36] RYLE, John Charles. *Meditações no Evangelho de Lucas,* p. 356.

[37] NEALE, David A. *Novo comentário bíblico Beacon Lucas 9-24,* p. 269.

[38] NEALE, David A. *Novo comentário bíblico Beacon Lucas 9-24,* p. 270.

Capítulo 59

Getsêmani, a agonia à sombra da cruz
(Lc 22.39-46)

A AGONIA DO SENHOR Jesus no Jardim do Getsêmani contém elementos que os mais sábios expositores não puderam expor plenamente. Ninguém jamais passou pelo que Jesus experimentou no Getsêmani. Seu sacrifício vicário, em completa obediência à vontade do Pai, era o único tipo de morte que poderia salvar os pecadores. O inferno, como ele é, veio até Jesus no Getsêmani e no Gólgota, e o Senhor desceu até ele, experimentando todos os seus horrores. Moisés Ribeiro diz que aquela era a batalha decisiva de Jesus.[1]

À guisa de introdução, destacamos três fatos.

O local onde Jesus agonizou é indicado (22.39,40). Lucas não menciona o jardim do Getsêmani, mas apenas o monte das Oliveiras, onde ele está localizado. Esse jardim fica do lado ocidental do ribeiro de Cedrom, defronte do monte Moriá, onde ficava o glorioso templo. Getsêmani significa "prensa de azeite, lagar de azeite". Foi neste lagar, onde as azeitonas eram esmagadas, que Jesus experimentou a mais intensa agonia. Enquanto o primeiro Adão perdeu o paraíso num jardim, o segundo Adão o reconquista noutro.

O contexto da agonia é descrito. O evangelista João nos informa que Jesus saiu do cenáculo para o jardim (Jo 18.1). Não foi uma saída de fuga, mas de enfrentamento. Ele não saiu para esconder-se, mas para preparar-se. Ele não saiu para distanciar-se da cruz, mas para caminhar em sua direção.

O propósito da agonia é evidenciado. Jesus sabia que a hora agendada na eternidade havia chegado (Mc 14.35). Não havia improvisação nem surpresa. Para esse fim, ele havia vindo ao mundo. Sua morte estava determinada desde a fundação do mundo (Ap 13.8). No decreto eterno, no conselho da redenção, o Pai o entregou para morrer no lugar dos pecadores (Jo 3.16; Rm 5.8; 8.32), e ele mesmo, voluntariamente, dispôs-se a morrer (Gl 2.20).

Vamos destacar as mensagens centrais desse drama doloroso de Jesus no Getsêmani.

A oração é necessária (22.39,40)

Jesus buscou esse lugar de oração não apenas na hora da agonia. Lucas nos informa que este lugar secreto de oração era caro para Jesus. Ir a esse lugar de oração era o seu costume (22.39). Porque Judas conhecia o hábito de Jesus de ir ao Getsêmani à noite, dispôs-se a liderar a turba para prendê-lo nesse jardim.[2] Lucas, diferentemente dos

Getsêmani, a agonia à sombra da cruz

outros evangelistas sinóticos, não menciona o fato de Jesus deixar oito discípulos assentados no jardim e ir um pouco adiante para orar, levando consigo Pedro, Tiago e João (Mt 26.36,37; Mc 14.32,33).

Lucas destaca mais o cuidado pastoral de Jesus, alertando a todos eles acerca da necessidade de orar para não entrar em tentação (22.40). Robertson diz: "Aqui, trata-se de uma tentação real, e não apenas de uma provação. Jesus conhecia o poder da tentação e a necessidade da oração.[3] A oração é um antídoto contra o medo e uma armadura contra as investidas do mal. Diante do cerco das trevas, não resistiremos à tentação sem oração. Quando Jesus retorna de suas orações e encontra os discípulos dormindo, ele novamente os exorta: *Levantai-vos e orai, para que não entreis em tentação* (22.46). Que tentação? A tentação de negá-lo! Anthony Ash tem razão ao dizer, porém, que o registro de Lucas não é tão severo em relação aos discípulos como o registro de Mateus e Marcos, pois Lucas oferece uma espécie de atenuante, dizendo que eles estavam dormindo de tristeza.[4] Champlin no mesmo viés diz que, ao adicionar essa ideia de tristeza, Lucas uma vez mais poupa os apóstolos, mitigando-lhes a culpa.[5]

A solidão é perturbadora (22.41)

Lucas dá mais ênfase do que Mateus e Marcos à agonia da luta solitária de Jesus. Tendo dito aos discípulos que orassem para evitar a tentação, Jesus orou a fim de vencer a sua própria.[6] Na hora mais intensa da peleja, Jesus se afastou, cerca de um tiro de pedra, e, de joelhos, orava. Nessa hora, ele estava só. Muitas coisas Jesus disse às multidões. Quando, porém, falou de um traidor, foi apenas para os doze. E unicamente para três desses doze é que ele disse: *A minha alma está profundamente triste até à morte; ficai aqui e vigiai comigo* (Mt 26.38). E, por fim, quando ele começou a suar sangue, já estava completamente sozinho (22.44). Nessa hora, os discípulos estavam dormindo (22.45). Mas ali, na solidão do jardim, Jesus ganhou a batalha.

Quando o apóstolo Paulo estava na prisão romana, na antessala do martírio, disse: *Na minha primeira defesa, ninguém foi a meu favor; antes, todos me abandonaram* (2Tm 4.16). Mas foi nessa arena da solidão que ele contemplou a coroa e ganhou sua mais esplendida vitória.

Quando o apóstolo João foi exilado na Ilha de Patmos, o imperador Domiciano o jogou no ostracismo da solidão, mas Deus lhe abriu a porta do céu. E, no vale escuro de sua solidão, ele contemplou as glórias do céu.

A rendição é voluntária (22.42)

Jesus entra nessa batalha orando, chorando e suando sangue não para fugir da vontade do Pai, mas para realizá--la. Mesmo sabendo que o cálice era amargo, Jesus submete sua vontade à vontade do Pai, dizendo: *Pai, se queres, passa de mim este cálice; contudo, não se faça a minha vontade, e sim a tua.* O apóstolo Paulo diz que ele se humilhou e foi obediente até a morte, e morte de cruz (Fp 2.8).

O cálice que estava à sua frente transbordava. Ninguém poderia bebê-lo. Nenhum anjo nem mesmo o homem mais piedoso. O que significa esse cálice? As cusparadas, os açoites, as bofetadas, a coroa de espinhos, a zombaria, os sofrimentos indescritíveis da cruz? Não, mil vezes não! Esse cálice era a santa ira de Deus contra o nosso pecado que deveria cair sobre a nossa cabeça. Nas palavras do profeta Isaías, *ele foi traspassado pelas nossas transgressões e moído pelas nossas iniquidades; o castigo que*

Getsêmani, a agonia à sombra da cruz

nos traz a paz estava sobre ele, e pelas suas pisaduras fomos sarados (Is 53.5).

Mesmo sabendo de todas as implicações daquela hora, Jesus se submete à vontade do Pai e se rende ao seu soberano e eterno propósito. Para Jesus, oração não é determinar a Deus o que queremos, mas nos submeter à sua soberana vontade.

A consolação é restauradora (22.43)

É curioso que Lucas registre o conforto trazido pelo anjo antes da agonia mais intensa (22.43,44). É como se o anjo viesse prepará-lo para a hora mais escura da agonia. O anjo não apenas o consola na angústia, mas o conforta para lidar com a agonia mais intensa. Vale destacar que é no Getsêmani que Jesus enfrenta sua mais profunda angústia. Aqui o inferno lança sobre ele todo o bafo do diabo. A partir do Getsêmani, não há mais nenhum vestígio de angústia em Jesus. Mesmo sendo cuspido, esbordoado, vilipendiado e exposto ao mais horrendo espetáculo público no topo do Gólgota, Jesus não demonstrou mais nenhum sinal de angústia. Foi no Getsêmani que ele travou a mais sangrenta batalha e foi lá que ele conquistou a mais retumbante vitória!

Jesus entrou cheio de pavor e angustiado no Jardim do Getsêmani (Mc 14.33) e saiu de lá consolado (22.43). Sua oração tríplice e insistente trouxe-lhe paz depois da grande tempestade. Quais foram as fontes de consolação que ele encontrou nessa hora do maior drama de sua vida?

Em primeiro lugar, *a consolação da comunhão com o Pai.* A oração em si já é uma fonte de consolação. Por meio dela, derramamos nossa alma diante do Pai. Por meio dela, temos intimidade com Deus. Jesus se dirigiu a Deus chamando-o de *Aba, Pai* (Mc 14.36). Quando estamos na presença daquele que governa os céus e a terra e temos a consciência de que ele é o nosso Pai, nossos temores se vão e a paz enche a nossa alma.

Em segundo lugar, *a consolação do anjo de Deus*. Lucas é o único que menciona o suor de sangue e também a consolação angelical (22.43,44). No instante em que Jesus orava, submetendo-se à vontade do Pai, dispondo-se a beber o cálice, símbolo do seu sofrimento atroz e de sua morte vicária, *apareceu-lhe um anjo do céu que o confortava* (22.43). Charles Childers diz que a necessidade desse conforto testemunha a intensidade da angústia mental do conflito pelo qual a sua alma estava passando.[7] Os anjos serviram a Jesus no deserto da tentação (Mt 4.11), e um anjo do céu conforta Jesus no jardim do sofrimento (22.43). William Hendriksen enfatiza que a angústia que levou Jesus a suar sangue foi "por nós". Era uma indicação do eterno amor do Salvador pelos pobres pecadores perdidos que viera salvar.[8]

Em terceiro lugar, *a consolação da firmeza de propósito*. Jesus levanta-se da oração sem pavor, sem tristeza, sem angústia (22.45). A partir da agora, ele caminha para a cruz como um rei caminha para a coroação. Ele triunfou de joelhos no Getsêmani e está pronto a enfrentar os inimigos e a morrer vicariamente na cruz.

A agonia é incomparável (22.44)

Depois do conforto do anjo, Jesus ainda precisa lidar com uma agonia ainda mais intensa. A palavra "agonia" só é encontrada aqui em todo o Novo Testamento.[9] Para uma compreensão melhor dessa angústia, vamos olhar também pelas lentes dos outros evangelistas. Entre a ramagem soturna das oliveiras, sob o manto da noite trevosa, Jesus começou a sentir-se tomado de pavor e de angústia (Mc

14.33) e declara: *A minha alma está profundamente triste até à morte* (Mc 14.34). Fritz Rienecker, citando Cranfield, diz que essa expressão de Jesus denota que ele estava dominado por um horror que o fazia tremer diante da terrível perspectiva à sua frente.[10] Egidio Gioia diz que no Getsêmani Jesus viu a negra nuvem da tormenta que se aproximava, célere, ao seu encontro, e tão aterrorizantes eram os seus prenúncios que o Senhor, na sua natureza humana, sentiu profunda necessidade até da companhia e simpatia de seus queridos discípulos, a quem disse: *Ficai aqui e vigiai comigo* (Mt 26.38).[11] Duas coisas merecem destaque aqui.

Em primeiro lugar, *no que não consistia a essência da agonia de Jesus*. Havia toda uma orquestração das forças das trevas contra Jesus. Isso não era surpresa para ele. Ele estava plenamente consciente das implicações daquela noite fatídica. Mas sua tristeza e seu pavor não se relacionavam ao medo do sofrimento, da tortura e da morte. Por que Jesus, então, estava em agonia, especialmente depois de ter sido confortado pelo anjo (22.43,44)? Porque sabia que Judas estava se aproximando com a turba assassina? Porque estava dolorosamente consciente de que Pedro o negaria? Porque sabia que o sinédrio o condenaria? Porque sabia que Pilatos o sentenciaria? Porque sabia que o povo gritaria diante do pretório romano: *Crucifica-o, crucifica-o*? Porque sabia que seus inimigos cuspiriam em seu rosto e lhe dariam bofetadas? Porque sabia que o seu povo preferiria Barrabás a ele? Porque sabia que os soldados romanos rasgariam sua carne com açoites, feririam sua fronte com uma zombeteira coroa de espinhos e o encravariam na cruz no topo do Gólgota? Porque sabia que seus discípulos o abandonariam na hora da sua agonia e morte? Certamente essas coisas estavam incluídas na sua tristeza, mas não era por essas razões que Jesus

LUCAS — Jesus, o homem perfeito

estava triste até a morte. Não foi por causa do sofrimento físico que Jesus estava tomado de pavor e angústia, mas pela antevisão de que seria desamparado pelo Pai (Mc 15.34). Este era o cálice amargo que ele estava prestes a beber (Jo 18.11) e que o levou ao forte clamor e lágrimas (Hb 5.7).

Em segundo lugar, *no que consistia a profunda agonia de Jesus*. Egidio Gioia diz que a essência desta profundíssima tristeza de Jesus estava no seu extremo horror ao pecado. Ele sentia que a pureza imaculada de sua alma ia ser manchada e completamente enegrecida pelo pecado, não dele, mas do mundo. Jesus sentia a realidade da maldição da cruz. Sentia que seria maldito pela justíssima lei de Deus. Sentia que a espada da justiça divina ia cair, inexorável, sobre ele, traspassando-lhe o coração.[12] Muitas pessoas já o haviam deixado (Jo 6.66), e os seus discípulos o abandonariam (Mc 14.50). O pior de tudo era que, na cruz, ele estaria clamando: *Deus meu, Deus meu, por que me desamparaste?* (Mc 15.34). A tristeza de Jesus era porque sua alma pura estava recebendo toda a carga do nosso pecado. O Getsêmani foi o prelúdio do Calvário. Foi a porta de entrada para a cruz. Foi no Getsêmani que Jesus travou a maior de todas as guerras. Ali o destino da humanidade foi selado. Ali ele se dispôs a cumprir plenamente o plano do Pai e humilhar-se até a morte e morte de cruz (Fp 2.8).

A oração é triunfadora (22.44-46)

Esta é a terceira ocasião em que Jesus orou sozinho, à noite, em momentos críticos no seu ministério (Mc 1.35; 6.46; 14.35). No Getsêmani, Jesus orou humildemente, agonicamente, perseverantemente, triunfantemente.

Jesus é o nosso maior exemplo de oração em tempos de angústia. Nosso primeiro grito na hora da dor deveria sair

Getsêmani, a agonia à sombra da cruz

em forma de oração. O que diz o livro dos Salmos? *Invoca-me no dia da angústia; eu te livrarei e tu me glorificarás* (Sl 50.15). O conselho de Tiago, irmão de Jesus, é: *Está alguém entre vós sofrendo? Faça oração* (Tg 5.13). Jesus não apenas orou no Getsêmani; ele também ordenou aos discípulos que orassem e apontou a vigilância e a oração como um modo de escapar da tentação (22.40). Consideremos alguns aspectos especiais desta oração de Jesus.

Em primeiro lugar, *a posição em que Jesus orou* (22.41). O Deus eterno, criador do universo, sustentador da vida está de joelhos, com o rosto em terra. Assim registram os evangelistas: Jesus prostrou-se sobre o seu rosto (Mt 26.39), prostrou-se em terra (Mc 14.35) e pôs-se de joelhos (22.41). O Rei da glória está prostrado em humílima posição.

Em segundo lugar, *a atitude com que Jesus orou* (22.42). Três coisas nos chamam a atenção sobre a atitude de Jesus na oração.

A submissão. Jesus orou: *Pai, se queres, passa de mim este cálice; contudo, não se faça a minha vontade, e sim a tua* (22.42). Ryle diz que aquele que fez este pronunciamento possuía duas naturezas distintas em uma só pessoa. Ele teve uma vontade humana e, ao mesmo tempo, uma vontade divina. Quando Jesus orou *Não se faça a minha vontade*, ele pretendia mostrar que era a sua vontade humana, visto que possuía carne, ossos e um corpo semelhante ao nosso".[13] O que tinha nesse cálice que levou Jesus a fazer esse tipo de oração? Aquele que estava ligado a Deus como nenhum outro haveria de ser abandonado por Deus como nenhum outro. "Seja feita a minha vontade e não a tua" levou o primeiro Adão a cair. Mas "Seja feita a tua vontade e não a minha" abriu a porta de salvação para os pecadores caídos. Jesus não simplesmente teve de sofrer, mas no fim também quis sofrer. Sua cruz foi a cada momento, apesar das lutas imensas, uma ação sua e um caminho trilhado conscientemente (Jo 10.18; 17.19). Ele foi entregue, mas também entregou a si mesmo (Gl 1.4; 2.20).

A intensidade. Mateus e Marcos informam que Jesus orou três vezes, mas Lucas esclarece que a persistência de Jesus era dupla: ele orou não apenas três vezes (Mc 14.39), porém mais intensamente (22.44). Robertson diz que aqui Satanás pressionou Jesus de modo mais duro do que em qualquer outro momento.[14]

A agonia. Jesus não apenas foi tomado de pavor e angústia (Mc 14.33); ele não apenas disse que sua alma estava profundamente triste até a morte (Mc 14.34), mas o evangelista Lucas registra: *E, estando em agonia, orava mais intensamente. E aconteceu que o seu suor se tornou como gotas de sangue caindo sobre a terra* (22.44). A ciência médica denomina este fenômeno de diapedese, causado por uma violenta comoção mental. E foi este, realmente, o ponto culminante do sofrimento de Jesus, à sombra da cruz.[15]

Em terceiro lugar, *a intimidade na oração.* O evangelista Marcos diz que Jesus orava e dizia: *Aba, Pai* (Mc 14.36). Esse termo aramaico significa "meu Pai" ou "Papai". Denota intimidade, confiança e familiaridade. Joaquim Jeremias diz que Jesus fala a Deus "como uma criança com seu pai: confiantemente e com firmeza, e ainda, ao mesmo tempo, reverente e obedientemente".[16] O mesmo escritor ainda diz que não possuímos um único exemplo do uso de *Aba* em relação a Deus no judaísmo, mas Jesus sempre falou com Deus desse modo em suas orações.[17]

Em quarto lugar, *o triunfo da oração.* Depois de orar três vezes e mais intensamente pelo mesmo assunto, Jesus apropriou-se da vitória. Ele encontra paz para o seu

Getsêmani, a agonia à sombra da cruz

coração e estava pronto a enfrentar a prisão, os açoites, o escárnio, a morte. Ele disse aos discípulos: *Basta! Chegou a hora* (Mc 14.41). Jesus levantou-se não para fugir, mas para ir ao encontro da turba (Jo 18.4-8). Ele estava preparado para o confronto. Jesus não mais falará de seu sofrimento. A preparação para seu sofrimento e morte está concluída; a paixão começa. As mãos de Deus se retiram, os pecadores põem as mãos nele (22.54). Como único que nesta noite não foi vencido pela escuridão, ele é entregue à escuridão.

Os discípulos de Jesus não oraram nem vigiaram, por isso dormiram (22.40,45). Porque não oraram, caíram em tentação e fugiram (Mc 14.50). Sem oração, a tristeza nos domina (22.45). Sem oração, agimos na força da carne (Jo 18.10). Pedro, aquele que acabara de se apresentar para o martírio, não possui nem mesmo a força para manter os olhos abertos. Aqueles que conhecem suas próprias fraquezas, e reconhecem a necessidade de orar e vigiar, são fortalecidos para não caírem em tentação. Rienecker diz que, como médico, Lucas sabia que alguém pode adormecer de tristeza. Quando a tristeza é extrema, todo o ser humano, físico e interior, pode desfalecer, a ponto de cair em um estado de letargia.[18]

Notas

1 Ribeiro, Moisés Pinto. *O Evangelho segundo Lucas*. São Paulo, SP: Cultura Cristã, 1988, p. 277.

2 Robertson, A. T. *Comentário Lucas à luz do Novo Testamento grego*, p. 361.

3 Robertson, A. T. *Comentário Lucas à luz do Novo Testamento grego*, p. 361.

4 Ash, Anthony Lee. *O Evangelho segundo Lucas*, p. 310.

5 Champlin, Russell Norman. *O Novo Testamento interpretado versículo por versículo*, p. 281.

6 Ash, Anthony Lee. *O Evangelho segundo Lucas*, p. 309.

7 Childers, Charles L. *O Evangelho segundo Lucas*, p. 485.

8 Hendriksen, William. *Lucas*. Vol. 2, p. 592.

9 Ash, Anthony Lee. *O Evangelho segundo Lucas*, p. 310.

10 Rienecker, Fritz; Rogers, Cleon. *Chave linguística do Novo Testamento Grego*, p. 96.

11 Gioia, Egidio. *Notas e comentários à harmonia dos Evangelhos*, p. 344.

12 Gioia, Egidio. *Notas e comentários à harmonia dos Evangelhos*, p. 344.

13 Ryle, John Charles. *Meditações no Evangelho de Lucas*, p. 357.

14 Robertson, A. T. *Comentário Lucas à luz do Novo Testamento grego*, p. 362.

15 Gioia, Egidio. *Notas e comentários à harmonia dos Evangelhos*, p. 345.

16 Jeremias, Joaquim. *New Testament Theology*. local: Charles Scribner Sons, 1971, p. 67.

17 Jeremias, Joaquim. *New Testament theology*, p. 66.

18 Rienecker, Fritz. *Evangelho de Lucas*, p. 441.

Capítulo 60

A prisão, a negação e o processo
(Lc 22.47-71)

DEPOIS DA LUTA ESPIRITUAL travada no Getsêmani, Jesus é traído por Judas Iscariotes, preso pela turba e levado à casa do sumo sacerdote pelos capitães do templo. Ali, no pátio da casa do sumo sacerdote, Pedro nega Jesus três vezes. Lucas inverte o relato das agressões físicas e morais sofridas por Jesus, colocando-as antes do interrogatório, e não depois, como fazem os outros evangelistas. No outro dia, ao amanhecer, Jesus é levado ao sinédrio pleno, onde é interrogado e sentenciado à morte e imediatamente levado a Pilatos.

David Neale é oportuno quando diz que os eventos da ocasião da prisão de Jesus são uma jornada do mundo

LUCAS — Jesus, o homem perfeito

particular para o mundo público. A narrativa começa na intimidade do cenáculo, onde ele prediz sua traição (22.14-23). A cena avança para a sua captura no monte das Oliveiras com uma *multidão* (22.47). O cenário faz a transição para a casa do sumo sacerdote (22.54), onde há uma reunião particular de Jesus com os anciãos, os principais sacerdotes e escribas (22.66). Dali conduzem Jesus ao sinédrio, onde ele foi interrogado (22.66) e considerado culpado de blasfêmia (22.71). Depois, virá a audiência pública com Pilatos (23.4) e Herodes (22.8). A ação contra Jesus torna--se completamente pública na assembleia de Pilatos com os principais sacerdotes e as autoridades do povo (23.13). Ali, a cena passa para as deliberações mais judiciais das sessões privadas paras as cenas dominadas pelas multidões enfurecidas, que pressionaram até que Jesus fosse sentenciado à morte, e morte de cruz (23.13-25).[1]

Alguns pontos importantes são aqui destacados.

A prisão de Jesus no Getsêmani (22.47-53)

O relato que Lucas dá a respeito da detenção de Jesus é mais curto que o dos demais evangelistas; mesmo assim, inclui matéria exclusiva, como a pergunta dos discípulos (22.49), a cura da orelha de Malco (22.51) e a referência ao poder das trevas (22.53).[2] Várias pessoas fizeram parte da trágica cena da prisão de Jesus no Getsêmani. Vamos analisar a participação de cada uma delas para o nosso ensino.

Em primeiro lugar, *o próprio Jesus* (22.52,53). Tanto os inimigos como os discípulos de Jesus tinham ideias distorcidas a seu respeito. Seus inimigos pensavam que ele era um impostor, um blasfemo, que arrogava para si o título de Messias. Seus discípulos, por sua vez, pensavam que ele era um Messias político que restauraria a nação de Israel

A prisão, a negação e o processo

e os colocaria numa posição de privilégios. Jesus, por sua vez, mostrou à multidão que veio prendê-lo, bem como aos seus discípulos, que nada estava acontecendo de improviso nem de forma acidental, mas estas coisas estavam acontecendo para que se cumprissem as Escrituras (Mc 14.49).

Todas as etapas da caminhada de Jesus do Getsêmani ao Calvário foram preanunciadas séculos antes de Jesus vir ao mundo (Sl 22; Is 53). A ira de seus inimigos, a rejeição pelo seu próprio povo, o tratamento que recebeu como um criminoso, tudo foi conhecido e profetizado antes.

Jesus revela que o seu reino é espiritual e suas armas não são carnais. A hora da sua paixão havia chegado, por isso ele não foi preso, mas se entregou (Jo 18.4-6). Em toda essa desordenada cena, Jesus é o único oásis de serenidade. Ao lermos o relato, temos a impressão de que era ele, e não a polícia do sinédrio, quem dirigia as coisas. A luta no Jardim do Getsêmani havia terminado, e agora Jesus experimentava a paz de quem tinha a convicção que estava fazendo a vontade de Deus.[3]

Em segundo lugar, *Judas Iscariotes* (22.47,48).

Destacamos três fatos acerca de Judas.

Judas, o ingrato (22.47). Lucas diz que Judas era um dos doze. Ele foi chamado por Cristo. Recebeu deferência especial entre os doze a ponto de cuidar da bolsa como tesoureiro do grupo. Ouviu os ensinos de Jesus e viu seus milagres. Foi amado por Cristo e desfrutou do subido privilégio de ter comunhão com ele. Jesus lavou seus pés e advertiu-o na mesa da comunhão. Mas Judas, dominado pelo pecado da avareza, abriu brecha para o diabo entrar em sua vida e, agora, associa-se aos inimigos de Cristo para prendê-lo.

Judas, o traidor (22.48). Jesus desafia abertamente o ato de Judas e o chama de traição, mas não o impede de

Lucas — Jesus, o homem perfeito

prosseguir.[4] A traição é uma das atitudes mais abomináveis e repugnantes. O traidor é alguém que aparenta ser inofensivo. É um lobo com pele de ovelha. Ele traz nos lábios palavras aveludadas, mas no coração carrega setas venenosas. Já na primeira menção de sua pessoa, ele foi marcado como aquele que entregaria Jesus (6.16). Na segunda referência a ele, nós o encontramos de tocaia, aguardando sua oportunidade (22.3,4). Nesta terceira e última ocasião, ele tem a sua chance (22.48), o momento da sua vida! Fica evidente o que havia dentro de Judas. Depois ele sai de cena, pois nos interrogatórios já não precisam mais dele. Assim, ele é totalmente "aquele que entregou".

Judas, o dissimulado (22.47,48). João 13.30 e 18.2-11 registram as atividades de Judas na noite em que ele entregou Jesus. A senha de Judas para entregar Jesus era um beijo (22.47,48). William Barclay diz que era costume saudar um rabi com um beijo. Era um sinal de afeto e respeito para um superior amado.[5] Quando Judas disse: *Aquele a quem eu beijar, é esse; prendei-o, e levai-o em segurança* (Mc 14.44), usou a palavra *filein,* que é o termo comum. Mas, quando o texto diz que Judas, aproximando-se, o beijou (Mc 14.45), a palavra empregada é *katafilein*. A palavra *kata* está na forma intensiva, e *katafilein* é o termo com o significado de beijar como um amante beija a sua amada.[6] Assim, Judas não apenas beija Jesus, mas o beija efusiva e demoradamente.[7] A palavra *katafilein* significa não apenas beijar fervorosamente, mas também prolongadamente. O beijo prolongado de Judas tinha a intenção de dar à multidão uma oportunidade de ver a pessoa que devia ser presa.[8] Judas usa o símbolo da amizade e do amor para trair o Filho de Deus, e Jesus mais uma vez tirou sua máscara, dizendo-lhe: *Judas, com um beijo trais o Filho do homem?*

A prisão, a negação e o processo

(22.48). Esta frase deve ter ressoado nos ouvidos de Judas como uma marcha fúnebre durante o breve período de estéril remorso que precedeu sua vergonhosa morte.

É digno de nota que, na mesa da comunhão, todos os discípulos chamaram Jesus de Senhor, apenas Judas o chamou de Mestre. Agora, Judas não ousa novamente chamá-lo de Senhor. Na verdade, nenhum homem pode dizer que Jesus é o Senhor, senão pelo Espírito Santo (1Co 12.3). Enquanto Judas trai Jesus com um beijo, este o chama de amigo (Mt 26.50). De fato, Jesus era amigo dos pecadores. O amor divino estava abrindo a porta da última oportunidade de arrependimento e salvação para Judas. Mas ele estava completamente obcecado pelo diabo, ao qual havia voluntariamente permitido entrar em seu coração.[9]

Em terceiro lugar, *os discípulos e Pedro* (22.49-51). Os discípulos definitivamente não haviam interpretado corretamente o que Jesus havia lhes dito sobre a espada (22.36). Então, no aceso da batalha, no Getsêmani, quando a turba chega armada com espadas e porretes para prenderem Jesus (22.52), eles tentam a resistência armada e perguntam: *Senhor, feriremos à espada?* (22.49). Pedro nem esperou a resposta, sacou sua espada e cortou a orelha de Malco (Jo 18.10,11). O Pedro dorminhoco é agora o Pedro valente. Porque não orou nem vigiou, está travando a batalha errada, com as armas erradas. Pedro fez uma coisa tola ao atacar Malco (Jo 18.10), pois não lutamos batalhas espirituais com armas físicas (2Co 10.3-5). Ele usou a arma errada, no tempo errado, para o propósito errado, com a motivação errada. Não tivesse Jesus curado Malco, Pedro poderia ter sido preso também; e, em vez de três, poderia haver quatro cruzes no Calvário. Ele ainda não havia compreendido que Jesus tinha vindo exatamente para aquela hora e estava decidido a beber o cálice que o Pai o havia dado (Jo 18.11). Jesus impede seus discípulos de pagar o mal com o mal, e ainda cura Malco, o homem ferido por Pedro. Concordo com Anthony Ash quando ele diz que a cura de Malco demonstrou o amor de Jesus pelos seus inimigos, a aceitação voluntária de sua missão e sua política de não violência.[10]

Em quarto lugar, *a multidão* (22.47,52,53). A turba capitaneada por Judas e destacada para prender a Jesus era composta pelos principais sacerdotes, escribas e anciãos, bem como pelos guardas do templo. Lucas menciona uma multidão (22.47). O sinédrio tinha a seu dispor um grupo de soldados para manter a ordem do templo. João 18.3 menciona uma "escolta" que consistia em 600 homens, um décimo de uma legião. O sinédrio entendeu que um destacamento de soldados seria prudente e necessário. As autoridades romanas, por outro lado, estavam muito desejosas de evitar tumultos em Jerusalém durante a celebração das festividades, e rapidamente concordaram em fornecer o apoio da escolta de soldados.

Esse grupo foi armado até os dentes, com tochas, lanternas, espadas e porretes, para prender a Jesus (Mc 14.43). Até então, não tinham conseguido "apanhá-lo" nem com palavras (Mc 12.13); agora o próprio Deus o entrega. As palavras de reprovação do Senhor a seus aprisionadores no versículo 53 soa idêntica nos Evangelhos. Ele mostra que sua detenção não se concretizou por meio da astúcia e do poderio deles, mas aconteceu segundo o desígnio de Deus.[11]

Jesus encara, sozinho seus inimigos, sofre sozinho nas mãos deles, e sozinho dará a sua vida para que aqueles que o aceitam como Senhor e Salvador nunca estejam sozinhos. Assim Jesus se entrega. A importância moral do seu

A prisão, a negação e o processo

sacrifício de expiação sobre a cruz consiste na voluntariedade de sua morte. As autoridades das trevas tiveram a sua vez![12] Concordo com Moisés Ribeiro quando ele diz que o poder das trevas só pode agir com a permissão divina, por um tempo determinado e com alcance limitado.[13] Nessa mesma linha de pensamento, John Charles Ryle diz que os inimigos dos crentes têm sua "hora", porém um dia nunca mais a terão. Após a prisão, condenação e morte de Jesus, vem a ressurreição. Após a perseguição a Estêvão, ocorre a conversão de Paulo. Após o martírio de John Huss, aconteceu a Reforma na Alemanha. Após as perseguições da rainha Maria Tudor, na Inglaterra, veio o estabelecimento do protestantismo inglês. Os invernos mais intensos foram seguidos pela primavera. As tempestades mais severas foram sucedidas pelo céu azul.[14]

A negação de Pedro na casa do sumo sacerdote (22.54-62)

Pedro foi um homem de fortes contrastes. Tinha arroubos de intensa ousadia e atitudes de extrema covardia. Era um homem de altos e baixos, de escaladas e quedas, de bravura e fraqueza. O texto em tela nos fala sobre alguns aspectos da vida de Pedro, que comentamos a seguir.

Em primeiro lugar, *Pedro, o que segue a Jesus de longe* (22.54). A queda de Pedro foi progressiva. Ele desceu o primeiro degrau nessa queda quando, fundamentado na autoconfiança, quis ser mais espiritual que os outros. Agora, ele desce mais um degrau quando, depois da fuga covarde, tenta remediar a situação, seguindo a Jesus de longe. Sua coragem desvaneceu. Ele não queria perder Jesus de vista, mas também não estava disposto a assumir os riscos do discipulado. Seguir a Jesus de longe é caminhar pela estrada escorregadia da tentação.

Em segundo lugar, *Pedro, o que se assenta na roda dos escarnecedores* (22.55). Pedro assentou-se na roda dos escarnecedores. Tornou-se parte deles. Procurou esquentar-se junto à fogueira enquanto sua alma estava mergulhada numa geleira espiritual. Misturou-se com gente que blasfemava do nome de Cristo. Colocou uma máscara e tornou-se um discípulo disfarçado no território do inimigo. Essa mistura com o mundo custou-lhe muito caro. Aquele ambiente tornou-se um terreno escorregadio para seus pés e um laço para sua alma. Enquanto Jesus está sofrendo abuso físico e psicológico, não longe dali, no pátio da casa do sumo sacerdote, Pedro se esquenta ao fogo. Moisés Ribeiro chama a atenção para o fato de que foi o próprio Pedro que se colocou naquela situação difícil. É no meio das tentações que vencemos, mas não quando voluntariamente as procuramos.[15]

Em terceiro lugar, *Pedro, o covarde* (22.56,57). Uma criada identifica Pedro e o aponta como discípulo de Cristo, mas ele nega isso peremptoriamente. O Pedro seguro do cenáculo torna-se um homem medroso e covarde no pátio da casa do sumo sacerdote. O Pedro autoconfiante, que prometeu ir com Jesus à prisão e sofrer com ele até a morte, agora nega a Jesus. O Pedro que pensou ser mais forte do que seus colegas, agora, cava um abismo na sua alma, agredindo sua consciência e negando o que de mais sagrado possuía. Ele estava negando seu nome, sua fé, seu apostolado, seu Senhor. Um abismo chama outro abismo. Uma queda leva a outros tombos. Pedro não conseguiu manter-se disfarçado no território do inimigo. Logo foi identificado como um seguidor de Cristo e, quando interpelado por uma criada, o negou diante de todos, dizendo: *Não sei o que dizes* (Mt 26.70). Marcos registra: *Não o conheço, nem compreendo o que dizes* (Mc 14.68). Pedro negou sua

A prisão, a negação e o processo

fé diante de todos. Negou seu Senhor mesmo depois de advertido pelo Senhor. Quebrou o juramento de seguir a Cristo até a prisão e até a morte. O medo dominou a fé, e ele caiu vertiginosamente.

Em quarto lugar, *Pedro, o perjuro* (22.58). Pedro não apenas nega que é discípulo de Cristo, mas faz isso com juramento (Mt 26.72). Ele nega com forte ênfase. Empenha sua palavra, sua honra e sua fé para negar sua relação com o Filho de Deus. Quanto mais alto fala, mais demonstra que está mentindo.

Em quinto lugar, *Pedro, o praguejador* (22.59,60). Além de negar a Cristo com juramento, Pedro desce o último degrau da sua queda, quando começa a praguejar e a falar impropérios na tentativa de esquivar-se de Cristo (Mt 26.74). Ele quis ser o mais forte e tornou-se o mais fraco. Quis ser melhor que os outros e tornou-se o pior. Quis colocar seu nome no topo da lista dos fiéis e caiu de forma mais vergonhosa para o último lugar. Pedro, abalado com as acusações, começa a amaldiçoar e jurar, negando o seu mais sagrado relacionamento.

Pedro negou a Cristo três vezes. Negou na primeira vez (Mt 26.70), jurou na segunda vez (Mt 26.72) e praguejou na terceira vez (Mt 26.74). A boca de Pedro está cheia de praguejamento e blasfêmia, e não de votos de fidelidade. Ele caiu das alturas da autoconfiança para o abismo da derrota mais humilhante. Três vezes é tentado e três vezes é vencido! John Charles Ryle tem razão quando diz: "O mais nobre dos crentes é apenas uma criatura frágil, mesmo em seus melhores momentos".[16]

Em sexto lugar, *Pedro, o arrependido* (22.60b-62). Mesmo não tendo falado contra Jesus, Pedro o nega de três modos: pleiteando ignorância, negando fazer parte da comunidade dos discípulos e recusando qualquer relação com Jesus. Diferentemente de Judas, Pedro e os outros discípulos não tentam destruir Jesus para se salvar. "Eles não estão contra Jesus. Eles falham em ser por ele".[17]

O arrependimento de Pedro passa pelo canto do galo. De que maneira o canto do galo encorajou Pedro? Serviu para lhe garantir que, mesmo sendo um prisioneiro, atado e aparentemente indefeso diante de seus captores, Jesus continuava no controle de todas as coisas. O canto do galo foi uma garantia a Pedro de que ele poderia ser perdoado, pois naquele instante ele se *lembrou da palavra do Senhor* (22.61). Essa lembrança lhe deu esperança. O canto do galo mostrou a Pedro que um novo dia começava.[18] Deus não despreza o coração compungido. Na manhã da ressurreição, o anjo enviou uma mensagem especial de ânimo para Pedro (Mc 16.7) e o próprio Jesus ressurreto apareceu a ele (24.34).

O arrependimento de Pedro passa também pelo olhar penetrante de Jesus (22.61). *Então, voltando-se o Senhor, fixou os olhos em Pedro, e Pedro se lembrou da palavra do Senhor, como lhe dissera: Hoje três vezes me negarás, antes de cantar o galo.* Charles Childers diz que provavelmente o olhar de Jesus ocorreu quando Jesus estava sendo levado de seu interrogatório diante de Anás para o seu julgamento perante Caifás e o sinédrio. João se refere a essa mudança de local, ao dizer: *Então, Anás o enviou, manietado, à presença de Caifás, o sumo sacerdote* (Jo 18.24). Jesus foi levado pelo pátio enquanto Pedro estava veementemente engajado em sua terceira negação.[19]

Jesus olhou para Pedro exatamente no momento em que este insistia em dizer que não conhecia a Cristo. Os olhos de Cristo penetraram na alma de Pedro, devassaram seu

A prisão, a negação e o processo

coração, radiografaram suas mazelas. Foi o olhar de Jesus que desatou Pedro das amarras da situação em que se encontrava. O galo faz Pedro lembrar; o olhar de Jesus desperta nele a confiança do seu pleno perdão.

O arrependimento de Pedro foi demonstrado pelo seu choro amargo (22.62). *Então, Pedro saindo dali, chorou amargamente.* Mateus diz: *E saindo dali, chorou amargamente* (Mt 26.75). Marcos registra: *E caindo em si, desatou a chorar* (Mc 14.72). Em vez de engolir o veneno como Judas, Pedro o vomitou. O remorso é a consciência do pecado, sem a ferida do arrependimento e sem o remédio do perdão. O remorso leva à morte, mas o perdão produz vida. O choro de Pedro foi o choro do arrependimento, da vergonha pelo pecado, da tristeza segundo Deus. Logo que as lágrimas do arrependimento rolaram pelo rosto de Pedro, seus pés se apressaram a sair daquele ambiente. Pedro saiu e chorou. Mas, antes de desatar em choro, ele caiu em si. Vejamos então os passos: ele caiu em si; ele saiu dali; ele desatou a chorar; ele chorou amargamente.

O processo religioso contra Jesus no Sinédrio (22.63-71)

O relato de Lucas inverte a ordem de Mateus e Marcos em vários aspectos. Primeiro, coloca a negação de Pedro antes do interrogatório na casa do sumo sacerdote, enquanto os outros sinóticos situam esse episódio depois. Segundo, Lucas não menciona as falsas testemunhas que acusaram Jesus acerca da destruição do templo. Terceiro, Lucas nada diz sobre o fato de as autoridades procurarem algum falso testemunho contra Jesus. Quarto, Lucas não menciona o interrogatório do sumo sacerdote. Quinto, Lucas só menciona os açoites e zombarias na quinta à noite, porém registra a reunião formal do sinédrio na sexta pela manhã, enquanto os outros evangelistas sinóticos mencionam as duas reuniões do sinédrio, tanto a reunião informal da quinta à noite quanto a reunião formal da sexta pela manhã. Consequentemente, Lucas menciona os açoites e as zombarias a Jesus antes do interrogatório, e não depois dele, como outros evangelistas sinóticos.

William Barclay interpreta corretamente quando diz que durante a noite Jesus havia sido levado ante o sumo sacerdote. Este foi um interrogatório privado e extraoficial. As autoridades tinham o propósito de arrancar de Jesus alguma declaração que pudesse incriminá-lo. Depois disto, Jesus foi entregue aos guardas do templo. Estes zombaram dele e o açoitaram. Ao chegar no outro dia de manhã, levaram-no ao sinédrio. Isso porque o sinédrio não podia reunir-se oficialmente à noite.[20]

Daqui até a ressurreição de Jesus, o poder das trevas atua com toda a sua força (22.53). Dividimos em dois pontos esse processo eclesiástico.

Em primeiro lugar, *o julgamento na noite da prisão* (22.63-65). Os que detinham Jesus, ou seja, a turba que o prendeu no jardim do Getsêmani e o levou para a casa do sumo sacerdote, não poupou Jesus de bofetadas e zombarias. Isso revela a injustiça do julgamento, pois o réu (Jesus) é maltratado antes de começar o julgamento. Eles não estavam interessados em investigar a verdade, mas sim em dar vazão à sua perversidade. A lei romana dizia que, *in dubio pro reo,* mas no tribunal eclesiástico dos judeus, o inocente é castigado antes de ser investigado. A perversidade deles pode ser vista em três aspectos.

Zombaria e pancadaria (22.63). Aqueles que prenderam Jesus zombaram dele e deram-lhe pancadas. Jesus foi esbordoado, cuspido e espancado na casa do sumo sacerdote.

Escárnio (22.64). Eles vendaram os olhos de Jesus e escarneceram dele, dizendo: *Profetiza-nos: quem é que te bateu?*

Blasfêmias (22.65). Lucas diz que esses algozes falavam muitas outras coisas contra ele, blasfemando.

Em segundo lugar, *o julgamento do sinédrio na manhã do dia seguinte* (22.66-71). A cena muda do pátio do sumo sacerdote para a câmara do concílio, a "Sala de Pedras Lavradas". Passa-se ao longo de um dos átrios interiores do templo, de acordo com as tradições rabínicas, ou um átrio na esquina sudoeste da área do templo, de acordo com Josefo (*Guerra dos Judeus*, V.4.2).[21] A acusação religiosa forjada contra Jesus na quinta-feira à noite foi de blasfêmia. Agora, eles precisam lançar sobre Jesus uma acusação política, que encontraria mais eco no pretório romano. Por isso, reuniram-se bem cedo na sexta-feira, agora com o sinédrio pleno, não apenas para dar legitimidade à reunião ilegal da quinta-feira à noite, mas também para acusá-lo de conspiração contra César.

Destacamos aqui cinco fatos.

Uma reunião ilegal (22.66). As autoridades já haviam decidido matar Jesus antes mesmo de interrogá-lo (22.1,2; Mc 14.1; Jo 11.47-53). Eles haviam planejado fazer isso depois da festa, para evitarem uma revolta popular (Mc 14.2), mas a atitude de Judas de o entregar adiantou o intento deles (Mc 14.10,11). O processo não era senão um simulacro de justiça do princípio até o fim, pois não tinha outra finalidade que a de dar uma aparência de legalidade ao crime predeterminado. As leis não permitiam um prisioneiro ser interrogado pelo sinédrio à noite. No dia antes de um sábado ou de uma festa, todas as sessões estavam proibidas. Nenhuma pessoa podia ser condenada senão por meio do testemunho de duas testemunhas, mas eles contrataram testemunhas falsas. O anúncio de uma pena de morte só podia ser feito um dia depois do processo. Nenhuma condenação podia ser executada no mesmo dia, mas eles sentenciaram Jesus à morte durante a noite e logo cedo o levaram a Pilatos para que este lavrasse sua pena de morte. A reunião do sinédrio foi ilegal, uma vez que foi à noite, e o método usado também foi ilegal, visto que eles ouviram apenas testemunhas contra Jesus.

Robertson diz que esta é a segunda vez que Jesus comparece diante do sinédrio, meramente mencionada por Marcos 15.1 e Mateus 27.1, que relatam com detalhes a primeira vez e o julgamento. Lucas menciona esta reunião de ratificação depois do amanhecer, para dar a aparência de legalidade ao seu voto de condenação, já decidido (Mt 26.66; Mc 14.64).[22]

Um interrogatório hipócrita (22.67,68). Os membros do sinédrio perguntam a Jesus se ele era o Cristo, o Messias. Jesus responde desmascarando a hipocrisia da pergunta deles, que não estavam interessados na verdade, mas apenas em disfarçar suas intenções malignas atrás de formalidades legais.

Uma declaração ousada (22.69). Jesus não se intimida como Pedro, mas afirma corajosamente sua identidade. Em vez de declarar que agora é o Cristo sofredor, enfatiza que será o Cristo vencedor, que estará à direita do Todo-poderoso Deus. Leon Morris diz que "a mão direita" era o lugar de honra, e "sentar-se" era a posição de descanso. Feita a sua obra salvífica, Jesus teria o lugar da mais alta honra.[23] Jesus faz alusão à sua glorificação como algo tão certo que já tinha começado. O evangelista Marcos diz que Jesus falou não apenas de sua glorificação, mas também de sua

A prisão, a negação e o processo

segunda vinda nas nuvens (Mc 14.62). Robertson diz que Jesus responde à pergunta deles sobre "o Messias" afirmando que ele é "o Filho do homem", e assim eles o entendiam. Ele também declara ser igual a Deus, e eles aceitam.[24]

Uma confirmação corajosa (22.70). Os juízes, julgando que haviam colhido uma declaração incriminatória de Jesus, forçam uma confirmação: *Então, disseram todos: Logo, tu és o Filho de Deus?* Jesus, sem nenhum temor, diante da plena convicção que estava lavrando sua sentença de morte, reafirmou: *Vós dizeis que eu sou.* Robertson recomenda: Observe como estes três epítetos são usados como praticamente equivalentes. Eles perguntam sobre "o Messias". Jesus afirma que ele é o Filho do homem, e que se assentará à direita do Deus Todo-poderoso. Eles entendem que isto é uma declaração de que ele é o Filho de Deus (tanto humanidade quanto divindade). Jesus aceita o desafio e admite ter uma tríplice identidade (o Messias, o Filho do homem, o Filho de Deus).[25]

Uma sentença condenatória (22.71). O sinédrio parecia ter conseguido o seu intento. Lucas registra: "Clamaram, pois: Que necessidade mais temos de testemunho? Porque nós mesmos o ouvimos da sua própria boca". A sentença de morte foi lavrada. O seu caminho era a cruz, para que o nosso caminho fosse o céu.[26] Agora é só levar o caso ao governador romano para bater o martelo. O juízo dos membros do sinédrio está correto, a menos que Jesus fosse quem ele afirmava ser. Mas eles estariam eternamente errados, pois ele é o Cristo, o Filho do homem, o Filho de Deus. Eles fizeram sua escolha e devem enfrentar Cristo como juiz.[27] É muito conhecido o desafio feito por C. S. Lewis, quando ele diz que em relação a Jesus só temos três possibilidades: ou Jesus é um mentiroso, ou um lunático ou Deus. Se ele não é quem disse ser, é um mentiroso; se ele não é quem pensou ser, é um lunático; mas se ele é quem disse ser, então, ele é Deus!

Para que o leitor tenha uma compreensão plena do julgamento de Jesus, faremos um apanhado de outras importantes informações contidas nos Evangelhos de Mateus, Marcos e João. Jesus passou por dois julgamentos: um eclesiástico e outro civil; o primeiro aconteceu nas mãos dos judeus, o segundo, nas mãos dos romanos. Tanto o julgamento judaico quanto o romano tiveram três estágios. O julgamento judaico foi aberto por Anás, o antigo sumo sacerdote (Jo 18.13-24). Em seguida, Jesus foi levado ao tribunal pleno para ouvir as testemunhas (Mc 14.53-65), e então à sessão matutina do dia seguinte para o voto final de condenação (Mc 15.1). Jesus foi a seguir enviado a Pilatos (Mc 15.1-5; Jo 18.28-38), que o enviou a Herodes (23.6-12), que o mandou de volta a Pilatos (Mc 15.6-15; Jo 18.39-19.6). Pilatos atendeu ao clamor da multidão e entregou Jesus para ser crucificado.

Os juízes de Jesus foram: Anás, ganancioso, venenoso como uma serpente e vingativo (Jo 18.13); Caifás, rude, hipócrita e dissimulado (Jo 11.49,50); Pilatos, supersticioso e egoísta (Jo 18.29); e Herodes Antipas, imoral, ambicioso e superficial. Esses foram seus juízes. Vejamos quais foram os passos nesse processo.

Primeiro, *Jesus diante de Anás* (Jo 18.13). Antes de Jesus ser levado ao sinédrio, ele foi conduzido até Anás manietado pela escolta, o comandante e os guardas dos judeus. Este era sogro de Caifás, o sumo sacerdote. Apesar de ter sido destituído pelos romanos, muitos judeus consideravam Anás o verdadeiro sumo sacerdote, pois esse cargo era vitalício e sumamente honroso; e, como cabeça de toda a

A prisão, a negação e o processo

família, ele exercia enorme influência na direção da política da nação por meio do seu genro Caifás. O interrogatório de Jesus por este potentado tinha por objeto orientar o sumo sacerdote, ao mesmo tempo que oferecia tempo suficiente para a convocação de um quórum do sinédrio durante as altas horas da noite.

Segundo, *Jesus diante do sinédrio* (Mc 14.53-65). O sinédrio era a suprema corte dos judeus, composta por 71 membros. Entre eles, havia saduceus, fariseus, escribas e homens respeitáveis, que eram os anciãos. O sumo sacerdote presidia o tribunal. Nesta época, os poderes do sinédrio eram limitados porque os romanos governavam o país. O sinédrio tinha plenos poderes nas questões religiosas. Parece que tinha também certo poder de polícia, embora não tivesse poder para infligir a pena de morte. Suas funções não eram condenar, mas preparar uma acusação pela qual o réu pudesse ser julgado pelo governador romano.[28]

Embora ilegalmente, o sinédrio reuniu-se naquela noite da prisão de Jesus para o interrogatório. Eles já tinham a sentença, mas precisavam de uma forma para efetivá-la. Os membros do sinédrio estavam movidos pela inveja (Mc 15.10), pela mentira (Mc 14.55,56), pelo engano (Mc 14.61) e pela violência (Mc 14.65). Os que interrogaram Jesus não buscavam a verdade, e sim evidências contra ele, diz Dewey Mulholland.[29]

Vamos destacar alguns pontos importantes desse julgamento e, para uma melhor compreensão, examinaremos o que os outros evangelistas também registraram.

As testemunhas (Mc 14.56-59). Segundo a lei, não era lícito condenar ninguém à morte senão pelo testemunho concordante de duas testemunhas (Nm 35.30), de modo que não havia "causa legal" contra ninguém até que se houvesse cumprido este requisito. No caso de Jesus, as primeiras testemunhas desqualificam-se, pois suas histórias não concordam entre si (Dt 17.6). Quão trágico é que um grupo de líderes religiosos estivesse encorajando o povo a mentir, e isso durante uma sessão muito especial.

O testemunho (Mc 14.55). O sinédrio procurou testemunho contra Jesus, mas não achou. Muitos testemunharam contra Jesus, mas os testemunhos não eram coerentes (Mc 14.56). Outros testemunharam falsamente, baseando-se nas palavras do Senhor em João 2.19: *Jesus lhes respondeu: Destruirei este santuário, e em três dias o reconstruirei.* O próprio evangelista João interpreta as palavras de Jesus: *Ele, porém, se referia ao santuário do seu corpo* (Jo 2.21). Mas os acusadores torceram a fala de Jesus, acrescentando palavras que ele não havia dito: "Nós o ouvimos declarar: Eu destruirei este santuário *edificado por mãos humanas* em três dias construirei *outro, não por mãos humanas*" (Mc 14.58). Essas falsas testemunhas mantiveram a velha e falsa versão dos judeus (Jo 2.20), dando a ideia de que Jesus havia planejado uma conspiração, um atentado militar contra o santuário de Jerusalém, destruindo, assim, o centro religioso da nação. Adolf Pohl diz que esta acusação foi explosiva porque naquele tempo a profanação de templos era um dos delitos mais monstruosos.[30] Marcos nos informa que nem assim o testemunho deles era coerente (Mc 14.59). Aliás, Marcos classifica essas acusações de *falso testemunho* (Mc 14.57-59), porque Jesus nunca disse que destruiria o templo em Jerusalém. Não havendo testemunho contra Jesus, ele devia ser solto.

O solene juramento (Mc 14.60-62). Diante das falsas acusações, Jesus guardou silêncio e não se defendeu, cumprindo assim a profecia: ... *como ovelha muda perante os seus tosquiadores, ele não abriu a boca* (Is 53.7; 1Pe 2.23). O complô corria o risco de fracassar, mas Caifás estava determinado a condenar Jesus. Então, deixa de lado toda diplomacia e sob juramento faz a pergunta decisiva a Jesus: "És tu o Cristo, o Filho do Deus bendito?" Jesus respondeu: *Eu sou, e vereis o Filho do homem assentado à direita do Todopoderoso e vindo com as nuvens do céu* (Mc 14.61,62). O evangelista Mateus registra esta pergunta sob juramento: *Eu te conjuro pelo Deus vivo que nos digas se tu és o Cristo, o Filho de Deus* (Mt 26.63). Ernesto Trenchard diz que a resposta tão elevada e digna do Senhor a Caifás foi a primeira declaração pública na qualidade de Messias que o Senhor deu ao povo, e isso no momento em que, humanamente falando, a afirmação significava a morte.[31] À declaração acrescentou o Senhor a profecia da sua segunda vinda em glória. Com esta resposta, Jesus demonstra seu valor e sua confiança, pois sabia que sua resposta significava sua morte, mas não titubeou em proferi-la com clareza, pois tinha a total confiança do seu triunfo final. Assim, Jesus proporciona ao sinédrio todas as evidências que eles buscavam para o condenarem à morte.[32]

A condenação (Mc 14.63,64). A condenação de Jesus por blasfêmia da parte do sinédrio foi tão ilegal quanto a pergunta sob juramento feito por Caifás, pois a Lei exigia larga meditação antes de promulgar-se uma sentença condenatória. Não deram a Jesus nenhum direito de defesa, pois já haviam fechado os olhos contra a luz que resplandecia da vida do Senhor, assim como os ouvidos contra a palavra divina que saía da sua boca (At 13.27), diz Ernesto Trenchard.[33]

Os insultos (Mc 14.65). Havia pouca consideração para um réu condenado e, imediatamente depois da sentença condenatória, os servidores dos sacerdotes começaram a esbofetear o Senhor, cuspindo-lhe, escarnecendo dele e iniciando, assim, o cumprimento dos desprezos e sofrimentos físicos que ele havia de sofrer (Is 50.6; 52.14-53.10). Dewey Mulholland diz que, embora Roma proibisse o sinédrio de exercitar a penalidade de morte, seus membros manifestam sua ira contra Jesus. Alguns cospem, outros batem nele. Alguns zombam dele e exigem que profetize. Os guardas o espancam. Ironicamente, as ações deles só confirmam o papel profético e a messianidade de Jesus, cumprindo as predições que ele fizera (Mc 8.31; 10.33,34).[34]

NOTAS

[1] NEALE, David A. *Novo comentário bíblico Beacon Lucas 9-24*, p. 274.

[2] MORRIS, Leon L. *Lucas: introdução e comentário*, p. 293.

[3] BARCLAY, William. *Lucas*, p. 266.

[4] ROBERTSON, A. T. *Comentário Lucas à luz do Novo Testamento Grego*, p. 362.

[5] BARCLAY, William. *Marcos*, p. 354,355.

[6] BARCLAY, William. *Marcos*, p. 355.

[7] TRENCHARD, Ernesto. *Una exposición del Evangelio según Marcos*, p. 190.

[8] RIENECKER, Fritz; ROGERS, Cleon. *Chave linguística do Novo Testamento Grego*, p. 96.

[9] GIOIA, Egidio. *Notas e comentários à harmonia dos Evangelhos*, p. 346.

[10] ASH, Anthony Lee. *O Evangelho segundo Lucas*, p. 311.

[11] RIENECKER, Fritz. *Evangelho de Lucas*, p. 443.

[12] ROBERTSON, A. T. *Comentário Lucas à luz do Novo Testamento grego*, p. 363.

[13] RIBEIRO, Moisés Pinto. *O Evangelho segundo Lucas*, p. 279.

[14] RYLE, John Charles. *Meditações no Evangelho de Lucas*, p. 361.

A prisão, a negação e o processo

[15] RIBEIRO, Moisés Pinto. *O Evangelho segundo Lucas*, p. 282.

[16] RYLE, John Charles. *Meditações no Evangelho de Lucas*, p. 363.

[17] RHOADS, David; DEWEY, Joanna; MICHIE, Donald. *Mark as story: an introduction to the narrative of a gospel*. Minneapolis, MN: Fortress Press, 1984, p. 128.

[18] WIERSBE, Warren W. *Comentário bíblico Beacon*. Vol. 5, p. 351.

[19] CHILDERS, Charles L. *O Evangelho segundo Lucas*, p. 486.

[20] BARCLAY, William. *Lucas*, p. 267.

[21] CHAMPLIN, Russell Norman. *O Novo Testamento interpretado versículo por versículo*, p. 285.

[22] ROBERTSON, A. T. *Comentário Lucas à luz do Novo Testamento grego*, p. 366,367.

[23] MORRIS, Leon L. *Lucas: introdução e comentário*, p. 298.

[24] ROBERTSON, A. T. *Comentário Lucas à luz do Novo Testamento grego*, p. 367.

[25] ROBERTSON, A. T. *Comentário Lucas à luz do Novo Testamento grego*, p. 367.

[26] RIBEIRO, Moisés Pinto. *O Evangelho segundo Lucas*, p. 286.

[27] ROBERTSON, A. T. *Comentário Lucas à luz do Novo Testamento grego*, p. 367.

[28] BARCLAY, William. *Marcos*, p. 358.

[29] MULHOLLAND, Dewey M. *Marcos: introdução e comentário*. São Paulo, SP: Vida Nova, 2005, p. 220.

[30] POHL, Adolf. *Evangelho de Marcos*, p. 419.

[31] TRENCHARD, Ernesto. *Una exposición del Evangelio según Marcos*, p. 195.

[32] MULHOLLAND, Dewey M. *Marcos: introdução e comentário*, p. 220.

[33] TRENCHARD, Ernesto. *Una exposición del Evangelio según Marcos*, p. 195,196.

[34] MULHOLLAND, Dewey M. *Marcos: introdução e comentário*, p. 222.

Capítulo 61

O julgamento civil de Jesus
(Lc 23.1-25)

ENCERRADA A SEÇÃO do sinédrio na sexta pela manhã, Jesus foi levado a Pilatos, o governador romano (23.1). Essa condução de Jesus até Pilatos é enfatizada por todos os evangelistas. Assim, o processo passa por um novo estágio. Agora Jesus é levado ao tribunal secular.[1]

O julgamento civil de Jesus é dividido em três estágios. Na primeira fase, Jesus está diante de Pilatos (23.1-7). Na segunda fase, Jesus está diante de Herodes (23.8-12). E, na terceira fase, Jesus volta a Pilatos, que cede à pressão do povo e o entrega para ser crucificado (23.13-25).

A primeira fase do julgamento civil – Jesus diante de Pilatos (23.1-7)

Destacamos a seguir alguns pontos importantes desta primeira fase do julgamento civil de Jesus diante de Pilatos.

Em primeiro lugar, *Jesus é acusado* (23.1,2). Os homens da religião e da lei, por ciúmes e inveja, acusaram Jesus porque não queriam perder a popularidade nem queriam abrir mão do poder. Jeitosamente haviam criado mecanismos para enriquecerem por meio da religião e estavam mais interessados na glória pessoal do que na salvação do povo. Como eles não tinham poder para matar ninguém (Jo 18.31), levaram Jesus ao governador Pôncio Pilatos (26 d.C. a 36 d.C.), o quinto procurador de Samaria e Judeia. Inflexível, sem compaixão e obstinado, Pilatos se deleitava em molestar os judeus. Era um homem orgulhoso, egoísta, cruel e supersticioso.[2]

Logo que levaram Jesus ao pretório, Pilatos saiu para lhes falar e indagou: *Que acusação trazeis contra este homem?* (Jo 18.29). Os principais sacerdotes acusaram Jesus de muitas coisas (Mc 15.3) e com grande veemência (23.10). Jesus, porém, ficou em silêncio e não abriu a boca. Há momentos que o silêncio é mais eloquente do que as palavras, porque pode dizer coisas que as palavras não podem. Durante as últimas horas de sua vida, em quatro ocasiões diferentes, Jesus "não abriu a sua boca": na presença de Caifás (Mc 14.60,61), de Pilatos (Mc 15.4,5), de Herodes (23.9) e, novamente, de Pilatos (Jo 19.9). Isso falou mais alto do que qualquer palavra que ele pudesse ter dito. Esse silêncio se transformou em condenação dos seus atormentadores e era prova de sua identidade como o Messias.

Quais foram as primeiras acusações contra Jesus? Lucas registra: *E ali passaram a acusá-lo, dizendo: Encontramos este*

O julgamento civil de Jesus

homem pervertendo a nossa nação, vedando pagar tributo a César e afirmando ser ele o Cristo, o Rei (23.2). É digno de nota que Lucas não registra a verdadeira acusação que traziam contra ele, que era blasfêmia (22.71). Eles sabiam que essa acusação religiosa não lograria êxito diante do governador romano. Por isso, concentraram suas baterias contra Jesus fazendo acusações de cunho político. Qual foi o teor dessas acusações? Vejamos.

Insubordinação (23.2). Três foram as acusações levantadas contra Jesus. Eles disseram a Pilatos que encontraram Jesus pervertendo a nação, vedando pagar tributo a César e afirmando ser ele o Cristo, o Rei. As duas primeiras acusações eram mentirosas. A terceira, resultado de um falso entendimento. Jesus não era rei no sentido que eles acusavam, um rei político, mas era rei no sentido que eles rejeitavam, o Messias. O termo grego *diastréphonta,* usado para dizer que Jesus estava pervertendo a nação, significa que ele dava ao povo um rumo errado, tornando-os confuso e rebelde. Jesus desviava o povo do bom caminho, em que os superiores religiosos e os romanos tanto o queriam ver andar.[3] David Neale diz que a acusação apontava para uma ameaça de Jesus desviar a nação para a heresia.[4] Quanto à acusação de que Jesus proibia pagar tributo a César, tratava-se de uma mentira deslavada, pois Jesus ensinou exatamente o contrário (20.25). Itamir Neves diz que a essência dessas três acusações é que Jesus era um subversivo e estava provocando distúrbios nas três áreas fundamentais da sociedade: 1) ideológica: ele perverte a nação; 2) econômica: ele proíbe o pagamento de tributo a César; 3) política: ele afirma ser rei.[5]

Agitador do povo (23.5,14). Eles afirmaram diante de Herodes: "Ele alvoroça o povo, ensinando por toda a

Judeia, desde a Galileia, onde começou, até aqui". Sua tática astuta era colocar em primeiro plano o aspecto "político" de sua queixa. Desse modo, visavam encobrir a verdadeira motivação de seu agir.[6]

Malfeitor (Jo 18.30). Os acusadores inverteram a situação. Eles eram malfeitores, mas Jesus havia andado por toda parte fazendo o bem (At 10.38).

Blasfêmia (Jo 19.7). Eles disseram a Pilatos que Jesus se fazia a si mesmo Filho de Deus e, segundo a lei judaica, isso era blasfêmia, um crime capital para os judeus.

Conspiração (Jo 19.12). Os judeus clamavam a Pilatos: *Se soltas a este, não és amigo de César; todo aquele que se faz rei é contra César.* Os judeus, por inveja, acusaram Jesus de conspiração política. Colocaram-no contra o Estado, contra Roma, contra César. A acusação contra Cristo é que ele era o "Rei dos judeus". Embora Jesus tenha admitido que era Rei, explicou que o seu reino não era deste mundo, de forma que não constituía nenhum perigo para César em Roma.[7]

Adolf Pohl diz que, seja o que for que "Rei dos judeus" tenha significado para Jesus, pelo menos não era derramar o sangue de outros, mas o seu próprio pelos outros (Mc 10.45; 14.24).[8] Essa acusação foi pregada em sua cruz em três idiomas: hebraico, grego e latim (Jo 19.19,20). O hebraico é a língua da religião, o grego é a língua da filosofia, e o latim é a língua da lei romana. Tanto a religião como a filosofia e a lei se uniram para condenar a Jesus. John Charles Ryle oportunamente diz que o servo de Cristo não deve ficar surpreso se tiver de beber do mesmo cálice. Elias foi chamado de *perturbador de Israel* (1Rs 18.17). Jeremias foi acusado de ser o homem que não procurava *o bem-estar para o povo, e sim o mal* (Jr 38.4). Os apóstolos foram

O julgamento civil de Jesus

chamados de *uma peste* que havia *transtornado o mundo* (At 24.5; 17.6).[9]

Em segundo lugar, *Jesus é interrogado* (23.3). Pilatos faz uma pergunta objetiva e direta a Jesus: *És tu o rei dos judeus?* Respondeu Jesus: *Tu o dizes.* Quando Jesus afirmou diante de Pilatos que era o rei dos judeus, ele não estava falando no sentido de um reinado temporal, terreno e político. Esse reinado ele rejeitou. Antonio Vieira, comentando sobre esse episódio, afirma que Jesus é acusado de que queria ser o rei dos judeus, mas é precisamente condenado porque não quis ser rei dos judeus. No pretório, Pilatos pergunta a Jesus se ele era rei. Qual o conceito de rei para Pilatos, para os acusadores, para o povo e para o próprio Jesus? Se o conceito de realeza era o entendido pelos acusadores, o crime era religioso. Se o conceito de realeza era o entendido por Pilatos, caracterizava-se um crime político. Havia, pois, o conceito de realeza do próprio Jesus, quando ele diz solenemente que o seu reino não é deste mundo. Aquela não era uma escola filosófica ou academia jurídica para discutir os conceitos doutrinários sobre realeza. Jesus estava ali para construir, com o próprio sangue, este reinado de amor e justiça. O primeiro governo e autoridade existente no mundo foi instalado por Deus, ainda no Paraíso, quando ele criou o homem à sua imagem e semelhança, e mandou que dominasse os peixes do mar, as aves do céu, os animais da selva. Para governar animais irracionais, quis Deus que o homem tivesse entranhas divinas, tendo sido feito à sua imagem e semelhança, tão sublime e tão grande era aos olhos de Deus a missão de governar. Mas Adão foi contaminado pelo orgulho e pela autossuficiência e quis ser igual a Deus. Este é o grande pecado dos que governam: tornar-se grandes como deuses para governarem os homens como demônios. Historicamente, todos aqueles que se autoatribuíram poderes divinos e se tornaram absolutos governaram como se Deus não existisse. Quando Jesus disse diante de Pilatos que seu reino não era deste mundo, traçava as coordenadas que o distinguiam de todos os poderes terrenos, ou seja, seu reino não teria as características dos impérios humanos.[10]

Em terceiro lugar, *Pilatos apresenta a primeira defesa de Jesus no início do julgamento* (23.4). No início do julgamento, quando o sinédrio lhe apresentou o caso, Pilatos disse: *Não vejo neste homem crime algum.* Pilatos estava convicto da inocência de Jesus e demonstrou isso três vezes. Pilatos percebeu a intenção maldosa dos sacerdotes. Ele sabia que as acusações contra Jesus eram meramente para proteger a instituição religiosa, não o trono de César. O que faltou em Pilatos foi coragem para sustentar aquilo em que ele cria.

Em quarto lugar, *Jesus é acusado de agitador social* (23.5). Os acusadores não desistem diante da defesa de Pilatos e da eloquência dos fatos. Ao contrário, ampliam as acusações, dizendo que Jesus é um agitador social que promove alvoroço desde a Galileia até a Judeia.

Em quinto lugar, *Jesus é transferido para outra jurisdição* (23.6,7). Ao saber Pilatos que Jesus era galileu, portanto, da jurisdição de Herodes, e estando este, naqueles dias, em Jerusalém, remeteu Jesus a Herodes. Pilatos sente-se aliviado, transferindo para Herodes Antipas a responsabilidade da decisão. Morris diz que, no Império Romano, um processo jurídico era usualmente realizado na província onde o delito havia sido cometido, embora pudesse ser referido à província à qual pertencia o acusado. Pilatos, portanto, poderia ter prosseguido com o processo. Era, porém, um

O julgamento civil de Jesus

elogio gracioso a Herodes encaminhar o processo a ele, e era tecnicamente possível, porque, como galileu, Jesus era da jurisdição de Herodes. Herodes provavelmente subira para Jerusalém a fim de observar a Páscoa, tática que, segundo esperava, agradaria seus súditos. Ele estava, portanto, disponível.[11]

A segunda fase do julgamento civil – Jesus diante de Herodes (23.8-12)

Somente Lucas registra este episódio em que Jesus é enviado a Herodes. Este Herodes é filho de Herodes, o Grande. É conhecido como Herodes Antipas. Era o tetrarca da Galileia e Pereia (3.1). Foi este Herodes que se casou ilegalmente com Herodias, sua cunhada e sobrinha. Pelo pecado de haver tomado "a esposa de seu irmão Herodes Filipe", foi severa e reiteradamente repreendido por João Batista (3.19,20). Em vez de arrepender-se, mandou João para o cárcere. Mais, tarde, ordenou que João fosse decapitado, a pedido de Herodias (9.7-9). Quando soube dos milagres operados por Jesus, exclamou: *Este é João Batista, ressurreto dentre os mortos* (Mt 14.1,2), nutrindo o desejo de vê-lo (9.9). Já a caminho de Jerusalém, alguns fariseus advertiram Jesus: *Retira-te e vai-te daqui, porque Herodes quer matar-te* (13.31). Jesus, em vez de fugir diante da ameaça, chamou Herodes de raposa. Agora, Jesus é levado como prisioneiro à sua presença. Ele se alegra sobremaneira em ver Jesus, pois havia ouvido falar a respeito daquele homem, mas jamais estivera face a face com ele. Sua alegria, entretanto, era carnal. Herodes não estava interessado em seus ensinos nem em reconhecer sua missão redentora. Queria apenas ver algum espetáculo sobrenatural. Agora Jesus, o Filho de Deus, está diante desse homem lascivo,

LUCAS — Jesus, o homem perfeito

assassino, impenitente, intranquilo, inquisitivo e supersticioso. Herodes espera ver um milagre operado por Jesus, mas de Jesus não escuta sequer uma palavra.[12]

Duas coisas nos chamam a atenção aqui.

Em primeiro lugar, *a frivolidade de Herodes* (23.8,9,11,12). Herodes quer ver milagres, mas não quer reconhecer Jesus como o Messias. Usa toda a sua esperteza para interrogar Jesus de muitos modos. Quer apanhar alguma informação para incriminá-lo. Percebendo Herodes que Jesus reagiu às suas perguntas com imperturbável silêncio, juntamente com seus asseclas, passou a tratá-lo com desprezo e escárnio, vestindo-o de um manto aparatoso, antes de devolvê--lo a Pilatos.

Em segundo lugar, *a ferocidade dos acusadores* (23.10). Os principais sacerdotes e os escribas acompanharam a soldadesca romana que foi levar Jesus a Herodes. Ali, diante dessa raposa sutil, ergueram seu libelo acusatório contra Jesus, acusando-o com grande veemência. Morris diz que Herodes não cumpriu os desejos nem de Pilatos nem dos judeus. Ele não tinha interesse no caso e recusou-se a julgar o processo, devolvendo Jesus a Pilatos.[13] A partir desse episódio, a inimizade entre Pilatos e Herodes foi desfeita. Qualquer que tenha sido a causa dessa inimizade, foi abandonada quando diante deles se colocou um objeto comum de desprezo, temor e ódio. Não importa sobre o que eles discordavam, mas Herodes e Pilatos concordaram em desprezar e perseguir a Cristo (At 4.27).[14]

A terceira fase do julgamento civil – Jesus novamente diante de Pilatos (23.13-25)

Chamamos a atenção para alguns pontos aqui.

Em primeiro lugar, *Pilatos apresenta a segunda defesa da inocência de Jesus no meio do julgamento* (23.13-15). Agora,

O julgamento civil de Jesus

no meio do julgamento, Pilatos volta a defender a inocência de Jesus. Quando Jesus voltou, depois de ter sido examinado por Herodes, Pilatos disse aos sacerdotes e ao povo: *Apresentastes-me este homem como agitador do povo; mas, tendo-o interrogado na vossa presença, nada verifiquei contra ele dos crimes de que o acusais. Nem tampouco Herodes, pois no-lo tornou a enviar. É, pois, claro que nada contra ele se verificou digno de morte.* Na realidade, Pilatos reconheceu a inocência de Jesus três vezes (23.4,14,15,22; Jo 18.38; 19.4,6).

Em segundo lugar, *Pilatos tentou meias-medidas* (23.16,22). Pilatos disse aos judeus: *Portanto, depois de castigá-lo, soltá-lo-ei.* Essa foi uma ação covarde, pois, se Jesus era inocente, deveria ser imediatamente solto e não primeiramente açoitado. O açoite romano era algo terrível. O réu era atado e dobrado, de tal maneira que suas costas ficavam expostas. O chicote era uma larga tira de couro com pedaços de chumbo, bronze e ossos nas pontas. Através desses açoites, as vítimas tinham o corpo rasgado e, às vezes, um olho chegava a ser arrancado. Alguns morriam durante os açoites, outros ficavam loucos. Poucos eram os que suportavam esse flagelo sem desmaiar. Foi isso o que fizeram com Jesus, diz William Barclay.[15] Nesta mesma trilha de pensamento, Adolf Pohl esclarece que a flagelação romana era executada de maneira bárbara. O delinquente era desnudado e amarrado a uma estaca ou coluna, às vezes também simplesmente jogado no chão e chicoteado por vários carrascos, até que estes se cansavam, e pedaços de carne ensanguentada do açoitado ficavam pendurados.[16]

Em terceiro lugar, *Pilatos tentou fazer a coisa certa da forma errada* (23.17-19). Pilatos tentou fazer a coisa certa (soltar Jesus) da forma errada (pela escolha da multidão).

Propôs anistiar um prisioneiro criminoso esperando que a multidão escolhesse Jesus, mas o povo preferiu Barrabás. Marcos descreve Barrabás como um homicida e tumultuador (Mc 15.7), enquanto Mateus o chama de *um preso muito conhecido* (Mt 27.16). João descreve-o como "um salteador" (Jo 18.40), e Lucas assim o retrata: *Barrabás estava no cárcere por causa de uma sedição na cidade e também por homicídio* (23.19). William Barclay diz que a escolha da multidão por Barrabás revela as escolhas do homem sem Deus: a ilegalidade em lugar da lei; a guerra em lugar da paz; o ódio e a violência em lugar do amor.[17] Rienecker, nessa mesma linha de pensamento, diz que a escolha entre Jesus e Barrabás representa uma nítida demonstração de como é perigoso deixar a voz do povo decidir sobre as questões mais importantes da vida, sobre verdade e justiça. Os motivos que levam um povo a uma escolha tão fatídica são sempre os mesmos. É a rebelião contra o Senhor e seu Cristo (At 3.14).[18]

Em quarto lugar, *Pilatos tentou soltar Jesus e pacificar os judeus* (23.20,21). Pilatos estava plenamente convencido de duas coisas: a inocência de Jesus e a inveja dos judeus (Mc 15.10). Pilatos não apenas reconhece a inocência de Jesus, mas pessoalmente quer soltá-lo. Por isso, insistiu com seus acusadores acerca de sua inculpabilidade diante das graves acusações. Seu desejo de soltar Jesus não logrou êxito. Os acusadores, com gosto de sangue na boca, gritavam mais ainda: *Crucifica-o, crucifica-o*. Hendriksen destaca que vezes e mais vezes essas terríveis palavras foram pronunciadas aos gritos, até que se converteram em um refrão monótono, um canto espantoso. A multidão ia aos poucos se convertendo em uma turba alvoroçada, um populacho emocionado, que gritava furiosamente.[19]

O julgamento civil de Jesus

Em quinto lugar, *Pilatos apresenta a terceira defesa da ino-cência de Jesus no final do julgamento* (23.22,23a). Lucas nos informa que pela terceira vez Pilatos perguntou ao povo: *Que mal fez este? De fato, nada achei contra ele para condená--lo à morte; portanto, depois de o castigar, soltá-lo-ei.* Pilatos revela aqui mais uma vez sua covardia, pois, se estava convencido da inocência de Jesus, não deveria castigá-lo, mas soltá-lo. O governador está encurralado pela sua própria consciência. Sabe que o réu é inocente, que os acusadores são culpados, mas não quer tomar uma decisão impopular. O evangelista João registra com grande ênfase o drama vivenciado por Pilatos nesse julgamento. Chegou um momento em que Pilatos temeu (Jo 19.8) e procurou soltar Jesus (Jo 19.12).

Em sexto lugar, *Pilatos cedeu, entregando Jesus para ser crucificado* (23.23b-25). Embora Pilatos considerasse Jesus inocente de qualquer crime, sucumbiu à pressão e entregou Jesus para ser crucificado, mandando soltar Barrabás. Morris diz que é possível ver nesse episódio um indício da morte substitutiva de Jesus. Aquele que é culpado da morte é perdoado, e o inocente morre no seu lugar.[20]

Disseram a Pilatos: *Se soltas a este, não és amigo de César! Todo aquele que se faz rei é contra César!* (Jo 19.12). Morris diz que os gritos da turba ganharam a contenda.[21] Hendriksen tem razão ao dizer que essa afirmação dos judeus fez que o irresoluto Pilatos se rendesse, de modo que ele pronunciou a sentença para que Jesus fosse crucificado. Esse pronunciamento, feito por um juiz que reiteradas vezes declarou que Jesus era inocente, é a mais espantosa tergiversação da justiça que a história já registrou.[22] O apóstolo Pedro, quando se referiu à morte de Cristo, menciona-a como um ato praticado pela nação judaica: *Matastes o Autor da vida*

Lucas — Jesus, o homem perfeito

(At 3.15). E Paulo, referindo-se aos judeus, declarou aos tessalonicenses: *Os que não somente mataram o Senhor Jesus e os profetas* (1Ts 2.15).

John Stott diz que foram quatro as razões que levaram Pilatos a entregar Jesus para ser crucificado. Primeiro, o clamor da multidão (23.23) – o clamor da multidão prevaleceu. Segundo, o pedido da multidão (23.24) – Pilatos decidiu atender-lhes o pedido. Terceiro, a vontade da multidão (23.25) – quanto a Jesus, entregou-o à vontade deles. Quarto, a pressão da multidão (Jo 19.12) – os judeus disseram a Pilatos: *Se soltas a este, não és amigo de César*. A escolha é entre a verdade e a ambição, entre a consciência e a conveniência.[23] A partir desse momento, os soldados romanos começam a escarnecer de Jesus (Mc 15.16-20), principalmente em relação às duas principais acusações apresentadas contra ele: a acusação política de que ele se fazia rei e a acusação religiosa de que ele se fazia Filho de Deus. Jesus foi escarnecido pelas acusações de blasfêmia e sedição. Zombaram dele como rei (Mc 15.17,18), vestindo-o com púrpura e colocando em sua cabeça uma coroa de espinhos. Também zombaram dele como Filho de Deus (Mc 15.19,20), esbordoando sua cabeça e cuspindo nele. Pondo-se de joelhos, o adoravam. Depois de terem escarnecido dele, conduziram Jesus para fora, com o fim de crucificá-lo. Pilatos, por sua vez, tentando protestar sua inocência, lavou as mãos, dizendo: *Estou inocente do sangue deste justo* (Mt 27.24). Warren Wiersbe tem razão ao dizer que Pilatos estava mais preocupado com sua reputação do que com seu caráter, pois, apesar de estar convencido da verdade, por conveniência, amordaçou a voz de sua consciência e entregou Jesus para ser crucificado.[24]

O julgamento civil de Jesus

NOTAS

[1] RIENECKER, Fritz. *Evangelho de Lucas*, p. 448.

[2] HENDRIKSEN, William. *Lucas*. Vol. 2, p. 623,624.

[3] RIENECKER, Fritz. *Evangelho de Lucas*, p. 449.

[4] NEALE, David A. *Novo comentário bíblico Beacon Lucas 9-24*, p. 276.

[5] NEVES, Itamir. *Comentário bíblico de Lucas*, p. 227.

[6] RIENECKER, Fritz. *Evangelho de Lucas*, p. 449.

[7] TRENCHARD, Ernesto. *Una exposición del Evangelio según Marcos*, p. 202.

[8] POHL, Adolf. *Evangelho de Marcos*, p. 428.

[9] RYLE, John Charles. *Meditações no Evangelho de Lucas*, p. 368.

[10] VIEIRA, Antonio. *Mensagem de fé para quem não tem fé*, p. 144-147.

[11] MORRIS, Leon L. *Lucas: introdução e comentário*, p. 301.

[12] HENDRIKSEN, William. *Lucas*. Vol. 2, p. 629.

[13] MORRIS, Leon L. *Lucas: introdução e comentário*, p. 301.

[14] RYLE, John Charles. *Meditações no Evangelho de Lucas*, p. 369.

[15] BARCLAY, William. *Marcos*, p. 367.

[16] POHL, Adolf. *Evangelho de Marcos*, p. 430.

[17] BARCLAY, William. *Marcos*, p. 366.

[18] RIENECKER, Fritz. *Evangelho de Lucas*, p. 453.

[19] HENDRIKSEN, William. *Lucas*. Vol. 2, p. 638.

[20] MORRIS, Leon L. *Lucas: introdução e comentário*, p. 304.

[21] MORRIS, Leon L. *Lucas: introdução e comentário*, p. 304.

[22] HENDRIKSEN, William. *Lucas*. Vol. 2, p. 640.

[23] STOTT, John. *A cruz de Cristo*. São Paulo, SP: Vida, 1991, p. 44.

[24] WIERSBE, Warren W. *Comentário bíblico expositivo*. Vol. 5, p. 354.

Capítulo 62

A via dolorosa, o calvário, a morte e o sepultamento de Jesus
(Lc 23.26-56)

CONDENADO NO TRIBUNAL religioso e no tribunal civil, agora, Jesus carrega publicamente o instrumento de seu patíbulo, uma cruz infame, e isso de forma pública, pelas apinhadas ruas de Jerusalém. Ele seria crucificado fora dos muros da cidade, pois a lei determinava que as execuções deviam ser feitas fora da cidade (Lv 24.14; Nm 15.35,36; 19.3; 1Rs 21.13; Jo 19.20; Hb 13.12,13). Destacamos aqui alguns pontos.

A via dolorosa (23.26-32)

Em primeiro lugar, *Simão carrega a cruz de Jesus* (23.26). Depois de carregar a própria cruz (Jo 19.16,17), Jesus sucumbiu debaixo do lenho maldito. Suas forças já estavam esgotadas. Desde a noite anterior, ele estivera preso, sendo castigado. No pretório de Pilatos, acabara de ser açoitado e escarnecido. Seu corpo estava sangrando. Sob o peso da cruz, Jesus marcha do pretório romano para o Gólgota sob os apupos da multidão tresloucada e sedenta de sangue. Os açoites dos soldados romanos eram crudelíssimos (Jo 19.16,17). Não aguentando mais o desmesurado castigo, Jesus cai, exangue, sob o lenho pesado. Nesse ínterim, os soldados obrigam Simão Cireneu a carregar a cruz. Simão Pedro, orgulhosamente, disse que iria com Jesus até à prisão e à morte (Lc 22.33), mas foi Simão Cireneu, e não Simão Pedro, que ajudou o Mestre.[1] Este homem vai a Jerusalém para participar da Festa da Páscoa e encontra-se com o Cordeiro de Deus. Sua vida é transformada; seus filhos, Alexandre e Rufo, são convertidos ao evangelho; e sua esposa torna-se como uma mãe para o apóstolo Paulo (Rm 16.13).

Em segundo lugar, *as mulheres choram por Jesus* (23.27-32). O Evangelho de Lucas dá especial destaque às mulheres. A. T. Robertson chega a dizer que, nos Evangelhos, não há um só exemplo de uma mulher sendo hostil a Cristo. O Evangelho de Lucas é, apropriadamente, chamado de Evangelho de Sexo Feminino (1.39-56; 2.36-38; 7.11-15,37-50; 8.1-3; 10.38-42; 11.27; 13.11-16).[2] Foram as mulheres que sustentaram financeiramente o ministério de Jesus (8.1-3). Foram elas que seguiram Jesus em sua via dolorosa (23.27-32). Foram elas que subiram o monte e testemunharam a crucificação de Jesus (23.49). Foram elas que acompanharam o sepultamento de Jesus (23.55). Foram elas que se dirigiram ao sepulcro de Jesus no domingo cedo (24.1). Foram elas que testemunharam de primeira mão a ressurreição de Jesus (24.9).

A via dolorosa, o calvário, a morte e o sepultamento de Jesus

É claro que essas mulheres que estão chorando aqui não são discípulas de Jesus, mas, mesmo assim, demonstram compaixão pelo sofrimento atroz imposto a ele. Três fatos devem ser aqui destacados.

O lamento das mulheres (23.27). As mulheres, sensíveis à agonia de Jesus, batiam no peito e lamentavam, demonstrando, assim, sua compaixão.

A ordem de Jesus (23.28). Mesmo ferido, sangrando e caminhando para o lugar de sua execução, Jesus ordena às mulheres que não chorem por ele. Ele não caminhava para a cruz como um mártir. Não fazia aquela marcha porque estava impotente diante do poder religioso e político que o prendera e o sentenciara à morte. Ele caminhava com firmeza pétrea, não levando em conta a ignomínia da cruz, pela alegria que lhe estava proposta. Jesus ordena que as mulheres chorem por si mesmas e por seus filhos. O Filho de Deus não precisava ser objeto de comiseração. As mulheres e seus filhos sim. William Hendriksen tem razão ao dizer que, ainda que justamente naquele momento Jesus esteja sofrendo os tormentos do inferno, seu futuro é seguro. Contudo, a menos que aquelas mulheres se arrependam, o futuro delas de modo algum o é, tampouco o de seus filhos.[3] Jesus dirige o olhar delas sobre si mesmo para o futuro delas e de seus filhos.[4]

A profecia de Jesus (23.29-31). Jesus profetiza o cerco de Jerusalém como um sinal do que acontecerá em sua segunda vinda. O massacre romano foi inescapável e crudelíssimo. O general Tito destruiu a cidade e dispersou o povo. Matou à espada velhos e crianças, homens e mulheres, e vendeu os restantes como escravos. Esse amargo episódio do ano 70 d.C. é um símbolo do que acontecerá na sua segunda vinda, quando os homens buscarão a morte e não a

LUCAS — Jesus, o homem perfeito

acharão. O que aconteceu com Jesus, o lenho verde, foi um símbolo daquilo que acontecerá às pessoas impenitentes, o lenho seco, no dia do juízo. Nessa mesma linha de pensamento, Morris pondera:

> Se Jesus, o inocente, sofria assim, qual será a sorte dos judeus culpados? Se os romanos tratam assim aquele que reconhecem ser inocente, o que farão aos culpados? Se os judeus tratam assim a Jesus que viera trazer a salvação, qual será seu castigo por matá-lo? Se os judeus se comportam assim antes da sua iniquidade chegar à sua consumação, como serão quando assim acontecer? Se pesar está despertado pelos eventos presentes, como será quando a calamidade futura sobrevier?[5]

A expressão *montes caí sobre nós* aparece três vezes nas Escrituras. A primeira é em Oseias 10.8 e está ligada à queda de Samaria em 722 a.C. A segunda é em Lucas 23.30 e está ligada à queda de Jerusalém (13.33-35; 19.41-44; 21.20-24; 23.27-31) no ano 70 d.C. A terceira é em Apocalipse 6.16,17 e está ligada ao dia da ira do Cordeiro, o dia do juízo.[6]

Concordo com Hendriksen quando ele diz que não se fará justiça a essa passagem a menos que seja ressaltado que todo o discurso de Jesus às "filhas de Jerusalém" é uma inesquecível manifestação da plena ausência de autocomiseração do Salvador e de seu ardente desejo, mesmo agora, de que os impenitentes se arrependam e sejam salvos.[7]

Em terceiro lugar, *os malfeitores são levados com Jesus* (23.32). Para cumprir a profecia de Isaías: ... *foi contado com os transgressores...* (Is 53.12), Jesus foi levado ao Calvário com dois malfeitores, para ser executado com eles e entre eles. Provavelmente, ao crucificar Jesus entre esses dois criminosos, a intenção de Pilatos teria sido a de insultar ainda mais os judeus, dizendo: "É esse seu rei, ó judeus, um rei que nem mesmo é melhor que um bandido, e que por isso merece ser crucificado entre dois deles".[8]

A crucificação (23.33-38)

Em primeiro lugar, *o local da crucificação* (23.33). Gólgota, o local onde Jesus foi crucificado, era também conhecido como Lugar da Caveira. Naquele tempo, os criminosos condenados à morte de cruz não tinham o direito de um sepultamento digno. Muitos deles eram deixados apodrecendo na cruz. Talvez esse monte tenha recebido esse nome não apenas por causa da sua aparência de caveira, mas também por causa do horror de ter sempre ali corpos putrefatos.

Em segundo lugar, *o ato da crucificação* (32.33). A morte de Cristo foi o mais horrendo crime. Judeus e gentios, religiosos e políticos, todos se uniram para condenar Jesus. Pedro denunciou as autoridades judaicas por matarem o Autor da vida (At 3.15) e o crucificarem por mãos de iníquos (At 2.23). Destacamos alguns pontos importantes aqui.

A dor física da crucificação. A crucificação era a forma de os romanos aplicarem a pena de morte. Os judeus consideravam maldito aquele que era dependurado na cruz (Gl 3.13). A pessoa morria de câimbras, asfixiada e com dores crudelíssimas. Dewey Mulholland diz que a morte vinha por sufocação, esgotamento ou hemorragia.[9] Concordo com Morris quando ele escreve: "A crucificação era uma morte lenta e dolorosa, mas é digno de nota que nenhum dos evangelistas dá ênfase ao tormento que Jesus suportou. O Novo Testamento concentra-se na relevância da morte de Jesus, e não em atormentar nossos sentimentos".[10]

A dor moral e espiritual da crucificação. Jesus foi escarnecido como Profeta (Mc 15.29), como Salvador (Mc 15.31) e como Rei (Mc 15.32). Foi crucificado entre dois ladrões como um criminoso. Foi despido de suas vestes, que acabaram repartidas pelos soldados. Foi zombado quando pregaram em sua cruz a acusação que o levou à morte (Mc 15.26). Foi escarnecido pelos transeuntes que ainda alimentavam as mentiras espalhadas pelas falsas testemunhas (Mc 15.29). Foi vilipendiado pelos principais sacerdotes e escribas que o acusaram de impotente para ajudar a si mesmo (Mc 15.31). Foi insultado até mesmo por aqueles que com ele terminaram crucificados (Mc 15.32).

Em terceiro lugar, *os condenados à crucificação* (32.33). Jesus foi crucificado no Calvário, bem como os dois malfeitores, um à direita, outro à esquerda. Esses dois homens crucificados com Jesus viveram à margem da lei e estavam colhendo o resultado de seus pecados. O evangelista Mateus informa que, no começo, após serem crucificados, ambos os malfeitores blasfemaram contra Jesus: *E os mesmos impropérios lhe diziam os ladrões que haviam sido crucificados com ele* (Mt 27.44). Marcos, de igual modo, registra: *Também os que com ele foram crucificados o insultavam* (Mc 15.32).

Em quarto lugar, *a palavra de Jesus na cruz* (23.34). Esta é a primeira palavra que Jesus proferiu na cruz, a palavra do perdão. Jesus não apenas roga ao Pai para perdoar seus executores, mas também lhes atenua a culpa, dizendo que eles não sabiam o que estavam fazendo. Sete foram as palavras proferidas por Jesus na cruz:

1. *Pai, perdoa-lhes, porque não sabem o que fazem* (23.34);

A via dolorosa, o calvário, a morte e o sepultamento de Jesus

2. *Em verdade te digo que hoje estarás comigo no paraíso* (23.43);
3. *Mulher, eis aí teu filho. Eis aí tua mãe* (Jo 19.26,27).
4. *Deus meu, Deus meu, por que me desamparaste?* (Mt 27.46; Mc 15.34);
5. *Tenho sede* (Jo 19.28);
6. *Está consumado* (Jo 19.30);
7. *Pai, nas tuas mãos entrego o meu espírito* (23.46).

Em quinto lugar, *as atitudes ao pé da cruz* (23.35-37). Satanás sempre tentou desviar Jesus da cruz. Agora, dá sua última cartada. O povo gritou para Jesus salvar-se a si mesmo (23.35), e os principais sacerdotes e escribas disseram-lhe: *Desça agora da cruz o Cristo, o rei de Israel, para que vejamos e creiamos* (Mc 15.32). Os soldados escarneceram dele e, aproximando-se, trouxeram-lhe vinagre, dizendo: *Se tu és rei dos judeus, salva-te a ti mesmo* (23.36,37). Se Jesus salvasse a si mesmo, não poderia salvar a nós. Se ele descesse da cruz, nós desceríamos ao inferno. Porque ele não desceu da cruz, nós podemos subir ao céu.

Em sexto lugar, *a epígrafe na cruz* (23.38). Pilatos mandou confeccionar uma tabuleta para pregar no cimo da cruz de Cristo, com os dizeres: "ESTE É O REI DOS JUDEUS". Mateus e Marcos dizem que essa escrita acima da cabeça de Jesus era a acusação contra ele (Mt 27.37; Mc 15.26). Esses dizeres estavam escritos em letras gregas, romanas e hebraicas, ou seja, no idioma religioso, político e filosófico. Certamente, o propósito de Pilatos era escarnecer de Jesus. Hendriksen diz que, por meio da inscrição, Pilatos está dizendo: "Aqui está Jesus, o rei dos judeus, o único rei que eles puderam produzir, um rei crucificado de conformidade com o próprio pedido urgente deles".[11] Entretanto, o que foi escrito retratava a verdade insofismável de que Jesus é não apenas o Rei dos judeus, mas também o Rei dos reis!

Os dois malfeitores crucificados com Jesus (23.39-43)

Jesus foi crucificado no meio de dois malfeitores. Ele está na cruz do centro porque os homens o julgaram como o maior criminoso. A verdade dos fatos é que Jesus está na cruz do centro porque aquela cruz do centro divide a história e os homens. Um dos ladrões se perdeu; o outro foi salvo. Um se arrependeu; o outro permaneceu impenitente. Vejamos o que aconteceu a esses dois ladrões.

Em primeiro lugar, *a cruz da esquerda*. O ladrão da esquerda pereceu porque, mesmo na hora da morte, continuou rebelde contra Deus. Pereceu porque perdeu sua última oportunidade. Pereceu porque rejeitou a Cristo ao morrer. Pereceu porque, embora estivesse perto de Cristo, não o reconheceu como seu Salvador. Ele se perdeu porque, embora tivesse orado, quis que sua vontade fosse feita. Perdeu-se porque quis ser salvo da sua própria maneira. O outro tinha o mesmo estilo de vida, recebeu a mesma sentença, estava exposto às mesmas circunstâncias, disse inicialmente os mesmos insultos, mas se arrependeu e foi salvo. Esse ladrão que foi salvo é um símbolo de todos aqueles que se arrependem e recebem de graça a salvação. O ladrão impenitente é um símbolo de todos aqueles que, a despeito do que veem e ouvem, rejeitam a salvação.

Em segundo lugar, *a cruz da direita*. Vamos nos deter na história desse ladrão que foi crucificado à direita de Jesus. Ele se arrependeu e foi salvo. O que podemos ver a seu respeito?

Ele era um ladrão (Mt 27.38). Ele não era apenas um larápio, um batedor de carteira, alguém que furtivamente

A via dolorosa, o calvário, a morte e o sepultamento de Jesus

roubava as pessoas. Não era um *cleptes*, como Judas Iscariotes, que roubava a bolsa. Era um *lestes*, como Barrabás, um homem que assaltava afrontosamente à mão armada. Era um criminoso que matava para roubar. Não respeitava a vida alheia nem a propriedade alheia. Esse homem passou a vida levando dor às pessoas. Sua vida foi um inferno para os outros. Era desonesto e violento, um monstro social. Era um perturbador da ordem pública, um câncer maligno da sociedade, alguém que só trouxe alívio para a sociedade quando recebeu pena de morte.

Ele era um malfeitor (23.32,33). Não apenas o caráter desse homem era pervertido, mas tudo quanto fazia também o era. Suas obras eram más. Seus frutos eram amargos. Ele é um instrumento do malfeitor, um agente do mal. Aonde ele chegava, o ambiente tornava-se tenso. A Bíblia diz que o pecado é a transgressão da lei. Somos diferentes uns dos outros em grau, mas não em natureza. O mal está dentro de nós. Ele brota do nosso coração. Todos somos malfeitores. O coração que batia no peito desse malfeitor bate também em nosso peito.

Ele estava enganado quanto a Cristo (Mt 27.40-43). A Bíblia diz que esse homem falou impropérios a Jesus e contra Jesus (Mt 27.44). Ele acompanhou os escribas, o povo e os soldados nesses impropérios. Era como um deles. Seus impropérios revelam quão equivocado ele estava a respeito de Cristo. Que impropérios foram esses? Primeiro, *Salva-te a ti mesmo se tu és Filho de Deus* (Mt 27.40). Fica evidente que não apenas a vida desse ladrão estava errada, mas também sua teologia estava errada. Seu conceito de Jesus estava errado. No início, ele queria uma salvação sem a morte expiatória de Cristo. Era um humanista. Segundo, *Desça da cruz e creremos nele* (Mt 27.42). Ele estava enganado quanto a Cristo e quanto a si mesmo. Jesus, porém, jamais buscou agradar a homens para que esses cressem nele. Esse ladrão queria o Cristo dos milagres, e não o Cristo sofredor. Queria um herói, e não um redentor. Terceiro, *Salvou os outros, a si mesmo não pode salvar* (Mt 27.42). Jesus salvou os outros: ele curou, libertou, perdoou e salvou a todos quantos o buscaram. Porém, Jesus não poderia salvar-se a si mesmo e ao mesmo tempo salvar a nós. Jesus não estava preso àquela cruz impotente como os ladrões. Ele estava ali voluntariamente. Ele decidiu ir para a cruz na eternidade (Ap 13.8). A cruz não foi um acidente, mas um apontamento. Ele não foi para a cruz porque Judas o traiu, porque Pedro o negou, porque os judeus o entregaram, porque Pilatos o sentenciou. Ele foi à cruz por amor. Quarto, *Confiou em Deus; pois venha livrá-lo agora, se de fato lhe quer bem* (Mt 27.43). Esse ladrão estava errado quanto à relação de Jesus com Deus Pai. Pensou que Jesus era um embusteiro que se dizia Filho de Deus sem o ser. Achou que Deus não o queria bem, por isso estava desamparado ali na cruz.

Ele tem seus olhos abertos e seu coração tocado (23.40-42). As palavras de Jesus na cruz e sua atitude de não fuzilar seus executores com impropérios, antes rogar ao Pai perdão para eles, tocaram o coração desse criminoso crucificado à direita de Jesus. As palavras e a atitude de Jesus na cruz diante dos seus algozes mudaram a vida daquele homem. Ele começou falando impropérios a Jesus e terminou quebrantado e arrependido ao lado de Jesus. Ele foi convertido na última hora. Foi tocado na undécima hora. John Charles Ryle cita os seis passos que esse homem deu em sua salvação: 1) uma preocupação com a atitude ímpia de seu companheiro em ultrajar a Cristo; 2) um pleno conhecimento de seu próprio pecado; 3) uma confissão sobre a

A via dolorosa, o calvário, a morte e o sepultamento de Jesus

inocência de Cristo; 4) uma demonstração de fé no poder e vontade de Cristo para salvá-lo; 5) uma oração; 6) uma humildade notória, pois pede apenas para Jesus se lembrar dele no seu reino futuro.[12]

Vamos detalhar um pouco mais o milagre da conversão desse criminoso salvo na última hora. Primeiro, ele temeu a Deus (23.40). Ele não apenas é tomado pelo temor a Deus, mas repreende aquele que não tem temor a Deus. No mesmo instante em que se arrepende, torna-se um evangelista. Ele, que viveu a vida toda sem temor a Deus e sem amor ao próximo, agora teme a Deus e se esforça para levar o próximo a Cristo. Segundo, ele reconheceu seu pecado (23.40,41). Ele reconhece que está na cruz por causa de suas mazelas, de seus crimes, de seus pecados. Sabe que está recebendo a justa e merecida punição dos seus erros. Ninguém pode ser salvo a menos que saiba que é pecador. Terceiro, ele reconhece que Jesus é inocente (23.41). Um pecador não poderia morrer vicariamente por outros pecadores. Jesus não tinha pecado, mas se fez pecado. Ele foi feito pecado. Não tinha pecado pessoal, mas o nosso pecado foi lançado sobre ele. Quarto, ele reconhece que Jesus é o Salvador e o Rei (23.41,42). Ele chama Jesus de Salvador. Sabe que ele tem um reino. Compreende que está diante do próprio Filho de Deus. Seus olhos são abertos. Seu coração é tocado. A eternidade se descortina diante dele, que reconhece que está diante de quem pode perdoar, salvar e dar a vida eterna. Quinto, ele clamou a Jesus na última hora (23.42). Ele não pede a Jesus um lugar de honra. Apenas se lança completamente sob a graça do Salvador, pedindo que se lembre dele quando vier no seu reino. Ele pediu uma bênção em um futuro remoto, mas recebe uma promessa imediata: Hoje mesmo! O homem pediu para

Jesus se lembrar dele e recebeu uma certeza inabalável: Hoje mesmo estarás comigo no paraíso.[13]

Jesus lhe garante a vida eterna (23.43). Quatro verdades são aqui destacadas. Primeiro, a salvação que Jesus oferece é certa (23.43). Jesus inicia sua resposta dizendo: *Em verdade te digo...* Ele vai tratar de um assunto certo, seguro, garantido. Ele não mente, não engana. Ele é o Salvador. Segundo, a salvação que Jesus oferece é imediata (23.43). Jesus disse ao ladrão: *Hoje mesmo estarás comigo no paraíso.* Não amanhã. Não na hora da morte. Não depois da morte. Não num tempo indefinido após a morte. Não existe purgatório. Não existe reencarnação. Hoje mesmo. Terceiro, a salvação que Jesus oferece é gratuita (23.43). Aquele homem não tinha obras. Ele era malfeitor. Não tinha tempo para descer da cruz e ser batizado. Não tinha tempo de pagar suas dívidas. Aquele homem foi salvo sem mérito pessoal, sem obras pessoais, sem rituais religiosos. Jamais foi batizado, não pertenceu a uma igreja, nem recebeu a Ceia do Senhor. Mas se arrependeu e creu, e, por isso, foi salvo.[14] Concordo com Warren Wiersbe quando ele escreve: "Esse homem foi salvo inteiramente pela graça. Não merecia e não podia fazer coisa alguma para obter sua salvação, de modo que esta foi uma dádiva de Deus (Ef 2.8,9).[15] Quarto, a salvação que Jesus oferece é comunhão com ele no paraíso (23.43). A salvação é estar com o Salvador. O Salvador tem um paraíso, um jardim, um lar, uma cidade santa, o céu. Ele nos levará para seu reino de luz. Lá estaremos para sempre com ele. Lá o pecado não vai entrar; a morte não vai entrar; a dor e o luto não vão entrar. Esse é um lugar de bem-aventurança e um estado de felicidade eterna, pois estaremos para sempre com aquele que é a fonte da felicidade.

Harold Willmington registra quatro contrastes na vida

A via dolorosa, o calvário, a morte e o sepultamento de Jesus

desse homem: 1) de manhã, o ladrão foi pregado à cruz; à noite, estava usando uma coroa; 2) de manhã, ele era um inimigo de César; à noite, era um amigo de Deus; 3) durante a manhã, ele foi desprezado pelos homens; à noite, estava em companhia dos anjos; 4) de manhã, ele morreu como um criminoso na terra; à noite, viveu como um cidadão dos céus.[16]

A morte de Jesus (23.44-49)

Destacamos aqui alguns pontos.

Em primeiro lugar, *as trevas* (23.44). A penúltima praga que assolou o Egito antes da morte do cordeiro pascal foram três dias de trevas. Agora, antes de Jesus, o nosso Cordeiro Pascal, ser imolado na cruz, também houve três horas de trevas sobre a terra.[17] É como se o sol sentisse vergonha da crueldade com que os homens trataram o Criador. É conhecida a expressão de Douglas Webster, que disse: "No nascimento do Filho de Deus, houve luz à meia-noite; na morte do Filho de Deus, houve trevas ao meio-dia".[18] William Hendriksen diz que a escuridão simbolizou julgamento: o julgamento de Deus sobre o nosso pecado; sua ira consumindo-se no coração de Jesus, para que ele, como nosso substituto, pudesse sofrer a agonia mais intensa, a aflição mais indescritível e o desamparo e isolamento mais terrível. O inferno veio até o Calvário nesse dia, e o Salvador desceu a ele, experimentando os seus horrores em nosso lugar.[19]

Em segundo lugar, *o véu do santuário rasgado* (23.45). O véu rasgado significa a abolição e o término de toda a lei cerimonial judaica. Significa que o Santo dos Santos está aberto para toda a humanidade por meio da morte de Cristo (Hb 9.8).[20] Hendriksen tem razão ao dizer que o véu rasgado tinha um sentido típico (Hb 9.3), ou seja, por meio da morte de Cristo, simbolizada pela ruptura da cortina, o caminho para o santo dos santos, isto é, para o céu, foi aberto a todos quantos buscam refúgio nele.[21] Jesus abriu um novo e vivo caminho para Deus (Hb 10.12-22). Ele mesmo é o caminho (Jo 14.6). Estava abolido o antigo sistema de ritos e sacrifícios. As restrições étnicas do templo em Jerusalém não mais vigoram.[22] Warren Wiersbe é oportuno quando diz que esse milagre do véu rasgado de alto a baixo anunciou aos sacerdotes e ao povo que o acesso à presença de Deus estava aberto a todos os que se aproximassem dele pela fé em Jesus Cristo (Hb 9.1-10.25). Os pecadores não precisam mais de templos, altares, sacrifícios e sacerdotes para se achegarem a Deus, pois todas essas coisas se cumpriram na obra consumada do Filho de Deus.[23] Fritz Rienecker ainda esclarece este ponto:

> O culto sacrificial do Antigo Testamento fora suspenso, o que acarretaria a decadência do templo judeu. Rasgando-se o véu, o templo deixava de ser a morada de Deus entre seu povo. Pela morte de Jesus, o templo, portanto, foi demolido, para que, ressuscitado após três dias, fosse edificado o novo templo. Para os sumos sacerdotes descrentes, a ruptura do véu visava ser um sinal de Deus de que aquele que fora rejeitado por eles de fato era o Cristo, o Filho de Deus, e que o templo e seu culto, ao qual defendiam fanaticamente, estava fadado ao desaparecimento.[24]

Em terceiro lugar, *a rendição* (23.46). Jesus foi crucificado na terceira hora do dia, ou seja, às 9 horas da manhã (Mc 15.25). Da hora sexta à hora nona, ou seja, do meio-dia às 3 horas da tarde, houve trevas sobre toda a terra (23.44). Nessas seis horas em que Jesus ficou na cruz, ele proferiu, como já dissemos, sete palavras. Três delas foram

A via dolorosa, o calvário, a morte e o sepultamento de Jesus

em relação às pessoas: 1) palavra de perdão – *Pai, perdoa-lhes, porque não sabem o que fazem* (23.34); 2) palavra de salvação – *Hoje estarás comigo no paraíso* (23.43); 3) palavra de afeição – *Mulher, eis aí teu filho* [...] *eis aí tua mãe*. Uma palavra foi em relação a Deus: *Deu meu, Deus meu, por que me desamparaste?* (Mc 15.34); e três frases foram em relação a si mesmo: 1) palavra de agonia – *Tenho sede* (Jo 19.28); 2) palavra de vitória – *Está consumado* (Jo 19.30); 3) palavra de rendição – *Pai, nas tuas mãos entrego o meu espírito* (23.46).

A morte de Cristo é o fato mais importante do cristianismo. Jesus clamou em alta voz: *Pai, nas tuas mãos entrego o meu espírito! E, dito isto, expirou* (23.46). Não devemos entender esse brado como um grito de desespero, mas como uma voz de triunfo de quem estava consumando a obra da redenção ao custo infinito de sua morte.[25] Jesus estava consumando sua obra, esmagando a cabeça da serpente, triunfando sobre o diabo e suas hostes e comprando-nos para Deus. Ele morre como um vencedor. Jesus não foi morto; ele voluntariamente deu sua vida (Jo 10.11,15,17-18). Ele não morreu como um mártir; ele se entregou como sacrifício pelos pecados do seu povo. Qualquer pensamento de derrota é abafado pela força surpreendente do grito de Jesus. As trevas acabam no momento em que Jesus morre. Com a sua morte, ele quebrou o poder das trevas.

Em quarto lugar, *o reconhecimento tardio* (23.47,48). O homem encarregado da centúria, a corporação de 100 soldados romanos que acompanhou o séquito até o calvário, ao ouvir as palavras de Jesus, teve seu coração tocado e reconheceu que verdadeiramente Jesus era o Filho de Deus. De igual modo, todas as multidões reunidas para este espetáculo, vendo o que havia acontecido, retiraram-se

Lucas — Jesus, o homem perfeito

a lamentar, batendo no peito. Hendriksen comenta:

> Isso não é difícil de compreender. Pense no que essa gente havia presenciado, ouvido e experimentado. Foram três horas de trevas, o terremoto, o partir de rochas, a abertura de túmulos. A isso acrescente-se a conduta de Jesus, inclusive suas palavras de confiança no Pai celestial e as de perdão para os homens. Além disso, muitas dessas pessoas teriam sido dominadas por um profundo senso de culpa. Teriam dito repetidas vezes a si mesmas: Nós fizemos isso. E nisso elas tinham toda razão (At 2.36; 1Ts 2.14,15).[26]

Em quinto lugar, *as testemunhas fiéis* (23.49). Enquanto os discípulos de Jesus fugiram, com exceção de João (Jo 19.26,27), as mulheres observavam o drama do Calvário. Elas demonstraram mais coragem e mais compromisso do que aqueles que prometeram ir com Jesus para a prisão e para a morte (Mt 26.35). Elas assistiram Jesus em seu ministério e o acompanharam até a cruz. Elas observaram onde o corpo de Jesus foi sepultado e compraram aromas para embalsamar o seu corpo. Elas foram as primeiras a ver o Cristo ressuscitado e as primeiras a anunciar sua ressurreição. Warren Wiersbe escreve: "É bastante significativo que essas mulheres tenham sido as últimas a deixar o lugar da crucificação e as primeiras a ir ao túmulo na manhã de domingo".[27]

O sepultamento de Jesus

Destacamos duas verdades importantes aqui.

Em primeiro lugar, *a coragem de José de Arimateia* (23.50-53). Pela lei romana, os condenados à morte perdiam o direito à propriedade e até mesmo o direito de serem enterrados. Frequentemente, o corpo dos acusados de traição permanecia apodrecendo na cruz.[28] É digno de nota

A via dolorosa, o calvário, a morte e o sepultamento de Jesus

que nenhum parente ou discípulo tenha vindo reivindicar o corpo de Jesus.

José de Arimateia era um ilustre membro do sinédrio, o tribunal que havia condenado Jesus à morte. Ele certamente não fez parte daquela decisão ensandecida. Era um homem rico, mas esperava o reino de Deus. Sabia quem era Jesus. Por isso, dirigiu-se, resolutamente, a Pilatos e pediu o corpo para ser sepultado. Quando José de Arimateia pediu o corpo de Jesus, usou a palavra grega *soma;* porém, quando Pilatos cedeu o corpo, usou a palavra grega *ptoma*. A primeira palavra se refere à personalidade total, fato que implica o cuidado e amor de José de Arimateia. A palavra usada por Pilatos dá ao corpo apenas o significado de cadáver ou carcaça. Essas diferentes palavras representam diferentes atitudes dos homens acerca da vida e da morte.[29]

John Charles Ryle destaca o fato de que, no próprio tempo em que os apóstolos abandonaram Jesus, José de Arimateia não se envergonhou de manifestar seu amor e respeito. Outros haviam confessado o Senhor enquanto ele vivia e realizava milagres. Foi reservado a José de Arimateia confessá-lo quando já havia morrido.[30]

Depois de baixar o corpo da cruz, José de Arimateia envolveu-o em um lençol e o depositou em um túmulo que tinha sido aberto numa rocha, rolando uma pedra na entrada do túmulo. Ele não se intimidou de ser vinculado a Jesus, um homem sentenciado à morte. Teve coragem para se posicionar. Hendriksen tem razão ao dizer que, com esse gesto, José de Arimateia estava professando publicamente, aos olhos do mundo, inclusive do sinédrio, que era crente em Jesus Cristo.[31]

A morte e o sepultamento de Jesus foram acontecimentos

LUCAS — Jesus, o homem perfeito

públicos. Sua veracidade é inegável. As tentativas para negar ou falsear esse fato incontroverso foram inúteis. Jesus Cristo veio para morrer, e morreu pelos nossos pecados. E precisava ser assim, pois nossa redenção depende da sua morte. Se Cristo não tivesse morrido, acabariam todas as consolações fornecidas pelo evangelho. Nada menos do que sua morte poderia ter quitado a dívida do homem para com Deus. Sua encarnação, seus milagres, seus ensinos e sua obediência à lei não teriam proveito algum, se ele não houvesse morrido. A essência do evangelho está alicerçada nessa verdade: Cristo Jesus morreu pelos nossos pecados segundo as Escrituras, foi sepultado e ressuscitou segundo as Escrituras (1Co 15.1-3).

Em segundo lugar, *a presença das mulheres* (23.54-56). Algumas mulheres não apenas subiram o Gólgota, mas desceram ao lugar da tumba. Elas tudo viram e a tudo testemunharam. E saíram dali para preparar aromas e bálsamos. O sábado estava começando, e elas descansariam, segundo o mandamento, até o domingo, quando voltariam ao túmulo para testemunharem a maior e a melhor de todas as notícias!

Notas

[1] WIERSBE, Warren W. *Be Diligent*, p. 146.
[2] ROBERTSON, A. T. *Comentário Lucas à luz do Novo Testamento Grego*, p. 377.
[3] HENDRIKSEN, William. *Lucas*. Vol. 2, p. 647.
[4] RIENECKER, Fritz. *Evangelho de Lucas*, p. 455.

A via dolorosa, o calvário, a morte e o sepultamento de Jesus

[5] MORRIS, Leon L. *Lucas: introdução e comentário*, p. 305.

[6] HENDRIKSEN, William. *Lucas*. Vol. 2, p. 647,648.

[7] HENDRIKSEN, William. *Lucas*. Vol. 2, p. 649.

[8] HENDRIKSEN, William. *Lucas*. Vol. 2, p. 651.

[9] MULHOLLAND, Dewey M. *Marcos: introdução e comentário*, p. 228.

[10] MORRIS, Leon L. *Lucas: introdução e comentário*, p. 306.

[11] HENDRIKSEN, William. *Lucas*. Vol. 2, p. 656.

[12] RYLE, John Charles. *Meditações no Evangelho de Lucas*, p. 376.

[13] HENDRIKSEN, William. *Lucas*. Vol. 2, p. 658,659.

[14] RYLE, John Charles. *Meditações no Evangelho de Lucas*, p. 377.

[15] WIERSBE, Warren W. *Comentário bíblico expositivo*. Vol. 5, p. 356.

[16] WILLMINGTON, Harold L. *Guia de Willmington para a Bíblia*, p. 426.

[17] WIERSBE, Warren W. *Comentário bíblico expositivo*. Vol. 5, p. 357.

[18] WEBSTER, Douglas. *In the debt of Christ*. Melbourne: Highway Press, 1957, p. 46.

[19] HENDRIKSEN, William. *Lucas*. Vol. 2, p. 661.

[20] RYLE, John Charles. *Mark*, p. 254.

[21] HENDRIKSEN, William. *Lucas*. Vol. 2, p. 661,663.

[22] MULHOLLAND, Dewey M. *Marcos: introdução e comentário*, p. 232.

[23] WIERSBE, Warren W. *Comentário bíblico expositivo*. Vol. 5, p. 357.

[24] RIENECKER, Fritz. *Evangelho de Lucas*, p. 459.

[25] TRENCHARD, Ernesto. *Una exposición del Evangelio según Marcos*, p. 209.

[26] HENDRIKSEN, William. *Lucas*. Vol. 2, p. 664.

[27] WIERSBE, Warren W. *Comentário bíblico expositivo*. Vol. 5, p. 357.

[28] MULHOLLAND, Dewey M. *Marcos: introdução e comentário*, p. 234.

[29] MCGEE, J. Vernon. *Mark*. Nashville, TN: Thomas Nelson Publishers, 1991, p. 196.

[30] RYLE, John Charles. *Meditações no Evangelho de Lucas*, p. 381.

[31] HENDRIKSEN, William. *Lucas*. Vol. 2, p. 672.

Capítulo 63

Jesus ressuscitou
e voltou ao céu
(Lc 24.1-53)

As melhores notícias que o mundo já ouviu vieram do túmulo vazio de Jesus. A história da Páscoa não termina num funeral, mas sim com uma festa. O túmulo vazio de Cristo foi o berço da igreja. Nós não pregamos um Cristo que esteve vivo e está morto; pregamos o Cristo que esteve morto e está vivo pelos séculos dos séculos.

A morte é o rei dos terrores. Mas Jesus é o Rei dos reis. A morte foi vencida por Jesus. Ele matou a morte. Ele arrancou o aguilhão da morte. A morte será lançada no lago do fogo. A ressurreição de Cristo é a demonstração do supremo poder de Deus (Ef 1.23,24).

A ressurreição de Cristo é uma das fraudes mais maldosas da história ou então é o fato mais extraordinário. A ressurreição de Cristo e o cristianismo permanecem em pé ou caem juntos. Sem a ressurreição de Cristo, o cristianismo seria uma religião vazia de esperança, um museu de relíquias do passado.

O apóstolo Paulo diz que sem a ressurreição de Cristo: 1) nossa fé seria vã; 2) nossa pregação seria inútil; 3) nossa esperança seria vazia; 4) nosso testemunho seria falso; 5) nossos pecados não seriam perdoados; 6) seríamos os mais infelizes de todos os homens (1Co 15.14-19). Sem a ressurreição de Cristo, a morte teria a última palavra, e a esperança do céu seria um pesadelo. Sem a ressurreição de Cristo, o cristianismo seria o maior engodo da história, a maior farsa inventada pelos cristãos. Os mártires teriam morrido por uma mentira, e uma mentira teria salvado o mundo. Mas de fato Cristo ressuscitou (1Co 15.20)! A grande diferença entre o cristianismo e as grandes religiões do mundo é que o túmulo de Jesus está vazio. Você pode visitar o túmulo de Buda, Confúcio, Maomé e Alan Kardec, mas o túmulo de Jesus está vazio. Ele venceu a morte. Está vivo pelos séculos dos séculos (Ap 1.18).

A ressurreição de Jesus é um fato histórico robustamente comprovado. Os adversários tentaram apagar esse acontecimento auspicioso, dizendo que Jesus não chegou a morrer e, ao ser colocado no túmulo, reanimou-se. Alegaram ainda que os discípulos subornaram os guardas e roubaram seu corpo. Argumentaram também que as mulheres foram ao túmulo errado. Finalmente, declararam que os romanos removeram o corpo de Jesus para outro túmulo. Todas essas tentativas fracassaram diante da verdade incontroversa da ressurreição, pois Jesus, depois de ressurreto, apareceu a

Jesus ressuscitou e voltou ao céu

Maria Madalena, às mulheres, a Pedro, aos dois discípulos no caminho de Emaús, aos apóstolos sem Tomé, aos apóstolos com Tomé, aos sete apóstolos no mar da Galileia, a uma multidão de 500 irmãos, a Tiago, a Paulo, a Estêvão e a João na Ilha de Patmos. O célebre sermão de Pedro no Pentecoste versou sobre a ressurreição de Jesus (At 2.23,24). Se Cristo não tivesse mesmo ressuscitado, bastaria terem apresentado o seu corpo morto à multidão, e o cristianismo teria sido esquecido naquela manhã.

A ressurreição de Jesus é, também, um fato psicológico marcante. Os discípulos, esmagados pelo desânimo e acuados pelo medo, foram poderosamente transformados. Tornaram-se ousados, valentes e poderosos no testemunho, enfrentaram ameaças, açoites, prisões, morte e martírio sem jamais recuar. Eles não teriam morrido por uma mentira. A mudança dos discípulos é uma prova incontroversa da ressurreição de Jesus. Muitos dos discípulos morreram como mártires por causa dessa verdade. Ao longo dos quatro primeiros séculos, uma multidão de crentes morreu nas arenas e foi queimada viva por causa dessa verdade. Os apóstolos Pedro, André, Filipe, Bartolomeu, Tiago, filho de Alfeu, e Simão, o zelote, foram crucificados; Tiago, filho de Zebedeu, foi morto à espada; Tomé foi morto por uma lança; Mateus foi morto à espada; Tadeu foi morto por flechas; João, filho de Zebedeu, foi banido para a Ilha de Patmos.

A ressurreição de Jesus é, ainda, um fato sociológico. Uma igreja cristã foi estabelecida sobre a rocha desta verdade incontestável. Gente de todas as nações, raças, línguas e povos uniu-se em torno desta verdade suprema. O túmulo vazio de Cristo foi o berço da igreja.

Voltemos ao texto de Lucas 24.1-53. O registro de Lucas acerca da ressurreição, embora seja o mais longo dos quatro

LUCAS — Jesus, o homem perfeito

Evangelhos, diferentemente de Mateus, não menciona o terremoto nem o fato de o anjo ter rolado a pedra do túmulo (Mt 28.2). Diferentemente de Marcos, as mulheres não se preocupam com quem irá rolar a pedra para elas (Mc 16.3) e não ficam sem fala quando têm medo (Mc 16.8). Mateus e Marcos citam apenas um anjo (Mt 28.2,3; Mc 16.5) enquanto Lucas e João mencionam dois anjos (24.4; Jo 20.12). Somente Lucas registra a maravilhosa história da caminhada para Emaús. Lucas concentra-se nas aparições de Jesus em Jerusalém e arredores e nada diz acerca dos aparecimentos do Senhor ressurreto na Galileia.[1] Somente Lucas registra a ascensão de Jesus. Faz isso de um modo mais abreviado no Evangelho (24.50-53) e de forma mais abrangente no livro de Atos (At 1.9-11).

Moisés Pinto Ribeiro diz que o capítulo 24 de Lucas deixa claro que a ressurreição de Cristo é um fato eloquentemente comprovado por quatro razões. Primeiro, pelo estado de alma dos discípulos. Eles não pensavam na ressurreição (24.1-5). A esperança que eles tinham se havia perdido (24.21). A mente deles estava dominada pela dúvida (24.24,27,38,41). Apesar do testemunho das mulheres, eles não creram (14.11). Segundo, pelos fatos sobrenaturais: a pedra grande e pesada foi removida (24.2). O túmulo estava vazio, apesar de ter o selo do governador e ainda estar protegido pelos guardas romanos (24.3). E, além disso, havia presença dos dois anjos comunicando a ressurreição de Jesus às mulheres (24.5-7). Terceiro, pelo encontro de Jesus com seus discípulos para ensiná-los (24.27), censurá--los (24.25), recordar seus ensinamentos (24.44), incumbi--los de serem testemunhas às nações (24.47,48) e prometer a eles o poder do Espírito Santo (24.49). Quarto, pelo efeito produzido nos discípulos: alegria, adoração e louvor (24.50-53).[2] Vamos à análise do texto.

Jesus ressuscitou e voltou ao céu

O túmulo está vazio: a perplexidade das mulheres e a incredulidade dos discípulos (24.1-12)

As mesmas mulheres que acompanharam Jesus desde a Galileia subiram ao Calvário, assistiram ao sepultamento e voltaram, agora, no raiar do primeiro dia da semana, ao túmulo de Jesus, a fim de levar aromas para embalsamar seu corpo. Hendriksen diz que a cruz havia destroçado suas esperanças. Elas foram ungir o corpo de um morto, o cadáver de Jesus de Nazaré, seu Amigo e Ajudador.[3] Não aguardavam a ressurreição, mas, chegando ao túmulo, viram a pedra removida, entraram no túmulo e não encontraram o corpo de Jesus. Essas valorosas mulheres foram as primeiras a testemunhar esse auspicioso acontecimento. Destacamos, aqui, algumas lições.

Em primeiro lugar, *a mensagem do* túmulo vazio, a evidência da ressurreição (24.1-3). O túmulo de Jesus não foi aberto de fora para dentro, mas de dentro para fora. Havia uma grande pedra tapando o túmulo. Havia o selo do governador garantindo a sua inviolabilidade. Havia os guardas protegendo a porta do túmulo. A despeito de tudo isso, Jesus saiu vivo, com um corpo de glória, como primícia de todos os que dormem. Jesus não foi retido pela morte. Ele não viu corrupção. Jesus matou a morte com sua morte e arrancou o aguilhão da morte ao ressuscitar com um corpo de glória. Esse glorioso acontecimento se deu no primeiro dia da semana, ou seja, no domingo. A partir da ressurreição de Jesus, o primeiro dia da semana passou a ser chamado de "o dia do Senhor". Com o primeiro dia da semana, começava o novo mundo e a nova história, marcados pelo triunfo da vida sobre a morte.[4]

Em segundo lugar, *a mensagem dos anjos, uma lembrança do ensino sobre a ressurreição* (24.4-8). Como aconteceu no seu nascimento, os anjos anunciaram a ressurreição de Jesus.[5] Lucas, diferentemente de Mateus e Marcos, diz que são dois anjos que falam às mulheres, e não apenas um. Duas são as mensagens: A primeira trata de uma pergunta em tom de censura: "Por que buscais entre os mortos ao que vive? Ele não está aqui, mas ressuscitou" (24.5,6a). A Páscoa não terminou num funeral, mas na festa gloriosa da ressurreição. A segunda mensagem é uma ordem em tom de exortação. Os anjos levam essas mulheres de volta às palavras de Cristo, quando ele falou claramente sobre sua crucificação e ressurreição no terceiro dia: "Lembrai-vos de como vos preveniu, estando ainda na Galileia, quando disse: Importa que o Filho do homem seja entregue nas mãos de pecadores, e seja crucificado, e ressuscite no terceiro dia" (24.6b,7). A exortação angelical foi eficaz, pois elas se lembraram imediatamente das palavras de Cristo (24.8).

Em terceiro lugar, *a mensagem das mulheres aos discípulos, a incredulidade deles* (24.9-12). Recebida a mensagem dos anjos, as mulheres Maria Madalena, Joana e Maria, mãe de Tiago, bem como as demais que estavam com elas, foram imediatamente ao encontro dos onze apóstolos e anunciaram o que viram e ouviram, mas as palavras das mulheres soaram como um delírio para eles, que não acreditaram nelas. A palavra grega *leros,* para "delírio", significa "disparate" e era aplicada na terminologia médica ao falar sobre as pessoas com febre muito alta.[6] Rienecker diz que esse termo só aparece nesta passagem em todo o Novo Testamento. Pode ser traduzido também por "tolice", "fofoca" ou "mentira". É como se todos os onze apóstolos considerassem essas mulheres doidas.[7] Mas longe de falarem disparates, as mulheres tinham dito a verdade. Pedro, então, levantou-se e correu ao sepulcro. Entrando nele, viu apenas os lençóis

Jesus ressuscitou e voltou ao céu

de linho. Ao retirar-se para casa, ficou maravilhado com o que havia acontecido.

Os discípulos de Emaús antes do impacto da ressurreição (24.13-27)

Esse episódio da aparição de Jesus aos discípulos de Emaús resume-se em cinco pontos: 1) o encontro de Jesus com os discípulos no caminho para Emaús (24.13-16); 2) o diálogo dos peregrinos com o Ressuscitado (24.17-24); 3) a interpretação de Jesus dos escritos do Antigo Testamento (24.25-27); 4) a entrada do Ressuscitado na pousada em Emaús (24.28-32); 5) a mensagem dos discípulos de Emaús sobre o Ressuscitado aos apóstolos do Senhor (24.33-36).[8]

Destacamos aqui alguns pontos importantes.

Em primeiro lugar, *seus olhos estavam cegos a despeito da proximidade de Jesus* (24.13-15). Dois discípulos caminham 11 quilômetros, já no final do dia, de Jerusalém para Emaús. Durante a jornada, conversam sobre os últimos acontecimentos ocorridos na cidade: a prisão, o julgamento e a crucificação de Jesus. Enquanto falavam, Jesus se aproximou e seguiu com eles, mas seus olhos estavam fechados para reconhecerem a Cristo. Muitas vezes, caminhamos pela vida vencidos, como se a morte tivesse a última palavra e como se Jesus não tivesse ressuscitado. Embora Jesus esteja perto, não percebemos. Às vezes Jesus vem ao nosso encontro, como foi ao encontro dos discípulos no mar da Galileia, mas pensamos que ele é um fantasma e ficamos cheios de medo.

Em segundo lugar, *seus pés estavam na estrada da fuga a despeito das várias evidências da ressurreição* (24.13,22-24). Aqueles dois discípulos já tinham informações suficientes quanto à ressurreição de Cristo, sobretudo o testemunho das Escrituras sobre esse magno assunto e também o explícito ensinamento de Jesus sobre sua morte e ressurreição. Apesar de tudo, eles se acovardaram e colocaram os pés na estrada da dúvida, do ceticismo e da incredulidade. Desistiram de Jesus. Renderam-se a uma decepção amarga. A história deles havia terminado na sexta-feira da paixão, e não no domingo da ressurreição.

Em terceiro lugar, *seus olhos estavam impedidos e seu coração estava tomado de profunda tristeza* (24.16,17). Jesus caminhava com eles, mas seus olhos estavam impedidos. Jesus pergunta sobre o teor da conversa pelo caminho e o conteúdo da preocupação, e eles pararam entristecidos. Sem a verdade da ressurreição, nossa vida será marcada de tristeza e dor. Eles estavam tristes, quando deveriam estar exultando de alegria. Quantas vezes nossa vida é uma via sacra de lamento, dor e tristeza porque não tomamos posse do poder da ressurreição. A vida cristã é uma vida de esperança e alegria.

Em quarto lugar, *seu coração estava perturbado pelo drama da cruz* (24.18-20). Como conciliar o fato de Jesus ser o amado de Deus, poderoso em obras e palavras, e mesmo assim ser pregado na cruz como um criminoso? David Neale diz que o Evangelho fornece a resposta para essa luta emocional e intelectual: a crucificação era o plano de Deus desde sempre. A narrativa no caminho de Emaús conta aos leitores que esse drama está finalizando como Deus queria. A crucificação não é o desastre caótico que parecia ser. Dessa forma, Lucas conduz seus leitores à conclusão que deseja vê-los alcançar: Jesus está vivo![9] Leon Morris destaca o fato de que não são os romanos, mas, sim, os principais sacerdotes e as autoridades do povo, que tanto entregaram Jesus quanto o crucificaram. A referência à morte de Jesus implica os romanos, mas a culpa principal é colocada diretamente sobre os judeus.[10]

Jesus ressuscitou e voltou ao céu

Em quinto lugar, *seu coração estava cheio de esperanças frustradas* (24.21). O caminho de Emaús é o caminho da desistência do discipulado, dos sonhos desfeitos, da esperança morta. É o caminho da falência dos projetos, daqueles que acham que não há mais jeito. Pedro disse a seus condiscípulos: "Eu vou pescar" (Jo 21.3). Os discípulos disseram: "Ora, nós esperávamos que fosse ele quem havia de redimir a Israel..." (24.21).

Em sexto lugar, *seus olhos estavam fechados a despeito do testemunho dos irmãos* (24.22-24). Aqueles discípulos já tinham várias evidências da ressurreição de Cristo: 1) as promessas de Jesus de que morreria e ressuscitaria ao terceiro dia; 2) o túmulo vazio; 3) as mulheres que o viram ressuscitado; 4) os anjos que deram testemunho da ressurreição; 5) alguns dos discípulos que já haviam visto o túmulo vazio, mas ainda estavam carregados de dúvidas. Hoje, muita gente vive esse achatamento da esperança, porque não dá crédito ao testemunho de outras pessoas sobre o poder da ressurreição.

Em sétimo lugar, *seus olhos estavam fechados a despeito do relato das Escrituras* (24.25). A incredulidade coloca uma venda em nossos olhos. Jesus abre as Escrituras e as expõe para os discípulos. Mostra-lhes como todas as Escrituras apontam para ele e para a sua vitória sobre a morte, mas eles não compreendem. Não entendem não porque lhes falte luz, mas porque lhes falta visão. Quando os nossos olhos não são iluminados pela palavra de Deus, para entendermos a centralidade de Cristo nas Escrituras e na história, caminhamos pela vida cabisbaixos, achando que a morte é mais forte que a vida, que o mal é mais forte que o bem. John Charles Ryle, falando sobre a centralidade de Cristo nas Escrituras, escreve:

LUCAS — Jesus, o homem perfeito

Cristo era a essência de todos os sacrifícios ordenados na lei de Moisés. Cristo era o verdadeiro Libertador e Rei, do qual todos os juízes e libertadores da história de Israel eram apenas figura. Ele era o Profeta vindouro, maior do que Moisés, cujo glorioso advento enchia as páginas dos profetas. Cristo era a verdadeira semente da mulher, que pisaria a cabeça da serpente. Ele era o verdadeiro descendente em quem todas as nações seriam benditas. Ele era o verdadeiro bode da expiação, a verdadeira serpente de bronze, o verdadeiro Cordeiro, para o qual todos sacrifícios diários apontavam. Cristo era o verdadeiro Sumo Sacerdote, de quem todos os descendentes de Arão eram apenas figuras. Esses fatos e outros semelhantes, com certeza, foram alguns dentre os fatos que nosso Senhor explicou aos dois discípulos no caminho para Emaús.[11]

Os discípulos de Emaús depois do impacto da ressurreição (24.26-35)

Destacamos quatro pontos importantes aqui.

Em primeiro lugar, *olhos abertos pela exposição das Escrituras* (24.26,27,31). Jesus revelou-se pelas Escrituras. "Examinai as Escrituras, porque são elas que testificam de mim" (Jo 5.39). Quando reconhecemos em nosso caminho que Jesus está vivo, não há mais espaço para a preocupação (24.17), tristeza (24.17), desesperança (24.21) e incredulidade (23.25). Morris destaca o fato de que o Cristo precisava padecer. Mas este não é o fim de tudo. Ele devia também entrar na sua glória. Deus não está derrotado. Triunfa através dos sofrimentos do seu Cristo.[12]

Em segundo lugar, *corações ardentes pela comunhão com o Cristo vivo* (24.28,29,32). Quando temos comunhão com Jesus, nosso coração arde e o fogo de Deus nos inflama. Há entusiasmo em nosso coração. O vento

Jesus ressuscitou e voltou ao céu

do Espírito sopra sobre nós e remove as cinzas do comodismo, reacendendo as brasas do zelo em nosso coração. Quando o coração arde, acaba a frieza espiritual e o marasmo. Então, estar na Casa de Deus é alegria, orar é necessidade, louvar a Deus é prazer, andar com Jesus é o sentido da vida. Quando o nosso coração arde, nossa vida se torna um graveto seco para o fogo do Espírito.

Em terceiro lugar, *pés velozes para ir anunciar a ressurreição* (24.33). Quem tem olhos abertos e coração ardente tem pés velozes para falar de Jesus. Os mesmos que fugiram de Jerusalém agora voltam a Jerusalém. Eles, que disseram que já era tarde, não se importam com os perigos da noite. Eles, que deixaram o convívio com os outros discípulos, voltam à companhia de seus pares.

Em quarto lugar, *lábios abertos para proclamar que Cristo está vivo* (24.34,35). Nem a distância nem a noite os impede. Eles voltam para ter comunhão e para proclamar que Jesus está vivo. Voltam para dizer que a morte não tem a última palavra. A última palavra é que Jesus venceu a morte. A tristeza não pode mais nos dominar. Caminhamos para o glorioso amanhecer da eternidade, e não para a noite fatídica da desesperança.

A ressurreição de Jesus abriu os olhos, aqueceu o coração, apressou os pés e descerrou os lábios dos discípulos de Emaús. E em você, que tipo de impacto a ressurreição tem provocado? Como você tem caminhado pela vida? Você tem se encontrado com o Cristo ressurreto? O Senhor nos encontra nas angústias da nossa caminhada. O Senhor nos encontra na exposição da palavra de Deus. O Senhor nos encontra no partir do pão. Ele abre nossos olhos, nossa mente, nosso coração e nossos lábios.

Jesus aparece aos discípulos em Jerusalém e impacta-os (24.36-49)

Enquanto Cleopas e seu companheiro de jornada relatavam sua experiência com o Cristo ressurreto aos 11 discípulos e aos que com eles estavam, Jesus apareceu no meio deles. Aquilo que seus ouvidos ouviam, seus olhos puderam confirmar. Destacamos aqui algumas lições.

Em primeiro lugar, *Jesus leva paz aos que estão perturbados* (24.36-38a). Ao grupo de discípulos atemorizados, o Jesus ressurreto aparece, não para condená-los pela sua deserção e covardia, mas para ministrar-lhes sua paz. Essa paz foi prometida a eles (Jo 14.27). É a paz que o mundo não conhece, não pode dar nem pode tirar.

Em segundo lugar, *Jesus dá provas de sua ressurreição aos que estão assaltados pela dúvida* (24.38b-43). Subiam dúvidas ao coração desses discípulos. Eles já tinham ouvido o testemunho das mulheres. Pedro já havia ido ao túmulo vazio e visto os lençóis de linho. Os dois discípulos de Emaús haviam acabado de chegar, narrando como seus olhos foram abertos e como seu coração foi aquecido pelo Cristo ressurreto. Agora, Jesus aparece para eles e mostra-lhes as marcas dos cravos em suas mãos e em seus pés. Ajuda-os a vencer seu ceticismo e incredulidade, dizendo-lhes: "Apalpai-me e verificai, porque um espírito não tem carne nem ossos, como vedes que eu tenho" (24.39). A. T. Robertson diz que Jesus reprova aqui a tese dos gnósticos docetistas que negavam a realidade do seu corpo físico e material.[13] Depois de ordenar a verificação, Jesus mostrou-lhes as mãos e os pés (24.40). Os discípulos que já haviam dormido de tristeza no Getsêmani (22.45) agora não acreditam no que estão vendo, por causa da alegria (24.41). O que estavam vendo parecia ser bom demais

Jesus ressuscitou e voltou ao céu

para ser verdade. Então, Jesus dá mais um passo para provar a seus discípulos que era ele mesmo, e não um espírito (24.37): pede a eles algo para comer. Apresentaram-lhe um pedaço de peixe assado e um favo de mel. E ele comeu na presença deles (24.41-43). Barclay tem razão ao dizer que o cristianismo não se fundamenta em sonhos de mentes transtornadas nem em visões de olhos cerrados, mas na realidade histórica daquele que enfrentou a morte, lutou contra ela, venceu-a e ressuscitou.[14]

Em terceiro lugar, *Jesus abre as Escrituras para descerrar o entendimento aos que estão tomados pela incredulidade* (24.44-46). O argumento irresistível e cabal de Jesus para provar sua ressurreição, depois de mostrar as marcas dos cravos em suas mãos e em seus pés e depois de comer pão e mel, foi abrir as Escrituras e mostrar aos discípulos que sua morte não foi um acidente nem sua ressurreição uma surpresa. Ele morreu pelos nossos pecados segundo as Escrituras, foi sepultado segundo as Escrituras e ressuscitou segundo as Escrituras (1Co 15.1-3). Barclay ainda diz: "A cruz não foi algo forçado para Deus. Não foi uma medida de emergência quando tudo o mais havia fracassado e quando os planos haviam fracassado. A cruz estava na agenda de Deus desde a eternidade".[15] As três divisões da Bíblia Hebraica (Lei de Moisés, Profetas e Salmos) indicam que não há parte alguma das Escrituras que deixe de dar testemunho de Jesus.

Jesus mostra a seus discípulos que ele mesmo é chave hermenêutica para se compreender a essência da Lei, dos Profetas e dos Salmos. Só compreenderemos o Antigo Testamento se entendermos que a totalidade dele aponta para Cristo, sua morte e ressurreição, sua humilhação e sua exaltação. David Neale diz que aqui o Senhor ressurreto se torna um Mestre ressurreto e interpreta as Escrituras à luz de sua crucificação e ressurreição. Isso significa dizer que o propósito da Lei, dos Profetas e dos Salmos deve ser entendido como Escrituras que predizem a vida de Jesus enquanto contam a jornada de Israel com o Senhor. Eles são lidos através de novas lentes messiânicas, que são esclarecidas pela paixão e pela ressurreição de Jesus. Assim, as Escrituras adquiriram um nível de significado completamente novo – um nível messiânico.[16] Os discípulos que haviam escutado de Jesus essas verdades ao longo de seu ministério, agora, porém, têm o entendimento aberto para compreenderem as Escrituras (24.45,46).

Em quarto lugar, *Jesus dá a grande comissão aos que são testemunhas de sua ressurreição* (24.47,48). Aqueles que tiveram seu entendimento aberto para compreenderem as Escrituras agora são comissionados a pregar, no nome de Cristo, arrependimento para remissão de pecados, a todas as nações, a partir de Jerusalém (24.47). Essa pregação era mais do que simplesmente uma proclamação; era, também, um testemunho (24.48). Isso está de acordo com o que o próprio Lucas registra na introdução do livro de Atos (At 1.8).

Quatro verdades devem ser aqui destacadas.

O conteúdo da mensagem (24.47a). Os discípulos são incumbidos de pregar arrependimento para remissão de pecados. Não há perdão de pecados sem arrependimento. A fé decorre do arrependimento, em vez de ser um substituto dele. Os pecadores só correrão para Cristo, para colocarem sua confiança nele, depois que tiveram plena consciência de que estão arruinados pelos seus pecados. Só os doentes reconhecem que precisam de médico, e só os pecadores sabem que carecem do Salvador.

Jesus ressuscitou e voltou ao céu

A autoridade da mensagem (24.47b). A mensagem deve ser pregada em nome de Cristo, e não em nome dos discípulos. A autoridade do pregador não está nele mesmo nem mesmo na igreja; está em Jesus, aquele que venceu a morte.

O alcance da mensagem (24.47c). A mensagem do arrependimento para remissão de pecados não é apenas para os judeus. Embora comece em Jerusalém, deve alcançar todas as nações, até os confins da terra (At 1.8; Ap 5.9). Lucas, mais do que qualquer outro evangelista, mostra a universalidade do evangelho. Jesus veio para trazer salvação não apenas ao povo judeu, mas a todos os povos. David Neale tem razão ao dizer que a mensagem da salvação irá transcender Israel fisicamente, geograficamente e espiritualmente.[17]

O trabalho dos mensageiros (24.48). Os discípulos não são apenas pregadores, mas também testemunhas. Eles falam sobre o que ouviram, viram e experimentaram. Por essa mensagem, devem estar dispostos a dar sua própria vida. David Neale diz que o termo "testemunha" tem uma conotação jurídica em Lucas. Os discípulos não são simplesmente observadores desses fatos; ao contrário, eles serão chamados para dar testemunho em ambientes do tribunal (At 5.32). Outros ambientes são simplesmente aqueles na tribuna da opinião pública (At 2.32; 3.15; 10.39,41; 13.31).[18] A palavra "testemunha" está conectada com a ideia de mártir. Uma testemunha de Cristo é aquela que está disposta a selar com o seu sangue a verdade que proclama.

Em quinto lugar, *Jesus dá capacitação para o cumprimento da grande comissão* (24.49). Depois de dar aos discípulos a grande comissão, Jesus promete a eles poderosa capacitação, dizendo-lhes: "Eis que envio sobre vós a promessa de meu Pai; permanecei na cidade, até que do alto sejais revestidos de poder" (24.49). Jesus se refere a uma espera

LUCAS — Jesus, o homem perfeito

obediente, perseverante e cheia de expectativa. Essa promessa do Pai é o batismo com o Espírito (At 1.4-8). Os discípulos receberiam poder ao descer sobre eles o Espírito Santo (At 1.8). Essa promessa cumpriu-se no Pentecoste, quando o Espírito foi derramado sobre eles, que ficaram cheios do Espírito (At 2.1-4). A capacitação precede a ação. Barclay diz: "Há um momento para esperar em Deus e um momento para trabalhar para Deus".[19] Anthony Ash diz que a ordem era: espere Deus agir e depois vá! Atue no poder dele![20] Primeiro Jesus envia o Espírito Santo à igreja, depois ele envia a igreja ao mundo!

Jesus volta para o céu, de onde veio (49.50-53)

Após quarenta dias ressuscitado, Jesus volta ao céu (At 1.3). Lucas termina onde Atos começa. Lucas relata o que Jesus fez, e Atos relata o que Jesus continuou fazendo através da igreja. Jesus volta para o céu, mas deixa um glorioso legado aos discípulos: uma nova compreensão das Escrituras, um novo comissionamento para pregar o arrependimento e o perdão de pecados a todas as nações, e a promessa do poder do alto.[21] Três verdades preciosas devem ser ditas acerca da ascensão de Jesus.

Em primeiro lugar, *o lugar da ascensão* (24.50). Jesus lidera seus discípulos, levando-os para Betânia, nas adjacências do monte das Oliveiras. O próprio Lucas nos informa que os discípulos, após a ascensão de Jesus, voltaram para Jerusalém, do monte chamado Olival, ou seja, o monte das Oliveiras. O mesmo monte de sua agonia (22.39) é o monte de sua vitória retumbante (At 1.12).

Em segundo lugar, *o significado da ascensão* (24.51). A ascensão de Cristo foi o selo da sua vitória sobre o pecado, o mundo, o diabo e a morte. Sua ascensão foi visível,

Jesus ressuscitou e voltou ao céu

vitoriosa e gloriosa. Somente Lucas relata a ascensão de Cristo (24.50-53; At 1.9-11) Duas implicações decorrem da ascensão de Cristo.

Ele consumou a obra da redenção (24.51). "Aconteceu que, enquanto os abençoava, ia-se retirando deles, sendo elevado para o céu." Essa subida pública, visível e gloriosa era uma mensagem eloquente da obra consumada de Cristo. Seu sacrifício vicário foi aceito, a vontade do Pai foi cumprida, a redenção foi realizada e agora, o Filho está de volta à mesma glória que sempre teve junto ao Pai (Jo 17.5).

Ele foi elevado ao céu para continuar seu ministério de Sumo Sacerdote e Rei (24.51). A ascensão de Jesus foi uma obra do Pai, um dos componentes de sua exaltação. Paulo interpreta essa verdade, assim: "Pelo que também Deus o exaltou sobremaneira e lhe deu o nome que está acima de todo nome, para que ao nome de Jesus se dobre todo joelho, nos céus, na terra e debaixo da terra e toda língua confesse que Jesus é Senhor, para a glória de Deus Pai" (Fp 2.9-11). Manford Gutzke diz que Jesus Cristo ascendeu à mão direita de Deus Pai. Está intercedendo pela igreja. Está conduzindo os destinos da história e aguardando o dia em que o Pai o enviará de volta para buscar sua noiva e estabelecer seu reino de glória.[22] Barclay diz corretamente que a ascensão de Jesus deu aos discípulos a segurança de que eles agora tinham um amigo não só na terra, mas também no céu.[23] Charles Childers corrobora: "Os discípulos sabem que não o perderam, mas de algum modo misterioso ele estará mais próximo deles do que antes".[24]

Em terceiro lugar, *o resultado da ascensão* (24.52,53). Três foram os resultados.

Adoração (24.52). Quando Jesus ascendeu ao céu, os discípulos não se renderam mais à tristeza. Seu entendimento

Lucas — Jesus, o homem perfeito

foi iluminado, seus olhos foram abertos, seu coração foi aquecido e eles entenderam que ele era, de fato, o Messias. Sabiam que, embora ele tivesse partido, estava sempre com eles (Mt 28.20). Sabiam que, apesar das aflições vindouras, ninguém poderia separá-los dele (Rm 8.38,39). Em vez de ficarem assaltados pela dúvida ou pela incredulidade, passaram a adorá-lo.

Alegria (24.52). Lucas começa seu Evangelho com a boa nova de grande alegria do nascimento de Jesus (2.11) e termina com o grande júbilo da ascensão de Jesus (24.52). A alegria é a marca registrada dos salvos.

Louvor (24.53). Os discípulos que estavam com as portas trancadas, com medo dos judeus (Jo 20.19), agora, diariamente, por falta de medo, estão no templo, louvando a Deus. Anthony Ash diz que o livro chega ao seu término, mas não se trata de um final. A promessa de poder não tinha sido cumprida, e o leitor sabe, assim, que um grande capítulo deve ainda ser escrito, ficando bem preparado para Atos 1 e os poderosos feitos registrados nesse livro.[25] Warren Wiersbe diz que, se Lucas começa e termina o Evangelho em Jerusalém, Atos explica como o Evangelho percorreu o caminho de Jerusalém a Roma.[26] Encerro com as palavras de Ivo Storniolo, quando diz, corretamente, que Lucas termina seu Evangelho como começou: em Jerusalém e no templo. A cidade e o santuário eram o coração do antigo povo de Deus. Dali partiriam o anúncio e a ação dos cristãos para todos os tempos e lugares, formando o novo povo de Deus. Dessa forma, Jerusalém e o novo templo, que é a igreja, se tornaram o ponto de chegada e o ponto de partida de toda a história.[27]

Notas

[1] Morris, Leon L. *Lucas: introdução e comentário*, p. 312.

[2] Ribeiro, Moisés Pinto. *O Evangelho segundo Lucas*, p. 292,293.

[3] Hendriksen, William. *Lucas*. Vol. 2, p. 697.

[4] Neves, Itamir. *Comentário bíblico de Lucas*, p. 241,

[5] Ash, Anthony Lee. *O Evangelho segundo Lucas*, p. 330.

[6] Ash, Anthony Lee. *O Evangelho segundo Lucas*, p. 331.

[7] Rienecker, Fritz. *Evangelho de Lucas*, p. 466.

[8] Rienecker, Fritz. *Evangelho de Lucas*, p. 479.

[9] Neale, David A. *Novo comentário bíblico Beacon Lucas 9-24*, p. 293.

[10] Morris, Leon L. *Lucas: introdução e comentário*, p. 317.

[11] Ryle, John Charles. *Meditações no Evangelho de Lucas*, p. 388.

[12] Morris, Leon L. *Lucas: introdução e comentário*, p. 318.

[13] Robertson, A. T. *Comentário Lucas à luz do Novo Testamento Grego*, p. 396.

[14] Barclay, William. *Lucas*, p. 288.

[15] Barclay, William. *Lucas*, p. 288.

[16] Neale, David A. *Novo comentário bíblico Beacon Lucas 9-24*, p. 286.

[17] Neale, David A. *Novo comentário bíblico Beacon Lucas 9-24*, p. 301.

[18] Neale, David A. *Novo comentário bíblico Beacon Lucas 9-24*, p. 301.

[19] Barclay, William. *Lucas*, p. 289.

[20] Ash, Anthony Lee. *O Evangelho segundo Lucas*, p. 338.

[21] Neale, David A. *Novo comentário bíblico Beacon Lucas 9-24*, p. 303.

[22] Gutzke, Manford George. *Plain talk on Acts*. Grand Rapids, MI: Zondervan Publishing House, 1966, p. 28.

[23] Barclay, William. *Lucas*, p. 290.

[24] Childers, Charles L. "O Evangelho segundo Lucas", p. 499.

[25] Ash, Anthony Lee. *O Evangelho segundo Lucas*, p. 339.

[26] Wiersbe, Warren W. *Comentário bíblico expositivo*. Vol. 5, p. 363.

[27] Storniolo, Ivo. *Como ler o Evangelho de Lucas*. São Paulo, SP: Paulus, 2004, p. 219.

Sua opinião é importante para nós. Por gentileza, envie seus comentários pelo e-mail **editorial@hagnos.com.br**

Visite nosso site:

www.hagnos.com.br

Esta obra foi impressa na Imprensa da Fé.
São Paulo, Brasil.
Outono de 2021.